Der gebaute Raum

Waxmann Verlag GmbH
Steinfurter Straße 555, 48159 Münster
info@waxmann.com

Tübinger Archäologische Taschenbücher

herausgegeben von
Manfred K. H. Eggert
und Ulrich Veit

Band 7

Waxmann 2010
Münster / New York / München / Berlin

Peter Trebsche, Nils Müller-Scheeßel,
Sabine Reinhold (Hrsg.)

Der gebaute Raum

Bausteine einer Architektursoziologie
vormoderner Gesellschaften

Waxmann 2010
Münster / New York / München / Berlin

Bibliografische Informationen Der Deutschen Nationalbibliothek
Die Deutsche Nationalbibliothek verzeichnet diese Publikation in
der Deutschen Nationalbiografie; detaillierte bibliografische
Daten sind im Internet über http://dnb.ddb.de abrufbar.

Gedruckt mit Unterstützung der GERDA HENKEL STIFTUNG, Düsseldorf.

Tübinger Archäologische Taschenbücher, Band 7

ISSN 1436-5219
ISBN 978-3-8309-2285-8

© Waxmann Verlag GmbH, 2010
Postfach 8603, D-48046 Münster

www.waxman.com
E-Mail: info@waxmann.com

Umschlaggestaltung: Pleßmann Kommunikationsdesign, Ascheberg
Umschlagzeichnung: Holger Sinogowitz (nach einem Motiv vom
unteren Tor von Schloss Hohentübingen aus dem frühen 17. Jh.)
Gedruckt auf alterungsbeständigem Papier, DIN 6738

Vorwort

Der vorliegende Band entstand aus zwei Tagungen, die sich der Frage nach dem Verhältnis von Sozialstrukturen und Raumgefüge in vormodernen Kulturen widmeten. Im Rahmen des 6. Deutschen Archäologie-Kongresses organisierten Nils Müller-Scheeßel und Sabine Reinhold am 14. Mai 2008 in Mannheim eine Sitzung der Arbeitsgemeinschaft »Theorie in der Archäologie« zu dem Thema »Der konstruierte Raum – Sozialgefüge und Raumstrukturierung in ur- und frühgeschichtlichen Siedlungen«. Vom 4. bis 6. Februar 2009 veranstalteten Peter Trebsche und Nils Müller-Scheeßel in Wien einen noch stärker transdisziplinär orientierten Workshop mit dem Titel »Bausteine einer Soziologie vormoderner Architekturen«, aus dem der größere Teil der Beiträge hervorging. Das Institut für Ur- und Frühgeschichte der Universität Wien und die Römisch-Germanische Kommission des Deutschen Archäologischen Instituts übernahmen freundlicherweise die Schirmherrschaft dieser Veranstaltung.

Allen Beteiligten beider Veranstaltungen, den Vortragenden wie den Diskussionsteilnehmern, sei herzlich gedankt.

Der Dank der Herausgeber geht weiterhin an die Bremer Stiftung für Kultur- und Sozialanthropologie, die einen Zuschuss zu den Reisekosten der Referenten und Referentinnen der Mannheimer Sitzung gewährte, an das österreichische Bundesministerium für Wissenschaft und Forschung sowie vor allem an die Gerda Henkel-Stiftung, die Anreise und Übernachtung der Teilnehmer des Wiener Workshops finanzierte und durch einen Druckkostenzuschuss das Erscheinen des vorliegenden Bandes ermöglichte.

Wir bedanken uns ferner bei den Autoren für die äußerst pünktliche Abgabe der Manuskripte und die angenehme Zusammenarbeit. Manfred K. H. Eggert und Ulrich Veit nahmen das Buch in die von ihnen herausgegebene Reihe der »Tübinger Archäologischen Taschenbücher« auf, und Beate Plugge vom Waxmann Verlag sorgte auf bewährte Weise für die rasche Drucklegung, wofür ihnen ebenfalls unser Dank gebührt.

Die Herausgeber, Dezember 2009

Inhalt

Die Vielfalt der Baukulturen –
Bausteine aus Ethnologie, Bauforschung und Architektur

PETER TREBSCHE, NILS MÜLLER-SCHEESSEL UND SABINE REINHOLD

Einleitung

Zusammenfassung: Architektur – verstanden als vom Menschen gebaute Umwelt – ist in den letzten Jahren verstärkt in das Forschungsinteresse vieler Disziplinen gerückt. Es hat sich die Ansicht durchgesetzt, dass sie einen der wichtigsten Bestandteile materieller Kultur darstellt. Die Metapher von der Architektur als »Spiegel der Gesellschaft« ist in Archäologie, Ethnologie, Soziologie und Architektur mittlerweile *en vogue,* und vor kurzem hat sich die Architektursoziologie als eine eigene Disziplin etabliert (vgl. Schäfers 2009). Ihr Blick richtet sich jedoch hauptsächlich auf moderne und postmoderne Architekturen und Gesellschaften.[1] Das ausdrückliche Ziel des vorliegenden Bandes besteht nun darin, eine Brücke zu vormodernen, so genannten elementaren, vernakulären oder traditionellen Architekturen zu schlagen. Dafür scheint ein transdisziplinärer, kulturvergleichender, theoretisch fundierter und empirisch abgesicherter Ansatz am vielversprechendsten. Durch die Diskussion zwischen den genannten Disziplinen soll der Theoriefluss von der Soziologie und Architekturtheorie hin zu Archäologie und Ethnologie angeregt werden. Die beiden letztgenannten Fächer verfügen über ein reiches – wenn auch oft lückenhaft überliefertes – Quellenmaterial, von dem wiederum Architekturgeschichte und Soziologie profitieren können, weil es einen historischen Blick auf Jahrtausende zurückreichende Entwicklungen menschlicher Gebäudeformen und Raumkonzepte ermöglicht.

Architektur- versus Raumsoziologie

Die Formierung der Architektursoziologie als eigenständige Forschungsrichtung ist sicherlich als eines der Resultate des *spatial turn* zu sehen, der seit den 1980er Jahren einen theoretischen Dreh- und Angelpunkt für die Sozial- und Kulturwissenschaften darstellt (Bachmann-Medick 2006, 284 ff.) und mit dem die »Rückkehr des Raumes in den sozialwissenschaftlichen Diskurs« gefeiert wird (Schroer 2008, 125). Sie ist nicht die einzige soziologische Subdisziplin, die sich dem Thema Raum dezidiert widmet. Insofern stellt sich die Frage, in welcher Relation die Architektur- zur Raumsoziologie (Läpple 1991; Löw 2001; Schroer 2006) steht, die sich in den letzten Jahren – ebenfalls in Folge des *spatial turn* – herausgebildet hat. Versteht man – wie Martina Löw – Raumsoziologie als ein Teilgebiet der Soziologie, welches sich mit der »relationalen (An)Ordnung von Lebewesen und [sämtlichen, materiellen wie nicht-materiellen, Anm.] sozialen Gütern an Orten« beschäftigt (Löw 2001, 271)

---

1 Zu den Gründen, warum sich die deutschsprachige Soziologie im Allgemeinen – ganz im Gegensatz zur französischen (Vogt 1981) – hauptsächlich mit modernen Gesellschaften beschäftigt, siehe Mergel 1998.

und legt der Architektursoziologie eine Definition wie die von Bernhard Schäfers (2003) zugrunde, welche Architektur als die materielle, gebaute Umwelt konzeptualisiert, kommt man nicht umhin, die Architektursoziologie als einen Teilbereich und zugleich als Korrektiv der Raumsoziologie aufzufassen.[2] Die Raumsoziologie beinhaltet nämlich nicht nur den um- bzw. gebauten Raum, sondern umfasst Landschaften ebenso wie imaginäre Traumwelten und den virtuellen Cyberspace. Anders als die Architektursoziologie unterliegt die Raumsoziologie aber wesentlich stärker der Gefahr, die jede Diskussion des Raumbegriffs in sich birgt: einer allgemeinen Beliebigkeit oder der Begriffskosmetik lang bekannter Diskurse. Die Verwendung des Begriffs »Raum« bedeutet nicht automatisch einen konzeptuellen *spatial turn*, sofern der Raumbegriff nicht auch als eigenständige Analysekategorie eingesetzt wird (dazu Bachmann-Medick 2006, 302 ff.; vgl. auch Döring / Thielmann 2008; Frank u. a. 2008). Durch den unmittelbaren Rückbezug auf das Materielle – Häuser, Wände, Fenster, Türen, die den Menschen physische Widerstände entgegensetzen und ihr Tun und Handeln durch ihre »handfeste« Form in bestimmte Bahnen lenken – ist die Architektursoziologie eher als die viel abstraktere Raumsoziologie in der Lage, die Forderung nach einer empirisch begründeten und prüfbaren Theorie des Verhältnisses zwischen Gesellschaft und Raum zu erfüllen.

Dies kommt insbesondere der Prähistorischen Archäologie entgegen, die sich ja *per definitionem* nur mit materiellen Hinterlassenschaften beschäftigen *kann*. Die archäologischen Quellen lassen lediglich Ausschnitte aus raumsoziologischen Diskursen zu, da der Quellenbestand oft zu fragmentarisch ist. Es lassen sich in der Archäologie zwar auch raumsoziologisch bedeutsame Aspekte beobachten, die eben nicht unmittelbar dem Bereich der *gebauten* Umwelt angehören; zu denken wäre etwa an die räumliche Anordnung von Gegenständen in Gräbern, der Lagebezug von Deponierungen zu markanten Punkten in der Landschaft, die Repräsentation von Bauwerken in Form von Hausurnen oder Felsbilder von Siedlungen, wie sie aus den Alpen oder aus Sibirien bekannt sind (Abb. 1). Da ein viel größerer Teil der archäologischen Quellen aber unmittelbar zur gebauten Umwelt zählt, bietet die Architektursoziologie für die Archäologie vorerst ein wesentlich größeres heuristisches Potenzial als die Raumsoziologie.

Vormoderne versus moderne Architekturen

Unter »vormodernen Architekturen« werden hier traditionelle Bauformen verstanden, und zwar nicht nur im Gegensatz zur architekturgeschichtlichen Moderne im engeren Sinn, sondern im Gegensatz zu allen von professionellen Architekten geplanten

---

2   Vgl. aber Fischer in diesem Band, S. 70 mit Anm. 11.

Abb. 1. Bol'šaja Bojarskaja Pisanica. Ausschnitt aus einem Felsbild der sibirischen Tagar-Kultur (2–1. Jh. v. Chr.). Dargestellt sind eine wohl idealisierte Siedlung und ihre Bewohner zwischen Wild- und Haustieren, Blockbauten, Jurten, mobilen Einrichtungsobjekten wie Bronzekesseln, Trockengestellen u. ä. (nach Devlet 1976, Taf. VI 1).

Gebäuden, die mit industriellen Technologien errichtet wurden. Kennzeichnend für eine solche »vernacular architecture« (nach Oliver 1997) oder »elementare Architektur« (nach Lehner 2003) sind demnach vor allem die Verwendung lokaler Ressourcen, die Anpassung an die Umweltbedingungen und die Errichtung durch die Bewohner selbst. Die Trennlinie kann dabei keine scharfe sein. Selbst mit einem Blick auf die Evidenz heute bestehender Bauten – auf der Erde sind von rund einer Milliarde bestehender Gebäude schätzungsweise 99 % nicht von Architekten geplant (Oliver 1997, 15) – verläuft der Übergang graduell.

Unter den Teilnehmerinnen und Teilnehmern des Workshops zeichnete sich als Konsens ab, dass es müßig ist, die Debatte nach der Unterscheidung zwischen »primitiver«, »anonymer«, »traditioneller«, »vernakulärer«, »elementarer« Architektur fortzuführen. Vielmehr kann und soll jedes menschliche Bauwerk schlichtweg als Architektur bezeichnet werden. Dies ermöglicht einen gesamtheitlichen Blick auf die gebaute Umwelt als solche und auf deren Entwicklungsprozesse. Zum einen führte die Professionalisierung des Architektenberufs in der klassischen Antike und von den mittelalterlichen Bauhütten bis heute zu einer höheren Komplexität der Beziehungen zwischen Architektur und Gesellschaft (Binding 2004; s. auch Beitrag H. Schubert). Eine ähnlich folgenreiche Entwicklung löste zum anderen der Anspruch der Moderne aus, sich von traditionellen Bauweisen loszulösen und *aktiv* soziale Verhältnisse – zum Beispiel im Wohnungsbau – zu gestalten, sprich: zu verbessern (Schäfers 2009, 372 ff.). So betrachtet, müssen »Architektenarchitektur« und die architektonische Moderne als Sonderfälle innerhalb der menschlichen Kulturentwicklung aufgefasst werden. Konsequenterweise dürfte man gar nicht von »vor-« oder »nicht-moderner Architektur« sprechen, es genügte einfach »Architektur«. Wenn wir es im Titel dennoch tun, so bedeutet es kein Zugeständnis oder gar Akzeptanz der Ausgrenzung, welche die Moderne erst geschaffen hat. Vielmehr dient der Begriff »vormoderne Architektur« der einfacheren Verständigung; er soll zu einem Verständnis der allgemein gültigen Eigenschaften von Architektur führen, welche seit den Jägerzelten der Altsteinzeit über die ersten Häuser der jungsteinzeitlichen Bauern und mittelalterliche Burgen bis zum modernen Wohnbau und zum postmodernen Fußballstadion der Gegenwart gelten.

Einen zweiten Perspektivenwandel versuchen wir ebenfalls im Titel zum Ausdruck zu bringen: In Bezug auf die Baugeschichte kann nicht von einer einzigen »Architektur« die Rede sein, zu komplex, zu vielfältig, mit Fort- und Rückschritten verbunden ist die Entwicklung, zu groß sind die kulturellen Unterschiede der menschlichen Baukulturen. Von der gebauten Umwelt in ihrer materiellen Ausprägung kann daher nur im Plural gesprochen werden. Akzeptiert man diese Vielfalt, so ergibt sich ein kulturvergleichender Ansatz, wie er im vorliegenden Band verfolgt wird, von selbst.

Der Fokus des Bandes liegt insbesondere auf Wohngebäuden und Siedlungskonfigurationen, da durch sie das Alltagsleben und die Sozialstrukturen am stärksten geprägt und repräsentiert werden. Darüber hinaus besteht auf dem Gebiet der Wohnarchitektur der größte Forschungsbedarf, da von Seiten der Architekturgeschichte, aber auch der Archäologie den Prestige- und Monumentalbauten bisher überproportional viel Aufmerksamkeit gewidmet wurde. Architektursoziologische Fragestellungen können sich außerdem nicht in der Betrachtung einzelner Gebäude erschöpfen. Zum einen ergeben sich erst über einen Vergleich von Gebäuden Ansatzmöglichkeiten zu ihrer Interpretation. Zum anderen steht im Fokus architektursoziologischer Forschungen die Struktur von Gebäudeensembles bis hin zu ganzen Siedlungen. Es ist daher Anliegen dieses Bandes, nicht nur die Unterscheidung zwischen modernen und »vormodernen« Architekturen zu hinterfragen, sondern auch die Trennung zwischen »Hochkultur« und »Massenkultur« für eine architektursoziologische Analyse aufzuheben. Erst die gemeinsame Betrachtung von Palästen und Armenvierteln, von Tempelanlagen und Wohnhütten ermöglicht einen angemessenen Zugang zur sozialen (Um-)Welt vergangener und gegenwärtiger Kulturen.

Architektur und Gesellschaft transdisziplinär betrachtet

Die Beiträge des Bandes sind um theoretisch fundierte Ansätze bemüht, die auch ausführlich empirische Beispiele mit einbeziehen, was uns für die Akzeptanz architektursoziologischer Arbeiten von besonderer Bedeutung erscheint. Dabei kann der Anspruch dieses Bandes keine umfassende Darstellung einer Architektursoziologie vormoderner Gesellschaften sein, vielmehr befasst er sich mit konkreten Problemen und Fragestellungen: Was zeichnet die Architektur in vormodernen Gesellschaften gegenüber anderen Bestandteilen der materiellen Kultur besonders aus? Welche Theorien verknüpfen die konkreten Erscheinungsformen von Architektur mit den sie hervorbringenden Gesellschaftsstrukturen? Gibt es allgemein gültige Merkmale von Architektur, mit denen Prestige oder soziale Unterschiede vermittelt werden? Die Palette der hier präsentierten Anwendungsbeispiele ist sowohl thematisch als auch geographisch ausgesprochen vielfältig. Einen Überblick der behandelten ethnographischen, archäologischen und zeitgenössischen Gesellschaften bieten die Karte in Abbildung 2 und Tabelle 1. Repräsentativität in chronologischer Hinsicht war dabei nie angestrebt, vielmehr versuchten wir, Schwerpunkte in drei Epochen zu setzen: dem Neolithikum, der Eisenzeit sowie dem frühen und hohen Mittelalter.

Der Band ist in drei Abschnitte gegliedert: Der erste enthält theoretische Bausteine aus Architektursoziologie und Ethnologie, der zweite methodische und praktische Beiträge aus der Archäologie in chronologischer Reihenfolge. Im dritten Kapitel sind genuin interdisziplinäre Analysen und Fallbeispiele aus der Ethnologie, Ethnoarchäologie, Bauforschung und angewandter Architektur gebündelt. Im Folgenden sollen – leicht abweichend von der Reihenfolge im Inhaltsverzeichnis – der Beitrag und Nutzen für die einzelnen Disziplinen zusammengefasst werden.

Architektursoziologie

Am Beginn stehen Beiträge der seit einigen Jahren als Teildisziplin der Soziologie etablierten Architektursoziologie (Schäfers 2003; Delitz 2009). Sie behandeln die theoretische Fundierung des Verhältnisses zwischen menschlicher Gesellschaft und umbautem Raum sowie die methodische Vorgehensweise bei der Analyse des Verhältnisses von Mensch und Architektur.

Bernhard Schäfers, der Begründer der Architektursoziologie im deutschsprachigen Raum, umreißt klar und präzise die Aufgabenfelder dieser Disziplin und gibt einen Überblick der möglichen theoretischen Zugänge. Für ihn ist das »Verhältnis Mensch–Architektur unentrinnbar« und deshalb die Architektur in ihrer »Omnipräsenz« von zentraler Relevanz für die gesamte Lebenswelt der Menschen, auch früherer Epochen und Kulturen. Herbert Schubert plädiert für eine prozesshafte Betrachtung der Architektur, die auf der Zivilisationstheorie von Nobert Elias gründet. Er stellt einen Mehrebenen-Ansatz für eine »integrierte Sozialraumanalyse« vor, die Zugänge verschiedener Disziplinen integriert. Seine prozesstheoretische Perspektive wendet sich ausdrücklich gegen den »Hodiezentrismus«, der die Soziologie in der Moderne kennzeichnet. Für architektursoziologische Betrachtungen über lange Zeiträume hinweg, wie sie in Archäologie und Geschichte verfolgt werden (sollten), ist die Prozesstheorie sicherlich fruchtbar, wie Schubert am Beispiel der Synthese des Architekturbegriffs und am Prozess der Verhäuslichung erläutert.

Während Schäfers und Schubert in ihren Beiträgen jeweils die Bedeutung semiotischer Ansätze und dementsprechend die »Lesbarkeit« von Architektur betonen,

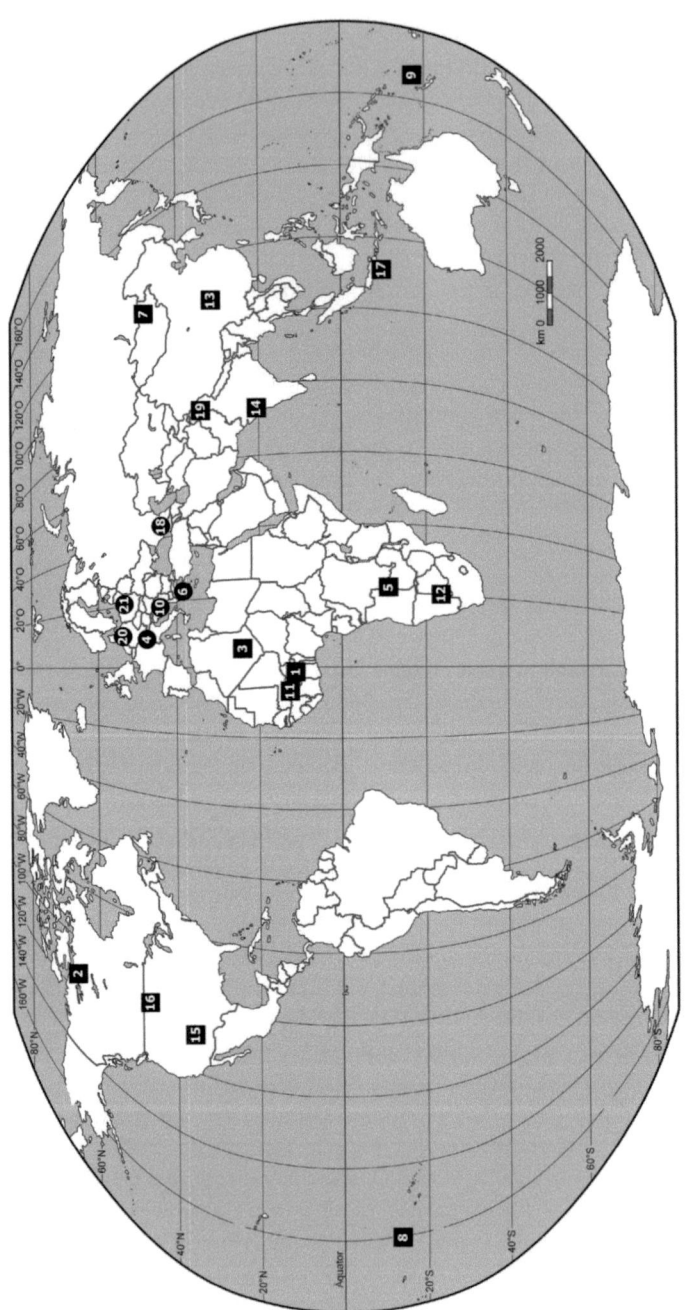

Abb. 2. Lage der ethnographischen (■) und archäologischen (●) Fallbeispiele (zur Nummmerierung s. Tab. 1).

Nummer	Fallbeispiel	Beitrag
1	Burkina Faso	Dafinger
2	Inuit	Delitz
3	Tuareg	Delitz
4	Jungneolithikum Schweizer Pfahlbauten	Ebersbach
5	N'dembu	Ebersbach
4	Frühmittelalter Bayern	Fries-Knoblach
4	Hallstattzeit (Mont Lassois)	Jung
6	Eisenzeit Griechenland	Lang
7	Mongolei	Lehner
8	Samoa	Lehner
9	Fidschi	Mückler
10	Okolište	Müller-Scheeßel u. a.
11	Bambara	Piesbergen
12	Buschmänner	Piesbergen
13	China	Piesbergen
14	Hinduismus	Piesbergen
15	Navajo/Hopi	Piesbergen
16	Plains-Indianer	Piesbergen
17	Rindi	Piesbergen
18	Spätbronzezeit Kaukasus	Reinhold
4	Späteisenzeitliche Oppida	Rieckhoff
19	Ladakh	Rieger-Jandl
4	Späteisenzeitliche Oppida	Sievers
20	Mittelalterlicher Hausbau	Theune
21	Eisenzeit Polen	Trebsche
4	Späteisenzeitliche Oppida	Wendling

Tab. 1. Übersicht über die ethnographischen und archäologischen Fallbeispiele (zur Lage s. Abb. 2).

verfolgen Joachim Fischer und Heike Delitz phänomenologische Ansätze, um die Eigenheiten der Architektur als »schweres Kommunikationsmedium« (Fischer) bzw. als »Medium des Sozialen« schlechthin (Delitz) herauszustellen. Für Joachim Fischer funktioniert Architektur durch die Schaffung künstlicher »Baukörpergrenzen«, also die Umschließung eines Raumes, die Grenzziehung zwischen Innen- und Außenraum, als kulturelles Medium, was für jede Art der Vergesellschaftung gilt, also auch auf die ersten Zelte, Hütten und Höhlen zutrifft. Er reklamiert die Architektur als »schweres

Kommunikationsmedium« wieder in die Moderne (und damit in die Stadtsoziologie) hinein, deren »leichte Kommunikationsmedien« wie Schrift, Geld, Sprache stets an die »schwere« Architektur gebunden seien. Heike Delitz wendet sich gegen eine repräsentationslogische Denkweise, die Architektur als »Spiegel« des »eigentlichen« Sozialen versteht. Sie schlägt als Alternative eine differenztheoretische Begrifflichkeit vor, wonach die Architektur nicht der bloße »Ausdruck« einer Gesellschaft ist, sondern die soziale Teilung der Gesellschaft – neben anderen Medien – konstituiert. Dass eine solche Betrachtungsweise auf alle Vergesellschaftungen angewandt werden kann, veranschaulicht Delitz am Beispiel zweier nomadischer Gesellschaften, der Tuareg und der Inuit. Deren Architektur charakterisiert sie als »gezielt nicht-expressiv«, was einen wesentlichen Unterschied zu hochkulturellen und modernen Gesellschaften ausmacht.

Im Rahmen des Wiener Workshops galt es zu klären, ob architektursoziologische Theorien auch auf prä-industrielle, nicht-moderne Gesellschaften anwendbar sind. Im Licht der hier kurz resümierten Beiträge kann diese Frage mit einem klaren »Ja« beantwortet werden. Die Architektursoziologie, welche sich nur durch empirische Untersuchungen weiter entwickeln und festigen kann, wie Schäfers (S. 38) betont, profitiert von einer zeitlichen und räumlichen Erweiterung ihres Betätigungsfeldes, das sich in Zusammenarbeit mit Archäologie, Völker- und Volkskunde erschließt. Umgekehrt können alle mit gebauter Umwelt befassten Wissenschaften – unter Berücksichtigung ihrer spezifischen Quellenlagen – die von der Architektursoziologie erarbeiteten Theorien und ihr Methodenspektrum gewinnbringend einsetzen. Allerdings stellt die Architektursoziologie keine einzig wahre Theorie zur Verfügung, sondern versteht sich selbst als multiparadigmatische Disziplin, die von der Konkurrenz unterschiedlicher Ansätze belebt wird (vgl. Fischer 2009, 392 f.), was auch im vorliegenden Band zum Ausdruck kommt.[3]

Exkurs zur »Urhütte«

Dass auch die Archäologie der Architekturtheorie und -soziologie Einiges zu geben hat, soll im Folgenden exemplarisch anhand der Diskussion um die so genannte »Urhütte« bzw. genauer: deren Erörterung durch Joseph Rykwert gezeigt werden, die während der Schlussdiskussion des Wiener Workshops ausführlich zur Sprache kam.

In einem in der Architekturgeschichte und -theorie ausgesprochen einflussreichen Essay befasste sich der Architekturhistoriker Rykwert (2005 [1972]) mit den verschiedenen architekturgeschichtlichen Versuchen, einen ideellen Fixpunkt für den Beginn menschlichen Bauens, eine erste »Urhütte« zu finden (s. auch den Beitrag H. P. Hahn).

---

3   Einen systematischen »Theorienband« zur Architektursoziologie bieten seit kurzem Fischer / Delitz 2009; vgl. auch Delitz 2009.

Diese »Urhütte« sei von allgemeinmenschlichen Prinzipien oder Bedürfnissen herzuleiten und bildet den Ausgangspunkt aller weiterer Konzeptionen im Zusammenhang mit Architektur. Dabei demaskiert Rykwert diese *idée fixe* der Architekturtheorie als Symptom einer Krise der zeitgenössischen Architektur, die sich durch die Rückbesinnung auf die vermeintlichen Anfänge der Architektur neue Inspirationen erhoffte (ebd. 171). Kulturanthropologisch interessant verknüpft Rykwert diese Deutung mit Erneuerungsriten verschiedener Völker, bei denen ebenfalls primitive Architekturformen eine herausragende Rolle spielen. Insgesamt kommt er zu der bemerkenswerten Schlussfolgerung, dass die eigentliche Bedeutung der ersten Architektur nicht in einer spekulativen Schutzfunktion zu suchen sei, sondern dass sie »Adam« die Möglichkeit der Ausweitung seines Körpers bot (ebd. 179). Dem Strukturalismus eines André Leroi-Gourhan folgend, sieht Rykwert somit die entscheidende Bedeutung der Architektur vor allem in ihrer symbolischen Potenz.

Leider kann sich Rykwert nicht von gängigen Vorstellungen zur Entstehung der ersten Architektur freimachen. So legt er Wert auf die Unterscheidung von »gebauter« Architektur, dem Haus, und »entdeckter« Architektur, der Höhle (ebd. 180 f.). Diese Differenzierung dürfte in ihren historischen Wurzeln mindestens bis auf Vitruv zurückgehen. Erinnert sei auch an die Troglodyten bei Herodot, die als Wilde am Rande der Zivilisation in Höhlen ›hausen‹ und auch sonst einen nomadisch-jägerischen, sprich im antiken Verständnis wilden und unzivilisierten, Lebenswandel führten.[4] Die Konzeption primitiver Höhlenbewohner sowie die zivilisatorisch-fortschrittliche Konnotation gebauter Architektur findet sich klischeehaft bis heute in einschlägigen Büchern oder Ausstellungen.[5] Genau genommen handelt es sich dabei jedoch um die Verbindung einer ultradiffusionistischen Perspektive, die die »Erfindung« elementarer Dinge des gebauten Raumes als einmalig konzipiert, mit evolutionistischem Fortschrittsglauben.

Die archäologische Forschung kann, wie Rykwert ganz richtig bemerkt, die »Urhütte« niemals finden (ebd. 14), denn sie ist eine Idealvorstellung. Die Archäologie kann jedoch helfen, die unter Architekturhistorikern offenbar nach wie vor gängigen Vorstellungen »primitiver« Wohnformen zu dekonstruieren.

So ist die Höhle als Wohnort seit der Antike ein gängiges Klischee, das als ideelles, manchmal utopisiertes, manchmal warnendes Gegenbild zu einer zivilisierten, in *poleis, insulae* oder heutzutage eben in Wolkenkratzern wohnenden Bevölkerung

---

4 Vgl. s. v. Trogodytai. In: Der Neue Pauly 2002, 851.
5 Die äußerst publikumswirksame Ausstellung »Histoire de l'habitation« während der Weltausstellung 1889 (Müller-Scheeßel 2001, 394 ff.) begann mit einem paläolithischen Abri und der »Habitation des Troglodytes« (Abb. 3); die Dauerausstellung des Deutschen Architekturmuseums in Frankfurt a. M. ist übertitelt »Von der Urhütte zum Wolkenkratzer« (Klotz 2001). Die evolutionistische Grundkonzeption der Darstellung menschlichen Wohnens hat sich demnach über mehr als 100 Jahre fast unverändert erhalten.

Abb. 3. Ausschnitt aus der »Histoire de l'habitation« der Pariser Weltausstellung von 1889 (nach Amman 1889, 11; 15).

entworfen wurde. Die archäologische Erforschung paläolithischer oder jüngerer Höhlen zeigt hingegen, dass diese nur in Ausnahmefällen als Wohnstätten dienten. Einen großen Teil des Jahres verbrachten die jungpaläolithischen Jäger und Sammler in offenen Ansiedlungen oder Lagern, die heute in der archäologischen Terminologie als Freilandstationen bezeichnet werden.[6] Diese sind unter den archäologischen Befunden stark unterrepräsentiert, da sie – anders als die als Sedimentfallen wirkenden Höhlen – nur unter günstigen Bedingungen erhalten sind und auch entdeckt werden. Schließlich ist darauf hinzuweisen, dass der größte Teil der von den paläolithischen Menschen besiedelten Landschaften gar keine Höhlen aufweist. Die bekannten Fundstätten mit Höhlenmalereien sind vielmehr sehr spezifische Orte, die nur kurzzeitig und nicht zu Wohnzwecken aufgesucht wurden.

---

6   Ausgewählte Literatur: Narr 1982; Jelínek 1986; Bosinski 1987; Müller-Karpe 1998, 52–5; Auffermann / Orschiedt 2002.

Wie Andreas Pastoors in seinem Mannheimer Vortrag zudem zeigte, folgt die Raumgestaltung in einer solchen Bilderhöhle durchaus Regeln, wie sie in der Architekturtheorie diskutiert werden: Lichteinfall, Zugänglichkeit, Klangdimensionen. Einem zivilisatorischen Fortschrittsglauben in der Konzeption von Raum und dessen Gestaltung ist damit eigentlich die Grundlage entzogen. Der Gegensatz zwischen »entdecktem« und »gebautem« Raum war offensichtlich für diejenigen, die ihn genutzt haben, nur ein scheinbarer. Es handelt sich keineswegs um sich ausschließende oder voneinander ableitbare Wohnformen, sondern vielmehr muss man davon ausgehen, dass bereits die frühen Menschen alle sich bietenden Möglichkeiten der Gestaltung und Aneignung von Raum kreativ genutzt haben.

Ur- und Frühgeschichte, Mittelalterarchäologie

Von einer Zusammenarbeit der Disziplinen hat die Archäologie vermutlich den größten Nutzen, da die Überreste, mit denen sie zu tun hat, die umfangreichste ›Deutungsarbeit‹ verlangen. Gleichzeitig ist die Archäologie den anderen Disziplinen insbesondere dank der großen zeitlichen Tiefe ihrer faktischen Belege voraus, was den Blick auf langfristige Entwicklungen, aber auch Konvergenzen in Raumkonzeptionen wie in konkreten Bauvorgängen oder Bauformen erleichtert. Zudem ist es eine dringliche Aufgabe der Archäologie, über die Rezeption der empirischen Befunde des Faches hinaus der fachspezifischen Diskussion um eine angemessene Interpretation Gehör zu verschaffen, um auf diese Weise verkürzten Darstellungen und Auslegungen von archäologischen Funden entgegenzutreten.

Raum und Architektur sind seit jeher ein Forschungsfeld sämtlicher archäologischer Disziplinen.[7] Meist ist ihre Analyse jedoch auf die Bildung typologischer Reihen, chronologischer Abfolgen oder den Versuch funktionaler Interpretationen beschränkt. Soziale Fragestellungen wurden und werden zumindest in der ur- und frühgeschichtlichen Archäologie vor allem anhand der Gräber und Grabfunde behandelt. Von einer architektur- oder raumsoziologischen Analyse prähistorischer Siedlungen und ihrer Baustrukturen ist daher ein wesentlicher Erkenntnisgewinn bzw. ein Korrektiv für die bislang gewonnenen Hypothesen zu erwarten. Für eine Architektursoziologie in der Archäologie kann indes – aufgrund der lückenhaften Quellenlage und Überlieferungssituation – nicht einfach das methodische Instrumentarium aus Soziologie oder Ethnologie übernommen werden. Vielmehr müssen eigene Ana-

---

7 In Bezug auf die soziale und politische Deutung von Architektur (vor allem von Herrschafts- und Sakralarchitektur) sind die Klassische und Vorderasiatische Archäologie der Prähistorischen Archäologie voraus, was nicht zuletzt am besseren Erhaltungszustand der Bauwerke aus Stein und Lehmziegeln liegen dürfte. Vgl. z. B. Schuller u. a. 1989; Weiler 2001; Schwandner / Rheidt 2004; Ault / Nevett 2005; Westgate u. a. 2007.

lyseverfahren und Brückenhypothesen erarbeitet werden, die eine Anwendung auf schriftlose, lückenhafte Kontexte ermöglichen. Peter Trebsche unternimmt in seinem Beitrag eine Bestandsaufnahme und Bewertung bislang meist implizit angewandter Methoden sozialarchäologischer Interpretation von Siedlungen und schlägt zwei Perspektiven vor, die einerseits Lebenszyklen von Häusern, andererseits die Funktionsweise von Architektur als Medium der Vergesellschaftung in den Blickpunkt künftiger Forschungen rücken. Wie auch in den folgenden Beiträgen wird dabei deutlich, wie sehr die Archäologie auf Theorien und Modelle benachbarter kultur- und sozialwissenschaftlicher Disziplinen angewiesen ist und von ihnen profitiert.

Nils Müller-Scheeßel und seine Koautoren untersuchen unter Einbeziehung der Mikro-, Meso- und Makroebene räumlicher Strukturierung die jungsteinzeitliche Tellsiedlung von Okolište (ca. 5200–4500 v. Chr.) in Bosnien-Herzegowina und gelangen aufgrund der einförmigen Bebauung und der langfristigen, konstanten Besiedlung des Platzes zu dem Schluss, dass hier eine Gesellschaft mit egalitärer Ideologie lebte, die mittels ihrer Architektur die Institutionalisierung hierarchischer Strukturen verhinderte. Ganz gegensätzlich sind die Schweizer Seeufersiedlungen (ca. 4300–2400 v. Chr.) organisiert, für die hohe Dynamik und Instabilität charakteristisch sind, wie Renate Ebersbach zeigt. Diese Gesellschaften der späten Jungsteinzeit waren vermutlich nicht ausschließlich auf der Ebene der Residenzgruppe organisiert, sondern auch in Form von »transpatial groups« (nach Hillier/Hanson 1984), die z. B. in Form von überregionalen Kommunikationsnetzwerken archäologisch fassbar sind.

Mit einem bemerkenswerten, erst vor kurzem dank der Luftbildarchäologie entdeckten Siedlungstyp der Spätbronzezeit (zweite Hälfte des 2. Jahrtausends v. Chr.) in der Gebirgsregion des Kaukasus beschäftigt sich Sabine Reinhold. Sie zeigt auf, dass die ovalen Siedlungen mit symmetrischem Grundriss wohl dazu dienten, auf dem eingeschlossenen Platz das Vieh sicher unterzubringen. Der Siedlungstyp zeichnet sich durch eine komplexe Aufteilung von privatem und öffentlichem Raum aus, die auf dualen Prinzipien beruht. Trotz der Gleichförmigkeit der einzelnen Häuser gelangt Reinhold aufgrund des hohen Arbeits- und Organisationsaufwandes bei der Errichtung dieser Siedlungen, aber auch aufgrund struktureller Aspekte der sehr dicht aufgesiedelten Landschaft zum Schluss, dass die dortigen Gemeinschaften nicht ohne hierarchische Strukturen auskommen konnten. Architektur war jedoch offenbar nicht das Medium, in dem diese ihren Ausdruck fanden, vielmehr verschleiert hier vermutlich ein standardisierter Baustil bewusst soziale Differenzen.

Diese archäologischen Beispiele bringen ein Deutungsschema zum Abbröckeln, das bislang häufig vorgebracht wurde: dass nämlich Siedlungen mit regelmäßigem Grundriss und gleichförmiger Bebauung egalitären Gesellschaften entsprächen (z. B. Grøn 1991; Todorova 1982, 62–5; Coudart 1998, 109–14; Pétrequin u. a. 1999). Im Lichte neuerer sozialanthropologischer Theorien ist dem entgegenzuhalten, dass egalitäre Gesellschaften im Sinne einer Gleichheit und Gleichberechtigung sämtlicher Mitglieder (abgesehen von alters- und geschlechtsbedingten Unterschieden) wohl kaum existiert haben oder existieren (Feinman 1995; Roscoe 2000). Vielmehr sind Gesellschaften mit egalitärer Ideologie als Sonderfälle zu betrachten, in denen aufkommende soziale Unterschiede aktiv unterdrückt oder passiv heruntergespielt werden. Als Mechanismus einer solchen äußerlichen Nivellierung eignet sich die Architektur in Form gleichartiger Bauten zweifellos ganz hervorragend.

Während im Neolithikum und in der Bronzezeit Mitteleuropas *grosso modo* also die Einförmigkeit der Architektur und der Siedlungsorganisation (vor allem die immer wieder beobachtbare Anordnung der Häuser in parallelen Reihen) neue Deutungen herausfordert, steht für die Eisenzeit außer Zweifel, dass in bestimmten Regionen und in bestimmten Siedlungstypen architektonische Differenzen existieren, in denen sich soziale Unterschiede ausdrücken.

Ein Paradebeispiel bieten die hallstattzeitlichen »Fürstensitze« in Südwestdeutschland und Ostfrankreich, unter denen die Heuneburg mit ihrer auf mediterrane Vorbilder zurückgehenden Lehmziegelmauer (6. Jahrhundert v. Chr.) herausragt (dazu Jung im Druck). Im vorliegenden Band beschäftigt sich Matthias Jung mit der Deutung des 2002–2006 ausgegrabenen monumentalen Apsidengebäudes auf dem »Fürstensitz« Mont Lassois in Burgund. Er rüttelt dabei einerseits an der vorherrschenden Meinung, die späthallstattzeitliche Elite habe eine Übernahme mediterraner Lebensgewohnheiten angestrebt, andererseits bringt er ein fundamentales Problem bei der Interpretation prähistorischer Gebäude klar zum Ausdruck: dass ohne eine gesicherte Analyse der Funktion und tatsächlichen Nutzung eines Gebäudes keine Aussagen zur sozialen Bedeutung gemacht werden sollten (s. dazu auch Trebsche 2009).

Welch starke soziale Ausdruckskraft Hausformen haben können, legt Franziska Lang in ihrem Beitrag zur Entstehung des griechischen Hofhauses dar. Daran lässt sich zeigen, wie sich wandelnde soziale Organisationsformen – die Entstehung der griechischen *polis* aus einer ländlichen Gesellschaft heraus – neuer architektonischer Formen bedürfen, welche die Kommunikation und Repräsentation der Bewohner in der neu entstandenen Stadt regeln. Das soziale und politische Konzept *polis* fordert nicht nur kompatible, rechtwinklige und standardisierte Hausformen, sondern führt auch zu einer zunehmend funktionalen, geschlechts- und sozialspezifischen Konnotation von Räumen und Hauskomplexen.

Drei Beiträge von Sabine Rieckhoff, Susanne Sievers und Holger Wendling bieten jeweils unterschiedliche Perspektiven auf die ersten Stadtanlagen in Mitteleuropa, die in der Spätlatènezeit (2.–1. Jahrhundert v. Chr.) entstehen. Dort stellt sich ebenfalls die Frage, ob das neue architektonische wie soziale Konzept ›Stadt‹ in Architektur und Raumplanung auch neue bauliche Lösungen impliziert. Sind die *oppida* Zeichen eines Kulturtransfers aus dem mediterranen Raum im Zuge der römischen Expansion oder hätten sie auch auf lokaler Basis aus einheimischen Bautraditionen entstehen können? In allen drei Fällen schließen die Autoren aus der gehöftartig strukturierten Innenbebauung der *oppida* zwar auf eine Entstehung dieser Orte im Rahmen von Synoikismen lokaler Gemeinschaften, ähnlich der antiken mediterranen Stadtentwicklung, allerdings unter Beibehaltung älterer Gehöft- und vermutlich auch der dazugehörigen Sozialstrukturen. Erst in einer späteren bewussten Auseinandersetzung mit antiken Baukonzeptionen werden architektonische Zeichensysteme, etwa mit Sichtachsen, Stadtpanoramen und Repräsentationsarchitektur entworfen.

Interessant sind die unterschiedlichen sozialen Implikationen, die die Autoren ziehen. Für Rieckhoff sind der Bau und die wiederkehrenden Renovierungen der Mauer von Bibracte ein bewusster Akt der ethno-politischen Identitätsstiftung mit einem ›Stadtgründungsmythos‹ im Hintergrund. In Manching hingegen findet eine allmähliche Stadtwerdung statt, die in Ortswahl und Bauweise stark auf lokale Traditionen zurückgreift. Wendling geht hier am weitesten, wenn er das Phänomen der latènezeitlichen Großsiedlungen als mögliches Resultat einer gezielten Ansiedlungsstrategie lokaler Eliten sieht, die parallel zur Schaffung ökonomischer Zentren einen Teil der abhängigen Bevölkerung aus dem ländlichen in einen städtischen Raum ausgliedert.

Die Nachweisbarkeit sozialer Eliten im ländlichen und städtischen Raum anhand der Architektur thematisieren die beiden Beiträge aus dem Mittelalter. Janine Fries-Knoblach findet im frühmittelalterlichen Hausbau Bayerns erstaunlich wenige Anhaltspunkte für Eliten, wie sie aus den schriftlichen Quellen bekannt sind. Weder Hausgrößen noch Haustypen lassen sich zweifelsfrei mit Adelssitzen und anderen elitären Wohnplätzen verbinden. Vielmehr scheinen in den schriftlichen Quellen andere Kriterien sozialer Repräsentation wie Landbesitz und Amtsgewalt oder ein feinerer Lebensstil mit kunstvollen, mobilen Einrichtungsgegenständen auf. Claudia Theune zeigt im letzten archäologischen Beitrag, wie die Veränderung der Bautechnik im Hochmittelalter zu einer höheren Lebensdauer und damit effizienterer Rohstoffnutzung beim Hausbau führte. Die Konstruktionstechnik etwa des Fachwerkbaus ermöglichte eine maximale Ausnutzung des knappen Baugrundes in der mittelalterlichen Stadt und zugleich eine funktionale und soziale Differenzierung von Räumen innerhalb der Häuser.

Dass die Archäologie von den in der Architektursoziologie formulierten theoretischen Bausteinen stark profitiert und neue Perspektiven in der Siedlungsforschung entwickelt, zeigen die Beiträge aller Autorinnen und Autoren. Sie erschließen ein Potenzial hinsichtlich der Architektur, das bislang in der deutschsprachigen Forschung verkannt wurde.[8]

---

8 Aufsatzsammlungen zu Siedlung, Architektur und deren sozialer Lesbarkeit finden sich momentan im frankophonen (Bocquet 1997; Coudart 1998; Braemer u. a. 1999) sowie im anglophonen Sprachraum (Brandt / Karlsson 2001; Westgate u. a. 2007).

Ethnologie, Bauforschung und Architektur

In der Völkerkunde stand das Haus lange Zeit nur als Objekt der materiellen Kultur im Blickpunkt. In diesem Kontext trat in den letzten Jahrzehnten die Bedeutung von Architektur als Träger von Symbolik (Blier 1987; Bourdieu 2000) und als soziale Tatsache (*house societies* nach C. Lévi-Strauss, vgl. Carsten/Hugh-Jones 1995) in den Vordergrund. Dabei rückte allerdings – zum Leidwesen der Archäologie – die konkrete materielle Ausgestaltung in den Hintergrund, ihre Dokumentation verkam sogar – wie es Claude Lévi-Strauss (1999, 370) ausdrückte – zu »irgendeiner umständlichen und sinnlosen Aufgabe […], wie etwa, die Entfernung zwischen den Hütten zu messen oder einen nach dem anderen die Äste zu zählen, die für den Bau der verlassenen Wohnstätten verwendet worden sind«.

Mit der Begründung einer *Architectural Anthropology* (Amerlinck 2001) und der stärkeren Berücksichtigung der Funktionsweise materieller Kultur (Hahn 2005) ist das ethnologische Interesse an der Architektur zwar wieder erwacht, in der Zwischenzeit hatte sich jedoch die Dokumentation traditioneller Bauwerke zu einem beträchtlichen Teil außerhalb der Völkerkunde verselbständigt. Sie wird nunmehr in anderem institutionellen Rahmen betrieben, so zum Beispiel am Institut für Baukunst der Technischen Universität Wien, in der *Vernacular Architecture Group*, der *Construction History Society* oder der *International Association for the Study of Traditional Environments*, aber auch im Rahmen ethnoarchäologischer Forschungen (Kent 1990; Piesbergen 2007). Dementsprechend heterogen ist die Gruppe der in diesem Abschnitt zusammengefassten Beiträge: Sie reicht von der theoretischen Ethnologie im ersten Kapitel des Buches (H. P. Hahn, A. Dafinger) über kultur- und sozialanthropologische Fallstudien (H. Mückler), Ethnoarchäologie (Th. Piesbergen), Bauforschung (E. Lehner) bis zur angewandten Siedlungsplanung und Architektur (A. Rieger-Jandl) im dritten Kapitel.

Zuerst positioniert Hans Peter Hahn die ethnologische Beschäftigung mit Raum und gebauter Umwelt im Rahmen der postmodernen Architektur und der Debatten nach dem *spatial turn*. Er prüft kritisch die These einer »sozialen Logik des Raumes«, deren Grundannahmen in der »Baumeisterperspektive« liegen. Seiner Auffassung nach greift diese aber zu kurz, da sie die Handlungsbezüge nicht berücksichtigt, die – mehr als die Struktur und Konfigurationen des gebauten Raumes – tatsächlich konstitutiv für den Zusammenhang von Raum und Bedeutung sind. Überzeugend demonstriert Hahn dies am Beispiel des Zusammenhangs zwischen Geschlecht und Raum, den er als Universalie menschlicher Gesellschaften herausstellt.

Wie ein roter Faden ziehen sich Kritik und Kommentare zum Buch »*The Social Logic of Space*« von Bill Hillier und Julienne Hanson (1984), das in seinem Einfluss wohl kaum zu unterschätzen ist, sowohl durch den archäologischen wie den ethnologischen Teil des vorliegenden Bandes. Andreas Dafinger setzt sich ausführlich mit der Rezeptionsgeschichte und den Kernaussagen der »*Space Syntax Theory*« auseinander. Dabei gilt es zu beachten, dass es sich nicht um ein geschlossenes Theoriegebäude, sondern um ein Bündel unterschiedlicher Ansätze und Begriffe handelt (s. Beitrag N. Müller-Scheeßel u. a., S. 173 ff.). Dafinger gelangt zu dem Schluss, dass sich die »*Space Syntax*« vor allem als Theorie mittlerer Reichweite als nützlich für interdisziplinäre Forschungen erweisen kann. Für konkretere Aussagen zur sozialen Organisation einer Siedlungsgemeinschaft bedarf es aber zusätzlich externer, qualifizierender Analyseebenen – ein Schluss, zu dem auch alle archäologischen Beispiele zur »*Space Syntax*« kommen.

Thomas J. Piesbergen präsentiert ein Teilergebnis seiner umfassenden ethnoarchäologischen Studie zur Lehmarchitektur im vorderasiatischen Neolithikum, in der er für eine Betrachtung der Architektur nicht nur aus funktionaler oder ökonomischer Perspektive eintritt, sondern ein Modell der religiös motivierten Organisation des Raumes erarbeitet. Mit Mut zur Abstraktion entwirft er einen langfristigen Entwicklungsprozess, der mit der unteilbaren Einheit des Kreises (Rundhütte) beginnt und zum orthogonalen, hierarchisch geordneten Kosmos führt, in dem das Sakrale und das Profane getrennt sind.

Am Fallbeispiel des fidschianischen Versammlungshauses führt Hermann Mückler vor Augen, wie durch die Sitzordnung bei der traditionellen Kava-Zeremonie – unterstützt durch die Struktur des Gebäudes – die vertikale Hierarchie der Gesellschaft auf die horizontale Ebene projiziert und durch die spezifische Nutzung der Architektur reproduziert wird.

Erich Lehner zeigt auf instruktive Weise am Beispiel des samoanischen *Fale* und des mongolischen *Ger*, wie hervorragend traditionelle Baustrukturen an höchst unterschiedliche extreme Klimaverhältnisse und Lebensweisen angepasst sind. *Fale* und *Ger* bleiben zwar Symbole kultureller Identität und nationale Wahrzeichen, in der globalisierten Welt sind ihre indigenen Bautraditionen jedoch nicht in der Lage, sich weiterzuentwickeln. Dieser pessimistischen Sicht stellt Andrea Rieger-Jandl ein praktisches Entwurfsprojekt in Ladakh (Nordindien) entgegen, in dem sie aufzeigt, wie lokale, traditionelle Architektur den Bedürfnissen der Bewohnerinnen und Bewohner entsprechend geplant werden und Identität stiften kann – ein Ausweg aus den »Horrorszenarien der weltweiten Homogenisierung«.

Mit den Untersuchungsfeldern Gender, Religion und Identität im Bezug auf Architektur und Raumkonzeption bieten die Ethnologie und ihre benachbarten Disziplinen Anregungen sowohl für Architektursoziologie als auch Archäologie – zumindest in der Prähistorischen Archäologie wurden diese Themen bislang nicht umfassend untersucht. Aus der langfristigen Betrachtung prähistorischer Bautraditionen können aber auch Ethnologie und die architektursoziologische Herangehensweise Gewinn ziehen.

Der vorliegende Band repräsentiert einen ersten Schritt verschiedener Disziplinen auf einander zu. Sie haben sich innerhalb der momentan inflationär ansteigenden Forschungen zum Thema ›Raum‹ und ›Raumsoziologie‹ auf den am konkretesten fassbaren Aspekt, den gebauten Raum – die Architektur – konzentriert. Während ein Austausch zwischen Archäologie und Ethnologie schon lange besteht, hat die Erweiterung des Fächerspektrums sowohl um theoretische Felder wie um praktische Aspekte und rezente Beispiele das heuristische Potenzial einer architektursoziologischen Betrachtung *aller* Architekturen deutlich gemacht – sowohl für deren archäologisch schwer fassbaren Reste als auch für die sich im globalen Wandel befindliche traditionelle Architektur.

Literaturverzeichnis

Amerlinck 2001: M.-J. Amerlinck (Hrsg.), Architectural Anthropology. Westport, Connecticut, London: Bergin & Garvey 2001.

Amman 1889: A. Amman, Guide historique a travers l'exposition des habitations humaines reconstituées par Charles Garnier. Paris: Librairie Hachette 1889.

Auffermann / Orschiedt 2002: B. Auffermann / J. Orschiedt, Die Neandertaler. Eine Spurensuche. Archäologie in Deutschland Sonderheft. Stuttgart: Theiss 2002.

Ault / Nevett 2005: B. A. Ault / L. C. Nevett (Hrsg.), Ancient Greek Houses and Households. Chronological, Regional, and Social Diversity. Philadelphia: University of Pennsylvania Press 2005.

Bachmann-Medick 2006: D. Bachmann-Medick, Cultural turns: Neuorientierungen in den Kulturwissenschaften. Reinbek bei Hamburg: Rowohlt 2006.

Binding 2004: G. Binding, Meister der Baukunst. Geschichte des Architekten- und Ingenieurberufes. Darmstadt: Primus 2004.

Blier 1987: S. P. Blier, The Anatomy of Architecture: Ontology and Metaphor in Batammaliba Architectural Expression. Cambridge: Cambridge University Press 1987.

Bocquet 1997: A. Bocquet (Hrsg.), Espaces physiques, espaces sociaux dans l'analyse interne des sites du néolithique à l'âge du Fer. Actes du 119e congrès national des sociétés historiques et scientifiques, Amiens, 26–30 octobre 1994. Paris: Édition du CTHS 1997.

Bosinski 1987: G. Bosinski, Die große Zeit der Eiszeitjäger. Europa zwischen 40000 und 10000 v. Chr. Jahrbuch des Römisch-Germanischen Zentralmuseums Mainz 34, 1987, 3–139.

Bourdieu 2000: P. Bourdieu, The Berber House or the World Reversed. In: J. Thomas (Hrsg.), Interpretive Archaeology. A Reader. London, New York: Leicester University Press 2000, 495–509 [Erstveröffentlichung: Social Science Information 9, 1972, 151–70].

Braemer u. a. 1999: F. Braemer / S. Cleuziou / A. Coudart (Hrsg.), Habitat et Société. XIXe Rencontres Internationales d'Archéologie et d'Histoire d'Antibes. Antibes: Edition APDCA 1999.

Brandt / Karlsson 2001: J. R. Brandt / L. Karlsson (Hrsg.), From Huts to Houses: Transformations of Ancient Societies. Proceedings of an International Seminar Organized by the Norwegian and Swedish Institutes in Rome, 21–24 September 1997. Stockholm: Svenska Institutet i Rom 2001.

Carsten / Hugh-Jones 1995: J. Carsten / S. Hugh-Jones (Hrsg.), About the house: Lévi-Strauss and beyond. Cambridge: Cambridge University Press 1995.

Coudart 1998: A. Coudart, Architecture et société néolithique. Paris: Éditions de la Maison des Sciences de l'Homme 1998.

Delitz 2009: H. Delitz, Architektursoziologie. Bielefeld: Transcript 2009.

Devlet 1976: M. A. Devlet, Bol'šaja Bojarskaja pisanica. Rock engravings in the Middle Yenisei Basin. Moskau: Nauka 1976.

Döring/Thielmann 2008: J. Döring/T. Thielmann (Hrsg.), Spatial Turn. Das Raumparadigma in den Kultur- und Sozialwissenschaften. Bielefeld: Transcript 2008.

Feinman 1995: G. M. Feinman, The Emergence of Inequality. A Focus on Strategies and Processes. In: T. D. Price/G. M. Feinman (Hrsg.), Foundations of Social Inequality. Fundamental Issues in Archaeology. New York, London: Plenum Press 1995, 255–79.

Fischer 2009: J. Fischer, Zur Doppelpotenz der Architektursoziologie: Was bringt die Soziologie der Architektur – Was bringt die Architektur der Soziologie? In: Fischer/Delitz 2009, 385–414.

Fischer/Delitz 2009: Ders./H. Delitz (Hrsg.), Die Architektur der Gesellschaft. Theorien für die Architektursoziologie. Bielefeld: Transcript 2009.

Frank u. a. 2008: M. C. Frank/B. Gockel/T. Hauschild/D. Kimmich/K. Mahlke, Räume - Zur Einführung. Zeitschrift für Kulturwissenschaften 2, 2008, 7–16.

Grøn 1991: O. Grøn, A Method for Reconstruction of Social Structure in Prehistoric Societies and Example of Practical Applications. In: Ders. (Hrsg.), Social Space. Human Spatial Behaviour in Dwellings and Settlements. Proceedings of an Interdisciplinary Conference. Odense: Odense University Press 1991, 100–17.

Hahn 2005: H. P. Hahn, Materielle Kultur. Eine Einführung. Berlin: Reimer 2005.

Hillier/Hanson 1984: B. Hillier/J. Hanson, The Social Logic of Space. Cambridge: Cambridge University Press 1984.

Jelínek 1986: J. Jelínek, Das Dach über dem Kopf. Die Anfänge der menschlichen Architektur. Katalog zur Ausstellung aus den Sammlungsfonds des Anthropos-Instituts des Mährischen Landesmuseums Brünn. Katalog des Niederösterreichischen Landesmuseums Neue Folge 318. Asparn a. d. Zaya: Museum für Urgeschichte des Landes Niederösterreich 1986.

Jung im Druck: M. Jung, Anmerkungen zur sozialhistorischen Interpretation der Lehmziegelmauer der Heuneburg. In: P. Trebsche/I. Balzer/Ch. Eggl/J. Fries-Knoblach/J. Koch/J. Wiethold (Hrsg.), Architektur: Interpretation und Rekonstruktion. Beiträge zur Sitzung der AG Eisenzeit während des 6. Deutschen Archäologie-Kongresses in Mannheim 2008. Beiträge zur Ur- und Frühgeschichte Mitteleuropas 55. Langenweißbach: Beier und Beran im Druck.

Kent 1990: S. Kent (Hrsg.), Domestic Architecture and the Use of Space. An Interdisciplinary Cross-Cultural Study. Cambridge: Cambridge University Press 1990.

Klotz 2001: H. Klotz (Hrsg.), Von der Urhütte zum Wolkenkratzer. 25 Modelle zur Geschichte der Architektur. Frankfurt a. M.: Deutsches Architektur Museum ²2001.

Läpple 1991: D. Läpple, Essay über den Raum. Für ein gesellschaftswissenschaftliches Raumkonzept. In: H. Häußermann u. a. (Hrsg.), Stadt und Raum. Pfaffenweiler: Centaurus-Verlag 1991, 157–207 [http://www.rainer-rilling.de/gs-villa07-Dateien/laepple.pdf; 7.12.2009].

Lehner 2003: E. Lehner, Elementare Bauformen außereuropäischer Kulturen. Wien, Graz: Neuer Wissenschaftlicher Verlag 2003.

Lévi-Strauss 1999: C. Lévi-Strauss, Traurige Tropen. Frankfurt a. M.: Suhrkamp 1999 [Erstausgabe: Paris 1955].

Löw 2001: M. Löw, Raumsoziologie. Frankfurt a. M.: Suhrkamp 2001.

Mergel 1998: T. Mergel, Geschichte und Soziologie. In: H.-J. Goertz (Hrsg.), Geschichte. Ein Grundkurs. Reinbek bei Hamburg: Rowohlt 1998, 621–51.

Müller-Karpe 1998: H. Müller-Karpe, Grundzüge früher Menschheitsgeschichte. 1. Von den Anfängen bis zum 3. Jahrtausend v. Chr. Stuttgart: Theiss 1998.

Müller-Scheeßel 2001: N. Müller-Scheeßel, Fair Prehistory: Archaeological Exhibits at French Expositions universelles. Antiquity 75, 288, 2001, 391–401.

Narr 1982: K. J. Narr, Wohnbauten des Jungpaläolithikums in Osteuropa. In: D. Papenfuss / V. M. Strocka (Hrsg.), Palast und Hütte. Beiträge zum Bauen und Wohnen im Altertum von Archäologen, Vor- und Frühgeschichtlern. Tagungsbeiträge eines Symposiums der Alexander von Humboldt-Stiftung Bonn-Bad Godesberg veranstaltet vom 25.–30. November 1979 in Berlin. Mainz: Philipp von Zabern 1982, 3–19.

Oliver 1997: P. Oliver (Hrsg.), Encyclopedia of Vernacular Architecture of the World Cambridge: Cambridge University Press 1997.

Pétrequin u. a. 1999: P. Pétrequin / A. Viellet / N. Illert, Le Néolithique au nord-ouest des Alpes: rythmes lents de l'habitat, rythme rapide des techniques et des styles? In: F. Braemer u. a. 1999, 297–323.

Piesbergen 2007: Th. J. Piesbergen, Der kontextuelle Raum im vorderasiatischen Neolithikum. Die Entwicklung der Lehmarchitektur, die Sozio-Ökonomie des Bauens und Wohnens und die kulturelle Organisation des architektonischen Raums. BAR International Series 1589. Oxford: Hedges 2007.

Roscoe 2000: P. Roscoe, New Guinea Leadership as Ethnographic Analogy: A Critical Review. Journal of Archaeological Method and Theory 7, 2, 2000, 79–126.

Rykwert 2005: J. Rykwert, Adams Haus im Paradies: Die Urhütte von der Antike bis Le Corbusier. Berlin: Gebr. Mann 2005 [Erstausgabe: New York 1972].

Schäfers 2003: B. Schäfers, Architektursoziologie. Grundlagen – Epochen – Themen. Opladen: Leske + Budrich 2003.

Schäfers 2009: Ders., Architektursoziologie. Zur Geschichte einer Disziplin. In: Fischer / Delitz 2009, 365–84.

Schroer 2006: M. Schroer, Räume, Orte, Grenzen. Auf dem Weg zu einer Soziologie des Raums. Frankfurt a. M.: Suhrkamp 2006.

Schroer 2008: Ders., »Bringing space back in«. Zur Relevanz des Raumes als soziologischer Kategorie. In: Döring / Thielmann 2008, 125–48.

Schuller u. a. 1989: W. Schuller / W. Hoepfner / E.-L. Schwandner (Hrsg.), Demokratie und Architektur. Der hippodamische Städtebau und die Entstehung der Demokratie. Konstanzer Symposion von 17. bis 19. Juli 1987. Wohnen in der klassischen Polis 2. München: Deutscher Kunstverlag 1989.

Schwandner / Rheidt 2004: E.-L. Schwandner / K. Rheidt (Hrsg.), Macht der Architektur – Architektur der Macht. Bauforschungskolloquium in Berlin vom 30. Oktober bis 2. November 2002 veranstaltet vom Architektur-Referat des DAI. Diskussionen zur Archäologischen Bauforschung 8. Mainz: Philipp von Zabern 2004.

Todorova 1982: H. Todorova, Kupferzeitliche Siedlungen in Nordostbulgarien. Materialien zur Allgemeinen und Vergleichenden Archäologie 13. München: Beck 1982.

Trebsche 2009: P. Trebsche, Does Form Follow Function? Towards a Methodical Interpretation of Archaeological Building Features. World Archaeology 41, 3, 2009, 504–18.

Vogt 1981: W. P. Vogt, Über den Nutzen des Studiums primitiver Gesellschaften: Eine Anmerkung zur Durkheim-Schule 1890–1940. In: W. Lepenies (Hrsg.), Geschichte der Soziologie. Studien zur kognitiven, sozialen und historischen Identität einer Disziplin 3. Frankfurt a. M.: Suhrkamp 1981, 276–97.

Weiler 2001: G. Weiler, DOMOS THEIOU BASILEOS. Herrschaftsformen und Herrschaftsarchitektur in den Siedlungen der Dark Ages. Beiträge zur Altertumskunde 136. München, Leipzig: K. G. Saur 2001.

Westgate u. a. 2007: R. Westgate / N. Fisher / J. Whitley (Hrsg.), Building Communities: House, Settlement and Society in the Aegean and Beyond. Proceedings of a Conference held at Cardiff University, 17–21 April 2001. British School at Athens Studies 15. London: 2007.

BERNHARD SCHÄFERS

Architektursoziologie.
Grundlagen – theoretische Ansätze – empirische Belege

Zusammenfassung: Erst in der Gegenwart tritt die Architektursoziologie aus dem Schatten der Stadt- und der Wohnungssoziologie, um in einem allgemeinen und umfassenderen Verständnis als bisher geschehen das Verhältnis von »Mensch und Architektur zu analysieren. Architektur ist die materielle Basis zur »Verortung« des Menschen im dreidimensionalen Raum; die Gestaltung der gebauten Umwelt gibt Anhaltspunkte und Sicherheiten für das jeweils relevante soziale Handeln. Die Soziologie als Wissenschaft vom Sozialen hat die Besonderheiten dieses Verhältnisses zu klären und dadurch auch zur Verbesserung der menschlichen Lebenswelt beizutragen. Zu den Gemeinsamkeiten von Architektur und Soziologie zählen: die Raumerfahrung und damit verbundene kulturspezifische Muster des Umgangs mit Phänomenen wie Dichte und Distanz, Enge und Weite; die Bedeutung von Symbolen und Zeichen; die Fragen des sozialen und kulturellen Wandels (wie sie sich auch in bestimmten Stilen und Ästhetiken äußern).
Die Skizzierung von Analysefeldern der Architektursoziologie führt zu folgender Definition: *Architektursoziologie untersucht die Zusammenhänge von gebauter Umwelt, sozialem Handeln und den dominanten Sozialstrukturen, unter Berücksichtigung der ökonomischen und politischen Voraussetzungen. Hierbei kommt den klassen- und schichtspezifischen Raumnutzungsmustern und den architektonischen Symbolsystemen besondere Bedeutung zu. Untersuchungsfelder sind weiterhin die Strukturen des Bauprozesses, der Partizipation und die jeweiligen Eigentumsverhältnisse.*
Abschließend wird darauf hingewiesen, dass Analysegesichtspunkte der Architektursoziologie prinzipiell auch auf frühere Epochen und außereuropäische Kulturen angewandt werden können (baulich-räumliche Zuweisungen für Mann und Frau, Jung und Alt, Öffentliches und Privates, Klassen und Schichten, Herrschende und Beherrschte). Doch ist bewusst zu halten, dass Begrifflichkeit und Intention der Soziologie aus der Zeit der Aufklärung und der aus ihr resultierenden Moderne stammen.

Zur Einführung

Die Architektur sei, so sagte Friedrich Achleitner im November 2008 in Karlsruhe bei der Entgegennahme des Erich-Schelling-Preises für Architekturtheorie, die einzige Kunst, der der Mensch nicht entkomme. Bücher könne man ignorieren, ebenso wie die Musik oder alle Erzeugnisse der bildenden Kunst.

Wenn das Verhältnis Mensch–Architektur unentrinnbar ist: Was kann die Soziologie als Wissenschaft vom Sozialen beitragen, es aufzuhellen? Welche Relevanz hat die Architektur für die Strukturierung der einzelnen Handlungsfelder, für Wohnen und Arbeiten, für die Formen des Zusammenlebens in familiären, kulturellen und religiösen Gemeinschaften, für die öffentlichen und halböffentlichen Bereiche des städtischen Lebens? Die Aufzählung müsste die ganze Lebenswelt der Menschen umfassen, denn überall ist Architektur mit im Spiel: geglückte, die die Handlungsabläufe unterstützt, weniger geglückte, die sie ignoriert oder behindert. Doch wer entscheidet, ob eine Architektur geglückt ist? Allein die Nutzer? Hat Architektur nicht auch die Aufgabe, über gegebene Nutzungen hinauszuführen, Zukunft zu öffnen und zur »ästhetischen Erziehung des Menschen« (Friedrich von Schiller) beizutragen?

Definitionen von Architektur und Architektursoziologie. Theoretische Zugänge

Die Bedeutung der Architektur und ihre enge Verbindung zur kulturellen und sozialen Lebenswelt werden in folgenden Punkten deutlich:

- In anthropologischer Perspektive ist Architektur die Selbstvergewisserung und »Verortung« des Menschen im dreidimensionalen Raum; sie gibt ihm räumlich und oft auch zeitlich Anhaltspunkte für Handlungserwartungen.
- Architektur repräsentiert die jeweiligen Formen des menschlichen Zusammenlebens.
- Architektur ist Ausdruck sozialer Hierarchien, von Macht und Herrschaft. Auch die Planung von Zugänglichkeit oder Unzugänglichkeit der Räume und Territorien gehört zu den früh und vielfältig eingesetzten Mustern der Herstellung von Distanz und Differenz.
- Architektur aus den verschiedenen Epochen ist das sichtbarste Zeichen für kulturellen und sozialen Wandel; sie symbolisiert das kollektive Gedächtnis eines Volkes bzw. einer Gesellschaft.

Die enge Verbindung von Architektur und Lebenswelt kommt in folgender Definition zum Ausdruck: »Architektur geht als gegenständliche Äußerung aus konkreten Tätigkeiten und Lebensverhältnissen hervor; diese drücken sich in ihr aus. Umgekehrt werden Lebensverhältnisse und Handeln durch Architektur beeinflusst und erhalten durch sie einen Teil ihres Sinns. Die Wechselwirkung ist eingebettet in kulturelle Paradigmen, die Veränderungen unterworfen sind. Auch dort, wo Architektur autonom scheint im Bereich von Gestalt, Typus und Tektonik, ist sie anthropologisch und kulturell bedingt« (Janson 1999, 41).

Aus dem Verständnis und Selbstverständnis von Architektur ergeben sich Hinweise für Analysefelder der Architektursoziologie:

- Sie fragt nach den Grundlagen der Orientierung der Menschen im Raum bzw. der gebauten Umwelt. Hierbei spielen im Innen- und Außenbereich der Bauwerke Zeichen und Symbole sowie die »Sprache der Architektur« mit ihren Semantiken und Codierungen eine wichtige Rolle.

- Sie analysiert die klassen- und kulturspezifischen Raumnutzungsmuster, unter Einschluss der gender- und altersspezifischen Besonderheiten.
- Sie untersucht die sozialen und kulturellen Ursachen der Veränderung architektonischer Stile und den Wandel der Bauaufgaben. Epochen der Kultur-, der Sozial- und Wirtschaftsgeschichte werden so als Epochen der Architektur- und Stadtgeschichte einsichtig.
- Sie berücksichtigt die sozialen, technischen, ökonomischen und rechtlichen Dimensionen des Bauens, der Eigentumsverhältnisse und den Wandel der Architektur als Beruf.

Die keineswegs abschließend genannten Aufgabenfelder führen zu folgender Definition:

Architektursoziologie untersucht die Zusammenhänge von gebauter Umwelt, sozialem Handeln und den dominanten Sozialstrukturen, unter Berücksichtigung der ökonomischen und politischen Voraussetzungen. Hierbei kommt den klassen- und schichtspezifischen Raumnutzungsmustern und den architektonischen Symbolsystemen besondere Bedeutung zu. Untersuchungsfelder sind weiterhin die Strukturen des Bauprozesses, der Partizipation und die jeweiligen Eigentumsverhältnisse.

Es ist offenkundig, dass die Soziologie für diese Untersuchungsfelder kein Monopol hat. In der Archäologie, der Bau- und Kunstgeschichte und vor allem in der Architekturtheorie geht es oft um ähnliche Fragen. Zu den Gemeinsamkeiten zählen 1. die Bedeutung von Symbolen für das soziale Handeln und die Sprache der Architektur; 2. die anthropologisch fundierte Raumerfahrung und damit verbundene kulturspezifische Muster des Umgangs mit Phänomenen wie Dichte und Distanz, Enge und Weite. Auf einer anderen Ebene liegen die Fragen, wie und ob Ästhetik und Stil als Indikatoren des sozialen und kulturellen Wandels zu sehen sind.

Die theoretischen Zugänge zur Soziologie der Architektur umfassen je nach dem zu untersuchenden Objekt im Prinzip alle Paradigmen der Theoriebildung (Schäfers/Kopp 2006, 280 ff.), die sich wie folgt systematisieren lassen:
- die Philosophische Anthropologie und alle von der Phänomenologie (Edmund Husserl) herkommenden Ansätze (Alfred Schütz, Thomas Luckmann);
- die Verhaltens- und Handlungstheorien, vom Behaviorismus bis zur verstehenden Soziologie Max Webers, von der Theorie rationalen Entscheidens und Handelns (Rational Choice) bis zum Symbolischen Interaktionismus;
- der Strukturfunktionalismus und die Systemtheorie (Talcott Parsons, Robert K. Merton, Niklas Luhmann);
- die gesellschaftstheoretischen Ansätze des Marxismus und der Kritischen Theorie;
- die Zivilisations- und Prozesstheorie von Norbert Elias.

Der Mensch als *animal symbolicum*. Die Verständigung über Zeichen als Grundlage des sozialen Handelns und der Architektur

Der Philosoph Ernst Cassirer (1874–1945) charakterisierte den Menschen als *animal symbolicum*, als ein Wesen, das für seine Welterfassung und Orientierung auf Symbole angewiesen sei (Cassirer 1990). Kulturentwicklung basiert seit ihren frühesten Anfängen auf der Entwicklung von immer mehr und immer komplexeren Symbolsprachen und Zeichen.

Ein Zeichen »kann in Beziehung zu seinem Objekt *Ikon, Index, Symbol* sein« (Friedrich 1999, 61). Da die Architektur sich aller Elemente bedient, muss sich auch die Architektursoziologie sehr weit auf eine Theorie der Zeichen einlassen.

Für vergangene Kulturen ist es oft nicht eindeutig zu bestimmen: War dies oder jenes als Ikon, als Abbild, gemeint, oder nur als Verweis auf Abwesendes (Index) oder ein Symbol für heute zum Teil unbekannte Bedeutungen? Geht man davon aus, dass es Zeichen an sich nicht gibt und ihre Verwendung auch in der Architektur der Übereinkunft bedarf, findet sich eine auffällige Sinnfälligkeit der Zeichen im Hinblick auf das bezeichnete Objekt seit den ersten Hochkulturen. Betrachten wir die ältesten Zeichensprachen, die Bilderschriften der ägyptischen oder sumerischen Hieroglyphen, so überrascht, wie ähnlich sie den modernen Piktogrammen sind (vgl. die Abbildungen bei Frutiger 2006, 12).

Typisch für den architektur-semiotischen Ansatz, wie ihn Umberto Eco (1972) entwickelte, ist die Interpretation einzelner Elemente baulicher, maßstäblicher, materialer oder funktionaler Art als Zeichen. Einen hervorragenden Stellenwert haben die Säule, die Symmetrie, der Goldene Schnitt. Von den baulichen Gestaltungselementen im Außenbereich sind es die Tür bzw. Schwelle, Fenster und Dach. Es gibt Eindeutigkeiten der sozialen und kulturellen, der symbolhaften und rituellen »Nutzungszuweisung« von Anfang an, seit den vormodernen Architekturen.

Im Zusammenhang der Diskussion um die Architektur der Postmoderne erhielt der Begriff *Code* einen hervorragenden Stellenwert; er steht für die Lesbarkeit der Architektur und ihre Bedeutung: architekturgeschichtlich und ästhetisch, sozial und kulturell. Es war nicht zuletzt der Architekturtheoretiker Robert Venturi, der mit einem Beitrag über »Komplexität und Widerspruch in der Architektur« (1966) neue Codierungen in der Sprache der Architektur einforderte, um auf die Komplexität in der Gesellschaftsstruktur hinzuweisen. Venturis Schlussfolgerung lautete: »Ich will über eine komplexe und widerspruchsfreie Architektur sprechen, die von dem Reichtum und der Vielgestaltigkeit moderner Lebenserfahrung zehrt« (Venturi 2002, 515).

Die Schichtungspyramiden, die soziologisch alles in überschaubare Ordnungen brachten, wurden durch die Entwicklungen in der Arbeits- und Berufsstruktur mehr und mehr obsolet. Milieus und Lebensstile ganz neuer, postmoderner Art erhöhten die soziale und kulturelle Vielfalt. Pierre Bourdieu (1982) zeigte im Hinblick auf den *Habitus,* welche Rolle dem verfügbaren kulturellen und sozialen Kapital der Individuen zukommt. Charles Jencks (1980), der wohl bedeutendste Theoretiker der postmodernen Architektur, forderte *Doppelcodierungen,* damit sich die Architektur auch dem »Mann auf der Straße« verständlich machen könne. Architektur zu »lesen« dürfe nicht länger nur den Gebildeten und einer kleinen Elite vorbehalten werden.

Bestimmte Inhalte der für Architektur und Soziologie gleich wichtigen Theorie der Zeichen lassen sich in der Sprache der Systemtheorie Niklas Luhmanns formulieren. Luhmanns Arbeit über »Reflexive Mechanismen« aus dem Jahr 1966 liest sich heute wie ein früher Beitrag zur Theorie der Postmoderne bzw. der Zweiten Moderne: »Die Systemrelevanz eines Mechanismus wird durch Offenheit für Alternativen vermittelt und nicht durch die Starrheit bestimmter Zustände: Mechanismen können variiert und Probleme können anders gelöst werden« (Luhmann 1970, 92). Für dieses Phänomen benutzte Luhmann auch den aus der scholastischen Philosophie stammenden Begriff der Kontingenz: Alles kann auch anders sein; Strukturen sind variabler als Funktionen. Über diese mit zu denkenden Variationsmöglichkeiten sagt Luhmann in »Die Gesellschaft der Gesellschaft«, seinem letzten größeren Werk, »dass ein Zeichen die eigene Funktion mitbezeichnet, also reflexiv wird« (Luhmann 1997, 319). Die Postmoderne zeigt, so lässt sich folgern, in ihren Bauwerken, wie z. B. bei der Staatsgalerie in Stuttgart (James Sterling) aus den frühen 1980er Jahren, das Reflexivwerden der Zeichen der Architektur aus den letzten drei Jahrtausenden und ihr Zusammenspiel zu etwas völlig Neuem.

In einer Referenz an den *genius loci* Wien ist an den Soziologen, Philosophen und Angehörigen des »Wiener Kreises«, Otto Neurath (1882–1946), zu erinnern. Er ist mit seiner »Wiener Methode der Bildstatistik« ein wichtiger Vorläufer der Piktogramme, die seit Otl Aichers Bildprogramm für die Münchener Olympischen Spiele des Jahres 1972 einen Siegeszug um die ganze Welt angetreten haben. Piktogramme ermöglichen, sich anhand einer symbolhaften Zeichensprache an sehr verschiedenen Orten, z. B. in einem Flughafen, in allen Kontinenten sicher und zielorientiert zu bewegen. Doch im Gegensatz zu den Piktogrammen mit ihrem Verweis auf bestimmte Elemente komplexer Gebäude und Räume ging es Neurath beim Einsatz der Bildsprache um die Errichtung der Gebäude nach neuen Prinzipien. Seine »Wiener Bildsprache« sollte zu einer einheitlichen Auffassung von dem, was Architektur den Menschen bedeutet, beitragen (vgl. Neurath 1936; Vossoughian 2008).

Neurath entwickelte sein Programm einer international verständlichen Bildsprache aus dem Geist der einen, sozialistischen Menschheit. Wie Le Corbusier, Walter Gropius und andere Protagonisten des Bauhauses und des Internationalen Stils ging er davon aus, dass die Piktogramme der ISOTYPE (International System Of TYpographic Picture Education), zumal in Verbindung mit einem entsprechenden Erziehungsprogramm und breiter Partizipation der Betroffenen, zu höherer Akzeptanz von Gebäuden und Stadträumen führen.

Neurath wurde von Gropius' Nachfolger in der Leitung des Bauhauses, dem sozi-
alistisch orientierten Hannes Meyer, nach Dessau eingeladen, um über seine Bildsprache zu informieren. Das Lehrprogramm galt nicht nur der Entwicklung und Vermittlung der »Wiener Bildsprache«, sondern sollte auf eine breite Partizipation aller
Beteiligten und Betroffenen am Bauprozess hinauslaufen. Es lag in den Intentionen
des Bauhauses, und nicht nur in der Spätphase unter Hannes Meyer, die Architektur
und die Soziologie zu Vehikeln einer rationalen, demokratischen Gesellschaftspolitik
zu machen. Neurath ist darum auch ein wichtiger Vorläufer der seit Ende der 1960er
Jahre so intensiven Diskussion um mehr Partizipation bei Bau- und Planungspro-
zessen.

Raum als Grundkonstellation für Architektur und Soziologie

Architektur ist gebauter bzw. umbauter Raum; soziales Handeln ist im Hinblick auf
seine Zwecke auf bestimmte Raumkonstellationen angewiesen. Auch das kollektive
Gedächtnis, auf das Maurice Halbwachs, der Schüler Emile Durkheims, in eindring-
lichen historisch-architektonischen Studien hingewiesen hat, formt und bewegt sich
»innerhalb eines räumlichen Rahmens« (Halbwachs 1985, 142).
     Die hiermit verbundenen Fragen geben Gelegenheit, auf den wichtigsten Vorläu-
fer des architektursoziologischen Denkens hinzuweisen, auf Georg Simmel (1858
in Berlin geboren, 1918 in Straßburg gestorben, wo er, sehr verspätet, noch zu einer
Professur gekommen war). Seine Beiträge zur Soziologie von Ästhetik und Stil, von
Raum und Grenze sind ein unerschöpfliches Reservoir auch für Ansätze der Archi-
tektur- und Stadtsoziologie (Simmel 1968; 1998). Obwohl Simmel nachdrücklich auf
die »Raumbedeutung der Dinge und Vorgänge« für alle »Vergesellschaftungsformen«
hinweist, sind für ihn die räumlichen Vorgaben zunächst nicht das Entscheidende für
das soziale Handeln und seine Figurationen. Nicht die räumliche Nähe oder Distanz
schaffe die besonderen Eigenschaften der Nachbarschaft oder Fremdheit, sondern
räumliche Konstellationen haben in genuin sozialen und sozialpsychologischen Voraussetzungen ihre Wurzeln.
     Die Umkehr der Blickrichtung, vom Sozialen und seinen Figurationen her zu
denken und dann nach den adäquaten räumlich-architektonischen Konstellationen zu
fragen, sollte eine Grundorientierung der Architektursoziologie sein. Soziale Figurationen (mit dem Ausdruck von Norbert Elias) benötigen klare Grenzziehungen nach
innen und außen; das lässt sich an einer sozialen Gruppe ebenso gut demonstrieren
wie an Organisationen oder Institutionen. Der Grenze als einer »Grundqualität der
Raumform« widmete Simmel besondere Aufmerksamkeit: »Die Grenze ist nicht
eine räumliche Tatsache mit soziologischen Wirkungen, sondern eine soziologische
Tatsache, die sich räumlich formt« (Simmel 1968, 467). Dass es sich letztlich um
Wechselwirkungen – ein Zentralbegriff der Simmelschen Soziologie – handelt, also

Sozial- und Raumform in einem unauflöslichen Spannungsverhältnis stehen, ist evident.

Die Soziologie ist, zusammen mit der Anthropologie und Sozialpsychologie, aufgerufen, das räumlich fixierte Sozialverhalten als eine spezifische Ausprägung des Territorialverhaltens genauer zu analysieren. Wohnen ist in dieser Perspektive der Prototyp des territorialen Verhaltens. Bis heute unübertroffene Analysen zu den anthropologischen Grundlagen des räumlich fixierten sozialen Verhaltens finden wir in den Werken von Erving Goffman (1922–1982) und von Edward T. Hall.

Hall geht von »Distanzierungsregeln bei Tieren« und Tierpopulationen mit zu engem Lebensraum aus. Für menschliches Verhalten grundlegend und architektursoziologisch von höchster Relevanz ist die von ihm entwickelte »Dynamik des Raumes« (Hall 1976, 118 ff.). Die Systematik beginnt mit der »intimen Distanz«, die vom körpereigenen und hautnahen Bereich ausgeht, in dem Berührungen der Übereinkunft bedürfen und der – je nach kulturspezifischen Mustern – bis zu 15–45 cm reicht. Die »persönliche Distanz« hat mit der Griff- und Reichweite gegenüber dem oder den anderen zu tun. Nur besondere Situationen erlauben, z. B. im Kino oder im Bus, ein Eindringen in diesen Distanzbereich. Mit diesem Distanzmaß ist, so Hall, »die Grenze der körperlichen Herrschaft im eigentlichen Sinn« erreicht. Es folgen die »soziale Distanz« und die »öffentliche Distanz«, von Hall ebenfalls mit spezifischen Abstands- bzw. Raummaßen versehen.

Für Architektur und Städtebau, für die Planung von Innen- und Außenräumen, sind diese vier Distanzen ein hilfreicher Leitfaden. Sie bringen, zusammen mit Erving Goffmans (1974) Kriterien für das »Territorium des Selbst« und »das Individuum im öffentlichen Austausch«, die äußerst komplexen Strukturen der Raumaneignung, des Raumempfindens und Raumverhaltens in eine für die Soziologie und die Architektur aufschlussreiche Systematik.

Relativierungen der von Hall angegebenen Distanzen sind sowohl im Hinblick auf unterschiedliche Epochen als auch Kulturen erforderlich. Die Kriterien für die angegebenen »Territorien« unterliegen kulturspezifischen Mustern; Auffassungen von Dichte und Enge, erforderlicher Distanz und Raumanspruch zeigen große Variationen, die auch innerhalb einer bestimmten Kultur mit unterschiedlicher Sozialisation und einem spezifischen *Habitus* zu tun haben. In arabischen *Souks* herrscht eine Dichte und Körpernähe, die in europäischen Städten nur im Ausnahmefall ertragen wird. Die unglaubliche Dichte der Körper in einer japanischen U-Bahn wird, so scheint es, durch Techniken meditativer Versenkung besser ausgehalten als in U-Bahnen hierzulande. Das *Selbst* scheint im Körper zu ruhen und kann vorübergehend auf Distanz verzichten. Hall (1976) hat diesem Phänomen ein eigenes Kapitel gewidmet: »Proxemik im Kulturvergleich«.[1]

---

1 Der Begriff »Proxemik« dürfte von *proximity*, Nähe, abgeleitet sein.

Stil als Indikator des sozialen und kulturellen Wandels

Auch dieser Punkt gibt Gelegenheit, einen wichtigen Vorläufer des architektursoziologischen Denkens kurz aufzurufen: Wilhelm Heinrich Riehl (1823–1897), der zu den Mitbegründern der Volkskunde und der Familiensoziologie gehört. Riehl erwanderte sich seine Beobachtungen, die aber – an Hegel geschult – hoch reflektiert sind. Im erstmalig 1854 erschienenen Werk »Land und Leute« finden sich zahlreiche architektursoziologisch relevante Aussagen.

Veränderungen in der Bauweise und ihrer Symbolsprache deutete Riehl als gewollte Veränderungen der sozialen und politischen Verhältnisse. Ein Beispiel: Der Klage über die geistigen und architektonischen Importe aus Amerika folgt eine Kritik der in den 1840er Jahren durch Franz Karl Leo von Klenze und Friedrich von Gärtner fertig gestellten Münchener Ludwigstraße, einem Ensemble klassizistischer Bauten zwischen Feldherrnhalle und Siegestor. In »Land und Leute« heißt es hierzu: »Sie nimmt sich bei aller Schönheit im Einzelnen dennoch aus wie ein todtes akademisches Modell, nicht wie eine natürliche Straße [...]. Allen ihren schönen Häusern sieht man es an, dass sie theoretisch ersonnen, nicht aus dem praktischen Bedürfniß von innen heraus gebaut worden sind [...]. Jedes Haus hat nur eine Front, keines ein Profil« (Riehl 1861, 231 f.).

Bereits mit Riehl kann man lernen, dass Stilfragen und die Symbole der Architektur und Stadtgestaltung nicht nur diesen Disziplinen und der Ästhetik überlassen werden sollten, sondern auch als Ausdruck des sozialen und kulturellen Wandels und – wohl öfter, als uns bewusst ist – des politischen Willens zu analysieren sind.

Wie bei Riehl finden sich auch bei Georg Simmel Aussagen in seiner »Soziologischen Ästhetik« (1896), die in integraler, fachspezifisch noch nicht auseinander gerissener Perspektive Zusammenhänge zwischen der Psyche des Menschen, sein nur in »Ordnungen« (z. B. Symmetrien) stabilisierbares inneres Gleichgewicht und verbindende Gemeinsamkeiten mit anderen Menschen, z. B. über die Entwicklung von Stil, zeigen. In seiner Abhandlung »Das Problem des Stils« definierte Simmel Stil als »ästhetische(n) Lösungsversuch des großen Lebensproblems, wie ein einzelnes Werk oder Verhalten, das ein Ganzes, in sich Geschlossenes ist, zugleich einem höheren Ganzen, einem übergreifend einheitlichen Zusammenhang angehören« könne (Simmel 1998, 151 f.).

Empirische Beispiele

Das erste Beispiel stammt aus der relativ gut ausgebauten Wohnungssoziologie; sie hat, zusammen mit der Stadtsoziologie (Schäfers 2006b), die größte Nähe zur Architektursoziologie, die in einzelnen Fällen bis zur Ununterscheidbarkeit führen kann, wie in der Untersuchung des Potsdamer Platzes in Berlin (Fischer/Makropoulos 2004).

In ihrer an der Zivilisationstheorie von Norbert Elias (1897–1990) orientierten Darstellung über »Wohnungsbau im Wandel der Wohnzivilisierung und Genderverhältnisse« macht Katharina Weresch (2005) deutlich, wie breit das Spektrum der Wohnungssoziologie zu sein hat: Es reicht von den Mikrostrukturen des sozialen Handelns und den jeweils zeittypischen »Figurationen« (ein Grundbegriff der Soziologie von Elias) bis zu Prozessen des sozialen und zivilisatorischen Wandels und damit den Veränderungen der Gesellschaftsstruktur. Ihre Analysen zeigen diesen Wandel von der höfischen Architektur des 17. Jahrhunderts bis zum Wohnungsbau der Gegenwart.

Die Basis der Veränderungen sind soziale und kulturelle Prozesse im Arbeitsbereich, im privaten und im öffentlichen Raum. Die Entstehung der bürgerlichen Gesellschaft und der bürgerlichen Familie führten seit der Industriellen Revolution zu völlig neuen Raumansprüchen; sie setzten die Trennung von Wohn- und Arbeitsbereich für immer breitere Schichten voraus. Seit den 1970er Jahren führen die Auffächerung der familiären und der Haushaltsstrukturen, die Veränderungen im Geschlechterverhältnis und der Rückgang der Geburten zu Veränderungen der »typischen« bürgerlichen Familie und ihrer Kulturmuster. Das erfordert neue Konzeptionen sowohl im Wohnungs- als auch im Städtebau.

Wenn die Wohnungssoziologie sozialgeschichtlich so breit angelegt ist wie bei Weresch (2005), kann sie der Architektursoziologie in vielen Punkten als Vorbild dienen. Im Hinblick auf zeittypische Stilfragen und Ästhetik, auf die Sprache der Architektur, ihre Symbole und Codierungen kann sie diese jedoch nicht ersetzen.

Das zweite Beispiel geht von einem bestimmten Gebäudetyp aus. Es wäre, zumal in Wien, sehr reizvoll, das Thema Kirchenbau zu wählen, weil damit ein Gebäudetyp erfasst ist, der auf die Reformen der Liturgie ebenso antworten muss wie auf die raschen Veränderungen der Parochie und des jeweiligen Stadtviertels. Ich wähle gleichwohl den Schulbau. Kaum ein anderer Gebäudetyp zeigt so sehr den Wandel von politischen Systemen, sozialen und kulturellen Strukturen wie die Schule.

In großer Zahl, auch um die allgemeine Schulpflicht definitiv durchzusetzen, entstanden im letzten Drittel des 19. Jahrhunderts Schulbauten, die als typisch für das Wilhelminische Kaiserreich anzusehen sind. Sie waren ganz auf Ordnung und Disziplin hin gebaut; die großen Schulhöfe erlaubten das Antreten aller Schülerinnen und Schüler. In den Klassen fand sich das erhöhte Katheder; Herrschaftssymbolik schmückte die Fassaden.

Die Ideen der Reformpädagogik nach dem Ersten Weltkrieg brachten einen völlig neuen Gebäudetyp hervor, nachdem bereits vor dem Ersten Weltkrieg die Jugendbewegung, der Jugendstil und die Pädagogik zu wesentlichen Auflockerungen in den Codierungen geführt hatten. So fanden sich z. B. verspielte Darstellungen aus Märchen oder der Naturverbundenheit junger Menschen in den Reliefs über dem Schuleingang und an vielen anderen, für das Schulleben wichtigen Stellen. Die Reformpädagogik von Rudolf Steiner oder Maria Montessori war vollends mit einem entsprechenden Bau- und Raumprogramm verbunden, wozu bei Steiner – wie später bei Friedensreich

Hundertwasser – die Vermeidung des rechten Winkels ebenso gehörte wie sanfte Farben und viel Licht.

Die klassische Moderne, die aus bekannten Gründen erst nach 1950 ihre volle Entfaltung bei allen Bauaufgaben erreichte, hat Schulbauten hervorgebracht, die zur Basisdemokratisierung der Gesellschaft beitragen sollten. Die Schule öffnete sich, sie wurde partizipativ; sie sollte nach dem Willen der Architekten – wie z. B. Günter Behnisch, der das Gelände und die Bauten für die Olympischen Spiele in München entwarf – Ort und Hort der Einübung einer freiheitlichen Gesellschaftsordnung sein.

Das letzte Beispiel sei einem Band über Plätze in Venedig entnommen, weil hier die Architektur von Plätzen mit der Stadt und den ungemein subtil beobachteten Veränderungen im Verhalten – je nach Platz und Lage im Stadtraum – sich verbinden. Das Buch von Alban Janson und Thorsten Bürklin hat den wunderbaren Titel: »Auftritte – Scenes. Interaktionen mit dem architektonischen Raum: Die Campi Venedigs« (2002). Die durch reiches Bildmaterial unterstützten Analysen sind von der Phänomenologie und der Philosophischen Anthropologie inspiriert. Sie zeigen nicht nur den Reichtum der vielen kleinen Plätze Venedigs, sondern auch die Vielfalt menschlicher Bewegungen und Ausdrucksformen in einem differenziert gestalteten öffentlichen Raum.

Schlussbemerkungen

Die Architektursoziologie kann sich nur durch empirische Untersuchungen weiter entwickeln und festigen. An relevanten Fragestellungen herrscht kein Mangel, ebenso wenig an elaborierten begrifflichen und theoretischen Zugangsmöglichkeiten für die Analyse einer kaum überschaubaren Zahl an architektonischen Objekten, vom Wohnhochhaus bis zum Gemeindezentrum, vom Schulbau bis zur Gestalt und Akzeptanz öffentlicher Räume. Die Architektursoziologie darf, bei aller Autonomie und Objektivität der Aussagen, nie *l'art pour l'art* sein, sondern sollte beitragen zur Verbesserung der Lebenswelt in allen Bereichen. Eine Kooperation mit der Architektur als Kunst des Entwerfens ist daher unabdingbar. Ein Einwirken auf den Entwurf kann nur über differenzierte Analysen der sozialen und kulturellen Bedeutung des geplanten Objektes erfolgen. Ideologische Bevormundungen durch ein angebliches Wissen um die bessere Gesellschaft sind zu vermeiden. Viele Kooperationen Anfang der 1970er Jahre sind gerade hieran gescheitert. Die Reaktion war, dass sich die Architekten auf ihr eigentliches Gebiet, den Entwurf, zurückzogen.

Prinzipiell sind die Fragen der Architektursoziologie – wie der Soziologie überhaupt – auch auf frühere Epochen und Kulturen anwendbar. Hierbei ist jedoch zu beachten, dass ihre Begriffe und Theorien auf die Grundlagen und Intentionen der »modernen Welt« (Hegel) bezogen sind. Bewusstseinslagen, Subjektgefühle, individualisierte Freiheitsvorstellungen, Genderverhältnisse, die gegenwärtig eine so große Rolle spielen und untersuchungsleitend bei architektursoziologischen Analysen zu berücksichtigen sind, können kaum auf vormoderne Kulturen angewandt werden. Selbst die Fragen nach den Funktionen bestimmter Räume stoßen schnell an Grenzen, weil die heutige Realität hochgradiger Funktionsspezialisierung nicht zu den Selbstverständlichkeiten früherer Kulturen gehörte.

Literaturverzeichnis

Bourdieu 1982: P. Bourdieu, Die feinen Unterschiede. Kritik der gesellschaftlichen Urteilskraft. Frankfurt a. M.: Suhrkamp 1982 [Erstausgabe: Paris 1979].

Cassirer 1990: E. Cassirer, Versuch über den Menschen. Einführung in eine Philosophie der Kultur. Frankfurt a. M.: Fischer 1990 [Erstausgabe: New Haven u. a. 1944].

Eco 1972: U. Eco, Einführung in die Semiotik. München: Fink 1972 [Erstausgabe: Mailand 1968].

Fischer / Makropoulos 2004: J. Fischer / M. Makropoulos (Hrsg.), Potsdamer Platz. Soziologische Theorien zu einem Ort der Moderne. München: Fink 2004.

Friedrich 1999: Th. Friedrich, Bewusstseinsleistung und Struktur. Aspekte einer phänomenologisch-strukturalistischen Theorie des Erlebens. Würzburg: Königshausen & Neumann 1999.

Frutiger 2006: A. Frutiger, Der Mensch und seine Zeichen. Wiesbaden: Marix 2006.

Goffman 1974: E. Goffman, Das Individuum im öffentlichen Austausch. Mikrostudien zur öffentlichen Ordnung. Frankfurt a. M.: Suhrkamp 1974 [Erstausgabe: Harmondsworth 1971].

Halbwachs 1985: M. Halbwachs, Das kollektive Gedächtnis. Frankfurt a. M.: Fischer 1985 [Erstausgabe: Paris 1950].

Hall 1976: E. T. Hall, Die Sprache des Raumes. Düsseldorf: Schwann 1976 [Erstausgabe: New York 1966].

Hamm / Neumann 1996: B. Hamm / I. Neumann, Siedlungs-, Umwelt- und Planungssoziologie. Ökologische Soziologie Bd. II. Opladen: Leske + Budrich 1996.

Janson 1999: A. Janson, Institut für Grundlagen der Gestaltung. In: Fakultät für Architektur der Universität Karlsruhe (TH). Tübingen: 1999.

Janson / Bürklin 2002: Ders. / Th. Bürklin, Auftritte – Scenes. Interaktionen mit dem architektonischen Raum: Die Campi Venedigs. Basel, Boston, Berlin: Birkhäuser 2002.

Jencks 1980: Ch. Jencks, Die Sprache der postmodernen Architektur. Die Entstehung einer alternativen Tradition. Stuttgart: DVA [2]1980 [Erstausgabe: New York 1977].

Luhmann 1970: N. Luhmann, Reflexive Mechanismen. In: Ders., Soziologische Aufklärung. Aufsätze zur Theorie sozialer Systeme. Köln und Opladen: Westdeutscher Verlag 1970, 92–112 [Erstausgabe: Soziale Welt 17, 1966, 1–23].

Luhmann 1997: Ders., Die Gesellschaft der Gesellschaft. Frankfurt a. M.: Suhrkamp 1997.

Neurath 1936: O. Neurath, International Picture Language. The First Rules of Isotype. London: Kegan Paul u. a. 1936.

Riehl 1861: W. H. Riehl, Naturgeschichte des deutschen Volkes als Grundlage einer deutschen Socialpolitik I: Land und Leute. Stuttgart u. a.: Cotta 1861 [Erstausgabe: Stuttgart u. a. 1854].

Schäfers 2006a: B. Schäfers, Architektursoziologie. Grundlagen – Epochen – Themen. Wiesbaden: VS Verlag für Sozialwissenschaften ²2006 [Erstausgabe: Opladen 2003].

Schäfers 2006b: Ders., Stadtsoziologie. Stadtentwicklung und Theorien – Grundlagen und Praxisfelder. Wiesbaden: VS Verlag für Sozialwissenschaften 2006.

Schäfers / Kopp 2006: Ders. / J. Kopp (Hrsg.), Grundbegriffe der Soziologie. Wiesbaden: VS Verlag für Sozialwissenschaften ⁹2006.

Simmel 1968: G. Simmel, Soziologie. Untersuchungen über die Formen der Vergesellschaftung. Berlin: Duncker & Humblot ⁵1968 [Erstausgabe: Berlin 1908].

Simmel 1998: Ders., Soziologische Ästhetik. Darmstadt: Wissenschaftliche Buchgesellschaft 1998.

Venturi 2002: R. Venturi. Komplexität und Widerspruch in der Architektur. In: F. Neumeyer (Hrsg., unter Mitarbeit von J. Cepl), Quellentexte zur Architekturtheorie. München u. a.: Prestel 2002, 510–23 [Erstausgabe: New York 1966].

Vossoughian 2008: N. Vossoughian, Otto Neurath: The Language of the Global Polis. Den Haag: Stroom 2008.

Weresch 2005: K. Weresch, Wohnungsbau im Wandel der Wohnzivilisierung und Genderverhältnisse. München: Dölling und Galitz 2005.

HERBERT SCHUBERT

Architektur als Prozess –
Perspektiven eines architektursoziologischen Modells
der »Verhäuslichung«

Zusammenfassung: Seit einigen Jahren findet die Architektur in der deutschsprachigen Soziologie wieder Beachtung (vgl. Schäfers 2004, 35 ff.). Nachdem die menschliche Siedlung lange
Zeit nur als soziales Aggregat behandelt wurde, wird der soziologische Raumbegriff nun auf den
Raum der architektonischen Materialität ausgeweitet (vgl. Schäfers 2003). Im Hinblick auf den
empirischen Umgang mit den architektonischen Manifestationen in menschlichen Siedlungen
steckt die Architektursoziologie aber noch in den Kinderschuhen. Im Folgenden wird daher als
Erstes ein Mehrebenen-Modell vorgestellt, mit dem gebaute Artefakte und ihre Planunterlagen
als Gegenstände der soziologischen Erfahrungsbildung erschlossen werden können. Zu Grunde
liegt die zivilisationstheoretische Prämisse, dass städtische Ensembles, Gebäude, ihre internen
Strukturen und Nutzungen sowohl den Stand als auch die Entwicklung der gesellschaftlichen
Integration repräsentieren und folglich als empirische Zeugen ›befragt‹ werden können, um
soziale Figurationen, Abhängigkeiten und Schichtungen zu studieren (vgl. Gleichmann 1979,
254 ff.). Darüber hinaus wird die Beschränkung des soziologischen Blicks auf die Gegenwart
bzw. die Konzentration auf Zeitpunkte bzw. historisch kurzzeitige Zeitquanten thematisiert.
Denn sowohl eine gegenwartsfixierte als auch eine zeitpunktverhaftete Forschungshaltung führt
zu einer Ausblendung der über längere Zeiträume beobachtbaren Entwicklungsstufen, die den
Status eines architektonischen Phänomens in der Gegenwart oder zu einer gegebenen nachfolgenden Zeitepoche erst verständlich machen. Deshalb werden im zweiten Teil Überlegungen zu
einem Prozessmodell der Architektursoziologie formuliert, wie die miteinander verbundenen
zeitlichen Teilereignisse der Architekturentwicklung als »Einheiten einer größeren Funktionseinheit« (Elias 1983, 43) verstanden werden können und die Entwicklungsfigur mit einem
geeigneten Typ empirischer Forschungsoperationen abgebildet werden kann.

Eckpunkte der zivilisationstheoretischen Architektursoziologie

Definition von Architektur und Architektursoziologie

Die heutige Definition der »Architektur« ist begriffsgeschichtlich das Ergebnis eines
langen Prozesses, in dessen Verlauf das professionelle Know-how als Wissensform
kontinuierlich innerhalb gesellschaftlicher Figurationen ausgebaut worden ist. Dieser
Wandlungsprozess weist in die Richtung einer zunehmend höheren Kontrolle über
Naturereignisse (Elias 1983, 19). Dabei wurden die Menschen zwar sukzessiv weni-

ger abhängig von den Unberechenbarkeiten der Natur, dafür aber stärker abhängig voneinander. Diese Verschiebung der Abhängigkeitsbalance von natürlichen zu sozialen Einflussfaktoren spiegelt sich im Prozess des »langfristigen Verhäuslichens der menschlichen Vitalfunktionen« im Besonderen bzw. der gesellschaftlichen Funktionen im Allgemeinen (Gleichmann 2006, 63 ff.).

Unter »Architektur« werden baulich gestaltete Produkte – unabhängig von einer konkreten Epoche – verstanden, die auf der Grundlage eines einschlägigen Wissensfundus – im Sinne eines kodierten Programms für die Herstellung gesellschaftlich notwendiger räumlicher Arrangements – materialisiert werden. Das praktische Anwendungswissen der Architektur, das erst in den späteren historischen Entwicklungsstufen (der letzten 2000 Jahre) zu einem professionellen Wissen von Architektinnen und Architekten geworden ist, wird als Orientierungsmittel dazu genutzt, um vorgefundene Räume bzw. Raumsituationen in dreierlei Hinsicht zu gestalten: (1) Technologisch ist die Architektur ein Mittel, Naturgewalten zu beherrschen und Menschen vor Naturereignissen zu schützen. Architektur bildet sich quasi heraus als Grenzziehung menschlicher Systeme zu nichtmenschlichen Umwelten. (2) In sozialorganisatorischer Hinsicht entwickelt sich Architektur zu einem Mittel, um die gebauten Produkte genau an die bestehenden gesellschaftlichen Verhältnisse und ihren Differenzierungsgrad anpassen zu können. (3) Und unter zivilisatorischem Blickwinkel fungiert Architektur zugleich als ein Mittel, damit die räumlich gestalteten Arrangements der Vielfalt individueller Nutzungsmuster und Ansprüche sowie der inneren Haltungen gerecht werden können (Elias 1970, 173). Insofern ist der Entwicklungsprozess von Architektur davon geprägt, auf diesen drei Handlungsebenen ein hohes Maß an Kontrolle über den Raum zu erreichen und die Raumnutzung zu regulieren. Die Entstehung von Architektur als gesellschaftliches Orientierungsmittel muss daher in einem engen Kontext mit dem Bedürfnis nach Schutz vor den Risiken der Natur gesehen werden – unabhängig davon, ob sie von menschlichem Verhalten induziert sind.

Durch die Entwicklung der technischen Fähigkeiten des Bauens von Häusern und der Integration (bzw. »Bändigung«) von Elementen wie Feuer und Wasser haben die Menschen gelernt, ihre Kontrolle über die Natur und ihre eigene Sicherheit zu steigern (Goudsblom 1979, 151). Der Entwicklungsstand erhöht sich dabei, indem Aktivitäten zunehmend arbeitsteilig koordiniert werden; die gesellschaftliche Organisation von Belangen der Architektur wird zur Vorbedingung der sich herausbildenden »technischen Macht« über die Natur (ebd.). Die tiefe Verankerung dieses technischen Wissens über sehr viele Generationen erzeugt in unserer Gegenwart den Eindruck, als habe es Architektur bzw. die Beherrschung der Natur durch innerhäusliches Leben schon immer gegeben, und verkennt den Charakter der ›kulturellen Errungenschaft‹.

Die »Architektursoziologie« beschäftigt sich demgegenüber reflexiv damit, wie sich soziale Strukturen über die bauliche Konstruktion von Räumen manifestieren. Im

Blickpunkt stehen einerseits die Produkte gebauter Raummuster, andererseits aber auch der vielschichtige Prozess ihrer Entstehung, Herstellung und Nutzung. Zum besseren Verständnis wird der Blick nicht auf die gestalteten Artefakte beschränkt, sondern es werden auch die Figurationen der am Prozess beteiligten Akteure – mit besonderem Blick auf die Stellung der Kernakteure der baulichen Produktion – einbezogen.

Soziologisch ist von Interesse, in welcher Weise Architekturprodukte Zeugnisse bzw. Indikatoren darstellen, die die jeweilige Gesellschaftssituation reflektieren. Die Architektursoziologie untersucht daher empirisch, inwieweit von den gebauten Artefakten im engeren Sinn die gesellschaftlichen Figurationen der Architekturproduktion und im weiteren Sinn das Niveau der gesellschaftlichen Integration und der Abhängigkeitsketten repräsentiert werden. Denn in der sozialen Produktion und Gestaltung von Raum fungiert die Architektur als Mechanismus, den einzelnen Mitgliedern der Gesellschaft ihren Ort und ihre Stellung im Gemeinwesen zuzuweisen. Über architektonische Gestaltungsstandards werden dabei die Vorstellungen des sozialen Zusammenhangs transportiert und über Bilder von Anordnungen sowie Formen gebauter Artefakte manifestiert.

Paradigma einer zivilisationstheoretischen Architektursoziologie

Dieses Verständnis von Architektursoziologie leitet sich aus der Zivilisationstheorie von Norbert Elias (1980) ab, nach der die gesellschaftliche Entwicklung von langfristigen Trends geprägt wird wie: (a) der zunehmenden Differenzierung der gesellschaftlichen Funktionen; (b) der Zunahme der gegenseitigen Abhängigkeit unter den Menschen, die sich durch die Verlängerung der Interdependenzketten im Rahmen der funktionalen Differenzierung erhöht; (c) der Verringerung der gesellschaftlichen Machtunterschiede; und (d) der fortschreitenden Zivilisierung der Individuen in Richtung einer zunehmenden und gleichmäßigeren Zurückhaltung der Affekte.

Insofern sind zwei Perspektiven einzunehmen: Der Blick kann auf gebaute Artefakte gerichtet werden, deren Bau einen bestimmten Zeitpunkt repräsentiert; darüber hinaus kann Architektur aber auch als Prozess einer ›Baukette‹ über mehrere Zeitpunkte hinweg wahrgenommen werden. Weniger das einzelne gebaute Artefakt bzw. eine Stichprobe solcher Artefakte zu einem gegebenen Zeitpunkt als vielmehr die zeitliche Reihung von Architekturprodukten eröffnet Einsichten, wie sich die Zivilisierung und Rationalisierung der Siedlungsräume vollziehen. In der zivilisationstheoretischen Architektursoziologie werden der Raum und seine architektonischen Elemente daher nicht als isolierte Gegenstände betrachtet. Die Architektur wird als räumlicher Prozess aufgefasst, in dem sich mit den Sozialfiguren korrespondierend auch die Gestaltfiguren wandeln. Daher müssen sowohl die im Prozess der Architektur enthaltenen personalen als auch die räumlich-materialen Interdependenzen berücksichtigt werden.

In diesem Kontext müssen auf der einen Seite die Zusammenhänge zwischen den wachsenden sozialen Abhängigkeiten unter den Menschen im Allgemeinen, die über die Städte sowie Regionen hinausreichen, sowie den Abhängigkeiten unter Professionellen der Raumproduktion im Besonderen und auf der anderen Seite die Zusammenhänge zwischen den architektonischen Gestaltungs- sowie den gesellschaftlichen Nutzungsformen wahrgenommen werden. Anders formuliert fungiert die Architektur – soziologisch betrachtet – auf der zeithistorischen Achse immer als Anzeiger des jeweiligen Stands der Soziogenese, d. h. der gesellschaftlichen Entwicklung, und als Anzeiger der Psychogenese, d. h. der Entwicklung der einzelnen Menschen als Individuen.

In den Untersuchungen über »Die höfische Gesellschaft« hat sich Norbert Elias mit »Wohnstrukturen als Anzeiger gesellschaftlicher Strukturen« beschäftigt (Elias 1969, 68 ff.) und damit für ein zivilisationstheoretisches Verständnis der Architektursoziologie den paradigmatischen Grundstein gelegt. Bestimmte Typen der Raumgestaltung charakterisieren gesellschaftliche Integrationsformen: In der höfischen Gesellschaft entsprach der gesellschaftlichen Figuration eine bestimmte Ausgestaltung des Raumes, sei es beispielsweise das Schlossgebäude als sichtbares Produkt der Wechselwirkungen zwischen der Größe des Territoriums und der Struktur des königlichen Hofs, seien es Größe und Grundriss der städtischen Hotels für den höfischen Adel oder seien es die strukturellen Merkmale des Familienhauses für das Bürgertum (vgl. dazu Weresch 2005). So bildeten sich in der Differenzierung der höfischen Gesellschaft Räume für relativ vertraute Kontakte und Räume für den offiziellen gesellschaftlichen Verkehr heraus. Es erfolgte architektursoziologisch gesehen die Differenzierung der Räume in private und berufliche Bereiche, nach der auch die Grundrissorganisation der späteren bürgerlichen »Berufsgesellschaft« erfolgte. In ähnlicher Weise können die Größe, der Prunk und die Ornamentierung eines Hauses als Ausdruck der gesellschaftlichen Schichtung gewertet werden.

Eine zivilisationstheoretisch begründete Architektursoziologie muss folglich erstens aus den baulichen Substraten und Raumgestalten zu entschlüsseln versuchen, inwieweit sie reziproke und polare Abhängigkeiten zwischen den Menschen widerspiegeln. Zweitens muss die Architektursoziologie Produkte und Prozesse von Architektur empirisch danach bewerten, ob und wie sie mit dem Angebot bestimmter Raumnutzungen psychische Dispositionen von Menschen aufgreift und dadurch Individuen im Verhalten bindet. Und drittens gilt die Aufmerksamkeit der Architektur als räumlichem Symbol, weil über symbolisch aufgeladene Gestaltungsmuster Gefühlsbindungen – im Sinne eines räumlich erweiterten »Ich-« und »Wir-Bewusstseins« – erzeugt werden, über die sich sozialer Zusammenhang räumlich herstellt.

Machttheoretische Perspektive auf die Herstellungsfiguration

Eine hohe Bedeutung kommt der machttheoretischen Perspektive in der zivilisations-theoretischen Architektursoziologie zu. Norbert Elias (1980, 69 ff.) beschreibt »eine spezifische Verlagerung der Machtgewichte« im Laufe des 19. und 20. Jahrhunderts: Dabei verringern sich die Machtdifferenziale sowohl zwischen einzelnen Menschen als auch zwischen Akteursgruppen, weil im Rahmen gesellschaftlicher Differenzie-rungsprozesse »alle gesellschaftlichen Beziehungen in der Richtung auf in höherem Maße reziproke und multipolare Abhängigkeiten« transformiert werden.

Wenn der Fokus dieser Perspektive auf die Figurationen der Architektur- und Raumproduktion gerichtet wird, lässt sich eine sukzessive Verschiebung der Stel-lung derjenigen erkennen, die für die Planung und Realisierung architektonischer Raumgestaltungen verantwortlich sind. Im klassischen Verständnis zählen dazu allein der Baumeister bzw. der/die Architekt/in, aber in den gesellschaftlichen Differen-zierungsprozessen sind die figurativen Verantwortungskontexte der Raumproduk-tion dichter geworden. Neben der horizontalen Ausdifferenzierung in regulierende Architekten in der kommunalen Administration, entwerfende Professionelle auf dem Markt der Produktion von Raumbildern und kontrollierende Ingenieure während der Realisierung ist eine vertikale Differenzierung der Figuration zu konstatieren. Die Abhängigkeiten der beteiligten Gestalter architektonischer Manifestationen stellen sich in der Auseinandersetzung mit Investoren, Bauherren, Kreditwirtschaft, Bauge-nehmigungsbehörden, Öffentlichkeitsmedien, Nachbarn, bürgerschaftlichen Interes-sengruppen und nicht zuletzt anderen ingenieurwissenschaftlichen Professionen – wie z. B. Bauingenieure, Baurechtler, Ökologen, Landschaftsarchitekten – außerordentlich komplex dar. Im historischen Rückblick zeigt sich ein Wandel von der hierarchischen feudalistischen Figuration, in der ein ›Baumeister‹ – quasi dem König gleich – als Oberbefehlshaber den Bauprozess dirigiert, zu einer ausgewogenen Machtbalance in der Gegenwart, in der Architekten in ökonomisierten Figurationen die Rolle von ›Vernetzern‹ zukommt.

Symboltheoretische Perspektive

Im Blickpunkt des symboltheoretischen Zugangs zur Architektursoziologie (vgl. Elias 2001, 76 f.) steht die Fähigkeit zur Sendung und zum Empfang von Botschaften auf der Ebene räumlicher Gestaltungsmuster. Alle gebauten Gegenstände und Ereignisse des Architekturprozesses werden mit Symbolfunktionen dargestellt, und die betei-ligten Akteure werden zu Subjekten und Objekten einer Symbolkommunikation. Die gebauten Elemente werden von den Verantwortlichen (Baumeister/Profession der Architekten) in standardisierten Formen symbolisch gestaltet. Die soziale Produktion des Raumes erfolgt somit über symbolische Repräsentation. Die Struktur von Räumen wird durch die Kommunikation der Architektur wesentlich mit bestimmt. Die Generierung kommunikativer Architekturgesten ist bereits Bestandteil der Planungs- und Gestaltungsaufgaben der für den Bau verantwortlichen Akteure. Der soziale Raum wird über die Komposition von Fluchtlinien, Baugrenzen, Stockwerkszahlen, Dachformen, Straßen- und Gehwegbelag, Bepflanzungen mit Bäumen und Hecken, Beleuchtungskörpern, Straßenmöbel, Haltestellen des öffentlichen Personennahverkehrs etc. als in gebauten Strukturen eingelagertes Zeichensystem erzeugt.

Die symbolische Erzeugung des Raumes mit Mitteln der Architektur ist ein Thema der Semiotik, die den Blick auf die Regeln richtet, nach denen die symbolischen Zeichen verständlich kommuniziert werden. Die Architektur, der Städtebau und die Gestaltung des Raumes mit Objekten gehören zu den »Systemen von Objekten« (vgl. Eco 1972, 20 ff.). So ist ein Gebäudeensemble an einem Stadtplatz auf der physikalischen Ebene aus bestimmten Materialien hergestellt, erfüllt auf der mechanischen Ebene bestimmte Funktionen, hat auf der ökonomischen Ebene einen spezifischen Tauschwert und repräsentiert auf der sozialen Ebene sowohl einen Gebrauchswert als auch einen definierbaren Status. Die symbolische Gestaltung des Raumes mit den Mitteln von Architektur und Stadtplanung erzeugt somit eine erste Symbolebene. Als weitere Symbolebene sind die Zeichenprozesse der räumlichen Alltagskultur zu beachten, die die erste Symbolebene in Gestalt »gelebter Räumlichkeit« überlagern.

Architektur, Design und Städtebau stellen als Systeme von Zeichen Konstrukte von Kontexten mit gesellschaftlicher Funktion und symbolischer Bedeutung dar (ebd. 295): Privates Haus, öffentliches Gebäude oder Platz zum Beispiel sind als ikonische Codes Gegenstand kommunikativer Bedeutungen, die verschiedene Verhaltensweisen induzieren. Dabei ist zwischen der Funktion und ihrer symbolischen Bedeutung zu differenzieren: Ein Fenster beispielsweise bezeichnet im engeren Sinn die primäre Gebrauchsfunktion (erste Funktion) einer auf verschiedene Weise nützlichen Verbindung zwischen Innenraum und Außenraum. Aber die Form und Größe von Fenstern, ihre Anordnung und Anzahl auf der Fassade regen den Betrachter zu darüber hinausgehenden Deutungen an – so sind beispielsweise ein Gefängnis, eine Schule oder ein Wohnhaus schon an der symbolisch verwendeten Fenstertextur zu erkennen (ebd. 307).

Ein hoher Stellenwert kommt dabei der »kollektiven Vorstellungswelt« zu (De Fusco 1972, 153 ff.). Sowohl die Entscheidungsgruppe von Architekt/in, Stadtplaner/in, Bauherr und Bauunternehmung als auch die Partizipationsgruppen der Benutzer/innen orientieren sich an einem zeitspezifischen Vorrat von symbolischen Werten, der über die gestalterische Formensprache zur Sinnproduktion benötigt wird. Neben (a) der unmittelbaren Gebrauchsfunktion ist (b) die historische, auf architekturgeschichtliche Konventionen bezogene Funktion, (c) die sozioökonomische, auf den Sozialstatus und die ökonomischen Mittel des Bauherrn verweisende Funktion, (d) die Funktion für zwischenmenschliche Interaktionen, (e) die individuelle, auf das Spezifische eines Bauwerks oder eines Ensembles verweisende Funktion und schließlich (f) die ästhetische Funktion zu nennen. Was wir als Siedlungsraum wahrnehmen, beruht auf den assoziativen Beziehungen der Codes, die diese Funktionen symbolisch kommunizieren (Nöth 2000, 444 f.).

Wenn ein städtischer Raum als architektonisches oder städtebauliches Objekt gelesen wird, sind Interpretationsregeln anzuwenden. Den Bezugsrahmen bilden typologische Codes, die eindeutige Gestaltfiguren wie Kirche, Wohnblock, Einfamilienhaus, Krankenhaus, Schule, Bahnhof oder Park anzeigen. Sie werden aus syntaktischen Codes (wie z. B. der Strukturlogik von Balken, Decke, Gewölbe, Auflager, Bögen oder Pfeiler) und aus semantischen Codes (wie die primären Funktionen des Daches, der Fenster oder der Treppen oder sekundäre Funktionen wie Giebel oder Säulen als vertikale Stützzeichen) konstruiert (vgl. Eco 1972, 326). In der europäischen mittelalterlichen Stadt lassen sich diese Strukturelemente noch »lesen«: Die semantisch hervorgehobenen Elemente von Stadtmauer, Kathedrale, Palast und Plätzen sowie deren kontradiktorischer Zusammenhang mit Wohnhausensembles, deren Fassaden, Stockwerke und Standorte nach Ständen differenziert und somit im Stadtgefüge unterschiedlich ausgebildet waren, repräsentieren das sozialräumliche Sinnsystem und die zentralen Rollen von Religion, Feudalordnung und gemeinschaftlichen Interessen (vgl. Alber 1997, 26). Mit der sich funktional ausformenden Stadt seit dem 19. Jahrhundert bildet sich die Mitteilungsfunktion der räumlichen Materialkultur zunehmend zurück. Verbalsysteme ersetzen Materialsymbole, das direkte Zeichen – z. B. das Wort oder das Bild – ersetzt das indirekte Symbol in der gebauten Umwelt. Die erste Symbolebene verliert gegenüber der zweiten Symbolebene des »immateriellen Zeichendampfs« an Bedeutung. Die gebaute Welt der Gebäudestrukturen, öffentlichen Plätze und Verkehrswege wird als Zeichensystem des Raumes überlagert von Zeichenprozessen der räumlichen Alltagskultur.

Einen grundlegenden Beitrag zum Lesen von Architekturartefakten im sozialen Siedlungsraum hat die »Proxemik« von Edward T. Hall geleistet (zitiert nach Eco 1972, 344 ff.). Dabei stehen die Abstände zwischen Objekten und Menschen im Siedlungsraum im Blickpunkt. Räumlichkeit resultiert aus den persönlichen und sozialen Distanzen, die die Struktur der individuellen Intimitäts- und Sozialitätssphären repräsentieren. Die Proxemik unterscheidet zwischen fixen, semifixen und informellen Konfigurationen: (a) Fixe Konfigurationen stellen beispielsweise urbanistische Grundrisse mit festgelegten Gebäudeblöcken dar. Durch die Bestimmung des Straßenverlaufs, der Grundstücksnummerierung und der Bebauungsform wird die räumliche Distanzstruktur vollständig definiert. (b) Semifixe Konfigurationen prägen das Verhältnis von inneren und äußeren Räumen in zentripetaler oder zentrifugaler Weise. Während Bahnhöfe im Allgemeinen eine zentrifugale, also nach außen gerichtete Räumlichkeit aufweisen, kann der Grundriss eines öffentlichen Platzes, um den herum sich die Häuser gruppieren, zentripetal nach innen ausgerichtet sein. Die räumliche Distanzstruktur zeigt Richtungen an, bleibt aber relativ variabel. (c) Informelle Konfigurationen werden von den Akteuren gewöhnlich unbewusst kodifiziert. Ein Beispiel ist die Gestaltung der öffentlichen Distanzen, wie sie in Mustern des Abstands von Gebäuden mit unterschiedlichem Status im öffentlichen Raum zu erkennen sind.

Wege der empirischen Annäherung an Architektur

Die skizzierten Überlegungen weisen einen Weg zur empirisch-soziologischen Annäherung an gestaltete Umwelten. Wenn der Entstehungskontext von räumlich-gegenständlichen Gestalten im Längsschnitt berücksichtigt und die bauliche Anordnung von Gegenständen im Raum als Repräsentation des Entwicklungsstands der jeweiligen gesellschaftlichen Figuration untersucht werden sollen, ist dafür eine angemessene methodische Vorgehensweise notwendig.

Als Orientierungsmodell eignet sich der Ansatz der »integrierten Sozialraumanalyse«: Riege und Schubert (2005) stellten eine methodische Typologie vor, die monodisziplinäre Einzelzugänge zum Sozialraum zueinander in Bezug setzt. Das heißt: Empirische Instrumente von verschiedenen Professionen und wissenschaftlichen Disziplinen wurden zu einem umfassenden Konzept der Sozialraumanalyse integriert. Über einen Mehrebenen-Ansatz lassen sich vier Analyseebenen des sozialen Raumes systematisch im Zusammenhang betrachten und methodisch erschließen: (1) die physische Abgrenzung und Definition des Raums sowie seiner Elemente, (2) quantitative Datenanalysen zur sozialstrukturellen Profilierung des Gebietes, (3) Bestandsbeschreibung zur Ermittlung der im Gebiet vorhandenen Probleme, Ressourcen und Potenziale und (4) die empirische Erfassung von Nutzungsräumen unter Einbezug individueller Nutzerperspektiven.

Hervorzuheben ist dabei die Vielschichtigkeit der Sozialraumanalyse, die verschiedene disziplinäre Zugänge integriert. Soziale Räume werden nicht allein auf Indikatoren reduziert, sondern in Schichten analysiert. Das Spektrum reicht von einer Schicht der topografischen Gegebenheiten, physischen Grenzen und gebauten Barrieren über eine Schicht der sozioökonomischen Kennzeichen der Bevölkerungsaggregate im betrachteten Raum bis hin zu einer Schicht der gelebten Nutzungsräume, also der durch Wahrnehmung, Verhalten und Handeln sozial erzeugten Raumbedeutungen. Mit dieser Typologie wurde eine methodische Perspektive für das stadtsoziologische Konzept des »gesellschaftlichen Raumes« eröffnet (vgl. Läpple 1991, 196 f.): In die Sozialraumanalyse werden die materielle Erscheinungsform des Raumes in der Form der physischen Grundlagen, die Interaktions- und Handlungsstrukturen der Produktion, Nutzung und Aneignung des Raumes und das räumliche Zeichen- und Symbolsystem zwar einbezogen, aber der Fokus ist auf den ›sozialen Raum‹ und nicht auf den ›gebauten Raum‹ eingestellt.

Eine vergleichbare architektursoziologische Empirie muss an sechs Ebenen der Architektur ansetzen (Schubert 2005a); es handelt sich um die physikalische Ebene, die organisatorische Ebene, die funktionale Ebene, die staatlich-ökonomische Ebene, die soziale Ebene und die Ebene der Symbole.

Die Untersuchungen auf der physikalischen Ebene beziehen sich auf die Dimensionen Abstände, Material und Abgrenzung. Die gestalteten Abstände im Raum vermitteln die architektonisch gewählte Maßstäblichkeit. Wenn die Entfernungen – beispielsweise zwischen Gebäuden eines Ensembles – vermessen werden, können die ermittelten Raumbeziehungen als Repräsentation der in die Gestaltung eingebetteten Vision vom sozialen Beziehungsgefüge interpretiert werden. Das verwendete Material erlaubt Aussagen, welche Rolle natürliche, traditionelle oder in besonderen Verfahren angefertigte Baustoffe in der Architektur spielen. Joseph Rykwert (2005, 16) hatte dazu betont, dass Architektur im Prozess der menschlichen Entwicklung unterschiedlichen »geometrischen Richtlinien« folgt, d. h. die Gestalter setzen auf jeder Entwicklungsstufe eine »Art geometrisches Reimsystem« ein, das einer menschlichen Maßstäblichkeit nachempfunden ist.

Auf der organisatorischen Ebene von Architektur wird der Blick auf den Prozess der Planung und Herstellung von räumlichen Arrangements wie Gebäuden oder Plätzen als zu ›gestaltende Produkte‹ gerichtet. Die Entwicklung von ökonomisch operierenden Einzelakteuren über kooperative Verflechtungen zwischen lokalen Unternehmen bis hin zu transnationalen Konzernen der Bauwirtschaft bildet eine Facette dieser architektursoziologischen Analyseebene, in der das Zusammenwirken der Planungs-, Entscheidungs- und Bauakteure aufgeklärt werden soll. Einerseits wird dabei die Interdependenzkette vom Rohstoffabbau bis zur Bauausführung transparent, andererseits ist das Geflecht von Entscheidungen und Kooperationen – zum Beispiel kommunalpolitisch, finanzierungstechnisch – zu erkennen. In der Bewertung der gewonnenen Erkenntnisse wird im engeren Sinn die Rolle der Architekten als Gestalter bzw. im weiteren Sinn die Struktur der sozialorganisatorischen Figuration deutlich, die für die Konstruktion architektonischer Artefakte an spezifischen Standorten eine unabdingbare Voraussetzung darstellt. Während im Mittelalter eine »metaphysische Spekulation« im Zusammenhang mit zahlenmystischen Proportionslehren zur Anwendung kam (Gleichmann 2006, 127 f.), hat in der Moderne eine Akademisierung der Architektenausbildung mit rationalisierten Gestaltungslehren stattgefunden. Außerdem wurden architektonische Ordnungen und Bürokratien – wie z. B. Architektenkammern – konstruiert, die die Position des Architekten bei der Koordination von Planungs- und Bauorganisation verändern.

Zur Untersuchung der funktionalen Ebene werden die Dimensionen Gebrauchsfunktion, ideologische Funktion, Anordnung / Grundrisse und Nutzung betrachtet. Die Gebrauchsfunktion erschließt sich über die in Aufträgen formulierten Anforderungen und über interne professionelle funktionale Zuschreibungen. Es können auch gezielt die strukturellen Anordnungen und Grundrisse untersucht werden, um funktionale Relationen zwischen Räumen bzw. Raumstrukturen als Repräsentanz sozialer Relationen verstehen zu können. In der Analyse von Grundrissen wird erkennbar, inwieweit die Anordnung von Teilfunktionen gesellschaftliche Strukturen und soziale Differenzierungen abbildet. Mit der Grundrissdifferenzierung im Zeitverlauf werden Kulturbedeutungen verändert und neu produziert. Die Prozessrichtung weist auf eine Grundrissrationalisierung hin, wenn beispielsweise die Bemessung von Stellflächen und Bewegungsflächen im Wohnungsbau der Moderne betrachtet wird. Schließlich ist die Nutzung architektonischer Produkte eine wichtige Dimension auf der funktionalen Ebene. Es lässt sich beispielsweise darstellen, ob die realen Verhaltensabläufe mit den zugeschriebenen Funktionen korrespondieren. So ist bei historischen Architekturprodukten ein Vergleich zwischen der ursprünglich intendierten Nutzung und den im weiteren Zeitverlauf gewandelten Nutzungsformen möglich.

Unter der staatlich-ökonomischen Perspektive setzt sich die architektursoziologische Erfahrungsbildung mit der Finanzierung, dem wirtschaftlichen Status und der Rolle des Staates im Prozess der Architektur auseinander. Architektur verkörpert traditionell auch ein physisches Gewaltmittel des Staates. Beispielsweise verdeutlichen das der Festungs- und Gefängnisbau im Mittelalter oder der Bau von Schulen, Hochschulen und Einrichtungen der Kindertagesbetreuung im Kontext der Dominanz staatlicher Institutionen in der Gegenwart (vgl. Schubert 2009). Über die Dimension des Einsatzes finanzieller Mittel und über die beteiligten Investoren und Kreditgeber ist die gesellschaftliche Einbettung architektonischer Vorhaben zu entschlüsseln. Zum Beispiel resultieren aus der Rolle von internationalen Immobilienfonds bei großen Gewerbebauten für die Architektur andere Konsequenzen als beim privaten Einfamilienhausbau unter Beteiligung lokaler Hausbanken. Die › Werthaltigkeit‹ von Gestalt, verwendeten Materialien, Ausstattungsstandard und Umfeldqualität lässt auf den wirtschaftlichen Status schließen. Das Zusammenspiel von großen architektonischen Gesten und hochwertigen Materialien wie z. B. Glasfassaden oder Marmor an signifikanten städtischen Standorten ermöglicht in dieser Hinsicht andere architektursoziologische Schlüsse als z. B. das zurückhaltende, von einer Klinkersteinfassade bestimmte Verwaltungsgebäude in der städtischen Peripherie.

Die Untersuchungen der sozialen Ebene von Architektur nehmen Bezug zu drei Dimensionen: die Korrespondenz von baulicher Gestalt und Sozialfiguren der Nutzung, die im geschaffenen Objekt enthaltenen sozialen Abhängigkeiten sowie Machtdifferenziale und schließlich die von der gebauten Umwelt unterstützte individuelle Zivilisierung. Es ist offensichtlich, dass architektonische Objekte im Allgemeinen mit dem Nutzungsprofil mikrosozialer Figurationen – wie zum Beispiel Familienhaushalt oder Betriebsbelegschaft – zusammenhängen. In der historischen Perspektive lässt sich der Zusammenhang zwischen Architektur und Sozialfigur auch aus Grundrissprogrammen rekonstruieren. Aspekte sozialer Abhängigkeiten und Machtunterschiede spiegeln meistens die Autonomie oder Heteronomie von Nutzern in architektonisch gestalteten Objekten oder Umwelten. Eine empirische Annäherung kann die rechtliche Stellung der Nutzer mit Aspekten der architektonischen Gestaltung verbinden (z. B. Mietverträge oder Hausordnungen). Zweifellos gehört zu dieser

Ebene auch, dass Architektur einen Beitrag zur individuellen Zivilisierung leistet. Denn einerseits beeinflusst gebaute Umwelt das Verhalten, andererseits repräsentiert sie in ihren Gestaltungsgesten psychische Dispositionen der Menschen, die sie in Auftrag gegeben und geplant haben. Ein Beispiel dafür lieferte die Diskussion über die städtischen »Angsträume« in den 1990er Jahren (Schubert 2005b). Um die Repräsentanz von psychischen Dispositionen in Architektur zu ermitteln, sind gewählte Gestalten, Materialien und Codierungen nach psychologischen Kriterien zu bewerten. Für die Architektursoziologie eröffnet diese Betrachtungsebene Einsichten, inwieweit Architekturformen zur Identitätsbildung von Menschen beitragen und inwieweit solche Formen Prozesse der Individualisierung stützen (vgl. dazu ders. 2000).

Schließlich sind auf der Ebene der Symbole einerseits die architektonischen Gestalten selbst und die sie umgebenden visuellen Zeichen in die architektursoziologische Betrachtung einzubeziehen. Beim Blick auf die architektonische Raumgestalt (erste Symbolebene) interessieren die Symboldimensionen der architekturhistorischen Konventionen und der syntaktischen Codes, aber auch die Ästhetik der optischen Bezugspunkte. Im Rahmen architektursoziologischer Bildanalysen können Fassaden und Raumstrukturen nach Elementen dekonstruiert und bewertet werden. Beispielsweise ist von Interesse, welches Gesellschaftsbild durch architekturhistorische Zitate suggeriert wird und auf welche Elemente das optische Augenmerk ästhetisierend gelenkt wird. Bei der Analyse der visuellen Zeichen als Raumkultur (zweite Symbolebene) sollen semantische Codes ermittelt werden, die die Architektur quasi kommentieren. Zu dokumentieren sind Alltagsartefakte, Zeichensysteme und Kollektivsymboliken, um in der Zusammenschau von erster und zweiter Symbolebene eine soziale Typologie entwickeln zu können.

Zur Prozessperspektive
der zivilisationstheoretischen Architektursoziologie

Als Vermittler zwischen historistischen Traditionen und modernisierter Soziologie übte Norbert Elias konsequent Kritik an einer »hodiezentrischen« Perspektive (Goudsblom 1979, 16), wie sie die Soziologie in der ›Moderne‹ kennzeichnet. In der gegenwärtigen Soziologie ist es nicht mehr üblich, eine langfristige Prozessperspektive einzunehmen. Das liegt vor allem am Siegeszug einer atomistischen Soziologie, die historische Fakten nur chronologisch aufzählt, aber keine Synthesestrategien mehr verfolgt. Prozesstheoretische Ansätze sind seit Karl R. Poppers »Das Elend des Historizismus« (1965) desavouiert. Statt Denken in Prozessmustern wird eine Individualisierung historischer Zeitabschnitte propagiert (ebd. 6). Popper forderte, dass »Ganzheiten« nicht Gegenstand wissenschaftlicher Forschung sein dürften (ebd. 59). Deshalb dominiert in der gegenwärtigen Empirie eine Analyse ausgewählter und eng begrenzter Zeitausschnitte, da – so Poppers Position – jeder kurzzeitige Entwicklungsprozess eigen- und einzigartig sei und sich diese unabhängigen Einzelprozesse nicht zu einer allgemeinen Tendenz, einer sozialen Dynamik und einer eindeutigen Richtung im Sinne einer evolutionären Bewegung, also nicht zu einem umfassenden Entwicklungsprozess verknüpfen lassen (ebd. 86 ff.).

Die Synthese der entwicklungssoziologischen Betrachtungsweise arbeitet dem gegenüber mit Modellen langfristiger Entwicklungen (Elias 1984, 178). Dabei werden Langzeitentwicklungen untersucht, indem mit Hilfe systematischer Vergleiche zwischen Beispielen aus früheren und späteren Phasen die Gesamtrichtung eines langfristigen Prozesses unterschieden wird (ebd. 179). Solche induktiven Verallgemeinerungsmethoden der »Synthese durch systematisches Ordnen« (Goudsblom 1979, 94), um langzeitliche Entwicklungsprozesse zu verstehen, wurden von Popper (1965, 106) als »voreilige Schlüsse« und pure »Intuition« abgetan. Als Gegenmodell institutionalisierte er die hypothetisch-deduktive Methode, bei der über die Sammlung von Daten situative Erklärungen gesucht werden, indem aus einer theoretischen Annahme mit Hilfe der Randbedingungen prüfbare singuläre Sätze abgeleitet werden. Diese Reduktion unterliegt dem Risiko, dass der Entwicklungscharakter der sozialen Welt vernachlässigt und aus den Augen verloren wird (Goudsblom 1979, 68).

Daraus resultiert ein wissenschaftliches Defizit in der Soziologie, weil der Entwicklungsbegriff kaum noch als soziologischer Funktionsbegriff zur Anwendung kommt (Elias 1970, 162 ff.). Während entwicklungssoziologische Theorien im 19. Jahrhundert stark waren, wurden sie im 20. Jahrhundert systematisch blockiert. Es setzte eine Bewegung ein weg von der Beschäftigung mit der langfristigen Dynamik, hin zur Beschäftigung mit kurzfristigen, zeitpunktbezogenen Zuständen der Gesellschaft. Entwicklungsprozessen wird heute in der Soziologie kein Sinn und keine Zielqualität mehr zugebilligt. Folglich werden langfristige Entwicklungstrends kaum noch thematisiert: So werden zum Beispiel die zunehmende Differenzierung gesellschaftlicher Funktionen, die Entwicklung zu größerer Komplexität, langfristige Zivilisationsschübe in Richtung auf größere und gleichmäßigere Zurückhaltung der Affekte und die Verringerung der Ungleichheit in der Verteilung der Machtgewichte nicht mehr empirisch in einer Prozessperspektive untersucht und sind zu rhetorischen Formeln verkümmert. Wie menschliche Gesellschaften auf eine größere Funktionsdifferenzierung und auf eine Vervielfältigung ihrer Handlungsebenen sowie deren Integrierung zusteuern, findet in den empirischen Forschungsprogrammen keine Beachtung mehr (ebd. 172).

Methodische Überlegungen zu einem Prozessmodell für die Architektursoziologie

Die skizzierten Überlegungen lassen sich auch auf die Architektursoziologie übertragen. Denn um Architektur soziologisch angemessen begreifen zu können, müssen die (innerstaatlichen und zwischenstaatlichen) Differenzierungs- und Integrierungs-

prozesse im Rahmen der gesellschaftlichen Entwicklungsdynamik empirisch genau
so in Betracht gezogen werden wie die Entwicklung des Wirtschafts- und Staaten-
systems, in das die generationellen Abfolgen gesellschaftlicher Figurationen und ihre
Architekturen verwoben sind (Elias 1970, 187). Für die Architektursoziologie ist ein
Prozessmodell wünschenswert, das beschreibt, wie die miteinander verbundenen
Teilereignisse der Raumproduktion in der zeitlichen Generationenabfolge Einheiten
einer größeren Funktionseinheit bilden (Elias 1983, 43). Dabei geht es um einen
besonderen Typ von empirischer Forschungsoperation: In der Untersuchung sind Auf-
und Abbewegungen zwischen Modellen der umfassenderen Einheit und Modellen
ihrer Teileinheiten, also Feedbackschleifen zu berücksichtigen, in denen analytische
und Synthesen bildende Schritte des Erkenntnisgewinns miteinander verbunden werden. In dieser Untersuchungsbewegung müssen Prozesse innerhalb von Prozessen
aus vielen miteinander verflochtenen Ebenen von unterschiedlicher relativer Stärke
trennscharf differenziert werden (ebd. 44).

Methodologisch ist das ein schwieriges Unterfangen. Das lässt sich mit einem
kurzen Verweis auf die »Unschärferelation« oder »Unbestimmtheitsrelation« verdeutlichen, die 1927 von Werner Heisenberg im Rahmen der Quantenmechanik formuliert wurde.[1] Im Kern steht die Aussage, dass zwei Messgrößen eines Teilchens
nicht immer gleichzeitig beliebig genau bestimmbar sind. Es ist nicht möglich, die
örtliche Position und die Geschwindigkeit eines Quantenobjektes gleichzeitig exakt
zu messen. Die Messung der Position eines Quantenobjektes ist zwangsläufig mit
einer Störung seines Impulses verbunden und umgekehrt. Die Unschärferelation ist
nicht die Folge von Unzulänglichkeiten eines entsprechenden Messvorgangs, sondern
prinzipieller Natur. Dieses Unschärfeprinzip kann auf die Zeitpunkt- und Prozess-
Betrachtung in der Soziologie übertragen werden, d. h. es können nicht gleichzeitig
die Tiefenstruktur und die Wandlungsfigur der Gesellschaft gemessen werden.

Trotz dieses methodischen Handicaps sollte sich die architektursoziologische
Erfahrungsbildung nicht auf eine zeitpunktbezogene Empirie zurückziehen, sondern
gezielt auch die Chancen einer komplementären Prozessempirie nutzen. Die induktive
Prozessperspektive erscheint gerade in der Architektursoziologie ein zwingend notwendiger Denkmodus zu sein. Mit Poppers Engführung einer atomistischen und auf
Zeitpunkte beschränkten Empirie lassen sich Grundfragen der Architektursoziologie
nicht erschließen. Ein angemessener soziologischer Zugang zur Architektur ist vor
allem über eine langzeitliche Längsschnittempirie möglich. Dies lässt sich exemplarisch am architektursoziologischen Prozessmodell der »Verhäuslichung« verdeutlichen, das Gleichmann (2006) ausgearbeitet hat.

---

1 Vgl. http://www.quantenwelt.de/quantenmechanik/wellenfunktion/unscharfe.html (1.2.2009).

Architektur in einer langzeitlichen Prozessperspektive

Joseph Rykwert schreibt in dem berühmten Essay über die »Urhütte« als »Adams Haus im Paradies« (2005, 18), dass es nicht nur eine Entwicklungslinie gibt, sondern mehrere parallel und in verschiedene Richtungen verlaufende Prozesse der Wissensgenerierung vom Bauen. Er verweist in dieser Hinsicht auf eine »zweifache Abstammung des ursprünglichen Hauses« und unterscheidet dabei den »›entdeckten‹ Raum der Höhle« und den »›gefertigten‹ Raum des Zeltes oder der Laube« (ebd. 180 f.). Neben behelfsmäßigen, an Felswände gelehnten Latten, die die frühen Menschen konstruierten, um sich vor Wetter und Feinden zu schützen, wird eine Entwicklungslinie vermutet, die an spezifische Materialien wie beispielsweise Rohrschilf und die Fertigkeit des Flechtens gebunden ist, woraus sich ursprüngliche Formen des Zelts bzw. zeltähnlicher Bauten entwickelt haben sollen (ebd. 31). Später sollen Schösslinge zu kreisförmigen Hütten geflochten und mit Schlamm bedeckt worden sein (ebd. 40). Mit der zunehmenden Beherrschbarkeit des Naturraumes und der Ausdifferenzierung sozialer Beziehungsfigurationen sollen sich die Konstruktionen weiter entwickelt haben; beispielsweise indem sowohl Löcher in den Boden gegraben als auch darüber schützende Holzkonstruktionen aufgestellt worden sein sollen. Nach Rykwerts Vermutungen wurden Gebäude in den frühen Entwicklungsstadien aus Zweigen errichtet und später aus Baumstämmen konstruiert. Er nimmt an, dass sich dabei der Übergang von einer konischen, zeltartigen Hütte zu einem quadratischen, flach gedeckten Kubus vollzog (ebd. 77); die Zimmermannskunst sei dafür die tragende, mechanische Fertigkeit gewesen (ebd. 38).

Aus urgeschichtlicher Sicht wird diese romantisierende Sicht sehr skeptisch betrachtet, weil es keine empirischen Hinweise dazu gibt, die Argumentationsfigur also eine reine Konstruktion darstellt. Die archäologische Siedlungsforschung teilt die Auffassung, dass die frühen Behausungen »in Übereinstimmung mit den Umweltbedingungen« sowie mit den »topografischen Gegebenheiten« errichtet wurden und dass dabei Materialien zur Anwendung kamen, die die benachbarte Natur anbot (Luley 1999, 775). Dies spricht dafür, in der Urgeschichte von einer umweltabhängigen Kulturentwicklung von Fertigkeiten des Hausbaus auszugehen, die sich aber zunehmend auf eine von der sozialen Struktur abhängige Kulturentwicklung ausdehnt, wie empirische Erkenntnisse über Feuchtbodensiedlungen ab der Jungsteinzeit nahe legen: »Der Siedlungsbau des jüngeren Neolithikums lässt deutlich eine geplante Koordination erkennen, die der einzelnen Wohneinheit übergeordnet war. Wahrscheinlich waren Dorfplanung, Hausbau, Wald- und Feldarbeit Gemeinwerk. Vielleicht drückte sich die Dorfgemeinschaft in der Uniformität der Dorfanlagen und die Zusammengehörigkeit in der extremen Enge der Häusergruppen aus« (ebd. 754).

Diese Untersuchungsergebnisse suggerieren, dass sich Architektur noch nicht als spezifisches Wissen funktional ausdifferenziert hat. Vermutlich korrespondierte die spätere Herausbildung einer Architekturprofession erst mit der Erfindung verbesserter

Werkzeuge, die wiederum im Kontext wachsender gesellschaftlicher Abhängigkeits-ketten standen. Rykwert führte die urgeschichtlichen Gebäudeformen daher nicht auf einen proto-wissenschaftlichen Kanon von Fertigkeiten zurück, sondern nimmt eine teilweise Institutionalisierung über religiöse Riten an (Rykwert 2005, 133 ff.): So seien in einigen Religionen Rituale verbreitet, Laub- und Rohrhütten im Rahmen religiöser Bräuche zyklisch wiederkehrend herzustellen (vgl. zum Beispiel das jüdi-sche Laubhüttenfest).

Zur Synthese des Architekturbegriffs

An dieser Stelle soll in einem kurzen Exkurs Bezug auf das »Dreistadiengesetz« von Auguste Comte – dem Erfinder der Soziologie – genommen werden. Er hatte erkannt, dass die Begriffe, über die Menschen gesellschaftliche Tatsachen wahrnehmen, in einem Hunderte von Generationen überspannenden Prozess allmählich entwickelt wurden (vgl. Goudsblom 1979, 88). Jeder Begriff durchläuft dabei drei Stadien der Theoriebildung: (1) das theologische oder fiktive Stadium, (2) das metaphysische oder abstrakte Stadium und (3) das wissenschaftliche oder positive Stadium (zitiert nach Elias 1970, 38). So wird die architektonische Gestalt eines Tempels im ersten Stadium theologisch auf göttliche Eingebung als absolute Wahrheit zurückgeführt, im zweiten Stadium des metaphysischen Denkens auf personifizierte Abstraktionen und Klassifikationen (als abstrakte unveränderliche Prinzipien) der Urheber bezogen und im dritten Stadium des positiven Denkens auf beobachtbare Zusammenhänge wie die professionelle Planung und Herstellung sowie die Nutzungsfunktionen zurückgeführt (vgl. ebd. 39). Die Denkstrukturen wandeln sich in eine bestimmte Richtung und das daraus abgeleitete praktische Handeln der Architektur entwickelt sich in derselben Tendenz mit.

Comte formulierte mit diesem innovativen Denkansatz den wissenssoziologischen Zusammenhang, dass die Dominanz bestimmter Denkformen mit der Herrschaft militärischer, priesterlicher und später industrieller Schichten (sowie mit den damit verbundenen Formen der Arbeitsteilung und gesellschaftlichen Interdependenz) kor-respondiert (ebd. 45). Wo Menschen auf einer späteren Stufe zählen, messen und konstruieren, vollzogen sie auf einer früheren Stufe noch unreflektierte, d. h. »pri-märe Synthesen« des rituellen Handelns und Schaffens (Elias 1983, 93). Professio-nelles Wissen der Architektur ist danach »ein Ergebnis der gemeinsamen begriffli-chen Arbeit einer langen Kette von Generationen, verbunden mit der immer wieder erneuerten Realitätsprüfung ihrer Begriffe im Schmelztiegel ihrer Erfahrungen und Reflexionen« (ebd. 95).

Auf der früheren Entwicklungsstufe herrscht ein höheres Niveau der Affektivität, der Gefühlsbeteiligung und des Engagements vor. Insofern kann das frühe Wissen um den Bau von Behausungen – etwa im Sinne von Rykwerts Fiktion einer »Urhütte«

(2005) – als »animistische Synthese« bezeichnet werden, die insbesondere auch in religiösen Praktiken begründet liegt (Elias 1983, 99). Norbert Elias führte dazu aus: »Je unkontrollierbarer für Menschen ein bestimmter Geschehensbereich ist, um so affektiver ist ihr Denken über diesen Geschehensbereich, und je affektiver, je phantasiegesättigter ihr Denken über diesen Geschehensbereich ist, um so weniger sind sie in der Lage, sich sachgerechtere Modelle dieser Zusammenhänge zu bilden und dementsprechend die Zusammenhänge in höherem Maße zu kontrollieren« (ebd. 173 f.). In dem Buch »Über die Zeit« beschreibt Norbert Elias, wie Menschen von begrifflichen Orientierungsmitteln auf relativ niedriger Synthese-Ebene in einem langen, anfangslosen Lernprozess zu Mitteln der Orientierung auf relativ hoher Syntheseebene gelangen (Elias 1984, XII). Deshalb kannten Menschen, als sie noch nicht die Synthese des »Kalenders« leisten konnten, auch nicht ihr Lebensalter als eine weitere damit verbundene Syntheseleistung.

Architektur im modernen Sinne repräsentiert demgegenüber eine »rationalistische Synthese«, die kaum noch affektiv aufgeladen ist und der Kontrolle gesellschaftlicher Zusammenhänge dient (vgl. ebd. 99). Le Corbusier sieht in dem Berufsbild des Architekten daher einen »Ingenieur, der unbelastet ist von kulturellem Gepäck« (Rykwert 2005, 179) und somit bei der Herstellung menschlicher Behausungen auf eine höherwertigere Synthese zurückgreift als die Dorfgemeinschaft in der Jungsteinzeit. Denn in dieser frühen Entwicklungsstufe zum Beispiel wurden die Bauwerke von den Bewohnern selbst hergestellt, ohne dass sie ihr Handeln und das Wissen darum bereits in einem Begriff wie Architektur symbolisch synthetisieren und als protoprofessionelles Handlungsmuster abgrenzen konnten. Über die Generationenketten hinweg nimmt Architektur die Funktion eines Orientierungsmittels an und entwickelt sich – analog zu Sprache – zu einem menschengeschaffenen Symbolkanon, der im Prozess schrittweise geschaffen und entwickelt wurde, um Angelegenheiten der Errichtung von Behausungen gesellschaftlich zu regulieren. Bei dieser Synthese werden alle Ereignisse miteinander symbolisch verknüpft, die etwas mit der Errichtung von Behausungen zu tun haben.

Zur Architekturtheorie von Vitruv

Dass Architektur in einem Langzeitprozess verschiedene Synthesestufen repräsentiert, kann an der Architekturtheorie von Vitruv beispielhaft verdeutlicht werden, die rund 30 Jahre vor der abendländischen Zeitrechnung bereits einen relativ elaborierten Kanon des Ingenieurshandelns dokumentierte (vgl. Vitruvius 1796). Vitruv, auch Vitruvius Pollio genannt, war ein römischer Baumeister, Heeres- und Wasserbauingenieur und Kunsttheoretiker (* um 84 v. Chr., † nach 27 v. Chr.). Er leitete die römische Baukunst von einfachen Techniken der Griechen ab, hölzerne Hütten zu errichten (Rykwert 2005, 57).

Sein Werk »De architectura libri decem« umfasst zehn Bücher über Architektur; es handelt sich um das einzige erhaltene antike Werk über Architektur und nach Vitruvs eigenen Angaben auch das erste lateinische Werk überhaupt, das eine umfassende Darstellung der Architektur zum Ziel hat. Die Bücher 1 bis 7 widmen sich der Tätigkeit des Architekten, während die Bücher 8 bis 10 mehr dem Ingenieurwesen zuzurechnen sind.[2] Das über 2000 Jahre alte Dokument von Vitruv ist wahrscheinlich das Zwischenergebnis von Lernen und Erfahrung einer sehr langen Kette menschlicher Generationen und repräsentiert daher weniger die frühe Synthese des Baumeisters als vielmehr die proto-wissenschaftliche Synthese eines Architekturkanons. Der Anspruch Vitruvs, dass »*architectura*« Wissenschaft und nicht mehr Handwerk sei, zeigt bereits den relativ hohen Synthesegrad an. Die Synthese ist aber noch nicht auf den engen Architekturbegriff der Moderne fokussiert: Bei Vitruv meint »*architectura*« ein im Bauwesen, im Maschinenbau, in der Uhrmacherkunst und in Astronomie und Astrologie existierendes bzw. zu verwirklichendes Ordnungssystem, das nicht nur eine Ordnung von Gegenständen, sondern auch eine Ordnung des Handelns beinhaltet, die bis zur Konstruktion von Angriffsgeräten, aber auch Verteidigungsstrategien reicht (Führ 2005; vgl. dazu auch Kaiser/König 2006).

Die Kategorien der Architekturtheorie von Vitruv werden unter dem ästhetischen Leitkonzept der »*venustas*« (Anmut, Reiz oder Schönheit) in sechs Grundbegriffe unterteilt: »*ordinatio*«, »*dispositio*«, »*eurythmia*«, »*symmetria*«, »*decor*« und »*distributio*«. »*Ordinatio*«, »*eurythmia*« und »*symmetria*« beziehen sich dabei auf die Proportionierung des Gebäudes. »*Ordinatio*« steht für eine durchgängige Proportionierung der Teile nach Maßen oder Modulen, »*eurythmia*« für die Wirkung der Proportionierung auf den Betrachter und »*symmetria*« für den Einklang der einzelnen proportionierten Elemente untereinander. Unter Proportionierung versteht Vitruv dabei Verhältnisse ganzer Zahlen zueinander (z.B. die Proportionen der Säule im 4. Buch als Verhältnis von Durchmesser zu Gesamthöhe; das ist bei der dorischen Säule ein Verhältnis von 1:7). Die angewandten antiken Zahlensysteme sind hier nicht ästhetisch gemeint; sie präsentieren die das Sein konstituierende kosmologische Ordnung als Anschauung universaler Wahrheit. Dies kann nach den drei Stadien der Theoriebildung von Comte als Übergang vom theologischen in das metaphysische Stadium interpretiert werden.

»*Dispositio*« bezieht sich bei Vitruv auf den Bauentwurf und seine Darstellungsmöglichkeiten, die er auf Grundriss, Schnitt und perspektivische Ansicht (»*ichnographia*«, »*orthographia*« und »*scaenographia*«) festlegt. »*Decor*« meint die Angemessenheit der gewählten Säulenordnung für bestimmte religiöse Bauaufgaben. Für die weltliche Baukunst spielt der Begriff der »*distributio*« eine Rolle, denn der Architekt

---

2 Buch 1: Ausbildung des Architekten und architektonische Grundbegriffe, Buch 2: Baumaterialien, Bücher 3 und 4: Tempelbau, Buch 5: öffentliche Gebäude, Bücher 6 und 7: Privathäuser, Buch 8: Wasserleitungen, Buch 9: Zeitmessung, Uhren und Astronomie, Buch 10: Maschinen.

soll nicht nur auf die Bequemlichkeit der Raumverteilung im Grundriss, sondern auch auf die Angemessenheit der Aufteilung für den Auftraggeber achten.

Vitruv zählt verschiedene Wissensgebiete auf – darunter Arithmetik, Geometrie, Geschichte und Philosophie –, in denen ein Architekt zum Nutzen seiner architektonischen Tätigkeit qualifiziert sein muss. Das Verständnis von Zahl, Geometrie und den Maßverhältnissen ist anthropologisch geprägt, und so werden auch das Quadrat und der Kreis als Formen beschrieben, in die sich ein aufrecht stehender Mensch einschreiben lasse. Dies inspirierte Künstler der Renaissance zu Skizzen; die berühmteste Illustration stammt von Leonardo da Vinci und wird oft der vitruvianische Mensch genannt. Als architektonisches Paradigma galten die Glieder des menschlichen Körpers in ihren Verhältnissen. Auch die entsprechenden Maßeinheiten zeugen von dieser Verbindung: Zoll, Querhand, Fuß, Elle (vgl. Moravánszky / Gyöngy 2003). Vor diesem Hintergrund ist Richard Sennett zu dem Ergebnis gekommen, dass Architektur im Entwicklungsprozess insbesondere auch das Bild der Menschen von ihrem Körper repräsentiert, sozusagen in der Prozesslinie vom warmen Loch der Körperöffnungen in einer frühen Entwicklungsstufe zur Netzwerkstadt auf dem hohen Wissensstand der Genetik und Neuroforschung wahrgenommen werden muss (vgl. Sennett 1997).

Zum Prozess der Verhäuslichung

In der fortschreitenden Praxis menschlicher Gesellschaften wird Architektur im von Vitruv beschriebenen Sinn zu einem »Regulierungsmechanismus« (Elias 1984, 10), um die Anforderungen des »Verhäuslichungsprozesses« (Gleichmann 2006) zu bewältigen. In der »Entwicklung von umherschweifenden Horden zu eingezäunten oder Bergdörfern, zu ummauerten Stadtstaaten und zu zunehmend größeren und intern immer stärker befriedeten Territorialstaaten« (Elias 1984, 137) wächst der Bedarf nach Experten der Errichtung von Behausungen mit unterschiedlichen Funktionen. War zu Beginn tradiertes Erfahrungswissen vielleicht nur für die Errichtung von Sonderbauten religiöser und weltlicher Herrschaft notwendig, so steigt das Syntheseniveau kontinuierlich bis hin zur modernen Professionalisierung eines innerstaatlichen Monopols, das Zuständigkeit über sämtliche Bauaktivitäten beinhaltet – im Deutschland der Gegenwart zum Beispiel verkörpert durch das Monopol der Architektenkammer.

Das höhere Syntheseniveau von Architektur – im Unterschied zur einfacheren Synthese des davor bestehenden handwerklichen Bauwissens – hat eine integrierende Funktion, weil alle Schritte und Gewerke der Errichtung von Behausungen – losgelöst vom konkreten Alltagshandeln – systematisch unter dem Modus von Ästhetik und Form kodifiziert werden. Erst die moderne Architektur wird auf die Ästhetik der Außenhülle und ihren Kreator fixiert. Alles Außerkünstliche wird in den letzten beiden Jahrhunderten an die ausdifferenzierten technischen Ingenieur-Professionen delegiert. Seit dem 19. Jahrhundert werden Baustile, Baugeschichte und die »gestaltsymbolische Willkür der Baukünstler« erforscht (Gleichmann 2006, 139). Die Architekturtheorie, die bei Vitruv noch technische Kompetenzen beinhaltete, wird zunehmend auf ein Gestaltungssystem nach ästhetischen Kriterien reduziert. Das ursprünglich bedeutsame Wissen der Naturbeherrschung wird sukzessiv verlagert in andere ingenieurwissenschaftliche Professions- und Produktionsstufen (vgl. Kaiser/König 2006).

Der deutsche Architektursoziologe Peter Reinhart Gleichmann (1932–2006) hat mit seinen Untersuchungen zum »Verhäuslichungsprozess« ein Prozessmodell generiert, das für die zivilisationstheoretische Architektursoziologie einen Referenzrahmen setzt. Gleichmann (2006, 125) spitzte seine Sicht auf die Architekturentwicklung in der Aussage zu: »Nur das einzelne Gebäude ist geplante Architektur, die Gesamtentwicklung der Architektur ist ungeplant«. Die ungeplanten Tendenzen, die dem Prozess zu Grunde liegen, sind daran erkennbar, dass sich zum Schutz vor der Natur, zur Erfüllung von Vitalfunktionen wie Essen, Schlafen, Körperpflege und zur Organisation gesellschaftlicher Belange – unabhängig von einzelnen Architekturplanungen – »immer größere Bereiche des menschlichen Daseins in Häuser [...] verlagern«. Häuser sind in diesem Verständnis »Bauwerke und soziale Gebilde zugleich« (ebd. 135).

Gleichmann betont zwei Prozesslinien: Zum Einen folgen die Errichtung, Erhaltung und Vermehrung von Bauwerken dem Ziel, menschliche Tätigkeiten in Innenbereiche zu verlagern; zum Anderen korrespondiert der Prozess mit Veränderungen der gesellschaftlichen Macht- und Kontrollstruktur (ebd.). Architekten erfinden die Behausungen somit nicht einfach, sondern übertragen soziale und gesellschaftliche Anforderungen in gebaute Strukturen. Unter dieser zivilisationstheoretischen Perspektive wird also nicht zeitpunktbezogen-atomistisch gefragt, wie Bauten auf das Verhalten von Menschen wirken, sondern umgekehrt wie die Gesellschaftsentwicklung auf die Struktur der Gebäude wirkt, wie ein innerhäusliches Verhaltensgefüge durch externe Einflüsse der Gesellschaft geprägt wird. Machttheoretisch betrachtet entsteht eine »Sachherrschaft« durch die Gestaltung der Dingwelten, die ihrerseits Ausdruck von veränderten Interdependenzketten unter den Menschen ist.

Exemplarisch kann im Zivilisationsprozess auf den Übergang zu kollektivierten Staatssystemen verwiesen werden, bei dem sich die »Hausherrschaft« verändert, also sich die Art wandelt, in der sich Sozialverhältnisse der Menschen innerhalb von Häusern zusammenfügen. So verliert der *pater familias* der älteren geschlossenen Hauswirtschaft seine Funktion, was die Grundrissorganisation der Häuser verändert, weil alte Funktionen im Rahmen eines Differenzierungsprozesses in neu entstehende Gebäudetypen wie Betrieb, Schule oder Kinderbetreuungseinrichtung ausgelagert werden.

Ein wichtiger Teilprozess ist dabei die »Verhäuslichung von Techniken der Affektbeherrschung« (ebd. 77). Dies betrifft Miktion und Defäkation, Nacktheit und Ent-

blößung sowie Körpergeruch, Körpergeräusche und Sexualität. Die Peinlichkeits-
schwellen und Schamzonen für die Handhabung des Körpers werden im Prozess
der Verhäuslichung durch die architektonische Planung und Gestaltung quasi ›ver-
räumlicht‹. Ein Kennzeichen des Verhäuslichungsprozesses ist somit die fortwäh-
rende Aussonderung von häuslichen Bereichen, wie wir sie beispielsweise an der
Grundrissentwicklung in den vergangenen Jahrhunderten ablesen können und die
die Zivilisierung der leiblich-vitalen Funktionen im Wohnzusammenhang abbilden.
Gleichmann hebt besonders hervor (ebd. 133):

*   die zunehmende architektonische Gestaltung von Vorgängen der menschlichen
    Körperentleerung, die in der Verhäuslichung der Aborte im Kontext einer Erhö-
    hung der Scham- und Peinlichkeitsstandards zu beobachten ist.
*   die Abtrennung von Schlafräumen, auf die auch die Sexualität konzentriert wird,
    und von Räumen für die Gastlichkeit.
*   die Anlage besonderer Räume für die Körperpflege.
*   die Abgrenzung räumlicher Bereiche für die Speisenzubereitung bis hin zur Aus-
    lagerung in Kantinen.
*   den Wandel von der außerhäuslichen zur innerhäuslichen Lagerung von Nahrungs-
    mitteln.
*   die Abtrennung von besonderen Räumen für die kindliche Sozialisation.
*   die visuelle, olfaktorische und akustische Aussonderung von Räumen für das
    Arbeiten und für die Haltung domestizierter Nutztiere und
*   damit verbunden ein Größenwachstum der Hausbauten in vertikaler und hori-
    zontaler Richtung sowie der baulichen Raumbeherrschung durch entsprechende
    technische Konstruktionen.

Im Verhäuslichungsprozess werden die Gebäudestrukturen zunehmend differenzier-
ter, um affektive Distanzen jeweils neu auszubalancieren (ebd. 89). Dabei wachsen
beispielsweise die Abstände im innerhäuslichen Grundriss, indem zwischen Schlafzimmern ein Ankleidezimmer eingeschoben wird oder indem Kinder in besonderen
Zimmern auf Distanz zu den Schlafzimmern von Erwachsenen untergebracht werden.
Diese Beispiele verdeutlichen, dass die Distanzen zwischen Mann und Frau, die in
Ankleidezimmern ihre Nacktheit voreinander verbergen, sowie zwischen Eltern und
Kindern im Zivilisationsprozess wachsen und Architektur dieses Gefüge verräum-
licht.

Das Prozessmodell des »Verhäuslichungsprozesses« zeigt damit exemplarisch,
in welche Richtung eine entwicklungssoziologische Architektursoziologie führen
kann. Es zeigt Architektur zugleich als eine fortschreitende Synthesebildung. In dieser Perspektive kann aufgeklärt werden, wie sich die zunehmende Differenzierung
gesellschaftlicher Funktionen, die Entwicklung der gesellschaftlichen Figurationen
zu größerer Komplexität, die langfristigen Zivilisationsschübe in Richtung auf eine
größere und gleichmäßigere Zurückhaltung der Affekte und die Verringerung der
Ungleichheit in der Verteilung der Machtgewichte architektonisch im Prozess der

Verhäuslichung abbilden. In einer längerfristigen Prozessperspektive differenzieren sich Bauwerke fortwährend aus und verändern ihre schutzbietenden und symbolischen Funktionen. Genau dieser Wandel repräsentiert den Entwicklungsprozess der Architektur, die keinen davon losgelösten Entwicklungsverlauf nimmt.

Literaturverzeichnis

Alber 1997: R. Alber, New York Street Reading. Die Stadt als beschrifteter Raum. Dokumentation von Schriftzeichen und Schriftmedien im Straßenraum und Untersuchung ihrer stadträumlichen Bedeutung am Beispiel von New York. Dissertation, Universität Tübingen 1997.

De Fusco 1972: R. De Fusco, Architektur als Massenmedium. Anmerkungen zu einer Semiotik der gebauten Formen. Gütersloh: Vieweg 1972.

Eco 1972: U. Eco, Einführung in die Semiotik. München: Fink 1972 [Erstausgabe: Mailand 1968].

Elias 1969: N. Elias, Die höfische Gesellschaft. Neuwied, Berlin: Luchterhand 1969.

Elias 1970: Ders., Was ist Soziologie? München: Juventa 1970.

Elias 1980: Ders., Über den Prozeß der Zivilisation. Soziogenetische und psychogenetische Untersuchungen. Frankfurt a. M.: Suhrkamp 1980 [Erstausgabe: Basel 1939].

Elias 1983: Ders., Engagement und Distanzierung. Frankfurt a. M.: Suhrkamp 1983.

Elias 1984: Ders., Über die Zeit. Frankfurt a. M.: Suhrkamp 1984.

Elias 2001: Ders., Symboltheorie. Frankfurt a. M.: Suhrkamp 2001 [Erstausgabe: London, Newbury Park 1989].

Führ 2005: E. Führ, Zur Theorie der Architektur als Wissenschaftstheorie und Wissenschaftspraxis. Wolkenkuckucksheim 9, 2, 2005. http://www.tu-cottbus.de/theo/Wolke/deu/Themen/042/Fuehr/fuehr.htm [1.2.2009].

Gleichmann 1979: P. R. Gleichmann, Die Verhäuslichung körperlicher Verrichtungen. In: Ders./J. Goudsblom/H. Korte (Hrsg.), Materialien zu Norbert Elias' Zivilisationstheorie. Frankfurt a. M.: Suhrkamp 1979, 254–78.

Gleichmann 2006: Ders., Soziologie als Synthese. Wiesbaden: VS Verlag für Sozialwissenschaften 2006.

Goudsblom 1979: J. Goudsblom, Soziologie auf der Waagschale. Frankfurt a. M.: Suhrkamp 1979 [Erstausgabe: Oxford 1977].

Kaiser/König 2006: W. Kaiser/W. König (Hrsg.), Geschichte des Ingenieurs. München: Hanser 2006.

Läpple 1991: D. Läpple, Essay über den Raum. Für ein gesellschaftswissenschaftliches Raumkonzept. In: H. Häußermann u. a. (Hrsg.), Stadt und Raum. Pfaffenweiler: Centaurus 1991, 157–207 [http://www.rainer-rilling.de/gs-villa07-Dateien/laepple.pdf; 7.12.2009].

Luley 1999: H. Luley, Wohnen und Wohnungsbau im urgeschichtlichen Mitteleuropa. Die Umgestaltung menschlichen Lebensraums in fünf Jahrtausenden. In: W. Hoepfner (Hrsg.), Geschichte des Wohnens. Band 1: 5000 v. Chr. – 500 n. Chr. – Vorgeschichte, Frühgeschichte, Antike. Stuttgart: Deutsche Verlags-Anstalt 1999, 737–84.

Moravánszky / Gyöngy 2003: Á. Moravánszky / K. M. Gyöngy (Hrsg.), Architekturtheorie im 20. Jahrhundert: Eine kritische Anthologie. Wien, New York: Springer 2003.

Nöth 2000: W. Nöth, Handbuch der Semiotik. Stuttgart, Weimar: J. B. Metzler ^{2}2000.

Popper 1965: K. R. Popper, Das Elend des Historismus. Tübingen: Mohr 1965 [Erstausgabe: London 1957].

Riege / Schubert 2005: M. Riege / H. Schubert (Hrsg.), Sozialraumanalyse: Grundlagen – Methoden – Praxis. Wiesbaden: VS Verlag für Sozialwissenschaften ^{2}2005.

Rykwert 2005: J. Rykwert, Adams Haus im Paradies. Die Urhütte von der Antike bis Le Corbusier. Berlin: Gebr. Mann 2005 [Erstausgabe: New York 1972].

Schäfers 2003: B. Schäfers, Architektursoziologie. Grundlagen, Epochen, Themen. Opladen: Leske + Budrich 2003.

Schäfers 2004: B. Schäfers, Zur Begründung einer Architektursoziologie. Soziologie 33, 2004, 35–48.

Schubert 2000: H. Schubert, Städtischer Raum und Verhalten. Zu einer integrierten Theorie des öffentlichen Raumes. Opladen: Leske + Budrich 2000.

Schubert 2005a: Ders., Empirische Architektursoziologie. Die Alte Stadt 32, 1, 2005, 1–27.

Schubert 2005b: Ders., Sicherheit durch Stadtgestaltung. Köln: Verlag Sozial Raum Management 2005.

Schubert 2009: Ders., Die Architektur der Gesellschaft aus Sicht der Zivilisationstheorie von Norbert Elias. In: J. Fischer / H. Delitz (Hrsg.), Die Architektur der Gesellschaft. Theorien für die Architektursoziologie. Bielefeld: transcript 2009, 41–69.

Sennett 1997: R. Sennett, Fleisch und Stein. Der Körper und die Stadt in der westlichen Zivilisation. Frankfurt a. M.: Suhrkamp 1997 [Erstausgabe: New York 1994].

Vitruvius 1796: A. Rode (Übers.), Des Marcus Vitruvius Pollio Baukunst (Band 1). Leipzig: G. J. Göschen 1796 [http://diglit.ub.uni-heidelberg.de/diglit/vitruvius1796a; 07.12.2009].

Weresch 2005: K. Weresch, Wohnungsbau im Wandel der Wohnzivilisierung und Genderverhältnisse. Hamburg: Dölling und Galitz 2005.

JOACHIM FISCHER

Architektur als »schweres Kommunikationsmedium« der Gesellschaft. Zur Grundlegung der Architektursoziologie

Zusammenfassung: Der Beitrag schlägt eine Theorieoperation vor, um Architektursoziologie ins Zentrum der soziologischen Beobachtung von (vormodernen wie modernen) Gesellschaften zu rücken. Wichtig ist der Anfangsschritt: Architektur als kulturelles Medium der Welt- und Selbst-erschließung unterscheidet sich von anderen »symbolischen Formen«: Sie funktioniert nicht wie die »Sprache«, wie ein »Text«, wie das »Bild«, wie ein »Artefakt«. Der Grundmodus der Archi-tektur als kulturelles Medium ist vielmehr die künstliche Baukörpergrenze, die Unterscheidung von Innen und Außen, die konkrete System- / Umwelt-Unterscheidung. In dieser Grenzziehung durch Baukörper sichern menschliche Lebewesen die Gefährdetheit ihrer körperlichen Exis-tenz (Temperatur- und Witterungsschutz) und regulieren zugleich ihr expressives Erscheinen in der Welt bzw. das Erscheinen der Welt im künstlich gesetzten Bezirk. Unter der Vorausset-zung ihrer symbolischen Eigenlogik lässt sich Architektur nun als ein soziales Medium, ein »Kommunikationsmedium« jeder Vergesellschaftung rekonstruieren (im Anschluss an und in Korrektur der Systemtheorie »symbolisch generalisierter Kommunikationsmedien«). Angelehnt an den latenten Animismus menschlicher Wahrnehmung stehen Baukörper über ihre Ausdrucks-grenzen zueinander in einer Art Quasi-Kommunikation. Architektur fungiert damit als das raumbildende, »schwere Kommunikationsmedium« jeder Vergesellschaftung. Siedlungs- oder stadtsoziologisch geht insofern der interaktive Bauraum dem eigentlichen Sozialraum voraus. Zugespitzt: Selbst in einer unbewohnten Siedlung verharren die Baukörper immer noch wie Kommunikationsofferten zueinander, die in ihrem jeweiligen Baustil Atmosphären oder Posen des Lebens gestatten oder blockieren. Durch dieses Gedankenexperiment wird klar, dass die tatsächlich in einer Siedlung interagierenden Menschen *durch* die architektonische Lebenswelt, durch die Als-Ob-Kommunikation der Baukörper immer schon miteinander und gegeneinander kommunizieren, dass sie *via* Baukörper Kommunikationsofferten raffinieren, rezipieren und realisieren. Deshalb sind alle Vergesellschaftungen als soziale Kämpfe um die Gestaltung der Baukörpergrenze zu erschließen.

Architektur wird hier nicht von den vertrauten Vorannahmen der Soziologie als gebaute Umwelt des Sozialen expliziert, sondern umgekehrt: Es geht im Folgenden darum, Architektur in das Innere der Soziologie selbst zu schleusen. Dabei sollte Architektur für Vergesellschaftungsprozesse so gravierend wie möglich angesehen bzw. angesetzt werden.

Die Überlegungen zum Aufbau und zentralen Status der Architektursoziologie in der Soziologie stammen aus der Auseinandersetzung mit der soziologischen Diagnostik der modernen Gesellschaft. Obwohl es die Architektursoziologie bereits als Fach gibt, könnte sie in der Disziplin Soziologie immer noch als marginal erscheinen, im Vergleich z. B. zur Industrie- und Betriebssoziologie, zur Wirtschafts-, Technik-, Rechts-, Mediensoziologie. Die Soziologie der Moderne tendiert nämlich in ihrer Eichung auf abstrakte Prinzipien der Vergesellschaftung (Geld, Recht, Schrift, virtuelle Medien) dazu, eine Stadtsoziologie *ohne* Architektur und eine Gesellschaftstheorie *ohne* Stadt zu betreiben – bzw. diese Größen immer erst nachträglich zu thematisieren. Die folgenden Überlegungen kreisen demgegenüber um das Ziel, die Baukörper in den Vergesellschaftungsprozess hineinzunehmen, die Architektursoziologie von der Peripherie in das Zentrum der Soziologie zu lotsen. Gelänge das, hätte Architektursoziologie einen zentralen Status für die soziologische Theorie überhaupt und die Beobachtung der modernen Gesellschaft.[1] Obwohl also die Moderne und ihre soziologische Theorie die Herausforderung bilden,[2] sind die Grundüberlegungen zur »Architektur der Gesellschaft«[3] so angelegt, dass die unhintergehbare Kommunikationsleistung der Architektur für jede Vergesellschaftung, also auch für vormoderne Architektur, für frühere und früheste Epochen der Siedlungs- und Stadtgeschichte gezeigt wird. Oder anders: Gelingt es, die konstitutive soziale Funktion von Architektur selbst für die abstrakte Moderne zu zeigen, ist sie in ihrer Brisanz für jede Vergesellschaftung gezeigt.

Geht man von der Moderne aus, gilt es zu klären, warum die ›schwere‹ Architektur – und über sie der Raum und die Stadt – mitten in flinker geld- und rechtsgesteuerter und überlokal schriftgestützter bzw. massenmedialer virtueller Kommunikation zentral für die Moderne ist. Diese Einschleusung der Architektursoziologie ins strategische Zentrum der Soziologie verlangt vier Stufen: Zunächst ist die Architektur aus ihrer Phänomenalität her als ein – im Kontrast zu anderen kulturellen Medien – eigenlogisches Medium zu präzisieren (1). Dies ist die Voraussetzung, um die konstitutive Sozialdimension der Architektur in ihrer Wucht zu erschließen – und zwar durch eine

---

1   Erste Überlegungen zu dieser Begründung der Architektursoziologie: Fischer 2006.

2   Als erster Versuch, von verschiedenen soziologischen Theorien aus die gesellschaftsdiagnostische Erschließung eines Bau- und Stadtplatzes der Moderne (»Potsdamer Platz«) zu organisieren: Fischer / Makropoulos 2004.

3   Als zweiter Versuch, die multiperspektivische und phänomenerschließende Kraft der soziologischen Theorien für die »Architektursoziologie« zu organisieren: Fischer / Delitz 2009.

sozialtheoretische Umakzentuierung der Raumsoziologie (2) und eine Umwandlung der Stadtsoziologie (3). Hat man die Architektur als das »schwere Kommunikationsmedium« der Vergesellschaftung so weit geführt, findet sich die Architektursoziologie im Zentrum der soziologischen Diagnostik der Moderne (4) wieder: Man erkennt, warum Architekturdebatten keine Nebendebatten, sondern Zentraldebatten gegenwärtiger Vergesellschaftung sind.

1. Architektur – zur Eigenlogik eines Mediums der kulturellen Welt- und Selbsterschließung: Baukörpergrenze

Um die Architektursoziologie ins Zentrum der Soziologie zu bringen, muss man einen wichtigen Schritt ohne Soziologie gehen – gleichsam einen Anlaufrückschritt nehmen. Um der Architektursoziologie das Momentum in der Soziologie geben zu können, darf die Soziologie nicht bei der Soziologie der Architektur anfangen. Sie muss einen Umweg gehen, indem sie die Architektur noch vor ihrer Sozialdimension erschließt. Es ist für die Architektursoziologie zentral, die Architektur von der *Kultur*soziologie her vorzubereiten. Sie muss Architektur – im Vergleich mit anderen Medien – in ihrer Phänomenalität als eigenlogisches Medium der kulturellen Welt- und Selbsterschließung nachvollziehen. Die Soziologie begreift die Architektur zu oft zu rasch in der Analogie zu anderen kulturellen Medien, mit denen sie bereits vertraut ist. Architektur funktioniert aber nicht wie eine »Sprache«, wie ein »Text«, wie ein »Bild«, wie eine »Skulptur«, wie »Musik«, nicht wie ein technisches »Artefakt«: Sie funktioniert anders als die anderen Medien des Welt- und Selbstzuganges. Zwar ist es möglich (und folgenreich), die Architektur metaphorisch nach dem Muster anderer Medien aufzufassen, aber in der Grundlegung birgt jede dieser uneigentlichen Redeweisen über Architektur die Gefahr der Verkennung, und zwar gerade ihrer spezifisch sozialen Dimension.[4]

Die Eigenlogik der Architektur zu ermitteln heißt, auf das spezifische »Wie« der kulturellen Welt- und Selbsterschließung im Bauwerk Acht geben – noch vor der Frage des Zweckes, der Funktion. Eine Schulung für diese Aufgabe ist Ernst Cassirers

---

4 Selbstverständlich steigert und verändert Architektur als Medium ihre Wirkung durch andere Medien, z. B. die Sprache und die Bildlichkeit: Diskurse, vom Stadtgeschwätz bis zur gepflegten Semantik der Architekturkritik, kreisen um das Gebaute, wirken durch Namengebung, Verballhornung, lobende Aufladung, historischen Vergleich an der Bedeutungsentfaltung und Bedeutungsverschiebung von Bauwerken und ganzen Stadtensembles mit. Und ebenso wirken »Architekturbilder« an der Entfaltung von Architektur mit, von den Stadtveduten bis hin zur fotografischen Bildpolitik bei der Durchsetzung des Bauhaus-Stils. Aber die Architektur selbst funktioniert nicht wie eine »Sprache« oder wie ein »Bild«.

Differenztheorie der »symbolischen Formen«: die Medien des Welt- und Selbstzuganges (wie Sprache, Mythos, Technik, Wissenschaft) in ihren Funktionsweisen so
voneinander zu unterscheiden, dass sie nicht miteinander verwechselt werden können,
dass jede als spezifische Verknüpfungsart von Sinnlichkeit und Sinn zur Geltung
kommt.[5] Charakteristisch ist dann für die Architektur als kulturelles Medium die
Umschließung eines Raumes, die Grenzziehung zwischen Innen- und Außenraum
durch Wand, Decke, Boden, in die zugleich Schließungsöffnungen eingefügt sind.
Architektur als kulturelles Medium ist die Setzung und Erfahrung semipermeabler
künstlicher »Baukörpergrenzen« – wie ich sie zu nennen vorschlage –, gleichsam die
Erfahrung einer dritten Haut, nach der Körperhaut und der Kleidung. Diese phänome-
nale Eigenlogik der Architektur ist keine neue Entdeckung, man muss sie nur erneut
zur Geltung bringen, um durch sie die Sozialdimension der Architektur zu erreichen.
Bekannt ist die Architekturtheorie Gottfried Sempers, der – in seiner Kleider- und
Maskentheorie des Bauens – die Wände aus dem Gewand, dem gewundenen Flechtwerk hergeleitet hat, aus dem diese künstlichen Grenzen des Baukörpers hergestellt
werden (Semper 1860, 227 ff. § 60). Architektur als die kulturelle Eigenlogik der
Baukörpergrenze, welche menschliche Lebewesen halbdurchlässig umschließt, ist
unmittelbar mit der ontogenetischen, aber auch der phylogenetischen Menschwerdung
verknüpft – gleich ob es sich um Zeltarchitektur oder um Glasarchitektur oder um
eine Raumstation handelt. In dieser Medienlogik der Architektur werden auf spezifische Weise Welt und Selbst angeordnet, und an diese Funktionsweise schließen sich
immer schon Funktionen (sog. Bauaufgaben) an. In den Baukörpergrenzen sichert das
menschliche Lebewesen die Gefährdetheit und Gleichgewichtslosigkeit seiner körperlichen Existenz (Temperatur-, Witterungsschutz) und reguliert zugleich durch diese
artifiziellen Grenzen sein Erscheinen in der Welt – wie umgekehrt das Erscheinen der
Welt in seinem künstlichen Bezirk. Als Baukörpergrenze ist Architektur notwendig
die Kopplung von Funktion und Ausdruck, wie bereits Kleid und Haut.

Diese Eigenlogik der Architektur wird prägnant im Kontrast zu anderen Medien.
Anders als in der atemleichten *Sprache* sind die Bauartefakte schwer und (zumeist)
fixiert. Anders als im *Text*, der den Sinn sukzessiv entfaltet, ist der Baukörper simultan
gegeben (in der Begehung sich vertiefend).[6] Anders als das *Bild*, das in seiner zwei-

---

5   E. Cassirer (1953 [1923–1929]) selbst behandelt die Architektur nur am Rande. Zur Theorie
    verschiedener kultureller Medien als je verschiedener Verknüpfung von Sinnlichkeit und Sinn
    lässt sich neben Cassirer auch H. Plessners »Ästhesiologie des Geistes« heranziehen; vgl. Delitz
    2005a; 2006; 2008.

6   Die Redeweise von einer »Architektursprache«, vom Bauwerk als »Einschreibung« eines Sinns in
    das Material oder einer »Lesbarkeit« von Gebäuden trifft die Eigenphänomenalität der Architektur
    sowenig wie die aus der linguistischen Semiotik stammende Vorstellung der »Grammatik« bzw.
    »Syntax« von Baukörpern. Als metaphorische Entschlüsselung ist die Sprachmetapher hilfreich,
    aber ebenso begrenzt wie die Musikmetapher (s. u.). Zur Semiotik der Architektur vgl. Schäfers
    2006, 43; 57.

dimensionalen Fläche etwas sehen lässt, dem der Betrachter gegenübersteht, bewegt sich das Lebewesen im Verhältnis zum Bauwerk innen wie außen, erfährt die elementare Differenz von System und Umwelt.[7] Obwohl wie die *Skulptur* dreidimensional, ist das Bauwerk keine Plastik: Es ist eine Raumhülle, die das Subjekt umschließt und damit das Subjekt-Objekt-Verhältnis unterläuft. Obwohl technisch konstruiert, ist das Bauwerk kein *Artefakt* nach Analogie eines Gerätes – es funktioniert nicht wie ein »Berliner Schlüssel« (Latour 1996): Der Prototyp des Artefaktes (auch in seinem Status als »Aktant«: ebd.) ist das Instrument, das Zuhandene, das sich zwischen die manipulierende Hand und das Vorhandene schiebt. Der Prototyp der Architektur ist hingegen der umschlossene Raum, in den man schlüpft und aus dem man blickt und tritt. Architektur vermittelt am Objekt im Objekt die Anschauung der Reduktion von Komplexität, von stabilisierter System- oder Binnenkomplexität (des Hauses) im Grenzverhältnis (der Wände) zur Welt-im-Übrigen. Schließlich ist Architektur nun in ihrer Baumasse nicht einfach als *Materialität* adäquat verstanden, also der kompakten raumfüllenden Stofflichkeit gegenüber abstrakten Strukturen. Die Pointe der Architektur ist der künstliche Hohlraum in der Materie aus Materie: die ausgesparte Materie. Deshalb evoziert die Baukörpergrenze nach innen und außen die Erfahrung von System-Umwelt-Grenzen, nach oben und unten Schichtengrenzen. Anders als *Musik* wiederum, die mit der Architektur die ›Atmosphäre‹, den Widerfahrnischarakter teilt, ist Architektur in ihrer harten Materialität (und sei sie aus Flechtwerk oder Glas) ein bleibendes, schwer wegschaffbares, nie ausschaltbares Medium der Selbst- und Welterfahrung. Musik hebt an und verklingt, das Bauwerk harrt und bleibt.

»Es wird nicht etwas im Raum gebaut, sondern archaischer Hüttenbau wie moderne Architektur betreiben beide Herstellung und Gestaltung von Raum. Der Raum entsteht gleichzeitig mit und durch das Bauen« (Ziemann 2000, 260 f.). Jede dieser Raumbildungen ist eine Grenzziehung, die ein Drinnen von einem Draußen unterscheidet und ein Oben von einem Unten. Für alle menschlichen Lebewesen ist dies ständig körperlich erlebt, angeschaut, gespürt[8] – zwischen dem »Ein-wohnen« des markierten Raumes und dem Auswärtig-Sein, zwischen dem Darüber-Stehen im oberen Stock und dem Darunter-Stehen im Parterre oder Keller. Unter Einbeziehung klimatischer Bedingungen und technischer Möglichkeiten wird je in der Raumbildung eine »Bauaufgabe« gelöst, ein »Bautyp« hergestellt. Menschen bewohnen und gebrauchen diese je zwischen einem Außen und einem Innen markierten, in ein Oben und ein Unten geschichteten und in sich gegliederten Räume: als Räume des Schla-

---

7 Architektur ist natürlich gezeichnet und insofern ein im Entwurf sichtbares »Bild«; das zentrale Medium des Entwurfs ist aber das »Modell«, durch das die Innen-Außen-Erfahrung simuliert wird. Diese Simulation ist es, die das computergestützte Entwerfen fortsetzt.

8 Dieses Entsprechungsverhältnis von Körperlichkeit und Raumerschließung ist von Phänomenologen wie O. F. Bollnow (1980 [1963]) und B. Waldenfels (2001) differenziert beschrieben worden.

fens, Kochens, Arbeitens, der Körperpflege, als Habitate der Kohabitation, als Räume und Ecken der Kinder, der Bildung, des Speicherns und Handelns, der Unterhaltung, der Ehrfurcht, des Schutzes und der Abwehr, des Weg- und Einschließens. Dann sitzt man im »Bau«, in dem vielleicht die Gedanken noch frei sind, aber nicht mehr die körperliche Bewegung. Der architektonische Raum ist der Nullpunkt von Nähe und Ferne: Die Peripherie einer Territoriumsgrenze erschließt sich vom Haus aus, das Meer vom Hafen, dem Port, der Pforte an der Grenze von Land und Meer.

2. Architektursoziologie als Schlüssel der Raumsoziologie: Architektur als Kommunikationsmedium

Hat man die Architektur als »Baukörpergrenze« bestimmt, hält man den Schlüssel zur Raumsoziologie in der Hand. Diesen erhält man, indem man von einem kulturtheoretischen Mediumsbegriff (Cassirer) zu einem soziologischen Begriff des Mediums als Kommunikationskoordination umschaltet (Simmel, Luhmann) – wie bei einem Gestaltswitch, einer Umkippfigur. Architektur als die künstliche raumbildende Grenze ist immer zugleich Ausdruck dieser Grenze. Da jede von Menschen konstruierte Baukörpergrenze genuin auch expressiv ist, enthält sie das Potenzial, eine darstellende und kommunikative Grenzziehung vor Anderen, eine Sinnofferte gegenüber anderen Baukörpern zu sein. Architektur ist ein Kommunikationsmedium – das Kommunikationsmedium des sozialen Raumes und darüber konstitutiv für Vergesellschaftung.

Die klassische »Raumsoziologie« ist architektursoziologisch grundiert, wenn man Simmels Kapitel »Der Raum und die räumlichen Ordnungen« vom Leittext »Brücke und Tür« her liest. Simmel hat seinem raumsoziologischen Text direkt die konzentrierten Studien über »soziale Begrenzung«, die »Soziologie der Sinne« und die Soziologie des »Fremden« zugeordnet (Simmel 1968a [1908]).[9] Darin entwickelt er eine soziologische Doppelbestimmung des Menschen: Menschen sind Lebewesen, die sinnlich (im »Blick«, der »unmittelbarsten und reinsten Wechselbeziehung« [ebd. 484]) voreinander erscheinen, und zugleich müssen sie als speziell menschliche Lebewesen damit fertig werden, »das Grenzwesen [zu sein], das keine Grenze hat« (Simmel 1957a, 6) – am deutlichsten am Phänomen des »Fremden«. Simmel hat die Körperlichkeit des Sozialen, den sinnlichen Kontakt wie kein anderer thematisiert. »Brücke« und »Tür«, »Wege« und »Fenster« sind für ihn raumsoziologische Urphänomene. Für die Vergesellschaftung kommt alles darauf an, dass die unfestgestellten »Grenzwesen« im Material des Sichtbaren, Hörbaren, des Riechbaren, Tastbaren »Wege« und »Brücken« zueinander finden und zugleich eine künstliche »soziale Begrenzung« suchen, die als Hülle, als Mantel »Entlastung« des Innersten

---

9   Als einschlägige Studie zu Simmels Raumsoziologie: Ziemann 2000.

bringt. Deshalb Simmels notorisches Interesse an der Soziologie des »Kleides«, des »Schmucks«, des »Parfüms«, des »Gesichts«, des »Schauspielers«, der »Rolle« – weil sich hier diese künstlichen, expressiven Grenzziehungen in der sinnlichen »Wechselwirkung« aufklären lassen. Diese Grenzziehung hat Simmel als konstitutive »Stilisierungserscheinung«, als natürliche Künstlichkeit, als vermittelte Unmittelbarkeit des Sozialen charakterisiert, wenn er die Medien des Parfüms, des Schmucks und der Kleidung zusammenzieht: »Das Parfüm leistet [...] durch Vermittlung der Nase, was der sonstige Schmuck durch die des Auges. Es fügt der Persönlichkeit etwas völlig Unpersönliches, von außen Bezogenes hinzu, das nun aber doch so mit ihr zusammengeht, dass es von ihr auszugehen scheint.« Man kann ergänzend auch an ein Bauwerk denken, wenn Simmel fortfährt: »Es vergrößert die Sphäre der Person, wie die Strahlen des Goldes und des Diamanten, der in der Nähe Befindliche [der Andere] taucht darein ein und ist gewissermaßen so in der Sphäre der Persönlichkeit gefangen. Wie die Kleidung verdeckt es die Persönlichkeit mit etwas, was doch zugleich als deren eigne Ausstrahlung wirken soll« (Simmel 1968a, 490).

»Wege« und »Brücken«, »Wände« und »Türen« sind die raumbildenden sozialen Übergänge und Grenzregulierungen. So wie Kleider Leute machen, machen gebaute ›Gewänder‹ (die Wände) die Bauwerke – und formieren die hinein- und hinausschlüpfenden Personen. Durch die semipermeablen Baukörpergrenzen erscheinen die Menschen dauerhaft voreinander, sichern sich, eignen sich Grund und Boden an, bringen sich zur Geltung, bedrohen und verlocken einander. Sie kommunizieren im und durch den bebauten, beharrlichen Raum: schließen sich ab und andere ein (durch Fortifikation etc.) und räumen einander Raum zur Erscheinung ein (in prähistorischen Siedlungen durch Rundanlagen mit zentralem Platz, in Stadtensembles auf öffentlichen Plätzen etc.). Zwischen diesen Extremen verharrt das Neben- und Gegeneinander der Häuser, von »Bau und Gegenbau« (Warnke 1996).

Man muss nur noch eine Drehung innerhalb der Sozialtheorie der Architektur vollziehen, damit die Architektursoziologie die Raumsoziologie aufschließt: Genau gesehen liegen die raumkonstituierenden Baukörper selbst wie (menschliche) Körper zueinander, sie sind vor-, für-, gegeneinander positioniert und expressiv zueinander orientiert. Das liegt daran, dass »nach dem Vorbild des Körpers gebaut wird. [...] beim Bau der Gebäude ist der menschliche Körper das stets herangezogene Ideal. Die geläufigen körperlichen Begriffe von Kopf und Fuß, Gesicht und Rücken tauchen als Unterscheidungen von oben und unten, vorn und hinten am Gebäude als Dach- und Untergeschoss, Vorder- und Rückseite wieder auf« (Schroer 2006, 280 f.). Und in Analogie zur menschlichen Haut: »Vor allem aber folgt die Differenz von innen und außen, die für das Wohnen eine eminente Bedeutung hat, unmittelbar dem Körperschema. Ebenso wie Eigen- und Fremdkörper voneinander getrennt werden, wird auch in der Architektur ein Eigenbereich von einem Fremdbereich, die Privatsphäre von der Öffentlichkeit unterschieden« (ebd.). Damit hat man die Denkmöglichkeit einer Kommunikationstheorie der Architektur: Menschen kommunizieren durch den gebauten Raum miteinander, *weil* die Baukörper selbst in einer Als-Ob-Kommunikation zueinander liegen. Das ist für die Ontogenese menschlicher Neuankömmlinge ebenso unhintergehbar wie für die Phylogenese – wenn man sich die »Architektur ohne Architekten« überlieferter oder noch existierender nicht-moderner Siedlungen ansieht (Rudofsky 1989), in denen die Zelte und Hütten, die Höhlen immer schon zueinander angeordnet sind, der Raum immer schon sozial relationiert ist. Diese Suggestion wird durch die Dauerpräsenz von Bauwerken gestützt: Sie senden immer, ihre Antennen sind immer auf Empfang eingestellt, im Vergleich zu den doch nur sporadisch einsetzenden Medien Sprache, Bildlichkeit, Musik. Der Animismus der kindlichen Wahrnehmung, dass auch Häuser im Verhältnis zueinander etwas wollen und verbergen, findet seine Stützung darin, dass in der Beobachtung Menschen in Zelte hineinschlüpfen, aus Hütten heraustreten, sich an Fenstern zeigen. Dieser Animismus verliert sich auch bei den Erwachsenen nicht, die um die Sachdimension von Baukörpern wissen: Selbst bei geräumten Häusern appräsentiert die Wahrnehmung das Gesehenwerden aus dem Haus, den anonymen Blick aus dem Inneren.[10]

So soziologisiert, fundiert Architektur Raum, fungiert die Architektur als Organon der Raumsoziologie. Deshalb fundiert Architektursoziologie die Raumsoziologie.[11] Die Architektur ist nicht nur »gebaute Umwelt« der Mitwelt, Materialisierung des Sozialen, sondern als Bauwelt immer bereits Mitwelt, weil die Bauten selbst zueinander Mitweltcharakter annehmen und dadurch den Raum dauerhaft sozial relationieren. Dieser »sozialkonstitutive« Charakter von Baukörpergrenzen macht plausibel, warum umgekehrt die je konkrete Vergesellschaftung auf die je spezifische »Sozialregulation« der Architektur so viel Wert legt, es zum Kampf um die je spezifische Repräsentation kommt, zum Ringen um das Verhältnis der Baukörper zueinander.[12] Immer kreisen die Architekten auch um das Erscheinungsverhältnis der Baukörper voreinander. Erst unter dieser Voraussetzung gilt der viel zitierte Satz Simmels (1968a [1908], 467): Die Grenze ist »eine soziologische Tatsache, die sich räumlich formt«. Erst jetzt erhält die Vorstellung ihre Schwere, dass alle menschlichen Bereiche der Architektur anvertraut und ausgeliefert sind. In diesem Sinne ist die Architektur »ein

---

10 Zum sozialtheoretischen Grundaxiom des Ausdrucksüberschusses der menschlichen Wahrnehmung s. M. Scheler (2006 [1913], 233 f.): Alle Phänomene werden in der menschlichen Wahrnehmung zunächst als belebt wahrgenommen; erst in einer nachträglichen Limitierung des Ausdrucksüberschusses wird die Sachdimension von der Sozialdimension abgezogen. – Vgl. die Spiegelneurone-Theorie als eine neurobiologische Zusatzbestätigung dieser Sozialtheorie der universellen Expressivität: Rizzolatti / Sinigaglia 2008.

11 Das gilt sowohl im Verhältnis zur voluntaristischen Raumsoziologie (Löw 2001) wie zur eher realistischen Raumsoziologie von M. Schroer (2006). Beide verstehen Architektur als bloßen Anwendungsfall der Raumsoziologie.

12 Zur sozialtheoretischen Unterscheidung der »sozialkonstitutiven« von den »sozialregulativen« Aspekten in Simmels »Soziologie der Sinne« s. Fischer 2002.

Medium des Sozialen«, insofern sie der jeweiligen Gesellschaft, ihrem »Imaginären« überhaupt erst dauerhafte Gestalt gibt, in der sich diese als eine so und so bestimmte Gesellschaft erkennt.[13] Hier wird der »Entwurf« (eines Baumeisters) bedeutsam – wenn man architektursoziologisch postuliert: Im Wandel der Bauaufgabe, in der Grundrisslösung, in der Größenordnung und im Material des Gebauten, in der Außengestalt, in den Fenstern und Eingängen, Treppen und Raumgliederungen rafft sich ein erst latenter sozio-kultureller Wandel der Vergesellschaftung, der »Zug der Zeit«, der gespenstisch seine Gleise selbst erst vor sich her wirft, zu einer fixierten Raumgestalt, in der der Wandel selbst sich verstetigt, anerkennt oder – vor sich selbst erschrocken – (um-)steuert, abbricht und neu aufbricht. Die Verknüpfung des sozialkonstitutiven Charakters der Baukörpergrenzen mit ihrer gesellschaftsgeschichtlichen Sozialregulation macht die Architektursoziologie als Kern der Raumsoziologie aus.

Hat die Soziologie die Architektur so als das anonyme Feld gebauter Mitwelt eröffnet, kann sie nun auch die Figur des Architekten »soziologisieren«. Eine Architektursoziologie muss die »Figur« des Baumeisters, des Architekten in ihrer historisch-soziologischen Konstitution professionssoziologisch spezifizieren. Das grundlegende soziale Beziehungsmuster in der konkreten Genese der Architektur ist die Figuration Bauherr – Architekt – Nutzer (respektive Nutzerin). Dass die Relation notwendig triadisch ist, weil Bauherr und Nutzer nicht kongruent sind, dass (bisher in der Mehrzahl männliche) Architekten nicht nur im Auftrag des (öffentlichen oder privaten) »Bauherrn«, sondern immer auch in Erwartung der Nutzer bauen, sieht man schlagartig daran, dass sie bereits immer auch für Frauen – die bei der weltweit und weltgeschichtlich gebauten Architektur überwiegend nicht Auftraggeber oder Baumeister waren – mitgeplant und -gebaut haben.[14] Zelte, Häuser und Höfe sind ebenso wie öffentliche Räume auch auf Frauen als Nutzerinnen hin orientiert worden.[15] Da eine zentrale »Gabe« im Verhältnis von Männern und Frauen durch alle Hochkulturen hindurch bis in die Moderne der zur Verfügung gestellte umbaute Raum war, die Wohnpräferenz (für sie und eventuelle Neuankömmlinge) mit ein Selektionsparameter der Frauen bildete, waren architektursoziologisch gesehen auch Frauen über ihre Nutzererwartungen, ihre Geschmacksbildung und -entscheidung eine permanente Steuerungsgröße der Architekturgeschichte: Ihre Erwartungen mussten mit erwartet werden. In diesem Sinne haben Frauen, je nach ihren Interessen und Einflussmöglichkeiten, vermittelt über den »Bauherren«, die Baumeister bauen lassen. Über das

---

13 Dieser Grundgedanke wird von der Architektin, Philosophin und Soziologin H. Delitz in mehreren Arbeiten verfolgt: Delitz 2005b; in Vorb..

14 Dies muss man differenzieren für nichtmoderne Architekturen, bei denen der Anteil beim Bau mitwirkender Frauen sicherlich höher als bei modernen Architekturen ist.

15 Zum Haus der Kabylen als vormoderner Kompromissbildung zwischen den Geschlechtererwartungen und -interessen s. Bourdieu 1987.

Beziehungsgefüge Bauherr – Architekt – Nutzerin erlaubt es die Architektursoziologie, eine feminine Soziogenese bestimmter Bautypen (z. B. Tempel, Kirchen,
Klöster, Hofhäuser, Wohnhäuser, Villen, Schlösser, Marktplätze, Theater, Passagen,
Kaufhäuser) und vielleicht auch Baustile zu rekonstruieren.[16] Diese Figuration ist der
Prototyp für das tertiäre Beziehungsgefüge des Architekten überhaupt. Soziologisch
entscheidend ist, dass der Architekt bei seinen Bauaufgaben eine Drittenfunktion hat:
dass er Erwartungen aus *verschiedenen* Richtungen erwarten und mit den technischen
Möglichkeiten, topographischen und klimatischen Bedingungen koordinieren muss:
die des Auftraggebers, die der Nutzer.

Hat man die Architektur sozialtheoretisch als raumbildendes »Kommunikationsmedium« bestimmt, kann man sie mit anderen Kommunikationsmedien vergleichen.
Die Vergesellschaftung bringt auch »andere Formen des Beisammenseins« hervor,
andere Medien, um die Anschlüsse zwischen »Grenzwesen, die keine Grenze haben«
(Simmel 1957a, 6), zu ermöglichen. Sprache, Recht oder Geld sind als symbolisch
operierende Kommunikationsmedien geradezu dadurch gekennzeichnet, dass in ihnen
die Wechselwirkung Raumgrenzen überschreitet.

3. Architektur im Zentrum der Stadtsoziologie:
das »schwere Kommunikationsmedium«

Architektursoziologie bedeutet eine Umakzentuierung der Stadtsoziologie. Durch die
Architektur bildet sich der soziale Raum und durch den baulich erschlossenen Raum
die Stadt. Soziologisch gesehen liegt in der Konsequenz dessen der Schwerpunkt der
Stadt nicht in den sozialen Interaktionen in ihr, sondern in den Baukörpern, entlang
derer sich die Menschen orientieren und koordinieren. Die Stadt als soziales System
funktioniert primär über die Baukörper, die städtische Kommunikationen vorcodie-
ren. Zugespitzt gehört nicht den Bewohnern die Siedlung, sondern die Siedlung, die
Stadt besitzt sich selber. Selbst in einer vollständig unbewohnten Stadt würden die
Gebäude in ihren semipermeablen Baukörpergrenzen noch in einer Quasi-Kommunikation zueinander verharren. Damit verschiebt sich kraft der Architektursoziologie
in der Stadtsoziologie der Akzent vom Sozialraum Stadt zum Baukörperraum Stadt.
Die Stadt ist – noch bevor jemand die Lippen bewegt oder mit Geld klimpert – in Bau
und Gegenbau eine Fülle von Kommunikationsofferten. So wird klar, dass die inter-

---

16 Diese Beobachtung ist zunächst trivial – bedarf dann aber der speziellen Erforschung. Z. B. Sombart 1967 [1912], 127–40, mit erhellenden Bemerkungen zum »Sieg des Weibchens« (»Wohnlu-
xus«, »Luxus in der Stadt«) in der Formierungsphase des modernen Kapitalismus. Hat man diese
Mitberücksichtigung von Frauenerwartungen in der Architekturgeschichte verstanden, greifen die
kritischen Differenzierungen der *gender studies*.

agierenden Subjekte durch die gebaute Welt, an die sie sich anschmiegen, durch die sie permanent dahin wandeln, mit denen sie sich identifizieren, immer schon mit- und gegeneinander kommunizieren. Menschliche Lebewesen tauchen als Neuankömmlinge in ihren bebauten Räumen auf, als Neugeborene oder Zugezogene, verrichten ihre Werke und Aktionen und verschwinden wieder – aber die Stadt bleibt in der Beharrlichkeit ihrer Baukörper, an deren Codierung jede Generation neu anknüpfen kann. Das gilt ubiquitär für alle Siedlungen, insbesondere für Städte, für das alte Babylon wie für chinesische Millionenstädte, für brasilianische Favelas wie für arabische Palm Islands.

Zweifellos funktioniert die Architektur als gebaute Umwelt für Interaktionen, ist also der bauliche Hintergrund für das stilisierte soziale Verhalten der Akteure oder Flaneure im öffentlichen Raum.[17] Gleichzeitig oder noch vorweg ist Architektur in ihrer Gestalt die Mitwelt von Interaktionen. Das ist das sozial relevante Basisfaktum. Alle Baukörper und die gebaute Stadt sind in ihrer Grenzziehung objektivierte Eigenkomplexität im Verhältnis zur Umwelt, stehen einander und den menschlichen Subjekten gegenüber – und zugleich werden sie von diesen bewohnt: mikrosoziologisch im Haus, makrosoziologisch in der gebauten Stadt. Wie ist dieses Verhältnis adäquat zu benennen? Zweifellos sind die Menschen »Nutzer« von Gebäuden – Medien-Nutzer könnte man sagen. Aber »Nutzer« bezieht sich zu stark auf die Sachdimension; andererseits sind »user« nur selten »Zeichenleser« von Gebäuden (bei Orientierungsbedarf, als Kunstgeschichtler, als Archäologen). Eher sind die (Inter-)Akteure im Verhältnis zu den Baukörpern »Gleiter«: Die Wahrnehmung und Bewegung gleitet an den Baukörpern entlang, schlüpft in sie hinein und wieder hinaus – und dabei gleitet die architektonische Sinnofferte beiläufig in die Menschen hinein. Jedes Haus signalisiert mit seinen Schwellen und Türen Hausrecht und Gastrecht, jede Fassade kommuniziert eine profilierte Lebenssphäre, deren Rückseite verdeckt bleibt, die ganze Stadt schirmt sich gegen das Andere ihrer selbst (Erde und Atmosphäre) ab: All das kommuniziert diese Grenzleistung.[18]

Was wird im Kommunikationsmedium Architektur kommuniziert? In jedem Fall die Differenzierung von Funktionen, die Auseinanderhaltung spezialisierter Teilsysteme der Gesellschaft: von Profan- und Sakralsphäre, privater und öffentlicher, Ernst-, Produktions-, Spiel- und Konsumsphäre (im Sinne von »Bautypen«: Seidl

---

17 Stadt als gebauter Erscheinungsraum für die voreinander erscheinenden Interakteure: Bahrdt 1998 [1961]; Goffman 1974 [1971]; Janson/Bürklin 2002.

18 Eine weiterentwickelte architektursoziologisch fundierte Stadtsoziologie müsste natürlich neben den »Immobilien« als kommunizierenden unbeweglichen Baukörpern die »Mobilien« als (selbst-) bewegliche Verkehrskörper einbeziehen, in denen zwischen und neben den Bauten die Stadtbewohner im jeweiligen Design (früher: Transporttiere, Kutschen; heute: Automobile, öffentliche Verkehrskörper, Fahrräder) im Vorbeigleiten voreinander erscheinen – ganze Städte sind z. B. auf diese Art der Kommunikation durch automobilen Verkehr konzentriert (Los Angeles).

2006), standardisierten Offerten, die Anschlusskommunikationen signalisieren oder ausblenden. In jedem Fall werden *via* Architektur Stratifikation, Schichten- und Klassendifferenzen, Armut und Reichtum, Gleichheit und Ungleichheit kommuniziert, in den Bauwerken selbst (die Beletage), in den Wohnlagen (downtown, uptown), in der Unterscheidung von Zentrum und Peripherie. In jedem Fall prozessiert in der Architektur die Kommunikation entlang der Generationen: ein in seinen Folgen für die Vergesellschaftung unabsehbares Momentum. In den »Baustilen« geht es um Existenzfragen (Illies 2005, 71 f.), um Leben und Tod insgesamt – und zwar nicht nur als ein- und ausgrenzende oder einstürzende Mauern, sondern als »Stilisierungserscheinung« –, wenn man sich für die Moderne die Titel »Tod und Leben großer amerikanischer Städte« oder »Die gemordete Stadt«[19] in Erinnerung ruft. Die Baukörper in ihrem jeweiligen Baustil sind Kommunikationsofferten, gestatten oder blockieren Atmosphären oder Posen des Lebens.[20] Und in jedem städtischen Baukörperraum, sei er noch so »modern« und neu, gibt es ein Früher und ein Später, die stilisierte Kommunikationsofferte einer vergangenen Generation, die übernommen, verweigert, gebrochen oder aufwändig negiert wird.

Erst eine so architektursoziologisch umakzentuierte Stadtsoziologie wäre möglicherweise bereit, die Einsichten der Raumsoziologie insgesamt herankommen zu lassen – und könnte vor diesem soziologischen Ernstnehmen des Baukörperraums Stadt ihre bisherigen Forschungen zum Sozialraum Stadt einbringen.[21]

19 Jacobs 1963 [1961] ; Siedler / Niggemeyer 1964. – Das Kinder-Erwachsenenbuch zur Dramatik des Streits um Architektur: Müller 1976.

20 Aus der so umakzentuierten Stadtsoziologie folgt, dass die »Expressivität« jedes Baukörpers grundsätzlich rekonstruiert werden kann – auch wider die architekturtheoretische (Selbst-)Behauptung von z. B. rein »funktionalen« Bauten; vgl. Kaehler 1981, der die Aufbruchs- und Ausfahrtsymbolik der Bauhausmoderne beschreibt. Zum spezifischen Kommunikationscharakter eines spektakulären sozialistischen Bauensembles der »funktionalistischen« Moderne (»Prager Straße in Dresden«) s. Fischer 2005.

21 Beim deutschen Klassiker der Stadtsoziologie H.-P. Bahrdt (1998 [1961]) waren Architektur-, Raum- und Allgemeine Soziologie noch miteinander verknüpft. Zum Stand der gegenwärtigen Stadtsoziologie: Häußermann / Siebel 2004. Zur Kritik: Steets 2008.

4. Architektur im Zentrum der Soziologie der Moderne: Unausräumbarkeit des Raumes und Unaufräumbarkeit der Moderne

Nun ist die Stadt nicht mit der Gesellschaft identisch, und gerade die moderne Gesellschaft fällt nicht mit der Stadt zusammen. Die soziologische Theorie hat die Strukturprinzipien der modernen Gesellschaft geradezu in der Raumabgelöstheit dieser Prinzipien erkannt: am deutlichsten in der Theorie funktional differenzierter sozialer Teilsysteme, die über hochspezialisierte symbolisch generalisierte Kommunikationsmedien (Luhmann 1997, 190–412) unwahrscheinliche Koordinationen zwischen unbekannten Menschen möglich machen, die sich nun noch nicht einmal als Unbekannte in einer Stadt begegnen müssen. Dahinter steckt die Erfahrung, dass »die Aufnahme wirtschaftlichen Handelns und Geldgebrauchs gegenüber Unbekannten« zwar in der Stadt, aber ebenso jenseits einer spezifischen Stadt möglich geworden ist, ebenso wenig wie die »Bereitschaft zur politischen Unterwerfung« unter die Weisungen von Unbekannten an den städtischen oder irgendeinen spezifischen Raum gebunden ist. »Das Einreichen einer gerichtlichen Klage bei Unbekannten« wie die »Erwartung, von unbekannten Lehrern etwas lernen zu können« sind vom Prinzip her ebenso wenig an den städtischen Raum gebunden wie die »Fähigkeit, auf Heiratsmärkten auch Unbekannte zuzulassen«.[22] Die Systemtheorie entdeckt als Kristallisationskerne der ausdifferenzierten raumabgelösten Teilsysteme (Wirtschaft, Politik, Recht, Erziehung oder Intimität) symbolisch generalisierte Kommunikationsmedien, die – wie Geld, Macht, Liebe – Sinnofferten codieren und ihre Annahme wahrscheinlich machen, sie durch Selektion motivieren.

Diese Raumabgelöstheit sozialer Koordinationsmechanismen, die abstrakte Vergesellschaftung auch der konkreten Lebenswelt vor Ort ist die gesellschaftstheoretische Grundentdeckung der Soziologie der Moderne, sei es im Medium des »Rechts« (M. Weber), des »Geldes« (G. Simmel)[23] oder der »Sprache« (G. H. Mead, J. Habermas). Das Paradigma für die Raumabgelöstheit aller kommunikativen Verbreitungsmedien ist und bleibt die »Schrift«, die als Inbegriff eines ›geflügelten‹ Kommunikationsmediums die Raum- und Kontextablösung mit Spezialisierung der Information verknüpft. Und der Inbegriff aller ›geflügelten‹ Erfolgsmedien – die durch Kopplung von Selektion und Motivation die Annahme der Kommunikationsofferte wahrscheinlich machen – ist das Geld. Man könnte von der soziologischen Theorie her sagen, die

---

22 D. Baecker versucht in der Systemtheorie nach Luhmann, die Stadt als symbiotischen Mechanismus zu begreifen, der die raumabgelösten Kommunikationen begleitet und absichert: Baecker 2004, 199 f.

23 Simmels berühmter Aufsatz »Die Großstädte und das Geistesleben« (1957b [1903]), der von seiner Kultursoziologie des Geldes als Koordinations- und Denkform der Moderne geleitet ist, stellt gerade keinen Leittext für eine architektursoziologisch inspirierte Stadtsoziologie der Moderne dar.

moderne Gesellschaft sei in der Modernität ihrer Kommunikationsmedien gleichsam aus den Häusern, der Stadt ausgestiegen, weshalb Niklas Luhmann[24] selbst gar keine Stadt-, geschweige denn eine Architektursoziologie gegenwartsdiagnostisch als relevant ansehen konnte.[25] Das Credo jeder avancierten soziologischen Theorie der aktuellen Moderne ist, dass es gesellschaftlich zu einer tiefenstrukturellen Umstellung der Vergesellschaftung von »architekturgestützter Disziplinierung« zu »medienvermittelter Vergesellschaftung« kommt (Makropoulos 2003, 586).

Die Architektursoziologie kann hier als gesellschaftstheoretisches Korrektiv der Theoriebildung der Moderne fungieren – wenn man Architektur sozialtheoretisch im Binnenfeld des Sozialen als eigenes Kommunikationsmedium, als das »schwere, träge Kommunikationsmedium« *jeder* Vergesellschaftung verstanden hat. In der Ausdifferenzierung der ›geflügelten‹ symbolisch generalisierten Kommunikationsmedien haben sich Aspekte des Welt-, Selbst- und Sozialverhältnisses herausgedreht, um eine überlokale und hochspezialisierte Feinkoordination der Erwartungen untereinander, der Erwartungserwartungen zu etablieren. Damit ist Architektur nicht außer Kraft gesetzt – genauso wenig wie die Moderne die kommunikative Potenz des »Gesichts« durch die Mechanismen der Sprache, des Rechts, des Geldes preisgeben würde: Im Gegenteil, über die visuellen Massenmedien gelangt die Strahl- und Differenzierungskraft des »Gesichts« zur Prominenz in der Fernkommunikation. Architektursoziologie macht vielmehr die Evolution der Moderne systematisch beobachtbar als Ko-Evolution der anderen »leichten« Medien und des »schweren« Kommunikationsmediums Architektur. Wegen ihrer Omnipräsenz für alle Erwartungserwartungen kann man die Architektur als das grundierende Kommunikationsmedium der Gesellschaft ansehen, als Basso continuo. Menschen in ihren Interaktionen gleiten Tag für Tag, Tag und Nacht zwischen expressiven, schweren Gebäuden, die den Interakteuren Sinnofferten zuwinken, die sie als Sinnprämissen ihres eigenen Erlebens und Handelns annehmen sollen.

24 Das Paradox liegt natürlich darin, dass sich Luhmanns architektur- und stadtfrei formulierte soziologische Systemtheorie einer spezifischen Stadterfahrung verdankt – Hannover, der Stadtikone der Moderne in der Nachkriegszeit. In der Inkubationszeit seiner Theorie (den 1950er Jahren) arbeitete Luhmann als Verwaltungsjurist im modernen Bau des Kultusministeriums mitten in der zerstörten Innenstadt, die der Stadtbaurat Rudolf Hillebrecht unmittelbar nach dem Krieg mit einem neuen, über ampelfreie Kreisel geführten Straßennetz anlegte: Die großzügig über Grünflächen zueinander platzierten »funktionalen« Baukörper ließen zwischen sich die Automobile fließen – der Anschauungsraum für die reibungslose, sich von selbst koordinierende »Anschlussselektivität« von Kommunikationen als Kern der soziologischen Systemtheorie der Moderne.

25 Der Versuch von D. Baecker, Architektur systemtheoretisch einzubeziehen, enthält interessante Hinweise auf die Innen-Außen-Differenz: Baecker 1990. Aber die Systemtheorie muss sich aus systematischen Gründen vom Ansatz her mit dem Phänomen beharrlicher Baukörperlichkeit in der Moderne schwer tun. Vgl. auch Ziemann / Göbel 2004.

In ihrer Omnipräsenz wird Architektur von keinem der anderen Medien erreicht. Darin ist sie nur vergleichbar mit dem Wetter – aber das Naturphänomen will nicht von sich aus informieren und akzeptiert werden. »Schwer« ist die Architektur, weil am baukörperlichen Material eine Sinnkommunikation haftet, gleich ob Holz und Stein, Stahl und Glas: schwerer als der Körper, größer, aber auf sein sinnliches Erleben bezogen. Schrift und Geld lösen sich in ihren Sinnoperationen tendenziell ab von der sinnlichen Präsenz, von lokaler Kommunikation, aber sie können Baukörper nicht auflösen. Selbst wenn die gebaute Stadt praktisch nicht mehr nötig wäre (was unmöglich sein wird), wäre sie immer noch aus Gründen der »Sinnlichkeit« der Menschen erwartbar. Die leichten Kommunikationsmedien bleiben an das schwere gebunden.

Was verändert die Architektursoziologie im Zentrum der soziologischen Beobachtung der Moderne? Zunächst öffnet sie die Augen für die *Unausräumbarkeit des Raumes* in der Moderne – eine Erkenntnis, die sie mit der Raumsoziologie insgesamt teilt. Allerdings ist dabei die »Omnipräsenz des Gebauten« (B. Schäfers) der Evidenzbeweis für die soziologisch behauptete Relevanz des Raumes auch in der Moderne.[26] Moderne als Deterritorialisierung der Kommunikation mit einer nachträglichen Wiederentdeckung ihrer Reterritorialisierung (des »Raumes«) ereignet sich eigentlich nur in der soziologischen Theorie – nicht in der von ihr beobachteten Wirklichkeit: die kommunikative Differenzierung des Territoriums läuft über den bebauten Raum permanent mit.

Die gesellschaftstheoretische Kraft der Architektursoziologie zeigt sich nicht nur in der Beobachtung der Unausräumbarkeit des Raumes in den modernen Verhältnissen. Sie lenkt den Blick zweitens auf den Widerfahrnischarakter der Vergesellschaftung – auch in der Moderne. Als Korrektiv zu handlungstheoretischen (voluntaristischen) und sozialkonstruktivistischen Ansätzen, in denen die Machbarkeits- und Kontingenzerfahrung der Moderne zum Begriff gerinnt, wird in der Architektur der passivische Grundzug der Vergesellschaftung deutlich. Gewiss, gerade Architektur ist konstruiert; aber die meisten »Akteure« hausen in Häusern, die sie nicht selbst gebaut haben. Die Grunderfahrung ist die »Gesetztheit« in Baukörpergrenzen, durch deren Affektion und Ausstrahlung sie zu- und gegeneinander vermittelt sind, bevor sie selbst Handlungssubjekte werden. Und wegen der materiellen Schwere der Architektur, der relativen Trägheit gegenüber allen anderen Kommunikationsmedien, ist die Moderne ungeachtet aller Beschleunigung charakterisiert durch eine immer nur partielle Umkonstruierbarkeit: Jedes Bauwerk, das vor meiner eigenen biographischen Spanne

---

26 Gerade die so genannte »virtuelle Welt« ist dabei die indirekte Bestätigung für die gesteigerte Präsenz der Architektur in der sozialen Vorstellungswelt: In den Computerspielen treffen die Nutzer notorisch auf architektonisch anschaulich gestaltete Räume, durch die hindurch sie die jeweiligen Aufgaben zu lösen haben. Virtuelle Welt bedeutet eine Simulierung und sinnlich-anschauliche Vervielfachung architektonisch gestalteter Räume, wie sie zu Hochzeiten der Schrift- und Buchkultur nur besonders begabten Lesern möglich war.

errichtet wurde, gleich ob es umgenutzt oder umgebaut ist, strahlt die Sinnofferte der Ahnen ab. Die Architektursoziologie als soziologische Beobachtung der Gegenwartsgesellschaft erschließt diese als eine unausweichliche *Ahnenkommunikation*, als eine unhintergehbare Kommunikation zwischen den Ahnen (mehrerer Generationen) und den Heutigen.[27] Nicht an Spezialorten wie dem Friedhof oder dem Archiv sind die Vorfahren präsent, sondern im Gebauten auch noch der futuristisch gemeinten Stadt – »futuristisch« gemeint von einer bereits vergangenen Generation.

Man kann drittens schließlich verstehen, warum es mitten in der »virtuellen« Moderne *Architekturstreite* gibt, einen Kampf um die »Baukörpergrenze« – warum die Frage des Baustils gesellschaftlich so gravierend ist. Immer geht es darum, wie die umbauten Räume zueinander in Beziehung treten, wie Innenräume von Außenhüllen abgeschirmt und perforiert werden und in ihrer »Stilisierung« zu den anderen Bauwerken Beziehungen aufnehmen. Durch jede Destruktion, jeden Abriss, jede Um-, Neu- und Rekonstruktion verschiebt sich etwas im Kommunikationssystem der Baukörper – und damit auch im Verhältnis der Bewohner zueinander. Die Bauhaus-Moderne mit den Baukörper-Gebärden des Aufbruchs, der Ausfahrt, das zeitgleiche traditionale Bauen mit der sich einfügenden Schutzgebärde und die expressionistische Architektur voll mythischer Baukörpermasken, der Neoklassizismus mit seiner Erhabenheitskommunikation, die »Postmoderne« mit den der Gesellschaft architektonisch mitgeteilten Lockerungsübungen, der »Dekonstruktivismus« mit den bautechnisch gekonnten Störgesten, die »Rekonstruktion« als bewusste Kommunikation mit den Vorfahren bürgerlicher Vergesellschaftung – alle und noch andere Baustile sind dann für eine architektursoziologisch geschulte Diagnostik als jeweilige gesellschaftliche Sozialregulationen der sozialkonstitutiven Baukörpergrenzziehung im schweren Kommunikationsmedium mitten in der Moderne identifizierbar.

Eine architektursoziologisch inspirierte Gesellschaftsdiagnostik gelangt schließlich zur *Unaufräumbarkeit der Moderne.* Wie nirgend sonst macht die moderne Gesellschaft in den städtischen Baukörper-Räumen die Erfahrung der systemischen Unvollendbarkeit der Moderne. Dasselbe Phänomen zeigt sich als Differenzerfahrung der Moderne in der Verschiedenheit der Städte, der gesellschaftskonstitutiven »Differenz der Städte« (Löw 2008). Diese Differenz ist basal eine je architektonische Differenz, so wie sich meistens der migrierende oder touristische Erstkontakt mit einer Stadt entlang der Sinnofferten der Architektur vollzieht. Die Architektur informiert die Fremden über die spezifische Gesellschaft, weil diese sich in der »Architektur der Gesellschaft« bereits permanent über sich selbst unterrichtet. Deshalb hat die

---

27 Zur Durchführung einer architektursoziologisch inspirierten Stadtanalyse vgl. Fischer/Delitz 2007. Eine Stadt (Dresden) wird als komplexes Resultat verschiedener »Stadtvisionen« (je gebauter und bloß geplanter architektonischer Lebensentwürfe) rekonstruiert: barocke Stadtvision, Stadtvisionen des Bürgertums, Stadtutopie der Lebensreform, nationalsozialistische Stadtvision, die Architekturvision des Sozialismus, die Vision der »europäischen Stadt« nach 1989.

architektursoziologische Diagnostik gesellschaftstheoretische Kraft. Man versteht, warum mit »Moderne« und »Postmoderne« prägnante Baustile bereits in der soziologischen Gesellschaftsgeschichte Epochen *pars pro toto* ihren Titel gegeben haben und warum umgekehrt mit »Konstruktivismus« und »Dekonstruktivismus« Architekturmetaphern als Leitparadigmen der Sozial- und Kulturwissenschaften ins Innere der Theoriebildung aufsteigen. Wegen der Ko-Evolution von leichten und schweren Kommunikationsmedien in der Moderne können Architekturdebatten keine Nebendebatten der Moderne sein – so wie Architektursoziologie keine nur spezielle Disziplin sein kann, nicht in der Sozialtheorie, nicht in der Stadtsoziologie und auch nicht in der Gesellschaftstheorie der Moderne.

Gelingt es – so wurde am Anfang gesagt – die konstitutive Funktion von Architektur selbst für die abstrakte Moderne zu zeigen, ist sie in ihrer Brisanz für jede Art der Vergesellschaftung gezeigt. Architektursoziologie im Zentrum der Soziologie begründet, enthält auch Anregungspotenzial für Archäologie und Ethnologie: In den von ihnen gefundenen, ergrabenen Baukörpern stecken Architekturdebatten versunkener Gesellschaften.

Literaturverzeichnis

Baecker 1990: D. Baecker, Die Dekonstruktion der Schachtel. Innen und Außen in der Architektur. In: Ders./N. Luhmann/F. Bunsen, Unbeobachtbare Welt. Über Kunst und Literatur. Bielefeld: Haux 1990, 67–104.

Baecker 2004: Ders., Platon, oder die Form der Stadt. In: Ders., Wozu Soziologie? Berlin: Kadmos 2004, 189–214.

Bahrdt 1998: H. P. Bahrdt, Die moderne Großstadt. Soziologische Überlegungen zum Städtebau. Opladen: Westdeutscher Verlag 1998 [Erstausgabe: Reinbek b. Hamburg 1961].

Bollnow 1980: O. F. Bollnow, Mensch und Raum. Stuttgart: Kohlhammer [4]1980 [Erstausgabe: Stuttgart 1963].

Bourdieu 1987: P. Bourdieu, Das Haus oder die verkehrte Welt. In: Ders., Sozialer Sinn. Kritik der theoretischen Vernunft. Frankfurt a.M.: Suhrkamp 1987, 468–89 [Erstausgabe: Paris 1980].

Cassirer 1953: E. Cassirer, Philosophie der symbolischen Formen. Darmstadt: WBG 1953 [Erstausgabe: Berlin 1923–1929].

Delitz 2005a: H. Delitz, Spannweiten des Symbolischen. Helmuth Plessners Ästhesiologie des Geistes und Ernst Cassirers Philosophie der symbolischen Formen. Deutsche Zeitschrift für Philosophie 6, 2005, 917–36.

Delitz 2005b: Dies., Architektur als Medium des Sozialen. Ein Vorschlag zur Neubegründung der Architektursoziologie. Sociologia Internationalis 43, 1–2, 2005, 1–23.

Delitz 2006: Dies., Plessners »Ästhesiologie des Geistes«. Zur Medientheorie der Philosophischen Anthropologie zwischen Kulturidealismus und Medienmaterialismus. Archiv für Mediengeschichte 6, 2006, 43–52.

Delitz 2008: Dies., Zur Ästhesiologie und Philosophischen Anthropologie der Architektur. In: B. Accarino / M. Schloßberger (Hrsg.), Expressivität und Stil. Helmuth Plessners Sinnes- und Ausdrucksphilosophie. Internationales Jahrbuch für Philosophische Anthropologie 1, 2008, 65–83.

Delitz in Vorb.: Dies., Architektur als Medium des Sozialen. Frankfurt a. M.: Campus in Vorb.

Fischer 2002: J. Fischer, Simmels ›Exkurs über die Soziologie der Sinne‹. Zentraltext einer anthropologischen Soziologie. Österreichische Zeitschrift für Soziologie 27, 2, 2002, 6–13.

Fischer 2005: Ders., Prager Straße in Dresden. Zur Architektursoziologie eines utopischen Stadtensembles. Ausdruck und Gebrauch 5, 2005, 4–14.

Fischer 2006: Ders., Die Bedeutung der Philosophischen Anthropologie für die Architektursoziologie. In: K. S. Rehberg (Hrsg.), Soziale Ungleichheit – Kulturelle Unterschiede. Verhandlungen des 32. Kongresses der Deutschen Gesellschaft für Soziologie in München 2004. Frankfurt a. M., New York: Campus 2006, 3417–29 [CD].

Fischer / Delitz 2007: Ders. / H. Delitz (Hrsg.), Stadtvisionen. Idee zu einer neuen Stadtanalyse. In: Dies. (Hrsg.), Stadtvisionen für Dresden – vom Barock bis zur Gegenwart. Dresdner Hefte 25, 92. Dresden: Dresdner Geschichtsverein 2007, 3–4.

Fischer / Delitz 2009: Ders. / H. Delitz (Hrsg.), Die Architektur der Gesellschaft. Theorien für die Architektursoziologie. Bielefeld: transcript 2009.

Fischer / Makropoulos 2004: Ders. / M. Makropoulos (Hrsg.), Potsdamer Platz. Soziologische Theorien zu einem Ort der Moderne. München: Fink 2004.

Goffman 1974: E. Goffman, Territorien des Selbst. In: Ders., Das Individuum im öffentlichen Austausch. Mikrostudien zur öffentlichen Ordnung. Frankfurt a. M.: Suhrkamp 1974, 54–96 [Erstausgabe: Harmondsworth 1971].

Häußermann / Siebel 2004: H. Häußermann / W. Siebel, Stadtsoziologie. Eine Einführung. Frankfurt a. M.: Campus 2004.

Illies 2005: Ch. Illies, Die Architektur als Kunst. Zeitschrift für Ästhetik und Allgemeine Kunstwissenschaft 50, 1, 2005, 57–76.

Jacobs 1963: J. Jacobs, Tod und Leben großer amerikanischer Städte. Bauwelt Fundamente 4. Gütersloh: Bertelsmann 1963 [Erstausgabe: New York 1961].

Janson / Bürklin 2002: A. Janson / Th. Bürklin, Auftritte – Scenes. Interaktionen mit dem architektonischen Raum: die Campi Venedigs. Interaction with Architectural Space: the campi of Venice. Basel u. a.: Birkhäuser 2002.

Kaehler 1981: G. Kaehler, Architektur als Symbolverfall. Das Dampfermotiv in der Architektur. Braunschweig: Vieweg & Sohn 1981.

Latour 1996: B. Latour, Der Berliner Schlüssel. Erkundungen eines Liebhabers der Wissenschaften. Berlin: Akademie-Verlag 1996.

Löw 2001: M. Löw, Raumsoziologie. Frankfurt a. M.: Suhrkamp 2001.

Löw 2008: Dies., Differenz der Städte. Frankfurt a. M.: Suhrkamp 2008.

Luhmann 1997: N. Luhmann, Die Gesellschaft der Gesellschaft. Frankfurt a. M.: Suhrkamp 1997.

Makropoulos 2003: M. Makropoulos, Vergesellschaftung durch Architektur. Gesellschaftstheoretische Aspekte der funktionellen Stadt. In: J. Fischer / H. Joas (Hrsg.), Kunst, Macht und Institution. Studien zur Philosophischen Anthropologie, soziologischen Theorie und Kultursoziologie der Moderne. Festschrift für Karl-Siegbert Rehberg. Frankfurt a. M., New York: Campus 2003, 577–86.

Müller 1976: J. Müller, Hier fällt ein Haus, dort steht ein Kran und ewig droht der Baggerzahn oder Die Veränderung der Stadt. Aarau, Frankfurt a. M.: Sauerländer 1976.

Rizzolatti / Sinigaglia 2008: G. Rizzolatti / C. Sinigaglia, Empathie und Spiegelneurone. Die biologische Basis des Mitgefühls. Frankfurt a. M.: Suhrkamp 2008.

Rudofsky 1989: B. Rudofsky, Architektur ohne Architekten. Eine Einführung in die anonyme Architektur. Salzburg, Wien: Residenz-Verlag 1989 [Erstausgabe: London 1964].

Schäfers 2006: B. Schäfers, Architektursoziologie. Grundlagen – Epochen – Themen. Wiesbaden: VS Verlag für Sozialwissenschaften ²2006 [Erstausgabe: Opladen 2003].

Scheler 2006: M. Scheler, Wesen und Formen der Sympathie. Gesammelte Werke 7. Bonn: Bouvier ⁶2006 [Erstausgabe: Bonn 1913].

Schroer 2006: M. Schroer, Räume, Orte, Grenzen. Auf dem Weg zu einer Soziologie des Raumes. Frankfurt a. M.: Suhrkamp 2006.

Seidl 2006: E. Seidl (Hrsg.), Bautypen. Funktionen und Formen der Architektur. Stuttgart: Reclam 2006.

Semper 1860: G. Semper, Der Stil in den technischen und tektonischen Künsten, oder praktische Ästhetik. Ein Handbuch für Techniker, Künstler und Kunstfreunde. Erster Band: Die textile Kunst für sich betrachtet und im Verhältnis zur Baukunst. Frankfurt a. M.: Verlag für Kunst und Wissenschaft 1860.

Siedler / Niggemeyer 1964: W. J. Siedler / E. Niggemeyer, Die gemordete Stadt. Abgesang auf Putte und Straße, Platz und Baum. Berlin: Herbig 1964.

Simmel 1957a: G. Simmel, Brücke und Tür. In: Ders., Brücke und Tür. Essays des Philosophen zur Geschichte, Religion, Kunst und Gesellschaft. Stuttgart: Koehler 1957, 1–7 [Erstausgabe: Berlin 1909].

Simmel 1957b: Ders., Die Großstädte und das Geistesleben. In: Ders., Brücke und Tür. Essays des Philosophen zur Geschichte, Religion, Kunst und Gesellschaft. Stuttgart: Koehler 1957, 227–42 [Erstausgabe: Berlin 1903].

Simmel 1968a: Ders., Der Raum und die räumlichen Ordnungen der Gesellschaft. In: Ders., Soziologie. Untersuchungen über die Formen der Vergesellschaftung. Berlin: Duncker & Humblot 1968, 460–526 [Erstausgabe: Leipzig 1908].

Simmel 1968b: Ders., Exkurs über die Soziologie der Sinne. In: Ders., Soziologie. Untersuchungen über die Formen der Vergesellschaftung. Berlin: Duncker & Humblot 1968, 483–493 [Erstausgabe: Leipzig 1908].

Sombart 1967: W. Sombart, Liebe, Luxus und der Kapitalismus. München: dtv 1967 [Erstausgabe: Berlin 1912].

Steets 2008: S. Steets, Raum & Stadt. In: N. Baur / H. Korte / M. Löw / M. Schroer (Hrsg.), Handbuch Soziologie. Wiesbaden: VS Verlag für Sozialwissenschaften 2008, 391–463.

Waldenfels 2001: B. Waldenfels, Leibliches Wohnen im Raum. In: G. Schröder / H. Breuninger (Hrsg.), Kulturtheorien der Gegenwart. Frankfurt a. M.: Campus 2001, 179–202.

Warnke 1996: M. Warnke, Bau und Gegenbau. In: H. Hipp / E. Seidl (Hrsg.), Architektur als politische Kultur. Philosophia practica. Berlin: Reimer 1996, 11–8.

Ziemann 2000: A. Ziemann, Die Brücke zur Gesellschaft. Erkenntniskritische und topographische Implikationen der Soziologie Georg Simmels. Konstanz: UVK 2000.

Ziemann / Göbel 2004: Ders. / A. Göbel, Die (Re-) Konstruktion des Potsdamer Platzes. Der Potsdamer Platz aus der Perspektive der Systemtheorie. In: Fischer / Makropoulos 2004, 53–80.

HEIKE DELITZ

»Die zweite Haut des Nomaden«.
Zur sozialen Effektivität nicht-moderner Architekturen

Zusammenfassung: Der archäologischen, ethnologischen und soziologischen Forschung ist es nicht äußerlich, mit welchen Begriffen sie die Architektur einer Gesellschaft betrachtet: Diese implizieren stets bestimmte Fragerichtungen, geben vor, was an der Architektur interessiert und welche Interpretationen in Hinsicht auf die Gesellschaft möglich sind. Der Aufsatz unterbreitet daher einen konzeptionellen oder begrifflichen Vorschlag hinsichtlich der Relation von Architektur und Sozialem: eine theoretische Soziologie der Architektur. Der Vorschlag lautet, die Architektur nicht als bloßen »Ausdruck« der Gesellschaft zu fassen, insofern dies ein Denken impliziert, für welches die Architektur die Hülle ist, die das Vorhandene (das ›eigentliche Soziale‹) nur noch sichtbar macht. Demgegenüber wird eine Perspektive vorgeschlagen, welche die Architektur als sozial konstitutiv einschätzt. Da die Begriffe des ›Ausdrucks‹, der ›Repräsentation‹, des ›Spiegels‹ tief verwurzelt sind, muss der Vorschlag unkonventionelle Begriffe und Denkfiguren entfalten, um die soziale Effektivität der Architektur zu fassen. Angeknüpft wird an die französische Philosophie der Differenz in der Tradition Henri Bergsons; insbesondere an Castoriadis' Gesellschaftstheorie (um in der Architektur die ›Gestalt‹ zu sehen, in der sich eine Gesellschaft erst als solche instituiert) und an die soziologische Theorie von Deleuze und Guattari (die im Begriff des ›Gefüges‹ die Interaktion von Artefakten und Akteuren fasst und die Affektivität der Architektur berücksichtigt). Diese theoretische Soziologie der Architektur wird für zwei spezifische, nicht-moderne Gesellschaften fruchtbar gemacht: für die nomadischen bzw. halbnomadischen Gesellschaften der Tuareg (oder *Kel Tamashek*) und Eskimo (oder *Inuit*) mit ihren weichen, nicht affektiven, nicht expressiven Architekturen, die spezifische Gestalten der Gesellschaft und spezifische Gefüge bilden.[1]

Einleitung

Jede Forschung hat ihre Begriffe; sie trifft stets Vorentscheidungen, wie sie etwas und was sie überhaupt sieht. Innerhalb der »Bausteine einer Architektursoziologie vormoderner Gesellschaften« (so der Titel dieses Bandes) geht es im Folgenden daher

---

1 Der Text wird trotz der Problematik von Selbst- und Fremdbezeichnung für die Tuareg den eingespielten Begriff verwenden: auch in aktuellen wissenschaftlichen Texten (z. B. Claudot-Hawad 2007) ist dies gebräuchlich.

zunächst um einen konzeptionellen oder begrifflichen Baustein – nicht ohne dessen Implikationen an einem Fall nicht-moderner Architekturen zu zeigen, und zwar speziell am Fall nomadischer Architekturen. Vorgeschlagen wird eine Sichtweise auf das Verhältnis von Architektur und Gesellschaft, welche die Brisanz oder »Effektivität« der Architektur in Hinsicht auf die Vergesellschaftung zu erkennen sucht. Der Stellenwert der Architektur für das Soziale wird dabei recht hoch eingeschätzt, in Absetzung von der nahezu intuitiven Denkweise, der gemäß die Architektur eine Gesellschaft ›ausdrückt‹ oder ›abbildet‹. Der Vorschlag versteht die Architektur demgegenüber als *Differenzierer*: als dasjenige, das einen »Unterschied« in das Soziale einführt. Weit entfernt, Ausdruck, Spiegel oder Symbol des Sozialen zu sein, welches die Machtverhältnisse, sozialen Ungleichheiten oder funktionalen Differenzierungen nur noch in den Bereich des Sichtbaren und körperlich Erfahrbaren ›kopiert‹, ist die Architektur vielmehr ein konstitutives »Medium« des Sozialen (Delitz 2009a).

Die Denkweise des ›Ausdrucks‹ ist nicht nur in der Soziologie üblich. Sie ist es auch in Kunstgeschichte, Politikwissenschaft, Archäologie, Ethnologie, Architekturtheorie. Und sicherlich ist diese Begrifflichkeit nicht falsch – sofern es um eine methodische Entscheidung geht, sofern die Betrachtung der Architektur (wie im Fall der Archäologie) in erster Linie Rückschlüsse auf vergangene Gesellschaften erlauben soll. Sie wird aber inadäquat, sobald sie in die soziologische Theorie, in die Konzeption der Relation von Architektur und Gesellschaft übertragen wird. ›Etwas ist Ausdruck von etwas‹: Das ist eine repräsentations- oder identitätslogische Denkweise, die impliziert, dass es das eine (die ›Macht‹, die ›sozialen Unterschiede‹) bereits vor und unabhängig vom Symbolischen gäbe. Die identitätslogischen Begriffe zwingen dazu, die Passivität des Symbolischen zu denken: Es ist die bloße Hülle, die »nichts dazutut und nichts wegnimmt« (Castoriadis 1984, 201). Dahinter stehen zumeist materialistische Konzepte, denen zufolge im Sozialen die sozioökonomischen Strukturen entscheidend sind, welche dann nicht selbst als symbolisch konstituiert begriffen werden.

Demgegenüber wird eine alternative Denkweise vorgeschlagen: Jene differenztheoretische Begrifflichkeit, die sich aus der Philosophie Henri Bergsons (1921) erklärt. Diese lebenstheoretische oder ›vitalistische‹ Philosophie der Differenz berücksichtigt zutiefst die Aktivität des Imaginären und Symbolischen. In ihrer Begrifflichkeit *konstituiert* sich eine Gesellschaft als diese bestimmte Gesellschaft erst in ihrer gebauten symbolischen Gestalt, statt sich nur noch darin auszudrücken; und ebenso instituiert sich die Segmentierung und Klassifizierung der Einzelnen anhand dieser ständig präsenten Gestalt der Gesellschaft. In jeder Gesellschaft umgibt die Architektur zudem die körperlichen Aktivitäten der Einzelnen: Sie evoziert deren Bewegungen, Wahrnehmungen und Affekte, beeinflusst Interaktionen.

Der Architekturbegriff ist im Folgenden weit gefasst. Er orientiert sich nicht an der nur ästhetisch zu entscheidenden Differenzierung von Architektur als ›Kunst‹ vom ›Gebauten‹, umfasst vielmehr das Gebaute schlechthin, nicht ohne die Affektivität

der Architektur zu betonen: ihre Fähigkeit, Affekte eher zu erfinden als nur noch aus-
zulösen.[2] ›Gebautes‹ ist allerdings nicht ganz treffend, denn es werden auch mobile
Architekturen wie Zelte darunter gefasst: Es handelt sich eher um eine elementare
Definition entlang der architektonischen Separierung, »Einfaltung« oder Rahmung
von Aktivitäten.[3]

Theorievorschlag: Architektur als »Medium« des Sozialen

Will man der Architektur eine Effektivität im Sozialen einräumen – einen Beitrag
zur Einrichtung und Auf-Dauer-Stellung sozialer Verhältnisse und ihrer Subjekte –,
sind andere Begriffe als die des Ausdrucks nötig. Es geht um eine Verschiebung des
Blickwinkels, die der Forschung möglicherweise andere Fragen nahe legt. Begriffe,
welche die Identitätslogik und die Begriffe des Ausdrucks und der Repräsentation
umgehen und überhaupt erst eine Kritik an dieser Denkweise zu formulieren erlauben, finden sich im französischen Denken: in den vitalistischen Differenztheorien
von Cornelius Castoriadis und Gilles Deleuze. Der Ausgangspunkt dieser Differenztheorien ist ein lebenstheoretisches Denken, wie es (oft implizit) in der Tradition
Henri Bergsons in Frankreich entstanden ist. Dieses Denken geht vom ständigen,
irreversiblen und unvorhersehbaren Anders-Werden als Grundcharakteristikum des
Lebens aus: und damit auch des Sozialen. Auf der elementaren sozialen Ebene gibt
es ein ständiges Werden, noch vor den Subjekten und Institutionen: ein Werden der
Begehren, Perzeptionen, Affektionen. Dieses Denken öffnet bei Castoriadis den Blick
für die Notwendigkeit des Symbolischen für soziale Zusammenhänge: für die Ange-
wiesenheit der Einrichtung jeder Gesellschaft auf einen anschaulichen und greifba-
ren Außenhalt. In ihrer Architektur, so müsste man dann sagen, erkennt sich eine
Gesellschaft erst als diese bestimmte Gesellschaft; sie ›wählt‹ sich in ihr eine Gestalt
gegenüber dem ständigen Werden, die ihr nicht äußerlich ist und Folgen für die Einteilung und Hierarchisierung der Einzelnen hat.

Es ›gibt‹ in diesem Denken also keine vorgegebene soziale Struktur (Klassen,
Schichten); was es gibt, ist vielmehr die permanente Selbstveränderung des Sozialen. Das Soziale wird auf seiner grundlegenden Ebene damit als wesentliche Unbe-
stimmtheit gedacht: Wegen der Vitalität der Einzelnen handelt es sich um ein stetiges
Anderswerden. Weit entfernt, es mit ›der‹ Gesellschaft zu tun zu haben (bei der sich
dann die Frage stellen würde, was ihre ›Einheit‹ sei und an welchem Punkt diese
aufhörte), ist das Gesellschaftliche nur »Selbstveränderung und sonst nichts« (Castoriadis 1984, 363). Und noch diejenige »Gesellschaft, die nur auf ihre Konservierung
bedacht scheint«, besteht nur, »indem sie sich unaufhörlich verändert« (ebd. 343).

---

2   Zu dieser Definition von ›Kunst‹ als Erfinder von Affekten siehe Deleuze / Guattari 1996.
3   Siehe zu diesen Definitionen der Architektur Cache 1995; Seitter 2002, 145–163; Fischer 2005.

Nimmt man derart das Werden als Grundcharakteristikum des sozialen Lebens ernst, entfalten sich Gesellschaften nicht gesetzmäßig: weder aus sozialen Widersprüchen noch evolutionär, vom Homogenen zum Heterogenen. Es sind vielmehr Selbstschöpfungen, Setzungen. Denn die »Gesellschaft« ist darauf angewiesen, sich ihren Wandel vor sich selbst zu verleugnen. Alles, so Castoriadis, »spielt sich so ab, als könne sich die Gesellschaft nicht als sich selbst erschaffende, als Institution ihrer selbst« erkennen (ebd. 360). Als eine »Gesellschaft« existiert das Gesellschaftlich-Geschichtliche in der Tat nur, sofern es sich eine Identität schafft, sich fixiert oder »instituiert«, sich sowohl über die Kommunikation unter Anwesenden als auch über die Lebenszeit der Individuen hinaus eine Identität schafft. Die »Gesellschaft« ist gegenüber dem faktischen Werden die Setzung einer »Bedeutung«: die Setzung eines gleichbleibenden Nach- und Nebeneinanders der Einzelnen. Jede Gesellschaft schafft sich eine Zeit und eine Geschichte; jede teilt Dinge und Menschen ein, klassifiziert sie, grundlegend bereits mittels der Sprache und ihrer Mengenlogik. Die imaginäre Institution der Gesellschaft ist zutiefst auf das »Symbolische« verwiesen, auf die Bedeutung, die ihrerseits nicht ohne Materielles, ohne Sinnliches ›existiert‹.

Jede Gesellschaft besteht nun auch nur dadurch, dass sie sich eine »räumliche Gestalt« gibt (ebd. 370): eine Ordnung des Nebeneinanders der Einzelnen. Die Architektur *ist* diese Gestalt der Gesellschaft. Sie ist nicht ihr bloßer ›Ausdruck‹; vielmehr konstituiert sie (neben den anderen Medien) diese soziale Teilung; diese Verortung in der Geschichte; diese Begehren, Affekte und Wahrnehmungen. In der Frage nach einer spezifischen Gesellschaft, die sich in einer spezifischen Architektur instituiert, wären verschiedene Aspekte zu beobachten: Wie wird die Einteilung der Epochen und Gesellschaften hergestellt; welche Epochen und Sphären des Sozialen sind dominant; wie werden Innen und Außen, Öffentlich und Privat separiert; welches Naturverhältnis schafft eine Architektur. Es wird bei den Troglodyten[4] ein anderes sein als bei Gesellschaften, die (wie in der klassischen europäischen Moderne) Dachterrassen kultivieren und damit ein ästhetisches Verhältnis zur Natur evozieren.

In dieser ebenso imaginären wie symbolischen Institution der Gesellschaft gibt es nun Castoriadis zufolge je Bedeutungen, die das Begehren der Einzelnen letztlich formen: ein »zentrales gesellschaftliches Imaginäres«, eine Bedeutung, die alle anderen wie ein schwarzes Loch krümmt und bestimmt, welche Subjekte, welche Weltanschauung, welches Sozialverhältnis eine Gesellschaft hat. Das zentrale Imaginäre kann ›Gott‹ sein: eine Bedeutung, die alles durchdringt, vom Raum über die Zeit bis zum Sozialen. Die affektiven Kathedralen mit ihren Lichtverhältnissen, ihren Dimensionen, dem Kontrast zur Umgebung sind dann keine bloßen ›Kopien‹ dieser

---

4 Mit Troglodyten meine ich weniger Bewohner von Höhlen als diejenigen, die ihre Häuser vertikal in die Erde eingraben. Es ist eine seltsame Gestalt der Gesellschaft: Kein Haus in Sicht, man sieht lediglich rauchende Felder (Cressey 1955, 263). In Chinas Lössland leben immerhin 30 Millionen Menschen in Erdhäusern (Loubes 1988, 11).

Gesellschaft. Sie erzeugen diese mit. Insofern sich die kapitalistische Gesellschaft im zentralen Imaginären der ›Rationalität‹ instituiert, bedarf auch sie einer entsprechenden Architektur. Der Kapitalismus ›ist‹ eine effektive, metrische Zeit; er ›ist‹ die Vorstellung unendlichen Fortschritts. Und er braucht eine Architektur, die ebenso rationell, seriell und artifiziell ist; eine Architektur, welche die Bodenständigkeit abgelegt hat, indem sie sich auf Stahlstützen stellt und mit ›dachloser‹ Gestalt und Schiffsdetails die Sehgewohnheit irritiert. In all dem erzeugt diese Architektur die kontingenzbewussten Subjekte einer auf Wachstum, Effizienz und Neuheit angelegten Gesellschaft mit.

Eine nur analytisch von der ›Gestalt‹ zu trennende Ebene betrifft die Tatsache, dass die Architektur den Körper ständig umgibt. Architektur ist weder der Gesellschaft äußerlich noch dem sozialen Handeln: Sie ist kein bloßer Container, sondern legt je bestimmte Körperbewegungen und -haltungen nahe, formt Techniken des Körpers, schafft Sichtbarkeiten. Es handelt sich um den notwendigen Außenhalt habitualisierter Lebensweisen (vgl. Gehlen 2004), um eine ebenso »viszerale« wie »muskuläre Konditionierung« (Leroi-Gourhan 1980, 357). Auf dieser Ebene ist der kinästhetische Aspekt der Architektur ebenso wichtig wie der visuelle. Begrifflich bedarf es hier einer Theorie der Artefakte (oder, im Folgenden, der »Gefüge«: des Arrangements von Dingen, Körpern und Diskursen / Ideen). Die Soziologie pflegt in dieser Hinsicht noch ihren Soziozentrismus: Das Soziale besteht für sie in der reinen »Interaktion« oder »Kommunikation«. Die Ethnologie macht es sicherlich nicht anders: Auch sie neigt zu idealistischen respektive konstruktivistischen Konzepten, für welche Artefakte uninteressant sind. Es käme stattdessen darauf an, die Architektur als gleichberechtigten »*socius*« (»Gefährte«, Seyfert 2008, 4687) im Sozialen zu beschreiben: wie alle Artefakte, aber doch in einer besonderen Funktion, der Separierung von Tätigkeiten und ihrer Fixierung an einem Ort. Eine Soziologie der Artefakte hat prominent Bruno Latour entfaltet, allerdings konzentriert auf technische Dinge, in denen die Architektur nicht aufgeht (resümierend Latour 2007). Im Folgenden wird daher an Gilles Deleuze und Félix Guattari angeknüpft, die (von Bergson her) eine begrifflich präzise Artefakttheorie bieten: eine alternative Sozial- und Handlungstheorie, eine andere Bestimmung dessen, aus welchen Elementen das ›Soziale‹ besteht und welche Beziehungen diese Elemente eingehen. In der Tat gibt es kein isoliertes ›soziales Sein‹: keine reine Interaktion. Es gibt stets »Gefüge« *(agencement)* aus »materiellen Systemen«; terrestrischen, artifiziellen, menschlichen, pflanzlichen und tierischen »Körpern«; und aus ökonomischen, religiösen, politischen »Aussagengefügen«. Deleuze und Guattari selbst (1992, 558) haben das nomadische Gefüge »Mensch – Pferd – Bogen« beschrieben: Es kanalisiert, diszipliniert, optimiert die tierischen und menschlichen Bewegungskräfte und ihre kognitiven und sinnlichen Vermögen, schafft spezifische Materialströme (Salzkarawanen, Raubzüge), einen spezifischen Bezug zum Boden, verbindet sich mit speziellen organischen Körpern (den sonstigen Tieren und Pflanzen) und wird von spezifischen Diskursen durchquert.

Ebenso wäre für die Architektur zu beschreiben, wie diese sich mit den menschlichen und tierischen Bewegungen, ihren taktilen, visuellen und akustischen Wahrnehmungen, Affekten und den gesellschaftlichen Diskursen verbindet. Man wird grundlegend dabei die Materialität einrechnen: das je konkrete Baumaterial, das kein bloßer »Stoff« ist, der sich in beliebige »Formen« bringen lässt, sondern dem eine Tendenz innewohnt. Man muss neben dem Cartesianismus (dem Dualismus Subjekt/Objekt, Ideen/Körper) auch das hylemorphistische Denken verlassen (den Dualismus Form/Materie, vgl. Simondon 1989). In der Frage nach der Spezifik der *architektonischen* Artefakte schlägt Bernard Cache (1995) im Anschluss an Deleuze vor, drei Funktionen zu differenzieren: die Architektur führt ein Intervall in ein Territorium ein (Rahmung). Ihre grundlegende Funktion ist die Separation von Aktivitäten und Subjekten. Der Raum ist weder abstrakt (wie Kant vorschlägt) noch ausschließlich sozial konstruiert (wozu die Raumsoziologie neigt): die Koexistenz der Menschen wird vielmehr erst durch Materielles hergestellt. Das Element hierzu ist die Außenwand. In gewisser Weise ist die Mauer oder Zeltwand die Basis der sozialen ›Koexistenz‹. Die zweite Funktion ist die Selektion: Fenster respektive Zeltöffnungen wählen Blicke aus. Der ›Rahmung‹ läuft die ›Entrahmung‹ entgegen, die Öffnung zum Territorium. Löst die erste Bewegung das Soziale vom ›Territorium‹ ab, etabliert die zweite eine spezifische Verbindung zu ihm. Die dritte Funktion ist das ›Arrangement‹ der Einzelnen im Inneren. Innenwände und Mobiliar replizieren die Separation und Selektion im Inneren und sind dabei am direktesten mit unseren Körpern verbunden: Sie sind unser primäres »assoziiertes Milieu« (Simondon 1989).

Einrechnen muss man schließlich die Affektivität der Architektur.[5] Deleuze und Guattari verstehen die Kunst insgesamt darin, dass sie Wahrnehmungen (Perzepte) und damit Affekte schafft (wie die Philosophie neue Begriffe und damit Denkmöglichkeiten erfindet). »Von aller Kunst wäre zu sagen: Der Künstler ist Zeiger von Affekten, Erfinder von Affekten, Schöpfer von Affekten« (Deleuze/Guattari 1996, 207). Große Kunst schafft Affektionen, denen man sich nicht entziehen kann und die anders als Gefühle nicht ›aus‹ einem selbst stammen. Große Literatur erfindet etwa den Affekt des »Nicht-Menschlich-Werdens des Menschen«: ein Wal-Werden bei Melville, ein Käfer-Werden bei Kafka (ebd. 204). Zu fragen wäre, ob die Architektur Ähnliches vermag. Für Deleuze und Guattari beginnt die Kunst in jedem Fall mit ihr: sie ist »die erste der Künste« (ebd. 222 f.). Man kann sich hier auch an Le Corbusier erinnern, der die Architektur eben nicht nur als funktionierende »Wohnma-

---

5 Der Begriff ›Affekt‹ wird hier im philosophischen Sinn des Wortes gebraucht. Affekte bezeichnen bei Spinoza die verschiedenen Arten, auf die ein Körper andere Körper erregt oder von ihnen erregt wird, wobei sie dessen »Wirkungsmacht« mehren oder mindern. Der »menschliche Körper kann auf viele Weisen affiziert werden […] Allerdings, was der Körper kann, hat bislang noch niemand bestimmt« (etwa, ob er allein »imstande wäre, eine Kirche zu bauen«); Spinoza 1999, 229. Von Gefühlen oder Affekten zu sprechen, ist der Unterschied, ob man im (idealistisch konzipierten) Subjekt ansetzt oder an der Relation verschiedener Körper.

schine«, sondern vielmehr als »schreckliche Maschine« bezeichnet hat (Le Corbusier 1991, 323), oder auch als *machine á émouvoir*. Er dachte dabei an den Parthenon, an dessen Form sich keine Symbole knüpfen, zu dessen Verständnis man also keinen Code braucht (wie der Strukturalismus annimmt). Diese Architektur »zermalmt und beherrscht«, »dominiert« und »erregt« einfach alles (Le Corbusier 1982, 159). In ihrer Affektivität kopiert die Architektur (erneut) nichts: Sie schafft vielmehr Wahrnehmungen und Affekte und stabilisiert diese – und damit eine Gesellschaft. Diese Einrechnung der Affektivität der Architektur expliziert im Übrigen, was oft der Begriff der ›Atmosphäre‹ fassen soll: die Antwort darauf, wie die Architektur uns erregt. Jede differenzierte Gesellschaft ist in ihren Institutionen verwiesen auf diese Fähigkeit der Architektur zu faszinieren, die Einzelnen an die Institution zu binden. Und es gibt andererseits affektiv-neutrale oder -negative Architekturen, in denen sich die Gesellschaft gewissermaßen gegen die Affektivität des Mediums ›wehrt‹ – und damit vielleicht gegen nichts weniger als gegen die Spaltung der Gesellschaft, gegen die Hierarchisierung, die Einrichtung eines Machtapparates. Das Extrem sind sicher die angesprochenen Lösslandbewohner Chinas: die sich in die Erde einsenken, eine inverse Architektur entfalten. Und im Gegensatz zur Moderne mit ihrer professionellen Entwurfsdisziplin (in der die Architektur der Gesellschaft stets erneut ein nie gekanntes Gesicht gibt) sind die nicht-modernen Gesellschaften sicher erfinderisch. Sie ›wehren‹ sich aber nicht nur gegen die Affektivität, sondern konstitutiv, wesensnotwendig wohl auch gegen das *Neue* in der Architektur: gegen die Schaffung neuer Milieus, Naturverhältnisse, Gesellschaftsgestalten.[6]

Eine Theorie ist zunächst keine methodische Anweisung, sondern ein Vorschlag, der erlaubt, bestimmte Fragen zu stellen. Gleichwohl geht jede Theorie mit einer Methode einher. Die vorgeschlagene Perspektive legt phänomenologische Analysen nahe: Einerseits gilt es, sich die Gestalt vor Augen zu führen, die die imaginär instituierte Gesellschaft in den Augen ihrer Mitglieder hat; zum anderen ist ein möglichst präzises Beschreiben des gesellschaftlichen Gefüges notwendig. In beidem sind auch Begriffsanalysen nötig: die Frage, in welchen Begriffen und Metaphern sich die ›Gesellschaft‹ selbst erfasst. Alles kann hier nur sehr verkürzt geschehen.

---

6   Zum Konservatismus nicht-moderner Gesellschaften siehe Clastres 2008, 75: »Was aber will die primitive Gesellschaft durch ihren Konservatismus bewahren? Sie will sich ihr Sein selbst bewahren [...] Der primitive Konservatismus ist somit bestrebt, Neuerungen in der Gesellschaft zu verhindern«, um die »Teilung in der Gesellschaft« zu vermeiden. Zur gesellschaftlichen Differenz Innovativität/Traditionalismus Balandier 1976, 180–193; Maunier 1936 (für nicht-moderne) und Makropoulos 1997 (für moderne Gesellschaften). Die Innovationssoziologie interessiert sich stets für *technische* Innovationen, während andere Erfindungen unbeleuchtet bleiben. Die Klassiker sind hier erst neu zu entdecken (Hauriou 1965; de Tarde 2009).

Abb. 1. Tuareg-Zelt aus Ziegenhäuten (Foto: www.arlit.free.fr; 20.02.2009).

Zur sozialen Effektivität nicht-moderner Architekturen

Auch nicht-moderne Gesellschaften zeichnen sich durch eine Symbiose von Architektur und Gesellschaft aus. Ethnologie und Archäologie kennen diese Gesellschaften sehr viel besser als die (deutsche) Soziologie. Die vorgeschlagene theoretische Soziologie der Architektur ist aber so formal formuliert, dass sie für jede Vergesellschaftung gilt – nicht nur in der Frage der Gestalt und Gefüge, sondern auch in der Berücksichtigung der Affektivität und Kreativität, auf die viele ›vernakuläre‹ Architekturen gerade nicht angelegt scheinen. Im Folgenden interessieren nomadische Gesellschaften, die der besonderen archäologischen Kunst bedürfen, da ihre Bauweise kaum Spuren hinterlässt; die sich durch eine durchgreifende Mobilität auszeichnen. Es handelt sich um Gesellschaften, bei denen vieles anders ist als bei den Sesshaften, also anders als bei uns. Sie haben eine andere Architektur, eine andere Imagination der Gesellschaft, andere Subjekte, einen anderen Raum, eine andere Zeitlichkeit.

Zelte und Gesellschaft der Tuareg

Die Tuareg transportieren Lebewesen und Wasservorräte, Nahrungsmittel und Behausungen, Decken und Kleider, kurz: alles mit sich herum. Die ganze Welt bewegt sich auf dem Rücken ihrer Tiere. Es handelt sich um die Kamele züchtenden, Salz und Datteln tauschenden Nomaden der Sahara; eine Assoziation mehrerer Stämme, welche sich auf ihren jährlichen Wanderungen kreuzen. Die Wanderungen erstrecken sich dabei über tausende Kilometer und über zehn von zwölf Monaten im Jahr. Beispielsweise ziehen die Ahaggar-Tuareg von ihrem ›Heimat‹-Gebiet, an dem sie sich im Juni / Juli befinden, im August und September zu den Salzstätten nach Nordosten; von da aus im September und Oktober auf südlich gelegene Weideflächen; von Oktober bis Dezember weiter nach Süden, um Salz und Datteln gegen Getreide und Handwerksprodukte einzutauschen; schließlich von Januar bis Mai 2000 Kilometer nach Norden, um Stoffe und Trockenfleisch gegen Datteln zu erstehen (Scholz 1995, 84 Abb. 8; vgl. Couchaux 2004, 16). In jedem Fall ist der Nomadismus nicht nur eine wirtschaftliche Tätigkeit; keineswegs geht das nomadische Dasein in der extensiven Viehwirtschaft auf. Vielmehr hat man es mit einer spezifischen Vergesellschaftung zu tun. Die Tuareg kennen eine strikte Hierarchie, aber keine zentrale Gewalt; sie haben einen Monotheismus (den Islam), den sie aber kaum praktizieren; stehen zwischen den geläufigen Vorstellungen sozialer Ordnung, erscheinen zugleich als anarchisch und hierarchisch, segmentär und zentralisiert. Um sie zu fassen, muss man auch den Dualismus von Verwandtschafts- und politischem Prinzip überwinden.[7] Man kann sich an die Architektur halten (Abb. 1).

Die nomadische Architektur ist (wie jede Architektur) nur zusammen mit dem geografischen Milieu zu denken: dem weiten, homogenen Raum der Wüste; sowie der Existenz bestimmter Tiere: vor allem der Kamele, deren Produkte (Milch, Fleisch, Wolle, Heizmaterial) und Affekte (Ausdauer, Geschwindigkeit, Genügsamkeit, Tragfähigkeit) sich die Tuareg zu Nutze machen. Und sie ist nicht ohne den mangelnden Pflanzenwuchs zu denken, der die Sesshaftigkeit verhindert. Die Architektur dieser Handel treibenden und Vieh züchtenden Gesellschaft ist das Zelt aus Schaf- und

---

7　Die politische Anthropologie hat das Politische segmentärer Verwandtschaftsstrukturen längst untersucht (ein Überblick in Balandier 1976), in Absetzung auch von der klassischen Definition der Segmentarität bei Durkheim, die ständig dazu neigt, die segmentäre Gesellschaft mit den Tieren zu vermischen: Wir »nennen *segmentäre Gesellschaften auf der Grundlage von Klanen* jene Völker, die aus der Assoziation zwischen Klanen gebildet sind. Wir nennen diese Gesellschaften segmentäre, um aufzuzeigen, daß sie aus der Wiederholung von untereinander ähnlichen Aggregaten gebildet sind, analog den Ringen des Regenwurms« (Durkheim 1988, 230). Zur Analyse des Politischen einer nomadischen Gesellschaft siehe Evans-Pritchard 1949 (ebenfalls mit der Beobachtung limitierter Autorität [ebd. 59 f.] und »laws of tents« [ebd. 54 f.], aber mit wenig Verständnis für architektursoziologische Fragen [»the austere and monotonous life of the tents«, ebd. 63]).

Ziegenhäuten (in der Wüste) beziehungsweise das Zelt aus zu Matten geflochtenen Palmwedeln (im Sahel). Auf rechteckigem oder längsovalem Grundriss wird ein Holzbogen aufgestellt, auf dem – im Fall des Lederzeltes – zusammengenähte Häute an Pflöcken festgebunden werden, die in den Sand getrieben wurden. Im Inneren beherrscht ein hölzernes, reich geschmücktes Bettgestell den ungeteilten Raum. Alles andere (Taschen, Decken, Vorhänge, Möbel, Kleidung, Gürtel, Kordeln) ist aus denselben weichen Materialien wie die Architektur: Alles ist für den Weg gemacht. Diese Materialität gibt »dem nomadischen Leben seine Einheit«; sie ermöglicht seine »symbolische und visuelle Stabilität« (Milovanoff 1978). Das Bettgestell dient auf der Wanderung als Tragerahmen für Frauen und Kinder hoch oben auf dem Rücken der Kamele.

Die Heimstätte der Nomaden ist also wenig widerständig: Schutz bietet sie in jedem Fall vor der Witterung, kaum aber vor Feinden. Auch ist es keine sonderlich expressive und affektive, auf Faszination angelegte Architektur. Weder geht es um die dem Stein inhärente Suggestion von Dauer noch um Bewunderung erregende Dimensionen, Ornamente oder Formen. Die nomadische Architektur kennt auch keine funktionale Differenzierung; allenfalls die Größe der Zelte und deren Platzierung innerhalb des konzentrisch angelegten Lagers differiert. Bei all dieser Homogenität und der Fluidität trennt die Architektur gleichwohl in einer oft rigiden Ordnung die Dinge und Menschen. Der Platz für die Frauen (die Handwerkerinnen und Hüterinnen des Zeltes, die regelrecht mit ihm verschmelzen, vgl. Claudot-Hawad 2007, 54) und Männer ist streng reglementiert, ebenso wie der Platz für die Frauen- und Männerdinge.

Eine Architektur aus Häuten markiert den Aufenthalt nur vorläufig und oberflächlich. Sie hinterlässt keine Spuren. Sie schafft einen spezifischen Bezug zum Boden und einen spezifischen Raum. Es ergibt sich eine spezifische geographische Imagination und eine andere Territorialität als die der Sesshaften, kurz: eine andere Vergesellschaftung. Zunächst lehnt es der Nomade ab, sich den Raum, den er durchquert, anzueignen. Sicher hat auch er ein Territorium; er »folgt gewohnten Wegen, er geht von einem Punkt zum anderen, ihm sind die Punkte (Wasserstellen, Wohnorte, Versammlungspunkte) nicht unbekannt«. Aber diese Punkte sind, »selbst wenn sie die Wege bestimmen, streng untergeordnet, im Gegensatz zu dem, was bei den Seßhaften vor sich geht. Die Wasserstelle ist nur da, um wieder verlassen zu werden, jeder Punkt ist eine Verbindungsstelle und existiert nur als solche. Das Leben der Nomaden ist ein Intermezzo.« Diese Architektur ist ein »Geschwindigkeitsgefüge« (Deleuze / Guattari 1992, 522 f. 558).

Ist der Weg der Sesshaften dazu bestimmt, den Raum aufzuteilen, jedem seinen Anteil zuzuweisen und die Verbindung zwischen den Teilen zu regulieren, so verteilt umgekehrt der nomadische Weg die Menschen, Tiere und Dinge in einem undefinierten Raum. Für den Nomaden ist die Erde der Bewegung ermöglichende, tragende Grund; nicht der zu bebauende und besitzende Boden. Und während für den

Sesshaften der Weg stets bedrohlich ist, und der Raum, sobald die Spuren menschlicher Tätigkeit fehlen, gegenstandslos wird, sind die Nomaden in ihm zu Hause. Dieser Raum ist ein »Gewebe« aus Punkten, die sich konzentrisch um Wasserstellen legen. Während der Raum der Sesshaften durch Mauern »eingekerbt« wird, ist der nomadische Raum »glatt« (ebd. 524). Der ›eigene‹ Raum, das Territorium beginnt stets am Zelt: Für den »Nomaden ist das Herz aller bewohnten Regionen sein Zelt« (Claudot-Hawad 2007, 54). Und im Gegensatz zum Territorium der Sesshaften breitet sich dieses Territorium mit der Bewegung aus: Es ist pfeilförmig. Der Nomade kennt daher keine Kartographie, die ihren Blick von oben wirft, um alles zu erfassen. Die Wegskizzen des Nomaden enthalten nur die Wasserstellen und ihre Verbindungen, während alles andere leer bleibt (Bernus 1981; 1994). In der Bewegung durch die Wüste entwickelt sich dabei gleichwohl eine »außerordentlich feine Topologie« (Deleuze/Guattari 1992, 523). Der Targi findet seinen Weg anhand winziger Details. Und ebenso wie der Blick nicht von oben kommt, fasst er die Route nicht in ihrer Gesamtheit auf, sondern fragmentiert (Claudot-Hawad 2000; 2006). Die Identität des bewohnten Ortes ist dann unabhängig von geografischen Punkten: nicht gebunden, hat die Wohnung des Nomaden nicht Teil an der ›œcoumène‹, am besiedelten Boden (Radkowski 2002, 83; 36). Das Land enthält für den Nomaden also keine Wohnung; nicht in der Art, in der es etwa einen großen Stein (unveränderlich, gewiss) enthält. Nomadische Gesellschaften scheinen sich regelrecht zu verbieten, feste Gebäude zu errichten.[8] Sie sind »deterritorialisiert par excellence«: sie haben ein anderes Subjektkonzept als die Sesshaften (und auch ein anderes als der Migrant, der zwischen zwei Territorialisierungen schwankt: Deleuze/Guattari 1992, 525).

Mit der Zeltarchitektur geht eine andere imaginäre Gesellschaft einher, sie schafft andere Motive, Affekte und Perzepte als die sesshafte, feststehende Architektur. Es instituiert sich eine andere soziale Segmentierung, ein anderes Politisches, eine andere Religiosität. Die Architektur aus Haar und Haut, die einen weichen, genauso akustischen wie visuellen Raum ergibt, weil deren Materialien eine nur unzuverlässige visuelle und keine akustische Trennung erlauben, schafft zunächst ein spezifisches *Sozial- und Selbstverhältnis*: eine Verteilung des Öffentlichen und Privaten. Der Raum weist geringe Separierungen auf; er ermöglicht kaum Privation. Es herrscht vielmehr ein Gedrängel tierischer und menschlicher Körper. Ebenso wenig trennt die weiche, fließende Architektur ›Gesellschaft‹ und ›Natur‹ (wie es die Sesshaften seit ihren Stadtstaaten tun). Der offene Raum ist vielmehr für den Nomaden der Ort, an dem sich die Gesellschaft konstituiert: die Gesellschaft schafft sich eine horizontale Gestalt, versteht sich als Soziales, das sich in der »Simultanität« organisiert. Obgleich es eine rigide Hierarchie gibt, die in der Platzierung der Zelte innerhalb des

---

8   Es ist »gesetzlich verboten, Felder zu besitzen oder ein Haus zu bauen. Hier hätte eben die örtliche Interessenfixierung des Individuums seine Lösung von dem Zusammenhang mit seinem umherschweifenden Stamme eingeleitet« (Simmel 1968, 521 f.).

Lagers stets erneut konstituiert wird, verschwinden in der Imagination des Sozialen tendenziell doch diese Trennungen, in einem Raum, der abstrakt bleibt, nicht durch Mauern, Straßen, Gebäude gegliedert wird, und in der flachen, flächigen Gestalt, die die notwendig einstöckigen Zelte schaffen.[9] Es ist in der Tat eine Gesellschaft, die ihre wesentlichen Ressourcen kollektiv verwaltet: im Gegenzug zu den starken hierarchischen Trennungen, und im Einklang mit dem Raum und seiner Architektur. Die transportable Behausung schafft zugleich eine dynamische Gestalt der Gesellschaft. Für den Nomaden befindet sich alles im Fluss, vom Zeltschmuck, der sich permanent im Wind wiegt und noch in das Innere der Architektur Fluidität einbringt, bis zum Sozialen. Für den Sesshaften hingegen schaffen der immer gleiche Boden und die feste Bebauung die Suggestion der Stabilität des Sozialen.

Die *soziale Ordnung* dieser Gesellschaft wird von den Tuareg selbst nun in der Tat (neben Körpermetaphern) mit architektonischen Metaphern gefasst. Die imaginäre Institution der Gesellschaft geschieht entlang der Gestalt ihrer Architektur.[10] Das Zelt liefert sowohl die Begriffe für die soziale Einheit, deren Funktionen und Teile als auch für Hierarchien. Die ›Funktion‹ der Gesellschaft entspricht im Denken der Nomaden der des Zeltes (Schutz); ihre Ressource dem Zeltboden (Raum); ihr *vinculum sociale* den Spannseilen (*triga*, was zugleich »Weg« bedeutet).[11] Die Häute, die zur Separierung dienen *(titek)*, beschreiben auch die geschlechtliche Dualität des Sozialen. Der Punkt der Macht wird mit dem Begriff für die zentrale Stütze bezeichnet (die Stammeskonföderation und deren Anführer). Die Tuareg kennen also eine strikte Hierarchie, die aber nicht mit jener der feudalen Gesellschaft gleichzusetzen ist: Sie ist dynamisch und richtet sich nach der je möglichen Raumentfaltung, dem eingenommen Platz (im Zelt / außerhalb) und der Aktivität (Arbeit / freies Umherschweifen).[12]

Die Gesellschaft instituiert sich in dieser nomadischen Architektur nicht im Akt der Territorialisierung (wie der Territorialstaat und die Stadtstaaten), sondern aus der Bewegung.[13] Wie die Architektur für den Weg gemacht ist, so bewegt sich in der Tat

---

9   G. de Tarde (2009, 54) hat so etwas im Blick, wobei er dazu neigt, menschliche mit tierischen »sozialen Aggregaten« gleichzusetzen: »China zum Beispiel mißt in Länge und Breite 3000 Kilometer bei einer durchschnittlichen Höhe von nur ein oder zwei Metern, weil die Chinesen klein von Wuchs und ihre Gebäude ziemlich niedrig sind«.

10 »Le discours touareg sur l'organisation politique fait appel à diverses constructions métaphoriques dont les principales concernent l'anatomie du *corps* humain et l'architecture de la *tente*« (Claudot-Hawad 2001, 13).

11 Claudot-Hawad 2004, 61. – Und mit den Worten »zerrissene Zelte, entstellte Körper, zerbrochene Bögen« beschreiben die Tuareg ihren aktuellen Zustand (Claudot-Hawad 2006).

12 Es gibt Adelige, Tributpflichtige, Priester, Handwerker, Sklaven (Claudot-Hawad 2004, 64).

13 Zu einem ersten Vergleich der antiken Polis (eine sesshafte, urbane Gesellschaft) mit den Nomaden vgl. Delitz 2009b. Zu der Frage, wie sich davon noch einmal sesshafte, aber nicht urbane Gesellschaften (etwa die Bororo mit ihren Hütten) unterscheiden (oder eben die Lösslandbewohner Chinas), stehen Forschungen aus – wie ja die architektursoziologische Forschung insgesamt gerade erst beginnt.

die imaginäre Gesellschaft: zeitlich (Sklaven werden eines Tages frei sein, und die Herren werden umgekehrt Sklaven sein) und räumlich (man ist ständig darauf aus, die Allianzen auszuweiten). Entsprechend fließend sind die räumlichen Konturen dieser Gesellschaft. Ihre geographischen Grenzen sind sehr wohl markiert und bestimmt. Aber es sind keine Barrieren, sondern im Gegenteil handelt es sich um die Orte zum ›Schmieden‹[14] neuer Allianzen: ein Bewegungsfeld, Quelle des Aufstiegs ganzer Kollektive (Claudot-Hawad 2004, 65 f.).

Wollte man das *Politische* der nomadischen Gesellschaft formulieren, hätte man sich zudem an die tierischen Gefüge, die Reitkamele zu halten. Hier darf man sich insbesondere nicht über den kriegerischen Charakter dieser Gesellschaft täuschen: die »Leichtigkeit«, mit der sich aus den beweglichen Gefügen »despotische Gewalten« entfalten, mit denen vor allem die Steppennomaden Reiche stürzten und Kulturen überschwemmten (Ratzel 1882, 216). Grundlegend sind für den Nomaden kriegerische Aktivitäten. Die Tuareg haben *konstitutiv* ihre Raubzüge *(rezzu)* wie die Seenomaden ihre Piraterie haben: Sie gehören zu ihrer sozialen Existenz. Die Tuareg verteilen sich in einzelne Stämme, die durch Handel, aber auch stets durch Unterwerfungen und eben durch die *rezzu* verbunden sind, die beträchtliche Ausmaße erreichen und die Existenz ganzer Stämme gefährden können. Die *rezzu* sind es, die die Beziehungen zwischen den Stämmen stiften und diese am Leben erhalten, ihnen ständig erneut soziale Energie zuführen. »Zwar beginnt alles mit einer kriegerischen Auseinandersetzung, doch ist diese beendet, verwandelt sich die Beziehung in eine friedliche« (Claudot-Hawad 2007, 29). Pierre Clastres sieht im auffallenden Bezug ›segmentärer‹ Gesellschaften zur Gewalt eine noch tiefere politische Logik: Es geht diesen Gesellschaften darum, die territoriale Logik (die Einrichtung einer Zentralgewalt) permanent zu durchkreuzen. Das politische Imaginäre der nomadischen Gesellschaften ist gerade nicht die »Einheit« eines Territoriums, die unser Politisches seit dem griechischen Denken impliziert (das im Übrigen stets ein Denken der Sesshaften ›gegen die Nomaden‹ war). Vielmehr handelt es sich um die entgegengesetzte politische Logik der »Fliehkraft«. Der Nomadismus ist eine projektile gesellschaftliche Bewegung, eine Gesellschaft, die sich *konstitutiv*, und dies gewaltsam, *zerstreut*. Clastres' These von der segmentären als gegen-staatlichen Gesellschaft drängt sich auch in der Betrachtung der Tuareg auf (Clastres 2008, 77 ff.; 1976). Ihre Architektur kann man wie die Raubzüge (in ihrer Mobilität, ihrer geringen Widerständigkeit, ihrer Nicht-Affektivität) ebenfalls als einen kollektiven Hemmungsmechanismus gegen die Einrichtung eines auf Dauer gestellten Ortes der Macht verstehen: Sie ist *politisch effektiv*.

---

14 Deleuze und Guattari (1992, 554; 558) bemerken übrigens einen untrennbaren Bezug der nomadischen Existenz zur Schmiedekunst: der Metallurg ist weder sesshaft noch nomadisch; er durchlöchert den Boden und hat dabei eine auffallende Beziehung zu nomadischen Gefügen: ihren Waffen, ihrem Schmuck.

Die nomadische Sozialität ist derart den sesshaften Gesellschaften in vielem entgegengesetzt, deren Architektur daher ein »regelrechter Transformator« der nomadischen Existenz, ein Agent der Verstaatlichung ist. Dies gilt nicht erst für die Festung, sondern für jede fest gegründete Hütte. Das Problem der sesshaften Architektur ist daher nicht die Einschließung an sich (die auch das Zelt erfüllt). Worum es dem Sesshaften vielmehr geht, ist die »Kanalisierung der Ströme«: Stets »verbindet sich der Staat mit einem Prozess der Vereinnahmung von Strömungen« (Deleuze / Guattari 1992, 532), so dass jede feste Architektur die Nomaden kolonialisiert, einfach, indem sie Bewegung stoppt.

Dem durch die transportable Architektur konstituierten ›glatten‹ Raum entsprechen schließlich eine spezifische *Kosmologie* und *Religiosität*. In der kosmologischen Vorstellung der Tuareg ist alles strikt dualistisch getrennt: die Welt (sichtbar / unsichtbar), das Soziale (Frau / Mann) und das Politische (Eigenes / Fremdes), wobei sich all diese Bereiche wie die Bögen des Zeltes verschränken. Das ›Außen‹ und das Unsichtbare laufen der eigenen Bewegung vorweg, so dass sich die Grenzen stetig verschieben. »Zwischenwesen« sind in allen Bereichen zentral: etwa die ›Wahnsinnigen‹, die zwischen dem Sichtbaren und Unsichtbaren vermitteln (Claudot-Hawad 2001, 101 ff.). Die Kosmo*genie* nimmt zudem einen ewigen Kreislauf an, in dem sich alle Dinge und Lebewesen und noch die kleinsten Sandpartikel befinden: eine Konzeption, die dem Wandern entspricht. Und da der Nomade seinen Ort nicht fixiert, wird auch das Absolute nicht mit einem Ort verbunden: Er bietet »kein günstiges Terrain für die Religion«, hat einen »vagabundierenden Monotheismus« (Deleuze / Guattari 1992, 526 f.). Neben seinem ›schlecht praktizierten‹ Islam kennt der Tuareg Dämonen und mythische Ahnen.[15] Die Ahnin der Hoggar-Targi heißt im Übrigen: »die der Zelte« (*Ti-n-Hinan*; vgl. Claudot-Hawad 2001, 102 und passim).

Die doppelte Morphologie der Inuit

Andere Gefüge und Gestalten, eine andere Gesellschaft schaffen sich die Inuit: Die sich in einem bemerkenswerten Konservatismus stets zu Fuß oder im Boot bewegen; nicht nur keine Reittiere zähmen, sondern sich auch dagegen ›wehren‹, Schneeschuhe zu benutzen. »Niemals scheinen sie den Versuch gemacht zu haben, ihre Technik zu ändern […] infolge dieser Technik, die ein soziales Phänomen ist, kommt es zu einem wirklichen Symbiose-Phänomen, welches die Gruppe nötigt, in der Weise der von ihnen gejagten Tiere zu leben.«[16] Denn die Inuit können im Winter das Wild zu Land

---

15 Vgl. zum unkonventionellen Islamismus der Beduinen (»not only Muslims but also inveterate devotees of saints«), was eine Begeisterung für den *jihad* nicht ausschließt: Evans-Pritchard 1949, 63 ff.

16 Mauss 1989, 238 f. Zu den »very conservative people« auch Nansen 1903, 107.

Abb. 2. Sommerzelt der Inuit, 1916 (Foto: Lomen Bros. Frank and Frances Carpenter collection; Library of Congress).

nicht verfolgen; sie sind darauf angewiesen, es im Sommer aufzuhalten. Aus dieser ›Abwehr‹ einer einzigen Erfindung entfaltet sich eine Gesellschaft mit einem binären Jahreswechsel, der die gesamte Sozialität und ihre Materialität durchzieht. Der Wechsel der Gesellschaft ist auf eine ebenso binäre architektonische Gestalt verwiesen.

Es handelt sich um ein »Küstenvolk«, und zwar zumeist um »Klippenbewohner« (Mauss 1989, 193 ff.). Die politische Einheit entscheidet sich hier an der Relation zur Küste. Die »territoriale Einheit« der Inuit ist ebenso wenig ein definiertes und abgestecktes Territorium wie die der Tuareg. Aber es ist eine halbnomadische Gesellschaft: Die politische Einheit konstituiert sich in der Ansiedlung, im Inuitdorf (ebd. 199). Die Gruppe wird nach Marcel Mauss nur durch das winterliche Wohngebiet zusammengehalten, während sich die Inuit im Sommer weit verstreuen. Die Besonderheit dieser Gesellschaften ist in der Tat ihre doppelte Gestalt: Die Inuit wohnen sowohl in Zelten als auch in Hütten. Man sieht an der Verstreuungsweise sofort, »ob man ein Eskimodorf oder ein Indianerdorf vor sich hat« (ebd. 224). Diese Gesellschaft gibt sich eine architektonische Gestalt, deren Material, Gestalt, Größe, Zahl und Verortung in Winter und Sommer absolut differieren: einerseits eine verstreute, transportable Architektur aus Häuten (die Zelte des Sommers; Abb. 2), andererseits eine sich konzentrierende, im Boden eingegrabene Architektur aus Stein, Holz und Erde (die Hütten des Winters; Abb. 3). Es differiert die »Technik der Wohnbauten«, die

Abb. 3. »Ein nichtssagender Erdwall«: das Winterhaus der Inuit (Foto: Bain News Service. George Grantham Bain Collection; Library of Congress).

»morphologische Gestalt« der Gesellschaft; die »Struktur« und Eigenart der »darin Schutz suchenden Gruppe«. Man kann an diesem Fall sehen, »auf welche Weise die materielle Form der menschlichen Gruppierungen [...] auf die verschiedenen Modi kollektiver Tätigkeit« einwirkt (ebd. 184), oder besser: wie sie sich zusammenfügen. Mit Artefakten, Aktivitäten, Fortbewegungsweisen und (erjagten) Tieren ändern sich die Riten und kollektiven Gefühle, die gesamte ideelle und materielle Kultur, die gesamte Sozialität.[17]

Im Sommer sind die Inuit auf der Jagd nach Rentieren. Sie leben in kleinen Familien verstreut, in Zelten *(tupiq)* aus Walfischknochen und verschiedenen Häuten (Abb. 2). Die Zelte haben kein Fenster, bieten ein Leben in völliger Dunkelheit. Das innere Milieu kennt nur ein Mobiliar: die Schlaf- und Sitzbank. Die Inuit wohnen »vollkommen vereint in diesem Zeltinneren, das hermetisch abgeschlossen ist« (Mauss 1989, 213). Der Kontakt untereinander scheint nicht sehr eng zu sein. Die

17 Zu einer differenzierten Analyse verschiedener Inuitstämme anhand ihrer ›space syntax‹ vgl. Dawson 2002, der vornehmlich den Grundriss und damit die Laufwege untersucht: und zwar als »Determinanten« der sozialen Struktur. Zur Auseinandersetzung mit dieser Methode vgl. die Beiträge von H. P. Hahn und A. Dafinger in diesem Band.

Abb. 4. Das Innere eines Winterhauses der Inuit, ca. 1916 (Foto: Lomen Bros. Frank and Frances Carpenter collection; Library of Congress).

Zelte gehören den Frauen, ebenso wie die Transportboote *(umiak)*, während die Männer die Jagdboote und kleine Männerzelte für die Jagd haben.

An einem bestimmten Tag werden die Zelte abgerissen; es wird rituell die Ankunft des Winters gefeiert, und die Inuit ziehen in ihre im Sommer verlassenen Häuser aus Stein, Walknochen, Holz (Abb. 3), die sie wieder flicken und herrichten.[18] Die Steinhäuser fassen mehrere Familien. Sie ragen kaum über den Boden; von außen sieht man nur einen »nichtssagenden Erdwall« (Nansen 1903, 84). Auch den Inuit geht es nicht um eine expressive Architektur. Es ist ganz im Gegenteil eine merkwürdige *Nicht-Gestalt*, welche die Gesellschaft sich hier schafft. Im Inneren gibt es einen einzigen Raum mit Schlafbänken: eine für die Familien, eine für unverheiratete Männer, eine für Gäste (Abb. 4). Jede Familie hat auf der Bank ein mit Holz abgetrenntes Abteil, mit einer (nahezu immer brennenden) Tranlampe (auf der gekocht und getrocknet

---

18 Der Iglu scheint demgegenüber nur eine Notlösung zu sein (welche die soziale Morphologie seinerseits verändert); auch scheinen manche Stämme den Steinbau »vergessen« zu haben (Boas 1964, 139; auch Dawson 2002, 467).

Abb. 5. *Kashim* (Männerhaus) der Inuit, ca. 1900–1930 (Foto: U.S. Forest Service. Frank and Frances Carpenter collection; Library of Congress).

wird) und einem Fell; die übrigen Habseligkeiten (Pfeifen, Werkzeug, Schmuck, Urinflaschen) sind in kleinen Holzkisten unter der Bank verstaut. Das Leben der Inuit ist nicht akustisch und nur ungenügend visuell getrennt (zu »sexuellen Freizügigkeiten« begibt man sich einfach unter die Bank; Mauss 1989, 216). Tagsüber sitzen Männer und Frauen – jede an ihrem Platz – auf der Bank und gehen ihren Tätigkeiten nach, die »Zunge in rastloser Aktivität« (ebd. 125 f.). In das Winterhaus kommt man nur durch einen langen Gang auf Knien. Wichtig ist neben den Wohnhäusern ein zweites, funktional differentes Gebäude: das Männerhaus, *qasgia* oder *kashim* (Abb. 5). Als einziges Gebäude besitzt es eine offene Feuerstelle. Jeder Mann hat in ihm seinen Platz, der seinem Status nicht nur entspricht, sondern ihn konstituiert, in die Körper einschreibt. Der *kashim* ist aber auch das Zentrum des gesamten sozialen und religiösen Lebens der Inuit. In ihm versammeln sich alle zu rituellen, zuweilen tagelangen Festen. Zu dieser Architektur gibt es im Sommer kein Äquivalent. Und in dieser Jahreszeit gibt es ebenso wenig rituelle Aktivitäten: vielmehr ein profanes, ganz auf die Tätigkeit des Jagens und Umherziehens ausgerichtetes individuelles Leben der Kleingruppe.

Erneut ist eine untrennbare Beziehung zwischen der architektonischen Gestalt und der imaginären Institution der Gesellschaft zu bemerken. Die doppelte Morphologie der Inuit – ihre doppelte Architektur – geht mit zwei Eigentums- und Herrschaftsordnungen einher; zwei Rechtsformen und zwei Religiositäten. Mit der doppelten

Gestalt der Gesellschaft, der Verstreuung respektive Konzentration, ergibt sich auch eine doppelte Raumkonzeption. Kurz, doppelt sind ›Welt‹ und Gesellschaft. Im Sommer entfalten die Inuit einen weiten geistigen Raum, der ihrer nomadischen Existenz entspricht. Im Winter hingegen grenzt sich die Welt – der geistige Kosmos – ein; der Schnee bedeckt alles, woraus (wie bei den Tuareg aus dem Wüstensand) eher ein »akustischer« als visueller Raum entsteht: Die Trennungen verwischen, die Kontraste fehlen. Dieser Raum ist nicht statisch und nicht uniform geteilt. Für den Inuit gibt es »keine Zwischenabstände, keine Perspektive und keinen Umriß«; sein »Auge kann nur Tausende von Schneeflocken wahrnehmen«. Der Boden erscheint »ohne Grund und Grenze«, und im Inneren der Hütten entfaltet sich »ein lebendiges Labyrinth mit den Bewegungen vieler Leute, ohne daß die statischen flachen Mauern Ohr und Auge Einhalt gebieten würden« (Carpenter 1964, zit. nach Deleuze / Guattari 1992, 684).

Im Inneren des Winterhauses verliert sich damit tendenziell die Segmentierung der Familien; die Einzelnen werden nach wenigen sozialen Funktionen differenziert. Man könnte also »fast von zwei verschiedenen Völkern sprechen und man könnte die Eskimos in zwei verschiedenen Rubriken klassifizieren«, wenn man es nicht besser wüsste (Mauss 1989, 262). Denn die Winterfamilie ist in wirklich anderer Weise organisiert. Sie hat im Gegensatz zur Sommerfamilie »keinerlei patriarchalischen Charakter« (ebd. 255); und während die Sozialität im Sommer individualisiert und profan ist, gleichsam erschlafft, ist die Sozialität im Winter kultisch und intensiv: ein Leben in »fortwährender religiöser Überspanntheit«, ein einziges »großes Fest«. Das soziale Leben ist in der räumlichen Enge in Winterhaus und *kashim* extrem konzentriert; die Inuit veranstalten in den Gebäuden »wirkliche Orgien« (ebd. 260) und spielen ihre »Frauentausch- oder Lampenauslöschen-Spiele« (Nansen 1903, 169). In der räumlichen Enge, Dunkelheit und dem Dunst der Wintergebäude schaffen sich die Inuit sowohl einen Nahrungs- als auch einen »sexuellen Kommunismus« (Mauss 1989, 246). Nirgends anders als im *kashim* entstehen hier auch die Situationen kollektiver Erregung *(effervescence)*, aus denen sich Durkheim (1994, 290; 298 ff.) insgesamt die Entstehung des Totemismus, der elementaren Form des religiösen Lebens, erklärt.

Nicht nur die Religiosität, auch das Kollektivgefühl wechselt: Im Winter sind die Inuit ganz von dem »Gefühl durchdrungen, […] welches die Gemeinschaft von sich selbst, von ihrer Einheit hat« (ebd. 242 ff.). Nur im Winter konstituiert sich der Clan, eine »totale Gruppe«, welche die im Sommer zerstreuten Familien aufsaugt (ebd. 255; 260). Und nicht zuletzt wirkt sich der Spalt zwischen Sommer- und Winterleben auf die Klassifizierung der Einzelnen aus: Sie werden je nach ihrem Geburtstag zu den Sommer- oder Winter-›Dingen‹ gezählt.

Die Trennung von Winter und Sommer wird nun auch und sicherlich nicht zuletzt anhand der Architektur gesetzt. Man muss nämlich, so sagt es das Gesetz, die kleinen Männerzelte unsichtbar machen: sie vergraben, sobald der Winter kommt (was sich an der Art der erjagten Tiere zeigt, den Walrossen). Umgekehrt sind sämtliche Winter-Dinge im Sommer »tabu« (Mauss 1989, 248; vgl. Boas 1964, 169 f.; 1901, 123). Die

Architektur also (samt Innenarchitektur) muss unsichtbar und unberührbar gemacht werden, um die je andere Gesellschaft realisieren zu können.

Ebenso different wie die Gestalt der Gesellschaft sind ihre Gefüge und damit die Bewegungen und Affekte der Einzelnen. Neben dem intensiven sozialen Leben im *kashim* und den Winterhäusern ist sicherlich für die Frage der Affekte und der Sozialverhältnisse die Tatsache nicht unwichtig, dass man im Winter auf Knien in das Haus kriechen muss. Dies erklärt sich klimatisch, hat aber gleichwohl soziale Effekte. Man könnte vermuten, dass sich aus dieser in der Architektur konditionierten Körperhaltung und ihren Perzepten und Affekten ein Stück weit die Differenz zum Politischen der Reiter-Nomaden erklärt (zusammen mit dem Fehlen der Reittiere, ihrer Perzepte und Affekte). Denn während die Tuareg intrinsisch mit kriegerischer Gewalt verflochten scheinen und starke Hierarchien kennen, finden die Inuit ihren Stolz nicht im Raubzug. Sie scheinen zudem als einzige segmentäre Gesellschaft dem konstitutiven Krieg zu entkommen (Davie 1929). Die gängige »Art, auf die Zwistigkeiten unter ihnen ausgekämpft werden«, ist der Spott- und »Singkampf« (Simmel 1968, 233).[19] Der Inuit kennt zwar einen Häuptling (*pimain*: ›der es am besten weiß‹): aber nur, wenn die Entfernung zwischen Sommer- und Wintersiedlung sehr groß ist oder ein besonderes Wissen erforderlich ist, um die beste Jagdgegend zu finden. Zudem ist dessen Autorität äußerst gering. Sie begrenzt sich auf die Entscheidung des Zeitpunktes, an dem man umzieht. Man ist auch nicht verpflichtet, dem zu folgen; man kann den Häuptling einfach ziehen lassen (Mauss 1989, 255; Boas 1964, 173).

Angesichts dieser äußerst begrenzten Autorität, die sich die Inuit schaffen, wird es sich nicht nur bei den Festen (dem Frauentausch, den kollektiven Mahlen), sondern grundlegend auch bei der Architektur um einen *kollektiven Hemmungsmechanismus* handeln. Die Inuit schaffen sich (noch mehr als die Tuareg) eine »ungeteilte Gesellschaft«: eine »Gesellschaft gegen den Staat«, eine Gesellschaft ohne zentrale Autorität (Clastres 1976). Da es sich um eine halbnomadische Gesellschaft handelt, ersinnt sie dabei weitere Mittel. Die Gesellschaft verwahrt sich vielleicht gerade *mit dieser nicht-expressiven Architektur* stets erneut gegen die latente Hierarchisierung: indem ihre Zelte und Hütten keine Bewunderung erzwingen, niemanden sichtbar über andere erheben; und indem in den Winterhäusern die Einzelnen in Orgien verschmelzen, wobei sie stets erneut die Akkumulation von Eigentum durchbrechen, die im Sommer stattfindet. So ist das soziale Leben der Inuit ein Wechselspiel von Territorialisierung / Kollektivierung und Deterritorialisierung / Privatisierung: Diese Gesellschaft ›funktioniert‹ ganz anders als unsere, mit ihrer Untrennbarkeit von Boden / Eigentum, Territorialisierung / Privatisierung.

---

19 Mauss (1989, 258) erwähnt allerdings auch Blutfehden und »sogar wirkliche Kriege«.

Fazit

Gegenüber reduktionistischen Erklärungen gilt es in einer architektursoziologischen Analyse, die Sozialität ebenso wie die Architektur als ein »totales« Phänomen zu betrachten. Die Architektur der Inuit und der Tuareg ist nicht allein auf das beiderseits extreme Klima zurückzuführen; nicht allein auf Pflanzen und Tiere und die damit verbundene Ökonomie. Die doppelte Morphologie (im Fall der Inuit) ist vielmehr eine soziale Institution: eine »Idiosynkrasie« (Mauss 1989, 238). Sicher ist sie zutiefst synchron mit dem umgebenden Leben; aber das erklärt weder die Dichte der Häuser noch die Existenz des *kashims*. Diese sind vielmehr soziale ›Entscheidungen‹, ebenso wie die Ablehnung von Schneeschuhen. Die tellurischen und animalischen Bedingungen wirken nur, »indem sie die Gesellschaft durchqueren«, auf das soziale Leben (ebd. 187). Es bedarf genau dieser Architektur, um diese Gesellschaft mit diesen imaginären Bedeutungen einzurichten.

Man muss in der Analyse möglichst alle Elemente berücksichtigen: die architektonische Gestalt, ihre Gefüge, ihr Material; die Techniken des Körpers; die Verteilung der Gruppe und ihr Bezug zum Boden; die Vorstellungen, die sich die Gesellschaft von sich, der Natur, dem Göttlichen macht; die Aktivitäten, Motive und Affekte der Subjekte. Das Soziale wäre daher zu abstrakt beschrieben, würde man es von seiner Architektur trennen (und dies gilt für jede, auch für die moderne Gesellschaft). Es reicht aus der vorgeschlagenen Perspektive auch nicht aus, zu sagen, dass das Soziale sich in der Architektur ›ausdrücke‹. Vielmehr wäre das Denken in Kausalrelationen zu verabschieden. Weder ist die Architektur zuerst und determiniert die Gesellschaft; noch ist diese zuerst und verdoppelt sich in ihrer Architektur. Stattdessen geht es um die faktische und daher begrifflich zu fassende Untrennbarkeit, um die »Durchmischungen ästhetischer, technischer und sozialer Normen« (Eßbach 2001, 126).

Es gibt sicher eine große Varianz unter den nomadischen Gesellschaften. Und es gibt Gemeinsames: den ›glatten‹ Raum, der sich in der Bewegung, in den Strömen der Menschen, Tiere, Güter konstituiert ebenso wie in der für den Weg gemachten Architektur. Die spezifisch nomadische Art zu ›bauen‹ verbindet sich in jeder (sozialen, politischen, religiösen, ökonomischen, juridischen) Hinsicht mit dem Gegenteil des Sesshaften: eine Architektur, die sich bewegt, keinen Widerstand bietet, keine Ehrfurcht erzwingt; mit einer Gesellschaft ›gegen‹ den Staat, den Monotheismus, das Privateigentum. Worauf es in der Differenz zu hochkulturellen und modernen Gesellschaften vielleicht besonders ankommt, ist die Frage der *Affektivität*: insofern man es bei den Zelten und Hütten mit einer gezielt nicht-expressiven Architektur zu tun hat, mit der sich die Gesellschaft gegen die Differenzierung der Einzelnen, gegen die hierarchische Teilung der Gesellschaft verwahrt und sich als eine Gesellschaft *im Fluss* konstituiert.

Literaturverzeichnis

Balandier 1976: G. Balandier, Politische Anthropologie. München: dtv 1976 [Erstausgabe: Paris 1967].

Bergson 1921: H. Bergson, Die schöpferische Entwicklung. Jena: Diederichs 1921 [Erstausgabe: Paris 1907].

Bernus 1981: E. Bernus, Points cardinaux: les critères de désignation chez les nomades touaregs et maures. Bulletin des Études Africaines de l'INALCO 1, 2, 1981, 101–6.

Bernus 1994: Ders., Le Berger Touareg et le Paysan. In: Ch. Blanc-Pamard/J. Boutrais (Hrsg.), À la croisée des parcours. Pasteurs, éleveurs, cultivateurs. Paris: Orstom 1994, 291–304.

Boas 1901: F. Boas, The Eskimo of Baffin Land and Hudson Bay. New York: American Museum of Natural History 1901.

Boas 1964: Ders., The Central Eskimo. Lincoln: University of Nebraska Press 1964 [Erstausgabe: Washington 1888].

Cache 1995: B. Cache, Earth Moves. The Furnishing of Territories. Cambridge: MIT Press 1995.

Carpenter 1964: E. Carpenter, Eskimo. Toronto: University of Toronto Press 1964.

Castoriadis 1984: C. Castoriadis, Gesellschaft als imaginäre Institution. Entwurf einer politischen Philosophie. Frankfurt a. M.: Suhrkamp 1984 [Erstausgabe: Paris 1975].

Clastres 1976: P. Clastres, Staatsfeinde. Studien zur politischen Anthropologie. Frankfurt a. M.: Suhrkamp 1976 [Erstausgabe: Paris 1974].

Clastres 2008: Ders., Archäologie der Gewalt. Der Krieg in primitiven Gesellschaften. In: Ders., Archäologie der Gewalt. Berlin: diaphanes 2008, 33–81 [Erstausgabe: Paris 1977].

Claudot-Hawad 2000: H. Claudot-Hawad, Captif sauvage, esclave enfant, affranchi cousin … La mobilité statutaire chez les Touaregs. Paris: CNRS 2000.

Claudot-Hawad 2001: Dies., Éperonner le monde: Nomadisme, cosmos et politique chez les Touaregs. Aix-en-Provence: Édisud 2001.

Claudot-Hawad 2004: Dies., Neither Segmentary, nor Centralized: The Sociopolitical Organisation of a Nomadic Society (Tuaregs) beyond Categories. Orientwissenschaftliche Hefte 14, 2004, 57–69.

Claudot-Hawad 2006: Dies., Sahara et nomadisme. L'envers du décor. Revue de Mondes Musulmans et Méditerranée 111–112, 2006, 221–44.

Claudot-Hawad 2007: Dies., Tuareg. Porträt eines Wüstenvolks. Bad Honnef: Horlemann 2007.

Couchaux 2004: D. Couchaux, Habitats nomades. Paris: Éditions Alternatives 2004.

Cressey 1955: G. B. Cressey, Land of the 500 Million. A Geography of China. New York: McGraw-Hill Book 1955.

Davie 1929: M. R. Davie, The evolution of war: a study of its role in early societies. New Haven u.a.: Yale University Press 1929.

Dawson 2002: P. C. Dawson, Space syntax analysis of Central Inuit snow houses. Journal of Anthropological Archaeology 21, 2002, 464–80.

Deleuze/Guattari 1992: G. Deleuze/F. Guattari, Tausend Plateaus. Kapitalismus und Schizophrenie. Berlin: Merve 1992 [Erstausgabe: Paris 1980].

Deleuze/Guattari 1996: Dies., Was ist Philosophie? Frankfurt a. M.: Suhrkamp 1996 [Erstausgabe: Paris 1991].

Delitz 2009a: H. Delitz, Architektur als Medium des Sozialen. Dresden: Phil. Diss. TU 2009.

Delitz 2009b: Dies., Gesellschaften der Städte und Gesellschaften der Zelte: zur politischen Effektivität der Architektur. In: E. Seidl (Hrsg.), Politische Raumtypen. Zur Wirkungsmacht öffentlicher Bau- und Raumstrukturen im 20. Jahrhundert. Göttingen: V & R unipress 2009.

Durkheim 1988: É. Durkheim, Über soziale Arbeitsteilung. Frankfurt a. M.: Suhrkamp 1988 [Erstausgabe: Paris 1893].

Durkheim 1994: Ders., Die elementaren Formen des religiösen Lebens. Frankfurt a. M.: Suhrkamp 1994 [Erstausgabe: Paris 1912].

Eßbach 2001: W. Eßbach, Antitechnische und antiästhetische Haltungen in der soziologischen Theorie. In: A. Lösch u. a. (Hrsg.), Technologien als Diskurse. Heidelberg: Synchron 2001, 123–36.

Evans-Pritchard 1949: E. E. Evans-Pritchard, The Sanusi of Cyreneica. Oxford: Clarendon Press 1949.

Fischer 2005: J. Fischer, Die Bedeutung der Philosophischen Anthropologie für die Architektursoziologie. In: K.-S. Rehberg (Hrsg.), Soziale Ungleichheit – Kulturelle Unterschiede. Verhandlungen des 32. Kongresses der DGS in München 2004. Frankfurt a. M., New York: Campus 2005, 3417–28 (CD).

Gehlen 2004: A. Gehlen, Urmensch und Spätkultur. Philosophische Ergebnisse und Aussagen. Frankfurt a. M.: Klostermann ⁶2004 [Erstausgabe: Bonn 1956].

Hauriou 1965: M. Hauriou, Die Theorie der Institution und der Gründung. Essay über den sozialen Vitalismus. In: R. Schnur (Hrsg.), Die Theorie der Institution und zwei andere Aufsätze von Maurice Hauriou. Darmstadt: WBG 1965, 27–66 [Erstausgabe: Paris 1925].

Latour 2007: B. Latour, Eine neue Soziologie für eine neue Gesellschaft. Einführung in die Akteur-Netzwerk-Theorie, Frankfurt a. M.: Suhrkamp 2007 [Erstausgabe: Oxford 2005].

Le Corbusier 1982: Le Corbusier, 1922. Ausblick auf eine Architektur. Braunschweig, Wiesbaden: Gütersloh ⁴1982 [Erstausgabe: Paris 1923].

Le Corbusier 1991: Ders., Reise nach dem Orient. Zürich: Spur 1991 [Erstausgabe: Meaux 1966].

Leroi-Gourhan 1980: A. Leroi-Gourhan, Hand und Wort. Die Evolution von Technik, Sprache und Kunst. Frankfurt a. M.: Suhrkamp 1980 [Erstausgabe: Paris 1964/65].

Loubes 1988: J.-P. Loubes, Maisons creusées du fleuve Jaune: l'architecture troglodytique en Chine. Paris: creaphis editions 1988.

Makropoulos 1997: M. Makropoulos, Modernität und Kontingenz. München: Fink 1997.

Maunier 1936: R. Maunier, Invention et diffusion. In: D. Gusti (Hrsg.), Mélanges. Bucarest: Institut Roumain Social 1936, 341–8.

Mauss 1989: M. Mauss, Über den jahreszeitlichen Wandel der Eskimogesellschaften. Eine Studie zur sozialen Morphologie (mit H. Beuchat). In: Ders., Soziologie und Anthropologie 1. Frankfurt a. M.: Fischer 1989, 183–270 [Erstausgabe: Paris 1905].

Milovanoff 1978: A. Milovanoff, La seconde peau du nomade. Nouvelles litteraires: lettres, arts, sciences, spectacles 56, 2646 (27 juillet au 3 août) 1978, 18.

Nansen 1903: F. Nansen, Eskimoleben. Leipzig, Berlin: Georg Heinrich Meyer 1903 [Erstausgabe: Kristiania 1891].

Radkowski 2002: G.-H. de Radkowski, Anthropologie de l'habiter. Vers le nomadisme. Paris: PUF 2002 [Erstausgabe: Paris 1964].

Ratzel 1882: F. Ratzel, Anthropo-Geographie oder Grundzüge der Anwendung der Erdkunde auf die Geschichte. Stuttgart: Engelhorn 1882.

Scholz 1995: F. Scholz, Nomadismus. Theorie und Wandel einer sozio-ökologischen Kulturweise. Stuttgart: Steiner 1995.

Seitter 2002: W. Seitter, Physik der Medien. Materialien, Apparate, Präsentierungen. Weimar: VDG 2002.

Seyfert 2008: R. Seyfert, Zum historischen Verhältnis von Lebensphilosophie und Soziologie und das Programm einer Lebenssoziologie. In: K.-S. Rehberg (Hrsg.), Die Natur der Gesellschaft. Verhandlungen des 33. Kongresses der DGS in Kassel. Frankfurt a. M.: Campus 2008, 4684–94 (CD).

Simmel 1968: G. Simmel, Soziologie. Untersuchungen über die Formen der Vergesellschaftung. Berlin: Duncker & Humblot ⁵1968 [Erstausgabe: Leipzig 1908].

Simondon 1989: G. Simondon, Du mode d'existence des objets techniques. Paris: Aubier ³1989 [Erstausgabe: Paris 1958].

Spinoza 1999: B. de Spinoza, Die Ethik in geometrischer Ordnung dargestellt. Hamburg: Meiner 1999 [Erstausgabe: Amsterdam 1677].

de Tarde 2009: G. de Tarde, Monadologie und Soziologie. Frankfurt a. M.: Suhrkamp 2009 [Erstausgabe: Paris 1893].

Hans Peter Hahn

Gibt es eine »soziale Logik des Raumes«?
Zur kritischen Revision eines Strukturparadigmas

Zusammenfassung: Der postmoderne Rückgriff auf vormoderne Architekturen ist motiviert durch ganz bestimmte Vorstellungen darüber, was diese Bautraditionen auszeichnet. Dabei geht es um die Vorstellung einer durch die Moderne vorübergehend unterdrückten Einheit von gebauter Umwelt, sozialer Bedeutung und gesellschaftlicher Struktur. Die Architektur der Vormodernen, so diese Hypothese, enthält den Schlüssel, um den Zusammenhang von Bedeutung und Raum wieder zu beleben. Die soziale Logik des Raumes sei insbesondere dort greifbar. Ethnologische Traditionen der Untersuchung von Bauformen bestätigen grundsätzlich diese These. Allerdings sind hier einige epistemologische Einschränkungen zu machen: Die Bedeutung gebauter Umwelt ist niemals nur das Ergebnis intentionalen Handelns, sondern gleichermaßen Eindruck und Rahmen alltäglichen Handelns. Die soziale und kulturelle Wirklichkeit von Architektur ist immer mehr als ein Niederschlag der Intention des Baumeisters. Bedeutungen sind nicht nur in Formen der Architektur, sondern auch im Alltagshandeln eingebettet. Unter diesen Voraussetzungen erweist sich der Zusammenhang des Bedeutungsfeldes »geschlechtliche Differenz« mit Architektur als hoch signifikant. Die unterschiedlichen Rollen der Geschlechter sind in der vormodernen Architektur aller bekannten Kulturen weltweit eingeschrieben. Versuche, »soziale Logik« und »Raumstrukturen« in grundsätzlicher Form miteinander zu verknüpfen, greifen hingegen zu kurz, da sie nur die Bauformen erfassen. Das Ziel einer operationalisierbaren Verknüpfung von Architektur und sozialen Kontexten kann nur durch die Beschränkung auf grundlegende Zusammenhänge erfolgen, die durch Aussagen in zusätzlichen Feldern außerhalb der Architektur gestützt werden.

Einleitung

Der Stellenwert des Raumes gehört zu den gegenwärtig intensiv und über die Grenzen von Fächern hinweg diskutierten Fragen. Offensichtlich gibt es eine weitreichende Einigkeit darüber, dass der Raum in den geisteswissenschaftlichen Fächern eine sehr unterschiedliche, aber meist nicht ausreichend reflektierte Rolle gespielt hat (Döring/Thielmann 2008). Die Forderung lautet daher, dem Raum als sozialem und kulturellen Faktor wieder einen höheren Stellenwert einzuräumen. Das Spektrum der an dieser Debatte beteiligten Fächer reicht von den historischen Wissenschaften, in denen »Raum« kaum je ein Gegenstand der Reflexion war, bis hin zur Geographie, die von sich selbst behauptet, viele Fragen gerade dadurch neu beantworten zu können, dass sie den Raum als wesentlichen Parameter verwendet.

Die widersprüchliche Bewertung des Raumes ist beispielhaft an der frühen Phase der Globalisierungsdebatten festzustellen. Speziell in den 1990er Jahren wurde der Diskurs über Phänomene der Globalisierung von Metaphern des Flusses und der Zirkulation bestimmt (Hahn 2008). Der Raum schien zu schrumpfen. Raum und Distanz als Faktoren, die Kulturen und Gesellschaften bestimmen und die ursächlich mit der Diversität menschlicher Gesellschaften verbunden sind, wurden obsolet (Augé 1986). Phänomene des Globalen waren an allen Orten der Erde praktisch gleichzeitig verfügbar, und insbesondere die moderne Kommunikationstechnik führte zu Prozessen der Verdichtung, die Raum und Distanz zu irrelevanten Größen werden ließen. Damit schien die Globalisierung eine Grundtendenz der Moderne zur Vollendung zu bringen, indem sie nämlich an die Stelle von räumlich bedingter Diversität die eine bedeutungslose Homogenität setzte. Solche Perspektiven wurden zugleich heftig kritisiert, etwa von postmodernen Autoren wie Edward Soja (1989) und David Harvey (1989; 1993). Mit großer Resonanz beschrieb Harvey das Anliegen der »Postmoderne«. Im Hinblick auf den Raum bezieht es sich darauf, den zerstörenden Kräften moderner, modernistischer und nicht zuletzt globalistischer Utopien entgegenzutreten. Ähnlich wie frühere Kritiker der Transformation und Funktionalisierung des Raumes (Mitscherlich 1965) bezweifelte Harvey die Zulässigkeit einer wie auch immer gearteten Homogenisierung des Raumes (Ritzer 1993) und verteidigte den Raum und den Ort als eine konstitutive Bedingung des Menschlichen.

Harvey und Mitscherlich stehen damit für eine große Gruppe von Autoren, die zu einem Zeitpunkt, zu dem der Raum endgültig seine Bedeutung zu verlieren schien, an die Unhintergehbarkeit des Raumes erinnerten. Folgerichtig ist es ein zentrales Anliegen postmoderner Architektur, Formen und Strukturen der Vormoderne aufzugreifen. Häuser, Gebäude und der umbaute Raum im Allgemeinen sind nicht nur ihren respektiven Funktionen untergeordnet, wie es ja die Moderne unterstellte, sondern sie sprechen eine eigene Sprache (Jencks 1977). Der umbaute Raum wird nun bewusst als Ausdruck gesellschaftlicher und kultureller (Selbst-)Behauptung aufgefasst; die neue postmoderne Architektur bemüht sich um Diversität und will Identität stiften (Schäfers 2003, 145 ff.). Formen (Zeltdach) und Materialien (Holz, Naturstein) zitieren frühere Bauformen und Techniken und versuchen dabei, einen bedeutungsvollen Zusammenhang zum Ort oder zur Bestimmung des Bauwerks herzustellen.

Der Widerspruch gegen die Missachtung des Raumes und das Bedürfnis, Raum als Medium kultureller Diversität aufzufassen, legen Rückgriffe auf vormoderne und nicht-westliche Raumvorstellungen nahe. Man vermutet, dass Raum und soziale Ordnung in solchen Gesellschaften noch in einer besonderen und sinnhaften Weise miteinander verbunden seien, und glaubt, dass es dort eine Beziehung gäbe, die durch die Auflösungsbewegung der Moderne zerstört worden sei. Die Ethnologie kann im Kontext ihrer eigenen Zugänge zur gebauten Umwelt als Element einer sozialen Ordnung auf eine lange Forschungstradition verweisen, die bereits im 19. Jahrhundert die Vielfalt von Bau- und Siedlungsformen als Beleg für die Diversität von Kulturen dokumentierte. In den verschiedenen Formen sakraler und säkularer Gebäude suchten Ethnologen immer auch den Ausdruck kulturellen Gestaltungswillens (z. B. Frobenius 1894). Etwas pointiert formuliert: Es ist möglich, in den ethnologischen Perspektiven auf Architektur schon sehr viel früher, als es in den großen soziologischen und architektonischen Debatten verstanden wurde, den Widerspruch gegen die funktionalen Prinzipien der Moderne zu erkennen. In der Ethnologie ist eine wissenschaftsgeschichtliche Linie konstruierbar, ausgehend von den erwähnten Studien aus dem 19. Jahrhundert über die Werke von Daryll Forde (1934) und Paul Oliver (1975) bis hin zu Amos Rapoport (1982), der grundsätzlich in jedem Teil der gebauten Umwelt (= *built environment*) auch eine »Bedeutung« vermutet. Als Beleg dafür, dass diese Sichtweise in der Ethnologie noch bis in die Gegenwart bedeutungsvoll ist, sei hier insbesondere auf die jüngst von Andreas Dafinger (2004) vorgelegte »Anthropologie des Raumes« verwiesen.

Sind also die späte Entdeckung der vormodernen Architektur durch die Autoren der Postmoderne und die neuerdings von Architekten (oder »Architekturanthropologen«) behauptete »Aktualität des Primitiven« (Egenter 1992) eine legitime Basis, um die postmoderne Architektur und insbesondere deren Rückgriffe auf »vormoderne Architektur« zu rechtfertigen? Kann das schon seit einiger Zeit zunehmende Interesse der Architekten an ethnologischen Dokumenten (Lawrence / Low 1990, 458) und die neue Bezugnahme zur »Ethnologie des Hauses« (Erny 1999) tatsächlich die Aussage stützen, jede Hausform sei zugleich ein Ausdruck der Identität der Bewohner? Um diese Fragen zu beantworten, macht es sich dieser Beitrag zur Aufgabe, genauer auf die ethnologischen Perspektiven auf Häuser, Hütten und Zelte, kurz auf die Zugänge zur »gebauten Umwelt« einzugehen.

Dies ist erforderlich, weil auch die Ethnologie in den letzten 30 Jahren zu diesen Fragen mehrfach kontrovers Stellung bezogen hat und weil die Rezeption ethnologischer Studien aus diesem Umfeld von Soziologen, Archäologen und Architekten sehr punktuell geblieben ist. Im Folgenden sollen einige Positionen näher dargestellt werden, die sich insbesondere darauf beziehen, welche »Bedeutung« die gebaute Umwelt in den von der Ethnologie untersuchten Gesellschaften hat, und ob hier tatsächlich von einer »sozialen Logik des Raumes« (Hillier / Hanson 1984) gesprochen werden kann, wie es im Titel eines der am meisten zitierten Werke zum Thema heißt.

Das Anliegen dieses Beitrages ist es also, die These über die »soziale Logik des Raumes« zu prüfen und in einen weiteren ethnologischen Rahmen zu stellen. Allerdings sollen zunächst einige grundsätzliche Aspekte des Verhältnisses von Gesellschaft und »gebauter Umwelt« erläutert werden, bevor Aussagen über die soziale Logik des Raumes dargestellt und einer Kritik unterzogen werden. Dazu gehört erstens eine begriffliche Bestimmung, was »gebaute Umwelt« überhaupt ist und wie sich wissenschaftliche Perspektiven darauf entfalten können. Dazu gehört zweitens ein einfaches Beispiel von Bedeutungszuweisung, das mit Erfolg an vielen Gesellschaften geprüft wurde. Dabei geht es um den bedeutungsvollen Zusammenhang von Raum und Geschlecht, der als »abgesichertes« Modell der Bedeutungszuweisung gelten kann. Erst danach soll drittens die These über die »soziale Logik des Raumes« geprüft werden, bevor abschließend eine vermittelnde Position zwischen den verschiedenen Thesen formuliert wird.

Die »gebaute Umwelt« als Untersuchungsgegenstand

Was ist – aus ethnologischer Perspektive – ein Haus? Angesichts der extremen Diversität der empirischen Fälle, die die Ethnologie zu berücksichtigen hat, gab es in diesem Fach schon sehr früh Versuche, eine systematische Terminologie einzuführen, die einerseits von den Bauformen, andererseits von der Temporalität (Nutzungsdauer) der Bauwerke ausgeht. So glaubte die Ethnologie, sich über formale Definitionen von Haus und Hütte verständigen zu können: Das Haus hat voneinander unterscheidbare Konstruktionselemente für Wand und Dach, bei der Hütte sind diese Elemente nicht getrennt. Die Differenzierung von Zelt und Haus wurde von der Temporalität dieser Bauwerke abgelöst und an das formale Kriterium der Trennbarkeit von Unterkonstruktion und Fläche geknüpft (Feest / Janata 1989, 103–57; Hirschberg 1999, 164; 179).

So hilfreich diese Bestimmungen sind, sie gehen doch an einer wesentlichen Problematik vorbei, die für das Verständnis von Architektur insgesamt von Bedeutung ist und die auch in der Ethnologie immer unterschätzt wurde. Zu den ethnologischen, soziologischen wie architekturtheoretischen Grundannahmen gehört nämlich die Vorstellung, menschliches Bauen unterscheide sich in bestimmter Hinsicht von nicht-menschlichen Bauwerken, die durch die Dämme und Wohnbauten der Biber oder manches kunstvoll konstruierte Nest aus der Vogelwelt exemplifiziert werden. Demzufolge seien diese nicht-menschlichen Bauwerke zwar auch »konstruiert«, auch ihrer Anfertigung liege ein (nicht verschriftlichter) Bauplan zugrunde. In technischer Komplexität und Sorgfalt der Ausführung stehen die nicht-menschlichen den menschlichen Konstruktionen in nichts nach. Ethnologen, Soziologen und insbesondere Architekturanthropologen (Nold Egenter) stellen nur einen wichtigen Unterschied heraus, nämlich die Art der Planung. »Primitive Architektur«, so diese Autoren, ist das Ergebnis einer intentionalen Entscheidung des Menschen für eine bestimmte Bauform. Nicht die Leistung der Konstruktion als solche, die auch Biber, Vögel und Spinnen erreichen können, unterscheidet die einfachsten menschlichen Bauten von denen der Tiere, sondern die Sicht des Menschen auf sein eigenes Schaffen. Nur der Mensch hat die Perspektive, als »Baumeister« aufgrund einer Entscheidung für eine bestimmte Bauform eine Hütte, ein Haus oder ein Zelt zu konstruieren. »Subhumane Architektur«, das Bauwerk eines Tieres, erweitert die phänotypische Erscheinungsform der betreffenden Tierart (»Biber bauen immer so …«). »Primitive Häuser« haben hingegen einen Baumeister zum Schöpfer, dessen Intention eine wichtige Grundlage

Abb. 1. Die utopische Skizze aus dem 19. Jahrhundert inszeniert die Baumeisterperspektive deutlicher als viele »nüchterne« Bauzeichnungen. Es geht weniger um die Konstruktion, sondern um die Art, wie die stolzen Erbauer durch ihren Blick zu erkennen geben, dass dieses Bauen »intentionales Handeln« ist (aus Viollet-le-Duc 1875, 6).

für sein Schaffen war (Abb. 1). Joseph Rykwert (1972, 28) bezeichnet diesen Moment des ersten intentionalen Bauens als die »Dämmerung des Bewusstseins«, die konstitutiv für das »Denken des gebauten Raumes« sei. Daher, so Autoren wie Rykwert und Egenter, setze auch mit der frühesten Architektur sehr bald eine dynamische Entfaltung der Diversität der Bauformen ein.

Jakob von Uexküll hat diese weithin akzeptierte Unterscheidung besonders deutlich gemacht, indem er die Frage nach der Perspektive begrifflich untersuchte. Seiner Auffassung zufolge hat jedes Tier eine spezifische und von seinen Bedürfnissen

geleitete Sicht auf die Umwelt: Ein Baum ist für ein Eichhörnchen (das den Baum als
Revier und Bauplatz nutzt) etwas anderes als für den Fuchs (der eine Höhle an den
Wurzeln findet) (von Uexküll/Kriszat 1934). Das Tier kann seine Perspektive nicht
von seinen subjektiven Interessen abtrennen, es kann sich nicht in die Sicht eines
anderen hineinversetzen. Der Mensch ist anders, nur er kann verschiedene Perspektiven einnehmen, sich verschiedene Umwelten vorstellen und, daraus abstrahierend,
ein Konzept von »Baum« oder eben auch »Haus« entwickeln. Ist einmal ein solches
Konzept »im Kopf« entstanden, ist der Weg frei, dieses Konzept mit anderen gesellschaftlichen Domänen, also z. B. der des Sozialen, des Religiösen zu verknüpfen. Die
Baumeisterperspektive und das Vermögen, diese je nach Bedürfnis und Notwendigkeit zu variieren, ist offensichtlich der Ausgangspunkt dafür, dass eine »soziale Logik
des Raumes« entsteht. Deshalb auch ist der Mensch in der Lage, seine Bauwerke in
symbolische Kontexte zu setzen, Gebäude schließlich selbst zu Kontexten für Symbole werden zu lassen, was wiederum für Autoren wie Clifford Geertz (1964) der
Schlüssel zur Entstehung von Religion war.

Tim Ingold hat auf einige Implikationen dieser seit von Uexküll tradierten Sichtweise hingewiesen, die letztlich zur Einsicht in ihre Fragwürdigkeit führen müssen.
Die implizite Voraussetzung der »abstrahierenden Konzeptualisierung« der Umwelt
ist nämlich die Vorstellung einer kategorialen Abtrennung der Ideen von der materiellen Umwelt. Erst wenn in einem platonischen Sinne die Ideen als etwas Eigenständiges, Handlungsleitendes und damit Übergeordnetes anerkannt werden, erst dann
kann auch die Bedeutung des abstrakten Gegenstands »Baum« in den Vordergrund
rücken. Mit dieser Abstraktion allerdings geht auch eine reduzierte, mehr auf die
Oberfläche gerichtete Wahrnehmung der Objekte einher. Die Dinge, gerade auch
die gebaute Umwelt, werden nur noch als Form wahrgenommen und nicht mehr in
den Bezug eines gelebten Alltags gestellt. Ingold sieht deshalb in der von ihm so
bezeichneten »Baumeisterperspektive« eine falsche Verengung im Zugang zu diesem
Teil der materiellen Umwelt und eine unzulässige Verkürzung des wissenschaftlichen
Rahmens (Ingold 2007, 12).

Der Verzicht auf die damit problematisierte »Platonisierung« der Alltagswelt (Sahlins 1996; Hahn 2005, 7) zwingt dazu, die gebaute Umwelt ganz anders wahrzunehmen, die Perspektive weg zu wenden von den Dingen als solchen und sie neu zu
orientieren, hin zu den komplexen Handlungsbezügen, in die Gegenstände und gerade
auch Häuser eingebunden sind, ohne deshalb unmittelbar ein Aspekt der Reflexion
zu sein. Häuser sind zwar auch gebaute und gedachte Gebilde, aber sie sind niemals
Objekte, die nur aus der Baumeisterperspektive zu sehen wären. Diese »doppelte
Bedingtheit« (also: Einbindung in Handlungsbezüge und Herauslösung aus dem Alltag als Gegenstand der Reflexion) stellt sicher eine allgemeine, grundlegende Einsicht
in das Beziehungsgeflecht zwischen Mensch und materieller Kultur dar; die herausgehobene Bedeutung dieser doppelten Bedingtheit allerdings teilt die gebaute Umwelt
nur noch mit der Kleidung. Pierre Erny (1999) hat mehrfach betont, wie sehr ein

Haus Mittel der Orientierung und Konstruktion zugleich ist. Auch für Häuser gilt die Metapher der »sozialen Haut«, die einmal für das Feld der Kleidung als materieller Kultur eingeführt wurde (Turner 1980).

Die Reduktion von Bauwerken auf »intentional geschaffene« materielle Strukturen ist also höchst problematisch. Die von Ingold kritisierte Dominanz der »Baumeisterperspektive« steht für ein im besten Falle partielles Verständnis von dem, was die gebaute Umwelt wirklich bedeutet. Eine ernst zu nehmende Ethnologie der gebauten Umwelt braucht eine gleichberechtigte Betrachtung der Strukturen und der Praktiken, der »Idee« eines Bauwerkes und seiner Einbettung in den Alltag. Die Herausforderung, vor der Ethnologie, Archäologie und andere Fächer heute stehen, ist die Verbindung dieser beiden Perspektiven, der struktur- und der handlungsorientierten. Diese Fächer sollten zeigen können, wie sich daraus ein subjektiver »Sinn« für die Angehörigen der betrachteten Gesellschaft ergibt. Dies soll im Folgenden anhand der Thesen über die geschlechtliche Differenzierung des Raumes und über die »soziale Logik des Raumes« untersucht werden. Wie sich daraus eine angemessene Perspektive auf soziale und symbolische Dimensionen der gebauten Umwelt entwickeln lässt, wird dann im Schlusskapitel noch einmal erörtert.

Raum und soziale Ordnung am Beispiel geschlechtlicher Differenzierung

Die Untersuchung des Raumes ist nicht auf formale Kriterien und die Beobachtung der Bauwerke selbst zu beschränken (wie es die ältere Ethnologie noch vorsah). Deshalb sollte am Anfang einer Beschreibung von Bauformen auf lebensweltliche Kategorien zurückgegriffen werden. Daraus folgt: Es geht nicht mehr um Stein oder Holz; es geht nicht darum, ob Dächer abgesetzt konstruiert oder fließend in die Hauswand übergehen (vgl. die oben erwähnte Definition von Haus), sondern es geht um Fragen nach gesellschaftlich praktizierten Unterschieden, die im Alltag gegründet sind.

Eine dieser Differenzierungen betrifft das Geschlecht. Es gibt weltweit keine Gesellschaft, die ganz ohne räumliche Differenzierung in Hinblick auf den Unterschied zwischen Mann und Frau auskommt. Dies mag zunächst eine banale Feststellung sein, aber sie ermöglicht es, einmal zu prüfen, wie weit Formen der gebauten Umwelt mit sozialen Ordnungsmustern verbunden sind. Wird »Geschlecht« über funktionale, biologische Notwendigkeiten hinausgehend als eine kulturelle, soziale Kategorie aufgefasst, so sind die baulichen Konsequenzen dieser Unterscheidung tatsächlich ein einfaches Modell einer sozialen Logik des Raumes. Wie weitgehend sich solche Kategorien in verschiedene Bereiche der Gesellschaft einschreiben, hat an prominenter Stelle Pierre Bourdieu (1970) gezeigt. Die männlichen und weiblichen Bereiche im Bauernhaus der algerischen Kabylei sind nicht nur eine Frage der gebauten Architekturformen, sondern gleichermaßen durch die dort befindlichen Gerätschaften sowie durch abstrakte Eigenschaften »hell« und »dunkel« gekennzeichnet.

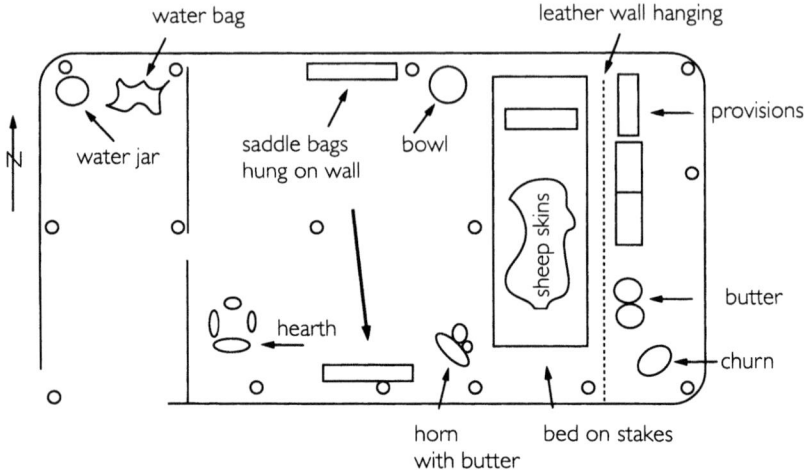

Abb. 2. Keine Architektur weltweit kommt aus ohne eine Differenzierung der Räume im Hinblick auf die geschlechtliche Zuordnung. Das gilt sogar für das hier abgebildete Zelt der Tuareg. Räumliche Differenzierung ist weniger durch das Zelt selbst, sondern eher durch die Gebrauchsgegenstände zu erkennen (aus Spain 1992, 38).

Wie Daphne Spain (1992) auf der Basis einer umfassenden Auswertung der Human Relations Area Files (HRAF) darlegt, gibt es tatsächlich weltweit keine Gesellschaft, die auf eine Zuweisung von Teilen der gebauten Umwelt zu einem bestimmten Geschlecht verzichtet. Dies gilt gleichermaßen für matrifokale Gruppen, in denen der größere Teil des Raumes exklusiv den Frauen zugewiesen ist, wie für solche Gruppen, bei denen die Raumanteile etwa je zur Hälfte einem Geschlecht zugeordnet sind. Das gilt für solche Gesellschaften, die dauerhafte »Häuser« bauen, genauso wie für nomadische Gruppen, die in den Zelten regelhaft einen Teil für Frauen, einen anderen Teil für Männer reservieren, wie bei den Tuareg.

Gerade das letzte Beispiel zeigt, wie eindeutig solche Regeln auch dort sind, wo sich unmittelbar an der gebauten Struktur (hier: Zeltpfosten und Zeltwände) keine Unterschiede erkennen lassen. Der Rückgriff auf die regelhaft verteilten Inventare macht es dann doch möglich, eindeutige kulturelle Bedeutungszuweisungen vorzunehmen (Abb. 2). Shirley Ardener (1981) hat dieses Problem in allgemeiner Form diskutiert. Wie sie hervorhebt, ist die Fähigkeit, eine »Linie« zu bestimmen und damit Raum als relationale Größe zu definieren (= links und rechts der Linie als voneinander unterschieden anzuerkennen), als grundlegende Artikulation von »Kultur« im Raum zu verstehen. Im Kontrast dazu steht der *»outer space«*, die nicht mehr als Teil der Gesellschaft gedachte »Wildnis«, in der solche Grenzen fehlen oder unklar bleiben. Die Kennzeichnung einer Grenze, die Vermittlung zwischen männlicher und weiblicher Sphäre und nicht zuletzt das Anerkennen ihrer Verletzbarkeit sind grundlegende Aspekte des Alltags, sie sind mit »Raum« assoziiert und, weit darüber hinausgehend, konstituierend für Gesellschaft überhaupt.

Geschlecht in diesem Zusammenhang als lediglich biologische Kategorie aufzufassen, würde keiner näheren Betrachtung standhalten. Wie Ina Rösing (1999) an einem außerordentlich komplexen Fallbeispiel aufzeigt, überdeckt die soziale Bestimmung des Geschlechts vollständig die biologischen Merkmale, letztere sind gewissermaßen in der Kultur »aufgehoben«. In Rösings Fallstudie gibt es tatsächlich zehn verschiedene, an das Geschlecht geknüpfte Kategorien, denen je spezifische Abschnitte der biographischen Zeit und des gebauten Raumes entsprechen.

Es ist kein Zufall, dass die kulturelle Verbindung der Kategorien von Geschlecht und Raum auch intensiv von Ethnoarchäologen bearbeitet wurde. Diane Lyons (1992; 2006) vollzieht dabei mit ihren Methoden und an Beispielen aus der Ethnographie afrikanischer Gesellschaften nach, was von Pierre Bourdieu als Ausgangspunkt seines Konzepts der feinen Unterschiede genutzt wurde: Das enge Ineinandergreifen von Haushalt, alltäglichen Arbeitsrhythmen, Sachgütern und gebauter Umwelt. Haushalte sind Orte der Arbeitsdifferenzierung und als solche in gebauter Umwelt zu lokalisieren. Das ist auch dann gültig, wenn, wie z. B. bei den Kasena in der westafrikanischen Savanne zu beobachten, nicht jeder Teil der gebauten Umwelt Haushalten zuzurechnen ist und wenn nicht alle Teile der Häuser Gegenstand der Geschlechtsdifferenzierung sind (Hahn 2000, 138). Umgekehrt artikuliert sich diese soziale und kulturelle Domäne nicht nur in der Architektur, sondern umfasst weit darüber hinausgehend auch andere Teile des gesellschaftlich bestimmten Raumes.

Noch ein weiteres Kennzeichen ist der umfangreichen diesbezüglichen Literatur zu entnehmen: Raum wird nicht als solcher bestimmt, sondern er tritt nur als relationale Kategorie auf. Nicht eine Position im Raum als solchem ist bedeutungsvoll, sondern ein Bereich diesseits oder jenseits einer wie auch immer gedachten oder gebauten Linie. Es geht um die Abgrenzung von verschiedenen Teilen des Raumes. Sie ist die Ursache einer bedeutungsvollen Beziehung, die umkämpft, in Frage gestellt und doch wieder respektiert wird (Löw 2006).

Das Beispiel des geschlechtlichen Raumes zeigt, dass Architektur kulturell und sozial bedeutungsvoll ist. Allerdings ist es nicht die gebaute Umwelt als solche, die diese Merkmale aufweist. Vielmehr gewinnt sie Bedeutung nur als relationale Kategorie und nur auf dem Umweg über Aushandlungsprozesse, die letztlich alle Bereiche des Alltags umfassen.

Die »soziale Logik des Raumes«

Grundsätzlich ist die Architektur der Geschlechtsdifferenz eine Erfolgsgeschichte in der Suche nach Paradigmen der Bedeutung. Postmoderne Architekten, Ethnologen und Ethnoarchäologen teilen hier einen überreichen Schatz an Beispielen, die alle darauf verweisen, wie signifikant diese eine soziale und kulturelle Kategorie mit Architektur und Raum verbunden ist. Offensichtlich hat die Wissenschaft mit diesem Thema eine Evidenz gefunden für Bedeutungen des gebauten Raumes in vormodernen Gesellschaften. Dieser Zusammenhang zeigt so deutlich die Verwobenheit verschiedener kultureller Domänen, dass damit ein Modell für die Konstruktion von sozialer Bedeutung insgesamt vorliegt. Sicher ist es nicht falsch, den Zusammenhang von Geschlecht und Raum als eine Universalie menschlicher Gesellschaften zu bezeichnen.

Diesen Anspruch erheben auch die Autoren Bill Hillier und Julienne Hanson mit ihrem Werk »The Social Logic of Space«. Sie konstruieren einen ähnlichen Bedeutungszusammenhang, gehen dabei jedoch sehr viel weiter. In der von ihnen so benannten »konfiguralen Analyse des Raumes« unterstellen sie, jede beliebige Anordnung von Gebäuden im Raum, also jede räumliche Struktur, sei Ausdruck einer sozialen Ordnung. Räumliche Konfigurationen entsprächen mithin gesellschaftlichen Konfigurationen. Natürlich sind die Autoren so vorsichtig, die Bedeutungen nicht zu eng zu spezifizieren, um unsinnige Verknüpfungen zu vermeiden. So kann eine große umschlossene Baustruktur mit einem einzigen Eingang gleichermaßen als Kinosaal, als militärische Befestigung oder als sakraler Raum gedeutet werden. Entscheidend ist hier die Tatsache der hohen Kontrolle der Personen, die eine solche Struktur nutzen: Alle müssen durch diesen einen Eingang, den zu kontrollieren das Vorrecht des Eigentümers oder Priesters ist. Ohne eine strukturell herausgehobene und normativ anerkannte Position ist diese Raumstruktur ohne Sinn.

Ein zweites Beispiel soll diesen Ansatz verdeutlichen: Symmetrische Anordnungen von sich immer wiederholenden Grundeinheiten deuten auf hierarchisch wenig differenzierte soziale Strukturen mit einer strengen sozialen Kontrolle hin. Ein klassisches Beispiel dafür wäre das Straßendorf. Aber auch die moderne Reihenhaussiedlung gehört zu dieser Konfiguration des Raumes. Ethnographische Beispiele sind die nach Klanstrukturen geordneten Siedlungen vieler Gruppen in Afrika.

In dieser Weise führt die Analyse von Hillier und Hanson zu einer Typologie, die mit einer beschränkten Anzahl von Raumprinzipien jede Form gebauter Umwelt einer Klassifikation unterwirft. Jedem Typ ist eine Reihe von beispielhaften Kontexten beigefügt, die gewissermaßen als offene Liste eine unbegrenzte Zahl von Ergänzungen zulässt. Mit dieser »konfiguralen Analyse« scheint erstmals ein systematischer Entwurf vorzuliegen für die Lösung der Grundfragen einer Anthropologie des Raumes. Strukturelle Kennzeichen des Raumes könnten damit in regelhafter Weise mit sozialen Strukturen und somit mit grundlegenden Einheiten der Bedeutung verbunden werden.

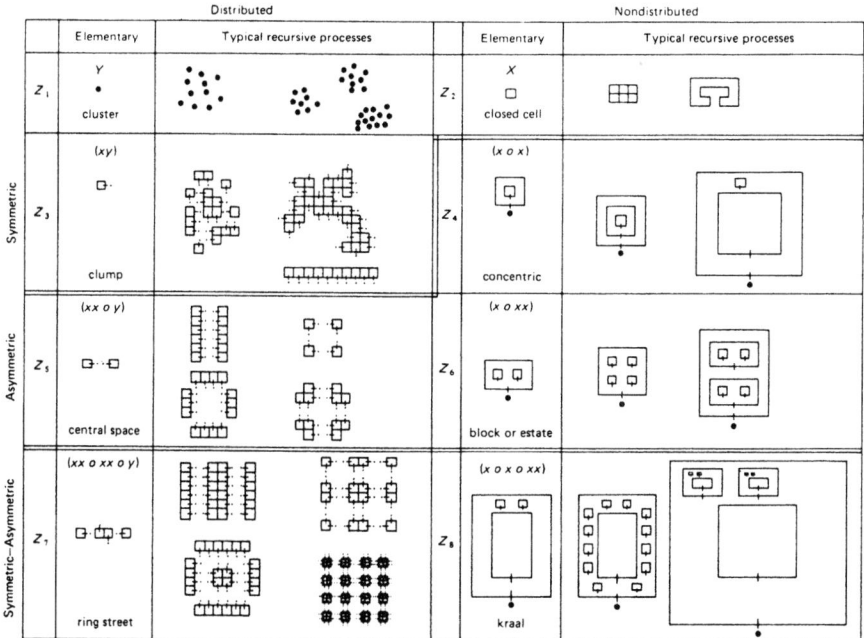

Abb. 3. Die »soziale Logik des Raumes« lässt sich Hillier und Hanson zufolge an der Konfiguration erkennen. Allerdings sind die Deutungsmöglichkeiten komplexer, als die Autoren vermuten. Die Konfiguration »concentric, non-distributed« (rechts, zweite von oben) lässt sich nicht nur als sakraler Raum, Herrschaftssitz oder Kino definieren: Es könnte auch ein Viehpferch sein! (aus Hillier/Hanson 1984, 78).

Die Logik, die Hillier und Hanson mit ihrer »sozialen Logik« meinen, ist letztlich die einer Sprache. Was die Autoren demonstrieren, ist eine Grammatik. Es handelt sich um syntaktische Regeln, nach denen »Sätze« – also Häuser oder Siedlungen – zusammengesetzt werden (Abb. 3). Hillier und Hanson übergehen dabei ganz ausdrücklich historische Prozesse, die ein Anwachsen oder Schrumpfen aufgrund von Bevölkerungszu- oder -abnahme unterstellen würden. Die Syntax, die den Raum strukturiert, gleicht in der Perspektive der Autoren einer unterbewussten Sprache, einem kulturellen Code, den alle Angehörigen einer Gesellschaft verstehen und der die Akteure gewissermaßen kraft der Grammatik zu bestimmten Bauformen zwingt.

Die Bestimmung von Sprache als relationaler Struktur geht auf ein älteres Konzept von Noam Chomsky zurück. Chomsky gilt in der Linguistik als der wichtigste Vertreter der Transformationsgrammatik, eines Systems von Regeln, die beschreiben, wie ein Aussagesatz vom aktiven in den passiven Modus überführt wird, oder wie eine

Aussage grammatisch zutreffend vom Singular in den Plural übertragen wird. Wie Edmund Leach (1978, 400) ausführt, übersehen Hillier und Hanson in ihrer Anwendung des Konzepts von Chomsky auf die Sprache des Raumes aber, dass eine Transformationsgrammatik als solche keinesfalls die Sinnhaftigkeit eines Satzes definiert. Ein und dieselbe Regel kann zu einer bedeutungsvollen Aussage führen, sie kann aber auch vollkommenen Nonsens verursachen. Übertragen auf die bereits erwähnte, begrenzte große räumliche Struktur kann das bedeuten: Eine solche Struktur kann eine Kirche (ein Sakralbau) oder ein Kino (ein Versammlungsplatz) sein, die spezifische Transformation, also die Umgrenzung kann aber auch als Viehpferch intendiert sein, der wenig mit sozialer Bedeutung zu tun hat.

Leach führt in seiner heftigen Replik auf Hillier und Hanson diese beiden Argumente an: (1) Eine unbewusste, aber von allen Angehörigen einer Gesellschaft akzeptierte Sprache des Bewusstseins kann es nicht geben, und (2) die von den Autoren unterstellte Eindeutigkeit existiert so nicht. Sie kann nicht existieren, weil die zugrunde gelegte Transformationsgrammatik eine solche eindeutige Zuweisung von bestimmten Inhalten zu einer bestimmten Syntax niemals vorsah.

Zwar ist mit Martina Löw (2001, 198) die Entstehung von Orten, Plätzen und von gebauter Umwelt stets das Ergebnis von Handlungsweisen. Aber die Wahrheit dieses Satzes führt keinesfalls zu einer Erkenntnis darüber, ob das Ergebnis, also die sichtbare, bleibende Architektur den Intentionen des zugrundeliegenden Handelns entspricht. Niemand kann als Außenstehender rekonstruieren, ob diese Intentionen sich auf eine soziale Norm beziehen oder ob das Handeln vielleicht ganz anders motiviert ist. Hillier und Hanson ist deshalb kritisch vorzuwerfen, dass ihre Perspektive auf die formalen Aspekte (die Konfiguration des Raumes) das gesellschaftliche Modell auf konsensuelles Handeln reduziert. Kulturelle Phänomene werden damit verengt auf einen affirmativen Ausdruck von Normen. Kritisch wäre hinzuzufügen, dass eigentlich schon das im letzten Abschnitt erläuterte Modell des geschlechtlichen Raumes differenzierter war, da es Aushandlungsprozesse und differierende Praktiken, mithin auch Konflikte innerhalb einer Gesellschaft, als konstitutiv für den Zusammenhang von Raum und Bedeutung ansah.

Schluss: Raum und soziale Bedeutung – was ist der Zusammenhang?

Die Problematik eines kulturwissenschaftlichen Raumbegriffes zeigt sich unter anderem in der Geographie anhand der Widersprüche des so genannten *spatial turn* (Gebhardt u. a. 2003, 11). Einerseits akzeptieren Geographen die Chance zu einem differenzierteren, nicht mehr nur euklidischen Raumverständnis. Andererseits beklagen sie den Verlust des Raums, der ja nach dem *spatial turn* nur noch eine Sache der Aushandlung zu sein scheint. Raum hat keinen »Haltepunkt« mehr, er ist nicht mehr gegeben, nicht mehr unabhängig von der Zeit zu bestimmen und nicht mehr in Stein gemeißelt, wie es eine architektonische Perspektive unterstellen könnte (ebd. 23).

Wenn es unter diesen Bedingungen überhaupt noch eine Soziologie oder Ethnologie vormoderner Architektur geben kann, dann darf sich diese nicht an den Formen der gebauten Umwelt aufhalten, sondern muss den Raum selbst als eine immer wieder neu definierte und möglicherweise sehr viel weniger eindeutige Größe auffassen, als es vereinfachende Zugänge à la Hillier und Hanson demonstrieren. Die »soziale Logik des Raumes« ist nichts anderes als eine Ausformulierung des verkürzten Verständnisses von Raum, vor dem Tim Ingold gewarnt hatte: Diese Überbetonung der »Baumeisterperspektive« (hier die vereinfachende Vorstellung, gebaute Umwelt sei Ausdruck einer unbewußten, aber allgemein verstandenen Sprache) führt zu einer Verflachung der Sichtweise. Die Überbetonung von Struktur und Syntax verdeckt wichtige Zugänge zur Architektur. Was hier aus dem Blick gerät, sind komplexe Modelle der Gesellschaft als solche. Die Kategorie des Raumes wird aufgewertet um den Preis einer Verflachung des Konzepts der Gesellschaft und der Aktionsmöglichkeiten der Akteure in jeder Gesellschaft.

Stellt man diesen offensichtlich problematischen Versuchen die programmatischen Forderungen eines Rudolf Meringer aus dem 19. Jahrhundert gegenüber, so ist überhaupt nicht klar, ob zwischen der Ethnographie damals und der aktuellen Wiederentdeckung überhaupt ein Fortschritt erzielt wurde:

> »Es genügt nicht, daß man bloß Grundrisse und einige Aufrisse zeichnet […], sondern es ist nötig, daß der Bewohner überall in der Darstellung in den Vordergrund gerückt wird. Wir müssen wissen, was jede einzelne Person vom Morgen bis zum Abend schafft und thut, wo sie sich aufhält, welches Geräth sie benützt« (Meringer 1896, 265 f.).

Aber nicht das Lob der alten Autoren soll am Ende dieses Beitrags stehen, zumal gerade Meringer nicht in der Lage war, seine Ideen in ein Forschungsprogramm zu überführen. Dieser Beitrag soll vielmehr schließen mit dem behutsamen Versuch, einen tragfähigen konzeptuellen Rahmen für den Zusammenhang von Bedeutung und Raum vorzulegen. Im Verlauf dieses Beitrags ist deutlich geworden, dass und aus welchen Gründen die Studien aus dem Bereich des geschlechtlichen Raumes mehr überzeugen als die zuletzt vorgestellten Arbeiten zu einer allgemeinen Konfigurationsanalyse des Raumes.

Im Mittelpunkt eines erweiterten konzeptuellen Rahmens muss das Bemühen stehen, die Komplexität der alltäglichen Erfahrung von Architektur und gebauter Umwelt zu erfassen. Auch wenn Architektur bedeutungsvoll ist, so ist die damit verbundene Bedeutung durchaus nicht immer eindeutig (Pezeu-Massabuau 1999, 15). Häuser als Teil des Alltags lassen sich sehr gut mit biographischen Metaphern und mit der individuellen Erfahrungswelt der Bewohner verknüpfen, möglicherweise gewinnen sie gerade daraus ihre herausgehobene Bedeutung. Aspekte, die den Alltag konstituieren, sind Sicherheit (= Isolation gegenüber der Umwelt) und Kommunikation (Weichhart 1990). Auch Metaphern des Körpers gehören zu den wichtigen Phänomenen, in denen sich Handelnde, ihre Häuser und der Alltag miteinander verbinden (Blier 1987).

Häuser sind an die bereits erwähnte »doppelte Bedingtheit« gebunden: Sie sind Teil des Alltags, und sie sind Ausdruck menschlicher Gestaltungsmöglichkeiten. Sie sind zugleich eine Bleibe und ein Zeichen. Häuser erzeugen einen nachhaltigen Eindruck und prägen ihre Bewohner, zugleich sind sie selbst Ausdruck kulturell geprägter Vorstellungen. Diese beiden auf den ersten Blick gegenläufigen Bewegungen, nämlich Eindruck und Ausdruck, wurden schon im 19. Jahrhundert von Heinrich Wölfflin (1999) als grundlegendes Paradoxon der Architektur beschrieben.

Ein angemessener Zugang zur gebauten Umwelt heute muss von der Komplexität der Wahrnehmungen ausgehen und die Interaktionen zwischen Individuen, Gruppen und der Architektur genauer beschreiben. Es gibt keine Rückkehr zum euklidischen, nur räumlich definierten Raum. Anstelle dessen muss die Multivokalität des Raumes zu einem Teil der Perspektive auf die gebaute Umwelt werden (Rodman 1992). Die Herausforderung für Ethnologie und Archäologie besteht damit nicht nur in einer möglichst umfassenden Interpretation und Analyse, sondern vielmehr darin, die richtigen Konzepte der Wahrnehmung von gebauter Umwelt zu entwickeln. Nur auf diesem Wege ist es möglich, der modernen Logik einer unausweichlichen »Auflösung des Raumes« nachhaltig zu widersprechen.

Literaturverzeichnis

Ardener 1981: S. Ardener, Ground Rules and Social Maps for Women: An Introduction. In: Dies. (Hrsg.), Women and Space. Ground Rules and Social Maps. New York: St. Martin's 1981, 1–30.

Augé 1986: M. Augé, Un ethnologue dans le métro. Paris: Hachette 1986.

Blier 1987: S. P. Blier, The Anatomy of Architecture: Ontology and Metaphor in Batammaliba Architectural Expression. Cambridge: Cambridge University Press 1987.

Bourdieu 1970: P. Bourdieu, La maison kabyle ou le monde renversé. In: J. Pouillon (Hrsg.), Échanges et communications: mélanges offerts à Claude Lévi-Strauss à l'occasion de son 60ème anniversaire. The Hague: Mouton 1970, 739–58.

Dafinger 2004: A. Dafinger, Anthropologie des Raumes. Untersuchungen zur Beziehung räumlicher und sozialer Ordnung im Süden Burkina Fasos. Köln: Köppe 2004.

Döring/Thielmann 2008: J. Döring/T. Thielmann (Hrsg.), Spatial Turn. Das Raumparadigma in den Kultur- und Sozialwissenschaften. Bielefeld: transcript 2008.

Egenter 1992: N. Egenter, The Present Relevance of the Primitive in Architecture. Lausanne: Structura Mundi 1992.

Erny 1999: P. Erny (Hrsg.), Cultures et habitats. Douze contributions à une ethnologie de la maison. Paris: Harmattan 1999.

Feest/Janata 1989: Ch. F. Feest/A. Janata, Technologie und Ergologie in der Völkerkunde Bd. 2. Berlin: Reimer 1989.

Forde 1934: D. C. Forde, Habitat, Economy and Society. London: Methuen 1934.

Frobenius 1894: H. Frobenius, Afrikanische Bautypen. Eine ethnographisch-architektonische Studie. Dachau: Franz Mondrion 1894.

Gebhardt u. a. 2003: H. Gebhardt/P. Reuber/G. Wolkersdorfer (Hrsg.), Kulturgeographie. Aktuelle Ansätze und Entwicklungen. Berlin: Spektrum 2003.

Geertz 1964: C. Geertz, The Transition to Humanity. In: S. Tax (Hrsg.), Horizons of Anthropology. Chicago: Aldine 1964, 37–48.

Hahn 2000: H. P. Hahn, Raumkonzepte bei den Kassena (Burkina Faso). Anthropos 95, 2000, 129–48.

Hahn 2005: Ders., Materielle Kultur. Eine Einführung. Berlin: Reimer 2005.

Hahn 2008: Ders., Diffusionism, Appropriation, and Globalization. Some Remarks on Current Debates in Anthropology. Anthropos 103, 2008, 191–202.

Harvey 1989: D. Harvey, The Condition of Postmodernity: An Enquiry into the Origins of Cultural Change. Oxford: Blackwell 1989.

Harvey 1993: Ders., From Space to Place and Back Again. Reflections on the Condition of Postmodernity. In: J. Bird (Hrsg.), Mapping the Futures. Local Cultures, Global Change. London: Routledge 1993, 3–29.

Hillier/Hanson 1984: B. Hillier/J. Hanson, The Social Logic of Space. Cambridge: Cambridge University Press 1984.

Hirschberg 1999: W. Hirschberg, Wörterbuch der Völkerkunde. Berlin: Reimer ²1999.

Ingold 2007: T. Ingold, Materials Against Materiality. Archaeological Dialogues 14, 2007, 1–16.

Jencks 1977: Ch. A. Jencks, The Language of Post-Modern Architecture. London: Academy 1977.

Lawrence/Low 1990: D. L. Lawrence/S. M. Low, The Built Environment and Spatial Form. Annual Review of Anthropology 19, 1990, 453–505.

Leach 1978: E. Leach, Does space syntax really »constitute the social«? In: D. Green/C. Haselgrove/M. Spriggs (Hrsg.), Social Organisation and Settlement: Contributions from Anthropology, Archaeology and Geography. British Archaeological Reports International Series 47. Oxford: B. A. R. 1978, 385–401.

Löw 2001: M. Löw, Raumsoziologie. Frankfurt a. M.: Suhrkamp 2001.

Löw 2006: Dies., The Social Construction of Space and Gender. European Journal of Women's Studies 13, 2, 2006, 119–33.

Lyons 1992: D. E. Lyons, Men's Houses: Women's Spaces. An Ethnoarchaeological Study of Gender and Household Design in Dela, North Cameroon. Dissertation. Burnaby: Simon Fraser University 1992 [Microfiche-Ausgabe: Ottawa 1992].

Lyons 2006: D. E. Lyons, A Critical Appraisal of Gender Research in African Archaeology. In: S. M. Nelson (Hrsg.), Handbook of Gender in Archaeology. Lanham: AltaMira 2006, 595–632.

Meringer 1896: R. Meringer, Das oberdeutsche Bauernhaus und seine Geräthe. Zeitschrift für österreichische Volkskunde 2, 1896, 257–67.

Mitscherlich 1965: A. Mitscherlich, Die Unwirtlichkeit unserer Städte. Anstiftung zum Unfrieden. Frankfurt a. M.: Suhrkamp 1965.

Oliver 1975: P. Oliver (Hrsg.), Shelter, Sign, and Symbol. London: Barrie & Jenkins 1975.

Pezeu-Massabuau 1999: J. Pezeu-Massabuau: Demeure mémoire. Habitat: code, sagesse, libération. Marseille: Parenthèses 1999.

Rapoport 1982: A. Rapoport, The Meaning of the Built Environment. A Nonverbal Communication Approach. Tucson: University of Arizona 1982.

Ritzer 1993: G. Ritzer, The McDonaldization of Society: An Investigation into the Changing Character of Contemporary Social Life. Thousand Oaks: Pine Forge 1993.

Rodman 1992: M. C. Rodman, Empowering Place: Multilocality and Multivocality. American Anthropologist 94, 3, 1992, 640–56.

Rösing 1999: I. Rösing, Geschlechtliche Zeit – geschlechtlicher Raum. Heidelberg: Winter 1999.

Rykwert 1972: J. Rykwert, On Adam's House in Paradise. The Idea of the Primitive Hut in Architectural History. Cambridge: MIT 1972.

Sahlins 1996: M. Sahlins, The Sadness of Sweetness: The Native Anthropology of Western Cosmology. Current Anthropology 37, 1996, 395–428.

Schäfers 2003: B. Schäfers, Architektursoziologie: Grundlagen, Epochen, Themen. Opladen: Leske + Budrich 2003.

Soja 1989: E. W. Soja, Postmodern Geographies. The Reassertion of Space in Critical Social Theory. London: Verso 1989.

Spain 1992: D. Spain, Gendered Spaces. Chapel Hill: University of North Carolina Press 1992.

Turner 1980: T. Turner, The Social Skin. In: J. Cherfas (Hrsg.), Not Work Alone: A Cross-Cultural View of Activities Superfluous to Survival. Beverly Hills: Sage 1980, 112–40.

von Uexküll/Kriszat 1934: J. von Uexküll/G. Kriszat, Streifzüge durch die Umwelten von Tieren und Menschen. Ein Bilderbuch unsichtbarer Welten. Berlin: Springer 1934.

Viollet-le-Duc 1875: E.-E. Viollet-le-Duc, Histoire de l'habitation humaine depuis les temps pré-historiques jusqu'à nos jours. Paris: Bibliothèque d'éducation et de récréation 1875.

Weichhart 1990: P. Weichhart, Raumbezogene Identität: Bausteine zu einer Theorie räumlich-sozialer Kognition und Identifikation. Stuttgart: Steiner 1990.

Wölfflin 1999: H. Wölfflin, Prolegomena zu einer Psychologie der Architektur. Berlin: Gebr. Mann 1999 [original: nicht veröffentlichte Dissertation aus dem Jahr 1886].

ANDREAS DAFINGER

Die Durchlässigkeit des Raums: Potenzial und Grenzen des *Space Syntax*-Modells aus sozialanthropologischer Sicht

Zusammenfassung: Dieser Beitrag bietet eine zusammenfassende Diskussion und bewertende Analyse des *space syntax*-Ansatzes, insbesondere hinsichtlich seiner Umsetzung in Soziologie, Sozialanthropologie und verwandten Disziplinen. Die syntaktische Analyse des Raums ist innerhalb dieser Fächer auf unterschiedliche Resonanz – von Ablehnung bis fruchtbare Zusammenarbeit – gestoßen. Nach einer Zusammenfassung zentraler Aspekte des Modells widmet sich der Beitrag zunächst methodischen Fragen. Im Mittelpunkt der Darstellung steht als Fallbeispiel die syntaktische Analyse westafrikanischer Lehmarchitektur, aus der heraus Potenzial und problematische Aspekte der *space syntax* – vor allem hinsichtlich fachübergreifender Forschung – sichtbar werden. Ein dritter Teil widmet sich schließlich einer Reihe benachbarter Disziplinen der Ethnologie und untersucht die Schnittstellen zwischen der syntaktischen Analyse und den Herangehensweisen an räumliche Fragen innerhalb linguistischer, kognitionspsychologischer, phänomenologischer sowie wirtschaftsethnologischer Ansätze. Den Kern dieser Überlegungen bildet der Prozess der Verinnerlichung sozialer Normen; während sich die *space syntax* dafür stark auf die Habitualisierung durch räumliche Bewegung konzentriert, finden sich in den Nachbardisziplinen Ansätze, diesen Prozess über Aspekte räumlicher Wahrnehmung oder der Kommunikation räumlicher Beziehungen zu konzeptualisieren. Der Beitrag plädiert damit zum einen für einen Disziplinen übergreifenden Ansatz, soziale Logik des umbauten Raums sichtbar zu machen, und argumentiert zum anderen, dass die *space syntax* ihren Beitrag auf methodologischem Feld vor allem als Teil einer breiteren Modellpalette leisten kann und theoretisch – trotz mitunter weiter reichender Ansprüche – ihre Stärken vor allem im Bereich mittlerer Reichweite zu beweisen vermag.

Einleitung

Ende der 1970er Jahre brachte eine Gruppe britischer Architekten einen Ansatz in die akademische Debatte ein, der Methodik und Theorien zur räumlichen Ordnung entscheidend beeinflussen sollte: die Analyse der »syntaktischen Ordnung des Raums«, so die Zielsetzung des ersten programmatischen Aufsatzes (Hillier u. a. 1976). Erweitert zu einer Theorie der »Sozialen Logik des Raumes« (Hillier / Hanson 1984) hat das Modell bis heute nichts von seiner Durchschlagskraft verloren (s. auch die Beiträge von R. Ebersbach, H. P. Hahn und N. Müller-Scheeßel in diesem Band). Gleichwohl hat es weit mehr Verbreitung in der raumplanerischen Literatur gefunden als in den Sozialwissenschaften, die dem Ansatz eher mit kritischer Distanz gegenüber standen. Die Angebote der *space syntax* zu fachübergreifender Forschung (hier v. a. Hillier 1996; Hillier/Hanson 1984; Hillier u. a. 1976) wurden dort eher selten angenommen (Agorsah 1983; Dafinger 2001; Ferguson 1996; Shapiro 2005). Die folgenden Abschnitte werden den Gründen dieser Distanz nachspüren. Aus der Analyse einer Fallstudie heraus untersucht der Beitrag die grundsätzliche systemische Anschlussfähigkeit des Modells innerhalb der geisteswissenschaftlichen Disziplinen und betrachtet benachbarte Ansätze dahingehend, wie sie zentrale Bereiche der *space syntax* unterstützen und ergänzen. Ziel ist es, zu einer fachübergreifenden Grundlage räumlicher Analyse zu gelangen.

Der Beitrag geht daher zunächst auf einige wesentliche Kernaussagen des *space syntax*-Modells ein und leitet dann in den Hauptteil der Ausführungen über: die Analyse sozio-räumlicher Ordnung an einem Beispiel westafrikanischer Lehmarchitektur. Diese Darstellung dient als Ausgangspunkt, um die besonderen Möglichkeiten und Probleme der syntaktischen Analyse des Raumes zu verdeutlichen und mit Hilfe der syntaktischen Analyse Schnittstellen zwischen sozialer, räumlicher und architektonischer Ordnung herauszuarbeiten. In einem weiteren Schritt schließlich gilt es, die Möglichkeiten der Anwendung in benachbarten Disziplinen zu untersuchen und letztlich zu einer Neubewertung des Ansatzes zu gelangen. Dies gelingt vor allem dadurch, dass jene Prinzipien räumlicher Ordnung und Wahrnehmung, auf denen das *space syntax*-Modell aufbaut, daraufhin untersucht werden, wie sie in benachbarten sozialwissenschaftlichen und philosophischen Feldern interpretiert werden.

Im Rahmen einer Soziologie vormoderner Architektur muss eine solche Darstellung kontemporärer Siedlungs- und Bauformen zunächst befremdlich wirken: Architektur und Lebenswelt der westafrikanischen Savanne sind sozial, ökonomisch und politisch längst Teil einer globalen Moderne. Dies kommt in Baumaterialien, in bauplanerischen Fragen ebenso wie im staatlichen Landrecht oder in der demokratisch legitimierten lokalen politischen Organisation deutlich zum Ausdruck. Gleichwohl bleiben weite Bereiche des ländlichen Lebens zugleich auch ›traditionell‹ geprägt und im Rückgriff auf Prinzipien legitimiert, die in Gegensatz zu modernen und nationalstaatlichen Kriterien treten. Dazu zählt soziale Gruppenbildung auf Grundlage verwandtschaftlicher Beziehungen – im Gegensatz zu zivilgesellschaftlich verfasster, offener Gemeinschaft – genauso wie subsistente Wirtschaftsführung und korrespondierende landrechtliche und erbrechtliche Bedingungen. Sie bestimmen weiterhin das soziale, wirtschaftliche und politische Leben auf alltäglicher Ebene. So wird dieser Beitrag auch die Schnittstellen aufzeigen, die der Moderne innerhalb dieser architektonischen Ordnung Raum geben, und die sozio-räumlichen Kriterien innerhalb dieser Gesellschaft darstellen, die ihrerseits den modernen, staatlichen, formal ökonomischen Prinzipien entgegentreten. In diesem Sinne ließe sich alternativ zu *vor*-moderner Architektur durchaus auch von *anti*-moderner Architektur sprechen: Der umbaute Raum übernimmt in den folgenden Beispielen unter anderem die Kodierung verwandtschaftlicher Sozialbeziehungen und die Organisation von Konsum- und Haushaltsgemeinschaften, Aspekte, die in urbaner und planerischer Raumgestaltung entweder nicht kodiert oder durch übergeordnete raumplanerische Instanzen definiert sind.

Space Syntax: Rezeption

Zu Beginn der Darstellung scheint es sinnvoll, auf die Rezeptionsgeschichte der *space syntax* innerhalb der Ethnologie bzw. – im britischen Raum – der *social anthropology* einzugehen. Wie oben bereits erwähnt, ist das Modell der *space syntax* selbst nur Teil eines weiter gefassten Modells zur räumlichen Analyse *(spatial analysis)*. Zielsetzung des Modells war es, durch die Reduktion räumlicher Ordnung auf die systematische Analyse der räumlichen Beziehungen – die Syntax der räumlichen Ordnung – die zugrunde liegende soziale Regelhaftigkeit des Raumes darzustellen. Die Arbeiten, die in der Folge am *Centre for advanced spatial analysis* entstanden, zielten vornehmlich auf stadtplanerische Analysen ab. Die Komplexität der durch die moderne Stadt geschaffenen Sozialbeziehungen sollte durch die Reduktion auf räumliche Verknüpfungen darstellbar und erklärbar werden (Hillier 1996; Hillier / Hanson 1984; Hillier u. a. 1976).

Vor allem in seiner ursprünglichen Form machte das Modell zahlreiche Anleihen beim ethnologischen Korpus, was erstaunlicherweise für die Rezeption des Modells innerhalb der anthropologischen Disziplin jedoch eher hinderlich war. Denn im Bemühen, das Modell interdisziplinär zu verankern und die soziale Logik des Raums sozialwissenschaftlich zu untermauern, griffen die beiden Hauptautoren auf Denkrichtungen zurück, die innerhalb der Anthropologie zu diesem Zeitpunkt bereits großen Teils als revidiert und überholt galten. Die Differenzierung »verteilter« und »nicht verteilter« (oder nicht-hierarchischer und hierarchischer) räumlicher Ordnungsprinzipien etwa (Hillier / Hanson 1984, 78 ff.) wurde im Rückgriff auf Emile Durkheims Unterscheidung von organischer und mechanischer Solidarität sozialwissenschaftlich untermauert: »Organische Solidarität erfordere integrierten und dichten Raum, während mechanische Solidarität zergliedertem und verteiltem Raum den Vorrang gebe« (Hillier / Hanson 1984, 18; Übers. AD). Eine solch stark vereinfachende Unterteilung der Welt in primitive und komplexe Gesellschaften war allenfalls noch Ende des 19. Jahrhunderts vertretbar, in den 1980er Jahren jedoch war dieser Teil von Durkheims Theorien in den Sozialwissenschaften längst niedergerissen. Die zweite wesentliche Stütze des Modells bildete der französische Strukturalismus, auf dessen gedanklichem Gerüst die *space syntax* v. a. hinsichtlich der linguistisch fundierten Analysen aufbaute (s. a. Hillier / Hanson 1984, 202 ff.). War die Akzeptanz des Strukturalismus im Angelsächsischen nie übermäßig hoch, so war dessen Popularität Ende der 1970er auch andernorts im Schwinden begriffen (s. u.).

Die Überlegungen zur »Sozialen Logik des Raums« waren somit von zwei grundsätzlichen Annahmen getrieben: Zum einen bauten Hillier und Hanson darauf auf, dass soziales Verhalten und soziale Beziehungen stets *wesentlich* durch die architektonische – oder allgemein räumliche Ordnung – mit bestimmt sind und Raum aus diesem Grund nur innerhalb seines sozialen Kontexts verstanden werden kann; Raum ist *per se* eine soziale Institution und das Produkt sozialer Interaktion. Anders als in dieser Form, so das erste Axiom der »Sozialen Logik des Raums«, sei Raum überhaupt nicht wahrnehmbar. Zum anderen galt es, der vorherrschenden Auffassung des Raums als statischem Konzept entgegenzutreten und die räumliche Analyse vielmehr auf den Aspekt der Bewegung im Raum zu fokussieren.

Damit erkannte die »Soziale Logik des Raums« an, dass Raum immer auch gestalteter Raum ist, der sozialen Verhältnissen Ausdruck und Bestimmung verleiht. Mit der Unterscheidung zentralistischer, raumplanerischer *(global-to-local rules)* und quasi-organischer, aus dem sozialen Handeln erwachsender Raumgestaltung *(local-to-global rules)* wurde es zugleich möglich, innerhalb derselben Räume unterschiedliche Gestaltungsprinzipien zu identifizieren und unterschiedlichen gesellschaftlichen Institutionen zuzuschreiben: »The external space in the global-to-local logic is the space of structured and immutable categories, the opposite to what it is in the local-to-global logic; while the interior space is the space of personal negotiation and transaction, which will be negotiation of inequalities to the degree that the global-to-local system prevails in the system as a whole« (Hillier / Hanson 1984, 261). »Space is, in short, everywhere a function of the forms of social solidarity, and these are in turn a product of the structure of society« (ebd. 22). Die zuvor dargestellte Spannung zwischen vormodernen, auf die Lokalgruppe bezogenen Prozessen und administrativen, nationalrechtlichen Ordnungsprinzipien wurde damit analytisch fassbar.

Eine ähnliche Unterscheidung zwischen entworfenem und genutztem – d. h. durch Nutzung geschaffenem – Raum hatte kurz zuvor auch Henri Lefebvre (2000 [1974]) vollzogen. In der Triade zwischen dem geplanten, gestalteten Prinzip des Raums *(le conçu)*, räumlicher und sozialer Praxis, also dem alltäglich erfahrenen Raum *(le vécu)*, und dem durch soziale Mediation wahrgenommenen idealtypischen Raum *(le perçu)* entsteht soziale Dynamik, die Mitglieder einer Gemeinschaft diskursiv zueinander in Beziehung setzt, soziale Hierarchien thematisiert, vertikale Spannungen in Szene setzt und Gemeinschaft letztlich erst erschafft.

Raum, oder besser: die durch räumliche Ordnung gestifteten sozialen Beziehungen, sind bei Lefebvre sowie Hillier und Hanson gleichermaßen konstitutiv für Gemeinschaft. Zweifelsohne aber mutet Lefebvres Triade differenzierter an als Hilliers Überlegungen. Weder die Differenzierung zwischen *local-to-global* und *global-to-local* noch die Trennung normativer und deskriptiver räumlicher Ordnung kann die von Lefebvre dargestellte Dynamik in vergleichbarer Form wiedergeben. Dafür eröffnet die »Soziale Logik« und das damit verbundene Modell der *space syntax* den direkteren Zugang zur Analyse des architektonischen Raums. Die von Hillier erarbeitete Methodik zur Darstellung der architektonischen Gliederung ist nicht zuletzt als methodisches Rüstzeug dem Lefebvreschen Ansatz überlegen. Beide Ansätze verstehen Raum als offen liegendes und von außen zugängliches Referenzsystem sozialer und politischer Vernetzungen. Anders als die Beobachtung von Bewegung, Rhythmus und Frequenzen, wie Lefebvre (2004) dies vorschlägt, ist die syntaktische Analyse umbauten Raums der interdisziplinären Forschung leichter zugänglich. Trotz Differenzen hinsichtlich methodologischer Fragen und divergierender interpretativer Stoßrichtungen ist beiden Ansätzen der Gedanke gemeinsam, dass körperlich-räumliche Erfahrung das Primat vor der konzeptuellen Darstellung des Raums hat. Diese Konvergenz ermöglicht es auch, die »Soziale Logik des Raums« der *space syntax* mit der Phänomenologie zusammenzuführen (s. u.).

Kernaussagen des Modells

Im Rahmen dieses Beitrags werde ich mich auf drei Kernbereiche der *space syntax* beschränken. In diesen kommt der Paradigmenwechsel, den die *space syntax* in die sozialanthropologische Analyse des Raums getragen hat, am deutlichsten zum Ausdruck (vgl. Dafinger 2004). Es sind zudem jene Bereiche, die in dem anschließenden Fallbeispiel, der Analyse westafrikanischer Savannenarchitektur, das größte Gewicht besitzen.

Die erste grundsätzliche Aussage der *spatial analysis* liegt in der besonderen Betonung und Ausarbeitung der Beziehungen, die durch räumliche Gestaltung geschaffen werden. Ausgehend von Prinzipien strukturalistischer Linguistik und mathematischer Sprachmodelle sehen Hillier und Hanson (1984, 46 f.; von Neumann 1958) im Raum ein morphisches, non-verbales Sprachsystem, das sich analytisch in semantische und syntaktische Felder auffächern lässt. Die Analyse der räumlichen Beziehung verdrängt in Hilliers syntaktischer Analyse dabei vollständig die Betrachtung semantischer Inhalte. Dekorative Elemente und funktionale Aspekte, die die Darstellung materieller Kultur und traditioneller Architektur etwa in der Ethnologie bestimmt hatten, treten dabei vollständig in den Hintergrund, und die äußere Form – der architektonische Phänotyp – verliert an analytischem und methodischem Wert. Indem sich *spatial analysis* dem architektonischen Genotyp (vgl. Hillier / Hanson 1984, 143 ff.) zuwendet, konzentriert sie sich auf die abstrahierte Ebene der Regeln, die den architektonischen Aufbau bestimmen. Durch die darauf beruhende Darstellung seiner Regelhaftigkeit wird der umbaute Raum einheitlicher und vergleichbarer (ebd. 12). Eine der Grundaussagen der »Sozialen Logik des Raums« besteht darin, die Regeln, die dem Aufbau des umbauten Raums zugrunde liegen, als soziale Regeln zu begreifen. Räume werden gemäß ihrer sozialen Bestimmung entsprechend angeordnet: Verbindungen und Grenzen fungieren in diesem Modell als materieller Ausdruck sozialer Realitäten. Diese Reduktion auf die Beziehungshaftigkeit des Raums verschiebt zugleich den

Fokus auf die Analyse der physischen oder kognitiven Bewegung und auf die zeitliche Trennung sozialer Handlungsfelder: Bestimmte Räume sind mit bestimmten Personen verknüpft, aber auch mit bestimmten sozialen, ökonomischen etc. Tätigkeiten, die durch die räumliche Abfolge in eine bestimmte Reihenfolge gesetzt werden.

Die zweite Kernaussage unterstreicht die handlungsleitende Qualität der räumlichen Beziehungen. Räumliche Ordnung sei weniger *Ausdruck* sozialer Beziehungen als vielmehr deren Ursache. Dies scheint zunächst keine revolutionäre Erkenntnis, auch Lefebvre hatte diese Position vertreten und sich dabei systematisch vor allem mit der zeitlichen Dimension dieser sozial-räumlichen Verknüpfung befasst (Lefebvre 2004). Auch die alltägliche Erfahrung stimmt mit dieser kausalen Verknüpfung überein: Bestimmte Räume erfordern situativ bestimmte Handlungen und geben ein bestimmtes Verhalten vor. Man kann hier an Klassenzimmer oder Kirchen, an Badezimmer oder Bars denken, von denen ein jeder Raum bestimmte Formen sozialer Begegnung und sozialen Umgangs entweder ermuntert, einschränkt, toleriert oder verbietet. Raum wirkt damit in diesem Rahmen *normativ*, also handlungsleitend. Um in dem Bild des sprachlichen Modells zu bleiben: Raum beschreibt nicht (nur) soziale Verhältnisse, sondern schreibt sie gleichzeitig vor. Der wesentliche Schritt in der Argumentation ist die Aussage, dass Raum an sich keinerlei dieser Qualitäten besitzt, sondern erst die soziale (politische, ökonomische etc.) Zuweisung bestimmter Aktivitäten bestimmte Räume zu Klassenzimmern, Kirchen etc. macht. Raum ist damit grundsätzlich sozialer Raum, und nur in dieser Funktion und Bedeutung wahrnehmbar bzw. erkenntnisrelevant. Hillier und Hanson führen diesen Gedanken in ihrem Modell noch einen Schritt weiter. Bei ihnen sind es nicht bestimmte Räume, die bestimmte Aktivitäten vorgeben, sondern vielmehr die *Verknüpfung* dieser Räume, die soziale *Beziehungen* herstellen, unterstreichen oder verhindern. Räumliche Ordnung entscheidet über den Fluss von Gütern, Waren und Informationen innerhalb einer Gesellschaft. Diese Funktion ist dem Raum immanent, bereits in der Trennung von Innen und Außen, dem grundlegendsten räumlichen Strukturprinzip verankert: »The differences between inside and outside [...] are already differences in how societies generate and control encounters« (Hillier / Hanson 1984, 20).

Eine dritte Kernaussage, die sich gleichfalls aus der Untersuchung der *Beziehung* von Räumen ergibt, betrifft die Prozesshaftigkeit sozialen Wissens durch körperliche Erfahrung *qua* räumlichen Verhaltens und seine damit verbundene Verinnerlichung. Räume, so lautet eine der Konsequenzen des *space syntax*-Modells, werden kontinuierlich durch ihre Nutzer, ihre Gestalter und Betrachter geschaffen und stiften ihrerseits Bedeutung.

Syntaktische Analyse als ethnographische Methode

Der folgende Abschnitt soll die praktische Anwendbarkeit dieser Aussagen illustrieren und die Möglichkeiten darstellen, die sich der ethnologischen Forschung durch die Anwendung des syntaktischen Modells bieten. In dem folgenden Fall sind es vor allem methodische Aspekte, die den eigentlichen Zugewinn bringen.

Der Darstellung ländlicher architektonischer Ordnung in Siedlungen der westafrikanischen Savanne habe ich an anderer Stelle bereits breiteren Raum gegeben (Dafinger 2001; 2004; 2008). Daher beschränke ich mich hier auf eine verkürzte Zusammenfassung. In meiner Arbeit dient mir die Analyse räumlicher Ordnung hauptsächlich dazu, die Wechselbeziehung zwischen sozialer Ordnung und räumlicher Gestaltung der westafrikanischen Siedlungen wiederzugeben. Räumliche Ordnung fungiert hier als non-verbales Beschreibungssystem, um soziale, rechtliche, politische und andere Institutionen darzustellen. Gerade in Abwesenheit verschriftlichter Kodizes, ohne rechtliche und politische Zentralinstanzen unterhalb der staatlichen Ebene kommt dieser räumlichen, non-verbalen Darstellung besondere Bedeutung zu. Denn durch die Verräumlichung entzieht sich dieses normative Netzwerk der unmittelbaren Einflussnahme durch moderne administrative und judikative Instanzen auf lokale soziale Institutionen.

Die für die westafrikanische Savanne typische Lehmbautechnik eignet sich in besonderer Weise, sozialen Tatsachen materiellen Ausdruck zu verleihen. Die relative Flüchtigkeit der Lehmarchitektur gestattet es, auch in kurzen Zeitrahmen der Veränderung sozialer Verhältnisse zu folgen und erlaubt den Bewohnern wegen der relativ unspezialisierten Bauweise darüber hinaus, unmittelbaren Einfluss auf die architektonische Gestaltung zu nehmen, ohne auf Hierarchien zentralistischer Planung und Spezialwissen (wie von Architekten) angewiesen zu sein. Die Abbildungen 1 und 2 zeigen Teilbereiche eines solchen Gehöftes, wie es sich für die Untersuchungsregion – das südöstliche Burkina Faso – als charakteristisch darstellt. Der Gesamtkomplex ist aus insgesamt ca. 80 Rundhäusern zusammengesetzt und durch ein Geflecht von Mauern strukturiert. Sie gliedern das Innere der Anlage und kontrollieren Bewegungen innerhalb des Gehöftes. Der Grundriss der Gehöftanlage (s. u. Abb. 3) verdeutlicht diesen labyrinthartigen Aufbau.

Wie die anderen Gehöfte der Region, deren Größe zwischen 15 und 80 Häusern schwankt, ist das Gehöft die Heimstatt einer einzelnen Teil-Lineage, der Angehörigen einer patrilinearen Abstammungsgruppe sowie deren eingeheirateten Frauen. Zwischen Wohneinheit und Bewohnern besteht eine hohe Kongruenz, die sich auch sprachlich ausdrückt: Gehöft / Haus (architektonische Einheit) und soziale Gruppe (Hausgemeinschaft) werden sprachlich zusammengefasst. In der örtlichen Sprache Bisa werden beide als *par*, pl. *paro* bezeichnet. Gleiches gilt auch für zahlreiche benachbarte und andere Sprachen des westafrikanischen Raums (Dalby 1975). Der Begriff des Hauses ist zudem skalierbar und bezeichnet situativ ein Gesamtgehöft,

Abb. 1. Außenansicht eines bäuerlichen Gehöftes im südöstlichen Burkina Faso (Januar 2008).

dessen durch interne Mauern abgetrennte Untereinheiten einzelner Haushalte ebenso wie Aggregationen mehrerer benachbarter Gehöftanlagen, wenn sich deren Bewohner (wie häufig) auf gemeinsame Abstammung berufen. Die 3–4 Meter großen Rundhäuser sind in der Regel von einer einzelnen Person bewohnt. Männer und Frauen bewohnen jeweils eigene Häuser, nur Kinder leben meist bis zur Adoleszenz im Haus ihrer Mütter. Im sozialen Sinne sind diese Häuser aber keine eigenständigen Einheiten, sondern Teile übergeordneter Haushaltsgruppen und werden deshalb nicht als »Haus« *(par)*, sondern mit einem eigenen Begriff *(kje, kjeno)* bezeichnet.

Wie das Gesamtgehöft, das nur über einen einzigen Eingang verfügt, sind auch die kleineren Hauseinheiten, die Haushaltsgemeinschaften, die sich meist um die älteren Männer (Brüder) eines Verwandtschaftsverbandes bilden, nur über jeweils einen eigenen Zugang vom zentralen Innenhof des Komplexes aus zu betreten.

Hier deutet sich bereits an, dass Verwandtschaft eine zentrale Rolle spielt: Ein großer Teil der Sozialbeziehungen und die Mehrzahl alltäglicher rechtlicher und wirtschaftlicher Transaktionen spielen sich innerhalb der Verwandtengruppe ab, und die Stellung innerhalb des verwandtschaftlichen Netzwerks, die Frage, welcher Teilfamilie *(minimal lineage)* einzelne Personen angehören, ist für jede Art ökonomischen, sozialen und politischen Handelns von grundlegender Bedeutung. Das erstreckt sich auf land- und erbrechtliche Fragen, aber auch auf sozio-ökonomische Beziehungen allgemein: Land ist etwa nach lokalem Recht im Besitz der Verwandtengruppe, und individuelle Nutzungsrechte können nur aus der Zugehörigkeit zur Abstammungsgruppe abgeleitet werden. Noch entscheidender für die wirtschaftliche Produktivität eines Haushalts ist die Fähigkeit, in ausreichendem Maße Arbeitskräfte mobilisieren und verpflichten zu können. Dabei sind die klar geregelten Bündel wechselseitiger Ansprüche und Verpflichtungen innerhalb der Hausgemeinschaft (Berry 1989; 1993; Shipton / Goheen 1992) Voraussetzung *sine qua non* der landwirtschaftlichen Produk-

Abb. 2. Eingangsbereich desselben Gehöftes wie Abbildung 1. Den Bildvordergrund bestimmen Speicherbauten und das rechteckige Grab des Gründerahnen (Burkina Faso, Januar 2008).

tion. Die Möglichkeit, verwandtschaftliche Distanz jederzeit und unmittelbar für alle Seiten einvernehmlich bestimmen zu können, wird durch die öffentliche Festschreibung der sozialen Beziehungen im Raum gewährleistet. Dies reicht auch über die lokale landwirtschaftliche Produktion hinaus: Die meisten Haushalte haben einzelne Angehörige, die als Migranten in der Stadt, in den benachbarten Küstenländern oder im europäischen Ausland leben und Schlüsselfiguren im Zugang zu modernen staatlichen und entwicklungsbezogenen Ressourcen sind. Die Überweisungen von Geld durch die Migranten stellen eine wesentliche Unterstützung der Haushalte dar, die intern zum größten Teil nicht-monetär und subsistenzbetont organisiert sind. Wie innerhalb der Organisation der landwirtschaftlichen Produktion ist auch hier das Wissen um die genaue verwandtschaftliche Distanz zu diesen Vermittlern unmittelbares soziales Kapital.

Erstaunlicherweise ist das sprachliche System der Bisa keineswegs geeignet, die Komplexität dieser Beziehungen adäquat darzustellen. Als (im ethnographischen Sprachgebrauch) ›hawaiianisches‹ System (Fox 1983) stellt das Bisa weder für Vettern oder Kusinen – ob väter- oder mütterlicherseits – noch für Großväter, Tanten etc. eigenständige Begriffe bereit. Die Lösung offenbart sich mit dem Blick auf die räumliche Ordnung und architektonische Gestaltung der Gemeinschaft, bei der soziale Beziehungen – selbst jene, die über das verwandtschaftliche Netzwerk hinausreichen – in *räumliche* Beziehungen umgesetzt werden. Hilliers (1984) Ansatz der »Sozialen Logik des Raums« bietet das methodische Rüstzeug, eben diese Kongruenz von Raum und Sozialstruktur analytisch zu fassen. Wie einführend dargestellt, geht es bei der *space syntax* ausschließlich um die Beziehungen zwischen Räumen, um – in Hilliers Terminologie – die *permeability*, also die spezifische Durchlässigkeit des Raums für ausgewählte Beziehungen und Begegnungen gegenüber anderen. Hillier schlägt vor, die syntaktischen Beziehungen in *permeability maps*, »Durchlässigkeitskarten«, zu überführen.

Im Rahmen der hier dargestellten ethnologischen Forschung ist die Erstellung von *permeability maps* Teil eines breiteren analytischen Prozesses, der einerseits auf

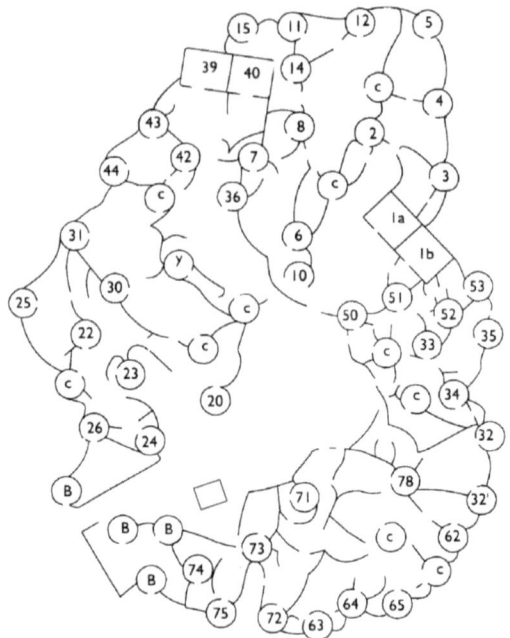

Abb. 3. Grundriss des Gehöfts Lezinias (nach Dafinger 2004, Abb. 18).

der Erstellung von Grundrissen aufbaut (Abb. 3), andererseits die funktionale und semantische Beschreibung des Raums umfasst. Die jeweiligen Bewohner, Nutzer und Besucher von Räumen müssen erfasst und in ihren Beziehungen zueinander dargestellt werden. Die spezifische Funktion von Räumen ermöglicht es, bestimmte Formen der Sozialkontakte selektiv zu interpretieren: Als Beispiel können hier Konsumgemeinschaften dienen, die sich durch die Nutzung bestimmter Räume zu bestimmten Zeiten definieren, deren Mitglieder sich jedoch zu anderen Zeiten und in anderen Funktionen auf andere, nur zum Teil deckungsgleiche Räume verteilen. Während zu bestimmten Zeiten die Mitglieder eines Haushalts gemeinsam essen, finden sich die gleichen Personen zu anderen Zeiten in unterschiedlichen kultischen Räumen – nun aber mit Mitgliedern anderer Haushalte – wieder oder in den jeweiligen Altersgruppen und politischen Funktionen reservierten Bereichen vor und innerhalb des Gehöftes.

Auf Grundlage des Grundrissplans ist es für die Bisa möglich, die Räume – also einzelne Rundhäuser mit den ihnen zugehörigen Höfen – zueinander in Bezug zu setzen (Abb. 4). Bereits der erste Blick auf dieses Diagramm offenbart, dass nahezu alle Räume – und mit ihnen deren Bewohner – durch die Zugänglichkeit ihrer Hütten

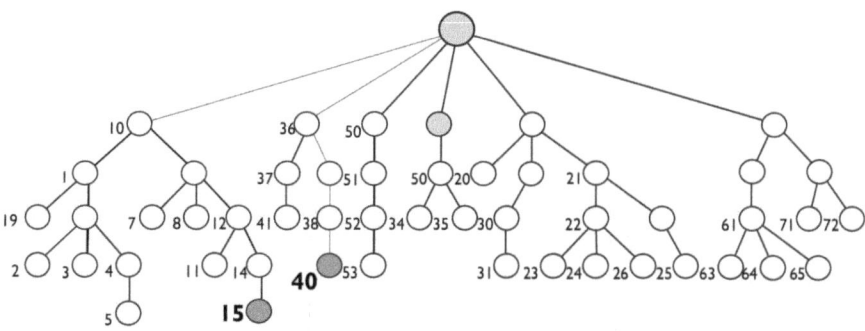

Abb. 4. Strukturdiagramm des Gehöfts Lezinias (vgl. Abb. 3; nach Dafinger 2004, Abb. 19).

in einem klar definierten, hierarchisch geordneten Verhältnis zueinander stehen.[1] Im Falle des Bisagehöftes sind die meisten Räume dendritisch verzweigt angeordnet. Damit ähnelt die *permeability map* einem Verwandtschaftsdiagramm. In Verbindung mit der semantischen Beschreibung offenbart sich, dass diese Ähnlichkeit nicht zufällig ist: Die Abbildung der räumlichen Ordnung entspricht weitestgehend den verwandtschaftlichen Beziehungen des Familienverbandes. Dass es sich um keine vollständige Übereinstimmung handeln kann, davon soll noch die Rede sein: Die Spannung zwischen deskriptiven und normativen Ansprüchen kommt eben hier (in der räumlichen Ordnung der Hausgemeinschaft) zum Ausdruck, und verwandtschaftliche Beziehungen werden auf der räumlichen Ebene des Hauses verhandelt. Dass sich die Darstellung der räumlichen Ordnung als Verwandtschaftsdiagramm lesen lässt, kann auf einen zweiten Blick hin auch nicht verwundern. Hillier und Hanson beharren schließlich darauf, dass *permeability maps* nicht einfach den Raum visualisieren, sondern vielmehr die ihm zugrunde liegenden Regeln repräsentieren: in diesem Falle eben genau die Regeln des verwandtschaftlichen Netzwerks.

Den Schlüssel für das Verständnis des Gehöftes als emisches Modell verwandtschaftlicher Ordnung bietet die zweite Grundannahme der *spatial analysis*: die Prozessualität des Raumes. Was sich im Grundriss oder in Form der *permeability map* als vordergründig statisches Modell darbietet, ist in der Wirklichkeit der Handelnden ein dynamisches und durch Bewegung erfahrenes Konzept. Es offenbart sich den Bewohnern ausschließlich in der Bewegung durch die Räume des Gehöftes.

---

1 Ein Gegenbeispiel hierzu wären Bürogebäude oder Foucaults Schilderung des Panoptikums (Foucault 1976), bei denen die meisten Räume gleichberechtigt von einem zentralen Innenraum oder Beobachtungspunkt abhängen.

Was geschieht also bei der Bewegung durch den Raum? Wenn man den Weg eines Individuums durch das Gehöft nachvollzieht, offenbart sich die Verknüpfung der sozialen mit der räumlichen Ordnung schnell. Wenn zwei beliebige Bewohner des Gehöftes – in der folgenden Darstellung Tarania und Inoussa, deren Häuser auf den Abbildungen 3 und 4 mit den Nummern 15 und 40 gekennzeichnet sind – einander besuchen wollen, müssen sie eine Reihe dazwischen liegender Häuser und Höfe durchschreiten. Obwohl eigentlich benachbart, muss Inoussa (Nr. 15) zunächst durch den Raum seiner Frau gehen (Nr. 14), anschließend durch den Raum seiner Mutter (Nr. 12), in Folge durch den Hof der Mutter seines Vaters (Nr. 6), den Raum der (mittlerweile verstorbenen) Urgroßmutter (der Mutter des Vaters des Vaters) (Nr. 10), um zunächst in den zentralen Innenraum des Gehöftes zu gelangen, an dem das Grab des Gründerahnen die gemeinsame Abstammung aller Mitglieder der Patrilineage symbolisiert. Inoussa geht nun weiter durch den Raum der Mutter von Tarania (Nr. 36), den Hof von dessen Frau (Nr. 39), um schließlich – sechs Zwischenräume später – seinen Vetter (Nr. 40) zu erreichen. Ebenso wie Inoussa durchschreiten auch alle anderen Angehörigen der Familie kontinuierlich die räumliche Abbildung der Verwandtschaftsbeziehungen.

Der Grundriss suggeriert Nähe, die *faktisch* nicht vorhanden ist. Erst die *permeability map*, die Umsetzung der syntaktischen Analyse des Raumes, offenbart die handlungsrelevante Raumordnung: Unbesehen der vordergründigen physischen Distanz durchlaufen Mitglieder der Hausgemeinschaft das verwandtschaftliche und soziale Netzwerk im buchstäblichen Sinn und verinnerlichen somit von Kindesbeinen an die sozialen und verwandtschaftlichen Knotenpunkte, die die Mitglieder zueinander in Beziehung setzen. Aufgrund der ständigen Habitualisierung durch Bewegung funktioniert diese Verinnerlichung effektiver, als es Sprache vermöchte. Mehr noch: Die zentralen Schlüsselpunkte, die alle nachfolgenden Räume beherrschen, sind allesamt Häuser von Frauen, die aufgrund der exogamen Heiratsregeln aus Nachbarorten eingeheiratet haben. Sie pflegen auch nach der Heirat die Beziehung zu ihren Herkunftsorten, insofern ist ein Weg durch das Gehöft immer auch ein Verknüpfen und Wiederbeleben solcher Ortsbeziehungen. Neben der internen verwandtschaftlichen Ordnung sind so auch politische, soziale und ökonomische Außenbeziehungen in das räumliche Geflecht integriert. Ohne Hilliers Modell wäre es nicht möglich, diese Bedeutung der vernakulären Architektur als emisches Modell verwandtschaftlicher und politischer Ordnung zu erkennen und zu verstehen.

Grenzen des Ansatzes

Wie das dargestellte Beispiel illustriert, hat die Untersuchung der räumlichen Ordnung mit Hilfe der syntaktischen Analyse in der Ethnologie neues Potenzial eröffnet und einen fruchtbaren Boden für die Fortentwicklung gefunden. Das Instrument teilnehmender Beobachtung kann durch die erweiterte Beschreibung des umbauten Raumes wesentlich gewinnen und im Gegenzug der syntaktischen Analyse wesentliche inhaltliche Impulse geben. Allerdings hat das Beispiel auch die Grenzen der *rein* syntaktischen Analyse angedeutet. Denn ohne die Einbindung des semantischen Gehalts, also ohne die Kenntnis der Nutzer und Bewohner der Räume und deren Beziehungen zueinander, sind keine sinnvollen Aussagen über deskriptive und normative Aspekte räumlicher Ordnung möglich. So ist es im dargestellten Fall unter anderem von grundlegender Bedeutung zu wissen, dass die Schlüsselstellen innerhalb des architektonischen Komplexes von Frauen bewohnt sind, und dass diese Frauen ausschließlich aus der Fremde (d. h. aus benachbarten Orten) eingeheiratet haben. Erst die qualitative, interagierende Beobachtung fördert zu Tage, dass es die Söhne dieser Frauen sind, die die nachgeordneten Räume bewohnen, und dass diese Söhne privilegierte Beziehungen zu ihren Mutterbrüdern in eben jenen Orten, aus denen die Frauen stammen, pflegen. Das Wissen um die soziale Struktur ist gleichermaßen Voraussetzung und Ergebnis der räumlichen Beziehungen.

Edmund Leach, in den 1960er und 1970er Jahren einer der führenden britischen Ethnologen, hat in einer frühen Auseinandersetzungen innerhalb der Sozialwissenschaften mit der *space syntax*-Theorie genau diese Punkte unterstrichen und dabei vor allem die mangelnde semantische Einbindung kritisiert (Leach 1978). Leachs Beitrag war vernichtend und entzog dem Modell den Boden, auf dem die *space syntax*-Theorie innerhalb der Ethnologie hätte fortentwickelt werden können. Seine Kritik war nicht zuletzt deshalb so verheerend, weil sie von dem Hauptverfechter strukturalistischer Theorie in England geäußert wurde, der zweifelsfrei über die fachliche und institutionelle Autorität verfügt hätte, *space syntax* in der britischen *social anthropology* zur Anerkennung zu verhelfen. Stattdessen jedoch sezierte Leach den Ansatz schonungslos. Neben der Verengung auf rein syntaktische Merkmale waren es die Ahistorizität und die fehlende Akteursperspektive, die Leach am Modell der syntaktischen Analyse bemängelte – die allerdings nicht zuletzt der Nähe des Modells zur strukturalistischen Schule geschuldet waren.[2]

Gegenüber der Kritik von Leach machte das oben angeführte Fallbeispiel sogar noch weitere Probleme sichtbar. Dazu rechnen vor allem die eingeschränkte Skalierbarkeit und – damit verbunden – die eingeschränkte Verallgemeinerbarkeit des Modells: Sozialbeziehungen reichen immer auch über den architektonischen Rahmen hinweg. Selbst wenn sich die räumliche Analyse in der Nachfolge Hilliers gerade der Analyse von Nachbarschaften und Städten zuwandte,[3] kann das Modell nur ungenügend hybride Wohn- und Zwischenformen in Übergangsgesellschaften fassen. Zahl-

---

2 Bei aller Angemessenheit der sachlichen Kritik geht die Sprachwahl Leachs jedoch oft selbst über die innerhalb des britischen akademischen Betriebs übliche Schärfe hinaus.

3 Hillier 1996. – Hier sind vor allem die Arbeiten des Londoner *Centre for advanced spatial analysis* zu nennen.

reiche Mitglieder eines Hauses sind im vorgestellten Beispiel nur teil- oder zeitweise auch dessen Bewohner und residieren – synchron oder zeitlich versetzt – in der Stadt. Sie sind also simultan oder oszillierend in unterschiedliche Raumordnungen eingebunden und befinden sich zeitgleich in räumlich unterschiedlich kodierten Sozialbeziehungen. Die räumliche Ordnung in der Stadt folgt dem, was Hillier und Hanson als *global-to-local rule* verstehen: einer prädefinierten Raumordnung, die nicht aus den sozialen Regeln der Gruppe hervorgeht. Ihr kommt vor allem nicht der gleiche normative Charakter zu, wie dies bei den dargestellten Gehöften der Fall ist. Nun kann man diesen Bruch zwischen Stadt und Land erklären, nicht aber das Problem, warum bei diesem Übergang die Bedeutung sozio-räumlicher Ordnungskriterien radikal abnimmt, und vor allem nicht, was an ihre Stelle tritt. Erste Ansätze (Dafinger 2008) deuten darauf hin, dass Migranten und neue Eliten in den geschilderten Fällen offensiv mit diesen Brüchen umgehen und sich situativ gleichzeitig räumlicher sowie anderer Formen sozialer Beschreibung bedienen.

Die Lückenhaftigkeit räumlicher Ordnung hatte sich von Beginn an als ein Problem des *space syntax*-Ansatzes dargestellt. Hillier und Hanson selbst mussten die Frage unbeantwortet lassen, warum einige Gesellschaften mehr Energie in die räumliche Kodierung von Sozialbeziehungen investieren als andere. Das hier eingeführte Beispiel verweist jedoch darauf, dass auch *innerhalb* von Gesellschaften räumliche Ordnung unterschiedlich deutlich ausgeprägt sein kann. Wie lässt sich also auf der Handlungsebene die gleichzeitige Gegenwart einer mit großer Bedeutung aufgeladenen sozio-räumlichen Ordnung und ihrer Abwesenheit erklären und analytisch nutzbar machen?

Hinsichtlich der *space syntax* fiele Leachs Antwort eindeutig aus. Für ihn stellte die Abwesenheit der Akteure im syntaktischen Modell schließlich einen der Hauptkritikpunkte dar (Leach 1978). Leach hatte kritisiert, dass *space syntax* den Raum nur kurzfristig belebt; zwar betont das Modell der »Sozialen Logik« die Prozesshaftigkeit des Raums, begreift also den Raum mehr als Geschehen denn als Sein. Letztlich aber endet das Modell wieder in einer vertrockneten Formelsprache, die nur entmenschlichte soziale Regeln beschreibt. Dies gilt umso mehr, wenn den *permeability maps* eine weitere Abstraktionsebene nachgeschaltet ist, indem die relative Tiefe des Raumes bemessen und statistisch verwertbare Durchlässigkeitswerte ermittelt werden (Hillier 1996; ders. / Hanson 1984).

Der Leachschen Kritik zum Trotz kann die *space syntax* der ethnologischen Betrachtung gleichwohl einen wesentlichen Erkenntnisgewinn bescheren. Die Fallbeispiele konnten schließlich zeigen, wie die *space syntax* den Weg zum emischen Verständnis ebnen helfen kann, die Binnensicht der Bewohner darzustellen: So hat es die *permeability map* in diesem Beispiel ermöglicht, das Beziehungsgeflecht der Bewohner zu beschreiben, und auf die hohe Bedeutung der räumlichen Bewegung als Mechanismus zur Internalisierung sozialer Normen hinzuweisen.

Neubewertung und Anschlussfähigkeit

Nicht jede Gesellschaft investiert in gleichem Maße soziale Energie in den Raum (Hillier/Hanson 1984, 263). Wie das obige Beispiel zeigt, haben wir es auch innerhalb von Gesellschaften mit Bereichen unterschiedlich ausgeprägter räumlicher Ordnung zu tun. Die *space syntax* scheint vor diesem Hintergrund vor allem als Teil einer breiteren Modellpalette sinnvoll. Die fehlende akteursbezogene Perspektive ist eine strukturalistische Erblast, die sich wohl kaum vollständig kompensieren lässt. Statt wie Leach die Mitwirkung der Ethnologie zu verweigern, habe ich in der dargestellten Studie versucht, das Modell um die Binnensicht der Akteure zu erweitern. Durch seine Herabstufung auf ein Modell mittlerer Reichweite, das nicht die Genese des Sozialen in seiner Gesamtheit aus sich heraus zu erklären sucht, sondern methodisch gleichwertig neben andere Ansätze tritt – wie im dargestellten Fall neben die Analyse der sozialen und verwandtschaftlichen Beziehungen –, kann zugleich die konkrete Anwendbarkeit der *space syntax* in den Nachbardisziplinen erleichtert werden.

Im letzten Teil dieses Abschnittes möchte ich darstellen, wie diese Rückführung in einen breiteren methodischen und theoretischen Rahmen die Akzeptanz und Validität des *space syntax*-Ansatzes zu unterstützen vermag. Dabei geht es zunächst darum, eine Reihe von verwandten Ansätzen zu identifizieren, die sich der Darstellung vergleichbarer Problemfelder widmen. Zu letzteren zählen etwa die Fragen, wie Raum in materieller oder kognitiver Form soziale Realitäten abbildet und wie Prozesse der Verinnerlichung sozialer Beziehungen analytisch sichtbar zu machen sind.

Die Analyse der kollektiven Gestaltung des umbauten oder kommunikativ vermittelten Raumes spielt hierbei eine tragende Rolle. So möchte ich im Folgenden auf philosophische, linguistische, kognitionspsychologische und wirtschaftsethnologische Ansätze verweisen sowie Schnittstellen zwischen diesen Ansätzen vorschlagen. Aus den argumentativen Überschneidungen wird das Potenzial sichtbar werden, das sich in methodischer wie modellbildender Hinsicht aus der interdisziplinären und fachübergreifenden Arbeit ergibt.

Der Prozess der Habitualisierung und der Verinnerlichung sozialer Normen wurde innerhalb der Soziologie ausreichend differenziert dargestellt.[4] In Hinsicht auf die Rolle räumlicher Praxis innerhalb dieses Prozesses bieten sich eine Reihe von Übergängen zwischen dem *space syntax*-Modell und den soziologischen Ansätzen an. Unmittelbarer auf die räumliche Erfahrung bezogen sind in diesem Zusammenhang jedoch jene Überlegungen, die von philosophischer Seite in die Raumdebatte eingebracht wurden. Vor allem die Beiträge von Edward Casey (1996) zielen dabei auf eine fächerübergreifende Zusammenarbeit. Er baut in erster Linie auf Martin Heideggers Phänomenologie (ders. 1984; Heidegger 1967) und Maurice Merleau-Pontys Studien zur körperlichen Erfahrung auf (Casey 1996; Merleau-Ponty 1974; ders./Lefort

---

4 Bourdieu 1999; ders./Wacquant 1992; Elias 1976; Mauss 1936; Wacquant 2000.

2004). Casey tritt Kants Ansatz entgegen, dass es eine apriorische Notwendigkeit gäbe, räumlich wahrnehmen zu müssen. Orte existieren nach Kant, weil wir nicht anders könnten, als räumlich zu denken, was schließlich zur Schaffung von Örtlichkeit führe. Casey ist dagegen der Ansicht, dass abstraktes räumliches Denken (z. B. Prinzipien des kartesischen Raums) vielmehr umgekehrt aus der unmittelbaren und körperlichen Erfahrung entspringt. Die unmittelbare räumliche Erfahrung ist in diesem Modell Grundlage für unser räumliches Vorstellungsvermögen. Phänomenologisch ist der konkrete Ort – und nicht der abstrakte Raum – Grundlage des Denkens. Casey vollzieht damit aus philosophischer Sicht den gleichen Schritt, den Hillier und Hanson mit der Betonung der Normativität des Raums vorgenommen haben. Die Bewegung durch den Raum und die konkreten Beziehungen zwischen Angehörigen der sozialen Gruppe prägen das Sozialverhalten und das kognitive Bild der Gemeinschaft.

Raummodelle der kognitiven Linguistik bieten einen weiteren Bereich verwandter Ansätze. Die kognitive Linguistik beschreibt unter anderem, wie Raum gesellschaftsspezifisch kommuniziert wird. Hier ist vor allem die Klassifizierung und Untersuchung unterschiedlicher Referenzsysteme von Bedeutung (Bickel 1994; Levinson 2004). Einer Triade von absoluten (z. B. Nord, Süd), intrinsischen (z. B. rechtsrheinisch, flussabwärts, cisalpin) und relativen (z. B. rechts von, vor, hinter) Referenzsystemen entsprechen jeweils unterschiedliche normgebende Instanzen. Im Falle absoluter Angaben können dies z. B. solche religiöser, kosmologischer, politischer Art sein. Relative Referenzen hingegen unterstreichen unabhängig von Zentralinstanzen die Verknüpfungen räumlicher und sozialer Punkte. Während kartesische, also absolute Systeme Positionsbeschreibungen bevorzugen und den Raum an sich als Ausgangskategorie setzen, bieten intrinsische und relative Angaben Wegbeschreibungen, die Orte und Zwischenorte zueinander in Beziehung setzen und damit Handlungsanweisungen geben. Beispielsweise gibt es im Bisa keine Begriffe für Nord oder Süd, stattdessen werden Richtungen über die Verknüpfung von Zwischenräumen bestimmt. Die Syntax der Orte findet hier ihre linguistische Entsprechung (Bickel 1994; Levinson 2004).

Das Prinzip der kognitiven Verknüpfung von Räumen wird auch innerhalb der kognitiven Psychologie thematisiert und ist vor allem durch Timothy P. McNamara (1986) experimentell untersucht worden. McNamara hat sich der räumlichen Organisation von Erinnerung gewidmet und als eine mögliche mnemotechnische Form die räumliche Organisation von Wissen beschrieben. Objekte werden hierarchisch nach ihren Orten geordnet. So denkt man beim Anblick des Eiffelturms typischerweise an Frankreich, obwohl dem Eiffelturm selbst nichts Französisches anhaftet. Innerhalb einer solch ›dendritischen‹ Wissensstruktur ererben nachgeordnete Wissenseinheiten Qualitäten der höheren Kategorien. Auf das Beispiel der Bisa übertragen wären dies etwa Unterbereiche des Hauses, die durch die Mütter dominiert werden, da diese als räumliche und haushaltorganisatorische Schlüsselfiguren die Eingänge kontrollieren. Deren Außenbeziehungen, die vom Herkunftsort und dem Klan der Mutter abgeleitet werden, bestimmen damit zugleich ganze Teile des Hauses (zu diesem Modell s. a. Downs/Stea 1982).

Vergleichbare dendritische Modelle wurden unabhängig von den kognitiven Fächern auch in der Wirtschaftsethnologie entworfen. Vor allem im Hinblick auf die zeiträumliche Organisation westafrikanischer Marktnetzwerke haben mehrere Autoren auf deren dendritischen Charakter hingewiesen (Bohannan/Bohannan 1957; ders./Dalton 1965; Bonsack Kelley 1976). Dabei handelt es sich zumeist um Variationen und Vereinfachungen der Christallerschen Theorie zentraler Orte (Christaller 1968), wie sie in Europa und China (Skinner 1964) angewandt wurde. Marktorte bilden hier Netzwerke um hierarchisch höher stehende Märkte, die diese abhängigen Märkte zu politischen und ökonomischen Gemeinschaften zusammenfassen. Die Analyse solcher Netzwerke kann von der Methodik der *permeability maps* durchaus profitieren (siehe Dafinger 2004). Letztere kann jedoch die durch die Märkte gestifteten Sozialbeziehungen – insbesondere wegen der zum Teil komplexen zeitlichen Staffelung – nicht alleine erklären.

Schluss

Mit dem Ansatz zur Untersuchung syntaktischer Ordnung ist der räumlichen Analyse zweifelsohne ein wesentlicher Schritt voran gelungen. Das dargestellte Fallbeispiel konnte zeigen, wie sich die der *space syntax* eigene Methodik, die Erstellung von Durchlässigkeitskarten, dazu eignet, eine wesentliche Form *emischer* Modellbildung zu erfassen. Das Modell der *space syntax* bietet dabei zudem einen Rahmen, der eine breite Reihe benachbarter Disziplinen zu verbinden vermag. Dem Bemühen, disziplinäre Grenzen zu überwinden, waren allerdings von Beginn an enge Grenzen gesteckt, wie die Kritik Leachs exemplarisch vor Augen führt. Leach hatte das Potenzial der syntaktischen Analyse erkannt und zu Recht eine Berichtigung der Mängel gefordert – vor allem hinsichtlich der unzureichenden Akteursperspektiven und der fehlenden Einbindung semantischer Analysen. Letztlich war es jedoch das mangelnde Verständnis auf Seiten der Vertreter der *space syntax* für wesentliche Konzepte benachbarter (hier ethnologischer und soziologischer) Theoriegeschichte, die dem Modell die Akzeptanz innerhalb der Ethnologie verwehrten. Wie die Beispiele des letzten Abschnittes zeigten, hat die *space syntax* jedoch das Potenzial möglicher Anknüpfungspunkte noch keineswegs erschöpft. Es steht den benachbarten Disziplinen frei, die syntaktische Analyse ohne den theoriegeschichtlichen Ballast in ihre eigenen Modelle zu integrieren.

Neben den Fragen der Anschlussfähigkeit gilt es, noch einen weiteren Bereich der syntaktischen Analyse einer kritisch konstruktiven Neubewertung zu unterziehen: Die »Soziale Logik des Raums« tritt bisweilen mit dem Anspruch einer vereinheitlichenden Theorie auf, die über die Analyse von Fallbeispielen hinaus grundsätzliche Aussagen über räumliche und soziale Organisation anstrebt. Die Beispiele dieses Beitrags haben angedeutet, wo die soziale Logik des Raumes wesentliche Beiträge zu leisten vermag, aber auch, in welchen Fällen kognitive, geographische oder ethnologische Überlegungen weitaus schlüssiger greifen. Sowohl Verfechter wie Kritiker des *space syntax*-Modells haben zu oft den Fehler begangen, das Modell überzubewerten und in den Rang eines großen theoretischen Überbaus zu rücken. Indem wir die *space syntax* auf eine Theorie mittlerer Reichweite zurückstufen und gleichberechtigt in eine Reihe mit verwandten Modellen stellen, gewinnt es mehr an Attraktivität, als es einbüßt.

Literaturverzeichnis

Agorsah 1983: E. K. Agorsah, Social Behaviour and Spatial Context. Kyoto: 1983. African Study Monographs 4, 1983, 119–28.

Barth 2005: F. Barth, One Discipline, Four Ways: British, German, French, and American Anthropology. The Halle Lectures. Chicago: University of Chicago Press 2005.

Berry 1989: S. Berry, Social Institutions and Access to Resources. Africa 59, 1, 1989, 41–55.

Berry 1993: S. Berry, No Condition is Permanent. The Social Dynamics of Agrarian Change in Sub-Saharan Africa. Madison: University of Wisconsin Press 1993.

Bickel 1994: B. Bickel, Mapping Operations in Spatial Deixis and the Typology of Reference Frames. Nijmeegen: Max Planck Institute for Cognitive Anthropology 1994.

Bohannan/Bohannan 1957: L. Bohannan/P. Bohannan, Tiv Markets. Transactions of the New York Academy of Sciences II/19, 7, 1957, 613–21.

Bohannan/Dalton 1965: P. Bohannan/G. Dalton, Markets in Africa. Eight Subsistence Economies in Transition. Garden City, New York: Anchor Books 1965.

Bonsack Kelley 1976: K. Bonsack Kelley, Dendritic Central Place Systems. In: C. A. Smith (Hrsg.), Regional Analysis. New York: Academic Press 1976, 219–54.

Bourdieu 1999: P. Bourdieu, Outline of a Theory of Praxis. Cambridge: Cambridge University Press 1999 [Erstausgabe: Genf 1972].

Bourdieu/Wacquant 1992: P. Bourdieu/L. J. D. Wacquant, An Invitation to Reflexive Sociology. Chicago: University of Chicago Press 1992.

Casey 1984: E. S. Casey, Origin(s) in (of) Heidegger/Derrida. Journal of Philosophy 81, 10, 1984, 601–10.

Casey 1996: E. S. Casey, How to Get from Space to Place in a Fairly Short Stretch of Time: Phenomenological Prolegomena. In: K. Basso/S. Feld (Hrsg.), Senses of Place. Santa Fe: School of American Research Press 1996, 14–52.

Christaller 1968: W. Christaller, Die zentralen Orte in Süddeutschland: Eine ökonomisch-geographische Untersuchung über die Gesetzmäßigkeit der Verbreitung und Entwicklung der Siedlungen mit städtischen Funktionen. Darmstadt: Wissenschaftliche Buchgesellschaft 1968 [Erstausgabe: Jena 1933].

Dafinger 2001: A. Dafinger, An Anthropological Case Study on the Relation between Space, Language and Social Order. Environment and Planning A 33, 2001, 2189–203.

Dafinger 2004: Ders., Anthropologie des Raumes: Untersuchungen zur Beziehung räumlicher und sozialer Ordnung im Süden Burkina Fasos. Studien zur Kulturkunde 122. Köln: Köppe 2004.

Dafinger 2008: Ders., Concealed Economies. The Hidden Dimension of Interethnic Conflict and Integration: a Model of Local, National and Global Players in Rural Burkina Faso, West Africa. Unveröff. Habilitationsschr. Leipzig 2008.

Dalby 1975: D. Dalby, The Fulani Compound and the Archaeologist. In: P. Oliver (Hrsg.), Shelter, Sign, Symbol. London: Barrie and Jenkins 1975, 197–204.

Downs/Stea 1982: R. M. Downs/D. Stea, Kognitive Karten: Die Welt in unseren Köpfen. New York: Harper & Row 1982 [Erstausgabe: New York u. a. 1977].

Elias 1976: N. Elias, Über den Prozeß der Zivilisation. Soziogenetische und pschogenetische Untersuchungen. Frankfurt a. M.: Suhrkamp 1976 [Erstausgabe: Basel 1939].

Ferguson 1996: T. J. Ferguson, Historic Zuni Architecture and Society: An Archaeological Application of Space Syntax. Anthropological Papers of the University of Arizona 60. Tucson: University of Arizona Press 1996.

Foucault 1976: M. Foucault, Überwachen und Strafen. Die Geburt des Gefängnisses. Frankfurt a. M.: Suhrkamp 1976 [Erstausgabe: Paris 1975].

Fox 1983: R. Fox, Kinship and Marriage: An Anthropological Perspective. Cambridge, New York: Cambridge University Press 1983.

Heidegger 1967: M. Heidegger, Sein und Zeit. Tübingen: M. Niemeyer [8]1967 [Erstausgabe: Tübingen 1935].

Hillier 1996: B. Hillier, Space is the Machine. A Configurational Theory of Architecture. Cambridge, New York: Cambridge University Press 1996.

Hillier/Hanson 1984: B. Hillier/J. Hanson, The Social Logic of Space. Cambridge, New York: Cambridge University Press 1984.

Hillier u. a. 1976: B. Hillier/A. Leaman/P. Stansall/M. Bedford, Space Syntax. Environment and Planning B 3, 1976, 147–85.

Leach 1970: E. R. Leach, Claude Lévi-Strauss. New York: Viking Press 1970.

Leach 1978: E. R. Leach, Does Space Syntax Really Constitute the Social? In: D. Green/M. Spriggs (Hrsg.), Social Organisation and Settlement. Contributions from Anthropology, Archaeology and Geography. British Archaeological Reports S 47. Oxford: B. A. R. 1978, 385–401.

Lefebvre 2000: H. Lefebvre, La production de l'espace. Paris: Anthropos 2000 [Erstausgabe: Paris 1974].

Lefebvre 2004: H. Lefebvre, Rhythmanalysis: Space, Time, and Everyday Life. London, New York: Continuum 2004.

Levinson 2004: S. C. Levinson, The Body in Space: Cultural Differences in the Use of Body-Schema for Spatial Thinking and Gesture. Nijmegen: Max Planck Institute for Cognitive Anthropology 2004.

Mauss 1936: M. Mauss, Les techniques du corps. Journal de Psychologie 32, 1936, 3–4.

McNamara 1986: T. P. McNamara, Mental Representations of Spatial Relations. Cognitive Psychology 18, 1986, 87–121.

Merleau-Ponty 1974: M. Merleau-Ponty, Phänomenologie der Wahrnehmung. Berlin: de Gruyter 1974 [Erstausgabe: Paris 1945].

Merleau-Ponty/Lefort 2004: M. Merleau-Ponty/C. Lefort, Das Sichtbare und das Unsichtbare. München: Fink ³2004 [Erstausgabe: Paris 1964].

Shapiro 2005: J. S. Shapiro, A Space Syntax Analysis of Arroyo Hondo Pueblo, New Mexico: Community Formation in the Northern Rio Grande. Arroyo Hondo Archaeological Series 8. Santa Fe: School of American Research Press 2005.

Shipton/Goheen 1992: P. M. Shipton/M. Goheen, Understanding African Land Holding. Power, Wealth and Meaning. Africa 62, 3, 1992, 307–25.

Skinner 1964: W. G. Skinner, Marketing and Social Structure in Rural China. Journal of Asian Studies 24, 1964, 3–44; 195–228; 363–99.

von Neumann 1958: J. von Neumann, The Computer and the Brain. New Haven: Yale University Press 1958.

Wacquant 2000: L. J. D. Wacquant, Corps et âme: carnets ethnographiques d'un apprenti boxeur. Mémoires Sociales. Marseille: Agone 2000.

PETER TREBSCHE

Architektursoziologie und Prähistorische Archäologie: Methodische Überlegungen und Aussagepotenzial[1]

Zusammenfassung: Der Beitrag untersucht das Überschneidungsfeld zwischen Architektursoziologie und Prähistorischer Archäologie und plädiert für eine programmatische Zusammenarbeit zwischen diesen Disziplinen. So sehr sich die Erkenntnisziele und Theorien überschneiden, so unterschiedlich sind die verfügbaren Methoden. Aufgrund der eingeschränkten Quellenlage in der Archäologie ist das Methodenspektrum der empirischen Sozialforschung hier nicht anwendbar. Daher wird ein Überblick über bislang angewandte Methoden der Sozialinterpretation von Gebäuden und Siedlungen in der deutschsprachigen Urgeschichtsforschung gegeben. Fünf Verfahrensweisen können unterschieden werden: 1. Ad-hoc-Interpretationen; 2. Untersuchungen an Gebäuden; 3. Untersuchungen der Fundverteilung; 4. Siedlungstypen und -hierarchien; 5. Analogieschlüsse. Um weg von statischen Betrachtungsweisen zu gelangen, werden zwei prozesshafte und handlungsorientierte Perspektiven skizziert. Die erste zielt darauf ab, Gebäudebiographien auf Basis archäologischer Stratigraphien zu untersuchen, was am Beispiel von Deponierungen in Pfostenlöchern illustriert wird. In der zweiten Perspektive geht es darum, Architektur nicht als Spiegel, sondern als »Medium des Sozialen« (H. Delitz) zu begreifen. Anstatt Gesellschaften allein entlang der Achse »egalitär – hierarchisch« zu untersuchen, sollen vielmehr die Wirkungsweisen der Architektur als Mechanismen sozialer Differenzierung in den Mittelpunkt der Betrachtung gerückt werden. Als eine nützliche Untersuchungskategorie eignet sich die Unterscheidung von »Netzwerk-orientierten« und »korporativen« Gesellschaften (nach Feinman 2000), um die unterschiedlichen Organisationsformen der ältereisenzeitlichen Gemeinschaften von Biskupin und Milejowice (beide in Polen) zu erklären.

Die Bedeutung architektursoziologischer Fragen in der Prähistorischen Archäologie

Versteht man Architektur nicht ausschließlich als Produkt von Architekten, so entledigt man sich nicht nur einer schwierig zu begründenden und zu fassenden Abgrenzung, sondern es eröffnet sich auch der Blick auf einen der wesentlichsten Bestandteile der materiellen Kultur: die vom Menschen gebaute und umbaute Umwelt. Die Architektursoziologie, wie sie von Bernhard Schäfers (2003, 22) definiert wurde, untersucht

1 Dieser Beitrag entstand im Rahmen eines Post-Doc Fellowships für Geistes-, Sozial- und Kulturwissenschaften, gefördert vom österreichischen Bundesministerium für Wissenschaft und Forschung.

speziell »die Zusammenhänge von gebauter Umwelt und sozialem Handeln unter Berücksichtigung vorherrschender technischer, ökonomischer und politischer Voraussetzungen«. Dieses Ziel überschneidet sich in einem wesentlichen Bereich mit der Aufgabe der Prähistorischen Archäologie, welche darin besteht, schriftlose Gesellschaften anhand ihrer materiellen Überreste zu untersuchen (Eggert 2001, 13).

In der Definition der Architektursoziologie klingt im Adjektiv »vorherrschend« bereits eine Wandelbarkeit der genannten Voraussetzungen, also eine historische Dimension an. Die Zeitachse führt selbstverständlich bis an den Beginn jeder menschlichen Architektur, also bis in die Altsteinzeit zurück. Das soziale Handeln von Individuen und die Sozialstruktur von Gemeinschaften zählt auch zu einem der wichtigsten Forschungsfelder der Urgeschichte. Die Schnittmenge zwischen den beiden Disziplinen der Prähistorie und der Architektursoziologie und das daraus erwachsende Erkenntnispotenzial wurden bislang nicht gebührend wahrgenommen, weshalb dieser Beitrag als ein Plädoyer für eine architektursoziologische Betrachtungsweise prähistorischer Gesellschaften verstanden werden soll. Damit meine ich eine Betrachtungsweise, die sich der von der Architektursoziologie entwickelten Begriffe und Analysekategorien bedient und dadurch den Reflexionsgrad sozialhistorischer Untersuchungen erhöht (vgl. Mergel 1998, 630; 632).

In der Urgeschichtsforschung beruhen die meisten Rekonstruktionen von Gesellschaftsstrukturen auf Gräbern, in denen sich außer den Überresten der Menschen selbst nur ein bestimmter Ausschnitt ihrer materiellen Kultur findet, nämlich hauptsächlich Kleidung, Schmuck und weitere »Beigaben«, mit denen u. a. soziale Rollen und Status dargestellt wurden. Eine mindestens ebenso bedeutende Rolle als Statusanzeiger kommt der Architektur – wozu Siedlungs- und Grabarchitektur ebenso wie Brücken oder Wege als Baustrukturen in der Landschaft zählen – zu. Viele Gründe dafür liegen in den Eigenschaften der Architektur selbst verankert: (1) Sie ist für den Menschen unentrinnbar (B. Schäfers in diesem Band). (2) Die symbolische Wirkung auf vorsprachlicher, unbewusster Ebene macht die Architektur zu einem der »konstitutiven Medien der Vergesellschaftung« (Delitz 2006). (3) Raum zu bebauen bedeutet stets auch Grenzen zu ziehen und damit soziale Tatsachen zu schaffen (Fischer 2005, 3420 f.). (4) Häuser zählen zu den langlebigsten und dauerhaftesten Bestandteilen materieller Kultur in sesshaften Gesellschaften (Hahn 2005, 38). (5) Die Errichtung von Architektur ist stets eine gemeinschaftliche Leistung: Selbst der einfachste Windschirm wird von zwei Personen aufgestellt. Darüber hinaus kann Architektur nicht durch ein einzelnes Individuum aus *eigener* Kraft verändert oder zerstört (abgerissen) werden. Aufgrund dieser Eigenschaften kann m. E. auch nicht zwischen einer Architektur, die (nur) zur Bewältigung der Natur dient, und einer Architektur, die auch soziale Verhältnisse zur Geltung bringt, unterschieden werden – beide Aspekte wirken von Anfang an gleichzeitig und sind unauflöslich miteinander verbunden.

So umfangreich die Schnittmenge der Erkenntnisziele zwischen Architektursoziologie und Prähistorischer Archäologie auch sein mag, so sehr differieren die Quellenbasis und die anwendbaren Methoden. Während sich die Architektursoziologie eines weit gefächerten Instrumentariums empirischer Sozialforschung (Befragung, Beobachtung etc.) bedient (Riege/Schubert 2002, 43 ff.; Schubert 2005, 14 bes. Übersicht 1 auf S. 15) und für historische Gesellschaften immer noch auf ein breites Spektrum an Schriftquellen zurückgreifen kann, muss die Prähistorische Archäologie als »historische Wissenschaft mit eingeschränkter Quellenbasis« (Andraschko 1998, 331) ihre Quellen zunächst durch Ausgrabungen gewinnen und mit den geeigneten Methoden interpretieren. Die weiteren Ziele dieses Beitrages sind es daher, erstens die Aussagekraft archäologisch untersuchter Siedlungen zu reflektieren; zweitens bisher angewandte Auswertungs- und Interpretationsmethoden zu bewerten sowie drittens zu untersuchen, welche Kategorien und Modelle aus den Sozialwissenschaften sich für die Prähistorische Archäologie am nützlichsten erweisen.

Siedlungen als archäologische Quellen –
Das Märchen vom Dornröschenschloss

»Ausgegrabene Siedlungen sind vergleichbar einem zerfallenen, verwitterten Dornröschenschloß, aus dem die ehemalige Gestalt erschlossen werden kann. Gräberfelder dagegen nahmen die Menschen auf, die – in unterschiedlichem Alter verstorben – aus der lebenden Gemeinschaft ausgeschieden waren und nach bestimmten Regeln begraben wurden. Es ist, als hätten die Bewohner das Dornröschenschloß verlassen und die Archäologen fänden das verwitterte Schloß und die Bewohner voneinander getrennt« (Steuer 1982, 74).

»Die archäologische Interpretation tut jedoch oft so, als ob die Gräber oder die Reste einer Siedlung die Gesellschaft seien und nicht der Friedhof oder die verrotteten Häuser der Gesellschaft. Die archäologischen Befunde [...] sind nicht etwa ›Dornröschenschlösser‹, die einfach nur angeschaut und beschrieben werden können. Der Umweg zur Geschichtsdarstellung ist schwieriger« (ebd. 12).

An zwei Stellen seines Buches über frühgeschichtliche Sozialstrukturen verwendet Heiko Steuer das Dornröschenschloss als Metapher. Dessen Bewohner wurden in dem bekannten Märchen durch den bösen Spruch einer Fee in hundertjährigen Schlaf versetzt. Eine hohe Dornenhecke wuchs um das Schloss, bis nach Ablauf der hundert Jahre ein unerschrockener Prinz eindringen konnte und mit einem Kuss das Dornröschen aufweckte.
Offensichtlich widersprechen die beiden Textstellen Steuers einander: Sind nun ausgegrabene Siedlungen vergleichbar einem Dornröschenschloss, wie im ersten Zitat behauptet, oder sind archäologische Befunde eben *keine* Dornröschenschlösser, wie im zweiten Zitat ausgeführt? Da die besondere Eigenschaft des Dornröschenschlosses darin besteht, nicht zu zerfallen und zu verwittern, sondern nach hundert Jahren genau

in dem Zustand wieder zu erwachen, in dem es in den Schlaf versetzt wurde, ist eine Attributierung als »zerfallen« und »verwittert« widersinnig. Im Dornröschenschloss flackert nämlich das Feuer nach hundert Jahren wieder auf, der Braten brutzelt weiter und der Küchenjunge erhält die Ohrfeige, zu welcher der Koch vor hundert Jahren ausgeholt hat. Ein *gewöhnliches* Schloss wäre hingegen zerfallen und verwittert, und das ist es wohl, was Steuer meinte: Ausgegrabene Ruinen sind die Überreste von Siedlungen nach einem langen Prozess des Zerfalls und daher *kein* unmittelbarer Spiegel des einstigen Lebens und der Gesellschaft.[2]

Die Erforschung jener Transformationsprozesse, durch die menschliche Bauten aufgelassen und zersetzt werden, verdanken wir in erster Linie der US-amerikanischen Archäologie. Vor allem Michael Brian Schiffer hat die natürlichen und kulturellen Faktoren *(formation processes)* herausgearbeitet, welche für die Lückenhaftigkeit archäologischer Grabungsbefunde verantwortlich sind und daher bei der Interpretation Berücksichtigung finden müssen (Schiffer 1996; LaMotta / Schiffer 1999; s. auch Sommer 1991; Blum / Aslan 2005). Auch die Bautätigkeit selbst kann als Serie von Ablagerungs- und Zerstörungsprozessen aufgefasst werden, die als archäologische Stratigraphie (Schichtenfolge) bei der Ausgrabung dokumentiert wird (Harris 1989). Bauabfolge und Formationsprozesse beinhalten also Informationen, die für eine Architektursoziologie von Interesse sind (ausführlich dazu s. u.). Ein archäologischer Grabungsplan gibt in den meisten Fällen nicht wie ein moderner Stadtplan oder ein Satellitenfoto einen Zustand zu einem bestimmten Zeitpunkt wieder, sondern ähnelt einem Palimpsest – einem Pergament, das beschrieben, abgeschabt und wieder beschrieben wurde – , das zuerst entziffert werden muss (Abb. 1; vgl. LaMotta / Schiffer 1999, 20).

Selbst wenn im Idealfall die Entzifferung der Ablagerungs- und Zerstörungsprozesse, die zur Bildung archäologischer Siedlungsschichten führten, gelingt, bleiben noch viele Fragen zur prähistorischen Architektur offen: die Rekonstruktion des Aufgehenden, die Funktion der Gebäude, ihre tatsächliche Nutzung, Einwohnerzahlen, Siedlungsdauer. Keinen dieser Parameter kann man – wie im Falle völker- oder volkskundlicher Hausforschung oder wie bei soziologischen Untersuchungen von Architektur – direkt beobachten, erfragen oder ablesen, sondern sie müssen zunächst einmal rekonstruiert werden (Trebsche 2009). Auf dieser Grundlage sind neben der Architektur ökonomische Aspekte zu untersuchen, d. h. die Abgrenzung von Haushalten, Produktion, Konsumtion und Distribution von Nahrungsmitteln, Rohstoffen

---

2   Auch an anderen Stellen in Steuers Werk sind analoge Widersprüche vorhanden. Vgl. Steuer 1982, 73: »Eine Siedlung ist der *reale Rest* der vergangenen gesellschaftlichen Wirklichkeit im Bereich der Wohn- und Wirtschaftsweise. Sie ist damit ein *unmittelbares Abbild* der gesellschaftlichen Struktur [...]« und S. 106: »Daß Häuser, Höfe und Siedlungen *nicht unmittelbar* die Gesellschaftsstruktur einer Gemeinschaft in rechtlicher Hinsicht, mit Abhängigkeiten verwandtschaftlichen, wirtschaftlichen und rechtlichen Charakters *widerspiegeln*, leuchtet ein, da sie die Folge einer bestimmten Lebens- und Wirtschaftsweise sind.« (Hervorhebungen PT).

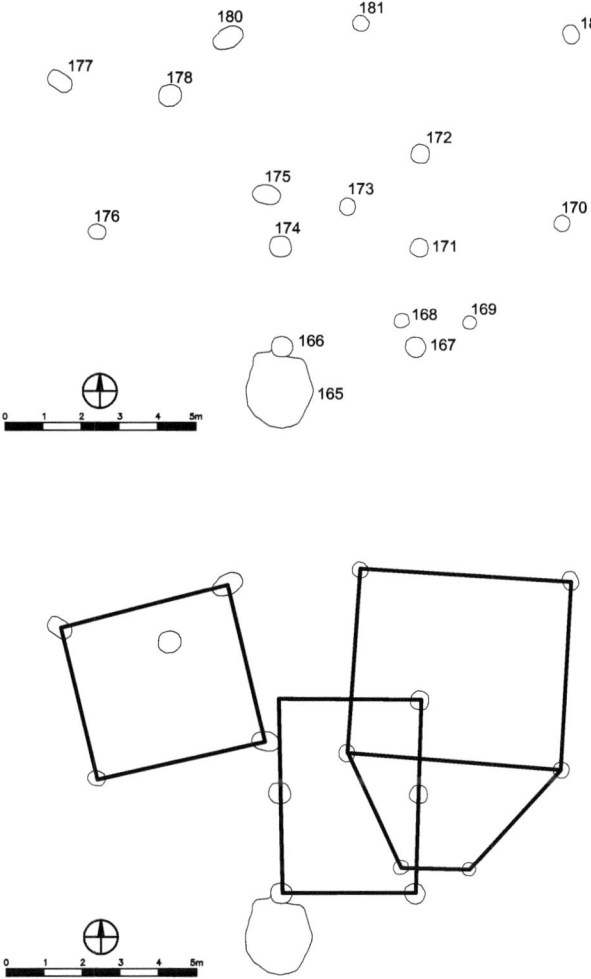

Abb. 1. Der archäologische Siedlungsplan als Palimpsest. Ausschnitt aus dem Grabungs-plan der hallstattzeitlichen Siedlung von Asten (Oberösterreich). Oben: Grundrisse der Pfostenlöcher und Befundnummern. Unten: Interpretation dreier sich überlagernder Haus-grundrisse. M. 1 : 200.

und anderen Gütern. Erst dann sollte man sich auf der Erkenntnisleiter der Prähis-torischen Archäologie eine Stufe nach oben wagen und die sozialen und politischen Verhältnisse untersuchen (vgl. Hawkes 1954, 161 f.).

Methoden

Das Bemühen, anhand der archäologischen Überreste von Siedlungen und Bauwerken auf gesellschaftliche Strukturen zu schließen, ist in der Urgeschichtsforschung so alt wie die Beschäftigung mit Siedlungen selbst. Gerne wird Siedlungen ein höheres bzw. neutraleres (funktionales) Aussagepotenzial bezüglich sozialer Verhältnisse als der Quellengattung der Gräber beigemessen. In der Praxis sind mit Verweis auf den mangelhaften Kenntnis- und Forschungsstand der Siedlungen jedoch Abhandlungen über prähistorische Sozialstrukturen zumeist mit einer Gräberkunde identisch.

Mit der Frage, wie von Architektur und Siedlungen auf Soziales zu schließen sei, haben sich in der deutschsprachigen Ur- und Frühgeschichtsforschung m. W. nur wenige Forscher systematisch beschäftigt, darunter Herbert Jankuhn (1977, 181–6), Heiko Steuer (1982, 103–16) und Reinhard Bernbeck (1997, 189–201). In diesem Kapitel soll daher ein Überblick über die am häufigsten (implizit) praktizierten Methoden der Siedlungsforschung in der deutschsprachigen Urgeschichte gegeben werden. Dabei lassen sich fünf Ansätze unterscheiden: 1. Ad-hoc-Interpretationen; 2. Untersuchungen an Gebäuden; 3. Untersuchungen der Fundverteilung; 4. Siedlungstypen und -hierarchien; 5. Analogieschlüsse.

1. Ad-hoc-Interpretationen

Darunter sind implizite Interpretationen zu verstehen, die sich auf einen konkreten Befund beziehen und ohne genauere Begründung geäußert werden. Oftmals sind Ad-hoc-Interpretationen in Vor- oder Kurzberichten über Ausgrabungen zu finden, und charakteristischerweise bleibt die Terminologie unpräzise.

Dazu ein frühes Beispiel: Gerhard Bersu, der von 1911 bis 1929 eine der ersten großflächigen Siedlungsgrabungen Deutschlands auf der mehrperiodigen Höhensiedlung Goldberg im Nördlinger Ries unternahm, war es in seinem Vorbericht ein besonderes Anliegen, auf die Sozialstrukturen der Bewohner einzugehen. Über die Siedlung der Altheimer Kultur (ca. 3800–3400/3300 v. Chr.), die aus annähernd quadratischen, halb eingetieften Häusern mit einer Größe von bis zu 5 × 6 m bestand, schrieb er:

>»Der geringe Größenunterschied der Häuser läßt deutlich erkennen, daß wir es hier mit einer Siedelung sozial Gleichstehender zu tun haben. Irgendein durch besondere Größe hervorgehobenes Häuptlingshaus fehlt bisher. Die aufmerksame Betrachtung des Planes [Abb. 2] zeigt ferner, daß die Häuser in kreisartigen Gruppen angeordnet sind. Die Wohnverhältnisse heute noch lebender primitiver Völker berechtigen uns zu der Annahme, daß jede dieser Gruppen von einer Sippe bewohnt gewesen ist. Hätten wir nur eine solche kreisförmige Anlage, so könnten wir von einem Dorf sprechen, da wir aber mehrere haben, so ist für diese Siedelung der Begriff ›Stadt‹ anwendbar. Wir haben damit hier auf dem Goldberg zum ersten Mal in der Vorgeschichte eine stadtartige Siedelung freilegen können« (Bersu 1930, 138).

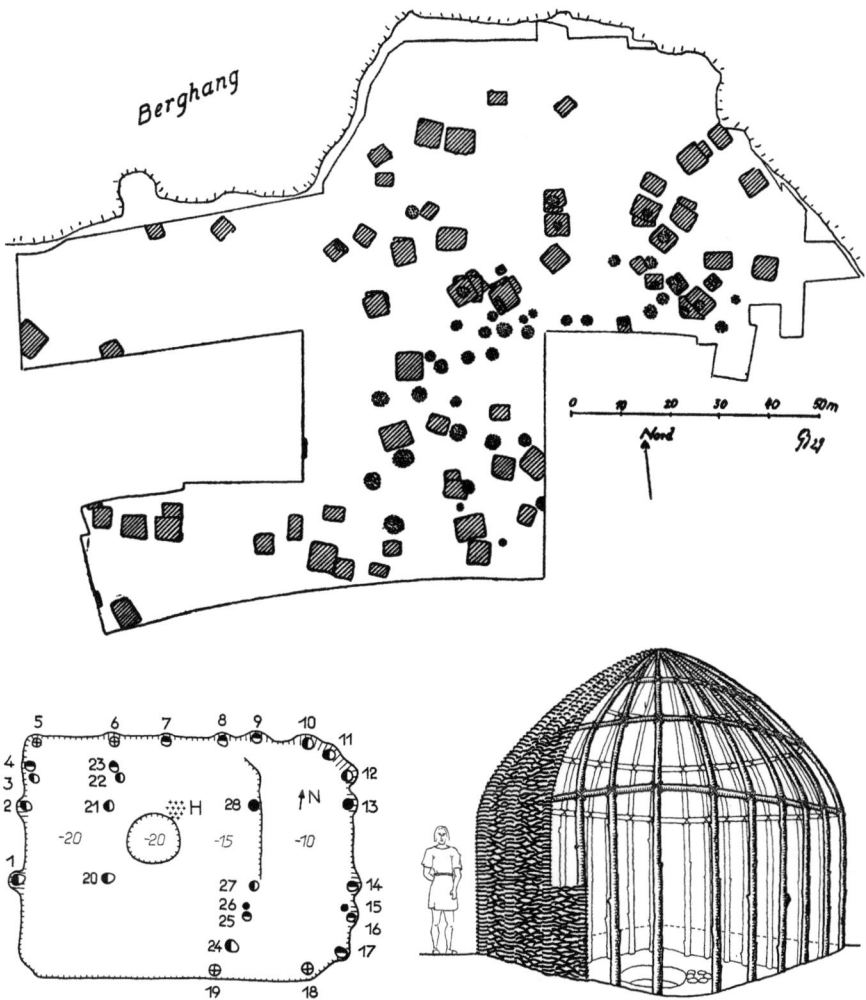

Abb. 2. Die spätneolithische Besiedlung (Altheimer Kultur) des Goldberges (Baden-Württemberg). Gesamtplan, Detailplan von Haus P und Rekonstruktionszeichnung (nach Bersu 1930, Abb. 2; 1937, Abb. 2; Beilage 3/Abb. 15).

Im nächsten Satz wird der – nach Kriterien der Siedlungsgeographie (vgl. Kolb 2007; Löw u. a. 2008, 11 ff.) hier sicherlich unzutreffende – Begriff der ›Stadt‹ abgeschwächt zu einer »stadtartigen Siedelung«, die auch als »Handelszentrum« fungiert habe (Bersu 1930, 138). Der Hinweis auf »Wohnverhältnisse heute noch lebender

primitiver Völker« kann mangels näherer Erläuterung und Nachweise nicht als über-
prüfbarer Analogieschluss (siehe Punkt 5) gelten. In aller Deutlichkeit formuliert
Bersu zudem ein Interpretationsschema, das sich wie ein roter Faden durch die Prähistorie zieht, dass nämlich gleichartige Häuser auf eine egalitäre Gesellschaft schließen
ließen (zu Alternativen siehe unten S. 159 ff.).

Wie sehr Ad-hoc-Interpretationen terminologisch unscharf und dem Zeitgeist
unterworfen sein können, zeigt die sich wandelnde Bezeichnung von Haus 16 in der
urnenfelderzeitlichen Siedlung von Bad Buchau am Federsee (Baden-Württemberg):
Die Beschriftung lautete im Jahr 1931 »Herrenhaus«, änderte sich 1938 rasch zum
»Führerhaus«; 1951 war das Haus als jenes des »Dorfoberhauptes« bezeichnet (Schöbel 2008, 101 Abb. 19).

Als aktuelles Beispiel für eine Ad-hoc-Interpretation sei der Vorbericht über ein
monumentales Apsidengebäude auf dem späthallstattzeitlichen Mont Lassois in Burgund genannt. In geradezu quälend unpräziser Weise wird dieses Bauwerk als »keltischer Palast im mediterranen Stil« mit allerlei möglichen Funktionen angesprochen
(Chaume u. a. 2008; siehe dazu den Beitrag von M. Jung in diesem Band).

Aus dem Gesagten wird deutlich, dass sich eine architektursoziologisch ausgerichtete Prähistorie anderer Methoden bedienen sollte, die im Folgenden näher erörtert
werden.

2. Untersuchungen an Gebäuden

In dieser Methodengruppe werden Eigenschaften von Gebäuden – z. B. Größe, Bauweise, Schmuck, Lagebezug, Umwehrung, Speicher- und Stallkapazität – meist innerhalb einer Siedlung untersucht. Unterschiede werden als Ausdruck wirtschaftlicher
und / oder sozialer Ungleichheit gewertet (Jankuhn 1977, 183 f.; Steuer 1982, 110;
112). In wirtschaftlicher Hinsicht stehen Wohlstand und handwerkliche Spezialisierung im Vordergrund der meisten Untersuchungen; in sozialer Hinsicht Prestige und
politische Macht. Eine wichtige Rolle wird Grenzen (Zäunen, Erdwerken, Befestigungen) als Ausdruck von Absonderung und von Besitzverhältnissen beigemessen
(ebd. 109).

Als Methoden können einfache oder komplexe statistische Verfahren (Cluster-
analyse: z. B. Gebühr 2002) zur Anwendung kommen. Als deskriptives Instrument findet z. B. die *space syntax* nach Bill Hillier und Julienne Hanson (1984) zur Beschreibung räumlicher Konfigurationen Verwendung. Andere topologische Untersuchungen
widmen sich der baulichen Komplexität, Nachbarschaft, Öffentlichkeit / Privatheit etc.
(Bernbeck 1997, 190–200; Anwendungsbeispiel z. B. bei Thaler 2006).

Obwohl mögliche Kriterien zur Untersuchung von Gebäuden im Prinzip seit langem in Lehrbüchern beschrieben wurden (Jankuhn 1977, 183 f.; Steuer 1982, 103 ff.),
finden sich wenige Anwendungen auf urgeschichtliche Architektur in der deutschspra-

chigen Literatur. Als umfangreicheres Beispiel soll daher auf die französische Untersuchung bandkeramischer Häuser durch Anick Coudart (1998) verwiesen werden.

Für die Frühgeschichte verfügen wir mit der Wurtensiedlung auf der Feddersen Wierde in Niedersachsen (Mitte 1. bis 5. Jahrhundert n. Chr.) über ein Paradebeispiel einer auf den Gebäudemerkmalen beruhenden Sozialinterpretation (Haarnagel 1979; Kossack 1997; Burmeister / Wendowski-Schünemann 2006). Gegründet von fünf bäuerlichen Familien, die jeweils Wohnstallhäuser gleicher Größenordnung und mit ähnlichem Viehbesitz bewohnten, wuchs die Wurt in den folgenden Phasen, in denen eigene Handwerkerhäuser hinzukamen und sich ein »Mehrbetriebsgehöft« durch seine besondere Größe und Befestigung abgrenzte. Den Bewohnern dieser als »Herrenhof« interpretierten Anlage kam laut Werner Haarnagel eine wirtschaftlich und sozial dominierende Rolle für das gesamte Dorf zu. Handwerker und »Hintersassen« standen in Abhängigkeit der »Dorfhäuptlinge«. Kritik an den Grundlagen dieser Interpretation wurde jüngst von Stefan Burmeister geäußert; sie setzt in erster Linie an der Gleichsetzung der Stallgrößen mit wirtschaftlichem Wohlstand und daraus abgeleiteter sozialer bzw. rechtlicher Stellung an (Burmeister / Wendowski-Schünemann 2006, 124 ff.).

Das Potenzial derartiger Analysen von Gebäudeeigenschaften scheint noch lange nicht ausgeschöpft, auch wenn bei der Interpretation der feststellbaren Differenzen auch andere als soziale Faktoren unbedingt berücksichtigt werden müssen. Da es sich um Merkmale der »gebauten Umwelt« handelt, können Untersuchungen an Gebäuden nur die *Erbauerperspektive* reflektieren, die unter Umständen von der ihrer Benutzer abweicht. Um diese zu erfassen, eignen sich die Methoden der nächsten Gruppe.

3. Untersuchungen der Fundverteilung

Eine häufig angewandte Methode der Siedlungsanalyse besteht in der Untersuchung der Fundverteilung, die auf unterschiedlichen Maßstabsebenen durchgeführt werden kann: für einzelne Gebäude, ganze Siedlungen oder im Vergleich mehrerer Siedlungen, d. h. auf der Ebene von Siedlungsräumen. Die Fundverteilung kann – wenn sie die Taphonomie ausreichend berücksichtigt – wichtige Hinweise auf die Nutzung von Gebäuden und Siedlungen erbringen (Trebsche 2009). Wird den Funden über die praktische Funktion hinaus auch ein sozialer Indikatorwert zugemessen, betrachtet man sie also im weitesten Sinne als Statussymbole bzw. als Anzeiger eines schichtenspezifischen Lebensstils, so können aus ihrer räumlichen Verbreitung Rückschlüsse auf die soziale Bedeutung der Architektur gewonnen werden.

Als Beispiel für eine umfangreiche Fundverteilungsanalyse seien die Untersuchungen der Arbeitsgruppe um Norbert Spichtig (Hecht u. a. 2007) für die spätlatènezeitliche Großsiedlung von Basel-Gasfabrik (ca. 150–80 v. Chr.) kurz vorgestellt: Unter Berücksichtigung bereits zerstörter und alt gegrabener Bereiche der Siedlung werden Indizien für Werkplätze (wie Halbfabrikate und Produktionsabfälle), feste Einrichtungen (wie Töpferöfen, Getreidesilos oder Brunnen) sowie »Objekte des elitären Lebensstils« (Waffen, Pferdegeschirr, importierte Luxusgüter wie Weinsiebe, Glasgefäße) kartiert. Im Ergebnis zeigt sich, dass sich weder die »elitären« Funde noch solche, die für die »breite Bevölkerung« und Handwerker in Anspruch genommen werden, in bestimmten Arealen konzentrieren. Daher kommen die Autoren zum Schluss, dass die Elite gemeinsam mit der breiten Bevölkerung lebte, und zwar verteilt auf zahlreiche Wohn- und Wirtschaftseinheiten. Möglicherweise entspricht dieser Befund sozialer Durchmischung in einer Großsiedlung der spätlatènezeitlichen Realität. Auch in der römischen Antike – sichtbar beispielsweise in Pompeji – sind solche Verhältnisse typisch, die Andrew Wallace-Hadrill (1994) als »soziale Promiskuität« bezeichnet.

Einige kritische Bemerkungen müssen jedoch angebracht werden. In der Studie über Basel-Gasfabrik finden zwar Auffindungsfilter Berücksichtigung, das Zustandekommen der Fundvergesellschaftungen jedoch nicht. Die Prämisse, »dass der Fundort der Objekte auch gleichzeitig ihr Gebrauchsort war« (Hecht u. a. 2007, 74), wird von den oben angeführten Studien zu Formationsprozessen heftig angezweifelt (LaMotta / Schiffer 1999, bes. 20; Blum / Aslan 2005, bes. 306; 313).[3] Zumindest der Erhaltungszustand der Objekte (neuwertig / abgenutzt, vollständig / zerbrochen etc.) und damit ein Hinweis auf primäre, sekundäre oder tertiäre Deponierung sollte Berücksichtigung finden. Auch die Zuweisung eines Statuswertes an bestimmte Objektkategorien ist – wie die Autoren richtig erkennen – nur zu postulieren (Hecht u. a. 2007, 78) und sollte durch andere Kontexte erhärtet werden.

Diese Bemerkungen sollen nicht generell die Aussagekraft von Fundverteilungsanalysen in Zweifel ziehen, sehr wohl aber darauf hinweisen, dass erst die Berücksichtigung der Formationsprozesse zu einem klaren Bild verhilft. Während archäologische Kleinfunde meist nur in geringer Zahl in Siedlungen gefunden werden, ermöglichen Massenfunde wie Keramik, Tierknochen, Pflanzenreste oder Mikroabfälle statistisch abgesicherte Aussagen. Die Zusammensetzung von Schichtinhalten und der Erhaltungs- bzw. Fragmentierungsgrad der Funde liefern darüber hinaus Anhaltspunkte zum Zustandekommen der Ablagerungen, also zu den taphonomischen Prozessen. Darüber hinaus sollte anstatt absoluter Fundzahlen die relative Häufigkeit bestimmter Gegenstände (als Prozentwert gemessen an allen Funden oder als Funddichte pro Kubikmeter Ablagerung) für eine Kartierung herangezogen werden.

Als idealtypische Untersuchung der räumlichen Verbreitung von Massenfunden können Patrice Méniels Analysen von Tierknochen in latènezeitlichen Siedlungen Frankreichs genannt werden (Méniel 2001). Herausragende Ergebnisse lieferte die

---

3   Der Hinweis auf Passscherbenverbindungen (Hecht u. a. 2007, 74 Anm. 6) ist m. E. nicht ausreichend, da die meisten untersuchten Objekte nicht zur Keramik gehören und für sie durchaus andere Ablagerungsbedingungen gelten können.

Analyse der Großsiedlung von Acy-Romance, wo um drei Plätze jeweils die Häuser von Ackerbauern, Viehzüchtern und Metallhandwerkern angelegt sind, die unterschiedliches Fleisch konsumierten (Lambot 2002, 117; 120 f.). Aufgrund der großen Anzahl von Tierknochenfunden können im Idealfall Deponierungen von Tierkadavern, Schlachtabfälle, Überreste einzelner Festmahle oder länger akkumulierte Küchenabfälle voneinander unterschieden werden. Die Schlacht- und Speisereste in Form von Tierknochen gewähren einen tiefen Einblick in die Ernährung, die ein wichtiges Feld der sozialen Abgrenzung im Rahmen des Lebensstils bildet (vgl. deFrance 2009).

Die Untersuchung der Fundverteilung sollte also – unter Berücksichtigung der Entstehung des archäologischen Befundes – auf die Rekonstruktion von Aktivitäten, im besten Fall von Interaktionen im bebauten Raum abzielen (wie in der Fallstudie von R. Ebersbach in diesem Band). Diese Art der Analyse ist also geeignet, die *Benutzerperspektive* in das Studium der Architektur einzubeziehen.

4. Siedlungstypen und -hierarchien

In dieser Gruppe werden Methoden zusammengefasst, die auf einem Vergleich archäologisch untersuchter Siedlungen (diachron oder synchron) innerhalb einer Kultur beruhen. Meist zielt diese Vorgehensweise auf die Erstellung einer Siedlungstypologie oder -hierarchie und damit auf die soziopolitische Organisationsform prähistorischer Gesellschaften ab.

Im einfachsten Fall wird anhand bestimmter Kriterien ein Siedlungstyp herausgestellt und mit einer Herrschaftsform direkt verknüpft. Als bekanntestes Beispiel, sowohl was Wirkmächtigkeit als auch daran anknüpfende Kritik betrifft, kann das »Fürstensitz-Modell« Wolfgang Kimmigs gelten. Am Beispiel der Heuneburg an der oberen Donau stellte Kimmig einen Typ späthallstattzeitlicher Höhensiedlungen (6. bis erste Hälfte 5. Jahrhundert v. Chr.) vor, die er zunächst hypothetisch als Adelsresidenzen ansprach (Kimmig 1969; Kimmig 1983). Durch die suggestive Bezeichnung »Fürstensitz« wurde »aus dem Denkbaren das Faktische und aus dem Vorgestellten das Konkrete« (Eggert 1989, 56), obwohl seit langem archäologische Evidenz vorliegt, der zufolge die von Kimmig angeführten Kriterien nicht zur Charakterisierung eines (einzigen) Siedlungstyps geeignet, ja teilweise sogar zirkulär sind (Eggert 1989; Schier 1998; Jung 2005; Schweizer 2006; Müller-Scheeßel 2006).

Als anderes Beispiel seien die hauptsächlich in Bayern verbreiteten hallstattzeitlichen rechteckigen Grabenanlagen angeführt, die von Johannes Pätzold und Klaus Schwarz (1961) erstmals als »Herrenhöfe« angesprochen wurden. In ihnen hätten – im Gegensatz zu den »Fürsten« Baden-Württembergs – »wohlhabende Bauern« gewohnt, die als »Vertreter der Führungsschicht« im »öffentlichen Leben tonangebend« gewesen seien (ebd. 14 f.). Aktuelle Zusammenstellungen aller bekannter »Herrenhöfe« zeigen hingegen große Unterschiede in der Fläche, der Art der Befestigung, den Nachweisen handwerklicher Produktion etc. auf (Kas/Schußmann 1998; Berg-Hobohm 2002/03), weshalb auch hier nicht von einem einheitlichen Siedlungstyp gesprochen werden kann und daher keine pauschale soziale Deutung möglich ist.

Obwohl allein aufgrund des rasch anwachsenden Quellenbestandes – bedingt durch großflächige Rettungsgrabungen seit etwa drei Jahrzehnten – eine ständige Überprüfung und Neuerstellung von Siedlungstypologien notwendig wäre, erweisen sich die einmal etablierten prägnanten Benennungen als äußerst langlebig und resistent gegen widersprechende Evidenz.

Darüber hinaus sind grundsätzliche Zweifel angebracht, ob – nach siedlungsgeographischen Kriterien gewonnene – Siedlungstypen ohne weiteres immer mit soziopolitischen Organisationsformen gleichzusetzen sind. Das Idealbild einer Entsprechung von Siedlungsform und politischer Organisation geht auf Aristoteles zurück, wonach die Art der Befestigungsanlage Ausdruck bestimmter Herrschaftsformen sei. Eine Akropolis (Stadtburg) entspreche laut Aristoteles der Monarchie sowie der Oligarchie, die gleichmäßige Befestigung des Ganzen einer Demokratie und mehrere befestigte Plätze einer Aristokratie (Aristoteles, Politik 1330b). Obwohl bei Aristoteles klar zum Ausdruck kommt, dass es sich bei diesen Befestigungssystemen um Idealtypen handelt, und auch die archäologischen Befunde archaischer Zeit in Griechenland Gegenteiliges belegen (Lang 1996), hat die Gleichsetzung »Siedlungstyp = Herrschaftsform« in der Prähistorischen Archäologie bis heute nichts an Faszination eingebüßt (Jung im Druck).

Anstatt einzelne Siedlungstypen wie Rosinen aus dem Kuchen zu picken, sollte sich die soziopolitische Deutung auf eine Erfassung des gesamten Siedlungssystems und der Siedlungshierarchie stützen, wie sie zum Beispiel von Olivier Büchsenschütz (2000, 390 ff. Abb. 36; 2007, bes. Abb. 50) oder Sabine Rieckhoff (2001, 102–5) erarbeitet wurde. Die meisten Siedlungstypologien in der Urgeschichte beruhen auf äußerlichen Merkmalen wie topographische Lage, Siedlungsgröße oder Befestigung, die ohne aufwändige Ausgrabungen feststellbar sind. Hingegen sind umfangreiche Untersuchungen notwendig, um wirtschaftliche, funktionale und architektonische Merkmale (wie Siedlungsplan, Bebauungsstruktur, Gebäudetypen) einbeziehen zu können. Erst dann sind Interaktionen zwischen den Siedlungen feststellbar, die zur Rekonstruktion der Siedlungshierarchie herangezogen werden können (Nakoinz/Steffen 2007). Unzweifelhaft stellen Siedlungshierarchien eines der wichtigsten Korrelate soziopolitischer Komplexität dar, die in der Prähistorischen Archäologie – etwa zur Untersuchung von Zentralisierungs- und Urbanisierungsprozessen – erfolgversprechend angewandt werden können. Mit dieser Untersuchungsebene entfernen wir uns jedoch von den Aufgaben der Architektursoziologie im engeren Sinne und betreten das Feld der Stadt- bzw. Raumsoziologie (Löw u. a. 2008) sowie der Siedlungs- oder Humangeographie (Heineberg 2003).

5. Analogieschlüsse

Analogisches Deuten bildet die stillschweigende Grundlage für so gut wie alle archäologischen Interpretationen (Gramsch 2000; Eggert 2001, 325; 328). In diesem Abschnitt ist jedoch nur die *explizite* Verwendung von Analogien bei der Rekonstruktion urgeschichtlicher sozialer Verhältnisse gemeint. Allgemein beruht ein Analogieschluss darauf, dass »aufgrund von Übereinstimmungen zwischen zwei Phänomenen [angenommen wird], daß sie auch in weiteren, nicht dokumentierten Eigenschaften übereinstimmen« (Eggert 2001, 324; vgl. Bernbeck 1997, 85 f.). Im Falle architektursoziologischer Deutungen wird also aufgrund von (strukturellen) Gemeinsamkeiten in der materiell fassbaren Kultur (der Architektur) auf Übereinstimmungen im nicht-materiellen Bereich des Sozialen geschlossen.

Als einfache Analogie zieht beispielsweise Matthias Jung (im Druck) einen Vergleich zwischen nordafrikanischen befestigten Siedlungen (den *Ksour*) und der hallstattzeitlichen Heuneburg, um darauf hinzuweisen, dass eine Zusammensiedlung mehrerer Bevölkerungsgruppen auch ohne den »Gründungsakt« eines »Fürsten« oder »Herrn von Format« möglich sei. Umfassende Studien, die (im Sinne einer Ethnoarchäologie M. Eggerts [2001, 339]) einen systematischen Fundus ethnographischer Fallstudien mit besonderer Berücksichtigung archäologisch fassbarer Merkmale der Architektur bieten, sind in der deutschsprachigen Forschung bislang äußerst selten (Schlette 1958, bes. 19 f.; Piesbergen 2007, 69 ff.; vgl. Kent 1990; Coudart 1992).

Vielmehr wurde in der Theorie diskutiert, welche Analogien heranzuziehen seien und wie ein Kulturvergleich vonstatten gehen solle: als Individualvergleich historisch verknüpfter Phänomene (d. h. intra- und inter-kultureller Vergleich zeitgleicher oder zeitnaher Kulturen; Krauße 1996, 17 ff.) oder im Rahmen eines komparativ-kulturanthropologischen Ansatzes unter Heranziehung auch außereuropäischer Analogien (Eggert 2001, 309; 328 f.).

Im Rahmen dieser Ansätze haben kulturevolutionistische Modelle Eingang in die deutschsprachige Forschung gefunden. Um urgeschichtliche Kulturen einer bestimmten Stufe soziopolitischer Organisation zuzuordnen, werden archäologisch fassbare Kriterien angewandt, unter denen besonders Architektur und Siedlungsorganisation eine Rolle spielen. Die Gültigkeit dieser archäologischen Korrelate, die meist recht pauschal formuliert sind (z. B. Renfrew 1974, 73), wurde dabei bislang nicht ausreichend kritisch geprüft.

Außerdem spitzt sich die Diskussion häufig auf die Entscheidungsfrage zu, auf welcher Stufe der evolutionären Leiter sich eine urgeschichtliche Gesellschaft befinde. Konkret ging es beispielsweise um die Frage, ob die hallstattzeitliche Gesellschaft einer Big Man-Gesellschaft oder einem Häuptlingstum entspreche (Schier 1998; Eggert 2007, bes. 288; 290), was sich u. a. an der Architektur festmachen ließe. Dabei entsteht der falsche Eindruck, es handle sich um zwei deutlich abgrenzbare Erscheinungen, und nicht um Idealtypen soziopolitischer Organisation, bei denen empirisch mit fließenden Übergängen gerechnet werden muss (neuere Kritik: Feinman 1995, 263 f.; Roscoe 2000, 85 ff.; contra: Marcus 2008; vgl. Eggert 2007, 269 f.). Die »Stufenleiter« verstellt also den Zugang zu anderen Untersuchungsachsen, die in der Prähistorischen Archäologie möglicherweise viel gewinnbringender eingesetzt werden können. Einen Ausweg aus dieser Sackgasse können nur alternative Modellbildungen aus den Sozialwissenschaften bieten, wie sie im nächsten Abschnitt (S. 159 ff.) besprochen werden.

Zwei Perspektiven nach dem *Spatial Turn*

Den bislang skizzierten Methoden ist gemeinsam, dass sie eher auf makrosoziologischer Ebene angesiedelt sind und ein tendenziell statisches Bild urgeschichtlicher Architektur und Gesellschaft zeichnen. Daher seien im Folgenden zwei Perspektiven skizziert, in denen anhand archäologischer Hinterlassenschaften auch die Handlungen urgeschichtlicher Menschen einbezogen werden können. Sie führen außerdem weg von einer statischen hin zu einer prozesshaften Betrachtungsweise. Auf diese Art und Weise ist es meines Erachtens auch in der Prähistorischen Archäologie möglich, den Weg frei für eine Konzeption von Raum als sozialer Konstruktion zu machen.[4]

Biographien von Gebäuden

Mein erster Vorschlag zielt darauf ab, die Biographien von Gebäuden bzw. ihre Lebenszyklen als Ergebnisse von Handlungsprozessen prähistorischer Menschen zu betrachten (vgl. Gerritsen 1999a; 1999b). Selbstverständlich wurden Häuser in der Prähistorischen Archäologie bislang nicht ausschließlich als statische Gebilde betrachtet; es wurden Bauphasen erarbeitet, die Lebensdauer von Gebäuden diskutiert oder Verfüllprozesse analysiert.[5] Hier soll aber dafür plädiert werden, diese Prozesse konsequent als soziale Handlungsweisen zu begreifen und zu untersuchen. Wie alle Objekte materieller Kultur besitzen auch Bauwerke Biographien, die aufs engste mit den Menschen verbunden sind (Hahn 2005, 40 f. 45). Im Falle der Architektur beginnt der »Lebenszyklus« mit der Planung eines Baues, der Beschaffung von Arbeitskräften und Baumaterial, setzt sich nach dem eigentlichen Bauvorgang mit der Nutzung,

---

4   Ich fasse damit den *Spatial Turn* nicht nur als Hinwendung zum Raum als Untersuchungsgegenstand, sondern als neue Konzeption des Raumes auf, vgl. zu Definitionsmöglichkeiten des *Spatial Turn* Frank u. a. 2008, 11 f.; Schroer 2008, 137 ff.

5   Zur Lebensdauer s. z. B. Fries-Knoblach 2007. – Zu Auflassungsprozessen s. z. B. Bönisch 2005. In der deutschsprachigen Siedlungsarchäologie stehen insbesondere auch Erbrecht und Generationenfolge im Mittelpunkt des Interesses, s. Kossack 1997; Steuer 1982, 103; vgl. auch den Beitrag von H. Wendling in diesem Band.

mit Umbauten oder Erweiterungen fort und endet bei der Auflassung von Gebäuden, ihrer Nachnutzung oder Zerstörung. Wie in der Einleitung betont, kommt der Architektur aufgrund ihrer relativen, Generationen überschreitenden Dauerhaftigkeit, des Aufwandes bei ihrer Herstellung (hohe Investitionskosten) und der Tatsache, dass sie nur gemeinschaftlich errichtet werden kann, eine besondere soziale Rolle innerhalb der materiellen Kultur einer sesshaften Gesellschaft zu. Sozial ähnlich bedeutsame Handlungsfelder können wir in der Prähistorischen Archäologie wahrscheinlich nur in den Bestattungen, in anderen Ritualen und im Gütertausch erfassen.

Um das Forschungspotenzial einer solchen Betrachtungsweise zu illustrieren, seien einige beispielhafte Fragestellungen und ihre archäologisch fassbaren Aspekte skizziert:

- Planung von Gebäuden: Untersuchungen zur Absteckung von Gebäudegrundrissen nach geometrischen Prinzipien, Anwendung von Maßeinheiten, Ausrichtung der Gebäudefluchten an bestimmten Punkten in der Landschaft oder nach astronomischen Beobachtungen
- Beschaffung von Arbeitskräften: Berechnung der notwendigen Arbeitsleistung, Abschätzung der beteiligten Personenzahl, Spezialisierung im Bauhandwerk
- Beschaffung von Baumaterial: Berechnung von Ressourcen, Holzwirtschaft, Wiederverwendung von Baumaterial
- Bauvorgang: rituelle Aspekte: Gründungsdeponierungen (»Bauopfer«); technische Aspekte: Abschätzung der Arbeitsdauer, Organisation des Bauens, Aufteilung auf Arbeitsgruppen
- Nutzung: Aktivitätsbereiche, Abgrenzung von Haushalten, genderspezifische Nutzung
- Nutzungsabfolgen: Umbauten, Reparaturen, Erweiterungen, Verkleinerungen
- Auflassungsprozesse: natürlicher Verfall, Zerstörung durch Brand, Überschwemmung etc., Aufräumung, Wegschaffung oder Zerstörung des Inventars, Deponierung von Abfall, »ritual abandonment processes« (nach Nelson 2000; Brudenell / Cooper 2008)
- Nachnutzung: Ziehen der Pfosten, Plünderung, Folgenutzung des Bauplatzes (platzkonstantes Bauen vs. Vermeidung bereits genutzter Bauplätze)

Die genannten Aspekte können für einzelne Gebäude oder Bauplätze in diachroner Perspektive verfolgt oder anhand gleichzeitiger Gebäude verglichen werden. Voraussetzung ist eine sorgfältig durchgeführte Ausgrabung, die auf eine detaillierte Stratigraphie und die Beobachtung von Indizien zur Gebäudenutzung abzielt (vgl. Trebsche 2009).

Als ein Beispiel für eine handlungsorientierte Studie, die den Bauprozess und die Organisation des Bauens beleuchtet, möchte ich meine Untersuchung von Deponierungen in Pfostenlöchern anführen (Trebsche 2008). In spätbronze- und eisenzeitlichen Pfostenhäusern der Urnenfelder-, Hallstatt- und Latènekultur Mitteleuropas (13.–1. Jahrhundert v. Chr.) wurden regelhaft Gegenstände in Pfostengruben depo-

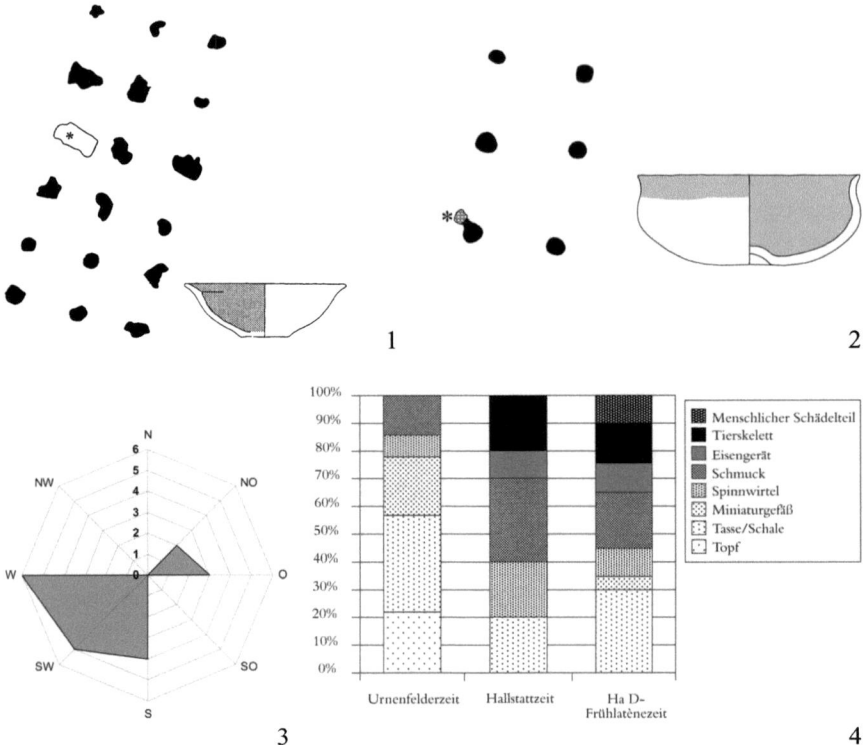

Abb. 3. Deponierungen in Pfostenlöchern. 1 Deponierung einer Schüssel in Haus 39 von Kelheim – Kanal I (Niederbayern) (nach Meiborg/Müller 1997, Taf. 18/11; 178); 2 Deponierung einer Schüssel in Inzersdorf-Walpersdorf (Niederösterreich) (nach Ramsl 1998, 101/926); 3 Lage der Deponierungen in Bezug auf den Hausgrundriss. 4 Zeitliche Änderungen in der Auswahl der Deponierungen in Pfostenlöchern.

niert, die nach dem Setzen des Pfostens unwiederbringlich waren und offensichtlich keinen technisch-funktionalen Zweck für das Gebäude erfüllten. In der Bevorzugung der südwestlichen (seltener der diametral gegenüberliegenden nordöstlichen) Gebäudeecke zeigt sich eine Ausrichtung nach kosmologischen Kriterien (Abb. 3). Bemerkenswert ist, dass sich die Auswahl der deponierten Gegenstände im Laufe der Zeit änderte: Während in der Urnenfelderzeit überwiegend Keramikgefäße, vor allem Trinkschalen oder -tassen, ins Pfostenloch gelegt wurden, treten während der darauf-folgenden Eisenzeit vermehrt Schmuckstücke wie Fibeln oder Perlen auf. Erstens offenbart sich in den Deponierungen ein lange tradierter kulturspezifischer Brauch, denn in benachbarten oder späteren Kulturen werden andere Gegenstände und Deponierungsorte (unter der Schwelle, unter dem Herd) bevorzugt. Zweitens weisen die mit der Deponierung verbundenen Rituale auf eine Änderung der Bauorganisation hin: Während in der Urnenfelderzeit die Trinkgefäße als Überreste von gemeinschaftlichen Trankopfern gedeutet werden können, die im Zuge eines kollektiven Bauvorgangs vollzogen wurden, verweisen die ab der Hallstattzeit deponierten Schmuckstücke eher auf individuellen Reichtum oder Besitzansprüche hin, die möglicherweise mit einer Bauausführung unter Heranziehung von Spezialisten zusammenhängt. Drittens zeigt die Fallstudie auch die Grenzen der Erkenntnismöglichkeiten für die Urgeschichte auf: Der Nachweis von Ritualen kann aufgrund von funktional nicht erklärbaren Regelmäßigkeiten noch gelingen, doch die dahinterstehende Symbolik und ihre kulturspezifische Funktionsweise bleiben uns verborgen.

Architektur als Medium des Sozialen

Der zweite Vorschlag zielt darauf ab, urgeschichtliche Architektur nicht länger als direkten »Spiegel« der Gesellschaft aufzufassen. Die Menschen haben nicht nur gebaut, um die Gesellschaftsstruktur darin explizit zum Ausdruck zu bringen. Vielmehr ist die gebaute Umwelt konstitutiv für die Vergesellschaftung, und Architektur funktioniert als Kommunikationsmedium eigener Art und Wirkungsweise (Delitz 2006; vgl. H. Delitz und J. Fischer in diesem Band). Zwar ist Architektur nicht der einzige Vergesellschaftungsmechanismus, aber zweifellos – im Vergleich zu Sprache, Recht oder Geld – der in der Prähistorischen Archäologie am besten greifbare.

Auch bei einer solchen Betrachtungsweise ist die Prähistorische Archäologie auf Modelle aus anderen Sozialwissenschaften angewiesen. Bislang standen Modelle im Vordergrund, welche die urgeschichtlichen Gemeinschaften aufgrund ihrer soziopolitischen Komplexität entlang der Achse »egalitär – hierarchisch« gliederten (z. B. nach E. R. Service, M. D. Sahlins oder M. H. Fried; vgl. zusammenfassend zuletzt Eggert 2007, 260–9). In Zukunft sollten aber ergänzende Fragestellungen entlang weiterer Untersuchungsachsen wie Gender oder Wohlstand entwickelt werden.

Letztlich sollte es gelingen, von einem einfachen Stufenleiter-Modell soziopolitischer Hierarchie wegzukommen, das einem Schubladen-Denken und der »Checkbox-Archäologie« Vorschub leistet. Gerade bei der Übernahme von Idealtypen oder Modellen aus benachbarten Wissenschaften müssen auch die Diskussionen und Entwicklungen in den »Ursprungsdisziplinen« verfolgt und berücksichtigt werden (vgl. Gramsch 2000, 160). Im Falle des häufig in der Prähistorischen Archäologie angewandten Modells von Big Men-Gesellschaften oder Häuptlingstümern von M. Sahlins lautet die Konsequenz, dass sich die archäologische Diskussion nicht länger um ein Entweder–Oder drehen kann, sondern die Mechanismen des Machtgewinns und -erhalts ins Zentrum der Untersuchungen gerückt werden müssen (Roscoe 2000, bes. 110). Als eine Alternative zu einer rein wirtschaftlichen Betrachtungsweise kommt – neben technologischen und rituellen Ressourcen sowie Zwangsmitteln (Gewalt) (ebd. 89–94; 108) – insbesondere die Architektur als soziales Medium in Betracht.[6]

Modelle, die sich ausdrücklich auf die Architektur und Siedlungsorganisation beziehen, unterscheiden zum Beispiel zwischen »individualisierenden« und »gruppenorientierten« Häuptlingstümern (Renfrew 1974), zwischen »korporierten« und »zentralisierten« Haushalten (Blanton 1995), zwischen »correspondence« und »noncorrespondence societies« (nach Hillier/Hanson 1984; siehe Beitrag R. Ebersbach in diesem Band).

Ein auf prähistorische Architektur besonders gut anwendbares Modell mit hohem Erklärungspotenzial rückt die Unterscheidung zwischen »corporate« und »network modes« als entgegengesetzte Strategien zur Machtgewinnung und -erhaltung ins Zentrum (Feinman 1995; 2000). Es ist auf allen hierarchischen Ebenen soziopolitischer Organisation und auch auf unterschiedlichen Maßstabsebenen vom Haushalt aufwärts anzutreffen. Darüber hinaus ermöglicht dieses Modell, das einfache Deutungsschema »gleiche Häuser = egalitäre Gesellschaft« zu überwinden, wie im Folgenden ausgeführt wird.

Nach Gary Feinman (2000, 35 ff. bes. 38 f. Tab. 3.2) wird im »Netzwerk-Modus« (der im Sinne von Renfrew [1974] treffender als »individualisierender Modus« zu bezeichnen wäre) die individuelle Führerschaft betont, indem Prestige, Macht und Reichtum offen zur Schau gestellt werden. Diese beruhen auf dem persönlichen Netzwerk der Machthaber, das unter anderem Prestigegütertausch, Fernimporte etc. ermöglicht. Hingegen beruhen Macht und Einfluss im korporativen Modus auf dem Zusammenhalt von Korporationen, der durch integrative Rituale und Ideologien hergestellt wird (z. B. Bruderschaften, Altersklassen, Geheimbünde). Individuelle Unterschiede im Reichtum werden unterdrückt oder verborgen; Prestige beruht auf dem verfügbaren Land und der verfügbaren Arbeitskraft zur Produktion von Nahrungsmitteln für Feste und Tauschhandel. Diesen Gegenpolen entsprechen mehrere insbesondere anhand der Architektur fassbare Korrelate: In Netzwerk-basierten Gesellschaften sind Residenzen und Paläste als Prestigebauten hervorgehoben und monumentale Grabbauten charakteristisch. Im »corporate mode« hingegen sind monumentale Ritualbauten, zentrale Speicherhaltung (ungleiche Verteilung der Nahrungsmittelspeicher) sowie große, kooperativ realisierte, öffentliche Bauvorhaben typisch.

Der Gegensatz zwischen diesen beiden Organisationsformen, die selbstverständlich fließende Übergänge aufweisen können, soll an zwei großflächig erforschten

---

6 Eine wesentliche, bislang noch nicht umfassend geklärte Grundlage für diese Fragestellungen betrifft übrigens die Einwohnerzahl von Häusern, die Größe von Siedlungsgemeinschaften und die Bevölkerungsdichte, die als grundlegende Parameter für soziale Komplexität, inklusive Spezialisierung und Hierarchisierung, gelten können, worauf bereits H. Steuer nachdrücklich aufmerksam machte: Steuer 1982, 108; vgl. Feinman 1995, 259–61; Roscoe 2000, 100–1.

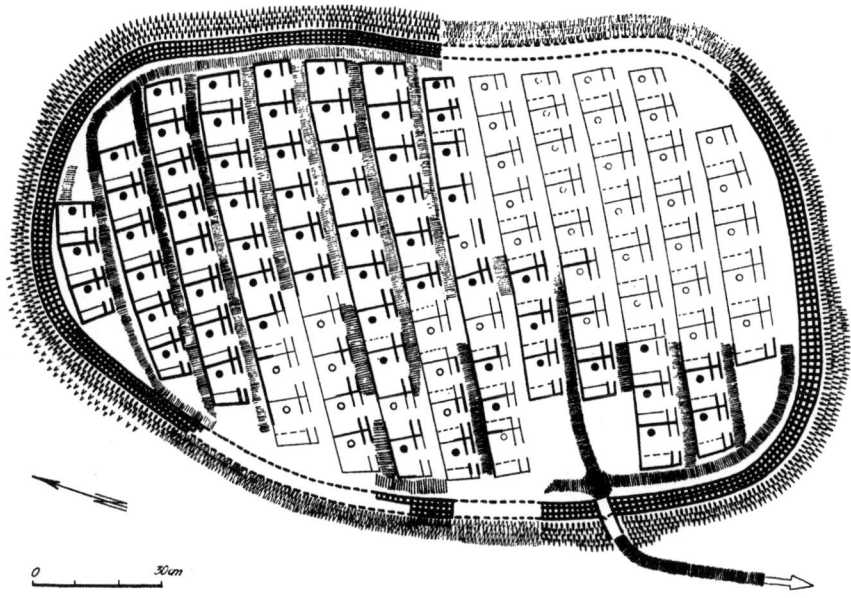

Abb. 4. Die ältereisenzeitliche Siedlung von Biskupin (ältere Bauphase) in Polen (nach Rajewski/Grenz 1978, Abb. 8).

ältereisenzeitlichen Siedlungen in Polen veranschaulicht werden: Biskupin und Milejowice.

Die zu etwa drei Vierteln ergrabene Siedlung von Biskupin zeigt eine sehr dichte, reihenförmige Bebauung des ovalen, befestigten Areals (Abb. 4). Die erste Besiedlungsphase begann laut den jüngsten dendrochronologischen Untersuchungen knapp nach der Mitte des 8. Jahrhunderts v. Chr. (ab etwa 742 v. Chr.) und bestand rund ein halbes Jahrhundert lang. Benachbarte Häuser teilen sich jeweils die Giebelwände und sind auch mit einem gemeinsamen Satteldach bedeckt. Die Siedlung wird durch eine Rundstraße und parallele Querstraßen erschlossen. Ein freier Platz befindet sich beim Tor der Befestigung (Grossman 2006, 121 f.). Die Fundverteilung zeigt eine ungleichmäßige Verbreitung von Werkstätten zur Metall- oder Knochen- und Geweihverarbeitung (Tobolczyk 2006, Abb. 1). Dies kann als Anzeichen für Spezialisierung bestimmter Haushalte gewertet werden; richtiggehende Handwerkerviertel zeichnen sich im Fundbild jedoch nicht ab.

Das Modell von Feinman ermöglicht es, jener Interpretationsfalle zu entkommen, aufgrund der einheitlichen Bebauung auf eine egalitäre Bevölkerung in Biskupin zu schließen. Vielmehr zeigt die Architektur viele Merkmale einer korporativen Gesellschaftsorganisation, die sehr wohl Herrschaftsinstitutionen kennen kann. Die gemein-

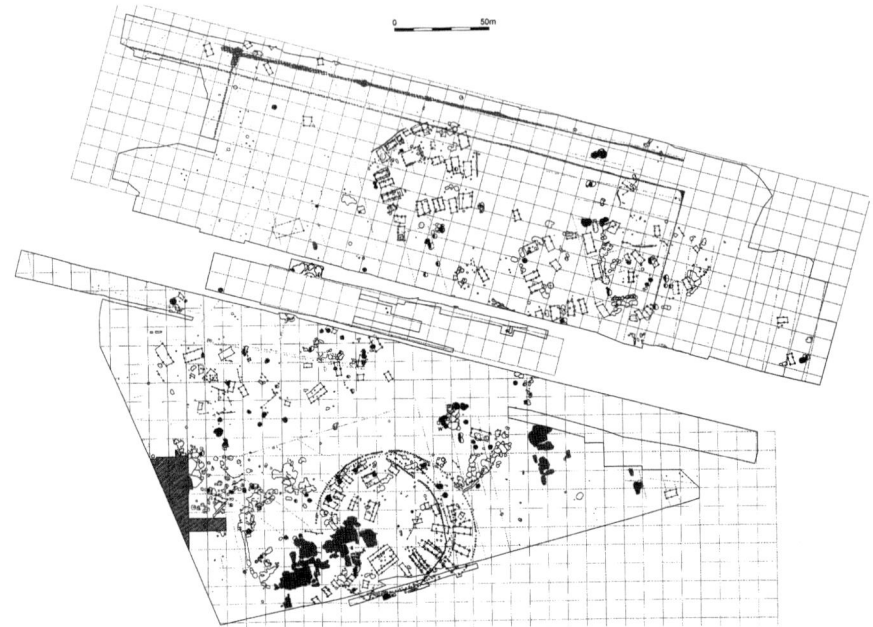

Abb. 5. Die ältereisenzeitliche Siedlung von Milejowice in Polen (nach Bugaj / Kopiasz 2006, Abb. 2).

schaftliche und gleichzeitige Errichtung der Häuser sowie ihre Einheitlichkeit sprechen für eine solche korporative Organisation, ebenso die Anlage der aufwändigen Befestigung und der Wellenbrecher als Großbauvorhaben der wehrhaften Siedlungsgemeinschaft. Der öffentliche Platz bei der Toranlage könnte als Versammlungsraum gedient haben. Zentrale Speicher oder Ritualbauten sind bislang aus Biskupin jedoch nicht bekannt.

Die zweite Fundstelle von Milejowice bei Wrocław (Breslau) wurde 1999–2002 so gut wie vollständig ergraben und datiert in die Stufe Ha C, nach dendrochronologischen Angaben noch genauer in die Zeit von etwa 680–610 v. Chr. (Bugaj u. a. 2002; Bugaj / Kopiasz 2006; 2008). Hier zeigt der Siedlungsplan (Abb. 5) eine andere Gesamtkonzeption: Zuerst springt der mit einer kreisrunden Palisade umgebene Bereich im Süden ins Auge, in dem die Gebäude um die freie Mitte radial bzw. am Rand entlang angeordnet sind. Außerhalb des Palisadenkreises befand sich ein Grubenkomplex, in dem Überreste einer Bronzewerkstatt gefunden wurden (Bugaj u. a. 2002, 251 Abb. 3; 11). Zwei weitere Siedlungsbereiche im Norden und Nordosten werden von eher quadratischen Zäunen eingefasst und gruppieren sich um einen freien Innenplatz oder -hof. Im vierten Siedlungsbereich nordwestlich der kreisrunden Palisade sind einige Gebäude ohne regelmäßige Anordnung verstreut (Bugaj / Kopiasz 2006, 205 f.). Allein die Gebäudegrößen zeigen eine starke Differenzierung, und wenig überraschend liegt das mit Abstand größte Gebäude innerhalb des Palisadenringes. Auch im zweiten quadratischen Bereich im Norden sticht ein Gebäude durch seine Bauweise auf Schwellen und durch seine Größe deutlich hervor.

Ohne Zweifel zeigt der Siedlungsplan also eine starke Abgrenzung verschiedener Gruppen, die in sich wiederum durch die Hausgrößen differenziert sind. Gemeinschaftliche Anlagen wie eine Befestigung des gesamten Siedlungsareals oder allgemein zugängliche Plätze fehlen. Der Bereich im Süden weist wahrscheinlich auch eine symbolische bzw. kosmologische Bedeutung auf, der im Gegensatz der kreisrunden Palisade zu den eher quadratischen übrigen Anlagen zum Ausdruck kommt. Die Ausübung von Kulten ist durch zwei Opfergruben, die Keramik und Tierknochen enthielten, im Zentrum der Kreispalisade nachgewiesen (Bugaj u. a. 2002, 251; Bugaj / Kopiasz 2008, 109–10).

Die Siedlung weist also die wesentlichen Merkmale einer Netzwerk-orientierten bzw. individualisierenden Gemeinschaft auf, in der sich die herrschenden Individuen durch prestigeträchtige Architektur, durch die Kontrolle über das Metallhandwerk, aber auch durch kosmologische Bezüge und religiöse Aufgaben abgrenzen.

Beide besprochenen Siedlungen stehen zwar aufgrund ihrer großflächigen Untersuchungen im Moment einzigartig da, stellen aber in den jeweiligen Regionen keine Einzelfälle dar (Grossman 2006, 121; Bugaj / Kopiasz 2006, 207; Baron 2008). An ihnen lässt sich hervorragend zeigen, welche Rolle die Architektur im Zusammenleben größerer Bevölkerungen – wahrscheinlich von der Siedlungsgründung an – spielt: In Milejowice dienen die Kreispalisade und die Zäune zur Abgrenzung und damit zur Statusdarstellung innerhalb einer segmentären Siedlungsgemeinschaft, in Biskupin organisiert sich die Gemeinschaft der Siedlungsgründer beim Bau der Befestigungsanlagen und der Unterkünfte, also bei der Aufteilung der Arbeit, bei der Vergabe der Bauplätze, bei der Zusammenarbeit im Hausbau. An diesen beiden Beispielen werden in der Architektur zwei entgegengesetzte Prinzipien gesellschaftlicher Organisation deutlich, deren Entstehungsbedingungen in zukünftigen Forschungen näher beleuchtet werden sollten (vgl. Small 2009). Die aus der Sozialanthropologie übernommenen Modelle des »corporate mode« und des »network-mode« versprechen jedenfalls vertiefte Einsichten in die Architektur prähistorischer Gesellschaften und damit in die Funktionsweise dieser Gesellschaften selbst.

Als Leitfaden für zukünftige Forschungen seien abschließend noch vier Kriterien formuliert, denen eine architektursoziologisch ausgerichtete Prähistorische Archäologie genügen muss:
- Sie muss theoriegeleitet sein, d. h. von Theorien aus benachbarten Kulturwissenschaften inspiriert sein, ja sie ist sogar auf Modelle aus diesen Wissenschaften angewiesen.

- Sie muss methodisch vorgehen, d. h. die archäologischen Quellengrundlagen kritisch hinterfragen und die Vorgangsweise analytisch offenlegen und reflektieren.
- Sie muss kulturvergleichend arbeiten, da kulturelle Eigenarten nur im dia- und synchronen Vergleich hinreichend klar zum Ausdruck kommen.
- Sie muss empirisch fundiert sein, d. h. die gewonnenen Erkenntnisse müssen anhand archäologischer Tatsachen überprüfbar sein und im Einklang mit ihnen stehen.

Gerade der vierte Punkt kann nicht oft genug betont werden, da die Verlockung, den spärlichen urgeschichtlichen Quellen einfach bunte Bilder aus besser dokumentierten Kulturen oder aus der Phantasie überzustülpen, naturgemäß sehr groß ist. In einer wissenschaftlich arbeitenden Prähistorie kann es aber nicht darum gehen, die Quellen beliebig zu illustrieren. Es geht vielmehr um die Frage, auf welche Art und Weise sich Kulturgeschichte in den Überresten der materiellen Kultur (den archäologischen Befunden und Funden) fassen lässt, damit die Interpretation *überprüfbar* und *plausibel* wird.

Literaturverzeichnis

Andraschko 1998: F. Andraschko, Ur- und Frühgeschichte / Archäologie. In: H.-J. Goertz (Hrsg.), Geschichte. Ein Grundkurs. Reinbek bei Hamburg: Rowohlt 1998, 331–9.

Baron 2008: J. Baron, Some Remarks on Spatial Organization of Late Bronze Age and Early Iron Age Settlements in Silesia in the Light of Recent Research. In: F. Falkenstein / M. Schönfelder / H. Stäuble (Hrsg.), Langfristige Erscheinungen und Brüche von der Bronze- zur Eisenzeit. Gemeinsame Sitzung der Arbeitsgemeinschaften Bronze- und Eisenzeit beim 5. Deutschen Archäologen-Kongress in Frankfurt (Oder) 2005. Beiträge zur Ur- und Frühgeschichte Mitteleuropas 51. Langenweißbach: Beier & Beran 2008, 1–6.

Berg-Hobohm 2002/03: St. Berg-Hobohm, Umfriedete Höfe der Hallstattzeit in Bayern. Aktueller Forschungsstand zu den Herrenhöfen und den zeitgleichen rechteckigen Grabenwerken. Bericht der Bayerischen Bodendenkmalpflege 43 / 44, 2002 / 03, 161–89.

Bernbeck 1997: R. Bernbeck, Theorien in der Archäologie. Tübingen, Basel: Francke 1997.

Bersu 1930: G. Bersu, Vorgeschichtliche Siedelungen auf dem Goldberg bei Nördlingen. In: G. Rodenwaldt (Hrsg.), Neue deutsche Ausgrabungen. Münster: Aschendorffsche Verlagsbuchhandlung 1930, 130–43.

Bersu 1937: Ders., Altheimer Wohnhäuser vom Goldberg, OA. Neresheim, Württemberg. Germania 21, 1937, 149–58.

Blanton 1995: R. E. Blanton, The Cultural Foundations of Inequality in Households. In: Price / Feinman 1995, 105–27.

Blum / Aslan 2005: St. W. E. Blum / R. Aslan, Siedlungsdynamik, Formationsprozesse und die Entstehung archäologischer Variabilität: Ethnoarchäologische Untersuchungen zum »Trojanischen Metallhandwerk« in Darı Köy / Nordwesttürkei. In: T. L. Kienlin (Hrsg.), Die Dinge als Zeichen: Kulturelles Wissen und materielle Kultur. Internationale Fachtagung an der Johann Wolfgang Goethe-Universität Frankfurt am Main

3.–5. April 2003. Universitätsforschungen zur Prähistorischen Archäologie 127. Bonn: Habelt 2005, 305–27.

Bönisch 2005: E. Bönisch, Begrabene Häuser? Brandschutt mit bronzezeitlichem Hausinventar. In: B. Horejs / R. Jung / E. Kaiser / B. Teržan (Hrsg.), Interpretationsraum Bronzezeit. Bernhard Hänsel von seinen Schülern gewidmet. Universitätsforschungen zur Prähistorischen Archäologie 121. Bonn: Habelt 2005, 445–62.

Brudenell / Cooper 2008: M. Brudenell / A. Cooper, Post-middenism: depositional histories on later Bronze Age settlements at Broom, Bedfordshire. Oxford Journal of Archaeology 27, 1, 2008, 15–36.

Büchsenschütz 2000: O. Büchsenschütz, Kelten. §14 Die kelt. Siedlungsweise. In: Reallexikon der Germanischen Altertumskunde Bd. 16. Berlin, New York: de Gruyter 2000, 388–92.

Buchsenschutz 2007: O. Buchsenschutz, Les Celtes de l'âge du Fer. Paris: Armand Colin 2007.

Bugaj u. a. 2002: E. Bugaj / B. Gediga / A. Kosicki / R. Szwed / L. Żygadło, Badania ratownicze na stanowisku Milejowice, pow. Wrocław w latach 1999-2001 (Rescue excavations in site Milejowice, near Wrocław, in 1999-2001). Śląskie Sprawozdania Archeologiczne 44, 2002, 235–51.

Bugaj / Kopiasz 2006: E. Bugaj / J. Kopiasz, Próba interpretacji zabudowy osady z wczesnej epoki żelaza na stanowisku Milejowice 19, pow. wrocławski (Die Bebauung einer Siedlung aus der frühen Eisenzeit auf dem Fundplatz Milejowice 19, Kr. Wrocław – Versuch einer Interpretation). In: Gediga / Piotrowski 2006, 175–207.

Bugaj / Kopiasz 2008: Dies., The Early Iron Age Elite and Their Seat in the South West Poland. A Case Study of the Milejowice Site 19, Wrocław District. Przegląd Archeologiczny 56, 2008, 101–15.

Burmeister / Wendowski-Schünemann 2006: St. Burmeister / A. Wendowski-Schünemann, Der ›Herrenhof‹ der Feddersen Wierde – Anmerkungen zu einem sozialgeschichtlichen Konzept. In: Wotzka 2006, 109–31.

Chaume u. a. 2008: B. Chaume / N. Nieszery / W. Reinhard, Keltischer Palast im mediterranen Stil. Archäologie in Deutschland 4, 2008, 54–9.

Coudart 1992: A. Coudart, Entre Nouvelle-Guinée et Néolithique européen: de la correspondance entre les variations de l'architecture domestique, la durabilité culturelle et la cohésion sociale du groupe. In: Ethnoarchéologie: Justification, Problèmes, Limites. XIIᵉ Rencontres Internationales d'Archéologie et d'Histoire d'Antibes. Juan-les-Pins: Éditions APDCA 1992, 409–46.

Coudart 1998: Dies., Architecture et société néolithique. L'unité et la variance de la maison danubienne. Documents d'Archéologie Française 67. Paris: Éditions de la Maison des Sciences de l'Homme 1998.

Delitz 2006: H. Delitz, Die Architektur der Gesellschaft. Architektur und Architekturtheorie im Blick der Soziologie. Wolkenkuckucksheim 10, 1, 2006. http://www-1.tu-cottbus. de / BTU / Fak2 / TheoArch / Wolke / deu / Themen / 051 / Delitz / delitz.htm [15.5.2009].

deFrance 2009: S. D. deFrance, Zooarchaeology in Complex Societies: Policital Economy, Status, and Ideology. Journal of Archaeological Research 17, 2009, 105–68.

Eggert 1989: M. K. H. Eggert, Die »Fürstensitze« der Späthallstattzeit. Bemerkungen zu einem archäologischen Konstrukt. In: H. Lüdtke / F. Lüth / F. Laux (Hrsg.), Archäologischer

Befund und historische Deutung. Festschrift für Wolfgang Hübener zu seinem 65. Geburtstag am 15. Juni 1989. Hammaburg Neue Folge 9. Neumünster: Wachholtz 1989, 53–66.

Eggert 2001: Ders., Prähistorische Archäologie: Konzepte und Methoden. Tübingen, Basel: Francke 2001.

Eggert 2007: Ders., Wirtschaft und Gesellschaft im früheisenzeitlichen Mitteleuropa: Überlegungen zum ›Fürstenphänomen‹. Fundberichte aus Baden-Württemberg 29, 2007, 255–302.

Feinman 1995: G. M. Feinman, The Emergence of Inequality. A Focus on Strategies and Processes. In: Price/Feinman 1995, 255–79.

Feinman 2000: Ders., Corporate/Network. New Perspectives on Models of Political Action and the Puebloan Southwest. In: Schiffer 2000, 31–51.

Fischer 2005: J. Fischer, Die Bedeutung der Philosophischen Anthropologie für die Architektursoziologie. In: K.-S. Rehberg (Hrsg.), Soziale Ungleichheit – Kulturelle Unterschiede. Verhandlungen des 32. Kongresses der Deutschen Gesellschaft für Soziologie in München 2004. Frankfurt, New York: Campus 2005, 3417–28.

Frank u. a. 2008: M. C. Frank/B. Gockel/T. Hauschild/D. Kimmich/K. Mahlke, Räume – Zur Einführung. Zeitschrift für Kulturwissenschaften 2, 2008, 7–16.

Fries-Knoblach 2007: J. Fries-Knoblach, Von Schwellbalken und Telegraphenmasten. Überlegungen zur Gründungsweise und Lebensdauer eisenzeitlicher Holzgebäude. Leipziger Online-Beiträge zur Ur- und Frühgeschichtlichen Archäologie 24. Leipzig: Professur für Ur- und Frühgeschichte der Universität Leipzig 2007.

Gebühr 2002: M. Gebühr, Hausmaße und Sozialgeschichte der Feddersen Wierde. In: U. Masemann (Hrsg.), Forschungen zur Archäologie und Geschichte in Norddeutschland. Festschrift für Wolf-Dieter Tempel zum 65. Geburtstag. Rotenburg (Wümme): Archäologische Gesellschaft im Landkreis Rotenburg (Wümme) 2002, 291–8.

Gediga/Piotrowski 2006: Ders./W. Piotrowski (Hrsg.), Architektura i budownictwo epoki brązu i wczesnych okresów epoki żelaza. Problemy rekonstrukcji (Architektur und Bauwesen in der Bronze- und den frühen Perioden der Eisenzeit. Probleme der Rekonstruktion). Biskupińskie Prace Archeologiczne 5. Biskupin, Wrocław: Muzeum Archeologiczne w Biskupinie 2006.

Gerritsen 1999a: F. Gerritsen, The Cultural Biography of Iron Age Houses and the Long-Term Transformation of Settlement Patterns in the Southern Netherlands. In: C. Fabech/J. Ringtved (Hrsg.), Settlement and Landscape. Proceedings of a Conference in Århus, Denmark, May 4–7 1998. Aarhus: Jutland Archaeological Society 1999, 139–48.

Gerritsen 1999b: Ders., To Build and to Abandon. The Cultural Biography of Late Prehistoric Houses and Farmsteads in the Southern Netherlands. Archaeological Dialogues 6, 1999, 78–97.

Gramsch 2000: A. Gramsch, Braucht Prähistorie Vergleiche? In: Ders. (Hrsg.), Vergleichen als archäologische Methode. Analogien in den Archäologien. Mit Beiträgen einer Tagung der Arbeitsgemeinschaft Theorie (T-AG) und einer Kommentierten Bibliographie. BAR International Series 825. Oxford: Archaeopress 2000, 151–63.

Grossman 2006: A. Grossman, Konstruktive Lösungen der befestigten Siedlung der Lausitzer Kultur in Biskupin – Standards oder Neuheiten? In: Gediga/Piotrowski 2006, 91–123.

Haarnagel 1979: W. Haarnagel, Die Grabung Feddersen Wierde. Methode, Hausbau, Sied-lungs- und Wirtschaftsformen sowie Sozialstruktur. Feddersen Wierde 2. Wiesbaden: Steiner 1979.

Hahn 2005: H. P. Hahn, Materielle Kultur. Eine Einführung. Berlin: Dietrich Reimer 2005.

Harris 1989: E. C. Harris, Principles of Archaeological Stratigraphy. London, New York, Toronto: Academic Press 1989² [Erstausgabe: London 1979].

Hawkes 1954: Ch. Hawkes, Archeological Theory and Method: Some Suggestions from the Old World. American Anthropologist New Series 56, 2, 1954, 155–68.

Hecht u. a. 2007: Y. Hecht / H. Rissanen / N. Spichtig / S. Stelzle-Hüglin, Die Suche nach den Namenlosen: Die breite Bevölkerung der spätlatènezeitlichen Siedlung Basel-Gasfa-brik. In: Trebsche u. a. 2007, 71–83.

Heineberg 2003: H. Heineberg, Einführung in die Anthropogeographie / Humangeographie. Paderborn: Ferdinand Schöningh 2003.

Hillier / Hanson 1984: B. Hillier / J. Hanson, The Social Logic of Space. Cambridge: Cambridge University Press 1984 [Nachdruck: Cambridge 1993].

Jankuhn 1977: H. Jankuhn, Einführung in die Siedlungsarchäologie. Berlin, New York: de Gruyter 1977.

Jung 2005: M. Jung, Nochmals zum Problem späthallstattzeitlicher Adelssitze. Eine kritische Wiederlektüre des Textes von Wolfgang Kimmig. In: R. Karl / J. Leskovar (Hrsg.), Interpretierte Eisenzeiten. Fallstudien, Methoden, Theorie. Tagungsbeiträge der 1. Lin-zer Gespräche zur interpretativen Eisenzeitarchäologie. Studien zur Kulturgeschichte von Oberösterreich 18. Linz: Oberösterreichisches Landesmuseum 2005, 181–90.

Jung im Druck: Ders., Anmerkungen zur sozialhistorischen Interpretation der Lehmziegelmauer der Heuneburg. In: P. Trebsche / I. Balzer / Ch. Eggl / J. Fries-Knoblach / J. Koch / J. Wiet-hold (Hrsg.), Architektur: Interpretation und Rekonstruktion. Beiträge zur Sitzung der AG Eisenzeit während des 6. Deutschen Archäologie-Kongresses in Mannheim 2008. Beiträge zur Ur- und Frühgeschichte Mitteleuropas 55. Langenweißbach: Beier & Beran im Druck.

Kas / Schußmann 1998: S. Kas / M. Schußmann, Einige Überlegungen zu den hallstattzeitlichen Herrenhöfen. In: B. Berthold / E. Kahler / S. Kas u. a. (Hrsg.), Zeitenblicke. Ehrengabe für Walter Janssen. Rahden / Westf.: Leidorf 1998, 93–123.

Kent 1990: S. Kent, A Cross-Cultural Study of Segmentation, Architecture, and the Use of Space. In: Dies. (Hrsg.), Domestic Architecture and the Use of Space. An Interdiscipli-nary Cross-Cultural Study. Cambridge: Cambridge University Press 1990, 127–52.

Kimmig 1969: W. Kimmig, Zum Problem späthallstattzeitlicher Adelssitze. In: K.-H. Otto / J. Herrmann (Hrsg.), Siedlung, Burg und Stadt: Studien zu ihren Anfängen. Festschrift Paul Grimm. Schriften der Sektion für Vor- und Frühgeschichte 25. Berlin: Akademie-Verlag 1969, 95–113.

Kimmig 1983: Ders., Die griechische Kolonisation im westlichen Mittelmeergebiet und ihre Wirkung auf die Landschaften des westlichen Mitteleuropa. Jahrbuch des Römisch-Germanischen Zentralmuseums 30, 1983, 5–78.

Kolb 2007: F. Kolb, Zur Bedeutung von Begriffsdefinitionen für die Interpretation am Beispiel des Stadtbegriffs. Fundberichte aus Baden-Württemberg 29, 2007, 303–10.

Kossack 1997: G. Kossack, Dörfer im Nördlichen Germanien vornehmlich aus der römischen Kaiserzeit. Lage, Ortsplan, Betriebsgefüge und Gemeinschaftsform. Bayerische Akademie der Wissenschaften, Philosophisch-Historische Klasse Abhandlungen N. F. 112. München: Verlag der Bayerischen Akademie der Wissenschaften 1997.

Krauße 1996: D. Krauße, Hochdorf III. Das Trink- und Speiseservice aus dem späthallstattzeitlichen Fürstengrab von Eberdingen-Hochdorf (Kr. Ludwigsburg). Forschungen und Berichte zur Vor- und Frühgeschichte in Baden-Württemberg 64. Stuttgart: Theiss 1996.

Lambot 2002: B. Lambot, Maisons et société à Acy-Romance (Ardennes). In: P. Méniel/B. Lambot (Hrsg.), Repas des vivants et nourriture pour les morts en Gaule. Découvertes récentes de l'âge du Fer dans le massif des Ardennes et ses marges. Actes du 25e colloque international de l'Association Française pour l'Etude de l'Age du Fer, Charleville-Mézières, 24–27 mai 2001. Société Archéologique Champenoise, Mémoire 16. Reims: 2002, 115–24.

LaMotta/Schiffer 1999: V. M. LaMotta/M. B. Schiffer, Formation processes of house floor assemblages. In: P. M. Allison (Hrsg.), The Archaeology of Household Activities. London: Routledge 1999, 19–29.

Lang 1996: F. Lang, Archaische Siedlungen in Griechenland. Struktur und Entwicklung. Berlin: Akademie-Verlag 1996.

Löw u. a. 2008: M. Löw/S. Steets/S. Stoetzer, Einführung in die Stadt- und Raumsoziologie. Opladen, Farmington Hills: Barbara Budrich ²2008.

Lüning 2005: J. Lüning, Bandkeramische Hofplätze und die absolute Chronologie der Bandkeramik. In: J. Lüning/Ch. Frirdich/A. Zimmermann (Hrsg.), Die Bandkeramik im 21. Jahrhundert. Symposium in der Abtei Brauweiler bei Köln vom 16.9.–19.9.2002. Internationale Archäologie. Arbeitsgemeinschaft, Symposium, Tagung, Kongress 7. Rahden/Westf.: Leidorf 2005, 49–74.

Marcus 2008: J. Marcus, The Archaeological Evidence for Social Evolution. Annual Review of Anthropology 37, 2008, 251–66.

Meiborg/Müller 1997: Ch. Meiborg/A. Müller, Die urnenfelder- und hallstattzeitliche Siedlung »Kanal I« und das frühhallstattzeitliche Gräberfeld »Am Urnenfeld« von Kelheim. Archäologie am Main-Donau-Kanal 12. Espelkamp: Leidorf 1997.

Méniel 2001: P. Méniel, Les ossements d'animaux et l'interprétation des sites d'habitats gaulois. In: J. Collis (Hrsg.), Society and Settlement in Iron Age Europe. L'Habitat et l'Occupation du Sol en Europe. Actes du XVIIIe Colloque de l'AFEAF Winchester – April 1994. Sheffield: J. R. Collis Publications 2001, 229–45.

Mergel 1998: Th. Mergel, Geschichte und Soziologie. In: H.-J. Goertz (Hrsg.), Geschichte. Ein Grundkurs. Reinbek bei Hamburg: Rowohlt 1998, 621–51.

Müller-Scheeßel 2006: N. Müller-Scheeßel, Die ›Fürstensitze‹ der jüngeren Hallstattzeit: Ergänzende Bemerkungen zu einem archäologischen Konstrukt. In: Wotzka 2006, 101–108.

Nakoinz/Steffen 2007: O. Nakoinz/M. Steffen, Siedlungshierarchien, kulturelle Räume, soziale Evolution und Territorialität im 8. bis 4. Jahrhundert v. Chr. in Südwestdeutschland und den angrenzenden Regionen. In: Trebsche u. a. 2007, 149–56.

Nelson 2000: M. C. Nelson, Abandonment. Conceptualization, Representation, and Social Change. In: Schiffer 2000, 52–62.

Pätzold/Schwarz 1961: J. Pätzold/K. Schwarz, Ein späthallstattzeitlicher Herrensitz am Kyberg bei Oberhaching im Landkreis München. Jahresbericht der Bayerischen Bodendenkmalpflege 2, 1961, 5–15.

Piesbergen 2007: Th. J. Piesbergen, Der kontextuelle Raum im vorderasiatischen Neolithikum. Die Entwicklung der Lehmarchitektur, die Sozio-Ökonomie des Bauens und Wohnens und die kulturelle Organisation des architektonischen Raums. BAR International Series 1589. Oxford: Hedges 2007.

Price/Feinman 1995: T. D. Price/G. M. Feinman (Hrsg.), Foundations of Social Inequality. Fundamental Issues in Archaeology. New York, London: Plenum Press 1995.

Rajewski/Grenz 1978: Z. Rajewski/R. Grenz, Biskupin. In: Reallexikon der Germanischen Altertumskunde Bd. 3. Berlin, New York: de Gruyter 1978, 46–50.

Ramsl 1998: P. C. Ramsl, Inzersdorf-Walpersdorf. Studien zur späthallstatt-/latènezeitlichen Besiedlung im Traisental, Niederösterreich. Fundberichte aus Österreich, Materialhefte A6. Wien: Berger und Söhne 1998.

Renfrew 1974: C. Renfrew, Beyond a Subsistence Economy: The Evolution of Social Organization in Prehistoric Europe. In: C. B. Moore (Hrsg.), Reconstructing Complex Societies. An Archaeological Colloquium. Supplement to the Bulletin of the American Schools of Oriental Research 20, 1974, 69–95.

Rieckhoff 2001: S. Rieckhoff, Die Kelten in Deutschland – Kultur und Geschichte. In: Dies./J. Biel (Hrsg.), Die Kelten in Deutschland. Stuttgart: Theiss 2001, 11–276.

Riege/Schubert 2002: M. Riege/H. Schubert, Zur Analyse sozialer Räume. Ein interdisziplinärer Integrationsversuch. In: M. Riege/H. Schubert (Hrsg.), Sozialraumanalyse. Grundlagen – Methoden – Praxis. Opladen: Leske + Budrich 2002, 7–58.

Roscoe 2000: P. Roscoe, New Guinea Leadership as Ethnographic Analogy: A Critical Review. Journal of Archaeological Method and Theory 7, 2, 2000, 79–126.

Schäfers 2003: B. Schäfers, Architektursoziologie. Grundlagen – Epochen – Themen. Opladen: Leske + Budrich 2003.

Schier 1998: W. Schier, Fürsten, Herren, Händler? Bemerkungen zu Wirtschaft und Gesellschaft der westlichen Hallstattkultur. In: H. Küster/A. Lang/P. Schauer (Hrsg.), Archäologische Forschungen in urgeschichtlichen Siedlungslandschaften. Festschrift für Georg Kossack zum 75. Geburtstag. Regensburger Beiträge zur Prähistorischen Archäologie 5. Regensburg: Universitätsverlag Regensburg 1998, 493–514.

Schiffer 1996: M. B. Schiffer, Formation Processes of the Archaeological Record. Salt Lake City: University of Utah Press 1996 [Erstausgabe: Albuquerque 1987].

Schiffer 2000: Ders. (Hrsg.), Social Theory in Archaeology. Foundations of Archaeological Inquiry. Salt Lake City: University of Utah Press 2000.

Schlette 1958: F. Schlette, Die ältesten Haus- und Siedlungsformen des Menschen auf Grund des steinzeitlichen Fundmaterials Europas und ethnologischer Vergleiche. Ethnographisch-Archäologische Forschungen 5. Berlin: Deutscher Verlag der Wissenschaften 1958.

Schöbel 2008: G. Schöbel, Von Unteruhldingen bis Groß Raden, Konzepte zur Rekonstruktion vor- und frühgeschichtlicher Denkmäler im 20. Jahrhundert. In: Das Denkmal als Fragment – das Fragment als Denkmal. Denkmale als Attraktionen. Stuttgart: Theiss 2008, 93–118.

Schroer 2008: M. Schroer, »Bringing space back in« – Zur Relevanz des Raums als soziologischer Kategorie. In: J. Döring/T. Thielmann (Hrsg.), Spatial Turn. Das Raumparadigma in den Kultur- und Sozialwissenschaften. Bielefeld: transcript 2008, 125–48.

Schubert 2005: H. Schubert, Empirische Architektursoziologie. Die alte Stadt. Vierteljahreszeitschrift für Stadtgeschichte, Stadtsoziologie, Denkmalpflege und Stadtentwicklung 32, 1, 2005, 1–27.

Schweizer 2006: B. Schweizer, Fürstengrab und Fürstensitz: Zur Frühgeschichte zweier Begriffe in der Westhallstatt-Archäologie. In: Wotzka 2006, 81–100.

Small 2009: D. B. Small, The Dual-Processual Model in Ancient Greece: Applying a Post-Neo-evolutionary Model to a Data-Rich Environment. Journal of Anthropological Archaeology 28, 3, 2009, 205–21.

Sommer 1991: U. Sommer, Zur Entstehung archäologischer Fundvergesellschaftungen. Versuch einer archäologischen Taphonomie. In: Studien zur Siedlungsarchäologie I. Universitätsforschungen zur Prähistorischen Archäologie 6. Bonn: Habelt 1991, 51–193.

Steuer 1982: H. Steuer, Frühgeschichtliche Sozialstrukturen in Mitteleuropa. Eine Analyse der Auswertungsmethoden des archäologischen Quellenmaterials. Abhandlungen der Akademie der Wissenschaften Göttingen, Philologisch-Historische Klasse 3. F. 128. Göttingen: Vandenhoeck & Ruprecht 1982.

Thaler 2006: U. Thaler, Constructing Power and Reconstructing Power. The Palace of Pylos. In: J. Maran/C. Juwig/H. Schwengel/U. Thaler (Hrsg.), Constructing Power. Architecture, Ideology and Social Practice. Konstruktion der Macht. Architektur, Ideologie und soziales Handeln. Geschichte. Forschung und Wissenschaft 19. Hamburg: Lit 2006, 93–116.

Tobolczyk 2006: M. Tobolczyk, Introduction to Ontogenesis of Architecture. New Possibilities in Archaeological Interpretations. In: Gediga/Piotrowski 2006, 31–55.

Trebsche 2008: P. Trebsche, Rituale beim Hausbau während der Spätbronze- und Eisenzeit – Zur Aussagekraft und Interpretation von Deponierungen in Pfostenlöchern. In: Ch. Eggl/P. Trebsche/I. Balzer/J. Fries-Knoblach/J. K. Koch/H. Nortmann/J. Wiethold (Hrsg.), Ritus und Religion in der Eisenzeit. Beiträge zur Sitzung der AG Eisenzeit während der Jahrestagung des Mittel- und Ostdeutschen Verbandes für Altertumsforschung e. V. in Halle an der Saale 2007. Beiträge zur Ur- und Frühgeschichte Mitteleuropas 49. Langenweißbach: Beier & Beran 2008, 67–78.

Trebsche 2009: Ders., Does Form Follow Function? Towards a Methodical Interpretation of Archaeological Building Features. World Archaeology 41, 3, 2009, 504–18.

Trebsche u. a. 2007: P. Trebsche/I. Balzer/Ch. Eggl/J. K. Koch/H. Nortmann/J. Wiethold (Hrsg.), Die unteren Zehntausend – auf der Suche nach den Unterschichten der Eisenzeit. Beiträge zur Sitzung der AG Eisenzeit während der Jahrestagung des West- und Süddeutschen Verbandes für Altertumsforschung e. V. in Xanten 2006. Beiträge zur Ur- und Frühgeschichte Mitteleuropas 47. Langenweißbach: Beier & Beran 2007.

Wallace-Hadrill 1994: A. Wallace-Hadrill, Houses and Society in Pompeii and Herculaneum. Princeton, New Jersey: Princeton University Press 1994.

Wotzka 2006: H.-P. Wotzka (Hrsg.), Grundlegungen. Beiträge zur europäischen und afrikanischen Archäologie für Manfred K. H. Eggert. Tübingen: Francke 2006.

Nils Müller-Scheessel, Robert Hofmann,
Johannes Müller und Knut Rassmann

Entwicklung und Struktur des spätneolithischen Tells von Okolište (Bosnien-Herzegowina) unter architektursoziologischen Gesichtspunkten

Zusammenfassung: Im vorliegenden Beitrag werden an einem Fallbeispiel – der spätneolithischen Tellsiedlung Okolište (ca. 5200–4500 v. Chr.) in Zentralbosnien – zwei miteinander verwobene architektursoziologische Fragestellungen verfolgt: Was lässt sich über die Siedlungsentwicklung des Tells entlang der Zeitachse aussagen? Und welche Schlüsse bezüglich der sozialen Struktur der dort lebenden Gemeinschaft sind anhand der Anordnung der Häuser möglich? Die kombinierten Ergebnisse von Ausgrabungen, Bohrungen sowie geomagnetischen und geoelektrischen Prospektionen legen nahe, dass die älteste Bebauung aus eingetieften Strukturen bestand. Erst der Übergang zu einer ebenerdigen Bauweise ermöglichte die Entstehung eines regelrechten Tells, auf dem 700 Jahre lang ununterbrochen gesiedelt wurde. Die Bebauungsstruktur blieb in dieser Zeit – trotz einer sukzessiven Verkleinerung der Siedlung – offenbar weitgehend dieselbe: In Zeilen angeordnete, durchschnittlich 10×4 m messende Häuser wurden von mehreren parallelen Wegen und einer zentralen senkrechten Achse erschlossen. In der Terminologie der *space syntax theory* von B. Hillier und J. Hanson wäre für Okolište deshalb ein hohes Maß an Axialität und ein geringes an Konvexität zu konstatieren. Dies wiederum lässt auf einen hohen Grad an gegenseitiger sozialer Kontrolle schließen. Trotz der wahrscheinlichen Existenz einzelner Individuen mit Führungsanspruch ist die betont axiale Struktur von Okolište – anders als etwa für die eisenzeitliche Siedlung von Biskupin in Polen – vermutlich nicht als Ausdruck einer zentralisierten Führung zu deuten, sondern spiegelt – unter Zugrundelegung aller verfügbaren archäologischen Daten – vielmehr eine egalitäre Ideologie wider, welche die Institutionalisierung hierarchischer Strukturen offenbar effektiv verhinderte.

Einleitung

In sozialgeschichtlicher Hinsicht ist die Archäologie immer wieder mit der Frage konfrontiert, welche Aussagen anhand der archäologischen Funde zur Sozialstruktur der betreffenden Gemeinschaft möglich sind. Bei der Quellengattung der Gräber ist ein blinder Positivismus, der Reichtumsunterschiede bei der Grabausstattung automatisch in soziale Rangsysteme übersetzt, inzwischen größtenteils durch ein quellenkritisches Abwägen aller Optionen abgelöst worden, bei dem insbesondere naturwissenschaftliche Daten zusätzlich herangezogen werden (s. z. B. Müller 2005). Auf dem Gebiet der Gräberarchäologie sind mithin in den letzten Jahrzehnten deutliche qualitative methodische und methodologische Fortschritte erzielt worden (Härke 2000).

Interessanterweise tut sich die Archäologie auf dem Feld der Architektur ungleich schwerer, obwohl einige grundlegende Probleme, die bei der Auswertung von Gräbern zu berücksichtigen sind – namentlich die Nichtkongruenz von Bestattenden und Bestatteten sowie die starke Durchdringung der Bestattungsrituale von religiösen und ideologischen Motiven –, bei der Architektur vordergründig wegfallen. Nach herkömmlicher Ansicht sind Bauwerke in erster Linie funktionale Gebilde, die damit unmittelbar etwas über ihren Erbauer aussagen. Hier beginnen die Probleme jedoch erst, denn: Sind Erbauer, Bewohner und Nutzer identisch? Inwiefern spielen bei der Ausstattung ideologische Beweggründe eine Rolle? Wie drücken sich Status- und Reichtumsunterschiede im Inneren und an der Fassade aus? Ethnoarchäologische Fallstudien zeigen, dass zwischen dem sozialen Status von Individuen und dem gebauten Raum, den sie bewohnen, nur ein mittelbares Verhältnis besteht bzw. dass dieses Verhältnis von den gesellschaftlichen Rahmenbedingungen abhängt (Wilk 1983).

Die Besonderheit des »gebauten Raumes« liegt darin begründet, dass er nicht nur das Leben im Inneren, im Haus oder Gebäude, wesentlich strukturiert, sondern dass er auch nach außen wirkt, indem er die Bewegungen der Menschen lenkt und beeinflusst. Dabei werden durch das Zusammenspiel von mehreren Einheiten von »gebautem Raum« Wege und Plätze geschaffen, in und auf denen sich in vielen Gesellschaften das eigentliche soziale Leben abspielt. Daraus ergeben sich zahlreiche weitere Fragen zum sozialen Gehalt der Architektur, etwa: Welche Lagen werden von Bauherren bevorzugt? Inwiefern werden Ort und Ausdehnung der Wege und Plätze von übergeordneten Autoritäten geregelt? Inwieweit sind die Siedlungseinheiten nach außen hin abgeschlossen?

Auf höherer Skalierungsebene stellt sich die Frage nach dem Verhältnis zwischen den Siedlungseinheiten eines Gebietes erneut. Sind diese Siedlungen voneinander unabhängig? Stehen sie in einem Rivalitätsverhältnis zueinander? Dominieren einzelne Siedlungseinheiten zahlreiche kleinere?

Mit David L. Clarke (1977, 11 ff.; s. a. Kus 1982, 54) könnte man diese unterschiedlichen Projektionsflächen der sozialen Strukturierung als Mikro-, Semi-Mikro- (oder Meso-) und Makroebene von Raum bezeichnen (Tab. 1). Diese Ebenen sind selbstverständlich miteinander verzahnt, und es wäre unsinnig, sich allein auf eine Ebene zu fokussieren und die anderen vollständig auszublenden. Wichtig scheint uns jedoch, dass sie keineswegs isomorph sind und daher unterschiedliche Untersuchungsmethoden verlangen. Auf allen Ebenen kann man etwa Grade sozialer Ungleichheit erfassen, jede erlaubt jedoch unterschiedliche Reichweiten der Aussage. Auf der Ebene einzelner Häuser sind lediglich Aussagen zu den möglichen Bewohnern bzw. Nutzern zu treffen. Dies ist das klassische Gebiet der *intra-site analysis*. Auf der Ebene der Struktur einer Siedlung wird das Verhältnis der Haushalte zueinander analysiert; darüber hinaus lassen sich möglicherweise Hinweise auf kommunale Bauten, ihre Nutzung

Skalierungsebene	Architektureinheit	Methoden
Mikroebene	Haus	Intrasite-Analysen
Mesoebene	Siedlung	Space syntax
Makroebene	Siedlungsgebiet	Rank-size rule

Tab. 1. Skalierungsebenen der sozialen Strukturierung von Raum und zugehörige Architektureinheiten. Methoden jeweils in Auswahl.

und Bedeutung finden. Hier sind methodische Werkzeuge gefragt, wie sie etwa die *space syntax theory* bereitstellt (s. u.). Auf der obersten Ebene, derjenigen des Siedlungsgebietes, sind Erkenntnisse zu den Abhängigkeitsverhältnissen der Siedlungen zu erlangen und damit zur Organisationsform und zum Komplexitätsgrad der Gesellschaft. Dies ist das Untersuchungsfeld der Christallerschen Theorie der Zentralen Orte oder der *rank-size rule*. Alle drei Ebenen bedingen sich gegenseitig, aber sie benötigen ein jeweils andersartiges methodisches Instrumentarium.[1] Dies unterscheidet eine archäologische Architektursoziologie im hier vertretenen sehr weiten Sinn etwa von einer sozialhistorischen Gräberarchäologie, bei der die verschiedenen Ebenen des Raumes eine wesentlich geringere Rolle spielen.

Im vorliegenden Beitrag soll an einem Fallbeispiel der Frage nachgegangen werden, inwiefern anhand der Organisation einer Siedlung Aussagen zum sozialen Komplexitätsgrad der betreffenden Gesellschaft möglich sind. Dabei wird vor allem aus der Perspektive der Mesoebene argumentiert, jedoch müssen auch die darüber und darunter liegenden Ebenen einbezogen werden. Daneben behandelt der Beitrag das Problem der zeitlichen Veränderung sozialer und architektonischer Konfigurationen. Dieser Aspekt ist in strukturalistischen archäologischen Analysen notorisch untergewichtet, obwohl die Archäologie gerade in der zeitlichen Dimension ihre größten Stärken besitzt. Hierbei geht es vor allem um den Übergang von einer Bauweise, die Flachsiedlungen bevorzugt, zu einer solchen, welche die Besiedlung eines Platzes über längere Zeiträume – und damit die Entstehung von Tells – erst ermöglicht.

Space syntax

Trotz des einprägsamen Namens handelt es sich bei der *space syntax theory* von Bill Hillier und Julienne Hanson (1984; weiter ausdifferenziert: Hillier 2007) nicht um eine kohärente Theorie im engeren Sinne, sondern vielmehr um ein Bündel von Modellen, Kategorisierungen und Generalisierungen zur Beschreibung verräumlich-

---

1 Dies findet etwa bei Clarke 1977 keine Berücksichtigung.

ter Vergesellschaftungsstrukturen. Raum soll dabei keineswegs in seiner Vielgestaltigkeit abgebildet werden, sondern im Gegenteil abstrahiert und damit operationalisierbar gemacht werden. Die im Kern funktionalistische Grundkonzeption der *space syntax theory* steht demnach den Forderungen der neueren Architektursoziologie (s. etwa Beiträge H. Delitz und J. Fischer) diametral entgegen. Die Wechselwirkungen zwischen gebautem Raum und Individuum – dessen Empfindungen und Reaktionen – spielen bei Hillier und Hanson keine Rolle. Mit einer Vereinfachung im Sinne der *space syntax* ist also ein erheblicher Reduktionismus verbunden, der den Blick auf wichtige Aspekte des gebauten Raums verschließt (s. dazu die Kritik von H. P. Hahn und A. Dafinger in diesem Band). Andererseits bietet dieses reduktionistische Vorgehen auch Vorteile, insbesondere den der Vergleichbarkeit zwischen unterschiedlichen architektonischen Gebilden, ein Aspekt, der nicht gering gewichtet werden sollte.

Wie betont, ist die *space syntax theory* sehr heterogen; ihr bekanntester Bestandteil, der auch in der Anwendung auf archäologische Fallbeispiele die größte Rolle gespielt hat, dürfte die graphentheoretische Abstrahierung von Raumabfolgen und damit die Veranschaulichung ihrer Zugänglichkeit, der Visualisierung von Topologien sein.[2] Entsprechend setzt die Kritik an der *space syntax* aus archäologischer Sicht bisher auch vor allem an diesem Punkt an (Leach 1978; Brown 1990; Cutting 2003). Archäologisch stellt sich das Problem, dass sich die Zugänge zu Räumen eines Gebäudes häufig nicht rekonstruieren lassen und in vielen Fällen noch nicht einmal sicher ist, ob Gebäude zweistöckig waren oder nicht. Für die Beurteilung der Zugänglichkeit von Räumen im Sinn von *space syntax* hat diese Frage entscheidendes Gewicht.[3] Ein Kernbestandteil der *space syntax*, der die Analyse von Gebäuden betrifft, kann also archäologisch nur begrenzte Anwendung finden. Sie erschöpft sich aber keineswegs darin, vielmehr stellen Hillier und Hanson darüber hinaus eine Reihe von Konzepten und Begrifflichkeiten bereit, die für eine Analyse prähistorischer Siedlungen durchaus von Nutzen sein können. Renate Ebersbach (in diesem Band) bedient sich etwa der analytischen Differenzierung zwischen »correspondence« und »noncorrespondence systems« (Hillier / Hanson 1984, 140 ff.) zur Konzeptualisierung jungneolithischer Siedlungen hinsichtlich der Übereinstimmung zwischen räumlicher und sozialer Bezugsgruppe.

Ein weiterer Aspekt betrifft die Analyse der Siedlungsstruktur, mit der sich Hillier und Hanson im Rahmen ihrer *space syntax* ebenfalls beschäftigt haben. Zu diesem Zweck unterscheiden sie zwischen den beiden Konzepten »Axialität« und »Konvexität« (ebd. 90 ff.; Abb. 1). Mit diesen Termini verbinden sie diverse Kennzahlen, die den Vergleich unterschiedlicher Siedlungspläne erleichtern sollen. Angesichts der notori-

2 Hillier / Hanson 1984, 143 ff.; archäologische Anwendungen z. B. Chapman 1990; Dawson 2002; Brusasco 2004; Shapiro 2005.
3 S. auch den Beitrag von S. Reinhold in diesem Band: Bei den dort behandelten spätbronzezeitlichen Siedlungen mit zentralem Platz konnte die Frage der Zugänglichkeit des Platzes von den umgebenden Häusern bislang nicht abschließend geklärt werden.

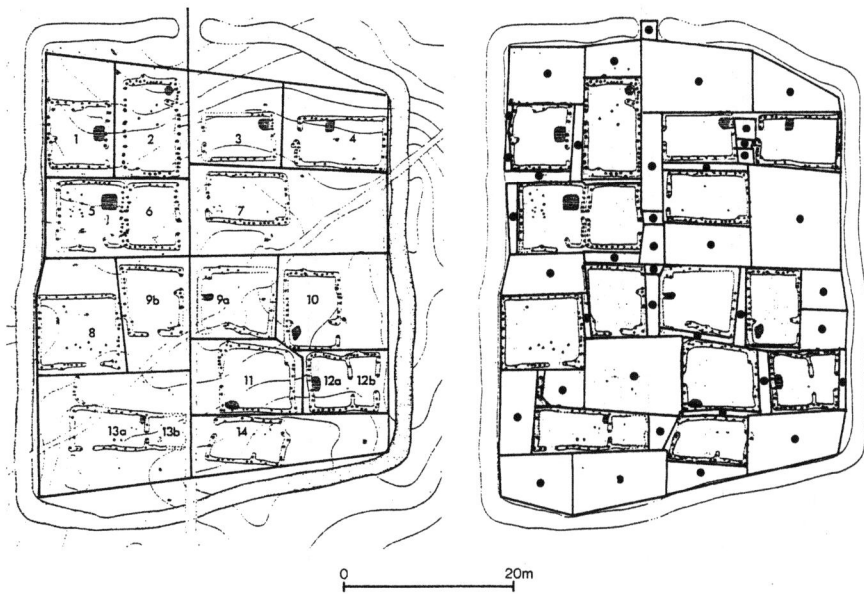

0 ├────────────┤ 20m

Abb. 1. Axiale (links) und konvexe öffentliche Räume (rechts) nach B. Hillier und J. Hanson am Beispiel von Phase II der Tellsiedlung von Tärgovište in Bulgarien (nach Chapman 1990, 64 fig. 3.8). Jede durchgezogene Linie markiert einen axialen Raum (links), jeder Punkt einen konvexen (rechts). Letztere zeichnen sich dadurch aus, dass alle Verbindungslinien zwischen beliebigen Punkten eines Raumes innerhalb dieses Raumes liegen.

schen Unvollständigkeit archäologischer Siedlungspläne und der damit verbundenen Unsicherheit hinsichtlich der Gleichzeitigkeit bestimmter Gebäudestrukturen besitzen derartige, Präzision vorspiegelnde Kennzahlen für archäologische Anwendungen sicherlich nur begrenzten Aussagewert. Nichtsdestoweniger behalten die Begrifflichkeiten ihre analytische Nützlichkeit.

Der Begriff der Axialität dient vor allem dazu, die Möglichkeiten der Bewegung innerhalb einer Siedlung und in sie hinein zu erfassen. Dazu werden in den Siedlungsplan Geraden eingeschrieben: Je weniger Geraden notwendig sind, um sich zwischen den Häusern bzw. Häuserblocks zu bewegen, desto axialer ist eine Siedlung. Der Gegenbegriff zur Axialität ist der der Konvexität. Konvexe Räume dienen nicht wie die Achsen der Bewegung, sondern der Interaktion der Bewohner. Sie sind potenziell die Stätten, an denen gemeinschaftliche Arbeiten durchgeführt werden oder Kommunikation stattfindet. Das Idealbild eines konvexen Raumes stellt etwa der zentrale Versammlungsplatz innerhalb eines Dorfes dar. Durch die dort erhöhte Frequenz zufälliger Begegnungen, d. h. passiver Kontakte, eignen sich solche konvexen Räume ideal für die Kontrolle. Wer konvexe Räume dominiert, dominiert auch die Begegnungen, die sich dort ereignen, und damit die Individuen, die sich dort treffen.

Fallbeispiel Okolište

Die Siedlung von Okolište liegt im mittelgebirgsartigen Zentralteil Bosniens, ca. 40 km von Sarajewo entfernt.[4] Sie wurde von ca. 5200 bis 4500 calBC besiedelt und gehört nach der regionalen archäologischen Terminologie der spätneolithischen Butmir-Gruppe an. Die Subsistenz der dort siedelnden Menschen basierte praktisch vollständig auf Ackerbau und Viehzucht, wobei die Rinderzucht dominierte. Jagd spielte zu keiner Zeit der Siedlung eine signifikante Rolle. Die ökonomischen Grundlagen entsprechen damit jenen, die wir von benachbarten zeitgleichen Siedlungen kennen.

Okolište erreichte offenbar bereits zu Beginn seiner Entwicklung, d. h. gegen 5200 calBC, die größte Ausdehnung von ca. 7,5 ha (Abb. 2–3). In den folgenden Jahrhunderten schrumpfte die Siedlung, bis sie gegen 4500/4400 calBC nur noch eine Größe von vielleicht 1,2 ha besaß.[5] Die Außengrenze der Siedlung wurde durch ein mehrfaches Wall-Graben-System markiert, das dem schrumpfenden Siedlungskörper immer wieder angepasst wurde. Während ihrer ungefähr 700 Jahre währenden Existenz wuchs die Siedlung ca. 2,5–3 m in die Höhe. Es handelt sich bei Okolište demnach eindeutig um einen Tell, auch wenn er nicht die Ausmaße nahöstlicher Siedlungshügel erreicht (Rosenstock 2005).

Hier ist anzufügen, dass keine andere der in der Region bekannten Siedlungen ein Verteidigungssystem wie dasjenige von Okolište besitzt.[6] Auch wenn die Gräben nur wenig mehr als 1 m eingetieft und die zugehörigen Wälle entsprechend flach waren, ist ein defensiver militärischer Charakter nicht auszuschließen. Zudem gaben sie der Siedlung eine klare Grenze nach außen, betonten also den geschlossenen Charakter der Ansiedlung. Strukturalistisch gedeutet schieden sie das Dorfinnere, die geordnete

---

4   Nachdem es von jugoslawischer Seite kleinere Aufschlüsse vor allem in den 1960er Jahren gab, wird die Siedlung seit 2002 von einem bosnisch-deutschen Team untersucht, seit 2005 mit Förderung durch die Deutsche Forschungsgemeinschaft. In den bisherigen Grabungskampagnen wurden rund 1 100 m² aufgedeckt. Umfassender Vorbericht: Hofmann u. a. 2007.

5   Die folgenden Ausführungen und Überlegungen basieren auf punktuellen Grabungen und Bohrungen sowie umfassenden geomagnetischen und selektiven geoelektrischen Prospektionen. Bei erweiterter Datenbasis wären einige der im Folgenden vorgebrachten Deutungen sicherlich zu präzisieren; angesichts der Mächtigkeit des Tells müssten entsprechende Untersuchungen jedoch einen Umfang erreichen, der mit seinem Status als Nationales Monument nicht vereinbar wäre. Deshalb gehen wir nicht davon aus, dass sich die Datengrundlage in absehbarer Zeit wesentlich vergrößern wird.

6   Bei der geophysikalischen Prospektion der nur wenige Kilometer entfernten Siedlung von Arnautovići wurde möglicherweise ebenfalls ein Graben entdeckt, doch dieser Befund ist noch unsicher.

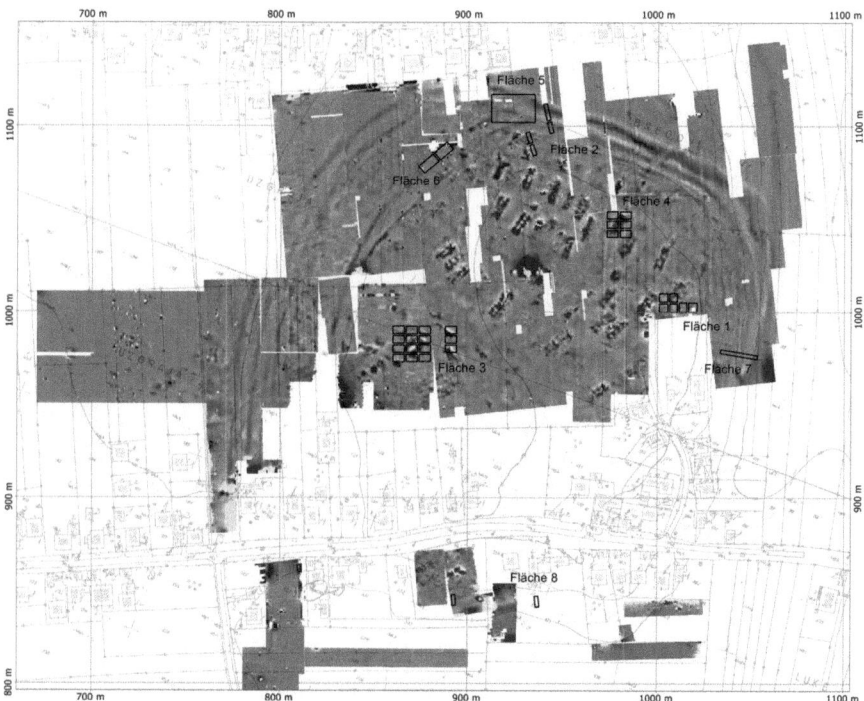

Abb. 2. Der geomagnetische Plan der Siedlung von Okolište. Eingetragen sind ferner die Grabungsflächen der Jahre 2002–2008. Oberhalb von »Fläche 4« befindet sich die bisher einzige nachgewiesene Öffnung im Wall-Graben-System.

Welt menschlicher Sozialbeziehungen, von der Welt da draußen, wo Natur und Chaos herrschen (s. dazu auch Beitrag S. Rieckhoff, S. 292 f.). In diesem Zusammenhang ist interessant, dass alle Wildtierknochen bisher aus dem Bereich der Gräben stammen. Vermutlich spielten beide Aspekte, der fortifikatorische und der symbolische, eine Rolle bei der Errichtung des Befestigungssystems; diese war so bedeutsam, dass das Wall-Graben-System mehrfach erneuert wurde, um es der Schrumpfung der Siedlung anzupassen.

Die älteste Bebauung von Okolište wird offenbar durch eingetiefte Strukturen (engl. *sunken dwellings*) gebildet. Gerade in der deutschsprachigen Literatur werden an die Evidenz von Grubenhäusern strenge Maßstäbe angelegt, nachdem die berüchtigten »Kurvokomplex-Bauten« der bandkeramischen Siedlung von Köln-Lindenthal (Buttler/Haberey 1936; vgl. Buttler 1934 mit ethnoarchäologischen Überlegungen) nachträglich als Lehmentnahmegruben identifiziert wurden (Paret 1942). Entsprechend kategorisch urteilt Clemens Lichter (1993, 25 f.): »Es kann festgehalten wer-

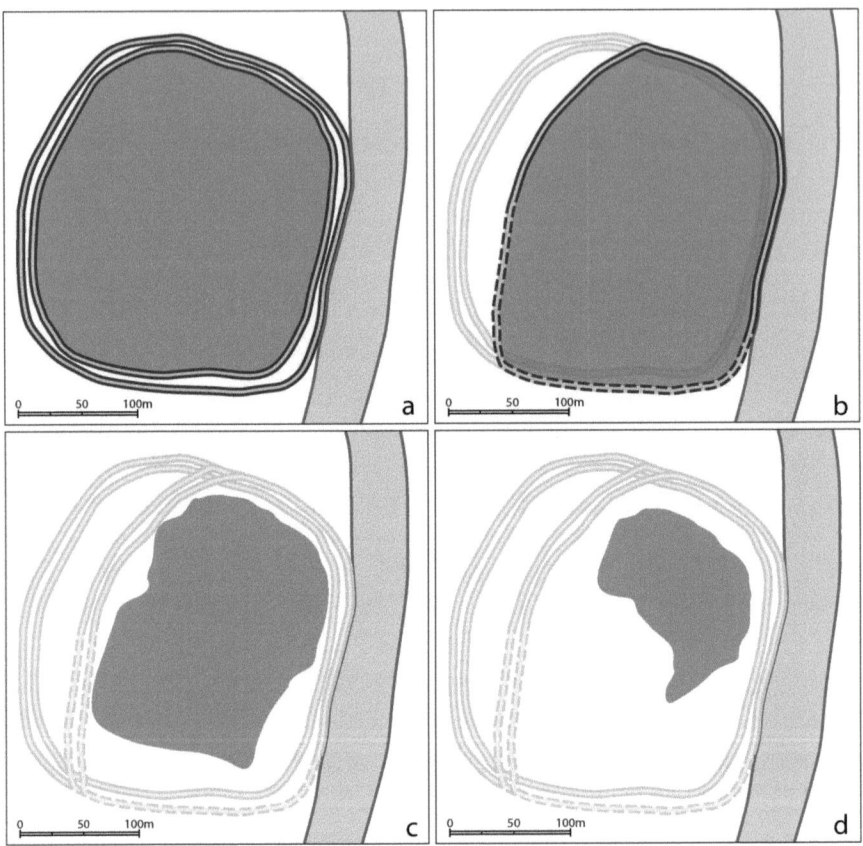

Abb. 3. Entwicklung der Siedlung von Okolište. a – ca. 5200 calBC; b – ca. 4900 calBC; c – ca. 4700 calBC; d – ca. 4500 calBC.

den, daß kein einziges Argument die Nutzung von Gruben als ›Wohngruben‹ im südosteuropäischen Neolithikum und Chalkolithikum belegt.«

Tatsächlich erscheinen die als Beleg für ›Wohngruben‹ bzw. Grubenhäuser herangezogenen Befunde – wie zum Beispiel auch an der für die Butmir-Gruppe eponymen Fundstelle Butmir – in den allermeisten Fällen sehr unglaubwürdig, und deshalb sind die weitreichenden Schlüsse, die Douglass W. Bailey (1999) aus der angeblich gegensätzlichen Form von Grubenhäusern und ebenerdigen Gebäuden des südosteuropäischen Neolithikums zieht, gegenstandslos. In Okolište ist die Sachlage jedoch eine andere: Zumindest in den zwei Schnitten, bei denen der gewachsene Boden erreicht wurde, gelang es, zwei ca. 30–40 cm in den Boden eingetiefte Strukturen freizulegen, die eine relativ komplizierte Verfüllungsgeschichte mit zahlreichen feinen Straten aufwiesen, wie man sie beispielsweise von mittelalterlichen Grubenhäusern kennt.[7] Die in einem Fall komplett aufgedeckte, rechteckige Struktur maß ca. 8 × 2 m.

Auch in Obre II (›Gornje polje‹), einer gleichzeitigen, nur wenige Kilometer entfernt liegenden Siedlung, wurden als Teil der ältesten Bebauung eingetiefte Strukturen entdeckt.[8] Ob es sich dabei tatsächlich um »Grubenhäuser« im engeren Sinne, also um eingetiefte Wohnhäuser, überdachte Werkstattplätze o. ä. oder lediglich um Eintiefungen mit einer anderen Funktion handelt, ist für die folgende Diskussion unerheblich. Entscheidend ist vielmehr, dass wir in den ältesten Schichten Bebauungsstrukturen antreffen, die in jüngerer Zeit offenbar keine Verwendung mehr fanden; dort sind nämlich alle Gebäude ebenerdig angelegt. Dafür gibt es eine relativ einfache Erklärung: *sunken dwellings* benötigen verfestigten Boden, damit die eingetieften Seitenwände stabil bleiben. Kulturschichten sind – zumindest kurz nach ihrer Ablagerung – jedoch relativ locker, sie eignen sich deshalb nicht für die Anlage von eingetieften Gebäuden. Als die Bewohner von Okolište die Entscheidung fällten, länger an demselben Platz zu siedeln, mussten sie also zwangsläufig auch die Struktur ihrer Wohngebäude anpassen.[9] Nicht unerheblich könnte dabei gewesen sein, dass rechteckige ebenerdige Häuser den verfügbaren Raum besser ausnutzen, da sie dichter aneinander gebaut werden können als Gruben, die wegen der notwendigen Erdbrücken einen gewissen Mindestabstand wahren müssen.[10]

In den jüngeren Phasen der Ansiedlung dominierten ebenerdige Gebäude, die eine Größe von durchschnittlich 10 × 4 m aufwiesen. Bereits im Geomagnetikplan sind diese als dunkle rechteckige Anomalien deutlich zu erkennen (Abb. 2); sie schließen sich zu einer Bebauung in Zeilen zusammen, die zwischen den Längsseiten der Häuser nur enge Gassen freilässt, während an den Schmalseiten breitere Wege das Innere der Siedlung erschließen. Im Gesamtbild ergibt sich der deutliche Eindruck von ›Reihenhäusern‹. Die Grabungen haben gezeigt, dass nicht alle Häuser derselben Phase angehören. So sind die als Anomalien erkennbaren Häuser im Nordosten des Tells wegen der Siedlungsverkleinerung mehrere hundert Jahre jünger als diejenigen im Südwesten. Wie kann es aber dazu kommen, dass sich diese unterschiedlich alten Häuser scheinbar so lückenlos ergänzen? Der Grund liegt im Wesentlichen darin, dass

---

7   Für Beispiele von mittelalterlichen Grubenhäusern siehe etwa zahlreiche Beiträge in Landesamt für archäologische Denkmalpflege Sachsen-Anhalt 1991 und Brachmann / Klápště 1996. Generell zu Grubenhäusern: Struwe 2001.

8   Benac 1973, 37 f. – Auch die älteste Bebauung der Starčevo-Siedlung von Blagotin in Serbien soll aus Grubenhäusern bestanden haben, was mit der Existenz hochmobiler Gruppen in Zusammenhang gebracht wird (Greenfield / Jongsma 2006).

9   Deshalb greift ein zentrales Argument von Lichter (1993, 25 Anm. 131) – »›Tellbildung‹ schließt ›Wohngruben‹ gänzlich aus« – im vorliegenden Fall nicht.

10 Ähnlich argumentiert auch Bailey (1999, 158), allerdings auf der Grundlage vermutlich irriger Grundrissunterschiede.

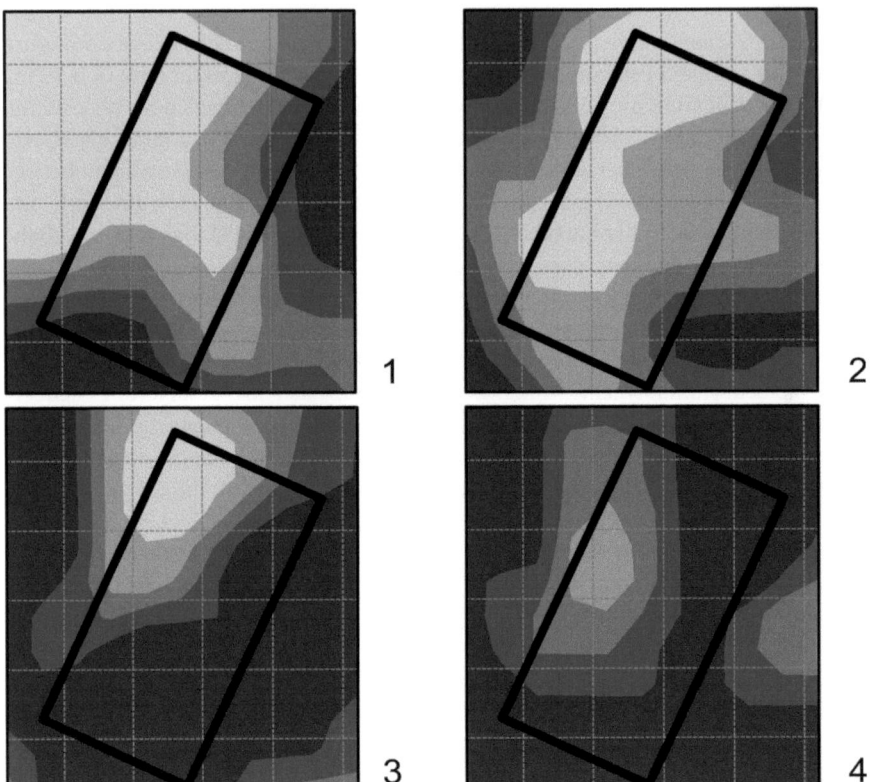

Abb. 4. Okolište. Veränderung der Lage einer Hausstelle anhand von Bohrungen in Fläche 4. In den untersten Schichten ist kein eindeutiger Hausbereich mehr feststellbar. Hell
– Hausbereich; dunkel – Gassenbereich; schwarze Kontur – ausgegrabenes Haus. Tiefe: 1
0,4–0,9 m; 2 0,9–1,4 m; 3 1,4–1,9 m; 4 1,9–2,4 m. Größe der Quadrate: 2 × 2 m. Triangu-
lation von insgesamt 36 Bohrungen.

die Hausstellen nachweislich eine große Platzkonstanz zeigen. Wie aus Abbildung 4,
die anhand von Bohrprofilen erstellt wurde, zu ersehen ist, wurden in diesem Bereich
die Häuser mehr oder weniger immer wieder an derselben Stelle errichtet; erst in einer
Tiefe von 1,5 m ist offensichtlich eine Verlagerung des Hausplatzes festzustellen.
Obwohl verschiedene Siedlungsphasen repräsentierend, scheint das geomagnetische
Bild demnach einen hinreichend verlässlichen Eindruck von der Struktur der Siedlung
zu geben. Vor allem impliziert es, dass die Struktur der Siedlung im Laufe ihrer Exis-
tenz – sieht man von den ältesten eingetieften Strukturen ab – keinen gravierenden
Veränderungen unterlag.

In Größe, Form, Ausrichtung und Ausstattung wirken die Häuser sehr uniform; dies gilt nicht nur für die Gebäude aus Okolište, sondern erstreckt sich auch auf die in Nachbarsiedlungen aufgedeckten Häuser. Generell sind die Häuser in Richtung Südwest–Nordost ausgerichtet. Dass diese Generalrichtung eine kosmologische Dimension (s. Beitrag J. Piesbergen in diesem Band) gehabt hat, ist relativ wahrscheinlich. Dafür spricht die bisher einzige eindeutige Öffnung im Wall-Graben-System von Okolište (Abb. 2). Diese befindet sich im Nordosten der Siedlung, wo sie eigentlich nicht sinnvoll erscheint, da hier zumindest heutzutage die Bosna verläuft und das Gelände dahinter relativ steil ansteigt.

Die ungefähr 40 m^2 großen Häuser sind in Holz-Lehm-Bauweise errichtet und wurden vermutlich von einer Kleinfamilie bewohnt, wenn man nach ethnographischen Parallelen von einem Platzbedarf von durchschnittlich 10 m^2 pro Bewohner ausgeht (Naroll 1962). Ferner gibt es Hinweise auf Zwischenwände, so dass die Häuser im Erdgeschoss möglicherweise aus drei Räumen bestanden (Hofmann u. a. 2007, 140 ff.). Im südwestlichen Raum wurde vor allem Keramik entdeckt, die eher der Nahrungsaufnahme zugerechnet werden kann. Im mittleren Raum standen größere, repräsentative Vorratsgefäße, während im nordöstlichen eher Grobkeramik zu finden ist. Dort befand sich auch die Feuerstelle, so dass wir hier von einem Kochbereich ausgehen können. Außerdem fanden sich im nordöstlichen Hausteil wiederkehrend Ansammlungen von Webgewichten. Ein Teil der handwerklichen Tätigkeiten war also im Haus konzentriert; andere Aktivitäten haben aber offenbar außerhalb des Hauses stattgefunden, was angesichts der beschränkten Größe plausibel ist. Entsprechend finden sich Silex- und Felsgesteingeräte als Zeugnisse z. B. von Fell-, Knochen- oder Holzbearbeitung überwiegend außerhalb der Häuser (ebd. 131 ff.).

Aufgrund des kontinentalen, relativ feuchten Klimas dürfte die Lebensdauer der Häuser auf 20–30 Jahre begrenzt gewesen sein und entsprach damit vermutlich dem seiner Erbauer bzw. Bewohner, sie wurden also wohl nicht über mehrere Generationszyklen genutzt. Anders als bei der reinen Lehmbauweise nahöstlicher Tells dürfte nicht agglutinierend gebaut worden sein, wodurch die Häuser problemlos einzeln abzureißen oder neu zu errichten waren.

Bei konservativer Schätzung ist in der Frühphase von Okolište von der gleichzeitigen Existenz von mindestens 200 Häusern auszugehen (Hofmann u. a. 2007, 196 f.). Nimmt man fünf Einwohner pro Haus an, beherbergte die Siedlung zu Beginn ca. 1 000 Einwohner. Vergleicht man diese Zahl mit entsprechenden Schätzungen für mitteleuropäische Siedlungen, die von Bevölkerungszahlen von wenigen Dutzend Menschen ausgehen (Zimmermann 2002, 35 Abb. 17), erscheint sie zunächst sehr hoch; sie ist aber angesichts der Akkumulationsrate der Tellschichten von ungefähr 0,5 m pro Jahrhundert[11] – was eine entsprechend hohe Zahl an Häusern voraussetzt –

---

11 Die Akkumulationsrate ergibt sich aus der Schichtmächtigkeit von ca. 3 m und einer Besiedlungsdauer von 600–700 Jahren. – Zu Tellstratigraphien als chronologische Maßstäbe s. Schier 2001.

durchaus plausibel. Dass derartige Bevölkerungsgrößen enormes Stresspotenzial für die Bewohner in sich bergen, steht außer Frage (dazu Hofmann / Müller-Scheeßel im Dr.).

Zusammenfassend fällt an den Häusern ihre große Uniformität in Bezug auf Größe und Ausrichtung auf, und dies gilt sowohl in synchroner wie auch diachroner Hinsicht. Vermutlich erstreckte sich diese Uniformität auch auf die Ausstattung der Häuser und die Tätigkeiten, die in ihnen ausgeführt wurden. Bauwerke mit zentralen Funktionen – Tempel, Gemeinschaftshäuser oder ähnliches – wurden bisher nicht entdeckt. Die Einheitlichkeit der Häuser zeigt, dass bei ihrer Errichtung traditionelle Baumuster streng befolgt wurden. Diesen Eindruck einer normierten Bebauung erhält man auch, wenn man sich die Anlage der Siedlung als ganze vor Augen führt. Offensichtlich wurde die Siedlung von Zeilen paralleler Häuser dominiert, die entlang der größeren Wege eine mehr oder weniger geschlossene Front bildeten.

Diskussion

Auf den ersten Blick wirken die beiden oben besonders ins Zentrum gerückten Aspekte der Siedlung von Okolište – der Wechsel der Bebauung und die überaus geordnete Struktur der Siedlung – vollkommen unverbunden. Und doch implizieren beide einen gemeinschaftlichen Entscheidungsprozess, der der Gründung der Siedlung vorausgegangen ist: Ohne die andersartige Bebauungsstruktur hätte die Siedlung bereits nach einer Generation – nach dem Verfall der *sunken dwellings* – aufgegeben werden müssen, da eine Weiterbesiedlung einen unverhältnismäßig großen Aufwand bei der Planierung der alten Häuser bedeutet hätte und die neuen Häuser bzw. deren Wände wegen der alten Gruben auch wesentlich instabiler gewesen wären. Erst die ebenerdige Bauweise ermöglichte eine Kontinuität der Besiedlung am Platz. Auf diese Änderung der Bebauung muss sich die Gemeinschaft verständigt haben. Umgekehrt ist der ausgesprochen regelmäßige Siedlungsplan kaum als Ergebnis der zufälligen Platzwahl jedes Hauses anzusehen. Die Existenz eines »Generalplanes« für die Lage der Häuser erscheint mehr als wahrscheinlich. Auch die frühe Errichtung des Wall-Graben-Systems ist ein Indiz dafür, dass der Entschluss, in Okolište zu siedeln, von der Gemeinschaft bewusst getroffen wurde und das längerfristige Bleiben an diesem Ort explizit mit einschloss.

Wenn man den Siedlungsplan nach den Regeln der *space syntax theory* analysiert, ist bei der Kombination der Ergebnisse der Ausgrabungen und der Geophysik unschwer zu erkennen, dass Okolište in hohem Maße axial angelegt war (Abb. 5–6). Dies ergibt sich allein schon aus der ›Reihenhaus‹anordnung. Dadurch entstanden mehrere parallele, 5–10 m breite Wege. Hinzu kam möglicherweise noch eine senkrechte Achse, die vom Tor ins Innere führte. Sie erschloss die Siedlung und gestattete den Übergang von einem Weg zum anderen unter Vermeidung der engen Gassen, die

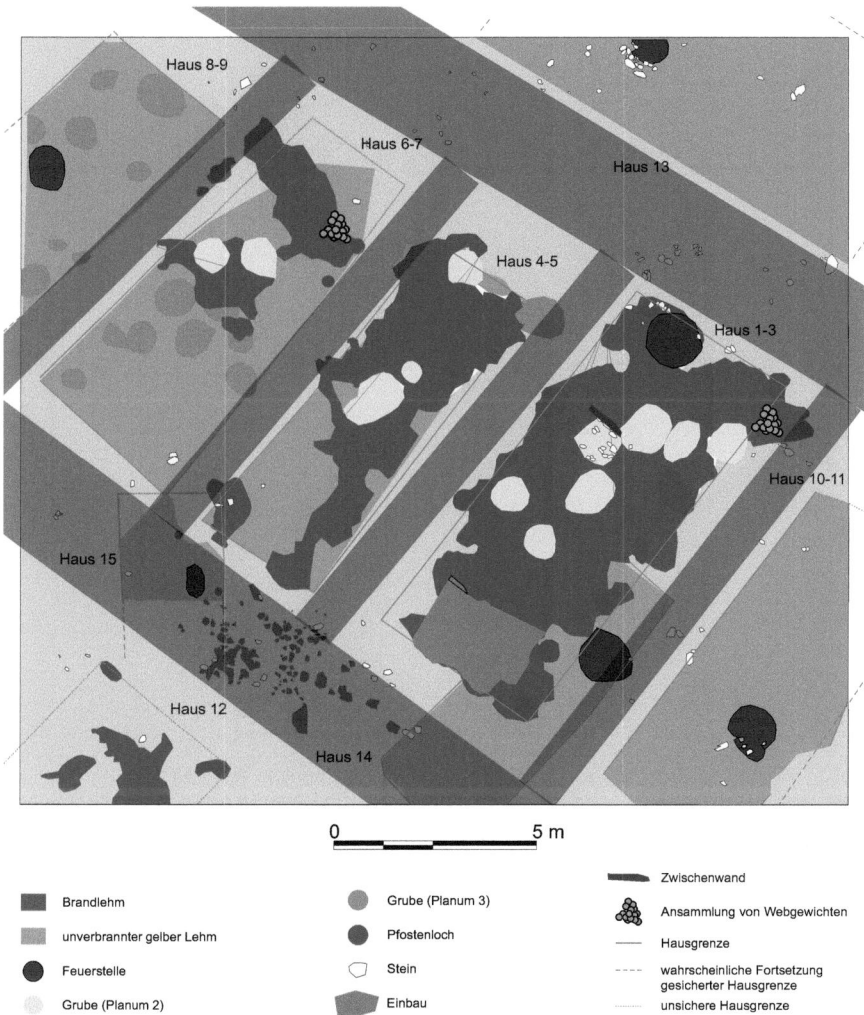

Abb. 5. Okolište, Grabungsfläche 3. Verbrannte und unverbrannte Häuser mit hineinprojiziertem Wegesystem (schmale und breite Balken).

ansonsten nur den informellen Wechsel von einem Weg zum anderen ermöglichten. In der Nomenklatur von Hillier und Hanson lässt sich diese Anordnung der Häuser und der sie umgebenden Räume, die sie gleichzeitig definieren, als extrem flach und *distributed* ansprechen, d. h. dass axiale und konvexe Räume über sehr wenige Zwischenstationen zugänglich waren.

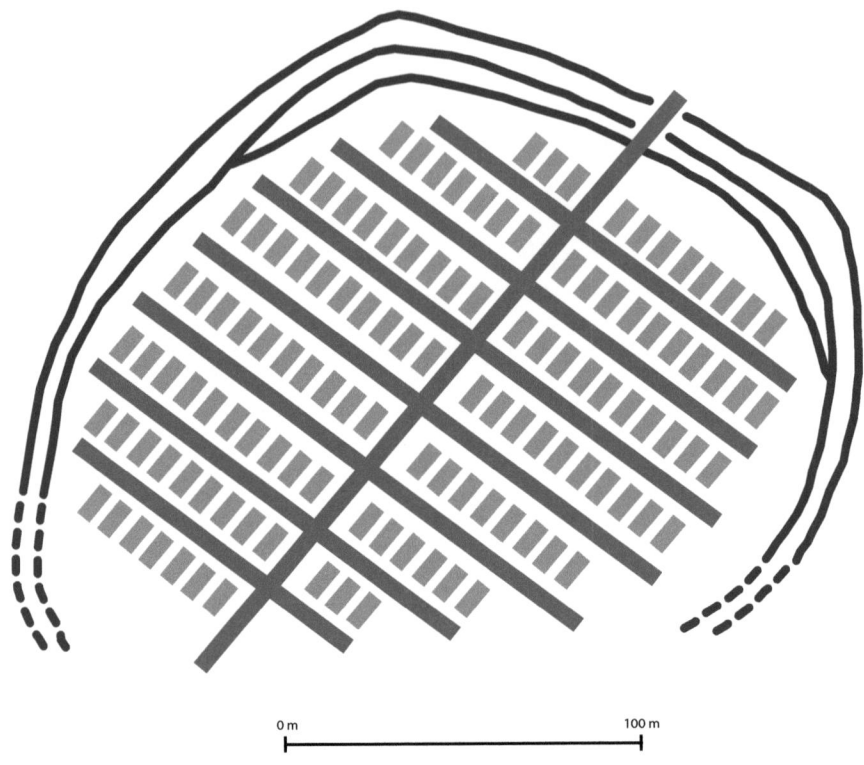

0 m   100 m

Abb. 6. Hypothetische Bebauungsstruktur von Okolište um ca. 4900 calBC.

Nach Hillier und Hanson (1984, 97) spricht die starke *distributedness* der Siedlung von Okolište eher für die soziale Verteilung der räumlichen Kontrolle. Man muss davon ausgehen, dass die axialen Siedlungselemente – die parallelen Wegezüge und die senkrechte Erschließungsachse – weithin einsehbar waren. Ob dieser Effekt nun beabsichtigt war oder nicht, das Resultat der axialen Raumgliederung war zweifellos ein hohes Maß an gegenseitiger sozialer Kontrolle der Bewohner. Die axiale Anordnung mag primär dem Zweck gedient haben, eine möglichst große Zahl von Häusern auf möglichst kleinem Raum anzuordnen, aber sie führte auch dazu, dass die Bewegung innerhalb der Siedlung und die visuelle Kontrolle der außerhäuslichen Aktivitäten erleichtert wurden.

Den Komplementärbegriff zur Axialität innerhalb der *space syntax theory* stellt die Konvexität dar (s. o.); damit werden Räume innerhalb von Siedlungen erfasst, in denen das öffentliche Leben stattfindet. Legt man den idealisierten Gesamtplan von Okolište zugrunde, kommt man allerdings zu einem verblüffenden Ergebnis: Konvexe Räume außerhalb der Wege sind dort nicht vorgesehen! Daraus ergeben sich unmit-

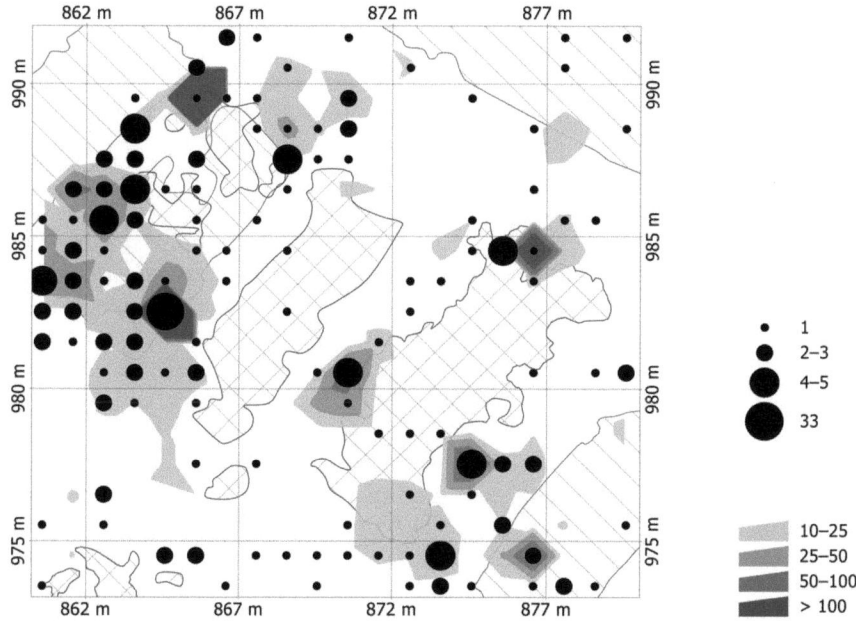

Abb. 7. Okolište, Grabungsfläche 3 (vgl. Abb. 5). Anzahl von Silexabschlägen (Isoflächen) und -kernen (Punkte).

telbar zwei Fragen: Wo sind die konvexen Räume für die informelle Kommunikation unter den Dorfbewohnern? Und wo haben die vorauszusetzenden zahlreichen außerhäuslichen Aktivitäten stattgefunden?

Eine partielle Antwort ergibt sich aus den Grabungsbefunden (Abb. 5). In Fläche 3 zeigte sich, dass die Häuser nicht alle gleichzeitig bestanden haben können. Ein Teil von ihnen war offensichtlich bereits zerfallen, als das innerhalb der Grabungsfläche jüngste Haus niederbrannte. Von den benachbarten Häusern fingen nur noch die aufrecht stehenden Teile Feuer, wodurch ein Teil dieser Häuser unverbrannt, ein anderer verbrannt und verziegelt auf uns gekommen ist. Dies wiederum bedeutet, dass in der unmittelbaren Umgebung von Haus 1 zur Zeit seiner Nutzung bereits Ruinen standen. Diese Ruinen wurden, wie beispielsweise die Verteilung von Überresten der Silexbearbeitung zeigt (Abb. 7), als Werkplatz genutzt.

Der Standort der zerfallenen Häuser wurde also zu konvexem Raum und für einen Teil der außerhäuslichen Aktivitäten wie die Silexbearbeitung genutzt. Vermutlich muss man generell davon ausgehen, dass die Siedlung zu keinem Zeitpunkt vollständig mit Häusern bebaut war, sondern dass sich einzelne Hausstellen stets im mehr oder weniger fortgeschrittenen Verfallstadium befanden. Eine mögliche Erklärung dafür wäre, dass die Häuser bzw. Hausstellen beim Tod ihrer Erbauer für längere Zeit aufgelassen und nicht wieder überbaut wurden. Die Beobachtung der Nutzung von aufgelassenen Hausstellen als Werkplätze unterstreicht im Übrigen, dass konvexe Räume, die alternativ für derartige Tätigkeiten in Anspruch hätten genommen werden können, im Siedlungsdesign von Okolište nicht vorgesehen waren oder zumindest nicht in ausreichendem Maße zur Verfügung standen.[12]

Zusammenfassend ist für Okolište dennoch ein hohes Maß an Axialität und ein geringes an Konvexität zu konstatieren. Diese starke geometrische Figurierung der Siedlung ist bemerkenswert, da sich in ethnographischen Beispielen eher das Gegenteil beobachten lässt: »[S]ocial relationships rather than geometric order appear to be the major determinant in the placement of buildings« (Frazer 1968, 45). Entscheidend ist hier möglicherweise der bewusste Gründungsakt, der die Standorte der Gebäude von vornherein festlegte; einmal etabliert, verhinderte die festgefügte und durch das Korsett des Wall-Graben-Systems nach innen zusätzlich betonte Ordnung ein Aufweichen der Siedlungsstruktur. Diese dürfte im sozialen Leben zu einer hohen Zahl an passiven Kontakten, also zufälligen Begegnungen, aber wenig Grüppchenbildung im Sinne einer Ghettoisierung einzelner Siedlungsbereiche geführt haben. Sowohl der stereotype Hausbau als auch die hohe Axialität sowie die geringe Konvexität deuten darauf hin, dass in der Siedlungsgemeinschaft von Okolište eine Ideologie[13] herrschte, die sowohl der Individualität einzelner Haushalte wie auch von Deszendenzgruppen innerhalb der Dorfgemeinschaft wenig Priorität einräumte. Ausgangs- und Bezugspunkt aller Sozialbeziehungen war offensichtlich das Dorf als Ganzes.

An dieser Stelle stoßen wir allerdings auf ein Paradoxon. Ethnographischen Parallelen zufolge ist es nämlich sehr unwahrscheinlich, dass eine Siedlung dieser Größenordnung ohne Ansätze einer zentralistischen Führung längerfristig hätte existieren können (ausführlicher dazu Hofmann / Müller-Scheeßel im Dr.). Es bedarf Institutionen, die einerseits Streitigkeiten innerhalb der Gemeinschaft schlichten und sie andererseits nach außen hin vertreten. Auch die Planung und Anlage einer derart großen Siedlung sowie die Errichtung und Erneuerung des Wall-Graben-Systems kann man sich kaum ohne eine zentrale Führung vorstellen. Schließlich erreichte Okolište seine größte Ausdehnung bereits in der Frühphase.

Unter dem Eindruck dieses Paradoxons ergibt sich also die grundsätzliche Frage, ob die unzweifelhaft stark durchstrukturierte Anlage von Okolište in erster Linie der gegenseitigen sozialen Kontrolle der Dorfbewohner diente oder ob sie nicht vielmehr Ausdruck einer übergeordneten Instanz war und auf Kontrolle von oben zurückzu-

---

12 Diese Interpretation spricht übrigens nicht gegen die oben angegebene hohe Zahl an gleichzeitigen Häusern, die sich vornehmlich aus der Akkumulationsrate errechnet, die wiederum zum übergroßen Anteil auf zerstörte Häuser zurückzuführen ist: Wenn eine Hausstelle längere Zeit unbewohnt bleibt, können in diesem Bereich auch keine größeren Abfallmengen anfallen.

13 Im Sinne des in der Sozialisation vermittelten Selbstbilds einer Gesellschaft, das insbesondere Vorstellungen über die Ordnung der Welt und darüber, was gut und richtig ist, bereitstellt.

führen ist. Die beiden Alternativen würden grundsätzlich unterschiedliche Modelle der sozialen Komplexität der spätneolithischen Gesellschaft von Okolište nach sich ziehen; die Beantwortung dieser Frage ist also von einiger Tragweite.

Weiter muss man fragen, auf welchen Ressourcen denn eine dauerhaft herausgehobene Position einzelner Individuen hätte beruhen können. Timothy Earle (1997, 6 ff.) identifiziert drei primäre Quellen, deren Kontrolle und Monopolisierung Individuen Macht über andere Individuen verleiht: ökonomische, militärische und ideologische. In der Ausgestaltung von Earle gehen diese drei Machtquellen zwangsläufig mit gewissen Charakteristika der materiellen Kultur einher. Bei einer Machtausübung, die auf ökonomischen Ressourcen aufbaut, wären entweder Möglichkeiten der Redistribution größerer Gütermengen *(staple finance)* in Form von Speichern o. ä. zu erwarten oder exquisite Objekte, die innerhalb eines Prestigegütersystems zirkulierten.[14] Beides fehlt bisher in Okolište oder benachbarten Siedlungen. Auch bei den Funden gibt es bisher nur sehr begrenzte Hinweise auf Unterschiede zwischen Häusern, d. h. dass ihre Ausstattung relativ uniform war (s. zu den bestehenden feinen Unterschieden und ihrer Deutung Müller u. a. in Vorb.). Ferner gibt es aus spätneolithischer Zeit – wie im gesamten südeuropäischen Raum – praktisch keine Gräber (Lichter 2001). Auch hier bestand also keine Möglichkeit, das einzelne Individuum herauszuheben. Würde individuelle Macht hingegen auf der ideologischen Option aufbauen, müsste man damit rechnen, dass sich rituelle Paraphernalia in bestimmten Bereichen konzentrieren oder sogar mächtige Kultbauten das Erscheinungsbild der Siedlungen dominieren. Auch dies lässt sich bisher für keine Siedlung der Butmir-Gruppe nachweisen. Bleibt noch die Möglichkeit einer militärischen Machtbasis, über die einzelne Individuen *qua* Amt hätten gebieten können. Sie ist von dem Prestige und Ansehen, das sich einzelne Krieger durch besonders heldenhaftes und / oder brutales Kämpfen erworben haben, zu differenzieren.[15] Als minimalen materiellen Niederschlag würde man einerseits als Waffen identifizierbare Objekte und andererseits Verteidigungsanlagen erwarten. Zumindest für Okolište liegt beides vor: Das Wall-Graben-System ist bereits vorgestellt worden, und unter den erhaltenen Objekten gibt es zahlreiche Pfeilspitzen und Dechselklingen, die durchaus auch gegen Menschen eingesetzt werden können, wie einschlägige Funde von anderen Fundplätzen eindrücklich zeigen.[16] Andererseits ist schwer vorstellbar, dass bereits in neolithischer Zeit Warlords von Okolište aus ihr Unwesen trieben und in einer Art endemischer Kriegsführung benachbarte

---

14 Zu den wirtschaftlichen Grundlagen, die aufgrund des Ressourcen begrenzenden Naturraums vermutlich eine Form von Transhumanz bedingte, und den daraus erwachsenden Konsequenzen s. Müller-Scheeßel u. a. im Dr.

15 S. Roscoe 2000, 88 ff. zu den Abstufungen kriegerischen Prestiges am Beispiel Melanesiens.

16 S. beispielsweise Wahl / König 1987, 127 ff. zu durch Dechselklingen hervorgerufenen Traumata an bandkeramischen Schädeln aus Talheim / Baden-Württemberg (ebd. 146 auch Pfeilsteckschuss) sowie Jantzen u. a. 2008 zu einem bronzezeitlichen Oberarmknochen mit eingeschossener Silexpfeilspitze.

Gemeinschaften ständig terrorisierten. Insbesondere würde man dann erwarten, dass auch andere Siedlungen befestigt worden wären und sich insgesamt ein Siedlungssystem herausgebildet hätte, wie es in Zentralbosnien offenbar zur Eisenzeit herrschte: Dort waren auf den Höhen zahlreiche kleinere Befestigungsanlagen errichtet worden (Čović 1987, 506 ff.). Folglich ist zu konstatieren, dass es für machtbewusste Individuen innerhalb der spätneolithischen Gesellschaft kaum Möglichkeiten gab, ihre Macht zu verstetigen.

Instruktiv ist schließlich noch ein Blick über den spätneolithischen Tellerrand. Axial angelegte Siedlungen sind nicht nur ein Phänomen des zentralbosnischen Spätneolithikums. Besonders eklatant sind die Parallelen zwischen Okolište und der eisenzeitlichen Siedlung von Biskupin in Polen (an parallelen Wegen liegende ,Reihenhäuser‹ ohne unmittelbare Hinweise auf eine soziale Stratifizierung, Verteidigungsanlage). P. Trebsche (in diesem Band, S. 160 ff.) bringt gute Gründe an, wieso es sich dort um eine stratifizierte Siedlungsgemeinschaft handelte, die vermutlich zu Wehrzwecken eine befestigte Siedlung gründete, die aber weniger auf individuellen Führungspositionen beruhte, als korporativ organisiert war. Als Argumente nennt er den Versammlungsplatz beim Tor, die aufwändigen Wehrbauten und Eisbrecher sowie die gemeinschaftlich errichteten Reihenhäuser mit durchgehenden Dächern.

Trotz der Gemeinsamkeiten lässt sich auch durchaus eine Reihe von Unterschieden zwischen beiden Siedlungen benennen: Im Gegensatz zu dem über Jahrhunderte bewohnten Tell von Okolište wurde Biskupin nur wenige Generationen lang besiedelt, was allerdings ein generelles Kennzeichen ältereisenzeitlicher Siedlungen zu sein scheint. Weiter müssen die Häuser von Biskupin aufgrund der durchgehenden Dächer in einem Zuge errichtet worden sein, ein deutlicher Hinweis auf korporatives, durch ein Individuum oder eine kleine Gruppe organisiertes und / oder angeordnetes Handeln. Dagegen ist für die Häuser von Okolište der Gestaltungswille einzelner Individuen, die den anderen ihren Willen aufzwingen konnten oder wollten, nicht erkennbar. Der größte Unterschied liegt aber in der Vielfalt der Siedlungstypen: Versucht man im Siedlungsplan von Okolište ein generatives Konzept zu erkennen, so scheint es vor allem in der zeilenweisen Anordnung der Häuser zu liegen. Tatsächlich zeigen gleichzeitige Siedlungen dasselbe Schema (z. B. Obre II: Hofmann u. a. 2007, 62 Abb. 13). Lediglich die Zeilenzahl variiert entsprechend der jeweiligen Siedlungsgröße. Sieht man von ihrer Größe und vom Wall-Graben-System ab, unterscheiden sich die Butmir-Siedlungen also in ihrer Struktur nicht voneinander. Dies sieht für Biskupin und gleichzeitige Siedlungen anders aus (s. Beitrag P. Trebsche, S. 160 ff.): Hier existieren in engem zeitlichen Nacheinander sehr unterschiedlich strukturierte Siedlungen. Es scheint sehr wahrscheinlich, dass sich darin die Entscheidungsprozesse von Individuen mit Machtbefugnissen widerspiegeln.

Schluss

Das Fallbeispiel der spätneolithischen Tellsiedlung von Okolište zeigt sehr eindrücklich, dass eine architektursoziologische Herangehensweise in der Regel keinen Erfolg haben dürfte, wenn die Fragestellungen nur auf einer der oben skizzierten Ebenen – Mikro-, Meso- oder Makroebene – ansetzen. Erst durch eine Kombination der Erkenntnismöglichkeiten aller drei Ebenen lassen sich Kriterien zu einer soziologischen Bewertung der archäologischen Befunde entwickeln. Im vorliegenden Fall bedeutet dies, dass eine Betrachtung des Siedlungsplans allein keine Entscheidung darüber zulässt, inwieweit die Gemeinschaft von Okolište hierarchisch gegliedert war. Erst die Einbeziehung der Funde aus dem Umfeld einzelner Häuser sowie der Vergleich mit benachbarten gleichzeitigen Siedlungen erlaubt die Festlegung, dass trotz der wahrscheinlichen Existenz von Individuen mit Führungsanspruch die generelle Ausrichtung der Siedlungsgemeinschaft vermutlich eher egalitär war.[17] Die streng axiale Anordnung der Siedlung diente in dieser Hinsicht wahrscheinlich der gegenseitigen sozialen Kontrolle und der Stärkung einer entsprechend ausgerichteten Ideologie.

Es muss ein eklatanter Widerspruch zwischen dem Führungsanspruch einzelner Individuen und der dominanten egalitären Ideologie bestanden haben. Nimmt man das keine größeren Veränderungen anzeigende Fundspektrum als Grundlage, scheint es Individuen mit Machtinteresse nicht gelungen zu sein, diese Ideologie und die Gesellschaftsstruktur zu ihren Gunsten zu verändern. Vermutlich ist der Widerspruch bis zum Ende der Siedlung nicht aufgelöst worden, und möglicherweise hat der innere Gegensatz zum allmählichen ›Ausbluten‹ der Siedlung beigetragen: Die Individuen mit Führungsanspruch waren nicht in der Lage, sich langfristig zu etablieren und eine grundlegende Änderung der sozialen Strukturen herbeizuführen. Stattdessen entzogen sich die Bewohner offenbar nach und nach dem sozialen Druck und der sozialen Kontrolle und zogen in kleinere Siedlungen in der Umgebung, die in dieser Zeit in bisher peripheren Siedlungslagen entstanden (Hofmann / Müller-Scheeßel im Dr.). Es ist reizvoll, den Konservativismus der sozialen Ordnung teilweise auch der sehr uniformen Architektur, dem strikten Siedlungsaufbau und der sehr axialen Siedlungsstruktur zuzuschreiben.

Hier schließt sich der Kreis zu dem in der Einleitung diskutierten Raumverständnis: Die Sozialbeziehungen strukturieren nicht nur in hohem Maße den Raum (Frazer 1968, 45), sondern umgekehrt strukturiert auch der Raum die sozialen Beziehungen. Der gebaute Raum ist eben nicht nur ein soziales Produkt, sondern er sozialisiert auch. Spinnt man diesen Gedanken weiter, war der Übergang von einer eingetief-

---

17 Eine wirklich egalitäre Gesellschaft im Sinne einer vollständigen Gleichberechtigung aller hat mit großer Sicherheit nie existiert; das hindert Gesellschaften aber nicht daran, ein solches Konstrukt zur Grundlage ihrer dominanten Ideologie zu machen (s. a. Roscoe 2000, 96 f. 104 f.).

ten zur ebenerdigen Bauweise für Okolište bereits der Anfang vom Ende; mehrere Hundert Jahre später wurde das Ende der Siedlung durch das herbeigeführt, was das Tellwachstum erst ermöglicht hatte: die sehr geordnete, rigide Bauweise.

Literaturverzeichnis

Bailey 1999: D. W. Bailey, The Built Environment: Pit-Huts and Houses in the Neolithic. In: M. Budja (Hrsg.), 6th Neolithic Studies. Documenta Praehistorica 26. Ljubljana: Univerza v Ljubljani 1999, 153–62.

Benac 1973: A. Benac, Obre II – A Neolithic Settlement of the Butmir Group at Gornje polje. Wissenschaftliche Mitteilungen aus Bosnien und der Herzegovina 3 A, 1973, 5–191.

Brachmann/Klápště 1996: H. Brachmann/J. Klápště (Hrsg.), Hausbau und Raumstruktur früher Städte in Ostmitteleuropa. Památky Archeologické Supplementum 6. Prague: Institute of Archaeology 1996.

Brown 1990: F. E. Brown, Comment on Chapman: Some Cautionary Notes on the Application of Spatial Measures to Prehistoric Settlements. In: R. Samson (Hrsg.), The Social Archaeology of Houses. Edinburgh: Edinburgh University Press 1990, 93–109.

Brusasco 2004: P. Brusasco, Theory and Practice in the Study of Mesopotamian Domestic Space. Antiquity 78/299, 2004, 142–57.

Buttler 1934: W. Buttler, Gruben und Grubenwohnungen in Südosteuropa. Bonner Jahrbücher 139, 1934, 134–44.

Buttler/Haberey 1936: Ders./W. Haberey, Die bandkeramische Ansiedlung bei Köln-Lindenthal. Römisch-Germanische Forschungen 11. Berlin: de Gruyter 1936.

Chapman 1990: J. Chapman, Social Inequality on Bulgarian Tells and the Varna Problem. In: R. Samson (Hrsg.), The Social Archaeology of Houses. Edinburgh: Edinburgh University Press 1990, 49–98.

Clarke 1977: D. L. Clarke, Spatial Information in Archaeology. In: D. L. Clarke (Hrsg.), Spatial Archaeology. London u. a.: Academic Press 1977, 1–32.

Čović 1987: B. Čović, Srednjobosanska grupa. In: St. Gabrovec (Hrsg.), Praistorija jugoslavenskih zemalja V: Željezno doba. Sarajevo: Akademija Nauka i Umjetnosti Bosne i Hercegovine 1987, 481–528.

Cutting 2003: M. Cutting, The Use of Spatial Analysis to Study Prehistoric Settlement Architecture. Oxford Journal of Archaeology 22, 1, 2003, 1–21.

Dawson 2002: P. C. Dawson, Space Syntax Analysis of Central Inuit Snow Houses. Journal of Anthropological Archaeology 21, 2002, 464–80.

Earle 1997: T. Earle, How Chiefs Come to Power: the Political Economy in Prehistory. Stanford: Stanford University Press 1997.

Frazer 1968: D. Frazer, Village Planning in the Primitive World. London, New York: Studio Vista, G. Braziller 1968.

Greenfield/Jongsma 2006: H. J. Greenfield/T. Jongsma, The Intrasettlement Spatial Structure of Early Neolithic Settlements in Temperate Southeastern Europe: a View from Blagotin, Serbia. In: E. C. Robertson/J. D. Seibert/D. C. Fernandez/M. U. Zender

(Hrsg.), Space and Spatial Analysis in Archaeology. Calgary: University of Calgary Press, University of New Mexico Press 2006, 69–79.

Härke 2000: H. Härke, Social Analysis of Mortuary Evidence in German Protohistoric Archaeology. Journal of Anthropological Archaeology 19, 2000, 369–84.

Hillier 2007: B. Hillier, Space Is the Machine: a Configurational Theory of Architecture. London: Space Syntax 2007.

Hillier / Hanson 1984: B. Hillier / J. Hanson, The Social Logic of Space. Cambridge: Cambridge University Press 1984.

Hofmann / Müller-Scheeßel im Dr.: R. Hofmann / N. Müller-Scheeßel, Sozio-politische Organisationsstrukturen und zentrale Institutionen des spätneolithischen Visokobeckens in Zentralbosnien (5500–4500 v. Chr.). Im Druck.

Hofmann u. a. 2007: R. Hofmann / Z. Kujundžić-Vejzagić / J. Müller / N. Müller-Scheeßel / K. Rassmann, Prospektionen und Ausgrabungen in Okolište (Bosnien-Herzegowina): Siedlungsarchäologische Studien zum zentralbosnischen Spätneolithikum (5200–4500 v. Chr.). Bericht der Römisch-Germanischen Kommission 87, 2007, 41–212.

Jantzen u. a. 2008: D. Jantzen / J. Piek / T. Terberger, Gemetzel im Flusstal: Bronzezeitliches Schlachtfeld. Archäologie in Deutschland H. 6, 2008, 4.

Kus 1982: S. Kus, Matters, Material and Ideal. In: I. Hodder (Hrsg.), Symbolic and Structural Archaeology. Cambridge: Cambridge University Press 1982, 47–62.

Landesamt für archäologische Denkmalpflege Sachsen-Anhalt 1991: Landesamt für archäologische Denkmalpflege Sachsen-Anhalt (Hrsg.), Frühgeschichtliche Häuser in Sachsen-Anhalt: Ausgrabungen zwischen Harz und Havel. Halle a. d. Saale: Landesmuseum für Vorgeschichte Halle a. d. Saale 1991.

Leach 1978: E. Leach, Does Space Syntax Really ›Constitute the Social‹? In: D. Green / C. Haselgrove / M. Spriggs (Hrsg.), Social Organisation and Settlement: Contributions from Anthropology, Archaeology and Geography. British Archaeological Reports International Series 47. Oxford: B. A. R. 1978, 385–401.

Lichter 1993: C. Lichter, Untersuchungen zu den Bauten des südosteuropäischen Neolithikums und Chalkolithikums. Internationale Archäologie 18. Buch am Erlbach: Leidorf 1993.

Lichter 2001: Ders., Untersuchungen zu den Bestattungssitten des südosteuropäischen Neolithikums und Chalkolithikums. Internationale Interakademische Kommission zur Erforschung der Vorgeschichte des Balkans 5. Mainz: von Zabern 2001.

Müller 2005: J. Müller (Hrsg.), Alter und Geschlecht in ur- und frühgeschichtlichen Gesellschaften: Tagung Bamberg 20.–21. Februar 2004. Universitätsforschungen zur Prähistorischen Archäologie 126. Bonn: Habelt 2005.

Müller u. a. in Vorb.: J. Müller / R. Hofmann / N. Müller-Scheeßel / K. Rassmann, Neolithische Arbeitsteilung oder rezente Depositionsprozesse: Spezialisierung in einem Tell um 4900 v. Chr. In Vorbereitung.

Müller-Scheeßel u. a. im Dr.: N. Müller-Scheeßel / R. Hofmann / J. Müller / K. Rassmann, The Socio-Political Development of the Late Neolithic Settlement of Okolište / Bosnia-Hercegowina: Devolution by Transhumance? Im Druck.

Naroll 1962: R. Naroll, Floor Area and Settlement Population. American Antiquity 27, 4, 1962, 587–9.

Paret 1942: O. Paret, Vorgeschichtliche Wohngruben? Germania 26, 1942, 84–103.

Roscoe 2000: P. B. Roscoe, New Guinea Leadership as Ethnographic Analogy: A Critical Review. Journal of Archaeological Method and Theory 7, 2, 2000, 79–126.

Rosenstock 2005: E. Rosenstock, Höyük, Toumba and Mogila: a Settlement Form in Anatolia and the Balkans and Its Ecological Determination 6500–5500 cal BC. In: C. Lichter (Hrsg.), How Did Farming Reach Europe? Anatolian-European Relations from the Second Half of the 7th Through the First Half of the 6th Millenium cal BC. Proceedings of the International Workshop Istanbul, 20–22 May 2004. Byzas 2. Istanbul: Yayınları 2005, 221–37.

Schier 2001: W. Schier, Tellstratigraphien als Zeitmaßstab. In: R. M. Boehmer / J. Maran (Hrsg.), Lux Orientis: Archäologie zwischen Asien und Europa. Festschrift für Harald Hauptmann zum 65. Geburtstag. Internationale Archäologie Studia Honoraria 12. Rahden / Westf.: Leidorf 2001, 371–9.

Shapiro 2005: J. S. Shapiro, A Space Syntax Analysis of Arroyo Hondo Pueblo, New Mexiko: Community Formation in the Northern Rio Grande. Arroyo Hondo Archaeology Series 8. Santa Fe: School of American Research Press 2005.

Struwe 2001: R. Struwe, Erdhütte – Wohngrube – Grubenhaus. Ethnoarchäologisches zur Funktion eingetiefter Behausungen. In: M. Meyer (Hrsg.), ›,… trans Albim fluvium‹: Forschungen zur vorrömischen, kaiserzeitlichen und mittelalterlichen Archäologie. Festschrift für Achim Leube zum 65. Geburtstag. Internationale Archäologie Studia Honoraria 10. Rahden / Westf.: Leidorf 2001, 51–61.

Wahl / König 1987: J. Wahl / H. G. König, Anthropologisch-traumatische Untersuchung der menschlichen Skelettreste aus dem bandkeramischen Massengrab bei Talheim, Kreis Heilbronn. Fundberichte aus Baden-Württemberg 12, 1987, 65–186.

Wilk 1983: R. R. Wilk, Little House in the Jungle: The Causes of Variation in House Size among Modern Kekchi Maya. Journal of Anthropological Archaeology 2, 1983, 99–116.

Zimmermann 2002: A. Zimmermann, Landschaftsarchäologie 1. Die Bandkeramik auf der Aldenhovener Platte. Bericht der Römisch-Germanischen Kommission 83, 2002, 17–38.

RENATE EBERSBACH

Seeufersiedlungen und Architektursoziologie – ein Anwendungsversuch[1]

Zusammenfassung: Seeufersiedlungen sind die bekannteste Siedlungsform des Jungneolithikums (ca. 4300–2400 v. Chr.) im Alpenraum. Ihre über große Distanzen und lange Zeiträume gleich bleibende homogene Bauweise, das weitgehende Fehlen kommunaler Strukturen und architektonischer Besonderheiten lassen sie auf den ersten Blick nicht sehr geeignet erscheinen für die Anwendung architektursoziologischer Ansätze in der Archäologie. Sie weisen allerdings ein besonderes Charakteristikum auf, das bis jetzt meiner Ansicht nach viel zu wenig beachtet wurde: eine hohe Dynamik und Instabilität der Siedlungen. Fission bzw. Fraktionierung, Zuzug und Wegzug, Neubau und Verfall, Brand und Wiederaufbau bestimmen die wenigen Jahre, die eine jungneolithische Seeufersiedlung überhaupt existierte. Überträgt man das räumliche Paradigma der »correspondence systems« und »noncorrespondence systems« (Hillier / Hanson 1984) auf die Befunde der Seeufersiedlungen, so ergibt sich das Bild einer dynamischen Gesellschaft, in der die räumliche Mobilität und die »decision making units« auf einer Ebene anzusiedeln sind, die zwischen den architektonisch sichtbaren Einheiten »Haus« und »Siedlung« liegen dürfte. Mit dem Ansatz der »noncorrespondence systems« lassen sich Zusammenhänge zwischen Siedlungsformen und Gesellschaftsstrukturen postulieren, die neue Aussagemöglichkeiten der Siedlungsbefunde in Bezug auf soziologische Fragestellungen eröffnen.

Einleitung: Charakteristika von Seeufersiedlungen

Seeufersiedlungen bieten sehr gute Voraussetzungen zur Verknüpfung von Archäologie und Architektursoziologie. Die gute Erhaltung von organischen Resten erlaubt einerseits das Erkennen von Baustrukturen aus vergänglichen Materialien, andererseits die jahrgenaue Datierung der verbauten Holzelemente. In den letzten 20 Jahren haben zahlreiche große Grabungen stattgefunden, und viele bedeutende Stationen wurden publiziert[2], sodass die Datengrundlage heute sehr gut ist.

---

1 Dieser Artikel entstand auf der Grundlage meines Vortrages »Soziale Einheiten zwischen ›Haus‹ und ›Dorf‹ – neue Erkenntnisse aus den Seeufersiedlungen«, den ich im Rahmen des Workshops »Bausteine einer Soziologie vormoderner Architekturen« in Wien halten durfte. Einen ähnlichen Vortrag habe ich bereits 2008 auf dem Deutschen Archäologenkongress in Mannheim gehalten (Ebersbach im Dr. a). Wer sich für methodische Grundsatzdiskussionen und archäologische Details interessiert, sei auf diese Publikation verwiesen. Ich danke André Billamboz und Thomas Doppler für angeregte Diskussionen.

2 Einige Beispiele: neolithisch – Hornstaad Hörnle 1A (Billamboz 2006; Dieckmann u. a. 2006); Arbon Bleiche 3 TG (Leuzinger 2000; de Capitani u. a. 2002; Jacomet u. a. 2004); Steinhausen

Andererseits scheinen sich Seeufersiedlungen durch ihre eher gleichförmige Bebauung nicht gerade für differenzierte architektonische Studien anzubieten. Die übliche Bebauung besteht aus dicht gestellten, mehr oder weniger vom Boden abgehobenen einräumigen Pfostenbauten, deren Grundfläche in der Regel zwischen 4 × 6 m und 6 × 10 m misst. Die bekannte Innenausstattung beschränkt sich im Wesentlichen auf eine oft zentrale Feuerstelle. Gelegentlich lassen sich anhand der Abfallmuster oder der erhaltenen Fußböden verschiedene Funktionsbereiche innerhalb des Hauses oder unter dem Haus unterscheiden. Obwohl mehrere tausend Hausgrundrisse bekannt sein dürften, wurden in den neueren Grabungen der letzten drei Jahrzehnte weder Ställe noch Scheunen oder Werkstätten von Handwerkern nachgewiesen.[3] Entgegen älteren Vorstellungen müssen wir heute davon ausgehen, dass Ställe im Schweizer Jungneolithikum als eigenständige Baustrukturen nicht vorkommen.[4] Ein Seeufer-Haus ist in erster Linie ein Allzweck-Bauernhaus, in dem Spuren sämtlicher Tätigkeitsbereiche einer bäuerlichen Gesellschaft wie Ackerbau, Viehzucht, Jagd, Fischfang, Sammeln, Handwerk aller Sparten, Vorratshaltung, Nahrungszubereitung etc. fassbar sind. Nicht immer lässt sich für jede Hauseinheit jede Tätigkeit nachweisen, und graduelle Unterschiede sind erkennbar, aber im Prinzip gingen die Bewohner aller Häuser den gleichen Beschäftigungen nach, wohnten in Häusern des gleichen Typs und in ähnlichen Siedlungen, die sich lediglich in ihrer Größe und der Ausrichtung der Häuser voneinander unterschieden. Ein weiterer Unterschied bestand allenfalls darin, ob – und in welcher Phase ihres Bestehens – eine Siedlung einen Zaun hatte oder nicht.

Es gibt nur zwei Kategorien von Gebäuden, die aus diesem Rahmen fallen, die aber beide relativ selten sind: »Speicher« und »Kultgebäude«. Die »Speicher« sind deutlich kleiner als die üblichen Häuser und weisen manchmal einen quadratischen Grundriss auf; zuweilen besitzen sie eine Feuerstelle. In der Regel verfügt nicht jedes Haus über einen Speicher. In den bis jetzt zur Verfügung stehenden Siedlungsplänen scheinen auf 10 bis 20 Wohnhäuser zwei bis drei solche Strukturen zu kommen, wobei deren Zuordnung zu bestimmten Wohnhäusern nicht immer eindeutig ist. »Kultgebäude« unterscheiden sich architektonisch und in ihrer Größe wenig von den normalen Häusern, sie fallen eher durch eine besondere Lage oder eine besondere

---

Sennweid ZG (Röder/Huber 2007); Concise VD (Burri 2007; Winiger/Hurni 2007); bronzezeitlich – Greifensee-Böschen ZH (Eberschweiler u. a. 2007); Zug-Sumpf ZG (Seifert 2007).

3   Eine Ausnahme stellt das schnurkeramische Grubenhaus von Baar-Früebergstrasse ZG dar, das möglicherweise als Werkstätte zur Geweihbearbeitung diente (Gnepf-Horisberger u. a. 2005).

4   Belegt ist allerdings die Aufstallung von Vieh innerhalb des Hauses (in Pestenacker, Bayern, Haus 1c: Schönfeld 1991). Aufgrund der Größe werden kaum mehr als eine Kuh bzw. drei oder vier Schafe Platz gefunden haben. Dass Tiere innerhalb der Siedlungen anwesend waren, ist ebenfalls direkt belegt, und zwar über Fäkalien (gut untersuchte Beispiele: Horgen-Scheller ZH [Akeret/Jacomet 1997]; Arbon-Bleiche 3 TG [Akeret/Rentzel 2001; Akeret u. a. 1999]); vgl. auch die Diskussion zu den Ställen in Ebersbach 2002, 40–51.

Abb. 1. Marin-Les Piécettes NE (Neuenburgersee): Verteilung und Anzahl der Artefakte aus Hirschgeweih. Im Bereich des zentral gelegenen »Kultgebäudes« auf einem künstlich aufgeschütteten Lehmhügel sind wesentlich weniger Geweihartefakte vorhanden als in den Wohnhäusern. Typisch für eine Seeufersiedlung sind der Zugangsweg und die Zaunreihen, die sich z. T. mit Wohngebäuden überschneiden, was auf die Mehrphasigkeit des Dorfes hindeutet (Loser / Maytain 2007, fig. 5).

Ausstattung auf. Beispielsweise können sie Verputz, plastische Modellierungen oder bemalte Wände aufweisen. Bestimmte Werkzeug- oder Abfallklassen etc. sind hier entweder besonders häufig oder fehlen ganz (Abb. 1). Da sie sich kaum von »normalen« Häusern unterscheiden, sind sie schwierig zu erkennen, und ihre Funktion ist noch schwieriger zu bestimmen. Allgemein geht die Forschung heute von kommunalen Sondergebäuden aus.[5]

Zu einer Seeufersiedlung können außerdem gebaute kommunale Strukturen wie Zäune gehören, die von leichten Flechtzäunen bis zu massiven Palisaden reichen und oftmals der Vergrößerung oder Verkleinerung einer Siedlung angepasst werden. Die Siedlungsgrößen schwanken zwischen wenigen und mehr als 50 gleichzeitig bestehenden Häusern, wobei berücksichtigt werden muss, dass die Siedlungen in den seltensten Fällen vollständig ausgegraben wurden.

Trotz der Gleichförmigkeit in den gebauten Strukturen weisen Seeufersiedlungen ein Charakteristikum auf, das sie von anderen »gleichförmigen« Siedlungen abhebt und das meiner Ansicht nach in einem vielleicht nicht direkt fassbaren, aber umso faszinierenderen Zusammenhang mit gesellschaftlichen Mustern steht: die hohe Dynamik der Siedlungen und Häuser. Seeufersiedlungen sind ständig »in Bewegung«, Häuser werden umgebaut, neue Häuser entstehen, alte verfallen, Buchten werden besiedelt und wieder aufgegeben. Diese Dynamik lässt sich auf verschiedenen Betrachtungsebenen nachweisen (im Haus, innerhalb der Siedlung, zwischen den Siedlungen) und spielt sich in einem sehr kurzfristigen Rahmen ab, d. h. in Zeiträumen von einem oder wenigen Jahren. Erst in der zweiten Hälfte des Seeufer-Neolithikums, also nach etwa 3000 v. Chr., scheint diese hohe Dynamik abzunehmen; die Siedlungsdauer wie auch die Nutzungsdauer der einzelnen Häuser nehmen zu und erstrecken sich über mehrere Jahrzehnte.

Dynamik innerhalb neolithischer Seeufersiedlungen

Dynamik im Haus

Veränderungen an bestehenden Häusern wurden mehrfach beschrieben, besonders im Bereich von Moorsiedlungen. Im Gegensatz zu den meisten Seeufersiedlungen sind bei diesen die Böden meist noch *in situ* erhalten, und die Mehrphasigkeit von Fußböden oder Herdstellen ist relativ leicht nachweisbar. Dabei lassen sich zwei Kategorien von Veränderungen unterscheiden: Reparaturen und Um- bzw. Ausbauten.

---

5 Bis jetzt ist weniger als ein Dutzend solcher »Kultgebäude« bekannt, dazu könnten meiner Ansicht nach gehören: das zentrale Sondergebäude von Marin-Les Piécettes NE (Honegger 2007; 2001 mit weiterer Literatur, bis jetzt liegt keine abschließende Publikation der Befunde vor); Ludwigshafen Seehalde (Schlichtherle 2006); Sipplingen-Osthafen Schicht 3 (Schlichtherle 2006; Mainberger u. a. 2005); Reute Schorrenried Haus 1 (Mainberger 1998); Chalain 19 (Viellet 2002). Ob allein die auffällige Orientierung eines Hauses ausreicht, es zu einem Sondergebäude zu erklären, wie im Fall von Sutz-Lattrigen Hauptstation (Hafner / Suter 2004, 17), wage ich zu bezweifeln. Diese Aufzählung ist vermutlich nicht vollständig. Für weitere Hinweise bin ich dankbar.

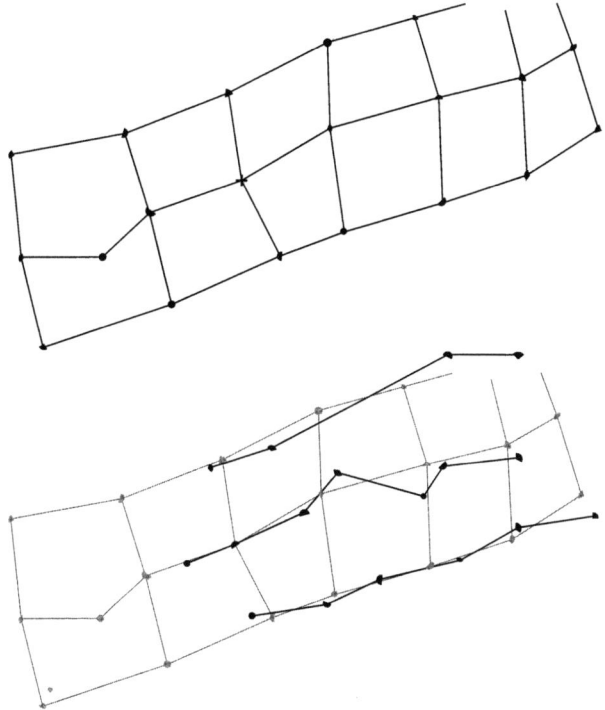

Abb. 2. St. Blaise-Bains des Dames NE (Neuenburgersee), Haus 2: Pfahlplan des Grün-
dungsbaus aus dem Winter 2778/2777 v.Chr. (oben) und des verkleinerten Neubaus aus
dem Winter 2753/52 v.Chr. (unten). Ohne Maßstab (Gassmann 2007, fig. 11A; 12C).

Als »Reparatur« bezeichne ich alle Bauvorgänge, bei denen die bestehende Struktur
nicht verändert, sondern nur baufällige Teile ersetzt werden. Reparaturen können
das Setzen neuer Pfosten, das Ersetzen ganzer Joche oder Hausecken beinhalten.
Sie lassen sich über die Dendrochronologie fassen (Pfähle mit jüngeren Daten), über
den Nachweis von Pfahlschatten (gezogene Pfähle) oder über das Holzartenspekt-
rum bzw. die Stammauswahl. Reparaturen waren nach einiger Zeit notwendig, weil
die entsprechenden Hölzer verfaulten. Interessanter sind Um- und Ausbauten, d.h.
jüngere Bauelemente, die die Größe und/oder Funktion eines Hauses oder seiner
Teile verändern. In Taubried I (Federsee, frühes Jungneolithikum) konnte M. Strobel
(2000) beobachten, dass zu Beginn der Siedlungtätigkeit an einem Hausplatz häufig ein kleines, quadratisches, einräumiges Haus errichtet und dieses später durch
den Anbau eines zweiten Raumes ausgebaut bzw. vergrößert wurde. Möglicherweise
gibt es auch die umgekehrte Situation: Ein Haus besitzt bei seiner Errichtung sehr

großzügige Maße, die Reparaturen beschränken sich aber in den folgenden Jahren auf den eigentlichen Kernbau, so dass wir annehmen können, dass das Haus kleiner wurde (Abb. 2).

Die Beispiele sollen illustrieren, dass ein Haus in einer Seeufersiedlung nicht nur absolut gesehen eine kurze Lebensdauer hatte, sondern dass während dieser auch noch Umbauten und Reparaturen stattfanden, die nicht ausschließlich zur Erhaltung des Hauses notwendig waren. Derartige Bauaktivitäten können Indizien für eine Veränderung der Raumorganisation sein, vielleicht verbunden mit einer veränderten Zusammensetzung der Bewohnerschaft während der Jahre, in denen das Haus genutzt wurde. Diese Art von Dynamik innerhalb der Häuser einer Siedlung wurde bisher nur wenig beachtet.

Dynamik innerhalb der Bucht

In flachen, siedlungsgünstigen Buchten mit Seekreide-Untergrund wird während des Neolithikums mehrfach über- oder nebeneinander gesiedelt. Es gibt Buchten mit übereinander liegenden Resten von mehr als 20 neolithischen Siedlungsphasen, oft unterbrochen von Phasen mit Seespiegel-Hochständen, in denen sich Seekreide ablagerte. Andererseits kennen wir auch Buchten mit zahlreichen Siedlungsphasen nebeneinander, die sich immer wieder innerhalb derselben Bucht verschieben. Es können auch mehrere Siedlungen gleichzeitig existieren oder an verschiedenen Stellen derselben Bucht gleichzeitig Häuser stehen[6] (Abb. 3).

Dynamik innerhalb der Siedlung

Anhand der jahrgenauen Datierung der Bauhölzer lässt sich die Geschichte der einzelnen Siedlungen gut fassen. Hier kommt die hohe Dynamik der jungneolithischen Siedlungsgemeinschaften besonders klar zum Ausdruck[7], wie zum Beispiel in der Siedlung Hornstaad Hörnle 1B (Abb. 4): Es gibt Schlagdaten zwischen 3586 und 3507 v. Chr., d. h. an dieser Stelle wurde während 80 Jahren gesiedelt. Die Schlagdaten gruppieren sich zu sechs Bauphasen. Dazwischen gibt es Lücken von bis zu

---

6   Beispiele aus der Westschweiz stellen etwa die beiden an verschiedenen Ufern des Bielersees gelegenen Buchten von Twann BE und Sutz-Lattrigen BE dar. Während Twann am Steilufer des Sees auf einer kleinen Strandplatte liegt und die dazugehörige prähistorische Besiedlung folgerichtig mehr als 20 übereinander liegende Siedlungsschichten aufweist (Stöckli 2009, 26–37 bes. Abb. 16), erstrecken sich in der Bucht von Sutz-Lattrigen die Siedlungen über einen Kilometer nebeneinander (Hafner / Suter 2004, Abb. 1).

7   Detaillierte Berechnungen zur Dynamik innerhalb der Siedlungen und zur Frage von Ruinenstandorten innerhalb bestehender Siedlungen habe ich anderer Stelle vorgestellt (Ebersbach im Dr. a).

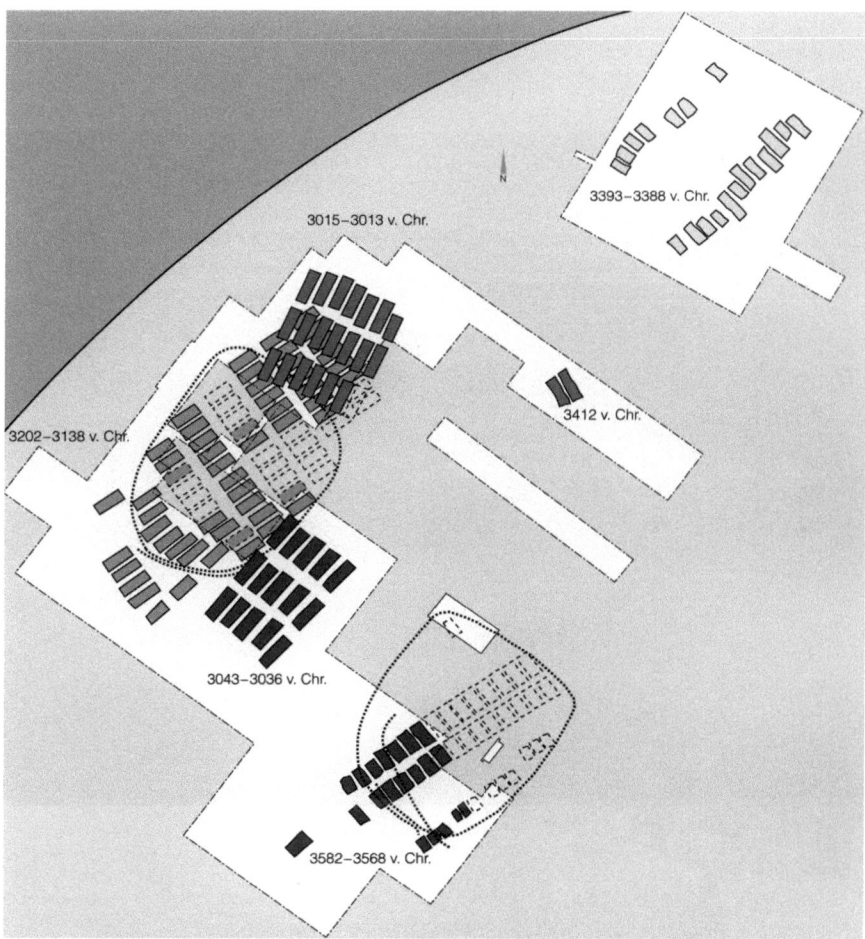

Abb. 3. Siedlungsdynamik in der Bucht von Sutz-Lattrigen BE (Bielersee): Ausschnitt mit den nachgewiesenen neolithischen Dörfern der Fundstelle Sutz-Lattrigen, Hauptstation, BE. Ohne Maßstab (Eberschweiler u. a. 2006, Abb. 13).

20 Jahren, aus denen kein einziger datierter Pfahl vorliegt, am Siedlungsstandort also vermutlich niemand lebte. Nicht alle Hausstandorte sind in sämtlichen Bauphasen belegt. Jeder Hausstandort ist jedoch klar definiert; Neubauten orientieren sich meistens in ihrer Ausrichtung und Größe an den Vorgängergebäuden. Es gibt Hausstandorte, die in jeder oder in mehreren Bauphasen mit Häusern belegt sind. Andere Standorte sind nur in einer Phase bebaut. Es kommt auch vor, dass ein Hausplatz in

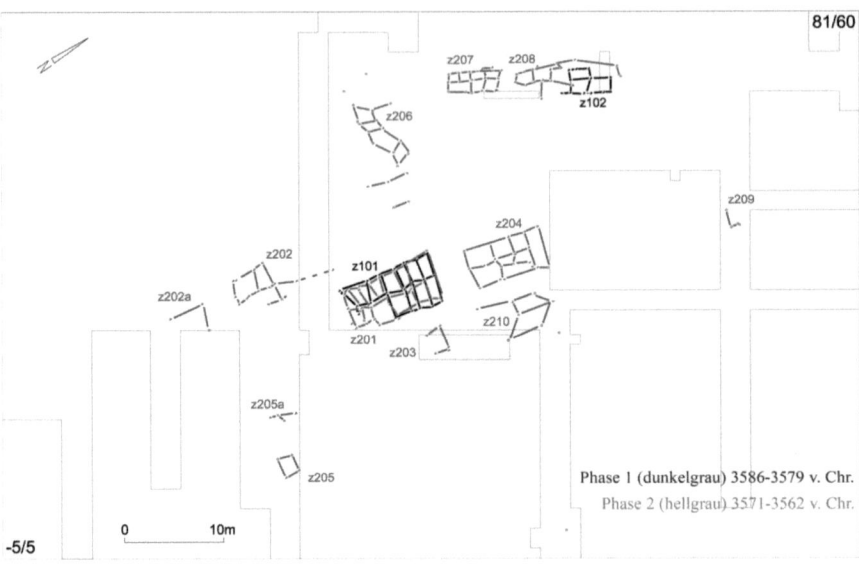

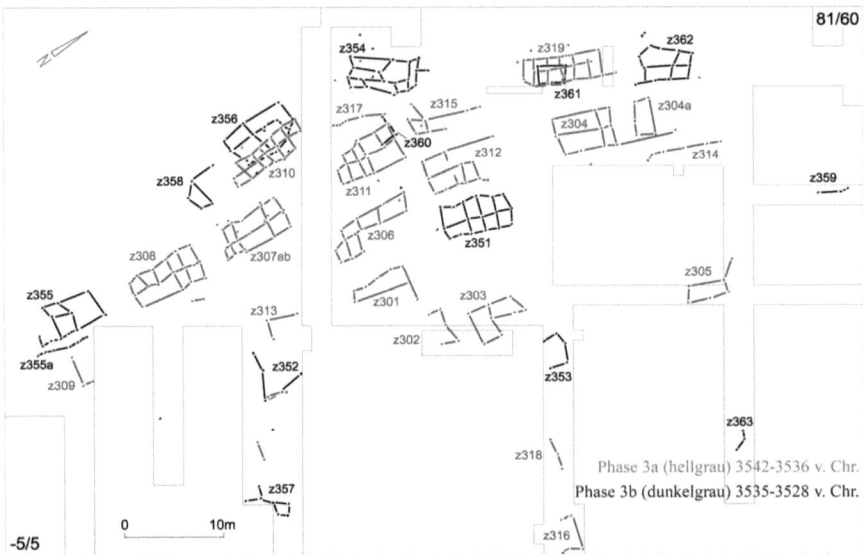

Abb. 4. Hornstaad Hörnle 1B (Bodensee): Entwicklung der Siedlung über sechs Bauphasen (nach Billamboz 2006, Abb. 38–40, umgezeichnet).

Abb. 4. *Fortsetzung.*

einer Bauphase belegt ist, in der nächsten nicht, und in der übernächsten wird dort wieder ein Neubau errichtet.

Am Beispiel von zwei Hausstandorten kann diese Entwicklung besonders gut illustriert werden (Abb. 4): Die Gründung in Bauphase B1 erfolgt mit zwei Häusern (z102 und z101). In der zweiten Phase wird das Haus z101 erneuert (z201) und daneben ein zweites gebaut (z210). In der nächsten Bauphase B3a werden an beiden Standorten jeweils neue Häuser gebaut (z301 und z303). Danach, also in den Bauphasen B3b, B4 und B5, bleiben diese beiden Hausstandorte unbesetzt, d. h. zwischen 3535 und 3507 v. Chr. gibt es von diesen »Baugrundstücken« keine Schlagdaten. Die Nutzer dieser beiden Hausstandorte handelten offensichtlich abgestimmt. Im Gegensatz dazu ist die Geschichte des anderen Gründerbaus (z102) lückenlos: Der Hausstandort war in allen sechs Bauphasen mit einem Haus bebaut, das jedes Mal neu errichtet wurde (z102, z208, z319, z361, z406, z505). Aufgrund der wenigen Jahre, in denen die Siedlungen wachsen oder schrumpfen, muss hier mit Zuzug und Wegzug gerechnet werden.

Wo lebten die jeweiligen Menschen vor bzw. nach ihrem Umzug? In den meisten Fällen können wir diese Frage nicht beantworten. Nur selten sind Neugründungen in unmittelbarer Nachbarschaft bekannt, die direkt anschließende Datierungen aufweisen und so möglicherweise eine kleinräumige Verlegung der Siedlung belegen. Ein mögliches Beispiel dafür stellen die Siedlungen Hornstaad Hörnle 1A und 3 am Bodensee dar: Hornstaad Hörnle 1A (Billamboz 2006) beginnt 3917 v. Chr. und umfasst zur Zeit ihrer größten Ausdehnung etwa 30 Gebäude im ausgegrabenen Bereich. Um 3910 v. Chr., d. h. sieben Jahre nach der Gründung, brennt die Siedlung ab – ein häufiges Schicksal von Seeufersiedlungen. Dies ist aber noch nicht das Ende der Siedlungstätigkeit am Platz. Ab 3909 v. Chr., also direkt anschließend, wird die Siedlung wieder aufgebaut, allerdings mit weniger Häusern. Gleichzeitig wird in 180 m Entfernung eine weitere Siedlung gegründet (Hornstaad Hörnle 3), deren erste Schlagdaten ebenfalls bei 3909 v. Chr. liegen. Folglich ist es sehr wahrscheinlich, dass ein Teil der Bewohner von Hornstaad Hörnle 1A in geringer Distanz zum alten Siedlungsplatz eine neue Siedlung gegründet hat. Dies würde bedeuten, dass nicht die ganze Siedlung verlegt wurde, aber auch nicht nur ein einzelnes Haus. Die autonom handelnde Einheit, die beschloss, zusammen zu siedeln, nach dem Brand zu gehen oder zu bleiben, ist irgendwo zwischen einem einzelnen Haus und einer ganzen Siedlung zu suchen. Welche Einheit diese autonome Gruppe repräsentierte und ob sie auch in anderen Bereichen, z. B. Landwirtschaft oder Viehwirtschaft, autonom war, muss noch im Detail untersucht werden. Denkbar ist der »Haushalt« im Sinn einer zusammen lebenden, produzierenden und konsumierenden Einheit; selbstverständlich sind auch (soziale) Verwandtschaftsgruppen vorstellbar. Das eine und das andere (Haushalt und Verwandtschaft) kann, muss aber nicht identisch sein.

Weitere archäologische Indizien, die auf gemeinsam handelnde bzw. wirtschaftende Einheiten zwischen der Betrachtungsebene »Haus« und der ganzen Siedlung hindeuten könnten, wären zum Beispiel:[8]
- unterschiedliche Ernährungs- und Wirtschaftstraditionen;
- unterschiedlicher Zugang zu Ressourcen wie bewirtschafteten Waldflächen (dendrotypologisch nachweisbar) oder exotischem Rohmaterial;
- Verbreitung von »Handschriften« in der Keramikherstellung;
- handwerkliche Schwerpunkte oder Spezialisierungen in bestimmten Hausgruppen;
- »komplementäre« Ausstattung von benachbarten Häusern: nicht für alle Häuser sind sämtliche Tätigkeitsbereiche belegt.

---

8 In Ebersbach (im Dr. a) sind diese Punkte ausführlicher und mit Beispielen besprochen.

Fazit: Beobachtungen zur (Sozial-) Struktur von Seeufersiedlungen

Eine Zusammenfassung der wichtigsten Charakteristika von Seeufersiedlungen ergibt folgendes Bild:
- die Bauweise der Häuser und der Siedlungen ist über große Räume und Zeitspannen homogen (= »egalitär«?);
- die Größe der Siedlungen ist variabel, ebenso die Ausrichtung der Häuser;
- kommunale Strukturen und Sondergebäude sind selten vorhanden (Zäune, Zugangswege, »Speicher«, »Kultgebäude«);
- Seeufersiedlungen sind im Jahres- oder Mehrjahresbereich auf verschiedenen Betrachtungsebenen (Haus, Nachbarschaft, gesamte Siedlung, gesamte Bucht eines Sees) instabil/dynamisch;
- Fission bzw. Fraktionierung sind nicht die Ausnahme, sondern die Regel;
- die autonome Einheit, die über Zuzug oder Wegzug entscheidet, ist größer als die gebaute Einheit »Haus«, aber kleiner als eine ganze Siedlung;
- was genau diese autonome Einheit umfasst, ist noch unklar (Produktions- und Konsumationseinheit, Verwandtschaft, Haushalt?).

Der gebaute Raum selbst, die Häuser an sich und sogar die Anlagen der Siedlungen sind klein, einfach, homogen und von daher nicht sehr ergiebig für Untersuchungen zum Zusammenhang von Architektur und Sozialstruktur. Aber wenn man den Aspekt der zeitlichen Tiefe, der Veränderung und der Dynamik der Siedlungsform betrachtet, lassen sich durchaus Aussagen zu sozialen Organisationsstrukturen der damaligen Gesellschaften machen. Die große Instabilität der Siedlungen ist ein wichtiger Unterschied zu den uns bekannten Dörfern, die in vielen Regionen Mitteleuropas mindestens seit dem Spätmittelalter das Siedlungsbild prägen und Jahrhunderte lange Kontinuität vermitteln. Die neolithischen Seeufersiedlungen waren dagegen charakterisiert durch steten Wandel und Veränderung.

Die deutlichen Unterschiede in der Siedlungsform zwischen neolithischen Seeufersiedlungen einerseits und spätmittelalterlich-vormodernen europäischen Dörfern andererseits werfen die Frage auf, ob ein Zusammenhang bestehen könnte zwischen Raum und Sozialstruktur, d. h. ob strukturelle Unterschiede in der räumlichen Organisation und Siedlungsform von Gesellschaften auch auf strukturelle Unterschiede in der sozialen Organisation dieser Gesellschaften hinweisen könnten. Anders formuliert habe ich mich mit der Frage beschäftigt, ob es grundsätzliche Zusammenhänge zwischen Siedlungsform und Sozialstruktur gibt. Sind durch siedlungsarchäologische Auswertungen Rückschlüsse auf soziale Strukturen möglich? Mir ging es primär nicht darum, »passende« Vergleichsbeispiele zu den Seeufersiedlungen zu finden, sondern nach einem theoretischen Modell bzw. einer Theorie zu suchen, die eine Verknüpfung von Siedlungsform und Sozialstruktur ermöglicht.

Ein theoretischer Ansatz zur Verknüpfung von Raum und sozialer Organisation: »correspondence systems« und »noncorrespondence systems«

Bill Hillier und Julienne Hanson (1984) haben auf einer strukturalistischen Basis verschiedene methodische Ansätze zur Analyse räumlicher Strukturen vorgestellt, die von verschiedenen Betrachtungsebenen ausgehen (Haus und Räume, innen und außen, freie Plätze und überbaute Gebiete). Ihre Beobachtung, dass quantitativ fassbare Muster auftreten, die nicht »zufällig« sind, führt sie zur Formulierung verschiedener Hypothesen, welche Strukturen diesen Mustern zugrunde liegen könnten. Die für meine Fragestellung relevante Idee ist diejenige der Unterscheidung von »correspondence« und »noncorrespondence systems«, die zwei verschiedene soziale Paradigmen der Nutzung von Raum beschreibt (Hillier/Hanson 1984, 140–2; 242–61 bes. 255 f.). Als Ausgangsbasis werden zwei Kategorien gegenüber gestellt: die Residenzgruppe (»spatial group«) und die übrigen sozialen Systeme (»label sharing groups«), in denen sich ein Mensch bewegt. Letztere können so unterschiedliche Themenbereiche umfassen wie Verwandtschaft, Allianz, Vereine, Altersklassen, Bünde, Religions- oder Kultgemeinschaften, Genossenschaften etc. und müssen nicht an einen Raum gebunden sein, weshalb diese Gruppen auch als »transpatial groups« bezeichnet werden. Die Residenzgruppe besteht aus denjenigen Personen, die sich entschlossen haben, zusammen zu wohnen, d. h. ihren Alltag zu teilen, in enger räumlicher Nähe zu leben, häufig auch eine Produktions- und Konsumationseinheit zu bilden. Jeder Mensch ist außerdem grundsätzlich in verschiedene »transpatial groups« eingebunden. Aus der Art und Weise, wie diese Kategorien miteinander verflochten sind, ergeben sich die beiden Paradigmen der Nutzung von Raum (Abb. 5).

»Correspondence systems«

In »correspondence systems« stimmt die Residenzgruppe mit allen bzw. den meisten »label sharing groups« überein: Verwandte wohnen und arbeiten zusammen, die Kirchengemeinde und die politische Verwaltungseinheit sowie die kommunalen Strukturen (Schule, Zehentscheuer, Wirtschaft etc.) sind alle am gleichen Ort. Merkmale der »correspondence systems« sind hohe Stabilität und Ortskonstanz der Residenzgruppe; ein strenges lokales Regelwerk; oft klar definierte Grenzen nach außen, sowohl physisch (Dorfzaun) wie rechtlich und in der sozialen Wahrnehmung; Betonung der Abgrenzung und Exklusivität; Restriktionen oder strenge Regeln für das Zusammentreffen von innen und außen; Trennung von Einheimischen und Fremden (oft auch räumlich); definierte Räume für Zusammenkünfte; häufig interne hierarchische Strukturen. Kontakte zu anderen Residenzgruppen sind eher formalisiert und finden weniger auf der individuellen Ebene statt. Da die meisten Bedürfnisse jedes Individuums vor Ort befriedigt werden können, sind solche Kontakte auch nicht

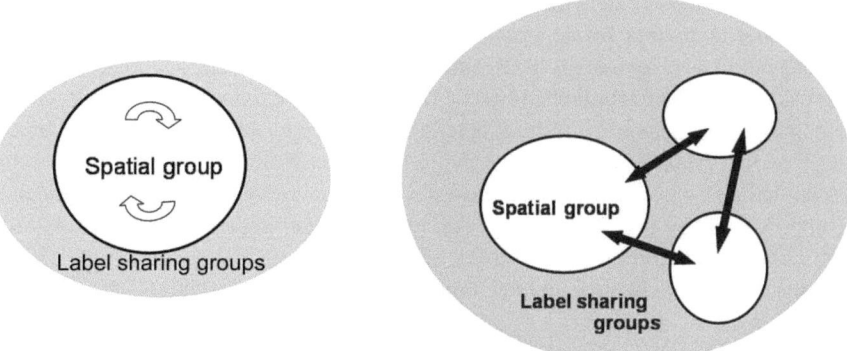

Abb. 5. Schematische Darstellung des Zusammenhangs zwischen Residenzgruppe (»spatial group«) und anderen nicht-räumlichen gesellschaftlichen Segmenten (»label sharing groups«) in »correspondence systems« (links) und »noncorrespondence systems« (rechts) (nach Hillier/Hanson 1984).

zwingend notwendig und dementsprechend selten. Dieses System verstärkt sich selbst auf Kosten der Kontakte zu anderen »spatial« oder »transpatial groups« und bestärkt bestehende Ungleichheiten (Hillier/Hanson 1984, 255–7). Ein typisches Beispiel sind unsere spätmittelalterlich-frühneuzeitlichen Siedlungsstrukturen, in denen noch viele von uns aufgewachsen sind: Geschlossene, über hunderte von Jahren stabile Dorfgemeinschaften mit alteingesessenen Familien. Dörfer im echten Sinn, d.h. mit kommunalen Strukturen, sind oft gleichzeitig rechtliche und kirchliche Einheiten. Auch andere »transpatial groups« wie Heiratskreise oder Bünde sind innerhalb derselben Residenzgruppe angesiedelt oder umfassen höchstens einige direkt benachbarte Gruppen.

»Noncorrespondence systems«

Das Gegenteil davon, sozusagen das andere Extrem, sind die so genannten »noncorrespondence systems« (Abb. 5): In diesem Fall sind die »transpatial groups« größer und wichtiger als die Residenzgruppe, d.h. Residenzgruppe und »label sharing groups« sind nicht identisch. Nicht alle Bedürfnisse des Individuums können innerhalb der Residenzgruppe befriedigt werden; der Kontakt zu den verschiedenen »label sharing groups«, die über mehrere Residenzgruppen verteilt sind, ist wichtiger als die Aufrechterhaltung der Kontakte innerhalb der Residenzgruppe. Individuen oder Gruppen verschiedener Residenzgruppen unterhalten enge Kontakte über die Entfernung ihrer Wohnorte hinweg. Ziel ist, das Zusammentreffen von Mitgliedern verschiedener Residenzgruppen zu erleichtern bzw. zu maximieren. Merkmale von »noncorrespondence systems« sind: geringe lokale Stabilität; hohe Mobilität von Individuen und größeren Einheiten (die aber kleiner als die Residenzgruppe sind); Tendenz zu möglichst vielen Kontakten einzelner Mitglieder über die Residenzgruppe hinaus und zu einer starken Einbindung in regionale und überregionale Netzwerke; wenig Kontrolle innerhalb der Residenzgruppe; keine festen Außengrenzen der Residenzgruppe (Abgrenzung ist hinderlich); eine innere Hierarchie kann sich kaum entwickeln, da die Residenz-gruppe zu instabil ist; Offenheit auf lokaler Ebene und gegenüber Außenstehenden (oft auch in der Architektur sichtbar); schwache und diffuse lokale Organisation. Bestehende Ungleichheiten und Asymmetrien werden eher nivelliert (Hillier/Hanson 1984, 141 f.).

Ein Fallbeispiel für ein »noncorrespondence system«

Diese Siedlungsform ist für Mitteleuropa eher ungewöhnlich, deshalb sei hier kurz ein Beispiel für ein »noncorrespondence system« näher beschrieben: die Siedlungen der N'dembu in Zaire (Hillier/Hanson 1984, 245–7; Turner 1957). Die N'dembu gehören zu den westlich-zentralen Bantu-Gruppen.[9] Sie lebten in den 1950er Jahren, als Victor Turner seine Feldforschungen durchführte, in kleinen Weilern mit durchschnittlich elf Häusern und 2–3,5 Personen pro Haus. Die Häuser waren einfach zu errichtende, meist einräumige Pfostenbauten von etwa 8–40 m^2 Innenfläche. Die Siedlungen hatten eine lokale Stabilität von vier bis fünf Jahren, d. h. ein Weiler existierte nur wenige Jahre am gleichen Ort und mit der gleichen Zusammensetzung der Bewohner, bevor er entweder verlagert wurde, sich aufspaltete oder ganz auflöste. Häufig schwankte die Zusammensetzung eines Weilers durch Zu- und Wegzüge von Jahr zu Jahr. Auf Abbildung 6 habe ich die Entwicklung des Dorfes Nsang'anyi nach den Beschreibun-gen von Turner aufgezeichnet: Aus dem ursprünglichen Weiler spalteten sich im Laufe von etwa 25 Jahren sieben weitere Weiler ab, die von meist jüngeren männlichen Verwandten der mütterlichen Linie und deren Familie bzw. Gefolgschaft gegründet wurden und zwischen wenigen hundert Metern und mehreren Kilometern entfernt lagen. Welche Charakteristika traten in der Gesellschaft der N'dembu auf, die die hohe individuelle Mobilität förderten und langfristig stabile Dorfbildungen verhinder-ten? Turner (1957, 227–33) beantwortete diese Fragen mit folgenden Überlegungen: Die Gesellschaft war gekennzeichnet durch individuelle wirtschaftliche Autonomie (jede/r Erwachsene besaß und bewirtschaftete eigene Felder), männlich dominierte Jagd in einer Buschlandschaft (eher von idealler als wirtschaftlicher Bedeutung), einen geringen Grad von Zusammenarbeit, Ideale von persönlicher Unabhängigkeit,

---

9 Detaillierte ethnohistorische Informationen habe ich an anderer Stelle zusammengestellt: Ebersbach im Dr. b.

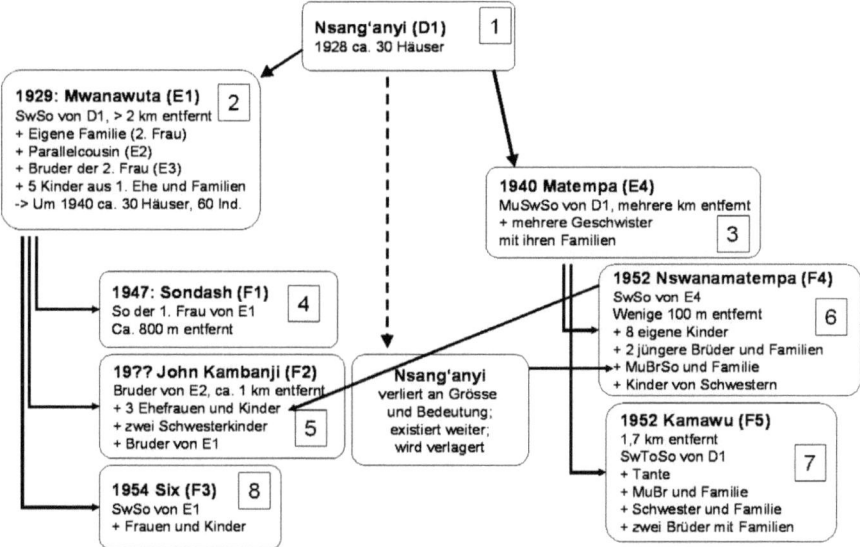

Abb. 6. N'dembu, Zaire: Entwicklung des Weilers Nsang'anyi und der daraus hervorgegangenen Neugründungen zwischen 1928 und 1954. Fett: Gründungsjahr und Name
des Weilers sowie Individuum, das die Gründung initiiert hat (»D1« etc., die Buchstaben
beziehen sich auf Generationen-Folgen). Angegeben sind außerdem die Entfernung von
der »Muttersiedlung« und die Verwandtschaftsverhältnisse des Gründers und der weiteren
beteiligten Personen (nach Turner 1957, 210 ff.).

Ablehnung politischer Kontrolle und eine enge Bindung an die Mutter bzw. an die
mütterlich verwandten Geschwister. Die wichtigsten Gründe für die beobachtete
instabile Siedlungsform waren nach Ansicht von Turner: Wasser und kultivierbares
Land waren im Überfluss vorhanden; auch andere Ressourcen waren relativ gleich-
mäßig verteilt, was die Bindung an einen Ort oder die Verteidigung eines knappen
Gutes unnötig machte; die Jagd als Ideal und sozial wichtige Tätigkeit erhöhte die
Bereitschaft zur Mobilität (Erschöpfung der Jagdgründe wird als einer von mehreren Gründen zur Verlagerung eines Weilers genannt); es wurde nicht in aufwändig
gebaute oder ausgestattete, wertvolle Häuser investiert; es gab keinen Zwang zur
Familien übergreifenden Zusammenarbeit; es gab keine lokalen Autoritäten, die die
Spaltung und Neugründung von Dörfern hätten verhindern können; es gab keine
kultische Gebundenheit an einen Ort und keinen gemeinsamen Landbesitz.

Die Landschaft erforderte folglich keine Bindung an knappe, ungleichmäßig ver-
teilte, lokale Ressourcen; die Gesellschaftsstruktur förderte Mobilität (Jagdbünde,
Gegensatz matrilineare Deszendenz – virilokale Wohnsitzregelung, »big man«-

System). Die Siedlungsform und -größe wurde durch ein Zusammenspiel von ökologischen und gesellschaftsimmanenten, strukturellen Faktoren bestimmt. Sie änderte sich, sobald sich die äußeren Rahmenbedingungen änderten. So waren die Siedlungen der N'dembu im 18. und 19. Jahrhundert zur Zeit der Sklavenjagden, bei denen die N'dembu potenzielle Opfer waren, durchschnittlich größer und langlebiger als in den 1950er Jahren und wurden teilweise sogar mit Palisaden befestigt.

Thesen zur Siedlungsform und Sozialstruktur in Seeufersiedlungen

Einige der Bedingungen, die die hohe Mobilität in der Gesellschaft der N'dembu ermöglichten bzw. förderten, treffen meiner Ansicht nach auch auf die Gesellschaften der jungneolithischen Seeufersiedlungen zu: Diese waren vor allem durch hohe Mobilität und Dynamik auf verschiedenen Ebenen charakterisiert und unterschieden sich damit grundlegend von historisch und modern überlieferten Siedlungsformen. Die autonome Gruppe war vermutlich größer als ein Haus, aber kleiner als eine durchschnittliche Siedlung. Diese Gruppe entschied selbständig über ihren jeweiligen Niederlassungsort und war vielleicht auch wirtschaftlich autark. Ob die Mobilität der Residenzgruppe mit einer wie auch immer gearteten landwirtschaftlichen Mobilität zusammenhing oder nicht, d. h. ob mit der Verlagerung des Wohnortes auch die Felder verlagert wurden, ist vorläufig noch offen. Ein Haus stellte keinen besonderen materiellen Wert dar. Reichtum und Prestige wurden nicht über die Größe und Ausstattung eines Hauses ausgedrückt. Langjährige Ortsbindung mit konstanter Anwesenheit einer Familie / Lineage / Sippe (»Anciennitätsprinzip«) war offensichtlich nicht wichtig. Die Ressourcen zur täglichen Versorgung mit Grundnahrungsmitteln (für den Anbau und die Weidewirtschaft geeignete Böden, Wald, Jagd- und Sammelgründe) waren meiner Ansicht nach nicht knapp oder ungleichmäßig verteilt und mussten deshalb auch nicht verteidigt werden, indem man dauerhaft vor Ort blieb.[10] Das »Dorf« als Siedlungsform, als Rechtsform oder als Idee existierte nicht: Die Residenzgruppen waren instabil und kurzlebig, kommunale Einrichtungen existierten nur in seltenen Fällen (»Kulthäuser«, eventuell »Speicher«), Abgrenzungen nach außen (Zäune) waren gelegentlich, aber nicht systematisch vorhanden. Es gab vermutlich keine politische Institution, die auf einer Ebene oberhalb der Residenzgruppe hierarchische oder auch segmentäre Gruppen (wie z. B. Kirchgemeinden, Herrschaftsbezirke oder Gerichtskreise) hätte bilden oder zusammenhalten können. Hinweise auf ortsgebundene Kult- oder Ritualgemeinschaften fehlen. Weder innerhalb noch außerhalb der Siedlungen lassen sich Gräberfelder oder »Kultbezirke« finden, im

---

10 Einzige Ausnahme könnten die Jagdgründe gewesen sein. Hier gibt es Hinweise, dass es phasenweise in der Umgebung von Seeufersiedlungen zur Überjagung der Rothirsch-Bestände gekommen sein könnte (Hüster-Plogmann / Schibler 1997, 97–8).

Gegensatz etwa zur nachfolgenden Bronzezeit (Brandopferplätze, Gräberfelder) oder gar zur Römerzeit (Tempelbezirke).

Selbstverständlich müssen viele dieser Thesen und Beobachtungen im Detail näher überprüft sowie nach Raum und Zeit differenziert untersucht werden. Betrachtet man die Siedlungsformen des schweizerischen Seeuferneolithikums aber einmal aus dem Blickwinkel dieses theoretischen Ansatzes, so komme ich zu der Schlussfolgerung, dass die jungneolithischen Gesellschaften am ehesten in der Art von »noncorrespondence systems« organisiert waren. Wenn man dem theoretischen Ansatz von Hillier und Hanson (1984) weiter folgt, müssen wir postulieren, dass wichtige »transpatial groups« existierten, die nicht auf der Ebene der Residenzgruppe organisiert waren, sondern auf einer übergreifenden Ebene. Einige von diesen Gruppen könnten wir direkt oder indirekt durch archäologische Quellen fassen, z. B. Kommunikationsnetzwerke, die sich durch den Tausch von Silex-Rohmaterial oder Schmuckmuscheln erkennen lassen.[11] Eine weitere wichtige Schlussfolgerung aus diesen Thesen besteht ferner darin, dass die hohe Mobilität im Siedlungsbild nicht nur bzw. nicht in erster Linie durch umweltbedingte Faktoren wie schwankende Seespiegel etc. »erzwungen«, sondern Konsequenz der Organisationsform dieser Gesellschaften war, die mindestens genauso stark durch kulturelle, soziale, politische oder kultische wie durch umweltbedingte Faktoren bestimmt wurde. Dass nach ca. 3000 v. Chr. stabilere, langlebigere Siedlungseinheiten zu beobachten sind und die Strandplatten nach 2400 v. Chr. für Jahrhunderte gar nicht mehr besiedelt waren, dürfte mit deutlichen gesellschaftlichen Veränderungen mindestens genauso viel zu tun gehabt haben wie mit naturräumlichen oder klimatischen Faktoren.

Literaturverzeichnis

Akeret/Jacomet 1997: Ö. Akeret/St. Jacomet, Analysis of Plant Macrofossils in Goat/Sheep Faeces from the Neolithic Lake Shore Settlement Horgen Scheller – An Indication for Prehistoric Transhumance? Vegetation History and Archaeobotany 6, 1997, 235–9.

Akeret/Rentzel 2001: Ö. Akeret/Ph. Rentzel, Micromorphology and Plant Macrofossil Analysis of Cattle Dung from the Neolithic Lake Shore Settlement Arbon Bleiche 3. Geoarchaeology 16, 6, 2001, 687–700.

Akeret u. a. 1999: Ö. Akeret/J.-N. Haas/U. Leuzinger/St. Jacomet, Plant Macrofossils and Pollen in Goat/Sheep Faeces from the Neolithic Lake-shore Settlement Arbon Bleiche 3, Switzerland. Holocene 9, 2, 1999, 175–82.

Besse 2007: M. Besse (Hrsg.), Sociétés Néolithiques. Des faits archéologiques aux fonctionnements socio-économiques. Actes du 27e colloque interrégional sur le Néolithique

11 Ein Beispiel ist die Verbreitung der Beile aus so genanntem »Aphanit« (Pétrequin/Jeunesse 1995). Für die Bandkeramik wurden Kommunikationsnetzwerke ausführlicher untersucht, vgl. etwa Zimmermann 1995.

(Neuchâtel, 1 et 2 octobre 2005). Cahiers d'Archéologie Romande 108. Lausanne: Corbaz 2007.

Billamboz 2006: A. Billamboz, Dendroarchäologische Untersuchungen in den neolithischen Ufersiedlungen von Hornstaad-Hörnle. In: Dieckmann u. a. 2006, 297–414.

Burri 2007: E. Burri, La céramique du Néolithique moyen. Analyse spatiale et histoire des peuplements. La station lacustre de Concise 2. Cahiers d'Archéologie Romande 109. Lausanne: Corbaz 2007.

de Capitani u. a. 2002: A. de Capitani / S. Deschler-Erb / U. Leuzinger / E. Marti-Grädel / J. Schibler (Hrsg.), Die jungsteinzeitliche Seeufersiedlung Arbon Bleiche 3: Funde. Archäologie im Thurgau 11. Frauenfeld: Huber PrintPack 2002.

Dieckmann u. a. 2006: B. Dieckmann / A. Harwath / J. Hoffstadt (Hrsg.), Hornstaad-Hörnle IA: die Befunde einer jungneolithischen Pfahlbausiedlung am westlichen Bodensee. Siedlungsarchäologie im Alpenvorland 9 = Forschungen und Berichte zur Vor- und Frühgeschichte in Baden-Württemberg 98. Stuttgart: Theiss 2006.

Ebersbach 2002: R. Ebersbach, Von Bauern und Rindern. Eine Ökosystemanalyse zur Bedeutung der Rinderhaltung in bäuerlichen Gesellschaften als Grundlage zur Modellbildung im Neolithikum. Basler Beiträge zur Ur- und Frühgeschichte 15. Basel: Schwabe 2002.

Ebersbach im Dr. a: Dies., Soziale Einheiten zwischen »Haus« und »Dorf« – neue Erkenntnisse aus den Seeufersiedlungen. In: E. Claßen / Th. Doppler / B. Ramminger (Hrsg.), Familie – Verwandtschaft – Sozialstrukturen: Sozialarchäologische Forschungen zu neolithischen Befunden. Varia neolithica 7. Beiträge zur Ur- und Frühgeschichte Mitteleuropas. Langenweißbach: Beier & Beran im Druck.

Ebersbach im Dr. b: Dies., My Farmland – Our Livestock. Forms of Subsistence Farming and Forms of Sharing in Peasant Communities. In: M. Benz (Hrsg.) The Principle of Sharing? Segregation and Construction of Social Identities at the Transition from Foraging to Farming. Studies in Early Near Eastern Production, Subsistence and Environment 20. Berlin: ex oriente im Druck.

Eberschweiler u. a. 2006: B. Eberschweiler / A. Hafner / C. Wolf, Unterwasserarchäologie in der Schweiz. Bilanz und Perspektive aus den letzten 25 Jahren. In: A. Hafner / U. Niffeler / U. Ruoff (Hrsg.), Die neue Sicht – The New View. Unterwasserarchäologie und Geschichtsbild. Antiqua 40. Basel: Reinhardt 2006, 24–45.

Eberschweiler u. a. 2007: B. Eberschweiler / P. Riethmann / U. Ruoff, Das spätbronzezeitliche Dorf von Greifensee-Böschen. Dorfgeschichte, Hausstrukturen und Fundmaterial. Monografien der Kantonsarchäologie Zürich 38. Zürich, Egg: Fotorotar 2007.

Gassmann 2007: P. Gassmann, L'exploitation de quelques chênaies durant le Lüscherz et l'Auvernier-Cordé ancien: quand les habitats du village littoral de Saint-Blaise / Bains des Dames (Neuchâtel, Suisse) allaient aux bois. In: Besse 2007, 101–14.

Gnepf-Horisberger u. a. 2005: U. Gnepf-Horisberger / S. Deschler-Erb / M. Kühn / D. Spörri, Die älteste Baarer Werkstatt? Das schnurkeramische Grubenhaus an der Früebergstrasse in Baar. Tugium 21, 2005, 115–36.

Hafner / Suter 2004: A. Hafner / P. Suter, 5000 Jahre. Aufgetaucht – Abgetaucht. 1984–2004. Bern: Archäologischer Dienst Bern 2004.

Hillier / Hanson 1984: B. Hillier / J. Hanson, The Social Logic of Space. Cambridge: Cambridge University Press 1984.

Honegger 2001: M. Honegger, Marin NE – Les Piécettes au Néolithique: une station littorale d'exception. Jahrbuch der Schweizerischen Gesellschaft für Ur- und Frühgeschichte 84, 2001, 29–42.

Honegger 2007: Ders., Le site de Marin-Les Piécettes (Neuchâtel, Suisse) et la question des sanctuaires néolithiques: potentiel et limite de l'approche archéologique. In: Besse 2007, 175–183.

Hüster-Plogmann / Schibler 1997: H. Hüster-Plogmann / J. Schibler, Archäozoologie. In: J. Schibler u. a. (Hrsg.), Ökonomie und Ökologie neolithischer und bronzezeitlicher Ufersiedlungen am Zürichsee. Monografien der Kantonsarchäologie Zürich 20. Zürich, Egg: Fotorotar 1997, 40–121.

Jacomet u. a. 2004: St. Jacomet / U. Leuzinger / J. Schibler (Hrsg.), Die jungsteinzeitliche Seeufersiedlung Arbon Bleiche 3. Umwelt und Wirtschaft. Archäologie im Thurgau 12. Frauenfeld: Huber PrintPack 2004.

Leuzinger 2000: U. Leuzinger, Die jungsteinzeitliche Seeufersiedlung Arbon Bleiche 3. Befunde. Archäologie im Thurgau 9. Frauenfeld: Huber PrintPack 2000.

Loser / Maytain 2007: R. Loser / S. Maytain, Etude spatiale des lames en roches tenaces polies et du bois de cerf sur le site de Marin-les-Piécettes (Neuchâtel, Suisse): un éclairage du fonctionnement socio-économique d'un village néolithique. In: Besse 2007, 165–73.

Mainberger 1998: M. Mainberger, Das Moordorf von Reute. Staufen: Selbstverlag 1998.

Mainberger u. a. 2005: M. Mainberger / I. Matuschik / A. Müller / H. Schlichtherle, Rettungsgrabung in den Schichten 2 und 3 der Pfahlbaustation Sipplingen-Osthafen / Bodenseekreis. Nachrichtenblatt des Arbeitskreises für Unterwasserarchäologie 11 / 12, 2005, 53–62.

Pétrequin / Jeunesse 1995: P. Pétrequin / Ch. Jeunesse, La Hache de pierre. Carrières vosgiennes et échanges de lames polies pendant le Néolithique (5400–2100 av. J.-C.). Paris: Errance 1995.

Röder / Huber 2007: B. Röder / R. Huber (Hrsg.), Archäologie in Steinhausen »Sennweid« (Kanton Zug). Ergebnisse der Untersuchungen von 1942 bis 2000. Antiqua 41. Basel: Reinhardt 2007.

Schlichtherle 2006: H. Schlichtherle, Kulthäuser in neolithischen Pfahlbausiedlungen des Bodensees. In: A. Hafner / U. Niffeler / U. Ruoff (Hrsg.), Die neue Sicht – The New View. Unterwasserarchäologie und Geschichtsbild. Antiqua 40. Basel: Reinhardt 2006, 122–45.

Schönfeld 1991: G. Schönfeld, Ein Wohnstallhaus aus der jungneolithischen Talbodensiedlung von Pestenacker. Das archäologische Jahr in Bayern 1991, 44–55.

Seifert 2007: M. Seifert, Die spätbronzezeitlichen Ufersiedlungen von Zug-Sumpf. Die Geschichte der Dörfer. Helvetia Archaeologica 38, 151 / 152, 2007, 68–100.

Stöckli 2009: W. E. Stöckli, Chronologie und Regionalität des jüngeren Neolithikums (4300–2400 v. Chr.) im Schweizer Mittelland, in Süddeutschland und in Ostfrankreich. Antiqua 45. Basel: Reinhardt 2009.

Strobel 2000: M. Strobel, Die Schussenrieder Siedlung Taubried I (Bad Buchau, Kr. Biberach). Ein Beitrag zu den Siedlungsstrukturen und zur Chronologie des frühen und mittleren Jungneolithikums in Oberschwaben. Forschungen und Berichte zur Vor- und Frühgeschichte in Baden-Württemberg 81. Stuttgart: Theiss 2000.

Turner 1957: V. Turner, Schism and Continuity in an African Society. A Study of Ndembu Village Life. Manchester: University Press 1957.

Viellet 2002: A. Viellet, The Isolated Structure of the Neolithic Site 19, Lake Chalain (Jura, France): Dendrochronological Study of Oak Pilings (Quercus sp.). Dendrochronologia 20, 3, 2002, 310–2.

Winiger/Hurni 2007: A. Winiger/J.-P. Hurni, Datations et reconstitutions architecturales d'un village du Néolithique moyen (E4A) entre 3645 et 3636 av. J.-C. a Concise (Vaud, Suisse). In: Besse 2007, 143–51.

Zimmermann 1995: A. Zimmermann, Austauschsysteme von Silexartefakten in der Bandkeramik Mitteleuropas. Universitätsforschungen zur Prähistorischen Archäologie 26. Bonn: Habelt 1995.

SABINE REINHOLD

Rund oder eckig? Überlegungen zu prähistorischen Siedlungen mit rundem und ovalem Grundriss

Zusammenfassung: Am Beginn der meisten evolutionären Entwicklungslinien vormoderner Bauformen und Siedlungskonzeptionen stehen im Allgemeinen runde Anlagen mit einem zentralen Platz in der Mitte. Sie sollen Gesellschaften mit geringer sozialer Hierarchie repräsentieren, denn in einer solchen Konfiguration sind potenzielle Kommunikationsachsen gleichwertig. Im vorliegenden Beitrag wird diese These kritisch hinterfragt und am Beispiel von nordkaukasischen spätbronzezeitlichen Siedlungen mit zentralem Platz der funktionalen Deutung solcher Konfigurationen im Siedlungsplan nachgegangen. Es zeigt sich, dass die tatsächliche Funktion der architektonischen und nicht-architektonischen Siedlungselemente entscheidender als die zunächst wahrnehmbare Struktur ist. Ein zentraler Platz muss nicht unbedingt Kommunikationsort sein, und die oftmals gleichförmige Architektur solcher Anlagen kann soziale Verhältnisse auch eher verschleiern als offenbaren.

Raum als soziale Handlungsstrategie

Der Organisation von Raum und Raumgefügen ist inzwischen in der Archäologie eine immer breiter werdende Debatte gewidmet. Die ältere Betrachtung von Raum als passivem Rahmen, vor und in dem sich prähistorische Aktivitäten abspielten, ist einer dynamischeren und komplexeren Sichtweise gewichen.[1]

Räume – ob Kulturlandschaften oder architektonische Gefüge – entstehen in der Interaktion von Menschen und in deren Auseinandersetzung mit ihrer faktischen Umgebung. Spätestens seit Henri Lefebvres »Production de l'espace« gilt in weiten Teilen der Sozial- und Geisteswissenschaften die Einsicht, dass Raum kein natürlich vorgegebenes Phänomen, sondern ein sozial geschaffenes Produkt ist (Lefebvre 1991; Schroer 2007, 137 f.). Lefebvre unterscheidet zwischen räumlicher Praxis, Raumrepräsentation sowie Repräsentationsräumen und weist damit die (Re)Produktion von Raum und Raumgefügen sowie deren Wahrnehmung als soziale Diskurse aus. Als Diskursebenen sind dabei produzierte und erlebte Räume von einer abstrakteren Ebene der Planung und Vermaßung von Räumen sowie von imaginären und evozierten Räumen, deren Symbolik soziale Kommunikation pointieren und regeln, zu unterscheiden.

---

1 Landschaft: Tilley 1994; Zimmermann u. a. 2004; Mischka 2007; David/Thomas 2008. – Architektur: Grøn 1991; Braemer u. a. 1999; Brandt/Karlsson 2001; Thaler 2006; Piesbergen 2007, 7–10; 50–111.

Rudolf Schlögl (2007) beschreibt am Beispiel der frühneuzeitlichen Stadt in ähnlicher Weise Raum in vormodernen Gesellschaften als soziales Interaktionsmedium. Er betont die Bedeutung der Kommunikationslinien in vorschriftlichen Gesellschaften, die im Wesentlichen auf persönlicher Präsenz beruhen. In ›Anwesenheitsgesellschaften‹ wird Raum benutzt, um Kommunikation durch unmittelbar sinnliche Wahrnehmung zu kanalisieren. Gebäude mit einer Außen- und Innengestaltung, Freiräume, aber auch andere architektonische Elemente wie Mauern, Brunnen, Tore und Ähnliches werden in Bezug zueinander gesetzt und entwickeln dabei eine Symbolik, die die Handlungsmuster und damit die sozialen Konstellationen der Anwesenden strukturieren. Ein solchermaßen physisch als permanent markierter Raum, so Schlögl, fungiert zudem als Stabilisator in zeitlicher Hinsicht. Er kann als Ankerpunkt des kulturellen Gedächtnisses fungieren, Handlungszusammenhängen eine historische Tiefe und damit eine höhere Legitimationskraft verleihen. Die klare Markierung räumlicher Grenzen erleichtert zudem die Verortung und Orientierung, sowohl auf raum-zeitlicher wie auf sozialer Ebene. Raum wird für Schlögl zum ›Universalmedium‹, das eine vielschichtige Vermittlerfunktion im Informationsfluss übernimmt, gleichzeitig aber faktisch greifbar und sichtbar bleibt.[2]

Konkret unterscheidet Schlögl vier Raumskalen, die in der unmittelbaren Kommunikation überschaubarer Gruppen verwurzelt sind und für die Diskussion prähistorischer Siedlungsformen beträchtliches heuristisches Potenzial haben. Der *architektonisch manifestierte Raum* dirigiert Kommunikation durch eine permanent wahrnehmbare Symbolik und klare physische Begrenzungen. Angesprochen ist hier auch die Semiotik von Architektur und architektonischen Elementen (Eco 1980). *Ephemere Räume* sind zeitlich begrenzte, aber wiederkehrende Raumkonfigurationen, denen zudem ein begrenzter Bedeutungswechsel innewohnt. Sie können, müssen aber nicht durch permanente Marker visualisiert sein, besitzen jedoch eine ritualisierte Begrenzung, die – wenn die jeweilige Funktion aktiv ist – auch andere Rechtsräume schaffen kann. Marktplätze sind solche Orte, in vorgeschichtlichen Epochen wären aber auch Gräberfelder, Versammlungsplätze, Thingstätten und Ähnliches hierzu zu zählen. Schlögls dritte Kategorie sind *virtuelle Räume* mit einem hohen Abstraktionsgrad und geringer Stabilität wie etwa Herrschaftsterritorien. Die vierte Ebene zielt auf *verschachtelte Räume*, in denen sich religiöse oder ökonomische Topologien manifestieren (Schlögl 2007, 8–12; Piltz 2008, 80–81). Wie Eric Piltz feststellt, können sich diese Raummodi überlagern, sie sind jedoch analytisch zu trennen. Auf die Analyse prähistorischer Räume, in denen funktionale Zuweisungen letztlich nur anhand der Reste der materiellen Kultur zu postulieren sind, ist dieses Konzept sehr gut anwendbar. Denn auch wenn sich die Bedeutungsinhalte prähistorischer Architektur und ihre jeweils zugehörigen Siedlungskonfigurationen im Detail nicht erschließen

---

2 Zur fundamentalen Bedeutung von Architektur für jede Form der menschlichen Vergesellschaftung s. a. die Beiträge von B. Schäfers, J. Fischer und H. Delitz in diesem Band.

lassen, ist ihre Struktur analysierbar, und ihre Mehrdeutigkeit kann aus der Perspektive der genannten Raummodi besser erschlossen werden.

Im Folgenden soll an einem Fallbeispiel die Interpretierbarkeit prähistorischer Siedlungen hinsichtlich der genannten Raummodi untersucht werden. Als räumliche Komponenten werden die Topographie, die Topologie von potenziell ›privatem‹ und ›öffentlichem‹ Raum sowie die Gestaltung von Territorialität und Grenzen einbezogen. Als handlungsorientierte Komponenten möchte ich die Planung, die Bauausführung sowie die vermutliche Nutzung der verschiedenen Räume in und um die Siedlungen beleuchten. Handlungsorientiert seien diese Komponenten deshalb benannt, da es sich bei ersteren Aspekten um das soziale Regelwerk, bei letzteren um die Prozesse der Umsetzung handelt. Diese haben zudem eine klar belegbare zeitliche Tiefe.

Im Vordergrund stehen hier Fragen der Architektur und ihr Beitrag zur Raumkonfiguration von Siedlungen. Der Aspekt der Kulturlandschaft wird nur kurz in Bezug auf das Problem der Aufwärtsskalierbarkeit der Organisationsprinzipien in den Siedlungen gestreift.

Fallstudie ›Siedlungen mit symmetrischem Grundriss‹

Das im Folgenden gewählte archäologische Fallbeispiel konzentriert sich auf Siedlungen der Spätbronzezeit aus der zweiten Hälfte des 2. Jahrtausends v. Chr. auf einem Hochgebirgsplateau südlich des Mineralbades Kislovodsk im Nordkaukasus. Diese Anlagen mit komplexer Steinarchitektur wurden erstmals 1999 von Dmitri Korobov entdeckt (Korobov / Reinhold 2008, 26 Abb. 1, 1) und werden seit 2006 in einem interdisziplinären Projekt der Russischen Akademie der Wissenschaften (D. S. Korobov), der lokalen Denkmalpflegeorganisation ›Nasledie‹ (A. B. Belinskij) und der Eurasien-Abteilung des Deutschen Archäologischen Instituts (S. Reinhold) untersucht (Reinhold u. a. 2007; Korobov / Reinhold 2008).

Der Siedlungstyp ist aus verschiedenen Gründen für Überlegungen zur sozialen Interpretation vormoderner Architektur von Interesse: Seine Architektur scheint ohne Vorgänger. Die davor liegende Mittelbronzezeit ist in der zweiten Hälfte des 3. und der ersten Hälfte des 2. Jahrtausends v. Chr. eine Epoche hoher Mobilität, vermutlich ohne permanente Siedlungsplätze und ohne komplexe Wohnarchitektur. Erst während der Spätbronzezeit reorganisieren sich in weiten Teilen Transkaukasiens, Ostanatoliens und des Nordwestiran erneut sesshafte Gruppen (Reinhold 2009). Das hier vorgestellte nordkaukasische Phänomen gehört ebenfalls in diesen Kreis und stellt in dieser Region überhaupt die erste Periode dar, für die eine dauerhafte und komplexe Steinarchitektur nachweisbar ist.

Die Siedlungen zeigen auf allen Ebenen einen hohen Grad an Standardisierung und gehören einem sehr einheitlichen Siedlungstyp an, den ›Siedlungen mit symmetrischem Grundriss‹ (Abb. 1). Bemerkenswert ist auch die klare Begrenzung dieses

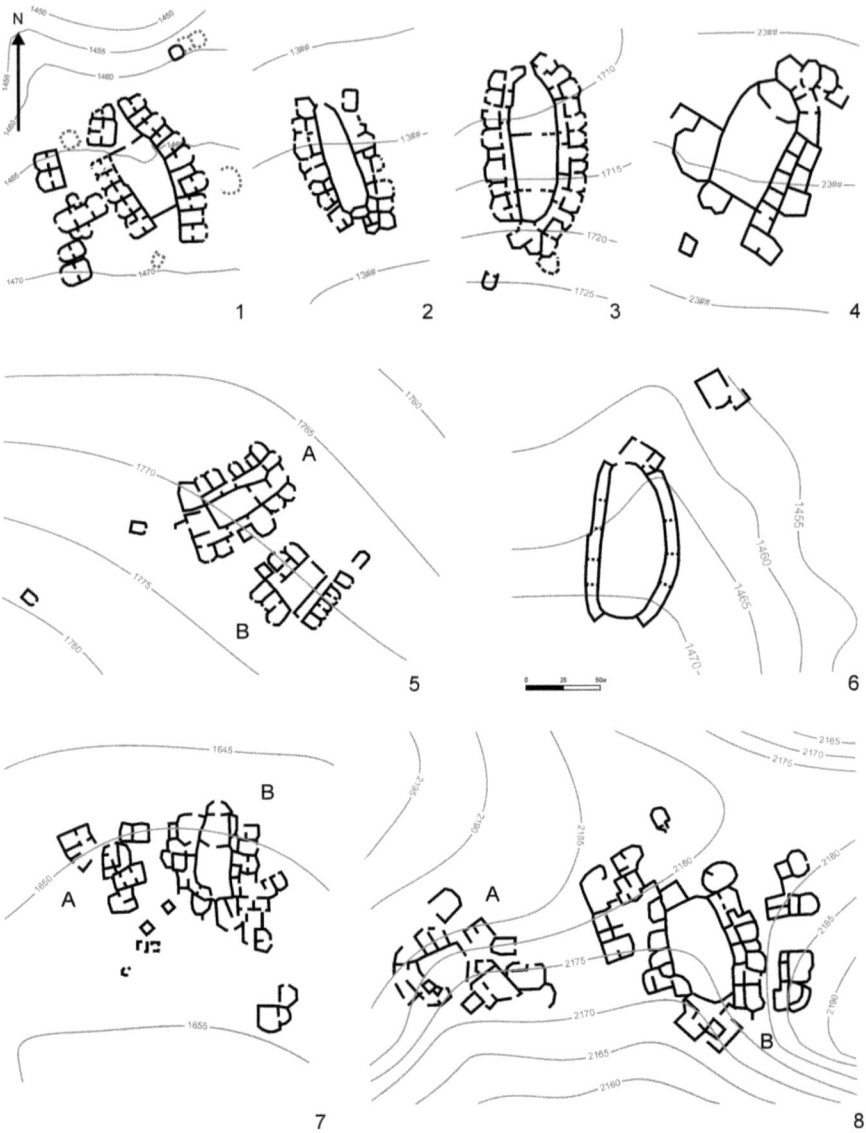

Abb. 1. Siedlungen mit symmetrischem Grundriss. 1 Kabardinka 2; 2 Pokunsyrt 35; 3 Pokunsyrt 13; 4 Urusbyškol 1; 5 Kiči Balyk 4–5; 6 Taraskol 1; 7 Gryškina Balka 1–2; 8 Verchnaja Kič Malka 2–3.

Phänomens auf ein Areal von etwa 100 × 25–30 km nördlich der Kaukasushauptkette in Höhenlagen zwischen 1400 und 2500 m (Reinhold u. a. 2007, 139 Abb. 1; 147 Abb. 49). Die Lage der Siedlungen auf dem Hochgebirgsplateau stellte hohe Ansprüche an die Konstruktion und Bauausführung der zugehörigen Häuser, da sie stark wechselnden Temperaturen, im Winter gewaltigen Schneemassen und ganzjährig heftigem Wind standhalten mussten.

Die gut erhaltene Steinarchitektur mit ihren zum Teil noch an der Oberfläche sichtbaren Details ist sehr präzise auf Luftbildern erkennbar. Mit deren Hilfe ließen sich für mittlerweile 188 Fundorte Siedlungspläne erstellen, die im Gelände durch GPS-Einmessungen ergänzt wurden. Die Geländearbeiten erlauben auch die Aussage, dass die untersuchten Siedlungen – und vermutlich alle dieses Typs – in denselben archäologischen Horizont datieren. Ihr an der Oberfläche vorhandenes Keramikspektrum ähnelt sich sehr stark (ebd. 164 f. Abb. 33 f.; 172 Abb. 45), und verschiedene Metallfunde sowie einige Radiokarbondaten aus einem Grabungsschnitt des Fundortes Kabardinka 2 weisen in das 13. / 12. bis 9. Jahrhundert v. Chr. (ebd. 164 Abb. 32; Korobov / Reinhold 2008, 32–4 Abb. 4). Dies ist bemerkenswert, da aus der Talregion von Kislovodsk trotz eines sehr guten Forschungsstandes nur drei Fundstellen dieser Epoche bekannt sind, die zudem peripher am Übergang des Talkessels zum Plateau liegen (Reinhold 2007, 222 f.). Im Tal selbst enden die archäologischen Denkmäler mit den letzten mittelbronzezeitlichen Grabhügeln um die Mitte des 2. Jahrtausends v. Chr., und die Wiederbesiedlung scheint nicht lange vor dem 9. Jahrhundert v. Chr. zu beginnen (ebd. 223–33). In diese Fundlücke datieren vermutlich die meisten Siedlungen auf dem Plateau. Damit werden sie nach einer ersten lockeren Besiedlung während der Frühbronzezeit zum zentralen Element in der Genese der prähistorischen Siedlungslandschaft um Kislovodsk.

Die Topographie der Siedlungen

Die Auswahlkriterien für die Anlage eines Siedlungsplatzes werden bereits beim ersten Blick auf die Karte und die Statistik[3] klar. Nur sechs von 188 Fundstellen liegen unter 1400 m, aber auch nur zwei Siedlungen liegen über 2300 m. Vier weitere Fundstellen über 2300 m stellen kreisförmige Anlagen dar, die offenbar nicht als Wohnplätze gedient haben. Das hier untersuchte Phänomen ist demnach im Hochgebirge mit den dort herrschenden klimatischen Bedingungen und eingeschränkten wirtschaftlichen Möglichkeiten angesiedelt. Die klimatisch günstigeren Täler wurden zu dieser Zeit offenbar gemieden.

---

3   Die statistische Auswertung der Fundstellen ist noch vorläufig, da 2008 noch nicht alle Fundstellen besucht waren. Berücksichtigt wurden 132 Siedlungen aus 188 bislang verifizierten archäologischen Fundstellen der Plateauzone.

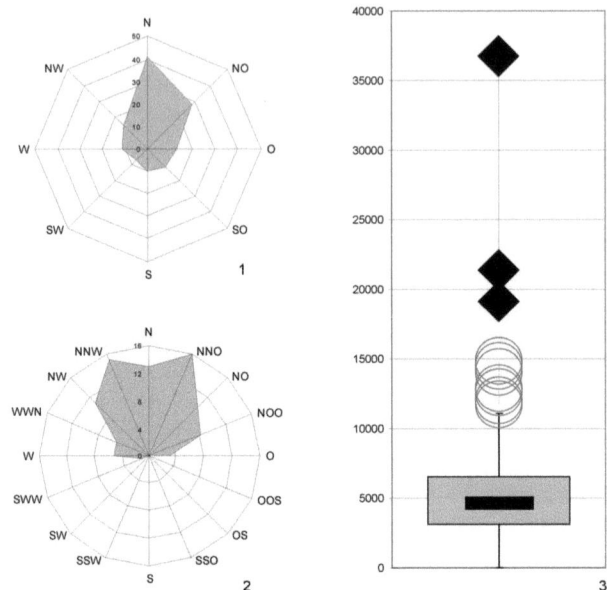

Abb. 2. Siedlungen mit symmetrischem Grundriss. 1 Hanglagen; 2 Siedlungsachsen;
3 Boxplot der Siedlungsgrößen in m².

Von den 188 Fundstellen hatten 132 aufgrund ihrer Form und nach den dort gebor-
genen Oberflächenfunden eine Funktion als Siedlung, 82 davon sind ›Siedlungen mit
symmetrischem Grundriss‹ (Korobov/Reinhold 2008, 28; 34–6). Ob sie permanent
oder nur saisonal bewohnt waren, ist zum momentanen Zeitpunkt noch nicht endgültig
zu klären, vermutlich handelte es sich aber trotz der Höhe um stationäre Dorfanlagen. Weitere 30 Fundstellen sind wahrscheinlich mit Weidewirtschaft zu verbinden.
Es handelt sich um große Kreisanlagen mit nur ein bis zwei seitlichen Gebäuden,
um Einzelgebäude oder um Ansammlungen von zwei bis drei kleinen Gebäuden in
Bereichen, die heute als Weiderouten genutzt werden. Die restlichen Fundstellen sind
Sperrmauern und Menhire (Reinhold u. a. 2007, 168–73 Abb. 37–44). Häufig sind
die Siedlungen paarweise angeordnet, d. h. jeweils zwei nahezu identische Anlagen
liegen nur wenige Hundert Meter voneinander entfernt, wie exemplarisch die Siedlungspaare von Kiči Balyk 4–5, Gryškina Balka 1–2 oder Verchnaja Kič Malka 2–3
zeigen (Abb. 1,5.7–8; 5,2).
    Als Platz für die Siedlungen ist immer ein flacher Plateauabschnitt mit einer Hang-
neigung von meist unter 10% und einer permanenten Wasserquelle in weniger als
500 m, häufig unter 200 m Entfernung gewählt (Reinhold u. a. 2007, 143 Abb. 4; 175
Abb. 50). Die Fundstellen liegen in offenem Gelände an den Rändern der Täler und

Schluchten, die das Plateau durchziehen, sind jedoch leicht von den Steilkanten abgesetzt. Bemerkenswert ist, dass die Siedlungen überwiegend an nördlich orientierten Hängen liegen (Abb. 2,1) und die Siedlungsachsen (Abb. 2,2) ebenfalls mit leichten Abweichungen nach Norden zeigen. Dort liegen auch die Zugänge zu den zentralen Plätzen der Siedlungen, und zwar unabhängig davon, ob sich die Plateaukante in dieser Richtung befindet. Diese Nordorientierung ist umso verwunderlicher, als sie den bevorzugten Siedlungslagen in Gebirgsregionen entgegengesetzt ist, wo üblicherweise durch Südexposition versucht wird, die Wärmebilanz zu erhöhen.

Von einem phänomenologischen Standpunkt aus wäre zudem der im Süden liegende, 5642 m hohe Doppelkegel des El'brus, der von allen Siedlungen aus gut sichtbar ist, ein klassischer Orientierungspunkt. Er wurde jedoch offensichtlich nicht als Marker für die Siedlungsachsen gewählt, denn diese laufen nicht etwa radial auf ein Zentrum – den Berg – zu, sondern oszillieren um die Nord–Süd-Achse. Die Siedlungslagen erlauben normalerweise einen guten Überblick über die weitere Landschaft. Das flache Terrain verhindert jedoch Sichtkontakt zur unmittelbaren Umgebung, da die Horizontlinien sehr tief liegen und auch leichte Erhebungen Sichthindernisse bilden.

Topologie potenziell ›privater‹ und ›öffentlicher‹ Räume

Folgt man Stefan Günzel (2007, 13), bietet die Topologie von Räumen »die Möglichkeit einer Beschreibung räumlicher Verhältnisse hinsichtlich kultureller und medialer Aspekte«. Dies lenkt das Augenmerk auf die Verknüpfung verschiedenartiger, wiederkehrender architektonischer Strukturen, deren Anordnung an Sicht- und Bewegungsachsen eine Bedeutung unterstellt wird (Hillier / Hanson 1984; Grøn 1991). Der Bezug von potenziell öffentlichem und privatem Raum etwa bedingt im untersuchten Fall die charakteristische Siedlungsform, die sich aus der Anordnung von Gebäuden um einen zentralen Platz oder aus dessen Fehlen ergeben. Ist der Platz vorhanden, führt dies zu den bereits genannten ›Siedlungen mit symmetrischem Grundriss‹; fehlt er, entstehen lineare Anlagen, die hier nicht weiter thematisiert werden (vgl. Reinhold 2009, Abb. 10,3).

Als potenziell öffentlicher Raum sollen zunächst alle nicht überdachten Areale gelten. Potenziell privaten Raum bieten geschlossene Gebäude, bei denen Raumgrößen und Pfostenstellungen eine Überdachung wahrscheinlich machen. Inwiefern diese Teilung mit archäologischen Argumenten belegbar ist, wird im Weiteren zu untersuchen sein; ebenso, ob sich hinter der Raumorganisation eine bestimmte Topologie verbirgt.

Die Steinarchitektur sowie geringe Bewuchsraten und die kaum vorhandene Bodenerosion erlauben es, die Siedlungspläne mit einer gewissen Präzision ohne Ausgrabung zu erfassen. Geophysikalische Prospektionen geben einen weiteren Einblick in die Siedlungsstrukturen und Nutzungsbereiche (Fassbinder u. a. 2007).

Systematische chemische und mikrobielle Bodenanalysen erlauben gemeinsam mit den ersten Grabungsergebnissen ferner recht präzise Aussagen zur Nutzung verschiedener Siedlungsareale und der Räume in den Gebäuden (Reinhold u. a. 2007, 153–8 Abb. 15–22; Peters 2008).

Die häufigste Form der Siedlungen auf dem Hochplateau bildet – wie bereits erwähnt – der Typ der ›Siedlungen mit symmetrischem Grundriss‹, der sich durch einen großen, zentralen Platz und symmetrisch angeordnete Gebäudereihen auszeichnet (Abb. 1). Dieser Typus variiert in seiner Grundkonzeption kaum, lediglich einzelne Elemente scheinen etwas flexibler zu sein. So schwankt die Form der Plätze von oval über länglich-oval bis rechteckig (Abb. 1,1–6). Die Achsen folgen jedoch stets der bereits genannten Nordung, ebenso die Zugänge. Die Plätze geben den Siedlungen ihre Grundform, da die Gebäude direkt an deren Außenmauer anschließen. In vielen Fällen ist im Gelände zu erkennen, dass die Plätze in den Untergrund eingetieft sind (Abb. 3). Da dies zumeist der anstehende Fels ist, war die Anlage des zentralen Platzes nicht nur mit beträchtlichem Arbeitsaufwand verknüpft, sondern definierte gleichzeitig irreversibel seine Form und damit die Form der Siedlung. Das Verhältnis von freiem Platz zu geschlossener Wohnbebauung beträgt für je ein Drittel der Fälle 1 : 3, 1 : 2 beziehungsweise 1 : 4. Die Siedlungsfläche liegt jedoch recht einheitlich bei etwas mehr als einem halben Hektar (Abb. 2,3). Nur wenige Fundstellen sind deutlich größer. Die Plätze sind häufig durch eine, selten zwei Quermauern in unterschiedlich große Areale getrennt (Abb. 1,1.3.4.7). Deren Verhältnis entspricht fast immer dem von Platz zu Wohnbebauung.

Um die Plätze stehen die Wohngebäude. Ihre Anordnung ist symmetrisch, d. h. zu beiden Seiten liegen nahezu immer gleich viele Gebäudeeinheiten. Es lassen sich drei Grundvarianten unterscheiden, die vermutlich lokale Präferenzen aufzeigen. Im ersten Fall sind individuelle, meist doppelräumige Häuser zu identifizieren (Abb. 1,1–2.7–8). Ihr Modellfall ist die Siedlung Kabardinka 2, wo die Grabungen gezeigt haben, dass die Häuser im Fundamentbereich ineinander verzahnt, aber individuell gebaut sind. Im zweiten Fall ist eine innere Reihe länglicher Räume feststellbar, an die sich eine Reihe von Außenräumen angliedert (Abb. 1,3.5). Die radialen Mauern der Innen- und Außenräume treffen sich hierbei nicht, obwohl die Räume mit Durchgängen verbunden sind. Die dritte Variante sind Siedlungen, in denen nur längliche, korridorartige Räume vorhanden sind (Abb. 1,6). Sie ist nur aus der westlichen Peripherie des Gesamtphänomens bekannt und soll im Folgenden außer Acht gelassen werden.

Die ovale Grundstruktur mit einem zentralen Platz ist in bislang 81 Fällen belegbar. Nur in einer Siedlung (Krasny Saraj 1) ist die Konzeption Platz–Gebäudering multipliziert. Nicht selten ist bei den Siedlungen mit zentralem Platz eine Erweiterung durch Einfriedungen (so Urusbyškol 1) (Abb. 1,4; 3), die Anlage von seitlichen Gebäuden (so Kabardinka 2; Abb. 1,1) oder eines zweiten vermutlichen Gebäuderings (so Pokunsyrt 11 oder Verchnaja Kič Malka 2; Abb. 1,8B) zu verzeichnen. In Kabardinka 2 legt die Magnetometrie eine stratigraphische Überschneidung der seitlichen

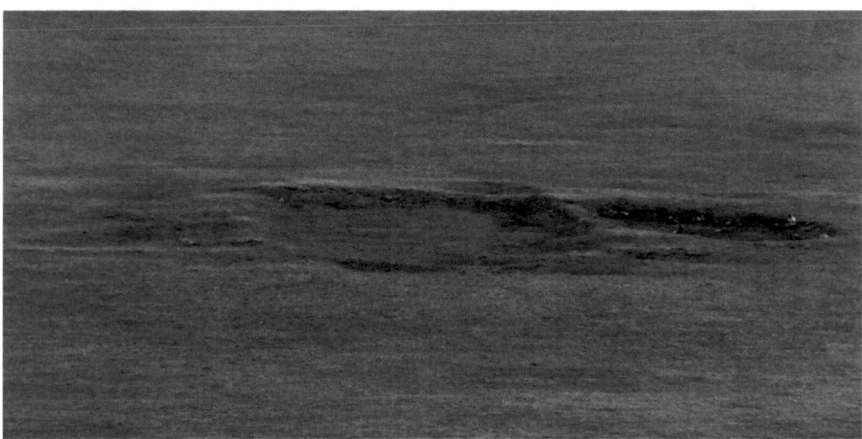

Abb. 3. Siedlung Urusbyškol auf 2 360 m mit eingetieftem zentralen Platz. Aufnahmeposition am Gegenhang in etwa 1,5 km Entfernung.

Gebäude nahe, und auch in den anderen Fällen erscheinen solche Strukturen später angebaut. Hier sind weitere Ausgrabungen zur Klärung der zeitlichen Bezüge nötig. Die vermutlichen Anbauten legen nahe, dass die Gemeinschaften bei der Erweiterung ihrer Siedlungen auf Probleme stießen, die sie dann unter Umgehung der Prinzipien, die ursprünglich die Primäranlagen strukturiert hatten, lösten.

Die Häuser sind sowohl in ihrer Form wie in der Bauausführung sehr einheitlich und legen sich wie ein Ring um den Platz. Dadurch kanalisieren sie den Zugang zu diesem durch einen sehr schmalen, oft korridorartigen Eingang. Obwohl die südliche Seite des Platzes nicht selten unbebaut ist beziehungsweise sich dort eine weitere Freifläche befindet, ist er auch nach Süden abgeschlossen. Dies geschieht entweder durch die bereits erwähnte Eintiefung ins Gelände, eine Mauer oder beides.

Die Ausgrabungen sowie die geophysikalischen Untersuchungen in Kabardinka 2–5 ergaben darüber hinaus weitere für die Frage der Topologie aufschlussreiche Aspekte. So zeigten die Ausgrabungen, dass die Zugänge der Gebäude nicht zum zentralen Platz hin liegen, sondern nach außen weisen (Abb. 4). Die Zugangsachsen führen durch die äußeren Räume in den hinteren Teil der Häuser, enden jedoch dort. Die Bautechnik der doppelschaligen Mauern mit der Verwendung von vertikalen Steinplatten sowie die Schuttmengen des Versturzes lassen postulieren, dass wir in den Ausgrabungen nur die Steinfundamentierung von massiven Holzgebäuden fassen, wie sie die traditionelle Architektur Kaukasiens noch bis ins 19. Jahrhundert auszeichneten. Die geringmächtige Kulturschicht, das seltene Vorkommen der sehr klein fragmentierten Keramik sowie der bodenchemisch nachweisbare geringe Phosphatgehalt des an den Platz grenzenden Raumes im ausgegrabenen Haus 14 legen

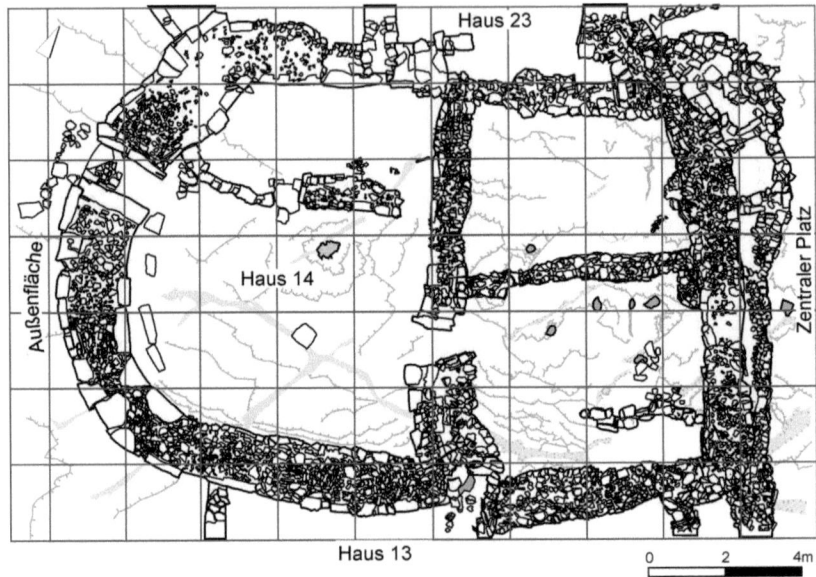

Abb. 4. Kabardinka 2, Haus 14.

nahe, dass der Durchgang vom äußeren Raum zu einer Stiege in einen abgehobenen Teil des Hauses führte. Dies würde die geringe Sedimentierungsrate erklären, da die abgelagerten dünnen Kulturschichten dann durch einen Holzboden nach unten rieseln müssten. Ob vom Obergeschoss aus ein Zugang zum Platz möglich war, lässt sich nicht belegen. Im äußeren Raum waren nicht nur eine dicke Kulturschicht, sondern vermutlich auch die Reste eines Steinplattenbodens vorhanden. Die Funde sowie die Bodenchemie in diesem Bereich legen eine häusliche Nutzung – Kochen, Essen, möglicherweise Viehhaltung (im Winter) u. ä. – nahe.

Noch einen anderen Aspekt der Siedlung zeigte die Magnetometrie. In einem breiten Ring zieht sich eine Zone hoher, negativer Anomalien um alle untersuchten Siedlungen. Diese Zone liegt etwa 6–8 m jenseits der äußeren Mauern und erwies sich durch bodenchemische Untersuchungen im Jahr 2006 und den Nachweis einer kompakten Asche-Erde-Schicht mit viel Fundmaterial bei Grabungen 2008 als Müll-areal (Reinhold u. a. 2007, 148–55 Abb. 12; 15). Eine solche Nutzung war bereits zuvor auf Grund des hohen Fundaufkommens an der Oberfläche postuliert worden. Müllzonen lassen sich bislang bei den allermeisten Siedlungen mit symmetrischem Grundriss in dieser Weise fassen (Abb. 5,1–2).

Ein letztes Charakteristikum dieser Siedlungen sind einzelne Gebäude, die zumeist einige Dutzend Meter von den Häuserringen abgesetzt liegen und nicht selten eine leicht abweichende Architektur aufweisen (ebd. 172 Abb. 48). Zum Teil sind sie aus noch massiveren Steinblöcken als die Häuser gebaut, haben kleine Kammern oder einen rechteckigen Grundriss. Manchmal sind auch ihre Seitenwände antenartig vorgezogen. Die Position dieser Einzelgebäude ist uneinheitlich. Sie korreliert weder mit einer Himmelsrichtung noch mit einer bevorzugten Seite der Siedlung. Auch die Ausrichtung der Einzelgebäude bezieht sich nicht immer auf die Siedlung. So weisen die Eingänge manchmal nach außen, manchmal zur Siedlung hin. Die Funktion der Einzelgebäude ist bislang leider weder durch Grabungen noch durch Bodenuntersuchungen geklärt.

Fassen wir diese Beschreibung zusammen, so erhalten wir ein sehr homogenes Bild einer der vorgestellten spätbronzezeitlichen Siedlungen und ihres Aufbaues (Abb. 5,2). Dies ist am Beispiel der Siedlungen Kabardinka 3 und 4 dargestellt: Die Gebäude begrenzen ein zentrales Areal, das nur durch einen schmalen Eingang zugänglich ist. Der potenzielle öffentliche Raum im Inneren dieser Siedlung war vermutlich nicht von den Häusern aus zugänglich. Diese bilden eine zweite Einheit mit ihren nach außen weisenden Eingängen und der davor befindlichen Freifläche bis zur Müllzone. Die Außenfassaden sind durch ihre apsidiale Form und einen in mehreren Fällen nachweisbaren weißen Sockel aus monumentalen Kalksteinblöcken optisch verbreitert. Abbildung 4 zeigt den Steinsockel von Haus 14 in Kabardinka 2 in der Aufsicht und ebenso den leicht trapezoiden, durch lange Kalksteinplatten begrenzten Eingang. Eine dort befindliche Schwelle bedingt zudem eine vertikale Bewegung beim Betreten des Gebäudes. Die Elemente dieser betonten Eingangssituation lassen sich an vielen Stellen nachweisen. Es liegt daher nahe, dass auch die hiermit vermutlich verbundene Schwellensymbolik übergreifende Geltung hatte.

Die Müllzone stellt die äußere Grenze des intensiv genutzten Siedlungsareals dar. Außerhalb dieser Zone finden sich kaum noch Hinweise auf anthropogenen Einfluss. Es entstehen demnach außerhalb der eigentlichen Bebauung weitere potenziell öffentliche Räume – Freifläche und Müllzone –, die von den Häusern direkt zugänglich waren. Bei den Gebäuden deutet sich eine funktionale Trennung in einen Raum häuslicher Aktivitäten und einen Raum ohne deutliche Nutzungsspuren an. In Analogie zur Raumaufteilung kaukasischer oder orientalischer Häuser des 19. Jahrhunderts könnte man hierin eine Dualität von quasi ›semiöffentlichem‹ Raum, in dem sich auch Außenstehende aufhalten können, und ›privatem‹ Raum für die ausschließliche Nutzung durch die Bewohner denken. Ob sich dahinter, wie etwa im Fall der orientalischen Gebäude, eine geschlechtsspezifische Raumnutzung verbirgt, lässt sich zum jetzigen Zeitpunkt nicht sagen.[4]

Um den eigentlichen Häuserring entstehen jedoch auch noch weitere potenziell öffentliche Räume, so etwa zu den einzeln stehenden Gebäuden. Und da die Siedlungen zudem in der Regel paarweise angeordnet sind, ist auch der Raum zwischen

---

4 Orient: Pfälzner 2001, 97–101; Kaukasus: Kobyčev 1980, 92–5, Abb. 4; Kaloev 2004, 248–51.

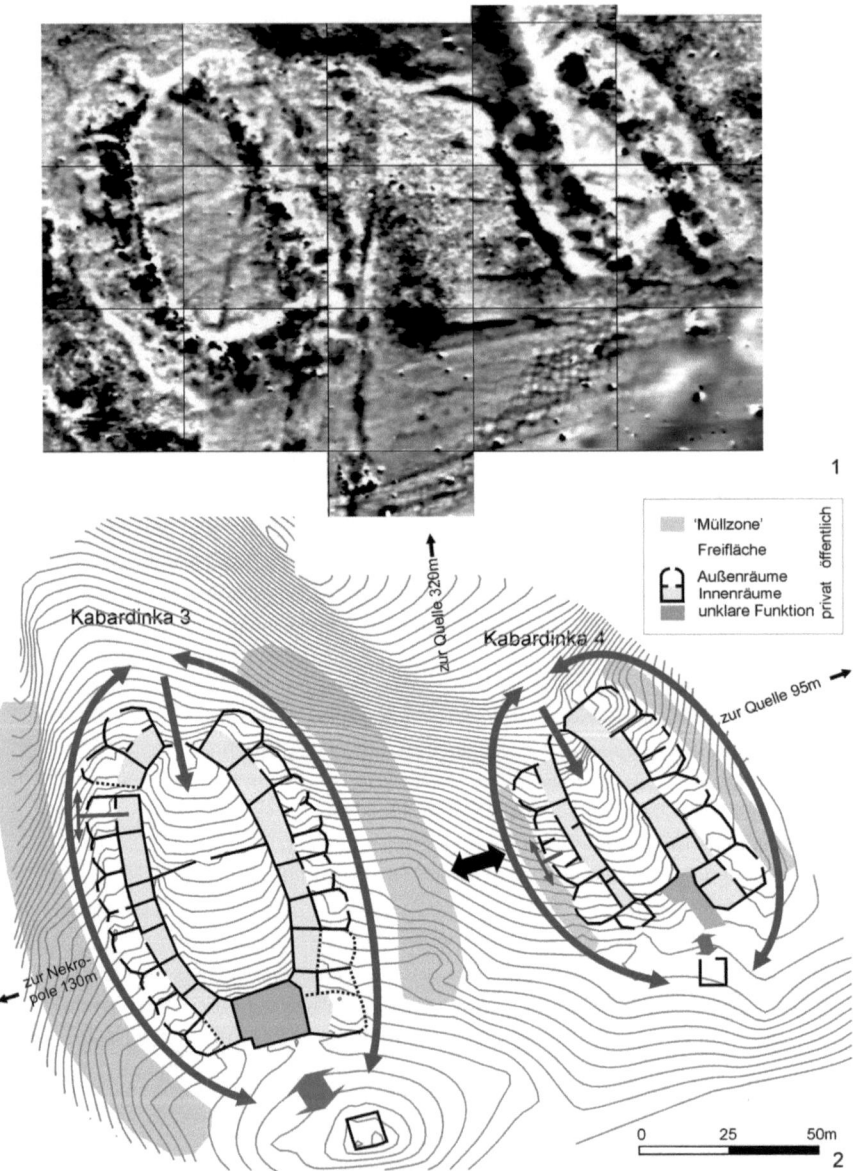

Abb. 5. Topologie der Siedlungen mit symmetrischem Grundriss am Beispiel der Fundstellen Kabardinka 3 und 4. 1 Magnetometrie 2006; 2 Räume und Zugangsachsen.

den Siedlungen potenziell öffentlich. Vorausgesetzt, die Siedlungen waren tatsächlich zeitgleich bewohnt, wie es die Oberflächenfunde in einigen näher untersuchten Siedlungspaaren nahe legen, handelt es sich dabei jedoch um den öffentlichen Raum zweier Siedlungsgemeinschaften. Durch die nach außen führenden Hauseingänge war zumindest zwischen den benachbarten Seiten der Siedlungspaare die Kommunikation einfacher als zwischen den einander abgewandten Seiten eines Siedlungsteiles. Die Magnetometrie und die Oberflächenfunde (Abb. 5,1) weisen zwischen den Siedlungen jedoch keine erhöhte Siedlungsaktivität aus (Fassbinder u. a. 2007, Abb. 2). Der Raum wurde sicherlich genutzt, jedoch offenbar nicht für Aktivitäten, die Spuren im Boden hinterlassen hätten.

Die Ausführung der Baustrukturen ist stark standardisiert, die Gebäude sind in fast allen Siedlungen mit 18–22 × 10–12 m Grundfläche weitgehend gleich groß, und auch die Räume in den Siedlungen mit Innen- und Außenring sind ähnlich dimensioniert. Auffallend ist der apsidenartige Abschluss der Häuser nach außen. Weiter sind die doppelschaligen Mauern in einheitlicher Bautechnik aus vertikalen Steinplatten und Geröllfüllung ausgeführt; gebaut wurde in segmentartigen Abschnitten (Abb. 4; Reinhold u. a. 2007, 160 f. Abb. 26–27). Auch diese Bautechnik ist an nahezu allen Fundstellen, an denen Steine an der Oberfläche sichtbar sind, nachweisbar. Vielleicht verbesserten die Mauersegmente die Erdbebensicherheit, vermutlich ist die Bauweise jedoch kulturspezifisch und durch die konkrete Bauausführung bedingt.

Eine Interpretation in sozialer Hinsicht würde im Fall einer so homogenen Siedlungsweise zunächst bei der Topologie und der Standardisierung ansetzen. So stehen in evolutionären Entwicklungslinien am Beginn zumeist runde Anlagen mit einem zentralen Platz in der Mitte, die Gesellschaften mit geringer sozialer Hierarchie beherbergen sollen (Frazer 1968, 11–22 Abb. 16–22; 34; 37; 62; 71 f.; Piesbergen 2007, 69 f. Abb. 30). Außer dem Zentrum ist kein Platz durch eine bestimmte Exposition bevorzugt; in der Mitte entsteht ein Areal, das jedem Mitglied zugänglich ist. Die Topologie dieser Siedlungen ist durch den Dualismus ›Innen‹ und ›Außen‹ bestimmt, wobei zwischen den Polen idealiter dieselbe Distanz liegt. Ausgehend davon müsste man für Siedlungen mit zentralem Platz Sozialstrukturen postulieren, bei denen sich die Anwohner weitgehend gleichwertig gegenüber stehen. Einzige Regulierungsinstanz ist eine durch die allgemeine Einsehbarkeit vorhandene soziale Kontrolle, und der zentrale Platz gilt als Gemeinschafts- und Kommunikationsraum aller (Grøn 1991, 105–9 Abb. 2).

Im Fall der ›Siedlungen mit symmetrischem Grundriss‹ sind zwar eine allgemeine Gleichförmigkeit und ein zentraler Platz vorhanden, die dominanten Zugangsachsen sprechen jedoch gegen eine Interpretation im oben genannten Sinn. Vielmehr sind die Kommunikationsachsen der Siedlung entweder nach außen gerichtet oder umschließen sie ringförmig (Abb. 5,2). Fenster und gegebenenfalls Veranden, für die es einige Hinweise gibt, könnten Sichtachsen über den zentralen Platz öffnen, doch ohne Treppen eignete sich dieser nicht für eine alltägliche gemeinschaftliche Nutzung.

Dagegen spricht auch der mikrobielle Nachweis von Vieh, das längere Zeit auf dem zentralen Platz aufgestallt war (Peters 2008). Die Sicherung von Viehbestand würde den engen Zugang, die vermutlich massiven Tore und die Unterteilung der Plätze erklären. Die vermutlich primäre Nutzung des Platzes als Viehkral spricht allerdings nicht prinzipiell gegen eine zeitweilig abweichende Funktion. Greifen wir zurück auf das oben angesprochene Konzept ephemerer Räume mit temporärem Nutzungswandel, so kann der zentrale Platz durchaus zeitweise als Kommunikationszentrum der Siedlung gedient haben. Doch ist daraus nicht notwendigerweise eine egalitäre Gesellschaftsstruktur im Sinne Grøns (1991) zu folgern.

Der symmetrische Aufbau, aber auch die Dopplung der Siedlungen in identischer Form lässt als soziale Organisationsform an duale Strukturen denken. Die architektonische Fassung dualistischer sozialer Konzepte, etwa zwischen den Geschlechtern, Alters- oder Verwandtschaftsgruppen, ist ein universal wiederkehrendes Faktum.[5] Die Teilung der Siedlungen entlang einer Nord–Süd-Achse, die Gleichwertigkeit der Bebauung sowie das Einzelgebäude als denkbarer Treffpunkt verschiedener sozialer Einheiten – im Sinne eines sakralen Baus oder beispielsweise als Männer-, Frauen-, Geburts-, Gildehaus – machen einen verwandtschaftlich dual organisierten Gesellschaftsaufbau denkbar. Belegen lässt sich dies jedoch bislang nicht. Hier könnten allenfalls für einzelne Haushalte charakteristische Keramikstile oder -handschriften und deren Beziehungen innerhalb der Siedlungen Indizien liefern (vgl. Bollinger-Schreyer 2004) oder der Nachweis von dualen Organisationsformen auf anderen Gesellschaftsebenen (etwa Müller 1994). Ebenso wäre die Dopplung der Siedlungen im Sinne dualer Organisationsformen denkbar, etwa als Wohnorte verschiedener *Moieties*.

Andererseits sind für die Dopplung auch andere Ursachen zu erwägen. Andreas Dafinger beschreibt in seiner architektonischen Analyse afrikanischer Gruppen in Burkina Faso die mit der Neugründung von Siedlungen verbundene Abspaltung einzelner Teile von Siedlungsverbänden, die durch soziale Differenzen oder Platzbedarf ausgelöst sein können (Dafinger 2004, 99–115, Abb. 24; s. a. die Beiträge von A. Dafinger und R. Ebersbach in diesem Band). Dabei werden die prinzipiellen Regeln der Muttersiedlung repetiert. Übertragen wir dieses in einem gänzlich anderen Naturraum und Baumaterial verhaftete Konzept, so wäre für unsere Doppelsiedlungen auch ein chronologischer Faktor denkbar, denn die in Stein gebaute Architektur mit ihrer ovalen Grundkonzeption lässt sich kaum erweitern. Bestand die Notwendigkeit der Erweiterung, stand man vor der Entscheidung, seitlich anzubauen, damit aber den topologischen Aufbau der Siedlung zu verletzen, oder die Gesamtanlage, wie in Burkina Faso, zu replizieren. Solche chronologischen Prozesse können jedoch nur weitere Untersuchungen zur inneren Chronologie der Siedlungen klären, denn die Oberflächenfunde sprechen momentan für eine relativchronologische Gleichzeitigkeit der Doppelsiedlungen.

---

5 Lévi-Strauss 1977, 148–80 Abb. 10; Lowell 1996; Bourdieu 2000. – Kaukasien: Kobyčev 1980, 92–5.

Handlungsbezogene Aspekte – Bauplanung, Ausführung und Nutzung

Möglicherweise kann die Frage der sozialen Organisation der Siedlergruppen insgesamt besser aus der Perspektive der zu ihrer Errichtung zu postulierenden Arbeitsabläufe beleuchtet werden als aus der Struktur ihrer Architektur.

Die ovale Grundkonstellation der meisten Siedlungen und ihre Symmetrie sind nicht das Resultat einer allmählichen Siedlungsgenese. Wie der in den Fels geschlagene Platz irreversibel die Grundform bestimmt, ist der Aufbau vorgeplant, und die Gebäude wurden offenbar in einem Zuge errichtet. Dies zeigt einerseits die nicht zu Ende gebaute Siedlung Gryškina Balka 1, bei der gleichwohl Siedlungsplan wie Symmetrie klar angelegt sind (Abb. 1,7A). Dies belegen andererseits die Ausgrabungen zweier Häuser in Kabardinka 2 und Beobachtungen an anderen Stellen. In Kabardinka 2 sind die einzelnen Häuser aneinander gebaut, aber in den Steinlagen des Fundamentes ineinander verzahnt (Abb. 4 links unten). An anderen Fundstellen wie beispielsweise in Gryškina Balka 4 teilen sich zwei benachbarte Häuser gemeinsame Mauern.

Die Ausgrabungen in Kabardinka 2 ergaben auch weitere Details der Bauausführung (Abb. 4). Neben der bereits erwähnten doppelschaligen Mauertechnik mit Breiten zwischen 1,6 und 2,2 m konnte eine Bauweise in einzelnen Segmenten dokumentiert werden. Diese Segmente sind aneinander gesetzt und zum Teil durch Nischen – möglicherweise für Holzständer – getrennt. Nun zeigten beide Gebäude in Kabardinka 2, dass die Fluchten der Mauersegmente nicht immer direkt aufeinander treffen. Eine vergleichbare ›unkorrekte‹ Baulinie und unterschiedliche Qualitäten im Steinsockel der Lehmziegelmauer werden auf der Heuneburg als Hinweis auf verschiedene Bautrupps gewertet (Gersbach 1995, 28–34). Berücksichtigt man, dass ein Teil des Baugrundes für Gebäude 14 in Kabardinka 2 in den Fels geschlagen ist – der Aushub wurde offenbar in der Mauerfüllung verbaut – und die Schalenmauern aus ortsfremdem, weißem Kalkstein errichtet sind, so muss man eine gut geregelte Bauorganisation und Materialbeschaffung sowie eine nicht geringe Anzahl von Arbeitskräften voraussetzen. Dies schließt auch den Transport von großen Holzmengen ein, die vermutlich nicht in der direkten Umgebung vorhanden waren. Angaben zu Arbeitszeiten im traditionellen Hausbau sind schwierig zu ermitteln und auch anhand von Beiträgen zur Berechnung von Arbeitsschritten nur grob zu schätzen (vgl. Abrams 1994). Für die Errichtung eines Dorfes sollte man bei etwa 40–50 arbeitenden Personen mindestens einen Sommer mit sechs Monaten Bauzeit annehmen.[6] Der Arbeitsbedarf ist zwar

---

6   Leider gibt es für Bauten mit Steinfundamenten und Blockbauweise keine verlässlichen Kalkulationen der Arbeitsleistung. Für den Nachbau neolithischer Häuser liegen ebenfalls unterschiedliche Angaben vor: H. Luley (1990) nennt als realistischen Wert 25 Arbeitstage mit 9–10 Personen. Dies ist vermutlich jedoch eher die Untergrenze für die Errichtung eines der hier vorgestellten Häuser, die erst in den Felsuntergrund geschlagen werden mussten.

überschaubar, die Arbeit sollte aber gut organisiert sein, denn die Bautrupps mussten unter anderem mit ausreichend Nahrungsmitteln versorgt werden.

Arbeitsmobilisierung und -organisation für Bauprojekte ist eines der herausragenden Argumente für politische / soziale Führerschaft und komplexere Sozialstrukturen (Carmean 1991; Kolb 1997). Selbst die von Michael Dietler und Ingrid Herbich thematisierten »work feasts«, Gemeinschaftsleistungen, für die Arbeitskräfte durch Aussicht auf Konsum mobilisiert werden, sind durch sozial herausgehobene Individuen initiiert (Kolb 1997, 268; Dietler / Herbich 2001). Dass traditionelle Architektur zwar ohne Spezialisten, aber nicht notwendigerweise ohne Auftraggeber entsteht, hat das Forschungsfeld der *vernacular architecture studies* gezeigt (Rudofsky 1964; Oliver 1997; 2006). Da Bautraditionen im kulturellen Habitus einer Gemeinschaft verankert sind, werden ihre Regeln und die notwendigen Bautechniken durch praktische Anleitung und Mitarbeit von Generation zu Generation weitervermittelt (ebd. 146–62). Dazu gehören unter anderem das Wissen über Materialeigenschaften, Konstruktionsformen und Maßsysteme, aber auch spirituelle Aspekte des Hausbaus. Gemeinschaftliches Bauen durch einen oder mehrere Sozialverbände wirkt sich dadurch in zweierlei Hinsicht nivellierend aus: Erstens ist die Variabilität der Bauten durch das bekannte Wissen und die unbewusst erlernten und weitergereichten Fertigkeiten eingeschränkt. »Ist man […] mit der Gestaltung des Raumes und den entsprechenden Bauvorgängen vertraut, wird man sich bei einem neuen Bauvorhaben nicht lange mit Überlegungen aufhalten, welche Hausform und Bautechnik am geeignetsten sei […] Das kulturell tradierte Verhalten bestimmt so die Entscheidung bei der Auswahl zwischen verschiedenen bautechnischen Alternativen, sowie die Wahl von Bau und Siedlungsform« (Piesbergen 2007, 8). Zweitens kann die Reproduktion traditioneller Architekturformen ohne Varianz die kulturelle Integrität der beteiligten Verbände demonstrieren. Mit der Beteiligung am Bau eines Hauses / einer Siedlung lassen sich Ansprüche in Reziprozitätszyklen erwerben (Kolb 1997, 268) und für die Gründergeneration einer neuen Siedlung besteht die Aussicht auf privilegierten Zugang zu neuen Wirtschaftsräumen (Dafinger 1994). Doch stellt sich die Frage, wer initiiert einen solchen Bau und wer organisiert die dazu notwendigen Voraussetzungen wie ausreichend Nahrung, Baumaterial und Arbeitskräfte? In einer so dicht besiedelten Region wie in unserem Fallbeispiel müssen zudem bei der Anlage neuer Siedlungen die Wirtschaftsräume neu verteilt werden. Auch dies bedarf zumindest rudimentärer Instanzen, wenn nicht überregional wirksamer Gremien.

Auch wenn im architektonischen Bestand der Siedlungen keine bedeutenden Unterschiede feststellbar sind, lassen die handlungsorientierten Erwägungen bezüglich der Errichtung der vorgestellten Siedlungen eher auf die Existenz bestimmender Sozialverbände schließen. Hier kann man auf Überlegungen Gary Feinmans verweisen, der die übliche vertikale soziale Gliederung zwischen ›egalitär‹ und ›hierarchisch‹ um horizontale Skalierungsebenen ergänzt. Er nennt sie ›network mode‹ und ›corporate mode‹, je nachdem, ob sich politische Organisationsstrukturen um Individuen und

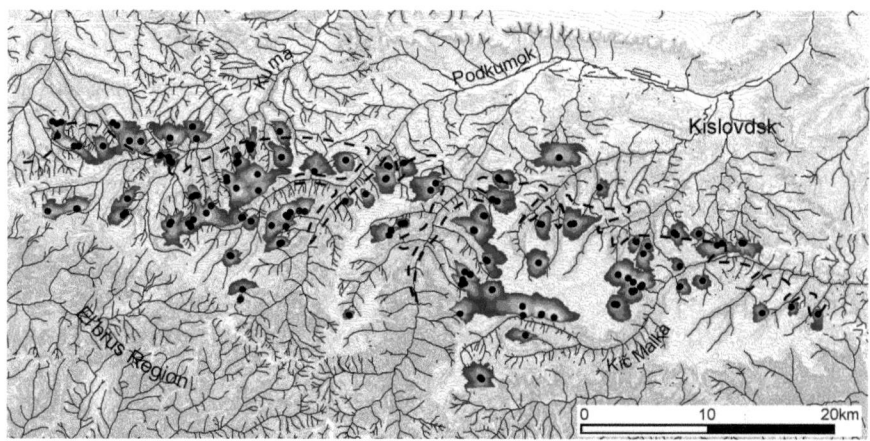

Abb. 6. Siedlungszonen der Fundplätze auf dem Hochplateau südlich von Kislovodsk.

deren persönliche soziale Netzwerke oder um gruppenbezogene Sozialverbände mit Führungsmechanismen kristallisieren (Feinman 2000, 31–3; 35 Abb. 3.1; Tab. 3.1; siehe Beitrag P. Trebsche in diesem Band). Die gleichförmigen Siedlungen könnten folglich im Sinn eines korporativen Systems gelesen werden, deren Organisation von gruppenbezogenen Sozialverbänden (etwa einen Ältestenrat o. Ä.) bestimmt wird.

Dass solche organisierenden Gremien vermutlich notwendig waren, zeigt auch ein Blick auf die Kulturlandschaft. Die Siedlungen der Hochplateauzone finden sich, wie bereits ausgeführt, häufig paarweise. Zwischen den Siedlungskammern liegen allerdings meist nur 2–2,5 km Abstand (Abb. 6). Die Nutzungszonen um die Siedlungen sind daher denkbar klein, und auch wenn man gegebenenfalls tiefer liegende Areale als Ackerland einbezieht, so müssen die Weiderechte einer so dicht besiedelten Region klar geregelt gewesen sein. Auch hier erschweren chronologische Unsicherheiten die Kalkulation, doch dürfte ein Großteil der insgesamt etwa 200–240 Siedlungen der Plateauzone gleichzeitig bewohnt gewesen sein. Dies entspricht einer durchschnittlichen Siedlungsdichte von einer Siedlung mit 150–200 Bewohnern pro 16–20 km^2, wobei hier noch das gesamte teils steile Terrain eingerechnet ist. Faktisch ist daher die Siedlungsdichte sehr viel größer und liegt bei 300–600 Personen pro km^2, sprich bei nur 2–3 km^2 Territorium pro Siedlung. In einer Region mit begrenzten Ressourcen müssen die Rechte von benachbarten Siedlungskammern geregelt sein, und dazu bedarf es Institutionen oder Individuen, die für die einzelnen Gemeinschaften agieren. Da an deren Basis bereits ein komplexes System mit zwei Siedlungshälften und Siedlungspaaren steht, ist es unwahrscheinlich, dass die spätbronzezeitlichen Siedlergruppen der kaukasischen Hochplateaus ganz ohne Hierarchien ausgekommen sind. Zu ihrer Interpretation würden sich Feinmans korporierte Führungsgruppen anbieten.

Weshalb diese hierarchischen Unterschiede architektonisch nicht sichtbar sind, muss offen bleiben. Vielleicht liegt die Gleichförmigkeit in der Entstehung des Siedlungstyps mit zentralem Platz begründet. Einerseits fällt dessen Formierung mit der Reorganisation sesshafter Dorfgemeinschaften nach rund 1500 Jahren weitgehend mobiler Lebensweise zusammen, womit vermutlich der Zusammenschluss ehemals gänzlich oder teilweise mobiler und unabhängiger Gruppen verbunden war. Damit mussten neue Lösungen für Fragen der sozialen Organisation gefunden werden, die hypothetisch auch eine Regulierung der Zurschaustellung sozialer Macht beinhalten konnten. So gibt es einige Siedlungen, in denen Unterschiede sowohl in den Gebäudegrößen als auch im Aufbau der Gebäudekomplexe sichtbar sind. Auch sie gruppieren sich um ein zentrales Areal, das jedoch nicht architektonisch markiert und auch deutlich größer als die zentralen Plätze der vorher beschriebenen Siedlungen ist. Bislang ist die chronologische Stellung dieser Siedlungen noch offen. Sollten sie älter sein als die ›Siedlungen mit symmetrischem Grundriss‹, repräsentieren sie vielleicht ein Stadium, in dem soziale Differenzen noch in der Architektur ihren Ausdruck fanden. Sollten sie jünger sein, könnte dies andererseits auf Auflösungstendenzen der starren Struktur verweisen, bei denen die Architektur wieder als Statusmarker fungiert. Bei Gleichzeitigkeit muss man über eine abweichende Sozialorganisation der Siedler oder gegebenenfalls eine andere Nutzung nachdenken.

Schlussbemerkungen

Das Beispiel der nordkaukasischen Siedlungen zeigt, dass der ovale Grundriss mit einem zentralen Platz und einer standardisierten Hausarchitektur nur vordergründig eine gleichwertige interne Organisation der Bewohner widerspiegelt. Bemerkenswert und bislang ohne Parallele sind die ausnahmslos nach außen weisenden Eingänge der Gebäude. Der zentrale Platz wird damit zur eigentlich befestigten Struktur, nicht die Wohnarchitektur. Damit gewinnt die Annahme an Wahrscheinlichkeit, dass dort in der Tat das Vieh aufgestallt wurde, das als ökonomisches Kapital schützenswert war. Dieser Schutz richtete sich vermutlich aber eher gegen Raubtiere und gelegentliche Viehdiebe als gegen größere Angreifergruppen; diese Funktion stellte vermutlich den primären Grund dar, weshalb diese Form der Siedlung gewählt wurde. Einmal entwickelt, wurde sie offensichtlich als Idealform tradiert und erst mit der Verlagerung des Siedlungsschwerpunktes vom Plateau in die Talregion im 9. Jahrhundert v. Chr. aufgegeben. Auf der Basis der wenigen bislang dort bekannten Siedlungspläne kann für die folgende früheisenzeitliche Epoche eher eine reihenförmige Anordnung von Holz-Erde-Häusern in den Siedlungen angenommen werden.

Viele andere prähistorische und ethnographische Beispiele runder bis ovaler Siedlungsgrundrisse sind Festungsanlagen, bei der durch einen Häuserring um einen Platz ein befestigtes Areal entsteht (vgl. Frazer 1969, 41–6 Abb. 49–55). Es gibt dort nur einen Zugang, und die Rückwände der Wohnbauten sind zugleich auch die Befestigung. Dieser Siedlungstyp scheint erstmals in der Frühbronzezeit im anatolischen Raum auf, ein klassisches Beispiel stellt Demirçihüyük dar (zum aktuellen Stand: Ivanova 2008, 242–49). Er ist in den Siedlungen des Sintašta/Arkaim-Phänomens vorherrschend (Zdanovič/Batanina 2007) und findet sich dann auch in der oft zitierten Rundanlage von Eketrop (Grøn 1991, 112 f. Abb. 5) sowie in manchen slawischen Burgwällen oder auch in mongolischen Forts (Fletcher 1984) wieder: Diesen Anlagen ist außer dem Verteidigungscharakter und der gleichförmigen Architektur im Inneren wenig gemeinsam. Die Analysen von Grøn (1991, 112 f. Abb. 6) zeigen, dass egalitäre Sozialstrukturen der Bewohner zwar häufig postuliert werden, in Wirklichkeit aber nur scheinbar existierten. So bezeugen etwa auch die zu den Sintašta/Arkaim-Siedlungen zugehörigen Gräber trotz hoher Konformität der Wohnbebauung und des Inventars die Existenz einer sozial differenzierten Gesellschaft (Genig u. a. 1992, 111–341).

Runde bis ovale Siedlungsgrundrisse dürften vermutlich primär auf das Schutz- und Abgrenzungsbedürfnis der Bewohner zurückzuführen sein. Dies gilt allerdings auch für befestigte rechteckige Anlagen wie hallstattzeitliche Herrenhöfe. Die runde Form bildet nur einen maximalen Schutz bei minimalem Bauaufwand. Auch offenere Rundanlagen, in denen die Häuser einen oder mehrere Ringe formen, seien es die von Grøn (1991, 113) zitierten Tripolje-Siedlungen (zusammenfassend nun Dudkin/Videjko 2004) oder mittelalterliche Rundplatzdörfer (Born 1977, 51–3; 129–134 Abb. 13 f.), gewähren Schutz und regulieren den Zugang zum Zentrum. Jedoch unterliegt ihre weitere Ausdehnung engen Grenzen. Dies kann vielleicht das entscheidende Kriterium für die Wahl einer solchen Siedlungsform sein, denn die runde oder ovale Form schließt von Beginn an ein unkontrolliertes Wachstum der Anlage aus. Dies unterscheidet sie klar von rechteckig geplanten Anlagen, bei denen eine Erweiterung sehr viel einfacher möglich ist. Möglicherweise manifestieren sich im runden Siedlungsplan weniger egalitäre als in sich geschlossene soziale Verbände. Die Standardisierung in der Architektur sowie die hohe Bebauungsdichte, die hauptsächlich die geschlossenen Rundanlagen ausmachen, unterschieden sich wenig von den Reihenhausanlagen, wie sie in Mitteleuropa seit dem Neolithikum auftreten (s. Beitrag N. Müller-Scheeßel in diesem Band). Beide Aspekte, Standardisierung und hohe Bebauungsdichte, scheinen unabhängig von der Existenz sozialer Differenzierung prähistorische Gemeinschaften als solche auszuzeichnen und sind vermutlich auf eine gruppenbezogene Sozialisation, die Verwandtschaftsbande betont zurückzuführen.

»Rund« oder »Eckig« als Prinzip der Siedlungsplanung ist daher wahrscheinlich tatsächlich keine Frage sozialer Hierarchien, sondern eher eine Frage des Geschlossenheitsbedürfnisses einer Siedlergemeinschaft.

Literaturverzeichnis

Abrams 1994: E. M. Abrams, How the Maya Built Their World: Energetics and Ancient Architecture. Austin: University of Texas Press 1994.

Bollinger-Schreyer 2004: S. Bollinger-Schreyer, Handschriften. In: E. Bauer/B. Ruckstuhl/J. Speck, Zug-Sumpf, Band 3/1. Die Funde der Grabungen 1923–97. Zug: Kantonales Museum für Urgeschichte Zug 2004, 187–216.

Bourdieu 2000: P. Bourdieu, The Berber House or the World Reversed. In: J. Thomas (Hrsg.), Interpretative Archaeology. A Reader. London, New York: Leicester University Press 2000, 493–509.

Born 1977: M. Born, Geographie der ländlichen Siedlungen 1. Stuttgart: Teubner 1977.

Braemer u. a. 1999: F. Braemer/S. Cleuziou/A. Coudart (Hrsg.), Habitat et Société. Antibes: Edition APDCA 1999.

Brandt/Karlsson 2001: J. R. Brandt/L. Karlsson (Hrsg.), From Huts to Houses: Transformations of Ancient Societies. Proceedings of an International Seminar Organized by the Norwegian and Swedish Institutes in Rome, 21–24 September 1997. Stockholm: Svenska Institutet i Rom 2001.

Carmean 1991: K. Carmean, Architectural Labour Investment and Social Stratification at Sayil, Yucatan, Mexico. Latin American Antiquity 2, 1991, 151–65.

Dafinger 1994: A. Dafinger, Gründersippen: Legitimation, Autorität und Prärogative von Aristokratie in traditionellen Gesellschaften. Bonn: Holos-Verlag 1994.

Dafinger 2004: Ders., Anthropologie des Raumes: Untersuchungen zur Beziehung räumlicher und sozialer Ordnung im Süden Burkina Fasos (i. e. Ober Volta). Köln: Köppe 2004.

David/Thomas 2008: B. David/J. Thomas, Handbook of landscape archaeology. Walnut Creek: Left Coast Press 2008.

Dietler/Herbich 2001: M. Dietler/I. Herbich, Feasts and Labour Mobilisation: Dissecting a Fundamental Economic Practice. In: M. Dietler/B. Hayden (Hrsg.), Feasts: Archaeological and Ethnographic Perspectives on Food, Politics, and Power. Washington, D. C.: Smithsonian Institution Press 2001, 240–65.

Dudkin/Videjko 2004: V. P. Dudkin/M. Ju. Videjko, Planuvannja poselen' tripil's'koi kul'turi. In: S. M. Platonov/S. O. Taruta (Hrsg.), Enciklopedija Tripil's'koï Civilisaciï I. Kiev 2004, 303–14.

Eco 1980: U. Eco, Function and Sign: the Semiotics of Architecture. In: C. Broadbent/R. Bunt/C. Jecks (Hrsg.), Signs, Symbols and Architecture. New York: Wiley 1980, 11–69.

Fassbinder u. a. 2007: J. Fassbinder/D. S. Korobov/S. Reinhold 2007, Magnetometrie auf neu entdeckten früheisenzeitlichen Siedlungslandschaften bei Kislovodsk im Nordkaukasus. Denkmalpflege Informationen 136, März 2007, 58–9.

Feinman 2000: G. M. Feinman, Corporate/Network. New Perspectives on Models of Political Action and the Publo Southwest. In: M. B. Schiffer (Hrsg.), Social Theory in Archaeology. Salt Lake City: University of Utah Press 2000, 31–51.

Fletcher 1984: R. Fletcher, Identifying Spatial Disorder: a Case Study of a Mongol Fort. In: H. J. Hietala (Hrsg.), Intrasite Spatial Analysis in Archaeology. Cambridge: University Press 1984, 196–223.

Frazer 1968: D. Frazer, Village Planning in the Primitive World. New York: Studio Vista Limited 1968.

Genig u. a. 1992: B. F. Genig / G. B. Zdanovič / V. V. Genig, Sintašta. Archeologičeskie pamjatniki arijskich plemen Uralo-Kazachstanskich stepej. Čeljabinsk: Južno-Ural'skoe Knižnoe Izdatel'stvo 1992.

Gersbach 1995: E. Gersbach, Baubefunde der Perioden IVc–IVa der Heuneburg. Heuneburgstudien 9 = Römisch-Germanische Forschungen 53. Mainz: von Zabern 1995.

Grøn 1991: O. Grøn, A Method for Reconstruction of Social Structure in Prehistoric Societies and Example of Practical Applications. In: O. Grøn (Hrsg.), Social Space. Human Spatial Behaviour in Dwellings and Settlements. Proceedings of an Interdisciplinary Conference. Odense: Odense University Press 1991, 100–17.

Günzel 2007: St. Günzel, Topologie: zur Raumbeschreibung in den Kultur- und Medienwissenschaften. Bielefeld: Transcript 2007.

Hillier / Hanson 1984: B. Hillier / J. Hanson, The Social Logic of Space. Cambridge: Cambridge University Press 1984.

Ivanova 2008: M. Ivanova, Befestigte Siedlungen auf dem Balkan, in der Ägäis und in Westanatolien, ca. 5 000–2 000 v. Chr. Tübinger Schriften zur Ur- und Frühgeschichtlichen Archäologie 8. Münster u. a.: Waxmann 2008.

Kaloev 2004: B. A. Kaloev, Osetinyj. Moskau: Nauka 2004.

Kobyčev 1980: V. P. Kobyčev, O mestopoloženii kamina v tradicionnom žiličše narodov Severnom Kavkaza (k voprosu o metodologii izučenija narodnogo žilišča). Kavkazkij Etnografičeskij Spornik 7, 1980, 84–96.

Kolb 1997: M. Kolb, Labour Mobilization, Ethnohistory, and the Archaeology of Community in Hawai'i. Journal of Archaeological Method and Theory 4, 3–4, 1997, 265–85.

Korobov / Reinhold 2008: D. S. Korobov / S. Reinhold, Novyj tip poselenij kobanskoj kul'tury v okrestnostjach Kislovodska. Kratkie Soobščenija Instituta Archeologii RAN 222, 2008, 25–38.

Lefebvre 1991: H. Lefebvre, The Production of Space. Malden: Blackwell 1991 [Erstausgabe: Paris 1974].

Lévi-Strauss 1977: C. Lévi-Strauss, Strukturale Anthropologie I. Frankfurt a. M.: Suhrkamp 1977 [Erstausgabe: Paris 1958].

Lowell 1996: J. C. Lowell, Moieties in Prehistory: A Case Study from the Pueblo Southwest. Journal of Field Archaeology 23, 1, 1996, 77–90.

Luley 1990: H. Luley, Die Rekonstruktion eines Hauses der Rössener Kultur im Archäologischen Freilichtmuseum Oerlinghausen. In: M. Fansa (Hrsg.), Experimentelle Archäologie in Deutschland. Oldenburg 1990, 31–44.

Mischka 2007: D. Mischka, Methodische Aspekte zur Rekonstruktion prähistorischer Siedlungsmuster: Landschaftsgenese vom Ende des Neolithikums bis zur Eisenzeit im Gebiet des südlichen Oberrheins. Freiburger Archäologische Studien 5. Rahden: Leidorf 2007.

Müller 1994: J. Müller, Bestattungsformen als Spiegel dualer Organisation in prähistorischen Gesellschaften? Mitteilungen der Berliner Gesellschaft für Anthropologie, Ethnographie und Urgeschichte 15, 1994, 81–8.

Oliver 1997: P. Oliver (Hrsg.), Encyclopedia of Vernacular Architecture of the World. Cambridge: Cambridge University Press 1997.

Oliver 2006: Ders., Built to Meet Needs: Cultural Issues in Vernacular Architecture. Amsterdam: Elsevier, Architectural Press 2006.

Peters 2008: S. Peters, Mikrobielle Eigenschaften der Böden und Kulturschicht einer Siedlung der Koban Kultur (11.–9. Jh. v. Chr.) in Südrussland (Kislovodsker Tal, Nordkaukasus). Osnabrück: Unpubl. Diplomarbeit, Fachhochschule Osnabrück, Fakultät Agrarwissenschaften und Landschaftsarchitektur, Bodenwissenschaften 2008.

Piesbergen 2007: Th. J. Piesbergen, Der kontextuelle Raum im vorderasiatischen Neolithikum: die Entwicklung der Lehmarchitektur, die Sozio-Ökonomie des Bauens und des Wohnens und die kulturelle Organisation des architektonischen Raumes. British Archaeological Reports International Series 1589. Oxford: Hedges 2007.

Pfälzner 2001: P. Pfälzner, Haus und Haushalt: Wohnformen des dritten Jahrtausends vor Christus in Nordmesopotamia. Damaszener Forschungen 9. Mainz am Rhein: von Zabern 2001.

Piltz 2007: E. Piltz, »Trägheit des Raumes«. Ferdinand Braudel und die Spatial Stories der Geschichtswissenschaft. In: J. Döring / T. Thielman (Hrsg.), Spatial Turn. Das Raumparadigma in den Kultur- und Sozialwissenschaften. Bielefeld: Transcript 2007, 75–102.

Reinhold 2007: S. Reinhold, Die Spätbronze- und frühe Eisenzeit im Kaukasus. Universitätsforschungen zur Prähistorischen Archäologie 144. Bonn: Habelt 2007.

Reinhold 2009: Dies., Zyklopische Festungen und Siedlungen mit symmetrischem Grundriss – Überlegungen zu einem überregionalen Phänomen der kaukasischen Spätbronzezeit. In: J. Apakidze / B. Govedarica (Hrsg.), Der Schwarzmeerraum vom Äneolithikum bis in die Früheisenzeit (5000–500 v. Chr.). Kommunikationsebenen zwischen Kaukasien und Karpaten. Im Druck.

Reinhold u. a. 2007: Dies. / D. S. Korobov / A. B. Belinskij, Landschaftsarchäologie im Nordkaukasus – Erste Ergebnisse der Untersuchung der Vorgebirgslandschaft bei Kislovodsk während der Spätbronze- und frühen Eisenzeit. Eurasia Antiqua 13, 2007, 147–88.

Rudofsky 1964: B. Rudofsky, Architecture without Architects. A Short Introduction to Non-Pedigreed Architecture. Garden City, N. Y.: Doubleday 1964.

Schlögl 2007: R. Schlögl, Der Raum als »Universalmedium« in der frühneuzeitlichen Stadt. Vortrag, Dresden 09.11.2004. http://www.uni-konstanz.de/FuF/Philo/Geschichte/Schloegl/Schloegl/RaumalsUniversalmedium03.pdf [7.7.2007].

Schroer 2007: M. Schroer, Räume, Orte, Grenzen: auf dem Weg zu einer Soziologie des Raums. Frankfurt a. M.: Suhrkamp 2007.

Thaler 2006: U. Thaler, Constructing Power and Reconstructing Power. The Palace of Pylos. In: J. Maran / C. Juwig / H. Schwengel / U. Thaler (Hrsg.), Constructing Power – Architecture, Ideology and Social Practice. Konstruktion der Macht – Architektur, Ideologie und soziales Handeln. Geschichte: Forschung und Wissenschaft 19. Hamburg: LIT 2006, 93–111.

Tilley 1994: Ch. Tilley, A Phenomenology of Landscape: Places, Paths and Monuments. Oxford: Berg 1994.

Zdanovič / Batanina 2007: G. B. Zdanovič / I. M. Batanina, Arkaim – Strana gorodov: prostanstvo i obrazy; Arkaim: gorizonty issledovanij. Čeljabinsk: Južno-Ural'skoe Knižnoe Izdatel'stvo 2007.

Zimmermann u. a. 2004: A. Zimmermann / J. Richter / Th. Frank / K. P. Wendt, Landschaftsarchäologie II. Überlegungen zu Prinzipien einer Landschaftsarchäologie. Bericht der Römisch-Germanischen Kommission 85, 2004, 37–96.

FRANZISKA LANG

›Geschlossene Gesellschaften‹ – Architektursoziologische Überlegungen zum antiken griechischen Hofhaus

Zusammenfassung: Wandel in der sozialen Praxis der Antike lässt sich archäologisch in verschiedenen Gattungen nachvollziehen. Innerhalb der gebauten Substanz gewährt die Wohnhausarchitektur einen besonderen Blick in die damaligen Lebensverhältnisse und die Art und Weise, wie man diese organisiert hat. Raumanordnung, -anzahl und -größe sind die Komponenten, mit denen die innere Gestalt eines Hauses geschaffen und den jeweiligen Bedürfnissen angepasst werden konnte. Vom Originalplan abweichende Veränderungen können mit den Veränderungen der sozialen Praxis korrelieren. Ob ein Haus einen oder mehrere Räume besaß, wie sie zueinander angeordnet waren, lässt erkennen, wie die Menschen sich innerhalb des Hauses bewegen, ob sie sich begegnen konnten etc. Neben dem Arrangement dieser Komponenten für seine Binnenstruktur ist die Außengestaltung des Hauses nicht minder wichtig, beeinflusst sie doch das Verhältnis zur Siedlung. Gleich einem architektonischen Gedächtnis reflektieren die in den Grundrissresten sichtbaren Veränderungen der überlieferten antiken Wohnhäuser die soziale Praxis seiner Bewohner, was beispielhaft am griechischen Haus in der ersten Hälfte des 1. Jahrtausends aufgezeigt wird. Der Wechsel von früh- und mitteleisenzeitlichen Häusern mit linear hintereinander gestaffelten Räumen zum völlig anders konzipierten Hofhaus archaischer Zeit stellt einen Paradigmenwechsel dar, der mit den gleichzeitigen Entwicklungen in anderen Bereichen aufs beste korreliert. Mit dem Hofhaus wurde ein Haus neuen Stils in der Stadt geschaffen, das sich nun – durch hohe Außenmauern abgeschottet – von der Welt der Stadt abgrenzte. Die Familie hatte keinen direkten Kontakt mehr zu den Nachbarn, wie ihn die älteren Hausformen noch ermöglichten. Mit dem Hof wurde die ›Außenwelt‹ gleichsam in das Haus transloziert. Seine Funktion bestand nicht nur darin, eine Verteilerzone zu den verschiedenen Räumen zu bilden, in ihm bestimmte Aktivitäten zu verrichten, sondern er war gerade in den nun verdichteten Städten auch eine notwendige Klima- und Lichtzone im Haus. Neben dem Hof war die neue Anordnung der Räume ein weiteres Indiz für den Wandel in der sozialen Praxis. Die Räume lagen parallel, so dass jeder einzelne Raum unabhängig betreten werden konnte. Das Hofhaus wurde offenbar zum Erfolgsmodell, prägte es doch mindestens für das nächste Jahrtausend den Grundtypus des Wohnhauses der Antike.

Vorbemerkung

Architektur ist das Ergebnis von Aushandlungsprozessen und intentionellen Entscheidungen, die auf den jeweils aktuellen ökonomischen, sozialen, politischen, rechtlichen und kulturellen Gegebenheiten basieren. In ihr sind Gestaltungswille, Vorstellungen vom menschlichen Zusammenleben und die Beherrschung von Material und Technik verwirklicht. Aufgrund dieser Entscheidungen und Aktionen wird der physische Raum konstruiert, in den zugleich technologische, symbolische, repräsentative und funktionale Komponenten eingeschrieben werden. Architektur ist das Ergebnis prozessualer Abläufe, technischen Know-Hows, von Erfahrung, also im weitesten Sinne von sozialer Praxis. Die komplexen Bezüge von Architektur und sozialer Praxis stehen in einem relationalen und sich wechselseitig beeinflussenden Verhältnis (Schroer 2006, 88–9). Architektur besitzt daher einen selbstreferentiellen Charakter. Als »Feld« des sozialen Raums macht die Disposition eines Baus bestimmte Bereiche sozialen Verhaltens sichtbar: Status, Distanz, Nähe, Exklusion, Inklusion. Er ist »die Objektivierung und Naturalisierung vergangener wie gegenwärtiger sozialer Verhältnisse« (Bourdieu 1991, 28). Dieses Beziehungsgeflecht spielt in der historischen Dimension eine wesentliche Rolle, weil deutlich wird, dass Architektur kultur- und raumzeitspezifisch geprägt ist.

Architektur ist auf eine ganz eigene Art wirkungsmächtig. Durch ihre Omnipräsenz determiniert sie ihre Bewohner und ›lastet‹ fortan auf den folgenden Generationen, die sich mit ihr in irgendeiner Weise auseinandersetzen müssen. Die Erkenntnis, dass beispielsweise ein Wohnhaus für die aktuellen Bedürfnisse nicht mehr als adäquat empfunden wird, führt zum Handeln, das sich unterschiedlich äußern kann: im Umbau, Abriss oder im Neubau. Architektur ist demnach zugleich Auslöser und Ergebnis sozialen Handelns. Allerdings können die Hausbewohner oder ihr sozialer Status ohne Auswirkung auf die bauliche Gestaltung des Hauses wechseln, so dass sich hierfür kein architektonischer Nachweis ergibt. Das bedeutet, dass für eine archäologische Architektursoziologie nur Transformationsprozesse aussagekräftig sind. In ihnen werden die genannten sozialen Veränderungen erkennbar, und durch die diachrone Perspektive sind die Prozesse nachzuvollziehen. Damit wird die Architektur als gebautes Objekt selbst Untersuchungsgegenstand, denn in der Konstruktion des physischen Raumes sind soziale Handlungen archiviert. Hausgrundriss, Größe, Ausstattung und die Lage des Hauses in einer Stadt müssen somit Gegenstand architektursoziologischer Analysen werden. Ziel des Beitrages ist es, an Beispielen aus dem antiken Griechenland jene Architekturkomponenten zu beschreiben, durch die man Hinweise auf die soziale Struktur und die raumzeitliche Entwicklung gewinnen kann. Unter dem Begriff Architektur werden sehr verschiedene Bauformen zusammengefasst, die je eigenen Vorbedingungen und Abhängigkeiten unterliegen. Das Feld der sozialen Praxis und ihrer Veränderungen auf der Ebene der Alltagswelt lässt sich am besten in der Wohnhausarchitektur untersuchen, die im Folgenden daher besonders fokussiert werden soll.

Hausdisposition

Im Entwurf eines Hauses wird eine Idee in Fläche und Volumen räumlich und materiell umgesetzt, so dass dreidimensionale Räume entstehen. Raumanzahl, -anordnung, -größe, mögliche Funktionseinheiten u. v. m. bedingen die innere Gestaltung eines Hauses. Mit der Lage, Größe und Beziehung der Räume zueinander kann das Haus je nach Nutzungsanspruch organisiert und hierarchisiert werden. Die räumliche Disposition formt auch die Bewegungsmuster, bestimmte (optische, atmosphärische) Wirkungen und schafft interne Bezüge, die Kommunikationsmöglichkeiten – etwa mittels Sichtachsen, Verteilerräumen, Treppen – herstellen oder verhindern.

Ein Haus wird oft über mehrere Generationen bewohnt, wobei sich die Gewohnheiten, die Sozialstruktur und Besitz- sowie Lebensverhältnisse verändern können. Diesen Veränderungen begegnete man mit entsprechenden Baumaßnahmen, die den wechselnden Ansprüchen, den jeweils gültigen Nutzungsanforderungen und Strukturen angepasst wurden, wobei die hierfür notwendigen Baumaßnahmen unterschiedlich stark in den Originalplan des Hauses eingriffen. Archäologisch werden solche Abweichungen in Bauphasen fassbar, deren genaue Kenntnis wiederum die Rekonstruktion der ursprünglichen Hausdisposition ermöglicht und aus denen Einblicke in die Entscheidungen der Bewohner sowie die damit verbundenen Änderungen gewonnen werden können. Ob die Modifizierung nur ein Haus oder etwa die gesamte Siedlung betrifft, gibt das Maß individuellen oder kollektiven Wandels an, und damit gelingt es durch die archäologisch fassbaren Überreste von Architektur, eine entscheidende Schicht in der sozialen Gliederung einer Gemeinschaft zu erschließen. Zumeist sind die antiken Bauten nur in ihren Fundamentmauern erhalten, so dass es wegen der fehlenden Raumhöhe schwierig ist, die Gesamtproportion zu erfassen oder Einbauten, Galerien, eingezogene Zwischenböden etc. nachzuweisen, die die Nutzungsfläche erweiterten.

Abgesehen von der Grundrissdisposition setzt sich Architektur aus vielen Einzelkomponenten zusammen, die variabel miteinander kombiniert werden können. Das Was und das Wie der Komposition liefern weitere Elemente für eine architektursoziologische Analyse, die nach den Faktoren und Auswirkungen dieser Komposition fragt (vgl. die Beiträge von B. Schäfers und H. Delitz in diesem Band). Im Folgenden sollen einige dieser Variablen, die auf die Struktur eines Hauses und damit auf die Bewohner wechselseitig wirkten, beispielhaft für antike Häuser, besonders in der ersten Hälfte des 1. Jahrtausends v. Chr. beschrieben werden. Die Hausdisposition im physischen Sinne lässt sich an ihrem Grundriss erkennen; darüber hinaus sind Ausstattung und Nutzung der einzelnen Räume – so schwierig sie archäologisch nachweisbar sind – wichtige Indikatoren, an denen sich Struktur und Strukturation eines Hauses festmachen lassen.

Verräumlichung von Nutzung und Funktion

Zu den menschlichen Grundbedürfnissen gehören Wohnen, Schlafen, Nahrungsaufnahme, Sexualität und die sanitären Notwendigkeiten. Auch wenn dies unabhängig
von Zeit und Raum gilt, fand jede Kultur die ihr angemessenen und zweckmäßigen
Örtlichkeiten zur Umsetzung dieser unentbehrlichen Handlungen. Aber auch alle über
diese Grundbedürfnisse hinausgehenden Wünsche wurden raumzeitlich und kulturell unterschiedlich entwickelt und ausgebildet. Hier ist insbesondere das Lagern
und Speichern[1] von Vorräten, Rohstoffen u. v. m. zu nennen, wobei festgelegt werden
musste, wie lange und wo etwas aufbewahrt werden sollte. Danach richten sich die
notwendigen Maßnahmen im Haus, entsprechende Installationen einzurichten oder
den Platz hierfür zu schaffen. Die Aspekte Entspannung und Freizeit besaßen für die
meisten vergangenen Gesellschaften nicht den gleichen Stellenwert, den sie im heutigen Denken einnehmen; so hatte in der Antike das gemeinsame Feiern im privaten
Rahmen immer auch politischen Charakter (Murray 1990).

In einer zeitlichen Perspektive sind diese Grundbedürfnisse den Lebens-, Tages-
und Arbeitszyklen angepasst, die bei der Herausbildung der sozialen Position Anteil
haben. Solche Zyklen können direkt oder indirekt in den Wohnbauten Berücksichtigung finden, wie dies beispielsweise für die Häuser in Pompeji nachgewiesen werden
konnte, wo Teile des vorderen Hauses am Morgen für öffentliche Geschäfte genutzt
und ab Mittag für Gastmähler vorbereitet wurden (Dickmann 1999).

Die architektonische Fassung der Grundbedürfnisse wird von den Bewohnern festgelegt, und erst in der Art und Weise dieser Entscheidungen drückt sich die unterschiedliche Disposition in raumzeitlicher Abhängigkeit aus. Die Gliederung ist zudem
an das jeweilige gesellschaftliche Modell gekoppelt, in das die räumliche Anlage
dieser Bedürfnisse eingeschrieben wird und aus dem sich wiederum die soziale Ordnung ablesen lässt (Bourdieu 1991, 26–8).

Die räumliche Ausdifferenzierung von Nutzung, Funktion, Kommunikation und
Zonierung der Häuser im antiken Griechenland ist ein über Jahrhunderte entwickelter
Prozess, dessen Anfang in Einraumhäusern ohne die architektonische Unterscheidung
einzelner Bedürfnisse liegt (Abb. 1). Im Folgenden wird exemplarisch beschrieben,
welche räumlichen und architektonischen Lösungen für die genannten sozialen Praxisfelder in der Antike gefunden wurden.

Entsprechend den Grundbedürfnissen und der raumzeitlichen Situation werden
in Mehrraumhäusern einzelne Räume mit Funktionen verknüpft (Kiderlen 1995).
Im griechischen Haus gab es Räume mit eindeutiger funktionaler Zuweisung, multifunktional genutzte Räume und Aktivitätszonen, die nicht örtlich gebunden waren.

---

1   Von »Speichern« wäre noch der Begriff »Abstellen« abzugrenzen, der einerseits auf ein kurzes
    spontanes Abstellen von Gütern verweist oder für ein längerfristiges Aufbewahren steht, bei dem
    das abgestellte Objekt selten – oft zu bestimmten Zwecken – genutzt wird.

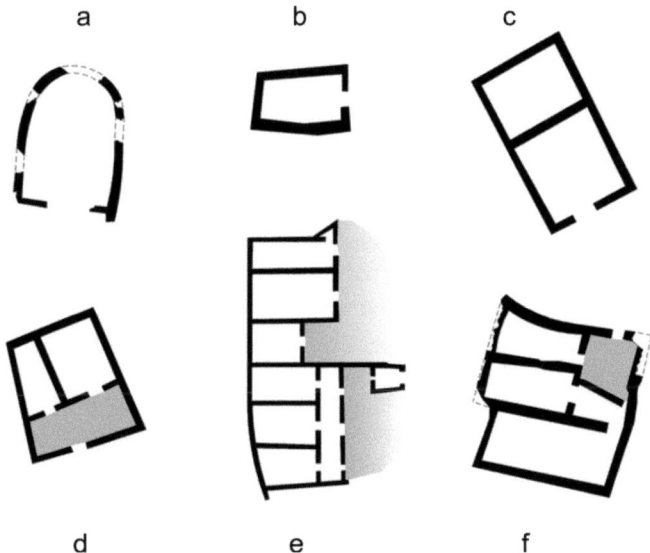

Abb. 1. Haustypen: a Apsishaus; b Einraumhaus; c Zweiraumhaus; d–f Hofhäuser (Grau-flächen = Hof); a–c: 9.–8. Jh. v. Chr.; d–f: 7.–6. Jh. v. Chr.

Die Geschichte des griechischen Wohnhauses zeigt, dass mit zunehmender Zahl der Räume die Funktionen stärker ausdifferenziert wurden und insbesondere jene Räume, die für das häusliche Sozialgefüge bedeutsam waren, im Laufe der Entwicklung diese Position verlieren konnten. Die Funktion und Verweildauer in einem Raum wirken sich auf seine Ausstattung aus, die ein weiteres Unterscheidungskriterium der Hausnutzung ist. Dabei scheint der am sorgfältigsten ausgestattete Raum des Hauses auch in der Alltagspraxis seltener frequentiert worden zu sein.

Der Raum mit der höchsten Frequentierungsrate aller Hausbewohner war im antiken Griechenland über Generationen der *oikos*, in dem sich die Herdstelle zum Kochen befand, wo man sich traf, wo man aß und wo Vorräte gelagert werden konnten (Hoepfner/Schwandner 1994, 177). Er war somit Begegnungsort aller Bewohner des Hauses[2] und besaß neben dem Hof für die hausinterne Kommunikation eine integrierende Position, die allen Bewohnern eine gute Zugänglichkeit zu Informationen gewährleistete. Im Laufe der Zeit wurde in größeren Häusern allerdings die Zone der Speisenzubereitung von der des Verzehrs geschieden (Trümper 1998, 63–8). Die

---

2 Der Begriff *oikos* im Sinne von »Haus«, »Zimmer« und »Hausstand« ist im Altgriechischen mehrdeutig.

spätestens ab dem 3. Jahrhundert v. Chr. zu beobachtende räumliche Trennung von Küche und Verzehrbereich brach mit der langen Tradition des »am Herdfeuer Sitzens«, wodurch der *oikos* seine ursprüngliche Funktion als ein Versammlungsort im Haus einbüßte. Dadurch wurde die Herdstelle offenkundig auf eine reine Funktionseinheit im Haus – die Küche – reduziert. Sie konnte in deutlicher Distanz zum Ort des Verzehrs liegen, wodurch das Auf- und Abtragen von Speisen notwendig und zugleich aufwändiger wurde. Die Trennung beider Funktionen wirkte sich auch auf die Binnenstruktur des Hauses aus, da ein vormals großer gemeinsam genutzter Raum in zwei Räume aufgeteilt wurde, von denen der Küche als reiner Funktionseinheit eine deutlich kleinere Grundfläche zugewiesen wurde.

Neben dem *oikos* besaß das griechische Haus entgegen moderner Gewohnheiten selten Räume für spezifische Arbeiten. Aktivitätszonen waren oft flexibel in ihrer Örtlichkeit; man nutzte jede geeignete Stelle im Haus temporär zum Arbeiten, wobei – begünstigt vom mediterranen Klima – viele Tätigkeiten im Freien (Hof oder vor dem Haus) verrichtet wurden (Lang 2005, 20–4). Gleichwohl gibt es Überlegungen, etwa jene Räume, in denen Webgewichte gefunden wurden, als Webkammern anzusprechen (Hoepfner / Schwandner 1999, 408). Diese Kammern wurden aber möglicherweise nicht ausschließlich für diesen Zweck benutzt.

Die Sicherung der Grundversorgung gehört, wie oben dargelegt, zu den elementaren Notwendigkeiten des Erhalts einer sozialen Gruppe, und deren räumliche Fassung wirft somit auch ein Licht auf Versorgung und Subsistenz. Zum Lagern von Rohstoffen, Vorräten, besonderen Gegenständen etc., die kurz- oder langfristig zur Verfügung stehen und gut erreichbar sein mussten, wurden in der Antike verschiedene Lösungen gefunden. Auch in diesem Feld zeigt die Geschichte des griechischen Hauses eine Entwicklung von einer existentiellen Grundsicherung (Vorratshaltung) hin zu verschiedenartigen Aufbewahrungsformen unterschiedlicher Anforderungen. Der archäologische Befund liefert neben Vorratsgefäßen und -gruben auch Kisten und Kästchen, in denen man insbesondere wertvolle Gegenstände aufbewahrte. Wandnischen waren für das Abstellen von Objekten, etwa Beleuchtungsmittel, geeignet (Trümper 1998, 68–74). Unterkellerte Häuser sind im antiken Griechenland eher eine Ausnahme (Reber / Brunner 1998, 140–2), aber der Raum unter einer Treppe und Flachdächer, die z. B. zum Trocknen von Früchten genutzt wurden, boten weitere Lagerkapazitäten. Für die Viehhaltung ließen sich verschiedenenorts Ställe in den Häusern nachweisen (Hoepfner / Schwandner 1999, 355; 365 f.).

Ein besondere Rolle in der Nutzung spielen Wasserversorgung und Hygiene. Der Bau von großen und aufwändigen Wasser- und Abwassersystemen in antiken Städten bezeugt nicht nur technisch grundlegend neue Infrastrukturmaßnahmen, sondern spiegelt auch ein neues Verhältnis zu Hygiene und Sauberkeit. Hygiene bezieht sich auf die individuelle Körperpflege ebenso wie auf die städtische Wasserver- und -entsorgung. Es war offenbar für den antiken Stadtbewohner ab einem bestimmten Zeitpunkt nicht mehr zumutbar, in übelriechenden und verunreinigten Städten zu wohnen.[3] Im griechischen Haus lassen sich ab dem 5. und besonders ab dem 3. Jahrhundert v. Chr. sanitäre Einrichtungen wie Bad und Latrine nachweisen. Solche Bäder waren teils sehr kleine Räume, die mit wasserdichtem Putz ausgekleidet waren oder in denen Badewannen standen (Akurgal 1983, 39; Hoepfner/Schwandner 1994, 265 f.). Bisweilen wurden auch Heizanlagen für Badezimmer ausgegraben (Reber/Brunner 1998, 137 f.). Ferner wurden in den Häusern Latrinen (Hoepfner/Schwandner 1999, 359 f. 365) bzw. Rinnen installiert, durch die die Fäkalien aus dem Haus geleitet wurden (Reber/Brunner 1998, 139; 146; Trümper 1998, 63–7). Die Entscheidung für ein Badezimmer verweist auf die Bereitschaft, einen Raum exklusiv für eine einzige Funktion, die Körperhygiene, bereit zu stellen. Bäder, Latrinen und Wasserleitungen im städtischen und häuslichen Kontext bekunden somit einen Wandel, der nicht nur das technische Vermögen zur Konstruktion derartiger Installationen belegt, sondern vor allem eine neue Körperkultur mit einem fundamental neuen Verhältnis zum Körper zeigt (vgl. Beitrag H. Schubert in diesem Band).

Soziale Differenzierung im Haus

Sozialer Status und soziale Praxis können räumlich gefasst werden (Allison 2004). Sie bilden sich situativ nach den kollektiven oder individuellen Bedürfnissen, Anforderungen und Lebensrhythmen heraus. Für die Architektur des griechischen Hauses stellt sich daher die Frage, inwieweit eine soziale Differenzierung nachgewiesen werden kann, die hinlänglich durch die antiken Schriftquellen bekannt ist.

Griechische Schriftquellen überliefern spätestens ab dem 5. Jahrhundert v. Chr., dass gewisse Räume im griechischen Haus mit einer besonderen geschlechterspezifischen Funktion verknüpft waren. Gemeint sind spezielle Männer- *(andron)* und Frauenräume *(gynaikonitis)* mit gegenseitigen Zugangsbeschränkungen (Jameson 1990, 104; Nevett 1995; Dillon/Garland 2000, 413–6).

Der Gelageraum der Männer *(andron)* steht für die Auflösung des rein auf die essentiellen Bedürfnisse hin konzipierten Hauses und wurde zugleich zu einem Ort von sozialen Inszenierungen (Murray 1990; Hoepfner/Schwandner 1994, 327 f.). Archäologisch ist er durch einen eigenen Grundriss und eine besondere Ausstattung nachzuweisen, die der monofunktionalen Raumnutzung adäquat war. Man pflegte sich beim Speisen, dem *symposion*, auf Liegebetten niederzulassen, die häufig auf archäologisch nachweisbaren Estrichsockeln standen. Der *andron* war der am aufwändigsten ausgestattete Raum im antiken Haus. Sein Boden war häufig mit Mosaiken versehen, die Wände bemalt, und wenige Nachweise machen es wahrscheinlich, dass sich dort die größten Fenster des Hauses befanden (ebd. 178). Über die Vorgänge in den

---

3 Der Reisende Herakleides Kritikos (1.1, übers. von Pfister 1951) aus dem 3. Jahrhundert v. Chr. zeichnet ein in dieser Hinsicht negatives Bild von Athen.

andrones informieren antike Schriftquellen, die den Raum als Treffpunkt für Männer zum Feiern, aber auch zur politischen Debatte beschreiben. Weiterhin berichten die Quellen, dass Frauen bei diesen Feiern mit Ausnahme der Hetären nicht zugelassen waren (Hartmann 2002, 133–41).

Während die *andrones* im Haus architektonisch (durch Lage, Ausstattung, Disposition usw.) eindeutig zu identifizieren sind, werden die *gynaikonitis* im Obergeschoß vermutet, wodurch sie archäologisch schwieriger zu erkennen sind: Nach dem Einsturz eines Hauses fiel das Inventar der oberen Etage in das Untergeschoß und vermengte sich mit den dort befindlichen Objekten. Zwar sind die Geschlechter räumlich zu scheiden, dagegen fällt es deutlich schwerer, sie archäologisch eindeutig in der häuslichen Sachkultur zu trennen (Goldberg 1999). Deshalb ist eine eindeutige geschlechtsspezifische Zuweisung der Funde im Untergeschoß nach einem Einsturz in der Tat schwierig. Trotz der überlieferten räumlichen Trennung beschreiben antike Schriftquellen durchaus auch die Durchlässigkeit dieser geschlechtsspezifischen Grenzen, und die Quellen belegen überdies, dass die Nutzung eines scheinbar funktional klar definierten Raumes sogar schon im Verlauf eines Tages wechseln konnte (Dickmann 1999; Nevett 1999, 102–14).[4]

Die Gestaltung des Hauses wurde im Laufe der Zeit nicht mehr nur an die Erfüllung essentieller Bedürfnisse gekoppelt, sondern es konnte sich je nach sozialem Status über die Organisation des rein Notwendigen hinaus eine anspruchsvollere Raumgestaltung herausbilden, die zur Nobilitierung des Hauses führte und in eine an ästhetischen Vorstellungen sowie dem Wunsch nach Komfort ausgerichtete Ausstattung mündete. Türschwellen konnten zur Kennzeichnung und Inszenierung besonderer Räume wie des *andron* eingebaut werden. Diese Barrieren ließen den Eintretenden den Zugang zum dahinter liegenden Raum in besonderer Weise wahrnehmen und unterstrichen damit die besondere Stellung des *andron* im Haus (Schwandner 1999, 531 f.). Wandmalereien, Mobiliar und auch Bodenbeläge, deren Bedeutung nicht nur im verlegten Material selbst lag, sondern auch durch die jeweilige Bildthematik evoziert wurde, wie z. B. bei Mosaikböden (Muth 1998), waren weitere Gestaltungsmittel, die eine breite Auswahl für jede Statusgruppe bereit stellten.

Kommunikation und Bewegung

Bei mehrräumigen Häusern lässt sich die Anordnung der Räume als ein weiterer Analysebaustein für die Beschreibung der Nutzungsmatrix einsetzen. Sie kann über verschiedene Variablen charakterisiert werden. Raumgrößen, -anordnung, -funktion,

---

4   Unter der Vielzahl antiker Quellen ist besonders die Schrift »Oikonomikos« von Xenophon aus dem 4. Jahrhundert v. Chr. hinsichtlich der Aufgabenverteilung von Mann und Frau im griechischen Haushalt aufschlussreich (Meyer 1975).

Öffnungen etc. lassen sich danach untersuchen, ob Zonierungen im Haus erkennbar sind, die jeweils aufgrund einer unterschiedlichen Gestaltung differenziert werden können.

Die Raumanordnung und -anzahl im Haus hat Einfluss auf die Wegführung und damit auf die häusliche Kommunikation und den Grad der Konnektivität zwischen den Bewohnern (Abb. 1; 4) (Hillier/Hanson 1984 passim, vgl. auch Beitrag A. Dafinger). Ferner besitzt die Frequenz, in der die einzelnen Räume betreten werden können, Relevanz für die interne Kommunikation. Mehrräumige Häuser mit einer linearen Raumfolge haben den Anforderungen entsprechend viele Durchgangsräume, die man passieren musste, bis man den letzten Raum erreichte. Diesen bezeichnet man als »gefangenen Raum«, der dadurch charakterisiert ist, dass er ausschließlich durch einen anderen Raum zu betreten ist. Die Durchgangsräume wiederum hatten eine unterschiedliche Frequentierungsrate, die mit der Nähe zum gefangenen Raum abnahm. Erst mit der Einführung von Verkehrsflächen (Hof, Korridor, Gänge) waren neue Bewegungsmuster und Kommunikationsformen möglich geworden, die sich nachhaltig auf die innere Struktur des Hauses wie auch der Bewohner auswirkten.

Im Laufe der Entwicklung antiker Häuser wurde der Hof, den man in frühen Hofhäusern gleich nach Eintritt erreichte, zum Verteilerraum zwischen Außen (der Welt außerhalb des Hauses) und Innen (der Welt im Haus). Später wurde zunehmend eine eigene Transitzone zwischen Außen und Innen – das Vestibül – geschaffen, die erst unmittelbare Einblicke nach dem Betreten des Hauses in das Innere verhinderte. Zugleich konnte diese Eingangszone aufwändig gestaltet sein, um den Besucher entsprechend zu beeindrucken und dessen Erwartung proportional zur Länge dieser Transitzone zu steigern.

Die antiken Hofhäuser besaßen hohe, nahezu geschlossene Außenwände, die nur von Türen durchbrochen waren. Mit der Lage, Größe und Höhe einer Tür konnten Raumhierarchien erzeugt und Raumfunktionen indiziert werden, wie im Falle des *andron*. Seine Tür wurde wegen der besonderen Anordnung der Gelagebetten exzentrisch gesetzt und ist dadurch im Grundriss auch archäologisch zu verifizieren. Mit Türen wurden Beziehungen zwischen den Räumen hergestellt, und sie regelten den Bewegungsfluss durch das Haus. Fenster, soweit sie erhalten sind, waren zum weit überwiegenden Teil nur kleine, Schießscharten ähnliche Schlitze (Hoepfner/Schwandner 1994, 260–2; Schwandner 1999, 532–4).[5] Diese Gestaltungsform verweist – neben klimatischen Gründen – vermutlich auch auf den Wunsch nach Kontrolle und Abschottung.

Ab dem 7. Jahrhundert v. Chr. wurde dem Haus in Griechenland ein Ordnungsschema mit der Anlage von Verkehrsflächen unterlegt und durch die Wegführung zugleich Kommunikation (Trennung, Verbindung von Räumen, Ein- und Durchblicke)

---

5 Aufgrund der außergewöhnlichen Befundsituation sind in Pompeji die Hausmauern teils so hoch erhalten, dass die Fensteröffnungen noch zu sehen sind (vgl. etwa Ling 1997 passim).

ermöglicht oder verhindert. Gerade oder gekrümmte Strecken auf einer Ebene oder über mehrere Etagen gaben Geschwindigkeit und Distanz der Bewegung im Haus vor. Eine Bewegung in die Vertikale wurde möglich, als man das technische Vermögen besaß, mehrgeschossig zu bauen. Mehrgeschossige Häuser eröffneten neue Möglichkeiten der Nutzungsaufteilung im Haus, die nach der sozialen Strukturierung der Bewohner ausgerichtet sein konnten und zu vertikaler Verbindung oder horizontaler Trennung führten.

Das Hofhaus – ein nachhaltiger Paradigmenwechsel

Welch grundlegenden und nachhaltigen Einfluss die Änderungen in der Architektur auf das Leben nahmen, lässt sich beispielhaft an der Entwicklung der Wohnarchitektur in der ersten Hälfte des 1. Jahrtausends v. Chr. in Griechenland zeigen (Lang 2005). Die Häuser wiesen bis um 700 v. Chr. ein breites Spektrum differenzierter Grundrissformen auf, die rund, apsidial, oval, rechteckig oder quadratisch waren und ein bis drei Räume besaßen (Abb. 1a–c). Die Varianz der Grundrisse wurde durch die Lage des Eingangs erhöht, der an die Schmal- oder auch an die Längsseite gesetzt werden konnte.[6] Eine minimale Binnendifferenzierung zeigen die Zwei- bis Dreiraumhäuser, in denen die Räume hintereinander gestaffelt wurden, so dass sich eine lineare Raumfolge ergab.

Die Siedlungsform dieser Zeit ist an die Grundrissform der Häuser insoweit gebunden, als deren geometrische Form durch Addition, Subtraktion oder Integration weiterer Räume zu Häusereinheiten modelliert werden konnte. Die Disposition der Häuser in den Siedlungen gibt Auskunft darüber, wie die Bewohner ihren Raum strukturierten und sich zugleich als soziale Einheiten in Beziehung zueinander setzten. Je nachdem, ob die Häuser regel- oder unregelmäßig kombiniert wurden, ergaben sich entsprechende Umrissformen für die Siedlung selbst, die ein agglutinierendes, lineares, gerastertes oder radiales Erscheinungsbild annehmen konnte. Neben dieser gruppierenden Matrix bestanden Siedlungen auch aus einzeln stehenden Häusern. Während viereckige Grundrisse zu regel- oder unregelmäßigen geometrischen Formen zusammengefügt wurden, blieben Häuser mit gekrümmten Mauern zumeist Solitärbauten.[7]

Die Hausform wirkte sich auch auf die Siedlungsdichte aus. Das Einzelhaus hat einen höheren Grundstücksflächenbedarf als agglutinierende Gebäude, was generell

6   Entsprechend unterschied Drerup (1969) das Langhaus (Eingang an der Schmalseite) vom Breithaus (Eingang an der Längsseite).

7   In Griechenland lässt sich für den Untersuchungszeitraum lediglich das Beispiel Lathursa (Attika) anführen, wo aus gekrümmten geometrischen Formen eine agglutinierende Hauseinheit zusammengefügt wurde (Lauter 1985).

eine geringere städtebauliche Dichte nach sich zieht. Die freistehenden Häuser ließen eine individuellere Gestaltung zu, der man viereckige oder gekrümmte Körper zugrunde legen konnte. Der Vorzug viereckiger Grundrisse lag in der Möglichkeit einer deutlich höheren Verdichtung des Siedlungsgebietes. Entsprechend der Vielfalt der Grundrisse im betrachteten Zeitabschnitt wurden Einzelhaus-, Streu- und Konglomeratsiedlungen realisiert (Abb. 2), in denen sich ein einfaches, oft auch dem Gelände angepasstes Wegesystem findet (Lang 1996, 58–62).

Mit dem späten 8. Jahrhundert v. Chr. lässt sich ein Wandel der Wohnhausarchitektur verfolgen (Abb. 1), an deren Ende eine fundamental neue Grundrissform steht: das Hofhaus (Abb. 1d–f; 4d–f). Gleichzeitig mit dem Aufkommen des Hofhauses verschwanden einige viereckige und gekrümmte Grundrissformen.[8] Spätestens mit dem 6. Jahrhundert v. Chr. hatte sich das Hofhaus als dominante Hausform durchgesetzt, an der man über einen Zeitraum von ca. 1 000 Jahren prinzipiell festhielt und die man in sehr variantenreichen Grundrissen weiterentwickelte. Die Innovation lag nicht nur im innen liegenden Hof begründet, der von nun an den Kern des Hauses bildete, sondern auch die Art der Raumdisposition hatte sich verändert. Die bis dahin übliche lineare Raumfolge mit hintereinander gestaffelten Räumen, die nur aus Durchgangs- und gefangenen Räumen bestand, wurde von einer parataktischen Raumdisposition mit nebeneinander liegenden Räumen abgelöst oder ergänzt (s. u.), die über Hof oder Korridor zugänglich waren.

Gleichzeitig mit dem architektonischen Wandel zum Hofhaus wurde ein innovatives städtebauliches Konzept umgesetzt: die orthogonale Rasterstadt. In Griechenland lässt sich spätestens seit dem 7. Jahrhundert v. Chr. eine Tendenz zur Reihung von Häusern ausmachen. In der Siedlung Vroulia auf Rhodos (Kinch 1914) zeigen sich schon erste Ansätze eines Rasters, wobei zwei Hausreihen durch eine Straße getrennt parallel angelegt wurden (Abb. 3). In der Konsolidierungsphase der griechischen Koloniestädte im westlichen Mittelmeer wie auch am Schwarzen Meer wurde dann ab dem späten 7. Jahrhundert v. Chr. dieses Raster den Städten zugrunde gelegt (Mertens 2006 passim).[9] Der große Vorzug dieses städtebaulichen Konzeptes ist seine Planbarkeit in mehrfacher Weise: Bei der Neugründung einer Stadt musste das Gelände vermessen werden, um die Parzellen einzuteilen. Dies war mit dem Abstecken eines rechtwinkligen Rasters unkompliziert zu bewerkstelligen. Zudem ermöglichte die Serialität dieses Konzeptes, ein zukünftiges Bevölkerungswachstum zu berücksichtigen. Überdies konnten je nach Bedarf Parzellen für die öffentlichen Gebäude freigehalten werden. Ob diese Aspekte und / oder die Ausrichtung, die geraden Straßen, das dahinter stehende Ordnungsprinzip und die klare Gliederung der Stadt zum späteren

---

8 Apsishäuser lassen sich gelegentlich noch antreffen, nun aber einzig im sakralen Zusammenhang (Lang 2007, 188–9).

9 Den Rasterstädten ging eine Phase der Erkundung und ersten Ansiedlung voraus, der als anschließende Phase eine geplante Siedlung folgte.

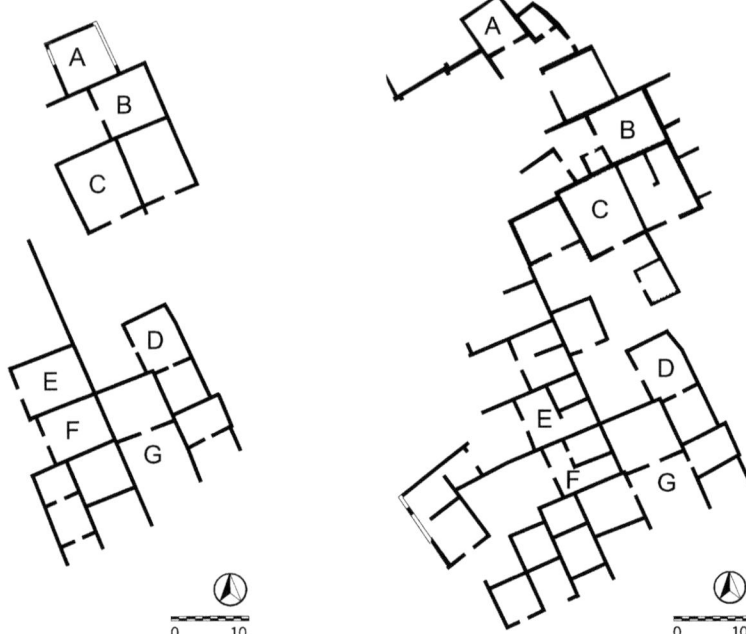

Abb. 2. Zagora/Andros. Links: Phase vor dem 8. Jahrhundert v. Chr.; rechts: Umstrukturierung spätes 8. Jahrhundert v. Chr.

Erfolgsmodell der »hippodamischen Stadt«[10] beitrugen, lässt sich kaum entscheiden. Festzustellen bleibt aber, dass dieses System offenbar als zeitgemäß galt und in den folgenden Jahrhunderten Signum jeder neu gegründeten Stadt wurde. Als logische Folge dieser Entwicklung verschwanden Häuser mit gekrümmten Mauern dort, wo die Bewohner darauf angewiesen waren, ihre Siedlungsfläche optimal auszunutzen (Lang 1996, 79–86).

Noch folgenreicher als auf die Stadtplanung scheint aber der Typus des Hofhauses auf die soziale Konnektivität gewirkt zu haben. In dem Moment, in dem man sich für das Konzept des innen liegenden Hofes entschloss – also die ehemals außen liegende Verkehrsfläche in das Haus verlegte – und das Haus mit einer Mauer umgab, hatte man die Öffentlichkeit ausgegrenzt und zufällige Begegnungen konnten verhindert werden. Man hatte sich im wahrsten Sinne des Wortes hinter seine Mauern

10 Diese Bezeichnung geht auf den Namen des im 5. Jahrhundert v. Chr. lebenden Architekten Hippodamos zurück, dem Aristoteles (Politeia 1330b, 21) die ›Erfindung‹ der Rasterstadt zuschreibt. Archäologisch ist allerdings nachgewiesen, dass das orthogonale Stadtraster bereits älter ist.

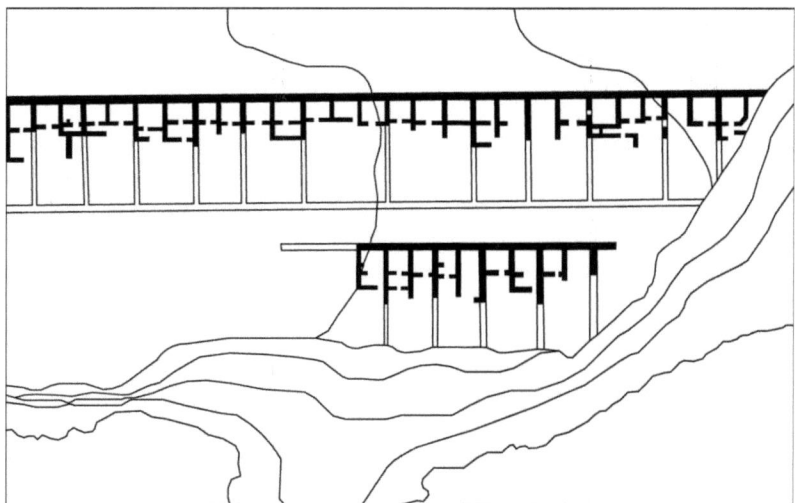

Abb. 3. Vroulia / Rhodos.

zurückgezogen, die u. a. im rechtlichen Sinne als Hauseigentum[11] eine neue Grenze bildeten und zugleich auch als soziale Schwelle figurierten. Der Kontakt zur Nachbarschaft wurde unterbrochen und konnte erst wiederhergestellt werden, wenn man durch die Haustür vor das Haus trat. Damit wurde die Tür Sinnbild für diese Grenze, über deren Durchlässigkeit – und das war eine weitere grundlegende konzeptionelle Neuerung – einzig die Hausbewohner bestimmten. Im Hofhaus manifestierte sich nun die Trennung zwischen dem Haus als spezifischer Form der sozialen Einheit von Individuum und Stadt als kollektiver Einheit, die ihrerseits allerdings aus der Summe der Individualeinheiten bestand. Für Griechenland ist bekannt, dass spätestens mit dem 6. Jahrhundert v. Chr. die Gemeinschaft, die Polis, eine verbriefte Struktur besaß, in der die politische, ökonomische und soziale Positionen der Polisbürger definiert waren (Raaflaub / van Wees 2009 passim). In der Polis besaß die Frau im öffentlichen Leben – und im öffentlichen Raum – keine Rechte, während ihr im – privaten – Haus eine dominantere Rolle zugebilligt wurde (Hartmann 2002, 116–29).

Das Phänomen des Hofhauses jedenfalls taucht in Griechenland mit der Konsolidierung der Polis auf und scheint in seiner grundlegend neuen Raumdisposition sowie der inneren Aufteilung die gesellschaftlichen Veränderungen der Polis zu reflektieren. Beispielhaft lässt sich dieser Transformationsprozess in der Siedlung Zagora auf der Insel Andros nachvollziehen (Cambitoglou u. a. 1988). In der zweiten Hälfte des 8. Jahrhunderts v. Chr. wurden hier die ein- bis zweiräumigen und als Konglomerat

---

11 Ungeachtet der Tatsache, ob das Haus tatsächlich den Bewohnern gehörte oder gemietet war.

zusammengestellten Häuser umgebaut (Abb. 2a). Die Häuser der älteren Siedlungs-
phase öffneten sich zur umliegenden Freifläche, so dass viele Arbeiten auch außerhalb des Hauses verrichtet werden konnten, sofern es das Wetter zuließ. In diesem
Arrangement waren zufällige Begegnungen der Nachbarn in Zagora ohne Weiteres
möglich, und es bestand offensichtlich eine hohe Konnektivität. Selbst das Anbringen
von Zäunen oder ähnlichen Barrieren vor den Häusern konnte keine echte Abgrenzung erzeugen (Lang 2005).

   Im Zuge der Umbauphase im späten 8. Jahrhundert v. Chr. wurde die Struktur der
Häuser allerdings grundsätzlich geändert. An die meisten Häuser der älteren Phase
fügte man weitere Räume und einen Hof an; ferner unterteilte man sie intern, so dass
sich bei gleich bleibender Raumgröße die Raumzahl erhöhte (Abb. 2b, Räume B,
E–F). Es entstand eine neue Hausform mit Hof und mehreren Räumen, die nun der
Außenwelt gegenüber stärker abgeschottet war. Diese Umbaumaßnahmen verweisen
auf die neuen Anforderungen der Gemeinschaft. Die bisherige Form des offenen
Zusammenlebens entsprach offensichtlich nicht mehr den veränderten Strukturen
zeitgemäß, und eine Abgrenzung gegenüber den Nachbarn wurde als notwendig
erachtet. Die Unterteilung bestehender Räume ist sicher als Reaktion auf neue soziale
Gegebenheiten zu verstehen, die eine Veränderung der inneren Organisation implizieren. So spiegelt sich hierin möglicherweise die Veränderungen des Haushaltszyklus,
der sozial (soziobiologische Entwicklung)[12] und / oder ökonomisch (Entwicklung und
Ausdehnung der Haushaltsaktivitäten) beeinflusst worden sein könnte. Im umgebau-
ten Haus mussten die bisherigen Aktivitätszonen verlagert und dazu neue Arbeits-
plätze eingerichtet sowie neue Orte etwa für die Lagerhaltung gefunden werden. Teils
war dies im neu entstandenen Hof möglich, teils wurden die Aktivitätszonen in Innenräume verlegt. Die bisherigen Aktivitäten im großen Einraumhaus konnten räumlich
aufgeteilt werden, nachdem durch dessen Unterteilung weitere Räume gewonnen
worden waren. Damit war der Wandel vom multifunktional genutzten Einraumhaus
zum Mehrraumhaus vollzogen, in dem die Räume auch monofunktional genutzt wurden. Möglicherweise ist das additive Anfügen der Räume auch das Resultat einer
veränderten Familienstruktur und -größe, bei der die nächste Generation nicht mehr
gemeinsam mit der Kernfamilie im großen Einraumhaus wohnte, sondern in den
eigens dazu angefügten Räumen untergebracht wurde.

   Auf eine gänzlich andere Gestaltung trifft man in Vroulia auf der Insel Rhodos
(Abb. 3). Hier wird sich die andernorts bereits im 8. Jahrhundert v. Chr. abzeich-
nende Entwicklung zum Hofhaus als bewusste Entscheidung schon bei der Siedlungsgründung sichtbar (Kinch 1914; Lang 2007, 183–5). Die Reihenhausmatrix
als neue Siedlungsstruktur und – damit einhergehend – das Hofhaus wurden hier

---

12 Die Entwicklung der Familie – Geburt, Heirat und Tod – konnte zum Wachsen und / oder Schrump-
    fen der Familiengröße führen, die wiederum Einfluss auf Baumaßnahmen und Größe des Hauses
    hatte.

im späteren 7. Jahrhundert v. Chr. geplant und ausgeführt. In den Hofhäusern mit ihren hohen Außenmauern wurde ein neues Raumarrangement umgesetzt, bei dem die Eingänge der nebeneinander liegenden Häuser in die gleiche Richtung zeigten und sich zu einem, den Häusern vorgelagerten Raum öffneten. Zwischen diesen nebeneinander liegenden Räumen bestand keine Verbindung. Ihre parataktische Raumfolge, die eine fundamental neue Auffassung der Raumanordnung widerspiegelt sowie die Abschottung gegenüber der Außenwelt entsprachen offenbar einer neuen Dimension des Zusammenlebens in archaischer Zeit.

Vergleicht man nun die interne Erschließung von Häusern aus verschiedenen Epochen, lässt sich der grundlegende Wandel in der räumlichen Struktur des Wohnens sehr gut nachvollziehen. Beispielhaft wurden in Abbildung 4 Häuser aus Emporio (a), Nichoria (b), Zagora (c), Aigina (d), Vroulia (e) und Dreros (f) ausgewählt.[13] Emporio und Nichoria gehören in die Frühe Eisenzeit (9. bis frühes 8. Jahrhundert v. Chr.), Zagora ist in das späte 8. Jahrhundert v. Chr. zu datieren, und die restlichen Beispiele sind dem 7. bzw. dem 6. Jahrhundert v. Chr. zuzuordnen. Beim Vergleich mit Hilfe eines topologischen Planes[14], auf dem sich die Zugänglichkeit von Räumen und ihre Frequentierungsrate schematisch darstellen lassen, werden Funktion, Funde, Raumform und -größe nicht berücksichtigt (Brown 1990, 94–9). Die Häuser (a) und (b) zeigen eine lineare Raumfolge mit ausschließlich Durchgangs- und gefangenen Räumen. Bei (c) ergibt sich eine Änderung aufgrund des Verteilerraums, der nach zwei Richtungen jeweils zu weiteren linear angeordneten Räumen vermittelt. In ähnlicher Weise erreicht man über den Verteilerraum bei (e) und (f) ebenfalls weitere Räume. Mit dieser Methode lassen sich zwar Räume, Verteiler-, Durchgangs- und gefangene Räume verschiedener Häuser schematisch darstellen, aber beim Blick auf die Grundrisse fällt auf, dass die Beispiele (c) bis (f) trotz ihrer Verschiedenheit ein ähnliches Schema zeigen.

Daher ist es zur weiteren Differenzierung notwendig, die Darstellung so zu modifizieren, dass sich auch die für das soziale Gefüge des Hauses aussagekräftige Raumanordnung abbilden lässt. Im zweiten Schema, in dem Zugang und Raumanordnung verknüpft wurden, lässt sich die Entwicklung der inneren Struktur zu komplexeren Raumanordnungen deutlich nachzeichnen. Während in der Frühen Eisenzeit bei Häusern mit mehr als einem Raum diese linear gestaffelt wurden, wodurch einzig Durchgangs- und gefangene Räume entstanden, bricht die Archaik mit dieser Tradition in zweifacher Weise: durch die Einführung eines Verteilerraumes und die parataktische Raumanordnung. Dies hatte zur Folge, dass die Räume auch separat betreten werden konnten. Der Verteilerraum war in aller Regel ein Hof, der bisweilen durch einen

---

13 Emporio: Boardman 1967; Nichoria: Fagerström 1988; Aigina: Lang 1996, 163–4; Dreros: Lang 1996, 188–9; Zagora: Cambitoglou u. a. 1988; Vroulia: Kinch 1914.

14 Diese Darstellung bezieht sich auf das von (Hillier / Hanson 1984) entwickelte Schema der *space syntax* (vgl. auch Beiträge A. Dafinger, S. 125 ff. und N. Müller-Scheeßel u. a., 173 ff.).

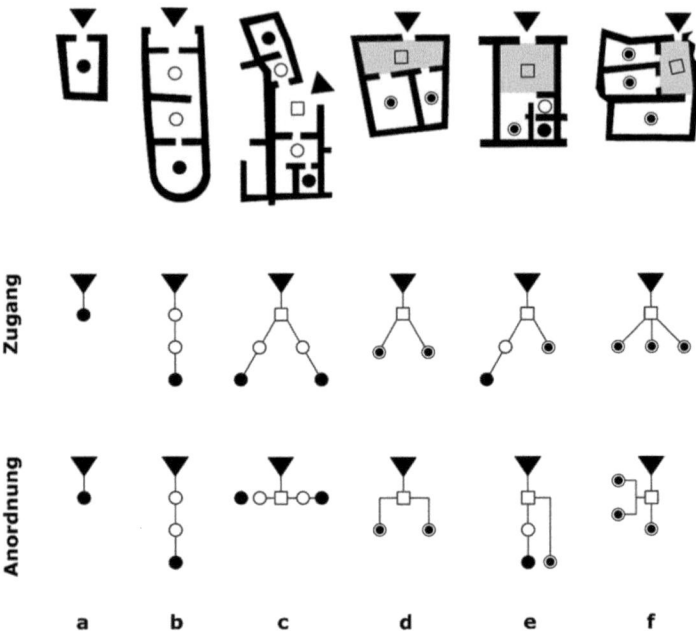

Abb. 4. Schema zu Raumzugang und Raumanordnung: a Emporio/Chios; b Nichoria/Argolis; c Zagora/Andros; d Aigina; e Vroulia/Rhodos; f Dreros/Kreta (Grauflächen = Hof). Dreieck: Eingang; offener Kreis: Durchgangsraum; Kreis mit Punkt: Raum; gefüllter Kreis: gefangener Raum; Quadrat: Verteilerraum.

Korridor ersetzt werden konnte (Lang 1996 passim; 2005). Durch den neuen Grundrisstypus des Hofhauses mit parataktischer Raumanordnung waren nun differenzierte Zugangssysteme möglich; die Entkoppelung der Räume erleichterte die Distinktion in Funktion und Status (Alter, Geschlecht etc.). Räumen mit einer geringeren Zugangsrate wird man eine spezifischere Raumnutzung unterstellen können.

    Wie die Räume im Einzelnen genutzt wurden und welche Lebens- und Tageszyklen in den archaischen Hofhäusern abliefen, kann mit einer architektursoziologischen Analyse allein nicht beschrieben werden. Sie bildet aber den äußeren Rahmen, in dem das Alltagsleben rekonstruiert werden kann. Erst in der Kontextualisierung weiterer Aspekte (Allison 1999) wie Technik (Bautechnik, Bauvorgang, Material etc.), Ökonomie (Arbeitsaufwand, Ausstattung, Essgewohnheiten etc.), Symbolik (Licht, Schwellen, Tür, Material etc.) und Repräsentation (Mobiliar, Architekturdekoration, Mosaike, Wandmalerei) würde das relationale Gefüge ›Haus‹ unter Berücksichtigung der aktiv wie auch passiv beteiligten Bewohner in seiner Komplexität zu erfassen sein (vgl. Beitrag A. Dafinger).

Schlussbemerkungen

Architektur lässt sich in Bauten für öffentliche Zwecke und private Nutzung trennen. In keiner Architekturform lassen sich jedoch die strukturellen Veränderungen der Gesellschaft so lohnend nachvollziehen wie im Wohnhaus, in dem die menschlichen Grundbedürfnisse in besonderer Weise räumlich fixiert sind.

Am Beispiel des Hofhauses ließ sich zeigen, welche Konsequenzen die Entwicklung dieses besonderen Bautypus im antiken Griechenland nach sich gezogen hat. Die räumliche soziale Einheit wurde architektonisch mit einer Mauer gefasst und damit von der Außenwelt abgeschottet. Die Begegnung mit Anderen musste erst bewusst gesucht werden, wodurch die Kommunikation bis zu einem gewissen Maße kontrollierbar wurde. Eine weitere Innovation betraf die Disposition von Hof und Räumen. Die einzelnen Zimmer waren nun unabhängig voneinander zu betreten, was das Verhältnis der Bewohner im Haus veränderte. Soziale Abgrenzungen konnten nun räumlich umgesetzt, tabuisierte Bereiche baulich sichtbar gemacht werden. Innerhalb der Mauern konnte das Leben neu und eigenständig organisiert werden, geschützt vor unerwünschten Blicken von außen. Das Hofhaus repräsentierte damit ein neues Konzept des sozialen Umgangs nach Innen und nach Außen.

Mit dem Aufkommen des Hofhauses ab dem 7. Jahrhundert v. Chr. ging auch eine Disziplinierung des Stadtraumes einher, der durch ein rechtwinkliges Rastersystem mit Baugrundstücken einem neuen Ordnungsprinzip folgte. Mit diesem modularen System[15] besaß man die Freiheit, die einzelnen Rasterflächen unterschiedlich zu bebauen. Schon bei der Stadtgründung konnte festgelegt werden, wo die öffentlichen Zonen und wo die Wohnbereiche anzusiedeln waren, so dass man eine Stadt mittelfristig planen und strukturieren konnte, auch wenn die Gesamtfläche erst schrittweise genutzt werden sollte. Die komplette Bebauung der Grundstücke führte zu einer hohen Verdichtung des städtischen Raums, indem mehrere Häuser in einem Block zusammengefügt wurden. Die Zunahme des Verdichtungsgrades im Laufe der Zeit zeigt sich besonders schlüssig im Vergleich (Abb. 5). Bildete etwa in Zagora das Hauskonglomerat einen verdichteten Kern (Abb. 5a), der aber nach außen offen blieb, wurde – wie z. B. in Delos (Abb. 5b) oder Priene (Abb. 5c) – die Grundstücksfläche durch das mit einer hohen Mauer umgebene Hofhaus zur Straße hin abgeschlossen. Die Folge war ein durch die Addition der Hofhäuser verdichtetes Stadtgefüge. In diesem kompakten Gefüge bot das Hofhaus mit seiner internen Freifläche eine Klimazone mit ausreichend Licht und Luft. Aus architektonischer Sicht war der Hof auch eine wichtige Voraussetzung für ein erträgliches Wohnen in verdichteten Stadträumen. Gleichwohl ist der Typus des Hofhauses nicht an ein rechtwinkliges Straßenraster gebunden, wie das Beispiel Delos zeigt.

---

15 Die einzelnen Module bilden Hausblöcke und werden in der römischen Stadteplanung *insula* genannt.

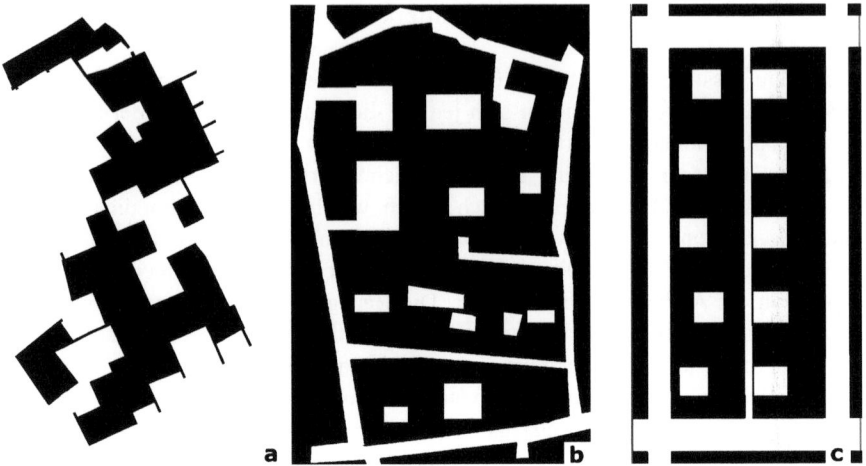

Abb. 5. a Zagora/Andros; b Delos; c Priene/Kleinasien. Schwarz: Bebauung; weiß: Freiflächen.

Im Haus des neuen Stils wurden gesellschaftliche Veränderungen realisiert, die, wie bereits erwähnt, mit der archaischen Zeit virulent wurden und die Bewohner zum Rückzug aus der Öffentlichkeit bewegten oder zwangen. Die Entstehung der Polis führte zu einer gänzlich neuartigen Situation, Leben und Gemeinschaft zu organisieren. Bildete die Polis den strukturellen soziopolitischen Rahmen eines Kollektivs, war das Haus als kleinste soziale räumliche Einheit ihre komplementäre Entsprechung. Wir treffen auf einen doppelten Kosmos: die Welt der Stadt und die Welt des Hauses, die über eine je eigene Struktur einer klar hierarchisierten Ordnung verfügten. Diese Konstellation lässt sich mit den geläufigen Dichotomien wie Homogenität versus Heterogenität, Segregation versus Konzentration, Individuum versus Kollektiv nicht adäquat charakterisieren; diese Welten waren aufeinander bezogen. Die Polis bildete ein relationales Gefüge von Akteuren und Aktionen, in dem das Wohnhaus als kleinste architektonisch gefasste soziale Einheit fungierte. Die Wohnhausarchitektur bildet ihrerseits das Medium, in dem sich die soziale Praxis dieser kleinsten Poliseinheit materialisiert hat und dadurch zugleich archiviert ist. Mit dem Archivierungseffekt wird das Gebaute unter einer historischen Perspektive zum architektonischen Gedächtnis.

Literaturverzeichnis

Akurgal 1983: E. Akurgal, Alt-Smyrna. I. Wohnschichten und Athenatempel. Ankara: Türk Tarih Kurumu Basımevi 1983.

Allison 1999: P.M. Allison, Introduction. In: P. M. Allison (Hrsg.), The archaeology of household activities. London: Routledge 1999, 1–18.

Allison 2004: Dies., Pompeian Households: An Analysis of Material Culture. Los Angeles: Cotsen Institute of Archaeology at UCLA 2004.

Boardman 1967: J. Boardman, Excavations in Chios. 1952–1955. Greek Emporio. British School of Archaeology at Athens Supplementary 6. London: Thames and Hudson 1967.

Bourdieu 1991: P. Bourdieu, Physischer, sozialer und angeeigneter physischer Raum. In: M. Wentz (Hrsg.), Stadt-Räume. Frankfurt a. M., New York: Campus 1991, 25–34.

Brown 1990: F. E. Brown, Comment on Chapman: Some cautionary notes on the applications of spatial measures to prehistoric settlements. In: R. Samson (Hrsg.), The Social Archaeology of Houses. Edinburgh: Edinburgh University Press 1990, 93–109.

Cambitoglou u. a. 1988: A. Cambitoglou/A. Birchall/J. J. Coulton/J. R. Green, Zagora 2. Excavation of a Geometric town on the island of Andros. Excavation season 1969, Study season 1969–1970. Athens: Archaeological society 1988.

Dickmann 1999: J. A. Dickmann, Domus frequentata. Anspruchsvolles Wohnen im pompejanischen Stadthaus. Studien zur antiken Stadt 4. München: Pfeil 1999.

Dillon/Garland 2000: M. Dillon/L. Garland, Ancient Greece. Social and Historical Documents from Archaic Times to the Death of Socrates (c.800–399 B.C.). London: Routledge 2000.

Drerup 1969: H. Drerup, Griechische Baukunst in geometrischer Zeit. Archaeologia Homerica 2, Kapitel O. Göttingen: Vandenhoeck & Ruprecht 1969.

Fagerström 1988: K. Fagerström, Greek Iron Age Architecture. Developments through Changing Times. Studies in Mediterranean Archaeology 81. Göteborg: Åström 1988.

Goldberg 1999: M. Y. Goldberg, Spatial and Behavioural Negotiation in Classical Athenian City houses. In: P. M. Allison (Hrsg.): The Archaeology of Household Activities. London: Routledge 1999, 142–61.

Hartmann 2002: E. Hartmann, Heirat, Hetärentum und Konkubinat im klassischen Athen. Frankfurt a.M, New York: Campus-Verlag 2002.

Hillier/Hanson 1984: B. Hillier/J. Hanson, The Social Logic of Space. Cambridge: Cambridge University Press 1984.

Hoepfner/Schwandner 1994: W. Hoepfner/E.-L. Schwandner, Haus und Stadt im klassischen Griechenland. München: Deutscher Kunstverlag 1994.

Hoepfner/Schwandner 1999: Dies. In: W. Hoepfner (Hrsg.), Geschichte des Wohnens I. 5000 v. Chr. – 500 n. Chr. Vorgeschichte, Frühgeschichte, Antike. Stuttgart: Deutsche Verlags-Anstalt 1999, 352–411.

Jameson 1990: M. H. Jameson, Domestic Space in the Greek City-State. In: S. Kent (Hrsg.), Domestic Architecture and the Use of Space. An Interdisciplinary Cross-Cultural Study. New Directions in Archaeology. Cambridge: Cambridge University Press 1990, 92–113.

Kiderlen 1995: M. Kiderlen, Megale Oikia. Untersuchungen zur Entwicklung aufwendiger griechischer Stadthausarchitektur. Von der Früharchaik bis ins 3. Jh. v. Chr. Hürth: Lange 1995.

Kinch 1914: K. F. Kinch, Vroulia. Fouilles de Vroulia Rhodes. Berlin: Reimer 1914.

Lang 1996: F. Lang, Archaische Siedlungen in Griechenland. Struktur und Entwicklung. Berlin: Akademie-Verlag 1996.

Lang 1999: Dies., Minoische, mykenische und geometrische Zeit. In: W. Hoepfner (Hrsg.), Geschichte des Wohnens I: 5000 v. Chr. – 500 n. Chr. Vorgeschichte, Frühgeschichte, Antike. Stuttgart: Deutsche Verlags-Anstalt 1999, 87–122.

Lang 2005: Dies., Structural Change in Archaic Greek Housing. In: B.A. Ault/L.C. Nevett (Ed.), Ancient Greek Houses and Households. Chronological, Regional, and Social Diversity. Philadelphia: University of Pennsylvania Press 2005, 12–35.

Lang 2007: Dies., House – community – settlement. The new concept of living in Archaic Greece. In: R. Westgate/N. Fisher/J. Whitley (Hrsg.), Building Communities: House, Settlement and Society in the Aegean and Beyond: Proceedings of a Conference Held at Cardiff University 17–21 April, 2001. British School at Athens studies 15. London: British School at Athens 2007, 183–93.

Lauter 1985: H. Lauter, Lathuresa. Beiträge zur Architektur und Siedlungsgeschichte in spätgeometrischer Zeit. Attische Forschungen 2. Mainz am Rhein: von Zabern 1985.

Ling 1997: R. Ling, The insula of the Menander at Pompeii. Oxford: Clarendon Press 1997.

Mertens 2006: D. Mertens, Städte und Bauten der Westgriechen. Von der Kolonisationszeit bis zur Krise im 400 vor Christus. München: Hirmer 2006.

Meyer 1975: K. Meyer, Xenophon. Oikonomikos. Übersetzung und Kommentar. Westerburg: Kaesberger 1975.

Murray 1990: O. Murray, Sympotica. A Symposium on the Symposion: Records of the 1st Symposium on the Greek Symposion, Balliol College, 4–8 September 1984. Oxford England, New York: Clarendon Press, Oxford University Press 1990.

Muth 1998: S. Muth, Erleben von Raum – Leben im Raum. Zur Funktion mythologischer Mosaikbilder in der römisch-kaiserzeitlichen Wohnarchitektur. Archäologie und Geschichte 10. Heidelberg: Verl. Archäologie und Geschichte 1998.

Nevett 1995: L. Nevett, Gender relations in the classical greek household. The archaeological evidence. Annual of the British School at Athens 90, 1995, 363–81.

Nevett 1999: L. Nevett, House and society in the ancient Greek world. Cambridge: University Press 1999.

Pfister 1951: F. Pfister, Die Reisebilder des Herakleides. Einleitung, Übersetzung und Kommentar mit einer Übersicht über die Geschichte der griechischen Volkskunde. Wien: Rohrer 1951.

Raaflaub/van Wees 2009: K. Raaflaub/H. van Wees, A Companion to Archaic Greece. Malden MA: Wiley-Blackwell 2009.

Reber/Brunner 1998: K. Reber/M. Brunner, Die klassischen und hellenistischen Wohnhäuser im Westquartier. Eretria 10. Lausanne: Payot 1998.

Schroer 2006: M. Schroer, Räume, Orte, Grenzen. Auf dem Weg zu einer Soziologie des Raums. Frankfurt a. M.: Suhrkamp 2006.

Schwandner 1999: E.-L. Schwandner, Einzelprobleme: Konstruktion und Material. In: W. Hoepfner (Hrsg.), Geschichte des Wohnens I. 5000 v. Chr. – 500 n. Chr. Vorgeschichte, Frühgeschichte, Antike. Stuttgart: Deutsche Verlags-Anstalt 1999, 525–36.

Trümper 1998: M. Trümper, Wohnen in Delos. Eine baugeschichtliche Untersuchung zum Wandel der Wohnkultur in hellenistischer Zeit. Internationale Archäologie 46. Rahden/Westf.: Leidorf 1998.

MATTHIAS JUNG

Keltische Paläste? Eine Diskussionsbemerkung[1]

Zusammenfassung: Der Beitrag beschäftigt sich mit den unlängst auf dem Plateau St. Marcel des späthallstattzeitlichen »Fürstensitzes« Mont Lassois (Burgund, Frankreich) entdeckten Spuren eines großen, hallenförmigen Gebäudes mit einer an ein Megaron erinnernden Raumstaffelung und einem apsidenförmigen Abschluss. Das Gebäude wird von B. Chaume, N. Nieszery und W. Reinhard als ein »keltischer Palast« gedeutet. Diese Deutung beruht auf der Prämisse, eine hallstättische Elite habe eine Übernahme mediterraner Lebensgewohnheiten angestrebt, was auch eine – freilich an die eigenen Bedürfnisse adaptierende – Übernahme mediterraner Bauformen bedingt habe. Das Problematische an dieser Akkulturationsprämisse wird benannt, ebenso die Unstimmigkeiten, die aus einer Subsumtion neuer Befunde unter bekannte und in ihrer Bedeutung scheinbar erschlossene oder selbstevidente Bauformen resultieren, wie exemplarisch an den mit den Begriffen »Apsis« und »Megaron« sich verbindenden Vorstellungen aufzuzeigen ist. Außerdem wird sich als charakteristischer Zug des Textes eine die Befundinterpretation affizierende Vermischung der Ebene der Hypothesenbildung und -überprüfung mit der Ebene der Realität, die diese Hypothesen zum Gegenstand haben, erweisen.

Vorbemerkung

In der Zeitschrift »Archäologie in Deutschland« erschien unlängst ein von Bruno Chaume, Norbert Nieszery und Walter Reinhard verfasster Artikel zu dem – fraglos hochinteressanten und erklärungsbedürftigen – Befund eines hallenartigen, mit einem apsidialen Abschluss versehenen späthallstattzeitlichen Gebäude auf dem Plateau St. Marcel des Mont Lassois bei Vix in Burgund (Chaume u. a. 2008). Auf dem Titelblatt und im Inhaltsverzeichnis wird dieser Artikel mit den Worten »Kelten-Palast am Mont Lassois« bzw. »Keltischer Palast auf dem Mont Lassois« angekündigt, der eigentliche

1 Die nachfolgenden Ausführungen greifen die Diskussion im Anschluss an mein Referat in der Arbeitsgemeinschaft Eisenzeit im Rahmen des Mannheimer Archäologiekongresses 2008 auf, das die Lehmziegelmauer der Heuneburg zum Gegenstand hatte (M. Jung i. Dr.). Eine aktualisierte und erweiterte Fassung dieses Referates konnte ich dank der freundlichen Einladung der Veranstalter bei dem Workshop in Wien vortragen; zur Vermeidung von Redundanzen beschränkt sich die Druckfassung des Beitrags auf die ergänzenden Bemerkungen zu dem Apsidengebäude auf dem Mont Lassois. Der Charakter einer Diskussionsbemerkung blieb dabei weitgehend erhalten. – Dr. Stefan Eismann (Münster), Prof. Dr. Franziska Lang (Darmstadt), Dr. Ursula Mandel (Frankfurt), PD Dr. Lorenz Rumpf (Frankfurt) sowie ganz besonders Dr. Philipp Stockhammer (Heidelberg) danke ich für hilfreiche Hinweise.

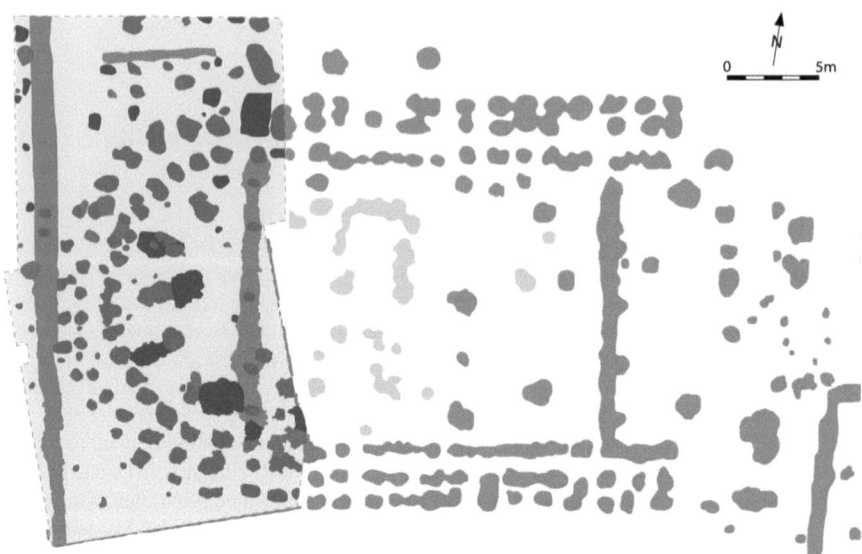

Abb. 1. Mont Lassois. Grundriss des Apsidengebäudes nach geomagnetischen Messungen von H. v. d. Osten-Woldenburg (Landesdenkmalamt Baden-Württemberg) und Grabungen des Instituts für Ur- und Frühgeschichte der Christian-Albrechts-Universität Kiel. Gerastert – Grabungsfläche im Bereich der Apsis (nach Mötsch u. a. 2008, 16 Abb. 7).

Titel des Artikels lautet: »Keltischer Palast im mediterranen Stil«. Die Relativierung dieser vollmundigen Ankündigung erfolgt erst in dem einleitenden Textabschnitt, in welchem nur noch von einem »palastähnlichen Gebäude« (ebd. 54) die Rede ist. Auch wenn es pedantisch anmuten mag, ist doch die Differenz zwischen einem Palast und einem palastähnlichen Gebäude analytisch gesehen eine ums Ganze und keine zu vernachlässigende begriffliche Unschärfe. Darüber hinaus erscheint mir dieser Text symptomatisch für die verbreitete Neigung, neu entdeckte Befunde unter bekannte und in ihrer Bedeutung scheinbar erschlossene oder selbstevidente Bauformen zu subsumieren.

Der Grundriss des Apsidengebäudes auf dem Mont Lassois und seine Besonderheiten

Zunächst aber zu den in dem genannten Text besprochenen Befunden selbst, die im östlichen Bereich des Plateaus St. Marcel, eingebettet in ein Einfriedungssystem, angetroffen wurden (Abb. 1).[2] Die Besonderheiten des aus drei Querriegeln bestehenden, von Pfostenreihen umgebenen Gebäudes sind seine ungewöhnliche Größe (in der zweiten Bauphase eine Länge von 35 m und eine Breite von 22 m), seine Raumstaffelung mit einer offenen Vorhalle und zwei Räumen sowie der apsidenförmige Abschluss. Zwar weist der Grundriss drei umlaufende Pfostenreihen auf,[3] die aber nicht gleichzeitig bestanden, vielmehr handelt es sich um »jeweils zwei miteinander korrespondierende Reihen, die in zwei Phasen aufeinander folgen« (Mötsch u. a. 2008, 17). Die innere Pfostenreihe bildete wohl eine geschlossene Wand, die äußere ist als Stützkonstruktion für das Dach zu verstehen. Die Herkunft der Bauformen und die Funktion des Gebäudes sind unbekannt; denkbar ist sowohl eine Entwicklung aus einheimischen Bautraditionen wie auch eine Umsetzung mediterraner Anregungen mit eigenen Mitteln (ebd. 18). In Anbetracht der Tatsache, dass dem Gebäude ein »mediterraner Stil« zuerkannt wird, seien Analoga zu Raumstaffelung und Apsis aus dem Mittelmeerraum kurz angesprochen.

Die Raumstaffelung des Gebäudes erinnert an ein Megaron, doch ist bei der Konstruktion von Gemeinsamkeiten Vorsicht geboten, denn unter diesen scheinbar unzweideutigen Begriff werden sehr heterogene Phänomene gefasst; vergegenwärtigt man sich die unterschiedlichen archäologischen Definitionen[4], dann lässt sich zwar ein gemeinsamer Nenner im Sinne einer Minimaldefinition identifizieren, der zufolge unter einem Megaron ein rechteckiger Raum mit offener Vorhalle verstanden wird, weitgehend unklar ist aber, in welchem Maße diese Minimaldefinition erweitert oder modifiziert werden kann. Die Verwendung dieses aus den homerischen Epen vertrauten Begriffes durch die Archäologen geht, wie Reinhard Jung (2000, 72–4) nachgezeichnet hat, auf Wilhelm Dörpfeld (1886, 214–9) zurück, der bezüglich des Palastes von Tiryns befand: »Gewiss wird er in einzelnen Punkten von den Palästen des Odysseus, des Alkinoos und des Menelaos abweichen, aber im allgemeinen liefert er uns ohne Zweifel ein getreues Bild eines homerischen Wohnhauses« (ebd. 218). Von Seiten der

---

2 Die nachfolgende Charakterisierung der Befunde basiert auf den Angaben in Chaume u. a. 2004, 23–30; Müller u. a. 2005, 6–11; Mötsch u. a. 2008, 16–8.

3 Vgl. auch die Luftaufnahme des freigelegten Grundrisses in Chaume u. a. 2008, 56.

4 Auflistungen verschiedener Definitionen und Gebrauchsweisen von »Megaron«, die einen Eindruck von der Bandbreite des darunter Verstandenen geben, finden sich beispielsweise bei K. Werner (1993, 3–5) und P. Darcque (1990), der wegen der bestehenden Unklarheiten und Missverständlichkeiten einen gänzlichen Verzicht auf diesen Begriff vorschlägt. Das Problem der Vermittlung philologischer und archäologischer Definitionen zeigt G. Hiesel (1990, 237–9) auf, die Geschichte des Begriffes in der Archäologie fasst R. Jung (2000) zusammen.

Philologie wird allerdings energisch bestritten, dass das Megaron ein Raum oder eine gestaffelte Abfolge von Räumen war, vielmehr werde damit ein umfassender Gebäudekomplex bezeichnet, wie Ulrich v. Wilamowitz-Moellendorff mit einer Stelle aus dem 8. Buch der Ilias (489 ff.) nachzuweisen versuchte: Die hereinbrechende Nacht hat eine Kampfpause erzwungen, und Hektor verkündet bei einer einberufenen Heeresversammlung, wie weiter zu verfahren sei. Die Troer sollen Wachfeuer entzünden, um so zu verhindern, dass die Achäer im Schutze der Dunkelheit unbemerkt auf ihre Schiffe entkommen; Herolde sollen sich in die Stadt begeben und der nicht waffenfähigen männlichen Bevölkerung, also Knaben und Greisen, befehlen, die Nacht über Wache zu halten; den Frauen schließlich wird von den Herolden aufgetragen, in den Häusern – Megara – mächtige Feuer zu entzünden, damit die Achäer Troia nicht während der Abwesenheit der Krieger überfallen. Hierzu bemerkt Wilamowitz (1910, 373 Anm. 4): »Dies Feuer ist darauf berechnet, daß es die Achäer sehen, also die Stadt nicht für unbewacht halten. Die Stadt soll denselben Eindruck machen wie immer; Rauch kann bei Nacht nicht gesehen werden. Folglich bezeichnet ἐνὶ μεγάροισι 520 nicht den Herd in einer Küche oder einem Zimmer, sondern einen Platz auf dem Hofe, wo der Herd sehr wohl überhaupt liegen konnte. Μέγαρον ist also das ganze Anwesen. Die Verwendung des Wortes durch die Architekten und Archäologen ist vielleicht praktisch, aber sie ist eine Katachrese.« An Studien von M. O. Knox (1970; 1973) anschließend, hat S. Lauffer das erhebliche Bedeutungsspektrum des Wortes »Megaron« in den Epen dargelegt, das einer eindeutigen Fixierung auf einen bestimmten Gebäudetyp entgegenstehe.[5] Er kommt zu dem Schluss: »Das Wort hat weder mit einer bestimmten Bauform (›Megarontyp‹) noch mit der ›Größe‹ (μέγας) eines Baus etwas zu tun« (Lauffer 1980, 215). Auf der Grundlage der Analyse Lauffers weist Reinhard Jung (2000, 75) die Willkürlichkeit der von Dörpfeld als Belege angeführten Textstellen nach.

Unklarheit herrscht aber nicht nur bezüglich der Frage, wie ein Megaron epochenübergreifend definiert werden kann, sondern auch bezüglich seiner Funktion. Während in der Forschung aufgrund der vergleichsweise günstigen Quellenlage (Linear B-Texte) weitgehend Einigkeit darüber besteht, dass in den mykenischen Megara, die im Übrigen in ihrer kanonischen Form[6] nie außerhalb der Paläste anzutreffen sind, ein Herrscher (Wanax) im Mittelpunkt profaner und wohl auch sakraler Handlungen stand,[7] so oszilliert die funktionale Ansprache der Megara aus den nach-

---

5 »An keiner Stelle bei Homer, wo μέγαρον den Hauptraum des Hauses bezeichnet, lässt sich diese Bedeutung aus dem Wort selbst entnehmen, sondern stets nur aus dem Zusammenhang. Sobald dieser unklar ist, hilft auch das Wort nicht weiter, so daß man im Zweifel ist, wo die Handlung spielt« (Lauffer 1980, 210).

6 Die kanonische Form des mykenischen Megarons lässt sich wie folgt umreißen: Es ist ein Gebäude, das in offene Vorhalle, Vorraum und Hauptraum gestaffelt ist und in dessen Hauptraum sich ein zentraler Herd mit Säulenstellungen befindet.

7 Zur Verschränkung politischer und religiöser Aspekte in der Figur des Wanax vgl. Stavrianopoulou 1995.

folgenden Epochen zwischen Herrschersitz, Kultgebäude als Vorform des Tempels und Versammlungsraum. Versteht man unter »Megaron« einfach einen bestimmten Grundrisstyp gemäß der oben angeführten archäologischen Minimaldefinition, so war dieser beispielsweise im Griechenland des 7. Jahrhunderts v. Chr. sehr häufig, und dies keineswegs nur bei besonders herausgehobenen Gebäuden (vgl. Hoepfner u. a. 1999, 141). Der Terminus »Megaron« erheischt also eine Einheitlichkeit des mit ihm Bezeichneten, die in mehreren Hinsichten irreführend ist.

Die Apsis als Raumabschluss findet sich vor allem bei Bauten der so genannten »dunklen Jahrhunderte«[8], in der kanonisierten griechischen Baukunst war sie ein eher ungewöhnliches Element (vgl. Höcker 2004, 15). Stefan Hiller (1996, 29) verweist darauf, dass in »kulturelle[n] Hochphasen« wie der entwickelten ägäischen Frühbronzezeit und der mykenischen Palastzeit rechteckige Grundrisse, in »Phasen eher rezessiven Charakters« jedoch Apsidenbauten bevorzugt wurden. Es sei dahingestellt, ob das Wiederaufkommen älterer Bauformen interpretiert werden kann als eine Art »Renaissance«, verstanden als bewusste Abkehr von der herrschenden Kultur und Hinwendung zu (vermeintlichen) Ursprüngen (vgl. Hiller 1991; 1996, 33). Die Wichtigkeit, die den Apsidenbauten fast reflexhaft zugesprochen wird, resultiert meinem Eindruck nach vor allem aus der Bedeutung der Apsis in der römischen Architektur, in welcher sie häufig als Gestaltungselement eingesetzt wurde und bei ganz unterschiedlichen Bautypen anzutreffen ist. Wiewohl sich die Apsis auch regelhaft an profanen Bauten findet, war sie doch auch der Ort zeremonialer Handlungen. Beate Bollmann (1998, 106–8) unterscheidet fünf Gruppen von Gebäuden, die in der römischen Architektur Apsiden haben können: 1. Nymphäen, Museia und Grotten, 2. Tempelcellae (Apsis als Aufstellungsort der Kultstatue), 3. offizielle Gebäude, Kultsäle und Kulträume (Apsis als Aufstellungsort einer Götter- oder Kaiserstatue), 4. Grabbauten, 5. Räume mit apsidialem Abschluss in Wohnhäusern und Villen.[9] Als Chorabschluss von Kirchenbauten findet diese römische Bautradition ihre Fortsetzung, und es erstaunt nicht, dass die Grundmauern römischer Apsidengebäude zuweilen als Reste von Kirchen oder Klöstern gedeutet wurden, wie Flurnamen römischer Ruinenstätten belegen, die auf Kirchen, Klöster oder Kapellen verweisen (vgl. hierzu Paret 1932, 249–56). Exemplarisch sei das Stift von Bad Wimpfen im Tal angeführt: Die Klosterchronik, die im 13. Jahrhundert verfasst wurde, berichtet, dass ein Bischof Crudolf in der Zeit nach den Ungarnkriegen unter den Ruinen in Wimpfen ein ehemaliges Kloster identifizieren konnte, welches er wieder aufbaute und aus dem später das Stift wurde. Und tatsächlich steht die Stiftskirche wohl auf den Grundmauern des Stabsgebäudes des römischen Kastells, dessen Fahnenheilig-

---

8 Vgl. Mazarakis Ainian 1997; Weiler 2001. Einen anschaulichen Überblick gibt die Zusammenstellung von Hausgrundrissen in Mazarakis Ainian 2008, 131.

9 Zur Bedeutung der Apsis im römischen Kaiserkult vgl. Wohlmayr 2005.

tum eine Apsis aufweist und das mit seinen Flügeln durchaus an ein Klostergebäude erinnern könnte.[10]

Sieht man von den historisch konkreten Erscheinungsformen von Apsidengebäuden einmal ab und versucht allgemein anzugeben, welche Gestaltungslogik der Apsis zugrundeliegt, dann ließe diese sich folgendermaßen bestimmen: Da ein Kreis auf einen Mittelpunkt und ein Halbkreis auf einen Fokus verweist, ist die Apsis dafür prädestiniert, ein Objekt oder ein Geschehen buchstäblich in den Mittelpunkt zu stellen. Sie ist damit ein heraushebender und zugleich ein herausgehobener Gebäudeteil, was sich unter anderem auch darin zeigt, dass sie bei anthropomorphisierenden Deutungen von Gebäuden häufig als deren Kopf verstanden wird.[11] Das bedeutet freilich noch nicht eine Herausgehobenheit des gesamten Gebäudes, wie auch der strukturell vergleichbare Herrgottswinkel aus einer Bauernstube noch keinen außeralltäglichen Raum macht.

Was die beeindruckende Größe des Gebäudes angeht, das »in der Größenhierarchie der Bauten der Plateausiedlung [...] an erster Stelle« (Mötsch u. a. 2008, 18) steht, so kann ein Zweck dieser Größe tatsächlich darin bestanden haben, einen Betrachter zu beeindrucken (und zwar nicht nur einen vor ihm stehenden, sondern auch einen aus der Ferne auf ihn blickenden)[12]. Abgesehen davon ist aber bei dem Versuch einer Funktionsbestimmung erst einmal von einer funktionalen Notwendigkeit dieser Größe auszugehen. Ein naheliegender Gedanke wäre, in dem Gebäude eine gemeinschaftsbedeutsame Anlage zu sehen, zum Beispiel ein Versammlungshaus, und leicht könnte man die Apsis mit einer solchen Funktion in Zusammenhang bringen.[13]

10 Zur Wiederverwendung römischer Ruinen aufgrund ihrer Interpretation als Reste von Kirchen oder Klöstern vgl. Eismann 2004, 139–42; zu der Stiftskirche von Bad Wimpfen im Tal auch ebd. 204.

11 Ein Beispiel für eine solche anthropomorphisierende Interpretation eines Hauses bei den Dogon, dessen »Kopf« eine apsidenähnliche Form hat, findet sich in Guidoni 1976, 30 Abb. 44.

12 »Das Gebäude war von der Seine und der Nekropole aus sichtbar und auf Fernwirkung angelegt« (Mötsch u. a. 2008, 18).

13 Dieser Gedanke ist nicht neu: Bereits H. Bulle (1907, 49 f.) postulierte eine Herkunft der archaischen Apsidenbauten von älteren, als Versammlungshäuser fungierenden Ovalbauten. Außerdem vermutete er eine über römische Bauformen und den christlichen Kirchenbau vermittelte Fortdauer dieses »Grundgedankens« eines ursprünglichen Zusammenhangs von Oval- bzw. Apsidenbau und Versammlungsstätte bis in die Gegenwart hinein (ebd. 50). Hier wäre allerdings insofern zu differenzieren, als diese Kontinuität keine lückenlose im Sinne einer ununterbrochenen Fortschreibung war, sondern eine durch die Form der Apsis und den von ihr nahegelegten Gebrauch begründete Konvergenz.

Die Deutung des Gebäudes als »Palast« und ihre Implikationen

Kann nun aufgrund der Existenz dieses Gebäudes auf eine am Mont Lassois residierende Aristokratenfamilie oder einen machtvollen Einzelherrscher geschlossen werden? Das insinuiert der von Chaume, Nieszery und Reinhard verfasste Artikel, der eines detaillierten diskursanalytischen Kommentars würdig wäre. Dies kann hier nicht geleistet werden, ich beschränke mich daher auf einige kursorische, die Interpretation des Gebäudes betreffende Bemerkungen. Zunächst zu dem Titel »Keltischer Palast im mediterranen Stil« (Chaume u. a. 2008, 54). Was ist ein Palast? Ein Herrschersitz, und zwar genauer ein solcher, der nicht nur als Wohnsitz dient, sondern mit dem sich darüber hinaus repräsentative und administrative Funktionen verbinden (Höcker 2004, 183). Weder eine bloße Herrscherresidenz noch repräsentative öffentliche Gebäude, in denen die Allgemeinheit betreffende Aufgaben erledigt werden, sind demnach als »Paläste« anzusprechen, denn einen Palast macht gerade die Kombination dieser beiden Funktionskreise aus. Wenn andere Gebäudetypen als Paläste bezeichnet werden, bezieht sich das metaphorisch auf die mit Palästen typischerweise einhergehende Prachtentfaltung; als Beispiele seien etwa der »Sportpalast« oder der »Palast der Republik« genannt, bei denen durch das Kompositum bzw. die Genitivkonstruktion der metaphorische Charakter markiert wird. Setzt man beispielsweise »minoische Paläste« in Anführungszeichen, zeigt dies eine Distanzierung von der wörtlichen Bedeutung von »Palast« an und bezeichnet als *terminus technicus* einen Gebäudekomplex mit zentralem Hof (vgl. Lang 1999, 87).[14] Auch die Vorderasiatische Archäologie verwendet »Palast« als *terminus technicus*.[15]

Im Falle des Mont Lassois wird der Begriff weder näher bestimmt, noch steht er in Anführungszeichen, daher ist davon auszugehen, dass das Gebäude tatsächlich auch als Herrschersitz angesehen wird. Die im Text folgenden Relativierungen sind bereits erwähnt worden: Aus dem »Palast« wird ein nur noch »palastähnliches Gebäude«. Überlegt man, was dessen »Palastähnlichkeit« ausmachen könnte, dann drängen sich zwei Lesarten auf: Entweder ein besonderer Prunk, den man assoziativ mit einem Palast verbinden könnte, oder aber eine Anlehnung an Bauformen, deren Palastcha-

---

14 Ob diese Distanzierung sachlich angemessen ist oder ob die minoischen Anlagen nicht doch als Paläste im wörtlichen Sinne bezeichnet werden können, ist in unserem Zusammenhang unerheblich. Zu dem Problem des (archäologisch) »unsichtbaren Herrschers« in der minoischen und mykenischen Kultur vgl. zuletzt Maran / Stavrianopoulou 2007, 287.

15 Vgl. die folgende Definition von R. Naumann (1971, 389): »Zu den Palästen rechnen wir alle Wohngebäude, die an Größe über den normalen Wohnhaustyp hinausgehen oder auch nur innerhalb einer Ansiedlung als größtes Haus so hervorgehoben sind, daß sie als Wohnsitz des Herrschers gedeutet werden können.« Der Zusammenhang dieses erweiterten Gebrauchs von »Palast« mit seiner eigentlichen Bedeutung kommt hierin klar zum Ausdruck; ob eine solche Begriffserweiterung glücklich ist, wäre zu diskutieren, sie hat immerhin den Vorteil, eine ausdrücklich definierte zu sein.

rakter hinreichend gesichert ist; aufgrund des in dem Titel postulierten »mediterranen Stiles« des Gebäudes wären diese Bauformen folglich im Mittelmeerraum zu suchen. Betrachtet man die erste Textstelle, welche mediterrane Bauformen thematisiert, dann gewinnt die zweite Lesart an Plausibilität, ohne dass die erste ausgeschlossen wäre: »Im Gegensatz zum griechischen Megaronbau (Palastbau im mediterranen Raum), der in seiner Mittelachse die Eingangstür besitzt, liegt beim Mittelpfostenhaus auf dem ›Mont Lassois‹ der Eingang entweder rechts oder links des Mittelpfostens« (Chaume u. a. 2008, 56 f.).[16] Eine Differenz zu dem als »Palastbau« bestimmten Megaron wird konstatiert, ohne dass zuvor die Gemeinsamkeiten benannt worden wären, vor deren Hintergrund die Unterschiede überhaupt erst verständlich sind. Die einfache Gleichsetzung des Megarons mit einem Palast ist, wie oben ausgeführt, nicht gerechtfertigt: Das Megaron, verstanden als eine bestimmte Raumabfolge, findet sich zwar als zentrales Element in mykenischen Palästen, das bedeutet aber nicht, dass im Umkehrschluss diese Raumabfolge *per se*, das heißt auch bei einem Bau aus einer anderen Epoche oder aus einer anderen Region, auf einen Palast schließen lässt – genau dies aber wird hier suggeriert. Erst etwas später im Text werden die Gemeinsamkeiten des Apsidenbaus mit einem Megaron ausdrücklich genannt: »Seine lineare und höhenmäßige Baustruktur (offener Antenbereich, Vorhalle, Haupthalle oder Megaron mit Apsidenraum) zeigt eine Raumabfolge, die in Palästen des 2. Jt. v. Chr. in Griechenland als repräsentatives Element interpretiert wird« (Chaume u. a. 2008, 58). Der in Klammern stehende Einschub ist, zumindest für einen Leser, der mit den Bauformen, auf welche Bezug genommen wird, nicht im Einzelnen vertraut ist, etwas verwirrend, weil uneindeutig bleibt, für welche Elemente »Megaron« als alternativer Ausdruck in Anspruch genommen wird – nur für die Haupthalle oder auch für die anderen in der Aufzählung genannten Bereiche? Daraus folgt die weitere Unklarheit, ob der Zusatz »mit Apsidenraum« nur auf das Megaron zu beziehen ist, das mit dem Apsidenraum dann den zuvor aufgezählten Bereichen gegenübergestellt würde, oder aber auf »Haupthalle oder Megaron«, die er näher spezifizieren würde. Die Passivkonstruktion verschweigt, wer eigentlich die Raumabfolge als »repräsentatives Element« interpretiert, was es dem Leser erheblich erschwert, diese Interpretation« nachzulesen und sich darüber kundig zu machen, wie sie begründet wird. Möglicherweise berufen sich die Verfasser auf eine Art *common sense* in der Erforschung der genannten Phänomene, doch kann dieser kaum als verlässliche Geltungsquelle in Anspruch genommen werden. Zugleich bleibt offen, ob sie sich diese Interpretation zu Eigen machen oder ob sie ihr gegenüber gewisse Vorbehalte hegen. Ohne dass dies – warum eigentlich nicht? – ausdrücklich gesagt wird, sind mit den »Palästen des 2. Jt. v. Chr. in Griechenland« wohl mykenische Anlagen gemeint. Minoische »Paläste« scheiden

---

16 Aus einer ähnlichen Differenz in den Säulenstellungen versuchte F. Noack (1903, 9) einst ein Kriterium für eine systematische Unterscheidung zwischen den minoischen und den mykenischen Anlagen zu gewinnen.

aus – auch wenn sich eine Tendenz zur Isolierung eines Zentralgebäudes zuweilen schon andeuten mag (vgl. Beyer 1987, 224), ist bei ihnen ein Megaron-Grundriss als Kernstück der Anlage nicht auszumachen.[17] Als formales Analogon zu dem Apsidenbau vom Mont Lassois würde sich das als »Heroon« apostrophierte, in der Nähe der Toumba-Nekropole entdeckte Langhaus von Lefkandi anbieten, das eine Vorhalle, eine Gliederung des Innenraums in mehrere Räume, eine Apsis sowie umlaufende, dachtragende Pfostensetzungen aufweist (vgl. Coulton 1993) – dass die Verfasser darauf anspielen, ist aber wohl auszuschließen, da dieser Befund bereits in das 1. vorchristliche Jahrtausend zu datieren ist. Ihr Bezugspunkt sind also allem Anschein nach mykenische Palastanlagen, in denen das (apsidenlose!) Megaron aber kein Solitärbau, sondern in die Gesamtanlage architektonisch eingebunden war.[18] Zwar ist, im Unterschied etwa zu den »Thronräumen«[19] minoischer Anlagen, im Grundriss eine Tendenz zu seiner Isolierung und Heraushebung etwa durch Korridorführung und Zugangsweise erkennbar, allerdings bleibt offen, wie deutlich es sich von außen betrachtet abhob. Dass eine Anregung für die Errichtung des Gebäudes auf dem Mont Lassois ausgerechnet von den mykenischen Megara ausgegangen sein soll, erscheint jedenfalls nicht nur wegen des zeitlichen Abstandes kaum als naheliegend.

Der Text fährt fort: »Der Monumentalbau demonstriert ausgeprägtes Machtbewusstsein und stolzes Selbstverständnis einer ganzen Gemeinschaft. So ist es

---

17 Blickt man in die Forschungsgeschichte, so wurde häufig als funktionale Differenz zwischen dem Megaron als Mittelpunkt mykenischer Palastanlagen und den minoischen »Palästen« herausgestellt, dass diese auf eine möglichst effektive Belüftung zum Zwecke der Kühlung hin konstruiert worden seien (z. B. Bulle 1907, 52), die mykenischen Megara im Unterschied dazu auf das Speichern der von dem zentralen Herd ausgehenden Wärme. Die Bewertungen dieser Feststellung divergierten jedoch im Hinblick auf die Frage, ob hier zwei autochthone Bautraditionen vorliegen oder ob das Megaron sich unter der Anpassung an klimatische Erfordernisse aus dem minoischen »Palästen« entwickelte, was folgenreich für Versuche einer ethnischen Klassifizierung der Erbauer war. D. Mackenzie (1905 / 06, 251–8) ging von einer Ausbreitung des Bausystems der kretischen »Paläste« nach Norden hin aus, wobei man, den klimatischen Bedingungen Rechnung tragend, eine Isolierung des Hauptraumes zum Megaron vollzogen und einen zentralen Herd etabliert habe, dagegen betonte F. Noack (1908, 47) die fundamentale Differenz der beiden Typen von »Palast«-Anlagen und lehnte die Ableitung der einen aus der anderen ab. Bulle (1907, 52) schrieb das Megaron einem »Nordvolk«, die kretischen »Paläste« einem »Südvolk« zu, Dörpfeld (1905, 294–7) bezeichnete die minoischen Anlagen als »karisch«, die mykenischen als »achäisch«. – Die Ausblühungen dieser ethnischen Deutungen, eine Gegenüberstellung des angeblich europäisch-heroischen Wesens der als Griechen verstandenen Mykener und der nichteuropäischen, tendenziell verweichlicht-dekadenten Minoer schildert R. Jung (2000, 77–82) am Beispiel von G. Rodenwaldt (1921), F. Schachermeyr (1939) und F. Matz (1956).

18 Als Ausnahme ist das nachpalastzeitliche freistehende »kleine« Megaron von Tiryns anzusehen (Maran 2000), in welchem J. Maran (2008, 64) wegen des Charakters als Solitärbau nicht eine Residenz, sondern eine Versammlungsstätte sieht. – Zu dem Erscheinungsbild der mykenischen Paläste und zu der Markierung der unterschiedlichen Einheiten vgl. Küpper 1996, 111–22; Maran 2006.

19 Zur Funktion der »Thronräume« vgl. Niemeier 1987.

sicher nicht übertrieben, dieses Bauwerk als einen keltischen Palast zu bezeichnen« (Chaume u. a. 2008, 58). Hier erfolgt explizit die Erläuterung der Kategorisierung des Gebäudes als »keltischer Palast«. Dabei wird konzediert, dass dies zwar eine starke, aber gleichwohl angemessene Behauptung ist, und zu ihrer Begründung wird auf die Monumentalität des Bauwerks rekurriert, das Machtbewusstsein und Stolz einer Gemeinschaft verkörpere. Analytisch wäre dem entgegenzuhalten, dass selbst dann, wenn man dies alles zugestehen würde, die Rede von einem »Palast« nicht gerechtfertigt ist, solange seine Funktion als Herrschersitz nicht plausibel gemacht werden kann. Diese Dimension wird aber noch nicht einmal erwähnt. Stattdessen wird der Palastcharakter als Ausdrucksgestalt der »ganzen Gemeinschaft« gedeutet und nicht der Einzelperson eines Herrschers, einem herrschenden Gremium oder einer Dynastie zugerechnet. Berechtigt ist dies insofern, als Herrscher und Beherrschte sich nicht einfach nur antagonistisch gegenüberstehen, sondern die Herrschaft im Normalfall immer auch eine Verkörperung der Gemeinschaft ist. So, wie sie in dem zitierten Satz formuliert ist, wäre die Beschreibung des Verhältnisses des Gebäudes zu der Gemeinschaft, die es errichtete oder errichten ließ, im Übrigen ohne Weiteres mit der Annahme einer Funktion als Versammlungsstätte dieser Gemeinschaft zu vereinbaren, ohne dass man auf eine Funktion als Herrschersitz Bezug nehmen müsste – umso unverständlicher erscheint dann aber die Bezeichnung »Palast«. Mit ihr werden Differenzierungen vorgenommen, die, solange sie nicht auch mit Argumenten eingelöst werden, lediglich wohlklingende Pseudodifferenzierungen bleiben. Sprachlich passt zu der Logik der Pseudodifferenzierung die Häufung von Adjektiven (»*ausgeprägtes* Machtbewusstsein und *stolzes* Selbstverständnis einer *ganzen* Gemeinschaft«), die eine sachlich nicht gedeckte Präzision der Erkenntnis vorspiegeln.

Weiter im Text: »Er manifestiert nach innen wie nach außen sowohl weltliche und / oder religiöse Macht, großen Reichtum als auch intensive Fernhandelsbeziehungen« (Chaume u. a. 2008, 58). Dies ist eine Aufzählung der objektiven Möglichkeiten, die aber nicht als Möglichkeiten, sondern als Gewissheiten behauptet werden. Das Muster eines fast inflationär zu nennenden Gebrauchs verstärkender Adjektive – »*großer* Reichtum«, »*intensive* Fernhandelsbeziehungen« – setzt sich fort. Gesetzt, dass in der Anlage des Gebäudes mediterrane Impulse verarbeitet wurden, bedeutet dies für sich genommen noch keinen Beleg für Fernhandelsbeziehungen, gar solche von gesteigerter Intensität, sondern zunächst nur für das Bestehen von direkten oder vermittelten Kontakten mit dem mediterranen Raum. Auch wenn andere Evidenzen für Fernhandelsbeziehungen vorliegen, wäre aufzuzeigen, inwiefern sie sich über ein assoziatives Zusammendenken hinaus in dem Gebäude »manifestieren«.

»Wahrscheinlich war hier der Ort, an dem sich die Eliten der Gesellschaft zu zeremoniellen oder weltlichen Anlässen trafen und auswärtige Delegationen empfingen und bewirteten« (Chaume u. a. 2008, 58). Der Plural »Eliten« bezeichnet nicht die Angehörigen einer Elite, sondern tatsächlich mehrere Eliten, was eine voraussetzungsreiche und erklärungsbedürftige Annahme über die differenzierte Verfasstheit der späthallstattzeitlichen Gesellschaft darstellt. Ist zuvor davon die Rede gewesen, dass das Gebäude als Demonstration des Machtbewusstseins und Selbstverständnisses der *ganzen* Gemeinschaft anzusehen sei, soll nun seine Nutzung den nicht näher charakterisierten Eliten vorbehalten gewesen sein. Hier drängt sich der Eindruck einer eklektischen Argumentation auf, die eigentlich unvereinbare Elemente zusammenzwingt wie die Zuordnung des Gebäudes einerseits zu der »ganzen Gemeinschaft«, die als machtvolle Kollektivität in Anspruch genommen wird, und andererseits deren Eliten, die seine Exklusivität und Besonderheit verbürgen sollen. Bei aller Gegensätzlichkeit konvergiert beides in der Steigerung der dem Gebäude zugesprochenen Bedeutung.

Ein weiterer Umstand ist irritierend: Ist oben von der »ganzen *Gemeinschaft*« gehandelt worden, so ist hier von den »Eliten der *Gesellschaft*« die Rede. Die Bedeutungsdifferenz, die mit dieser Nuancierung erschlossen werden soll, bleibt rätselhaft, weshalb wohl von einer synonymen Verwendung dieser beiden soziologischen Grundbegriffe ausgegangen werden kann. Wegen ihres grundsätzlichen analytischen Wertes für die Rekonstruktion von Sozialstrukturen seien sie kurz erläutert. Im Anschluss an Ferdinand Tönnies (1991) ist eine Gemeinschaft als Kollektivität von Menschen zu verstehen, deren Handeln wesentlich solidarischen Charakter hat, man ist in ihr Mitglied als Mensch in seiner Totalität, nicht nur als Träger einer spezifischen Rolle. Im Unterschied dazu ist eine Gesellschaft interessengebunden, aus Erwägungen der Nützlichkeit entstanden, sie ist Produkt einer bewussten Planung, eine Vereinigung mehrerer Personen, die der Verfolgung eines bestimmten Zweckes dient. An einer Gesellschaft partizipiert man nicht als ganzer Mensch, sondern füllt nur eine Rollenvorgabe aus. Wichtig ist die Einsicht in die Asymmetrie der beiden Begriffe, denn Gemeinschaft und Gesellschaft liegen analytisch nicht auf derselben Ebene – Gesellschaften sind Abstraktionen von Gemeinschaften, nicht umgekehrt. Die Genese autonomer, sprach- und handlungsfähiger Subjekte vollzieht sich in Gemeinschaften, die Teilnahme an Gesellschaften dagegen hat die bereits abgeschlossene Subjektkonstitution zu ihrer Voraussetzung. Misslicherweise wird der Begriff der Gesellschaft in zwei unterschiedlichen Bedeutungen verwendet, denn einerseits meint er das andere der Gemeinschaft, andererseits aber auch eine die Unterscheidung von Gemeinschaft und Gesellschaft übergreifende Gesamtheit der humanen Sozialität. Diese Mehrdeutigkeit ist schon deshalb unglücklich, weil sie mit dem Gemeinschaftsbegriff auch die Asymmetrie des Fundierungsverhältnisses zum Verschwinden bringt.[20]

---

20 So verfügt beispielsweise die ältere »Kritische Theorie« über keinen adäquaten Begriff von Gemeinschaft, gerade weil die beiden unterschiedlichen Bedeutungen von Gesellschaft ineinandergeschoben werden. In einer soziologischen Einführungsvorlesung exponiert T. W. Adorno (1993, 53–63) den Begriff der Gesellschaft als den Zentralbegriff der Soziologie, verwendet ihn also hier umfangslogisch, das heißt die Distinktion von Gesellschaft im engeren Sinne und Gemeinschaft übergreifend. Dabei nimmt er aber ausdrücklich Bezug auf M. Webers Begriff der »Vergesellschaftung«, der Gesellschaft in der spezifischeren Bedeutung meint und den Weber vom Begriff der »Vergemeinschaftung« unterscheidet (Weber 1980, 21–3). Die in der Verge-

Unter der Überschrift »Stand hier der Krater von Vix?« fährt der Text fort: »Hinweise auf symposionartige Feste (ein Symposion war im antiken Griechenland ein Trinkgelage, das auch zu Gesprächen und Verhandlungen genutzt wurde) liefern im Bereich der Apsis Fragmente von Tongefäßen, die etruskisch / griechische Kannen aus Bronze nachahmen, sowie attische Scherben vom Trink- und Speiseservice« (Chaume u. a. 2008, 58). »Symposionartig« ist eine typische Pseudodifferenzierung: Die Feste waren keine richtigen Symposien, aber auch keine Nicht-Symposien, sondern Veranstaltungen, die einerseits Merkmale eines Symposions hatten, denen andererseits aber entweder Symposionmerkmale fehlten oder die auch noch andere, dem Begriff des Symposions nicht entsprechende Merkmale hatten. Damit unterstellt »symposionartig« eine Bestimmtheit der Kenntnis der Beschaffenheit dieser Feste, die unbegründet ist – faktisch liegt hier gerade das Gegenteil vor, nämlich eine Ungewissheit bezüglich der Frage, ob mit der Verwendung der mediterranen Objekte auch eine Übernahme der Handlungsvollzüge, in die sie in ihren Herkunftskulturen eingebettet waren, einherging, oder ob diese umgekehrt in den Ablauf einheimischer Feste integriert wurden. »Symposionartig« legt eine Akkulturation nahe und macht gleichzeitig den Vorbehalt geltend, es könnte doch auch anders gewesen sein. Damit soll nicht bestritten werden, dass die genannten Gegenstände möglicherweise Indikatoren einer Akkulturation sind, doch wäre dies nicht als Selbstverständlichkeit vorauszusetzen, sondern unter Abgrenzung von anderen Modi des Umgangs mit Fremdgütern – als Stichworte seien nur Aneignung, Kreolisierung und Nostrifizierung genannt – argumentativ zu rechtfertigen.[21] Mit derselben Selbstverständlichkeit, mit der in der traditionellen Hallstattforschung eine Akkulturation zumindest der »Eliten« an die Gebräuche mediterraner Kulturen angenommen wird, wurde ein vergleichbarer Prozess in der orientalisierenden Phase der griechischen Kulturentwicklung entweder *a priori* aus dem Bereich des Denkmöglichen verbannt[22] oder diese Phase als eine der

---

sellschaftung waltende Logik des Äquivalententauschs überträgt Adorno dann auf die Ebene der Gesellschaft als Gesamtheit von Sozialität überhaupt. Das Fehlen eines adäquaten Gemeinschaftsbegriffs ist auch eine Erblast der Marxschen Theorie, die hinter die von ihr kritisierte Hegelsche Konzeption einer den gesellschaftlichen Tauschverhältnissen vorausgehenden und sie überhaupt erst ermöglichenden substanziellen Sittlichkeit zurückfällt. Auch für Marx (1962, 99–108) beginnt Reziprozität erst mit dem Äquivalententausch.

21 Zu dem Begriff der Aneignung vgl. Hahn 2005, 101–7, zu dem der Kreolisierung Hannerz 1987 und zu dem der Nostrifizierung Kohl 2004. – Dazu, wie irreführend eine Deutung archäologischer Objekten im Lichte der Akkulturationsprämisse sein kann, vgl. M. Jung 2004; 2007a; 2007b.

22 »Die Vorbildwirkung östlichen Formengutes wird in der archäologischen Literatur meist im rein Ikonographischen und Kunsthandwerklichen gesehen, die Möglichkeit der Rezeption nicht nur der Kunstformen, sondern auch der dahinterstehenden geistigen Vorstellungen, bestimmter Arten der Lebensweise, meist eher skeptisch beurteilt oder teilweise a priori negiert. Hinter solcher Grundhaltung scheinen immer noch – bewußt oder unbewußt – vorgefaßte Werturteile, scheint die Antithese Abendland – Orient, die Vorstellung eines geistig beweglicheren, intellektuell überlegenen Griechentums zu stehen, das zwar äußere Formen, die im Osten wurzeln, aufgriff, sie aber stets mit neuen, griechischen Inhalten erfüllte« (Matthäus 1993, 166).

vorübergehenden Schwäche und dadurch bedingten »Anfälligkeit« für orientalische Einflüsse gedeutet (vgl. Schweizer 2005, 358 f.). Diese Tatsache stellt anschaulich vor Augen, wie trügerisch solche scheinbar bewährten interpretatorischen Gewohnheitsmuster sein können.

»Dass hier auch der um 530 v. Chr. in Süditalien hergestellte, 1 100 Liter Wein fassende Bronzekrater bis zu seiner Deponierung im Grab der Fürstin von Vix um 500 v. Chr. gestanden haben könnte, scheint nicht abwegig« (Chaume u. a. 2008, 58). Dass ein Sachverhalt als nicht abwegig erscheint, ist auf der Ebene der Hypothesenbildung gemäß der Sparsamkeitsregel[23] ein sinnvolles Kriterium zur Reduzierung von Lesarten, es sagt aber nichts darüber aus, ob sie richtig sind oder nicht. Diese Differenz wird hier getilgt, indem suggeriert wird, die »Nichtabwegigkeit« des Behaupteten wäre ein Hinweis auf seine Richtigkeit im Sinne propositionaler Wahrheit. Damit erinnert die Argumentation an dieser Stelle an die oben zu konstatierende Nichtunterscheidung zwischen den objektiven Möglichkeiten der Verwendung und Bedeutung des Gebäudes und dem Wissen, welche dieser Möglichkeiten faktisch zutreffend ist. »Mit den Kannen konnte man den Wein aus dem Krater schöpfen und in die Trinkschalen gießen« (Chaume u. a. 2008, 58). Dieser Satz kann entweder lediglich den Gebrauchszusammenhang von Misch-, Schank- und Trinkgefäß erläutern oder aber darüber hinaus als Begründung der zuvor formulierten Behauptung fungieren. Als eine solche wäre er aber merkwürdig unkräftig, denn mit den Kannen konnte man den Wein aus jedem Mischgefäß schöpfen – das dieses ausgerechnet der durch seine Deponierung in dem »Fürstinnengrab« überlieferte gewaltige Bronzekrater gewesen sein soll, ist ein etwas gewagter interpretatorischer Kurzschluss, solange sich nicht in dem Befund selbst Hinweise finden, welche diese Annahme stützen. Nur nebenbei sei auf die chronologischen Schwierigkeiten hingewiesen, die sich mit der Vermutung eines Funktionszusammenhangs von Krater und Kannen ergeben, wenn man mit Angela Mötsch (2008, 208) eine Datierung der Kannen als keramischen Adaptionen der »Rhodischen« Bronzekannen an das Ende des 7. bzw. den Beginn des 6. Jahrhunderts erwägt.

»Unterstützt werden die Überlegungen zur Aufbewahrung des Kraters und damit zusammenhängenden Veranstaltungen durch Ausgrabungen in Pithekoussai auf der Insel Ischia und am Apollon-Heiligtum von Eretria. In den Apsiden der dort untersuchten Gebäude aus der spätgeometrischen Epoche (Ende 8. Jh. v. Chr.) fanden sich die Reste von großen griechischen Kratern aus Keramik« (Chaume u. a. 2008, 58). Nähere Angaben zu den erwähnten Befunden werden nicht gemacht (zu dem Krater von Eretria vgl. Verdan 2001, 86; zu dem von Pithekoussai Buchner 1970/71, 65), doch die zeitliche Differenz von fast 200 Jahren, die zwischen ihnen und der Her-

---

23 Die forschungslogisch essenzielle Sparsamkeitsregel *(»Occam's Razor«)* besagt, dass einfachen, »sparsamen«, plausiblen oder begründeten Erklärungen der Vorzug einzuräumen ist vor komplexen, auf Zusatzannahmen basierenden, unbegründeten oder unplausiblen.

stellung des in Vix gefundenen Kraters liegen, wie auch der räumliche und kulturelle Abstand lassen eine direkte Übertragbarkeit von Bedeutung und Funktion dieser Kratere zweifelhaft erscheinen. Auch wenn die Nennung der beiden weit voneinander entfernten Orte Eretria und Pithekoussai als Beleg für die ubiquitäre Verbreitung einer Aufstellung von Krateren in Apsiden verstanden werden könnte, ist doch zu bedenken, dass Pithekoussai eine Kolonie Eretrias war. Zwar votiert Alexander Mazarakis Ainian dafür, in dem Krater von Eretria (und in vergleichbaren Kontexten gefundenen Stücken) keine Votivgaben zu sehen, sondern vielmehr »prized vessels used for the performance of formal or large-scale symposia« (Mazarakis Ainian 2003, 199), doch besteht hier die Gefahr, dass »Symposion« jedes distinkten Sinnes entkleidet wird und nicht mehr eine bestimmte Zusammenkunft der archaischen Adelsgesellschaft[24] beschreibt – und nur als solche hat es für die Verfasser einen Wert als Indikator der Akkulturation der supponierten späthallstattzeitlichen Eliten –, sondern allgemein als Synonym für jedwede Festivität, bei der in Mischgefäßen aufbereiteter Wein konsumiert wurde.[25] Zweckmäßiger wäre es, die vermutete Aufstellung des Kraters nicht vermittels vermeintlicher historischer Kontinuitäten, sondern strukturell abzuleiten, nämlich aus der Form der Apsis und der durch sie nahegelegten Handlungsvollzüge. Im Übrigen hat es nicht den Anschein, als könnten die Gebäude, in welchen die Kratere von Eretria und Pithekoussai gefunden wurden, von ihren Abmessungen her als »palastartig« im Sinne der Verfasser verbucht werden (vgl. Verdan 2001, 85 Fig. 3; Buchner 1970/71, 65 Fig. 5).

»Unbeantwortet bleibt vorerst allerdings die Frage, ob der repräsentative Bau von Vix darüber hinaus als ständige Residenz einer hoch gestellten Aristokratenfamilie gedient hat« (Chaume u. a. 2008, 58 f.). Abgesehen davon, dass diese Formulierung prätendiert, alle anderen Fragen wären befriedigend beantwortet, tangiert die Frage nach dem Residenzcharakter des Gebäudes unmittelbar die Berechtigung seiner Ansprache als Palast. Und gesetzt, es gelänge tatsächlich der Nachweis, dass es der Herrschersitz war (und nicht bloß die Behausung »einer hoch gestellten Aristokratenfamilie«), wäre damit überhaupt erst eine notwendige, nicht aber hinreichende Bedingung für eine derartige Ansprache erfüllt. Mit der in diesem Satz genannten Einschränkung wird der Palastcharakter des Apsidenbaus der Sache nach jedenfalls wieder dementiert, ohne dass dies aber zu einer Revision der gewählten Begrifflichkeiten führen würde.

---

24 Spätere Entwicklungen des Symposions, vor allem seine »Demokratisierung« (vgl. Stein-Hölkeskamp 1989, 116), können in den hier interessierenden Zusammenhängen ausgeklammert bleiben.

25 Die von E. Kistler (1998, 149–52) differenziert rekonstruierte Transformation des vorhomerischen »Banketts« zum »Symposion« lässt erkennen, wie unangemessen es ist, jedes Fest pauschalisierend mit dem Etikett »Symposion« zu versehen.

Unentscheidbarkeit oder Multifunktionalität?

Zur Funktion und Bedeutung des Gebäudes heißt es schließlich zusammenfassend: »Alles in allem spricht vieles dafür, dass sich das öffentliche Leben (Versammlung der Eliten, Rechtsprechung, Repräsentation und Zeremonien) auf dieser so genannten Oberburg abspielte, in deren Zentrum diese multifunktionelle, palastartige Anlage stand« (Chaume u. a. 2008, 59). Als Detail bleibt festzuhalten, dass der Plural von »Eliten« oben keine Nachlässigkeit gewesen, sondern tatsächlich wörtlich zu verstehen ist – es gab demnach mehrere analytisch unterscheidbare Eliten, deren Verhältnis zueinander aber nicht näher bestimmt wird. Außerdem bestätigt sich, dass der Text gekennzeichnet ist durch ein Zusammenziehen von objektiven Möglichkeiten einerseits und begründeten Tatsachenbehauptungen andererseits: Die Funktion des Gebäudes ist unbekannt; hinsichtlich der Funktionsbestimmung gibt es verschiedene Möglichkeiten, zwischen denen aber nicht entschieden werden kann, und diese Unentscheidbarkeit auf der Ebene der Hypothesenüberprüfung wird als faktische Multifunktionalität ausgegeben. Anders gesagt, wird die Logik der Hypothesenbildung und -überprüfung mit der Eigenlogik der Realität, die diese Hypothesen zum Gegenstand haben, konfundiert. Hinzu kommt, dass die überhaupt in Erwägung gezogenen Möglichkeiten von vornherein begrenzt sind, und so demonstriert dieser Text anschaulich das Hase-und-Igel-Spiel der traditionellen Hallstattforschung: Ein in einem emphatischen Sinne verstandener Aristokrat, Elitenangehöriger oder »Fürst« bzw. ein weibliches Pendant ist immer schon da, und die Befunde werden im Lichte dieser Vorannahme gedeutet. Das Tückische an einem Begriff wie »Palast« liegt in seiner Griffigkeit und Suggestivität, gerade auch für archäologisch interessierte Laien, an die sich eine Zeitschrift wie »Archäologie in Deutschland« wendet. Bei genauer Betrachtung erweist er sich, dem Begriff »Fürst« ganz ähnlich, als semantische Nebelkerze, die den so bezeichneten Sachverhalt nicht erhellt, sondern im Gegenteil den Blick auf ihn eher verstellt. Wem aber einmal die Vergangenheit mit diesen einprägsamen, vermeintlich klaren Begriffen nahegebracht worden ist, dem wird es schwer fallen, sich von ihnen zu lösen und wieder einen unvoreingenommenen Blick auf die Befunde zu werfen.

Literaturverzeichnis

Adorno 1993: T. W. Adorno, Einleitung in die Soziologie. Nachgelassene Schriften IV, 15. Frankfurt a. M.: Suhrkamp 1993.

Beyer 1987: I. Beyer, Der Palasttempel von Phaistos. In: Hägg/Marinatos 1987, 213–25.

Bollmann 1998: B. Bollmann, Römische Vereinshäuser. Untersuchungen zu den Scholae der römischen Berufs-, Kult- und Augustalen-Kollegien in Italien. Mainz: von Zabern 1998.

Buchner 1970/71: G. Buchner, Recent Work at Pithekoussai (Ischia), 1965–71. Archaeological Reports (London) 17, 1970/71, 63–7.

Bulle 1907: H. Bulle, Orchomenos I. Die älteren Ansiedelungsschichten. München: Verlag der K. B. Akademie der Wissenschaften 1907.

Chaume u. a. 2004: B. Chaume/T. Grübel/A. Haffner/P. Méniel/C. Mordant/U. Müller/N. Nieszery/P. van Ossel/H. v. d. Osten-Woldenburg/Th. Pertlwieser/W. Reinhard/O. Urban, Premiers Aperçus sur les Fouilles Récentes du Complexe Aristocratique de Vix/le Mont Lassois. Bulletin Archéologique et Historique du Châtillonnais, 6. Série 7, 2004, 9–42.

Chaume u. a. 2008: B. Chaume/N. Nieszery/W. Reinhard, Keltischer Palast im mediterranen Stil. Archäologie in Deutschland H. 4, 2008, 54–9.

Coulton 1993: J. Coulton, The Toumba Building: its Architecture. In: M. R. Popham u. a. (Hrsg.), Lefkandi II. The Protogeometric Building at Toumba 2. The Excavation, Architecture and Finds. The British School at Athens. Suppl. 23. Oxford: Alden Press 1993, 33–70.

Darcque 1990: P. Darcque, Pour l'Abandon du Terme »Mégaron«. In: L'Habitat Égéen Préhistorique. Bulletin de Correspondance Hellénique Suppl. 19. Athen: École Française d'Athènes 1990, 21–31.

Dörpfeld 1886: W. Dörpfeld, Die Bauwerke von Tiryns. In: H. Schliemann, Tiryns. Der prähistorische Palast der Könige von Tiryns. Ergebnisse der neuesten Ausgrabungen. Leipzig: Brockhaus 1886, 200–352.

Dörpfeld 1905: Ders., Die kretischen, mykenischen und homerischen Paläste. Mitteilungen des Kaiserlich Deutschen Archäologischen Instituts, Athenische Abteilung 30, 1905, 257–97.

Eismann 2004: St. Eismann, Frühe Kirchen über römischen Grundmauern. Untersuchungen zu ihren Erscheinungsformen in Südwestdeutschland, Südbayern und der Schweiz. Freiburger Beiträge zur Archäologie und Geschichte des Ersten Jahrtausends 8. Rahden/Westf.: Leidorf 2004.

Guidoni 1976: E. Guidoni, Architektur der primitiven Kulturen. Stuttgart: Belser 1976 [Erstausgabe: Mailand 1975].

Hägg/Marinatos 1987: R. Hägg/N. Marinatos (Hrsg.), The Function of the Minoan Palaces. Proceedings of the 4th International Symposium at the Swedish Institute in Athens, 10–16 June, 1984. Skrifter utg. av Svenska Institutet i Athen 4°, 35. Stockholm: P. Åström 1987.

Hahn 2005: H. P. Hahn, Materielle Kultur. Eine Einführung. Berlin: Reimer 2005.

Hannerz 1987: U. Hannerz, The World in Creolization. Africa 57, 1987, 546–59.

Hiesel 1990: G. Hiesel, Späthelladische Hausarchitektur. Studien zur Architekturgeschichte des griechischen Festlandes in der späten Bronzezeit. Mainz: von Zabern 1990.

Hiller 1991: St. Hiller, The Greek Dark Ages. Helladic Traditions – Mycenaean Traditions in Culture and Art. In: D. Musti u. a. (Hrsg.), La Transizione dal Miceneo all'Alto Arcaismo. Dal Palazzo alla Città. Atti del Convegno Internazionale, Roma, 14–19 Marzo 1988. Roma: Consiglio Nazionale delle Ricerche 1991, 117–32.

Hiller 1996: Ders., Apsidenbauten in griechischen Heiligtümern. In: F. Blakolmer u. a. (Hrsg.), Fremde Zeiten. Festschrift für Jürgen Borchhardt II. Wien: Phoibos 1996, 27–53.

Höcker 2004: Ch. Höcker, Metzler Lexikon antiker Architektur. Sachen und Begriffe. Stuttgart, Weimar: Metzler 2004.

Hoepfner 1999: W. Hoepfner (Hrsg.), Geschichte des Wohnens 1. 5000 v. Chr.–500 n. Chr. Vorgeschichte, Frühgeschichte, Antike. Stuttgart: Deutsche Verlags-Anstalt 1999.

Hoepfner u. a. 1999: W. Hoepfner und Mitarbeiter, Die Epoche der Griechen. In: Hoepfner 1999, 123–608.

M. Jung 2004: M. Jung, Überlegungen zu möglichen Sitz- und Liegepositionen auf der Hochdorfer »Kline«. Archäologische Informationen 27, 1, 2004, 123–32.

M. Jung 2007a: Ders., Kline oder Thron? Zu den Fragmenten eines griechischen Möbelpfostens aus dem späthallstattzeitlichen »Fürstengrab« Grafenbühl in Asperg (Kr. Ludwigsburg). Germania 85, 1, 2007, 95–107.

M. Jung 2007b: Ders., Einige Anmerkungen zum Komplex des Südimportes in hallstattzeitlichen Prunkgräbern. In: R. Karl / J. Leskovar (Hrsg.), Interpretierte Eisenzeiten. Fallstudien, Methoden, Theorie. Tagungsbeiträge der 2. Linzer Gespräche zur interpretativen Eisenzeitarchäologie. Studien zur Kulturgeschichte von Oberösterreich 19. Linz: Oberösterreichisches Landesmuseum 2007, 213–25.

M. Jung i. Dr.: Ders., Anmerkungen zur sozialhistorischen Interpretation der Lehmziegelmauer der Heuneburg. In: P. Trebsche / I. Balzer / Ch. Eggl / J. Fries-Knoblach / J. Koch / J. Wiethold (Hrsg.), Architektur: Interpretation und Rekonstruktion. Beiträge zur Sitzung der AG Eisenzeit während des 6. Deutschen Archäologie-Kongresses in Mannheim 2008. Beiträge zur Ur- und Frühgeschichte Mitteleuropas 55. Langenweißbach: Beier und Beran, im Druck.

R. Jung 2000: R. Jung, Das Megaron – ein Analogie(kurz-)schluss der ägäischen Archäologie. In: A. Gramsch (Hrsg.), Vergleichen als archäologische Methode. Analogien in der Archäologie. British Archaeological Reports International Series 825. Oxford: Archaeopress 2000, 71–95.

Katalog Karlsruhe 2008: Zeit der Helden. Die »dunklen Jahrhunderte« Griechenlands 1200–700 v. Chr. Ausstellungskatalog Karlsruhe. Darmstadt: Primus 2008.

Kistler 1998: E. Kistler, Die »Opferrinne-Zeremonie«. Bankettideologie am Grab, Orientalisierung und Formierung einer Adelsgesellschaft in Athen. Stuttgart: Steiner 1998.

Knox 1970: M. O. Knox, »House« and »Palace« in Homer. Journal of Hellenic Studies 90, 1970, 117–20.

Knox 1973: Dies., Megarons and ΜΕΓΑΡΑ: Homer and Archaeology. Classical Quarterly New Series 23, 1973, 1–21.

Kohl 2004: K.-H. Kohl, Erfundene Vergangenheiten. Ethnische Reaktionen auf den Prozess der Globalisierung. In: B. Luchesi / K. v. Stuckrad (Hrsg.), Religion im kulturellen Diskurs.

Festschrift für Hans G. Kippenberg zu seinem 65. Geburtstag. Religionsgeschichtliche Versuche und Vorarbeiten 52. Berlin, New York: de Gruyter 2004, 422–38.

Küpper 1996: M. Küpper, Mykenische Architektur. Material, Bearbeitungstechnik, Konstruktion und Erscheinungsbild. Internationale Archäologie 25. Espelkamp: Leidorf 1996.

Lang 1999: F. Lang, Minoische, mykenische und geometrische Zeit. In: Hoepfner 1999, 85–122.

Lauffer 1980: S. Lauffer, Megaron. In: Stele. Tomos eis mnemen Nikolaou Kontoleontos. Athen 1980, 208–15.

Mackenzie 1905/06: D. Mackenzie, Cretan Palaces and the Aegean Civilization II. The Annual of the British School at Athens 12, 1905/06, 216–58.

Maran 2000: J. Maran, Das Megaron im Megaron. Zur Datierung und Funktion des Antenbaus im mykenischen Palast von Tiryns. Archäologischer Anzeiger 2000, 1–16.

Maran 2006: Ders., Mycenaean Citadels as Performative Space. In: J. Maran/C. Juwig/H. Schwengel/U. Thaler (Hrsg.), Constructing Power. Architecture, Ideology and Social Practice. Konstruktion der Macht. Architektur, Ideologie und soziales Handeln. Geschichte. Forschung und Wissenschaft 19. Hamburg: LIT 2006, 75–91.

Maran 2008: Ders., Nach dem Ende. Tiryns – Phönix aus der Asche. In: Katalog Karlsruhe 2008, 63–75.

Maran/Stavrianopoulou 2007: J. Maran/E. Stavrianopoulou, Πότνιος Ἀνήρ – Reflections on the Ideology of Mycenaean Kingship. In: E. Alram-Stern/G. Nightingale (Hrsg.), Keimelion. Elitenbildung und elitärer Konsum von der mykenischen Palastzeit bis zur homerischen Epoche. Akten des internationalen Kongresses vom 3. bis 5. Februar 2005 in Salzburg. Österreichische Akademie der Wissenschaften, Philosophisch-historische Klasse, Denkschrift 350. Wien: Verlag der Österreichischen Akademie der Wissenschaften 2007, 285–98.

Marx 1962: K. Marx, Das Kapital. Kritik der politischen Ökonomie. Erster Band. Buch I: Der Produktionsprozeß des Kapitals. K. Marx/F. Engels, Werke 23. Berlin: Dietz 1962.

Matthäus 1993: H. Matthäus, Zur Rezeption orientalischer Kunst-, Kultur- und Lebensformen in Griechenland. In: K. Raaflaub (Hrsg.), Anfänge politischen Denkens in der Antike. Die nahöstlichen Kulturen und die Griechen. Schriften des Historischen Kollegs, Kolloquien 24. München: R. Oldenbourg 1993, 165–86.

Matz 1956: F. Matz, Kreta, Mykene, Troja. Die minoische und die homerische Welt. Stuttgart: Gustav Klipper 1956.

Mazarakis Ainian 1997: A. Mazarakis Ainian, From Rulers' Dwellings to Temples. Architecture, Religion and Society in Early Iron Age Greece (1100–700 B.C.). Studies in Mediterranean Archaeology 121. Jonsered: P. Åström 1997.

Mazarakis Ainian 2003: Ders., The Archaeology of *Basileis*. In: S. Deger-Jalkotzy/I. S. Lemos (Hrsg.), Ancient Greece: From the Mycenaean Palaces to the Age of Homer. Edinburgh Leventis Studies 3. Edinburgh: Edinburgh University Press 2006, 181–211.

Mazarakis Ainian 2008: Ders., Das Heim der Helden. Architektur und Gesellschaft der Früheisenzeit. In: Katalog Karlsruhe 2008, 129–45.

Mötsch 2008: A. Mötsch, Keramische Adaptionen mediterraner Bronzekannen auf dem Mont Lassois, Dép. Côte-d'Or, Burgund. Archäologisches Korrespondenzblatt 38, 2008, 201–10.

Mötsch u. a. 2008: A. Mötsch/A. Haffner/U. Müller, Zu den Ausgrabungen des Kieler Instituts für Ur- und Frühgeschichte am Mont Lassois 2004–2006. In: D. Krauße (Hrsg.), Frühe Zentralisierungs- und Urbanisierungsprozesse. Zur Genese und Entwicklung frühkeltischer Fürstensitze und ihres territorialen Umlandes. Forschungen und Berichte zur Vor- und Frühgeschichte in Baden-Württemberg 101. Stuttgart: Theiss 2008, 9–26.

Müller u. a. 2005: U. Müller/T. Grübel/A. Haffner/A. Mötsch, Die Grabungen 2002–2004 auf dem Plateau St. Marcel. Frühe Zentralisierungs- und Urbanisierungsprozesse nördlich der Alpen. Kolloquien und Arbeitsberichte des DFG-SPP 1171 [http://w210.ub.uni-tuebingen.de/dbt/volltexte/2005/1909].

Naumann 1971: R. Naumann, Architektur Kleinasiens von ihren Anfängen bis zum Ende der hethitischen Zeit. Tübingen: Wasmuth [2]1971.

Niemeier 1987: W.-D. Niemeier, On the Function of the »Throne Room« in the Palace at Knossos. In: Hägg/Marinatos 1987, 163–8.

Noack 1903: F. Noack, Homerische Paläste. Eine Studie zu den Denkmälern und zum Epos. Leipzig: Teubner 1903.

Noack 1908: Ders., Ovalhaus und Palast in Kreta. Ein Beitrag zur Frühgeschichte des Hauses. Leipzig, Berlin: Teubner 1908.

Paret 1932: O. Paret, Die Siedlungen des römischen Württemberg. Die Römer in Württemberg III. Stuttgart: Kohlhammer 1932.

Rodenwaldt 1921: G. Rodenwaldt, Der Fries des Megarons von Mykenai. Halle a. d. S.: Niemeyer 1921.

Schachermeyr 1939: F. Schachermeyr, Zur Rasse und Kultur im minoischen Kreta. Wörter und Sachen N. F. 2, 1939, 97–157.

Schweizer 2005: B. Schweizer, Fremde Bilder – andere Inhalte und Formen des Wissens. Olympia in der »orientalisierenden« Epoche des 8. und 7. Jh. v. Chr. In: T. L. Kienlin (Hrsg.), Die Dinge als Zeichen: Kulturelles Wissen und materielle Kultur. Universitätsforschungen zur Prähistorischen Archäologie 127. Bonn: Habelt 2005, 355–82.

Stavrianopoulou 1995: E. Stavrianopoulou, Die Verflechtung des Politischen mit dem Religiösen im mykenischen Pylos. In: R. Laffineur/W.-D. Niemeier (Hrsg.), Politeia II. Society and State in the Aegean Bronze Age. Proceedings of the 5th International Aegean Conference, University of Heidelberg, Archäologisches Institut, 10–13 April 1994. Aegaeum 12. Liège: Université de Liège 1995, 423–33.

Stein-Hölkeskamp 1989: E. Stein-Hölkeskamp, Adelskultur und Polisgesellschaft. Studien zum griechischen Adel in archaischer und klassischer Zeit. Stuttgart: Steiner 1989.

Tönnies 1991: F. Tönnies, Gemeinschaft und Gesellschaft. Grundbegriffe der reinen Soziologie. Darmstadt: Wissenschaftliche Buchgesellschaft [3]1991 [Neudr. der 8. Aufl. von 1935].

Verdan 2001: S. Verdan, Fouilles dans le Sanctuaire d'Apollon Daphnéphoros. Antike Kunst 44, 2001, 84–7.

Weber 1980: M. Weber, Wirtschaft und Gesellschaft. Grundriß der verstehenden Soziologie. Tübingen: J. C. B. Mohr [5]1980 [Erstausgabe: Tübingen 1922].

Weiler 2001: G. Weiler, DOMOS THEIOU BASILEOS. Herrschaftsformen und Herrschaftsarchitektur in den Siedlungen der Dark Ages. Beiträge zur Altertumskunde 136. München, Leipzig: K. G. Saur 2001.

Werner 1993: K. Werner, The Megaron during the Aegean and Anatolian Bronze Age. A Study of Occurrence, Shape, Architectural Adaptation, and Function. Studies in Mediterranean Archaeology 108. Jonsered: P. Åström 1993.

Wilamowitz 1910: U. v. Wilamowitz-Moellendorff, Über das Θ der Ilias. Sitzungsberichte der Preussischen Akademie der Wissenschaften, Phil.-Hist. Klasse 1910, 373–402.

Wohlmayr 2005: W. Wohlmayr, Die Apside als sakrale Form im frühen römischen Kaiserkult. In: B. Brandt u. a. (Hrsg.), Synergia: Festschrift für Friedrich Krinzinger II. Wien: Phoibos 2005, 387–94.

SABINE RIECKHOFF

Raumqualität, Raumgestaltung und Raumwahrnehmung im 2. / 1. Jahrhundert v. Chr.

Ein anderer Zugang zu den ersten Städten nördlich der Alpen

Zusammenfassung: Aufgrund ihrer schlechten Erhaltungsbedingungen existiert ur- und früh-geschichtliche Architektur nördlich der Alpen aus Sicht ihrer Ausgräber üblicherweise nur zweidimensional in Grundrissen und Plänen. Das hat dazu geführt, dass die Semantik einer Architektur, zu der man *auf*blicken muss, nur selten als Marker für kulturellen und sozialen Wandel eingesetzt worden ist – geschweige denn, dass sich bisher eine »prähistorische Architektursoziologie« entwickelt hätte. Mein Beitrag versteht sich als Anregung, eine solche Soziologie aus einem neuen kulturwissenschaftlichen Zugang zu entwickeln. Archäologischer Ausgangspunkt sind die späteisenzeitlichen Befestigungen des 2.–1. Jahrhunderts v. Chr., von Caesar als *oppida,* von der modernen Forschung als »erste Städte« bezeichnet; als Fallbeispiel dient die in den letzten 25 Jahren intensiv erforschte keltische Stadt Bibracte-Mont Beuvray (Frankreich). In Anlehnung an die soziologische Raumterminologie von G. Simmel, an Wahr-nehmungstheorien (z. B. E. Cassirer), an Grundlagen der modernen Stadtsoziologie (z. B. K. Lynch) sowie die Architektursemiotik von U. Eco, aber auch an neueste Überlegungen einer phänomenologischen Landschaftsarchäologie sollen Möglichkeiten aufgezeigt werden, wie sich Raumkonzepte und Raumverhalten in einer nicht-literarisierten (prae-)urbanen Gesellschaft beschreiben lassen. Ausgehend von einem konstruktivistischen Raumbegriff werden anhand konstituierender Elemente wie Grenzen, Orten, Wegen, Plätzen die Wechselwirkungen zwischen Architektur und sozialem Handeln erörtert. Monumentalisierung und Ästhetik des umbauten Raumes, Treffpunkte und Sichtachsen des Freiraumes werden als Raumprogramm einer Elite dekodiert, mit dem diese vor allem einen Zweck verfolgte – kollektive Identität herzustellen. Das wirft ein neues Licht auf die Geschichte des Oppidum Bibracte. Dessen Entstehung und Bedeutung sollten wir nicht länger, in der Tradition historistisch geprägter Deutungen, auf eine Frühform der ›industriellen Verstädterung‹ des 19. Jahrhunderts reduzieren, sondern darin die höchst erfolgreiche Selbstinszenierung einer Gesellschaft erkennen, die in der Lage gewesen ist, die ›Stadt‹ als Identifikationsangebot zu entwickeln.

»Seit Anbeginn der Dinge [...] war die Baukunst in Wahrheit das große Buch der Menschheit [...]. Man richtete einen Stein auf, und er war ein Buchstabe. Jeder Buchstabe war
ein Sinnbild, und auf jedem Sinnbild ruhte eine Gruppe von Ideen wie ein Kapitel auf
einer Säule [...]. Man setzte Stein auf Stein und verknüpfte die granitenen Silben.«

                                   Victor Hugo, Notre Dame de Paris (1831)

Oppida: Die ersten Städte nördlich der Alpen

Der archäologische Ausgangspunkt meiner Überlegungen sind die späteisenzeitlichen
Befestigungen des 2. bis 1. Jahrhunderts v. Chr. in West- und Mitteleuropa. Caesar
sprach von *oppidum* (Plural *oppida*); die moderne Forschung spricht von den »ersten
Städten« nördlich der Alpen (Rieckhoff 2002; Fichtl 2005). An dem urbanen Charakter einiger gut erforschter Beispiele wie dem antiken Bibracte auf dem Mont Beuvray
in Burgund (Dhennequin u. a. 2008; Guichard 2009) oder Manching bei Ingolstadt
in Bayern (Sievers 2003) bestehen heute kaum noch Zweifel, obwohl die Kriterien
urbaner Zentren von der Alten Geschichte erstellt wurden und archäologisch nicht
leicht zu verifizieren sind.[1] Das liegt nicht zuletzt daran, dass uns die Sozialstrukturen der Oppida weitgehend unbekannt sind. So sicher, wie gerne behauptet, ist
weder unser Wissen über die ökonomische Basis noch über Religion und Ideologie
der Bewohner, geschweige denn über die gesellschaftlichen Gruppierungen, die sich
hier zusammenschlossen, ja wir kennen nicht einmal die Gründe für die Zusammen-
schlüsse.[2] Man beruft sich gerne auf Caesar, obwohl wir wissen, dass sich dessen
Beschreibungen erstens nur auf Gallien und zweitens auf seine eigene Zeit beziehen.
Drittens stellen sie eine *interpretatio romana* dar, eine Übertragung stadtrömischer
Verhältnisse auf fremde Kulturen. Zusätzlich zieht man natürlich möglichst viele
archäologische Quellen heran. Man identifiziert z. B. den von Caesar erwähnten gallischen Adel anhand von mediterranem Import, der als Prestigegut gedeutet wird. Aber
wann ist eine Weinamphore wirklich ein Prestigeobjekt, und wann nur die Verpackung
der Handelsware Wein? Die Antwort ist abhängig von Zeit und Raum (Blödorn 2006).
Zeigt ein Sporn tatsächlich einen *eques* im Sinne Caesars an, eine der ranghöchsten
Positionen in Rom, oder einfach nur einen Reiter aus der Bande eines späteisenzeitlichen *warlords*? Der Sporn kann es nicht verraten; allenfalls verrät die Frage, wie stark
unsere Interpretationen von der historisierenden Geschichtsschreibung der 1950er
und -60er Jahre vorstrukturiert sind. Eindeutige materielle Kriterien tun also Not.

---

1   F. Kolb (1984, 15) stellte folgende Kriterien einer antiken Stadt auf: 1. topographische und admi-
    nistrative Geschlossenheit; 2. mehr als 1 000 Einwohner; 3. Arbeitsteilung und soziale Differen-
    zierung; 4. unterschiedliche Bausubstanz; 5. urbaner Lebensstil; 6. zentralörtliche Funktion.
2   Einen guten Überblick über den Forschungsstand bieten Guichard u. a. 2000 sowie Haselgrove
    2006.

Hier kann meiner Meinung nach die Architektur der Oppida respektive eine Architektursoziologie weiterhelfen. Diese wird für prähistorische Zeiten bisher allerdings erst ansatzweise diskutiert. Auch mein Beitrag versteht sich nur als Anregung, eine solche Soziologie zu entwickeln, indem wir uns mit einer Soziologie des Raumes, mit der Semiotik der Architektur und der Phänomenologie des ›Bauens und Wohnens‹ (Heidegger 1994) auseinandersetzen.

Den Raum entdecken

Die prähistorische Archäologie nördlich der Alpen hat es aus klimatischen Gründen – von Ausnahmen abgesehen[3] – nur mit Grundrissen zu tun. Das Holz ist verfault, die Mauern sind verfallen – geblieben sind nur Verfärbungen in der Fläche und Fundamente. Für den Prähistoriker ist Architektur zweidimensional geworden. Kein Wunder, dass er seinen Blick notgedrungen meist nur auf und in den Boden richtet und dabei vergisst, dass das Wesen der Architektur in ihrer Dreidimensionalität besteht; kein Wunder also, dass sich bisher keine ›prähistorische Architektursoziologie‹ entwickelt hat, die die Semantik einer Architektur, zu der man hochblicken muss, als kulturellen und sozialen Marker entdeckt hat (Abb. 1).

Nicht einmal das Phänomen der Oppida hat bisher zu architektursoziologischen Überlegungen angeregt, obwohl in der späten Eisenzeit die Übernahme römischer Bautraditionen begann und damit ein kultureller Paradigmenwechsel stattfand, der demjenigen, der durch die Einführung der Schrift ausgelöst wurde, in Nichts nachstand. Seit seiner Sesshaftwerdung im 6. Jahrtausend v. Chr. hatte der Mensch in Mitteleuropa nur Holz-Lehm-Häuser gekannt, die dunkel, feucht und ständig verqualmt waren, so dass chronische Stirnhöhlenvereiterungen bei den Bewohnern ein anthropologisch bekanntes, weit verbreitetes Übel waren (mündl. Mitt. W.-R. Teegen). Mit der Einführung der römischen Steinbauweise kamen auch Fußbodenheizung und Fensterglas über die Alpen, die erstmals trockene, helle, rauchfreie Wohnräume erlaubten. Zwar dauerte es 100–200 Jahre, bevor eine breite Mittelschicht in den Genuss dieses technischen Fortschritts kam, aber den Beginn dieses kulturellen Wandels fassen wir weit jenseits der römischen Reichsgrenze bereits in der Gründungsphase von Bibracte gegen Ende des 2. Jahrhunderts v. Chr., als sich in der Architektur des Oppidum römische Vorbilder bemerkbar machten. In der Folge kam es dann zu einer kontinuierlichen Ausweitung fremder oder akkulturierter Bauelemente. Um die Mitte des 1. Jahrhunderts v. Chr. bildeten Baumaterialien wie Mörtel und gebrannte Ziegel,

---

3   Dazu gehören z. B. römische Mauern, die in Form mittelalterlicher Gebäude weiterleben wie im Fall der Porta Nigra in Trier (als Teil einer Kirche), oder in voller Länge erhaltene Wand- und Firstpfähle wie z. B. aus der bronzezeitlichen Feuchtbodensiedlung Zug-Sumpf: SPM III 1998, 205.

Abb. 1. Bibracte-Mont Beuvray (Burgund, Frankreich). Ausgrabung der Universität Leipzig im Zentrum des keltischen Oppidum auf der ›Pâture du Couvent‹ in der Nordwestecke der Insula ›Îlot des Grandes Forges‹, Raum 35 (2008).

Konstruktionsprinzipien wie Symmetrie, Raumkonzepte wie die Verschränkung von Außen und Innen durch Säulenhallen, Repräsentationsästhetik durch Treppenaufgänge, Herrschaftssymbolik in Material und Bearbeitungstechnik u. a. m. schließlich eine völlig neue architektonische Sprache, in der sich eine neue Lebenswelt ausdrückte, die umgekehrt auch von den neuen Zeichensystemen geprägt wurde. Es ist diese Wechselwirkung zwischen Architektur und sozialem Handeln, die ich in meinem Beitrag aufgreifen möchte, ausgehend von der architektursoziologischen These, dass Handeln, ob individuell oder kollektiv, immer auch einen Raumbezug hat.[4]

Mit dem Raumbegriff ist das Stichwort gefallen, das es der prähistorischen Archäologie ermöglicht, sich an der architektursoziologischen Diskussion zu beteiligen – trotz der fehlenden dritten Dimension. Was ist unter Raum zu verstehen? Raum ist nicht nur ein substanzieller Begriff der Physik und der Geografie, sondern auch der Philosophie und Soziologie. Trotzdem haben die modernen Kultur- und Sozialwissenschaften den Raumbegriff aus unterschiedlichen Gründen lange Zeit zugunsten des Zeitbegriffes vernachlässigt, bis sich in den 1990er Jahren der so genannte

4   Vgl. hierzu und im Folgenden die Einführungskapitel von Schäfers 2006a, 13 ff., die in geraffter Form alle methodischen Aspekte der Architektursoziologie ansprechen. Bei dieser Gelegenheit sei B. Schäfers herzlich gedankt für seine Hinweise im Anschluss an den Workshop in Wien.

spatial turn Bahn brach (Bachmann-Medick 2006, 284). Es ging nicht nur um die »klassische Differenz vom physischen Raum auf der einen und dem sozialen Raum auf der anderen Seite«, sondern vor allem auch um den Gegensatz zwischen einem absoluten, passiven Raumbegriff, demzufolge Raum eine Art Container für soziale Handlungen sei, sowie einem relationalen, aktiven Raumbegriff, demzufolge erst die handelnden Akteure ihren jeweiligen Raum schaffen (Schroer 2006, 174 ff.). Es ist dieser letzteren, handlungstheoretischen Ausrichtung zu verdanken, dass der *spatial turn* den Raum nicht in erster Linie zu einem Diskursproblem gemacht hat, sondern als soziale Konstruktion versteht. Deshalb geht es in der Kulturwissenschaft an Stelle von Sprache und Text nun erfreulicherweise endlich auch wieder um Handeln, um historische Veränderungen und Materialität. Das eröffnet einer historischen Wissenschaft der materiellen Kultur wie der Archäologie ganz neue theoretische Perspektiven – die diese freilich bisher ebenso wenig wahrgenommen hat wie den gesamten postmodernen Diskurs. Einige dieser Perspektiven möchte ich im Folgenden aufgreifen.

Auch in den Sozialwissenschaften ist es nie darum gegangen, was Raum – ontologisch gefragt – letztendlich ist, sondern immer um das Denken und Handeln in Bezug auf Raum: also um Raumgestaltung, Raumwahrnehmung und Raumverhalten.[5] Raum ist, um es mit Kant zu sagen, das *Apriori* menschlicher Aktivitäten[6] oder – wie es der Soziologe Georg Simmel (1858–1918) ausgedrückt hat (Simmel 1992, 687; 1995) – deren *conditio sine qua non*. Das heißt nicht, dass der Raum die Ursache von sozialen Prozessen sei, sondern er ist deren formale Bedingung, ohne die diese Prozesse gar nicht stattfinden könnten beziehungsweise nicht wahrnehmbar wären. Simmel betonte vor allem die Wechselwirkung zwischen Raum und Gesellschaft: So wie menschliches Handeln Raum erzeuge, so würden räumliche Konfigurationen – z. B. die Stadt – auf das Handeln zurückwirken. Einen ganz anderen Ansatz verfolgte beispielsweise Emile Durkheim (1858–1917), dem es um den Nachweis ging, dass auch Raum und Zeit evolutionistischen Prinzipien unterliegen und daher jeweils gesellschaftlich konstituiert werden (Schroer 2006, 48 ff.). Nach Durkheim repräsentieren räumliche Ordnungen deshalb *per se* soziale Ordnungen, d. h. physischer Raum ist immer schon sozialer Raum; oder, um es mit Pierre Bourdieu (1930–2002) zu sagen: »Es ist der Habitus, der das Habitat macht« (Bourdieu 1991, 32). In dieser Tradition scheinen auch die gegenwärtigen sozialwissenschaftlichen Theorien zu stehen, die das relationale Raumkonzept favorisieren, aber dabei außer Acht lassen, welche Wirkung räumliche Konfigurationen ausüben, wenn sich diese erst einmal gebildet haben – d. h. wie sich nicht nur unser Verhalten (z. B. Körpersprache) anpasst, je nachdem, ob wir eine Kirche oder ein Freibad betreten, sondern auch unsere soziale Orientierung verändert (in diesem Falle z. B. von spiritueller zu sexueller Scham). Wenn wir uns jedoch Simmels Prinzip der Wechselwirkung aneignen, wenn wir erstens Raum als

---

5 Eine kritische Übersicht über »Raumkonzepte in der Soziologie« gibt Schroer 2006, 47 ff.
6 Zitiert nach Schäfers 2006a, 29.

soziales Konstrukt betrachten, das im Gegenzug unsere sozialen Interaktionen strukturiert (Hamm / Neumann 1996, 52), und wenn wir zweitens davon ausgehen, dass »diese Wechselwirkung eingebettet ist in kulturelle Paradigmen, die Veränderungen unterworfen sind« und den Raum mit jeweils spezifischen Bedeutungen und Funktionen aufladen (Janson 1999, 41) – dann eröffnen sich der Archäologie, in unserem Fall der Oppidaforschung, ganz neue Forschungsfelder, auf denen sich nach der Veränderung, Wahrnehmung, Aneignung und dem Erleben bestimmter Räume fragen lässt.

Wir befinden uns also in bester philosophisch-soziologischer Wissenschaftstradition, wenn wir Überlegungen zu den Sozialstrukturen der Oppida die These zugrunde legen, dass die »ersten Städte« das Ergebnis eines Wechselwirkungsprozesses gewesen sind, in dem der soziale Raum physische Gestalt angenommen und umgekehrt die gebaute Umwelt im handlungstheoretischen Sinne Situationen vorstrukturiert und gesteuert haben. Allerdings nicht in dem Sinne, wie man Simmel interpretieren könnte, dass physikalische Raumstrukturen das menschliche Verhalten determinieren, sondern in dem Sinne, dass die Valenz, die Menschen bestimmten Räumen und Orten zuweisen, ein diesen entsprechendes Verhalten hervorruft.

Abschied von der Idylle

Um diesen fruchtbaren Ansatz der Architektursoziologie für die Archäologie nutzbar zu machen, müssen wir zunächst einmal Abschied von dem Konzept »*Oppidum*« nehmen, das in der 2. Hälfte des 19. Jahrhunderts vor allem am Beispiel von Bibracte entwickelt worden ist. Auch in Frankreich speiste sich zu dieser Zeit das antiquarische Interesse an der Vorgeschichte wie überall in Europa aus nationaler Empathie. Die in Mode gekommenen feldarchäologischen Forschungen dienten daher vor allem dazu, die Vergangenheit ins rechte Licht zu rücken, in dem Napoleon III. (1852–70) sie sehen wollte, wenn er die römische Eroberung Galliens pries mit dem Ziel, aus der Verschmelzung gallischer Traditionen und römischer Zivilisation die historische Grundlage einer neuen nationalen Identität zu schaffen (Dietler 1994).

In Bibracte stand daher von Anfang an die Frage im Zentrum, ob die Anlage eine Stadt im antiken Sinne gewesen sei. Das wichtigste Kriterium war stets die Architektur – verstanden im konkreten Sinn als Mauer, Lehmfußboden oder Säule, aber auch verstanden als Raumordnung, definiert durch Gebäude, Straßen und Plätze. Je nach Stand der Grabungsmethodik und unter dem Einfluss des Zeitgeistes kamen die Ausgräber jedoch zu recht unterschiedlichen Ergebnissen, wie Domink Lukas gezeigt hat (Lukas 2007). 1867 war Xavier Garenne, der erste Ausgräber, überzeugt davon, dass das Oppidum Bibracte zunächst als Refugium für die umliegende Bevölkerung gedient habe, da die exponierte Lage auf dem 821 m hohen Mont Beuvray, weit abseits der Verkehrswege, nicht derjenigen einer antiken Stadt entsprach; als die Flüchtlinge jedoch länger am Ort blieben, habe sich eine Stadt entwickelt. Die Besiedlung habe sich allmählich von der Spitze des Berges hangabwärts ausgebreitet. Die ärmsten Bewohner hätten in Lehm-Stroh-Häusern gewohnt, die reichsten Gallier in Gebäuden mit römischen Konstruktionselementen. Aber erst nachdem Caesar Gallien erobert hatte, seien reine Steinbauten entstanden. Wir sehen, wie hier erstmals der Wandel sowohl in der Bautechnik als auch in der Raumordnung als chronologischer und sozialer Marker benützt wird.

Unter Jacques-Gabriel Bulliot, der fast drei Jahrzehnte lang in Bibracte forschte, wurde erstmals den Grabungsergebnissen größeres Gewicht beigemessen. Noch 1856 hatte Bulliot von einer »gallischen« Stadt gesprochen; nachdem er aber lange Jahre im so genannten »Handwerkerviertel« gegraben und die scheinbar unregelmäßigen (weil nur partiell erhaltenen) Grundrisse der kleinen Holz-Lehm-Gebäude kennengelernt hatte, schlug seine Meinung ins Gegenteil um: Wie die »Hütten und Bruchbuden« zeigten (Lukas 2007, 60), seien die Gallier zur Urbanisierung unfähig und Bibracte daher lediglich in Kriegszeiten, zu Versammlungszwecken und an Markttagen längere Zeit bewohnt gewesen. Doch als Bulliot immer größere Flächen geöffnet, die großen Villen und das Gipfelheiligtum der augusteischen Epoche kennen gelernt hatte, modifizierte er seine Meinung zum zweiten Mal. 1899 deutete er nun die häufige Vermischung gallischer und römischer Funde ebenfalls als sozialen Marker, als eine Veränderung im Bewusstsein der gallischen Oberschicht, die sich der römischen Zivilisation bewusst geöffnet habe.

Für seinen Neffen und Nachfolger Joseph Déchelette (1862–1914) stand nicht nur aufgrund dieser – vermeintlichen – Fundvermischung (die lediglich ein Ergebnis der unzureichenden Ausgrabungstechnik war) fest, dass Bibracte von Beginn an das Bild einer blühenden Stadt geboten habe. Der glühende Patriot war auch zutiefst davon überzeugt, dass sich in Bibracte bruchlos der tiefgreifende, von Napoleon III. beschworene Wandel vollzogen habe, den »römischer Geist dem gallischen Menschenschlag verordnet hatte« (Déchelette 1904, 2). Das neue zivilisatorische Niveau der Gallier war für Déchelette am deutlichsten in Münzen, Werkzeugen und -abfällen, Metall- und Glasschmuck sichtbar, so dass für ihn kein Zweifel daran bestand, dass Handwerk und Handel die wirtschaftlichen Grundlagen der *cité industrieuse* gebildet hätten (Mölders 2009). Dieses Modell muss man indessen vor dem Hintergrund der zeitgenössischen Stadtentwicklung sehen, der so genannten »industriellen Verstädterung« des ausgehenden 19. Jahrhunderts (Schäfers 2006b, 54). Sie beruhte auf der zentrierenden Wirkung des Fabriksystems und ging einher mit einer räumlichen Umverteilung von Wohnstandorten und sozialen Gruppen, die sich u. a. in einer räumlichen Trennung äußerte, der Trennung zwischen den zunehmend beengten und unhygienischen Wohnverhältnissen der Innenstädte und den großbürgerlichen Villenvierteln der Fabrikbesitzer und Unternehmer, die an die Stadtränder wanderten. Eine ähnliche – in seinem Sinne wohlgeordnete – soziale Hierarchie scheint Déchelette, der selbst einer Industriellenfamilie entstammte, in der Raumordnung des antiken Bibracte wieder gefunden zu haben (Déchelette 1914, 452 ff.): am unteren Ende der

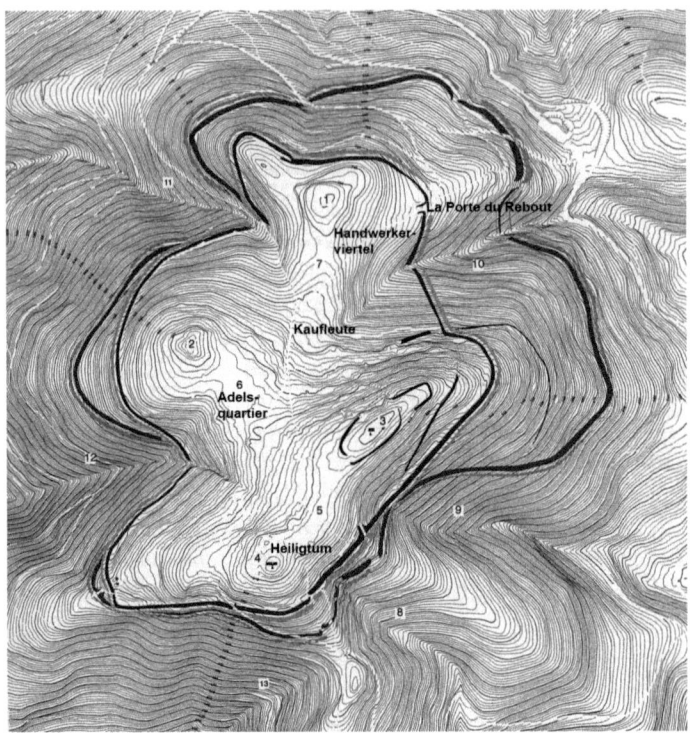

Abb. 2. Bibracte-Mont Beuvray. Soziale Gliederung des keltischen Oppidum nach J.
Déchelette (1914) und J. Werner (1979 [1939]), zu deren Zeit die äußere Befestigung
noch unbekannt war (nach Meylan 2005, fig. 2.1).

Skala die kleinen Holz-Lehm-Bauten des Handwerkerviertels, so tief gelegen, dass
störender Lärm, Gerüche und Rauch nicht bis zu den repräsentativen Gebäuden der
»Fabrikbesitzer« auf der ›Pâture du Couvent‹ dringen konnten, geschweige denn bis
hin zu den römischen Villen in Parc aux Chevaux, dem *centre aristocratique*, während
über all diesem Produzieren und Konsumieren auf dem Gipfel das Heiligtum, das
religiöse und politische Zentrum des Stammes der Haeduer thronte (Abb. 2).[7]

Rund 35 Jahre später hat Joachim Werner (1909–94) in einem berühmten Aufsatz
(Werner 1979 [1939]) diese soziale Idylle des 19. Jahrhunderts in das Bild des idealtypischen Oppidum transformiert (Rieckhoff 1996): Handwerk und Gewerbe am

7   Déchelette bezeichnete Bibracte daher konsequenterweise sowohl als *cité* (Stadt im Sinne von
    Zentralort einer Bürgergemeinde, lat. *civitas*) als auch als *ville* (Stadt im architektonischen, öko-
    nomischen und sozialen Sinne – vgl. Anm. 1).

Rande der Stadt, selbstverständlich in indigener Bautradition; die gallische Nobilität dagegen in repräsentativen Gebäuden im Zentrum; und über allem die Architektur gewordenen sakralen und profanen Herrschaftssymbole, die Kult, Rechtsprechung und Verwaltung repräsentierten – sei es auf der so genannten Akropolis, sei es zumindest in separierter Lage.

Heute wissen wir, dass Déchelettes Konzept weder auf das gallische Bibracte zutraf noch bisher in anderen Oppida verifiziert wurde, sondern – wie eine zusammenfassende Studie der Altgrabungen durch François Meylan ergeben hat – auf der Interpretation der augusteischen Bauperioden der letzten Jahrzehnte des 1. Jahrhunderts v. Chr. beruhte, als Gallien längst römische Provinz geworden war (Meylan 2005; 2008). Auch Déchelettes wichtigstes Argument für sein ökonomisches Modell der *cité industrieuse* ist inzwischen entfallen, nachdem Doreen Mölders (2009) zu dem Ergebnis gekommen ist, dass im gallischen Bibracte viele kleine Werkstätten existiert haben müssen, die über die gesamte Stadt verteilt waren, während die Konzentration im so genannten Handwerkerviertel hinter der ›Porte du Rebout‹ ebenfalls erst nach dem Gallischen Krieg entstand.

Im Rahmen der genannten Studie hat Meylan die Architektur von Bibracte typologisch und topologisch klassifiziert. Er unterscheidet große und kleine italische Haustypen, Kleinbauten in traditioneller Bauweise, Wirtschaftsgebäude, sakrale und / oder profane öffentliche Gebäude, Wegesysteme und freie Plätze; und er unternimmt den Versuch, aus den Grundrissen ein Vermessungs- oder Parzellierungssystem der augusteischen Zeit zu rekonstruieren. Es ist die bisher umfassendste Dokumentation zur Raumordnung eines Oppidum. Doch trotz der minutiösen Analyse des reichen Fundmaterials trägt das Ergebnis zur Frage der Sozialstrukturen letztlich nichts bei. Denn solange wir Architektur nur nach quantitativen Kriterien wie Grundfläche, Materialwert und Materialverbrauch in aufsteigender Reihenfolge ordnen, um daraus intuitiv soziale Hierarchien abzuleiten, werden wir allenfalls wieder dieselben Erzählungen produzieren, deren Akteure bereits von Caesar und Déchelette entwickelt worden sind – mit all ihren Stereotypen, vom rechtlosen Handwerker bis zum allmächtigen Druiden.[8] Es bedarf also eines neuen Paradigmas, für das sich die Architektursemiotik anbietet.[9]

---

8 Meylan (2005, 133) hat dieses Problem sehr wohl gesehen und warnt daher ausdrücklich vor einer vorschnellen Identifizierung von Haustyp und sozialem Status.

9 Eine bis heute maßgebliche Zusammenstellung der methodischen Grundlagen einer »Semiotik der gebauten Umwelt« ist der Soziologin G. Müller (1983) zu verdanken.

Konzeptualisierung des Raumes

Der erste Schritt, um sich von Déchelettes idealistischem Konzept zu lösen, sollte deshalb darin bestehen, die Architektur der Oppida neu und anders zu klassifizieren. Unter Berücksichtigung der spezifischen Quellen und Fragestellungen der Archäologie unterscheide ich daher im Folgenden drei Raumkategorien:[10]

a) der umbaute Raum. Der umbaute Raum ist ein kategorialer Oberbegriff im Unterschied zu dem Freiraum (vgl. b). Zum umbauten Raum gehört jede Art von dreidimensionaler geschlossener Architektur; er repräsentiert das Container-Konzept. Der umbaute Raum ist statisch; einmal errichtet, lässt er sich nicht so einfach wieder wegschaffen. Der umbaute Raum definiert Innen und Außen, Unten und Oben.

b) der Freiraum. Der Freiraum ist ein kategorialer Oberbegriff für den Außenraum zwischen dem umbauten Raum und umfasst Wege, Kreuzungen, Höfe, Gärten, Plätze etc. Der Freiraum repräsentiert den sozialen Raum; er ist öffentlich, dynamisch und veränderlich: Höfe werden geöffnet und geschlossen, Wege zu unterschiedlichen Zeiten begangen, Plätze zu bestimmten Zwecken aufgesucht und wieder verlassen. Der Freiraum definiert Weit und Eng, Nah und Fern.

c) der unbebaute Raum. Zum unbebauten Raum gehören nicht nur das unbewirtschaftete Land *extra muros*, sondern auch tabuisierte, bewusst der Natur überlassene Flächen, die z. B. eine kultische Funktion haben. Aber auch innerhalb der Oppida gibt es große Leerräume wie siedlungsungünstige Steillagen, versumpfte Bereiche oder – im Gegensatz dazu – Äcker und Weiden (Sievers 2003, 124).

Um hinter diesen physischen Räumen die Akteure zu finden, die Repräsentanten der eingangs genannten Sozialstrukturen, greife ich auf Simmels Begriff der Raumqualitäten zurück. Raumqualitäten sind diejenigen Kräfte, die die sozialen Prozesse steuern, durch die räumliche Strukturen entstehen. Für die Deutung der Raumgestaltung der Oppida sind drei von Simmels Qualitätsbegriffen (in leicht abgewandelter Form) brauchbar: 1. Die Zerlegbarkeit des Raumes durch Grenzen; 2. Orte, die der Fixierung von Handlungen im Raum dienen; 3. das Verhältnis von Nähe und Distanz durch die Bewegung im Raum.[11]

---

10 Aufgrund dieser Spezifik sind existierende Raumklassifikationen auch eines Standardwerkes wie desjenigen von E. T. Hall (1976) nicht übertragbar.

11 Simmel unterschied fünf Grundqualitäten, denen vier Raumgebilde gegenüberstehen, die teils systematisch, teils historisch begründet werden (Simmel 1992; vgl. hierzu Schroer 2006, 60 ff.). Soweit sich die historischen Beispiele auf vorstaatliche Gesellschaften beziehen, bieten sie freilich dem damaligen Forschungsstand entsprechend nur evolutionistische Klischees.

Theorien der Wahrnehmung

Dieser raumsoziologische Ansatz allein ist aber für das Verständnis prähistorischer Architektur nicht ausreichend, weil er die Erkenntnis außer Acht lässt, dass Raumerleben (und damit auch Raumverhalten) abhängig ist von Raumwahrnehmung. Diese unterliegt den Gesetzen der menschlichen Wahrnehmung, d. h. sie erfolgt selektiv und relativ. Die Stadtsoziologie unterscheidet vier verschiedene Dimensionen der Wahrnehmung – Informationsaufnahme, Orientierung, Symbolisierung und Identifikation – die von Gabriele Müller (1983, 37 ff.) kritisch kommentiert worden sind. Für eine prähistorische Architektursoziologie sind daraus folgende Thesen ableitbar:

- Der Gestaltpsychologie verdanken wir die Erkenntnis, dass das Gesamtbild einer Umwelt mehr ist als die Summe der einzelnen Wahrnehmungsobjekte, weil auch die Relationen der Objekte untereinander wahrgenommen und das Ensemble als »Gestalt« aus Form, Farbe, Struktur mental gespeichert werden. Ergänzt wird die Wahrnehmung durch Faktoren wie Topologie, Klima und Lichtverhältnisse.
- Die Strukturierung der Wahrnehmung im Raum erfolgt durch Orientierungselemente (Horizont, Perspektive, Dinge, Strukturen). Nach Kevin Lynch (2001, 60 ff.; vgl. Schäfers 2006a, 50) sind für die Orientierung in der Stadt, d. h. für das Wahrnehmen und Erinnern eines Stadtbildes auf den kognitiven Landkarten *(mental maps)* der Bewohner, fünf Elemente ausschlaggebend: Anordnung und Zuordnung der Wege; Grenzlinien; Bereiche (›Viertel‹); Brennpunkte (Zielpunkte von Aktivitäten); Wahrzeichen (optische Bezugspunkte).
- Um das Wahrgenommene ordnen und für künftiges Handeln verfügbar machen zu können, ist der Mensch auf »symbolische Formen« angewiesen. Ernst Cassirer (1874–1945) verstand darunter diverse Medien – u. a. Mythos, Sprache, Kunst, Religion, Geschichte –, mit denen sich der Mensch die Wirklichkeit aneigne (Cassirer 1994); darauf aufbauend unterschied Susanne K. Langer (1984) zwischen diskursiven Symbolen (Sprache und Schrift) und – für eine Architektursoziologie bedeutsam – präsentativen Symbolen wie z. B. Bauwerken. Da im Akt der Wahrnehmung bereits eine Art Interpretation stattfindet,[12] ist Symbolisierung als Sinngebung des Wahrgenommenen immer von einem kulturell vorgeprägten und gesellschaftlich konstituierten Kontext abhängig.
- Erst über Wahrnehmung und Interpretation kommt es zur nonverbalen Kommunikation zwischen Räumen und Menschen, zu einer interaktiven Situation zwischen Räumen und sozialer Orientierung. Räume strukturieren soziales Handeln, indem sie z. B. gesellschaftliche Hierarchien sichtbar machen (Hamm / Neumann 1996, 231 ff.; Schäfers 2006a, 30).
- Da Architektur ebenso Bestandteil der materiellen Kultur ist wie mobile Artefakte, können beide Träger gemeinschaftlicher Bedeutungen und damit Identifikations-

---

12 Dieses Phänomen hat Cassirer auf den Begriff der »symbolischen Prägnanz« gebracht (Cassirer 1994, 222 ff.; vgl. Köhnke 2000).

objekte sein. Diese Identifikation setzt Wahrnehmung und Symbolisierung voraus, ohne die kein »emotionales Zugehörigkeitsgefühl zu einem Ort« oder Bauwerk möglich ist (Becker/Keim 1973, 85).

- Identifikation mit einem Bauwerk ist aber nicht nur ein emotionaler und kognitiver Prozess, sondern auch eine Frage der Macht, die die »Aneignung von Raum« bestimmt. Für H. P. Hahn (2005, 99 ff.) ist Aneignung prinzipiell – als ein Aspekt des »alltäglichen Umgangs mit den Dingen« – kein machtfreier Begriff, sondern abhängig von spezifisch historischen Handlungsspielräumen, in denen sich der Aneignungsprozess abspielt.[13] Die jeweils entscheidende Phase ist die Umwandlung des fremden Objekts durch die Zuweisung von neuen Bedeutungen, sei es durch die Benennung in der lokalen Sprache, sei es durch die Einbindung in lokale Bedingungen, im Falle der Architektur also z. B. in indigene Bautraditionen.

Objektzeichen – Objektbedeutung

»Jeder Gebrauch eines Gegenstandes in einem bestimmten Kontext bedeutet zugleich die Vermittlung einer Botschaft« (Hahn 2005, 113). Architektur ist daher auch ein Medium im zwischenmenschlichen (in diesem Fall nonverbalen) Kommunikationsprozess, dessen Informationsaustausch über (in diesem Fall nicht-sprachliche) Zeichen erfolgt.

Verwendung und Funktionsweise von Zeichen zu untersuchen, ist die Aufgabe der Semiotik. Die moderne Semiotik ruht auf zwei Säulen, zum einen auf der linguistischen Sprachzeichen-Theorie von Ferdinand de Saussure (1857–1913), zum anderen auf der kommunikationsorientierten Zeichen-Theorie des amerikanischen Philosophen Charles Sanders Peirce (1839–1914). Peirces semiotischer Ansatz geht davon aus, dass jedes – materielle oder immaterielle – Objekt verhaltensrelevant ist, sofern es ein Zeichen ist. Peirce verdanken wir das bekannte semiotische Dreieck, das aus dem Zeichen selbst besteht, dem Objekt, auf das es verweist, und dem Interpretanten, das heißt der Reaktion des Empfängers oder Interpreten (Burmeister 2003, 266). Peirce unterschied 66 verschiedene Zeichenarten, von denen aber üblicherweise nur drei eingesetzt werden, um eine Bedeutungsbeziehung zu einem Objekt herzustellen: 1) das Ikon, das in einer Ähnlichkeitsbeziehung zum Objekt steht; 2) der Index, der in einer kausalen Beziehung zum Objekt steht; und 3) das Symbol, das seine Beziehung zum Objekt einer Konvention verdankt. Die Bedeutung eines Zeichens wird vom Interpretanten bestimmt, einem Kernbegriff von Peirces Theorie, mit dem erstens das unmittelbare *(immediate)* Verstehen des Zeichens gemeint ist, zweitens die je

13 Für diesen Hinweis und viele Anregungen mit entsprechender Literatur im Anschluss an meinen Vortrag möchte ich H. P. Hahn ganz herzlich danken.

individuelle *(dynamical)* Reaktion des Empfängers sowie drittens die logische *(final)* Wirkung, die das Zeichen kollektiv hervorrufen könnte (Müller 1983, 69).

Mit dieser pragmatischen Dimension legte Peirce den Grundstein für ein Modell, in dem Zeichen jeweils innerhalb eines bestimmten raum-zeitlichen, sozio-kulturellen Kontextes funktionieren. Wenn dieser Kontext ein festes Regelwerk bildet, spricht die Semiotik von einem Code (Nöth 2000, 216 ff.). Der Code bestimmt die direkte Deko-dierung (Denotation) und die indirekte Dekodierung (Konnotation) eines Zeichens, das je nach spezifischem Code unterschiedliche, gegebenenfalls mehrere Bedeutun-gen besitzen kann.

Ein Problem für die Archäologie liegt allerdings darin, dass die Codes einer prähis-torischen Gesellschaft *eo ipso* verloren sind und wir üblicherweise auch den Schlüssel zu deren Symbolen verloren haben – wie z. B. zum Symbolsystem der Sprache. Aller-dings gilt dieser Verlust – wie Stefan Burmeister gezeigt hat – nicht in dieser absolu-ten Endgültigkeit, sofern es sich um materielle Symbole handelt, die eine inhaltliche Beziehung zum Objekt aufweisen, die wir z. B. über Analogien zumindest plausibel machen können.[14]

Auch aufgrund der Mehrdeutigkeit (Polysemie) materieller Objekte wurden die Möglichkeiten ihrer Semiotisierung skeptisch beurteilt. Bereits für Roland Barthes (1988), obschon Vorreiter der Semiotik, waren Objektzeichen immer nur in Verbin-dung mit Text (Sprachzeichen) interpretierbar. Sprache hatte daher Vorrang vor der Objektbedeutung; aber wenn man Jean Piagets (1974) Entwicklungspsychologie Glau-ben schenken will, verhält es sich eher umgekehrt. Ian Hodder (1989a; 1989b) hat deshalb darauf hingewiesen, dass Dinge zwar kein Text sind, aber dass ihr Gebrauch die Lebenswelt ebenso strukturiert, wie es Sprache tut. Kürzlich hat Hans Peter Hahn (2005, 137 ff.) die Diskussion noch einmal kritisch zusammengefasst und betont, dass die Lösung des Problems nur in der Anerkennung der Eigenständigkeit dinglicher Zeichensysteme liegen kann, die anderen Regeln folgen als Sprache.

Architektursemiotik

Damit sind wir endlich beim architektonischen Zeichensystem angekommen, das es uns diesbezüglich leicht macht. Denn die inhaltliche Beziehung zwischen Architek-turelement einerseits (ob Grundriss, Symmetrie, Material, Säule oder Dachziegel) und Zeichen andererseits ist, wie Umberto Eco in seiner »Semiotik der Architektur« dargelegt hat, insofern eindeutig, als dessen Bedeutung die Funktion des betreffenden Architekturelementes ist: »Gemäß einer tausendjährigen architektonischen Codifika-

---

14 »Nicht alle Zeichenträger sind geeignet, die intendierte Bedeutung zu transportieren. Der gesell-schaftliche Kontext, in dem das Symbol entsteht, verlangt hier eine gezielte Auswahl, die geeignet ist, der spezifischen Zeichenfunktion gerecht zu werden« (Burmeister 2003, 278).

tion denotieren mir Treppe oder schiefe Ebene die Möglichkeit des Hinaufsteigens.«[15]
Über die Funktion denotiert das Zeichen, je nach Lage, Größe, Material etc., ein
»Raumprogramm« (z. B. Formen der Nutzung) und/oder Ideen (z. B. soziale Hier-
archien, Symbolsysteme). Ich möchte das am Beispiel der Treppe zur Basilika von
Bibracte erläutern: Nur die Architektur bietet uns die Möglichkeit, sowohl die Funk-
tionalität des Zeichens Treppe (= Hinaufsteigen) als auch dessen sozialen Kontext (=
Zugang zu einem öffentlichen Raum) sowie in diesem Fall auch noch die symbolische
Bedeutung des erhöhten Raumes (= Repräsentation, Herrschaft) zu verstehen.

Mit Hilfe der Pragmatik wird der Kontext bestimmt, in dem die Produktion (Artikulation von Raum) und die Konsumtion (Wahrnehmung als Dekodierungsprozess)
des architektonischen Zeichens stattfinden. Die Semantik behandelt die Objektbeziehungen der architektonischen Zeichen, das Wechselspiel aus denotierten Funktionen
und Ideen sowie konnotierten (»mitschwingenden«) Bedeutungen (z. B. ästhetischen
Informationen). Die »Syntax« beschreibt die Zusammenhänge der Zeichen untereinander z. B. als ›Platz‹.[16]

Phänomenologie des Raumes

Zwischen materieller Umwelt, zu der auch der Raum gehört, und sozialem Handeln
steht die Wahrnehmungstätigkeit, die man semiotisch oder phänomenologisch entschlüsseln kann, d. h. über Zeichensysteme oder Sinneseindrücke. In diesem Zusammenhang ist noch einmal an Piaget und vorsprachliche emotionale Objektbeziehungen
zu erinnern sowie auf Maurice Merleau-Ponty (1966) hinzuweisen. Dieser erweiterte
die Kategorien der Wahrnehmung der Dinge um das unmittelbare subjektive »Emp-
finden«, das »kein bloßes Aufnehmen von Objekteigenschaften, sondern ein gegenseitiger Austausch von Mensch und Ding ist« (Hahn 2005, 30).

Eine weitere Dimension hat die phänomenologische *landscape archaeology*
erschlossen (Children/Nash 1997; Ogburn 2006; Hamilton/Whitehouse 2006). Sie
versucht, über körperliche (sensuelle) und räumliche Erfahrungen von der veränder-
lichen Wahrnehmung des Gegebenen zurück zu denjenigen unveränderlichen Konfigurationen zu gelangen, die für das Bewusstsein konstitutiv sind, das dem Wahrneh-
mungsgeschehen zugrunde gelegen hat (Hitzler/Eberle 2000). Ausgangspunkt ist
immer der konkret erlebte Raum.

---

15 »Unser semiotischer Ansatz erkennt also im architektonischen Zeichen die Anwesenheit eines
   Signifikans, dessen Signifikat die Funktion ist, welche es ermöglicht« (Eco 2002, 304, 308).
16 Hahn (2005, 125) weist zu Recht darauf hin, dass Dinge keine Syntax, keine lineare Ordnung wie
   Sprache aufweisen, sondern eine Parataxe, die zwar die Zusammengehörigkeit der Dinge bezeichnet, aber nicht deren Reihenfolge festlegt. Das gilt aber nur für mobile Artefakte, funktionsbedingt
   nicht für architektonische Zeichen.

Spezifische Aspekte des Raumerlebens sind Distanzen, der Wahrnehmungsraum und die »Anmutungsqualität« (»Gestimmtheit«) des Raumes (Müller 1983, 3 ff.). Es geht dabei um die subjektive Wahl der (Um-)Wege, um Blickfeld, Horizont und Perspektive, sowie um die Klassifikation eines Raumes aufgrund seiner physiognomischen Qualitäten wie Formen, Farben, Licht, Geräusche etc., kurz seiner ästhetischen Qualitäten. Die Phänomenologie weist dem Raumbezug des Menschen eine besondere Bedeutung für Handeln und Verhalten zu, was sich nicht nur in einer reichen architekturtheoretischen Literatur niedergeschlagen hat (Schäfers 2006a, 36 f.), sondern auch dazu geführt hat, dass in den meisten der hier vorgestellten Thesen und Theorien phänomenologische Aspekte mitschwingen.

Das Fallbeispiel Bibracte

In der Architekturtheorie fehlt es nicht an Ansätzen, sozialwissenschaftliche Erkenntnisse zu integrieren und Architektur als Zeichenkonfiguration zu betrachten, die Einfluss auf menschliches Verhalten hat (Nöth 2000); die angelsächsische Archäologie andererseits hat schon 1989 den Textcharakter materieller Kultur diskutiert (Hodder 1989a). Dagegen sind in der deutschen Prähistorie semiotische Modelle, von wenigen Ausnahmen abgesehen (Veit 2003; Burmeister 2003), bisher kaum auf Interesse gestoßen. Nach einem architektursemiotischen Beitrag sucht man selbst in einschlägigen Werken vergebens (Kienlin 2005). Im Folgenden versuche ich, das oben zusammengestellte Angebot an architektursoziologischen Thesen und Theorien auf das Beispiel der Oppida anzuwenden. Dabei beschränke ich mich auf das vorcaesarische Bibracte (ca. 120–50 v. Chr.; Abb. 3).

Bauen als Ritual

Bereits die Wahl des Platzes, auf dem das Oppidum Bibracte errichtet worden ist, auf dem klimatisch unwirtlichen Mont Beuvray im Morvan, einem Ausläufer des Zentralmassivs, war ein innovatives Raumprogramm, über dessen Ursprung schon oft gerätselt worden ist. Man hat die Oppida immer wieder mit großräumigen mediterranen Befestigungen verglichen, aber das ist insofern zu präzisieren, weil es nur formale Ähnlichkeiten zwischen einzelnen architektonischen Elementen (bzw. Zeichen) gibt – wie z. B. die Großräumigkeit. Das Oppidum als gebaute Umwelt ist daher keine Nachbildung einer mediterranen Stadt, sondern die Großräumigkeit ist gleichsam ein Index, d. h. ein Zeichen, das nicht auf ein reales Objekt, sondern auf eine Idee verweist, deren Interpretation aber in dem ganz anders gearteten kulturellen Kontext Mitteleuropas stattfindet, der durch eine spezifische Mauertechnik definiert wird (s. u.). Keine klassisch-antike Stadt ist jemals auf einem Gelände gegründet worden

Abb. 3. Bibracte-Mont Beuvray. Gesamtplan des keltischen Oppidum 2008 (nach Mölders 2009).

wie Bibracte, dessen 7 km lange Mauern der älteren Befestigung (A) mehrfach Höhen-unterschiede von 50–100 m überwinden. Durch diese natürliche Topographie erschie-nen die Mauern zweifellos noch höher, die Befestigung noch monumentaler, aber dafür bot der zertalte Innenraum nur wenig Baufläche. Um 30 v. Chr., als die Stadt auf dem Höhepunkt ihrer Prosperität stand, scheinen nur knapp 30 % der Gesamtfläche des Oppidum bebaut gewesen zu sein, einschließlich der steileren Hanglagen (Meylan 2005, 158 fig. 5.1).

Der spezifische kulturelle Kontext des Oppidum wird, wie erwähnt, durch die Befestigungsmauer definiert, den *murus gallicus*. Er war ein kompliziertes Gebilde aus vernagelten Balken, die die Abholzung ganzer Wälder erforderten, und einer Front aus Trockenmauerwerk, für die Zehntausende von Steinen mit Ochsenkarren auf den Berg geschafft werden mussten. Hochrechnungen für den 7 km langen *murus gallicus* von Manching belaufen sich auf 6 900 m^3 Frontsteine und 11 000 fm Holz.[17]

Trotz der extrem aufwändigen Bautechnik musste ein *murus gallicus* – nicht nur in Bibracte[18] – ca. alle 20–25 Jahre erneuert werden, war also alles andere als zweckmäßig. Trotzdem hielt man unbeirrt daran fest. Die Erklärung dafür kann nur in der Symbolkraft dieser Gründungsarchitektur liegen, die gleichsam als Medium des kulturellen Gedächtnisses fungierte. Dafür war das Bauen selbst mindestens so wichtig wie die fertige Mauer. Diese wurde ja nicht nur aus benennbaren Gründen und zu bestimmten Zwecken gebaut. Ihr Bau war auch soziales Handeln, das Kommunikation voraussetzte, um den logistischen Anforderungen gerecht zu werden, und das ein kollektives Bewusstsein schuf für eine größere Menschenmenge, als die meisten der Beteiligten je erlebt hatten. Gleichzeitig war der Mauerbau aber auch ein Akt der Machtausübung sowie die Selbstdarstellung einer bestimmten Gruppe, die mit dem Bau ein Zeichen setzte. Als Index verwies es auf fremde Stadtmauern (die kaum einer selbst gesehen haben dürfte); als Symbol repräsentierte es den Sinn der Stadtgründung. Dieser Sinn kann nur darin gelegen haben, die Erinnerung an eine gemeinsame Geschichte zu materialisieren, in der Monumentalisierung zu verewigen und damit ihre Zukunft zu sichern: »Herrschaft legitimiert sich retrospektiv und verewigt sich prospektiv« (Assmann 1992, 71). Kolossalarchitektur, die dem Zweck dient, eine ethnopolitische Identität zu schaffen, finden wir schon im Programm des Turmbaus zu Babel (Genesis 11): »Auf! Bauen wir uns eine Stadt und einen Turm, sein Haupt bis an den Himmel, und machen wir uns einen Namen, sonst werden wir zerstreut übers Antlitz der Erde!«[19]

Durch die mehrfache Wiederholung des Mauerbaus in Bibracte wurde dieser zum Ritual;[20] im Ritual vollzog sich die Symbolisierung als Sinngebung des Wahrgenommenen; die Mauer wurde zum präsentativen Symbol nicht nur der Stadt, sondern einer kollektiven Identität. Was Jan Assmann (1992, 151) über die Kultur als Ganzes gesagt hat, trifft auch auf die Stadt zu: Um »Integrationskraft zu entfalten« muss sie aus der »Grauzone habitualisierter Selbstverständlichkeit heraustreten« und eine »besondere

---

17 Sievers 2003, 107. – Lorenz 1986, 25 hat noch weit höhere Zahlen errechnet.

18 Meylan 2005, 141 zitiert die Befestigungen von Metz, Sermuz, Mont Vully und Yverdon.

19 Zitiert nach Assmann 1992, 147. – Monumentalisierte und kollektive Bauprojekte sind auch für G. Woolf (2006, 271) Kennzeichen der eisenzeitlichen Gesellschaften. Er gibt wirtschaftlichen Fortschritt und demografisches Wachstum, Machtdemonstration und »vielleicht« die Förderung der Zusammengehörigkeit als Gründe dafür an, die aber seltsam beziehungslos zueinander bleiben, da der theoretische Rahmen fehlt.

20 Genau genommen handelte es sich um zwei Befestigungsringe (A) und (B) sowie um fünf Phasen der ›Porte du Rebout‹, des Haupttores der inneren und jüngeren Befestigung (B).

Sichtbarkeit« gewinnen, um zum »Objekt bewusster Identifikation« zu werden. Wie Bibractes Geschichte zeigt, hatten die Gründer damit Erfolg.[21]

Die Zerlegbarkeit des Raumes

Die ältere Befestigung (A) von Bibracte soll von ca. 4000 Arbeitern in rund vier Monaten errichtet worden sein; das heißt, dass sich nach einer Faustregel – die Familien hinzugerechnet – zur Gründung rund 10 000 Menschen auf dem Berg zusammengefunden haben müssten. Auf eine ähnlich hohe Zahl weist auch die Hochrechnung von 1 150–2 800 Kleinbauten in augusteischer Zeit, die etwa 10 000 Bewohnern entsprechen würden (Meylan 2005, 148; 203).

Aber selbst wenn es nur halb so viele waren – auch dann wäre eine neue Gesellschaftsordnung entstanden, die eine extreme räumliche Nähe für alle diejenigen Menschen erzeugte, die vorher in den über das Land verstreuten Höfen in Distanz zueinander gelebt hatten. Nähe und Distanz wurden oben als Raumqualitäten bezeichnet, die soziales Handeln bestimmen, wobei aus Nähe keineswegs nur die Intensivierung der sozialen Beziehung, sondern auch der Bedarf nach Abgrenzung folgen kann. Es überrascht daher nicht, dass sich die späteisenzeitliche Form der ländlichen Raumnutzung – nicht nur in Bibracte, sondern generell in den Oppida – großenteils in einer gehöftartig strukturierten, durch Grenzen markierten Innenbebauung mit landwirtschaftlichen Nutzflächen niedergeschlagen hat. Für die führenden Familien der Gründergeneration möchte ich daher von einer Art Synoikismos sprechen. Eine solche Form der Siedlungsgründung würde nicht nur den enormen Flächenbedarf der Oppida verständlicher machen, sondern auch die Tatsache, dass die Stadtmauer, das erste Gemeinschaftswerk, zum Sinnbild der neuen kollektiven Identität wurde. Denn um noch einmal Simmel (1992, 697) zu zitieren: »Die Grenze ist nicht eine räumliche Tatsache mit soziologischen Wirkungen, sondern eine soziologische Tatsache, die sich räumlich formt«.

Es ist schon des Öfteren darauf aufmerksam gemacht worden, dass die kilometerlangen Mauerringe der Oppida fortifikatorisch gesehen eher nachteilig gewesen seien, wenn man sich effektiv verteidigen wollte (Rieckhoff/Biel 2001, 246; Sievers 2003, 105). Stephan Fichtl (2005, 83 f.) schreibt ihnen daher prinzipiell drei Funktionen zu: strategische, symbolische und repräsentative. Semiotisch präziser ausgedrückt: Die äußere Erscheinung der Mauer (ihre »Form«) ist die wahrnehmbare Transformation unterschiedlicher Informationen. Sie verweist nicht nur auf Repräsentation und Abgrenzung nach Außen, sondern – wichtiger noch – auf den Zusammenschluss nach Innen. Als physische Grenze symbolisiert sie aber auch ein kosmologisches

---

21 Bibracte ist laut Caesar »die bei weitem größte und reichste Stadt der Haeduer«, die »das höchste Ansehen« genießt (De bello Gallico I,23,1; VII,55,4).

Ordnungssystem: Sie trennt das Eigene vom Fremden, das Wilde vom Gezähmten, die Welt der Lebenden von der Welt der Toten, usw. Wird diese Grenze überschritten, wird die Ordnung verletzt und muss durch entsprechende Rituale wieder hergestellt werden. Deshalb sind die so genannten *rites de passage* ein ubiquitäres Phänomen, das wir aus allen Kulturen und für alle Arten von Grenzen kennen. Aus der Zeit der Oppida stammen zahlreiche rituelle Deponierungen von Sachgütern, vorzugsweise aus Eisen, aber auch von Tierknochen und menschlichen Skeletten, die in, unter, vor und hinter den Befestigungsmauern gefunden worden sind, so dass an deren religiöser Bedeutung kein Zweifel besteht.[22]

Keltisch oder römisch? Aneignung von Dingen als Zeichen

Neu in der späten Eisenzeit ist die Begrenzung des Raumes durch ein mediterranes Bauelement, die Portikus (Abb. 4). Im Mittelmeerraum sollten Säulengänge zunächst einfach nur vor der Sonne schützen. In der römischen Villa blieben sie auf Innenhöfe beschränkt; im öffentlichen Raum dagegen begrenzten sie Straßen und Plätze und wurden bei entsprechender Tiefe auch für gewerbliche Zwecke genutzt, als Läden, Werkstätten, Büros oder *tabernae* (›Kneipen‹) (Nünnerich-Asmus 1994).

Die Portikus ist eine quasi perforierte Grenze des umbauten Raumes, die Außen und Innen miteinander verschränkt, indem sie den Blick in den Raum hineinlenkt und zu dessen Betreten auffordert. In Bibracte findet sich dieses fremdartige Architekturelement bereits in der ältesten Holzbauphase Ende des 2. Jahrhunderts v. Chr. als Grenze zwischen Hauptstraße und ›Îlot des Grandes Forges‹, einem großen Gebäudekomplex im Zentrum der Stadt auf der ›Pâture du Couvent‹. Hier verweist die Portikus zunächst auf dieselbe öffentliche Funktion wie im Süden – obwohl sie im Oppidum zwei Drittel des Jahres allenfalls vor Regen schützen konnte. Umso bedeutsamer muss ihre symbolische Funktion gewesen sein, die Denotation der Beziehung Bibractes zur römischen Kultur. Für diese neue Ideologie haben wir tatsächlich einen ganz konkreten historischen Anhaltspunkt, nämlich den noch vor der Stadtgründung geschlossenen Gastfreundschaftsvertrag der Haeduer mit Rom, den frühesten derartigen Vertrag mit dem freien Gallien, der uns überliefert ist.[23] Anlass dieses Vertrages muss die verkehrsstrategische Lage der Haeduer gewesen sein, durch deren Gebiet eine der wichtigsten ›Zinnstraßen‹ lief (Rieckhoff/Biel 2001, 50; Rolley 2006). Den

22 Eine entsprechende Studie von C. von Nicolai »Sichtbare und unsichtbare Grenzen. Zur Funktion eisenzeitlicher Befestigungsanlagen« befindet sich in Vorbereitung (vgl. von Nicolai 2009, 539).

23 G. Dobesch (2001, 760) datierte den Vertrag »in die Jahrzehnte vor 121 [v. Chr.], vielleicht sogar noch erheblich früher«; auch Ch. Peyre dachte an ein weit höheres Alter, »wenn nicht im 3. Jh. v. Chr., dann auf jeden Fall zu Beginn des 2. Jh.« (Goudineau/Peyre 1993, 173).

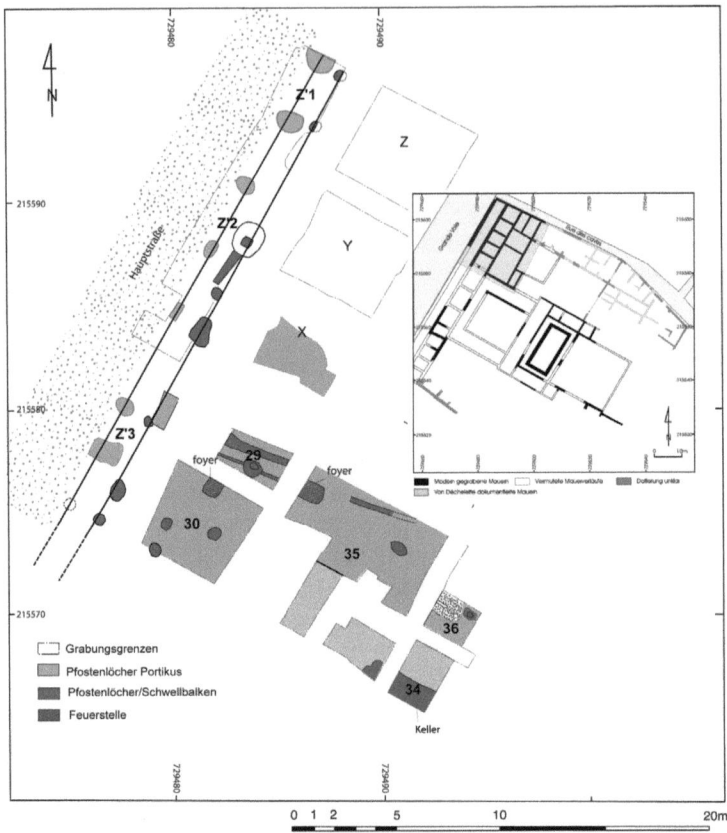

Abb. 4. Bibracte-Mont Beuvray, Grabungen der Universität Leipzig. Zu Beginn der Holz-
bauperiode (ca. 120–50 v. Chr.) der Nordwestecke der ›Îlot des Grandes Forges‹ wurde parallel zur Hauptstraße ein mindestens 24 m langes Holzgebäude mit vorgelagerter Portikus
errichtet (Rieckhoff/Mölders 2009, 172). – Mitte rechts: Um 50 v. Chr. wurde die ›Îlot‹
in Stein umgebaut und die Portikus in eine ca. 70 m lange Galerie umgewandelt, hinter
der eine Zeile aus gleichartigen Läden, Werkstätten oder *tabernae* lag. Galerie und Läden
gehörten zum Ensemble aus Basilika und Forum (Grabungen der Universität Budapest:
Szabó u.a. 2007; nach Hoppadietz 2008).

lokalen Eliten brachte dieser politische Status vor allem materielle Vorteile (›Gastge-
schenke‹), aber auch Prestige innerhalb Galliens. Der damit verbundene soziale Wandel dürfte dazu beigetragen haben, dass aus dem lockeren Netzwerk aus Individuen
und kleinen Gruppen eine politisch starke Gemeinschaft aus mehreren Familien oder
Clans wurde, deren Macht in der Gründung von Bibracte gipfelte.

Das neue Selbstbewusstsein manifestierte sich in der repräsentativen Ausgestaltung des Oppidum durch eine Raumzeile mit Säulenvorhalle. Das Vorbild römischer Prachtstraßen ist mit Händen zu greifen, aber die Nachbildung wurde syntaktisch umgewandelt und semantisch neu aufgeladen: de-funktionalisiert zum Regenschutz, eingebunden in die lokale Holzbauweise, wiederbesetzt mit neuen Zeichenwerten, die eine politische Botschaft transportieren. Ich sehe darin ein sprechendes Beispiel für den von Hahn (2005, 99 ff.) beschriebenen Prozess der kulturellen Aneignung von Dingen.

Ästhetik des Raumes

Die Semantik der Portikus als Zeichen ist damit aber noch nicht erschöpft, weil es auch eine ästhetische Bedeutung konnotiert. In Italien wurden Portiken aus diesem Grund zunehmend rein dekorativ eingesetzt, um das Stadtbild aufzuwerten. Galt das auch für Bibracte? Oder allgemeiner gefragt: Inwieweit waren in Bibracte Gebäude, Straßen und Plätze auch Teile einer Repräsentations-Ästhetik? Ist nicht gerade diese ein Kriterium der Urbanität? Ich möchte diese Fragen unter Hinweis auf eine Überlieferung bei Caesar im Prinzip alle mit Ja beantworten. Er berichtet, dass die Bituriger den gallischen Kriegsrat auf Knien angefleht hätten, ihr zentrales Oppidum Avaricum, das heutige Bourges, die durch *praesidio* (»Stadtmauer«) *et ornamento* (»architektonische Ausschmückung«) *[urbem] pulcherrimam* (»schönste« Stadt) beinahe ganz Galliens, nicht dem Prinzip der verbrannten Erde zu opfern, weil sie der Stolz aller Bituriger sei – und dass Vercingetorix die Stadt deshalb schließlich tatsächlich verschont habe.[24] Hier ist die Stadt zum Identifikationsobjekt der Gesellschaft geworden und ihre Ästhetik zum Kommunikationsmedium.

Etwas Vergleichbares können wir in der Tat – sogar schon früher – in Bibracte beobachten. Um 100 v. Chr. war die ältere Stadtmauer (A) durch den inneren Befestigungsring (B) von 4–5 km Länge ersetzt worden (Abb. 3), ebenfalls in *murus gallicus*-Technik. Obwohl sich mit der Befestigung (B) die Innenfläche des Oppidum von 200 auf 135 ha verkleinert hatte, war der zweite Mauerbau aufgrund des zerklüfteten Terrains sicher kaum weniger aufwändig. Nach höchstens 20 Jahren war zumindest das Haupttor erneut reparaturbedürftig. Um 80 v. Chr. entstand mit der so genannten ›Porte du Rebout‹ das größte keltische Stadttor, das wir bis heute kennen (Buchsenschutz u. a. 1999, 8 étape II).

Um dieselbe Zeit wurde die ›Îlot des Grandes Forges‹ umgebaut.[25] Das große Holzgebäude der Nordwestecke blieb am selben Ort, aber die Innenbebauung wurde

---

24 Caesar, De bello Gallico VII,15,4; vgl. Dobesch 2004, 23.
25 Hoppadietz 2008; Wöhrl 2009; Rieckhoff 2008; Rieckhoff/Mölders 2009; Rieckhoff u. a. im Druck.

reorganisiert und die Holzsäulen der Portikus auf einen massiven Sockel gesetzt, wahrscheinlich um den Bau um ein zusätzliches Stockwerk zu erhöhen. Die Hauptstraße wurde auf 16 m verbreitert und die der ›Îlot‹ gegenüber liegende Straßenseite ebenfalls mit Portiken versehen. Diese großräumige Neukonzeption des Zentrums setzte andere soziale Verhältnisse voraus, die sich im archäologischen Fundmaterial in der Tat als steigender Wohlstand und kultureller Wandel bemerkbar machen. Denn um dieselbe Zeit intensivierte sich der Fernhandel mit dem Süden; in der Folge kamen neue eigene Produktformen auf den Markt; kulturelle Normen änderten sich, z.B. durch die Aneignung mediterraner Ess- und Trinksitten.

Die gleichzeitige Umgestaltung der ›Porte du Rebout‹ und der ›Pâture du Couvent‹ stehen in einem phänomenologischen Wahrnehmungszusammenhang (Hall 1976), der bisher noch nicht ausreichend bedacht worden ist, aber uns helfen könnte, das Rätsel zu lösen, warum das Oppidum überhaupt verkleinert worden ist. Denn alle bisherigen militärstrategischen Begründungen befriedigen nicht. Der Neubau der ›Porte du Rebout‹ mit einer über 20 m breiten Torgasse und fehlendem Torhaus konterkariert jede fortifikatorische Funktion des klassischen keltischen Zangentores, das den Sinn hatte, den Feind in einen durchschnittlich nur ca. 6 m breiten Trichter zu zwingen und von oben zu beschießen. Stattdessen wurde – in einem Aneignungsprozess wie oben beschrieben – die Zeichensprache römischer Stadttore (große Breite für mehrere Durchgänge) in die lokale Sprache der keltischen Festungsarchitektur (zurückversetzter Eingang) ›übersetzt‹.[26] Seit dieser Zeit eröffneten sich für die Bewohner und Benutzer neue Perspektiven nicht nur auf das repräsentative Tor selbst, sondern auch beim Durchschreiten des Tores auf das Stadtpanorama. Weil mit der Errichtung des inneren Mauerringes (B) die Entfernung zwischen Tor und Zentrum geschrumpft war, gewährte die breite, gerade geführte Hauptstraße einen direkten Blick bis zur ›Pâture du Couvent‹, wo sich nun die mindestens zweistöckige ›Îlot‹ erhob.[27] Über einen halben Kilometer erstreckte sich diese Sichtachse, deren Horizont sich den Ausgräbern erst 2007 voll erschloss, nachdem großflächig abgeholzt worden war (Abb. 5).

Das architektonische Zeichensystem aus Tor und Stadtpanorama, aus umbautem Raum und Freiraum, aus Perspektiven und optischen Bezugspunkten, aus Form, Farbe und Struktur – materialisiert in dem repräsentativen Tor, der Prachtstraße, der Sichtachse, dem Stadtpanorama, den Portiken – denotiert ein Raumprogramm bzw. eine Ideologie der lokalen Eliten, deren Ziel ich hier nur thesenhaft benennen kann: das ›urbane Lebensgefühl‹ zu steigern und die Stadt als Identifikationsangebot zu präsentieren. Schriftlosen Randkulturen gesteht man ein solches Reflexionsniveau

---

26 Vgl. Colin u.a. 1995, 161 f. Diese zivile Konnotation gilt zumindest bis zur Verkleinerung des Torraumes durch Gräben in Phase IIIb (60–30 v.Chr.); vgl. Buchsenschutz u.a. 1999, 8.

27 Ob sich dahinter noch ein (zweistöckiger?) Holzvorläufer der späteren Basilika in Stein (ca. 50–30 v.Chr.) erhob, wissen wir (noch) nicht, aber es spricht aus meiner Sicht einiges dafür (Dhennequin u.a. 2008, 55 ff.).

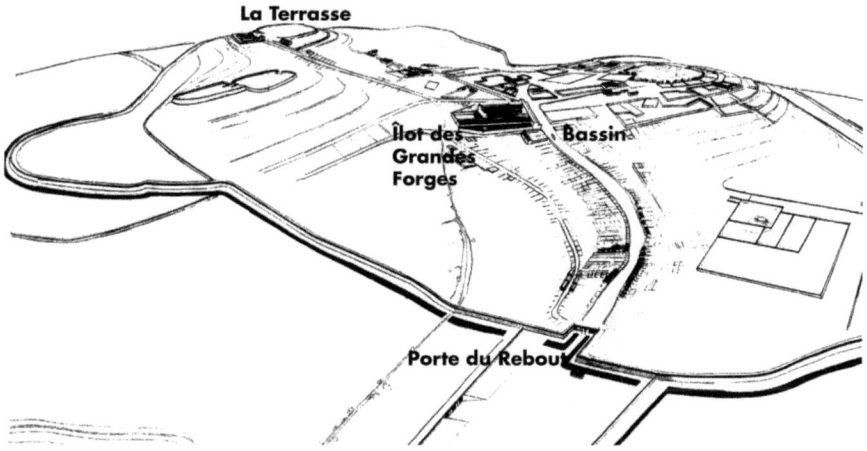

Abb. 5. Bibracte-Mont Beuvray. Imaginierter Blick auf das keltische Oppidum Bibracte von Nordosten, Ende des 1. Jahrhunderts v. Chr. (Entwurf des Architekten P. Andréu 2005).

zwar nur zögernd zu, aber aus Sicht der Raumanalyse lässt sich die Verkleinerung des Oppidum kaum besser begründen.

Der öffentliche Raum

Der Standort des in der keltischen Welt einzigartigen Wasserbeckens (Abb. 6) ruft seit seiner Entdeckung Ratlosigkeit hervor, weil es keinerlei Bezug zur angrenzenden (bedeutungslosen) Bebauung aufweist. Dabei hat man bisher übersehen, dass die Bedeutung offenbar im topographischen Kontext des Wegenetzes liegt, wie es Meylan (2005 fig. 4.15) rekonstruiert hat. Vor dem Wasserbecken gabelten sich die beiden wichtigsten Ausfallstraßen aus dem Oppidum (›Rue de l'Ecluse‹ und ›Rue du Rebout‹; Abb. 3). Ein Scheideweg oder eine Kreuzung bildeten in der Antike seit jeher religiös determinierte Situationen, weil sie eine Entscheidung erforderten, die – wie viele alltägliche Handlungen – unter dem Schutz einer Gottheit gefällt werden mussten, worauf die zahlreichen Hermen (Kultpfeiler) weisen, die an antiken Straßen aufgestellt waren (Muth 1998, 106). Das Wasserbecken, von dem wir weder wissen, welchem Zweck es diente, noch wann es entstand, hatte daher sicherlich (auch) eine kultische Funktion, und wenn es nicht schon um 80 v. Chr. gebaut wurde, hatte es einen Vorläufer, in welcher Form auch immer.[28] Mit diesem Kultort besaß das Zen-

---

28 In ähnliche Richtung gehen die Vermutungen von Goudineau/Peyre 1993, 45, dass das Wasserbecken seine Existenz einem Gründungsritual verdanke und daher einen *lieu de mémoire* darstellte.

trum von Bibracte einen Fixpunkt, um den herum sich kollektive Handlungen und
– im Sinne von Simmel – soziale Wechselwirkungsprozesse entwickeln konnten, bzw.
es gab – im Sinne von Lynch – einen unauslöschlichen »Brennpunkt« auf der kognitiven Landkarte eines jeden, der jemals hier gewesen war.

Die identitätsstiftende Wirkung von öffentlichen Kulthandlungen steht außer
Frage. Dieselbe Wirkung geht aber auch von dem öffentlichen Raum *per se* aus,
den speziell die Oppida im Übermaß anboten. Einen derartigen Raum ›für alle‹ bildete die ›Grande Voie‹, die Hauptstraße von Bibracte, die Kommunikationsader der
Stadt. Deren Herz war der Umkreis der ›Îlot‹, die an einem relativ flachen Hang
lag, an dem mehrere Querstraßen zusammentrafen. Durch die erhöhte Fluktuation
von Menschen und durch die Begrenzung durch die Portiken erhielt dieser Bereich
quasi die Funktion eines Platzes, auf dem – im räumlichen Kontext mit den Läden,
Werkstätten oder Kneipen der ›Îlot‹ – zusätzliche Funktionen denkbar sind (z. B.
Marktstände an bestimmten Tagen), abgesehen von den möglichen kollektiven Riten
im Bereich des Wasserbeckens. Insofern war die ›Pâture du Couvent‹ eine permanente
Integrationszone für unterschiedliche Schichten – im Unterschied zu eingefriedeten
Plätzen, die es in Bibracte ebenfalls gab, die aber bestimmten Gruppen oder Zeiten
vorbehalten waren.

Raumerleben

Abschließend soll noch das ›Raumerleben‹ aus phänomenologischer Sicht Erwähnung finden, weil es in vielen theoretischen Arbeiten eine wichtige Stellung einnimmt.
Ein Beispiel ist ein Beitrag von Simmel (1909, 3 f.) über die Tür:

> »Der Mensch, der zuerst eine Hütte errichtete, offenbarte, wie der erste Wegebauer,
> das spezifisch menschliche Können gegenüber der Natur, in dem er aus der Konti-
> nuität und Unendlichkeit des Raumes eine Parzelle herausschnitt und diese einem
> Sinne gemäß zu einer besonderen Einheit gestaltete. [...] Dadurch, dass die Tür
> gleichsam ein Gelenk zwischen den Raum des Menschen und alles, was außerhalb
> desselben ist, setzt, hebt sie die Trennung zwischen Innen und dem Außen auf.
> Gerade weil sie auch geöffnet werden kann, gibt ihre Geschlossenheit das Gefühl
> eines stärkeren Abgeschlossenseins gegen alles Jenseits dieses Raumes, als die
> bloße ungegliederte Wand.«

Wir können diese »Empfindung« (Merleau-Ponty) im archäologischen Befund durchaus nachvollziehen, wenn wir uns z. B. einen Fremden vorstellen, der sich der ›Porte
du Rebout‹ näherte oder, um es in der Art von Merleau-Ponty zu sagen, dem die
›Gestalt‹ der Mauer von der Grabensohle bis zur Brustwehr in voller Höhe von ca.
8 m ›entgegentrat‹. Diesem imposant-abweisenden Eindruck, den die Monumentalität
auslöste, ließe sich jedoch die »Anmutungsqualität« des Torraumes gegenüberstellen,

Abb. 6. Bibracte-Mont Beuvray. Rekonstruktion des schiffsförmigen Wasserbeckens aus importierten Granitblöcken im Zentrum des keltischen Oppidum auf der ›Pâture du Couvent‹. Für die ungewöhnliche Form nutzten die Erbauer eine geometrische Konstruktion, die auf dem Golden Schnitt beruhte. Länge 10,5 m; Breite max. 3,60 m. Erhalten waren noch drei bis vier von ursprünglich sechs Steinlagen (Foto: A. Maillier, Bibracte).

der den großzügigen Charakter eines zivilen Stadttores trug, so dass die ›Porte du Rebout‹ auch imposant-einladend wirkte und damit nicht nur die Einfuhr fremder Waren, sondern auch das Eindringen fremder Ideen beförderte.[29]

Auch das Stadtpanorama von Bibracte böte die Möglichkeit, mit phänomenologischen Kriterien überindividuelle Verhaltensmuster herauszufiltern. Da sich der Anblick der Stadt jedem darbot, der die ›Porte du Rebout‹ durchschritt, ergriff sozusagen auch jeder davon Besitz. Tageszeit, Wetter und subjektive Befindlichkeit führten zwar zu unterschiedlichem Wahrnehmungserleben, aber da alle Personen eine einzige Hauptstraße benützten und dieselbe Perspektive auf optische Bezugspunkte teilten, entstand gleichzeitig ein intersubjektiver »Erlebensraum«, der gesellschaftlich integrierend wirkte und die kollektive Identität förderte. Die Bituriger sind ein historisches Beispiel für derartige Prozesse.

---

29 Die Zusammensetzung des Imports von italischem Bronzegeschirr belegt die Aufgeschlossenheit
   der Oppidani gegenüber fremden Trinksitten, ganz im Gegensatz zu den konservativen Eliten der
   Landbesitzer um das Oppidum Titelberg herum (Rieckhoff 1998).

Fragen, Methoden, Ergebnisse

Obwohl die Erforschung der keltischen und zeitgleichen Oppida des 2./1. Jahrhunderts v. Chr. in den letzten 25 Jahren rasante Fortschritte gemacht hat und obwohl wir die materielle Umwelt jener Zeit zum Teil akribisch rekonstruieren können, sind uns die Akteure, die handelnden Menschen selbst seltsam fremd geblieben. Das mag (auch) daran liegen, dass wir an sie zu oft dieselben Fragen stellen, die gewöhnlich an die Kulturen der Griechen und Römer gerichtet werden, die sich aber nur mit Hilfe von Schriftquellen beantworten lassen. Als Archäologen können wir Erkenntnisse über die soziale Umwelt des Menschen jedoch nur aus dessen regelhaftem Verhalten im Umgang mit der materiellen Umwelt gewinnen. Die Frage ist also nicht ob, sondern wie wir diesen Zusammenhang zwischen materieller Kultur und sozialem Handeln theoretisch beschreiben und praktisch analysieren können.

Hilfreich ist meiner Meinung nach ein kommunikationstheoretischer Ansatz (Veit 2003). Ausgehend von Ecos These, dass Kultur ein Kommunikationsphänomen ist, das aus Zeichensystemen besteht, die sich mit Hilfe der Semiotik erforschen lassen, hat sich die Wissenschaft der Zeichen auch der materiellen Kultur bemächtigt. Nach der ersten Euphorie lässt man inzwischen jedoch Vorsicht walten. Kein Archäologe darf heutzutage mehr naiv – d. h. ohne Auseinandersetzung mit der schier uferlosen, oft genug widersprüchlichen oder sich jeder Bemühung um Verständnis widersetzenden Literatur aus sämtlichen Kulturwissenschaften – vorgeben, die »Sprache der Dinge« entziffern zu können, denn »Dinge sind kein Text« (Hahn 2005, 137).

Dieser Einsicht widerspricht das Zitat, das ich meinem Beitrag vorangestellt habe, nur scheinbar, denn Victor Hugo reflektiert auf poetische Weise nichts anderes als die Spezifik der Architektursemiotik. Das Zitat stammt aus dem Kapitel »Dieses wird jenes töten«, in dem Hugo die Druckerpresse für den Tod der Baukunst verantwortlich macht, deren letzte große Blüte seiner Ansicht nach die mittelalterlichen Kathedralen waren. Diese seien nicht nur Gotteshäuser, sondern auch Bibeln aus Stein gewesen und darüber hinaus Chroniken, in denen sich das Denken und Fühlen der Menschheit schlechthin niederschlug. Es ist genau diese spezifische semiotische Kohärenz zwischen Funktion (hier: Kirche) und Idee (hier: Bibel) jeder Art von Architektur, die Eco veranlasst hat, dieser ein eigenes Methodenkapitel mit der Überschrift »Funktion und Zeichen« zu widmen. Diesem verdanken wir die Möglichkeit, das architektonische Zeichen, im Unterschied zu allen anderen Objektzeichen, über seine Funktion zu dekodieren und im positiven Falle auch die Idee der Architektur zu denotieren, wie ich es am Beispiel der Treppe der Basilika von Bibracte erläutert habe. Nur für unmittelbare Konnotationen (im Fall der Kathedrale: Chronik) sind wir, wie bei jedem Objektzeichen, auf den Code angewiesen.

›Raum‹ wird zweifellos das Schlüsselwort einer theoretischen Neuorientierung der archäologischen Siedlungsforschung in den nächsten Jahren sein, nachdem der *spatial turn* in den Kulturwissenschaften bereits einen regelrechten Forschungsboom ausgelöst hat. Aus meiner Sicht sind Simmels Raumqualitäten – obschon ein soziologisches Konzept, das schon über 100 Jahre alt ist – das geeignete Paradigma für das Thema Oppida – einerseits, weil es abstrakt genug ist, um auch auf schriftlose Kulturen angewendet werden zu können, und andererseits, weil es mit konkreten Begriffen operiert, die konstitutiv für eine ›Stadtsoziologie‹ sind: Orte, Grenzen und Bewegung in einer gebauten Umwelt.

Wahrnehmung von Raum und von Objekten im Raum findet in einem Spannungsfeld aus Zeichensystemen und Sinneseindrücken statt. In dem Maße, in dem deutlich wird, dass eine Theorie, die an Sprachzeichen entwickelt worden ist, keine Universaltheorie für Objektzeichen sein kann, wird die Phänomenologie – wieder – aktuell, denn Klassikern wie Simmel selbst war sie nicht fremd. Einer Anregung von H. P. Hahn folgend, habe ich hier auf Merleau-Ponty und dessen Konzeption des »Austausches« zwischen Mensch und Ding verwiesen, die der Archäologie für eine noch ausstehende Phänomenologie der Dinge gute Dienste erweisen kann. Ästhetik, Monumentalisierung und Visualisierung sind daher aus meiner Sicht Phänomene, die nicht als »mitschwingende« Semantik marginalisiert werden dürfen, sondern eigene Parameter darstellen.

Auf dieser theoretischen Basis habe ich anhand ausgewählter architektonischer Beispiele aus Bibracte – der Stadtmauer, des Haupttores (›Porte du Rebout‹), der Portikus der ›Îlot des Grandes Forges‹ und der Hauptstraße mit dem Wasserbecken – versucht, auf das Verhalten und die Wahrnehmung der Akteure, der Erbauer und Benutzer, zurückzuschließen. Im Prinzip bin ich immer zu demselben Ergebnis gekommen: Bauen ist ein Identifikationsprozess, das Gebaute repräsentiert die kollektive Identität, beides dient der Gewinnung und Erhaltung von Macht. Das mag in dieser allgemeinen Form nicht neu sein, aber neu ist die Geschichte von Bibracte aus dieser Perspektive: Der im 2. Jahrhundert v. Chr. geschlossene Vertrag zwischen Rom und einigen haeduischen Landbesitzern war der Auftakt zu deren politischem Zusammenschluss, der mit dem ersten Mauerbau quasi vertraglich besiegelt wurde. Von nun an waren alle Baumaßnahmen politische Maßnahmen, die durch Rituale und Symbole kommuniziert werden mussten, denn keine der dabei umgesetzten Formen entsprach ihrer Idee: der Mauerring war zu groß, das Tor unzweckmäßig, die Portikus zweckentfremdet, das Wasserbecken 600 m von der Quelle entfernt. Die selektive Aneignung fundamentaler römischer Konstruktionsprinzipien – Axialität, Symmetrie, Frontalität – und deren Integration in das eigene kulturelle System war keine unreflektierte Übernahme, sondern eine hybride Selbstinszenierung, die beweist, dass die Botschaft des Oppidum keineswegs nach außen,[30] sondern nach innen auf die Gesellschaft selbst gerichtet war. Und dies mit Erfolg. Bibracte zog so viele Bewohner an, dass nach dem gallischen Krieg großflächig neu geplant und gebaut werden musste.

---

30 Woolf (2006, 271) spricht von *exterior monumentality*.

Diese Blüte der Stadt, nicht ihr Niedergang, war der Grund, dass sie zu Beginn des 1. Jahrhunderts n. Chr. in die Ebene verlegt wurde und als Augustodunum (Autun) rasch eine zweite Blüte erlebte, die fast 300 Jahre Bestand hatte.

Literaturverzeichnis

Assmann 1992: J. Assmann, Das kulturelle Gedächtnis. Schrift, Erinnerung und politische Identität in frühen Hochkulturen. München: Beck 1992.

Bachmann-Medick 2006: D. Bachmann-Medick, Cultural Turns. Neuorientierungen in den Kulturwissenschaften. Reinbek: Rowohlt 2006.

Barthes 1988: R. Barthes, Semantik des Objekts. In: Ders., Das semiologische Abenteuer. Frankfurt a. M.: Suhrkamp 1988, 187–98 [Erstausgabe: Paris 1985].

Becker/Keim 1973: H. Becker/K. D. Keim, Wahrnehmung in der städtischen Umwelt. Möglicher Impuls für kollektives Handeln. Berlin: Kiepert ²1973 [Erstausgabe: Berlin 1972].

Blödorn 2006: J. Blödorn, Fernhandel oder Prestigegütertausch? Importfunde der Oppidazivilisation. Ungedr. Magisterarb. Leipzig 2006.

Bourdieu 1991: P. Bourdieu, Physischer, sozialer und angeeigneter physischer Raum. In: M. Wentz (Hrsg.), Stadt-Räume. Frankfurt a. M., New York: Campus 1991, 25–34.

Buchsenschutz u. a. 1999: O. Buchsenschutz/J.-P. Guillaumet/I. Ralston, Les remparts de Bibracte. Recherches récentes sur la Porte du Rebout et le tracé des fortifications. Collection Bibracte 3. Glux-en-Glenne: Centre Archéologique Européen du Mont Beuvray 1999.

Burmeister 2003: St. Burmeister, Die Herren der Ringe: Annäherung an ein späthallstattzeitliches Statussymbol. In: U. Veit u. a. (Hrsg.), Spuren und Botschaften: Interpretationen materieller Kultur. Tübinger Archäologische Taschenbücher 4. Münster u. a.: Waxmann 2003, 265–96.

Cassirer 1994: E. Cassirer, Philosophie der symbolischen Formen. 3. Teil. Phänomenologie der Erkenntnis. Darmstadt ¹⁰1994 [Erstausgabe: Berlin 1923–1929].

Children/Nash 1997: G. Children/G. Nash, Establishing a Discourse: The Language of Landscape. In: G. Nash (Hrsg.), Semiotics of Landscape. British Archaeological Reports International Series 661. Oxford: Archaeopress 1997, 1–3.

Colin u. a. 1995: A. Colin/St. Fichtl/O. Buchsenschutz, Die ideologische Bedeutung der Architektur der oppida nach der Eroberung Galliens. In: J. Metzler u. a. (Hrsg.), Integration in the Early Roman West. The Role of Culture and Ideology. Papers Arising from the International Conference at the Titelberg (Luxembourg) 12–13 november 1993. Luxembourg: Musée National d'Histoire et d'Art 1995, 159–67.

Déchelette 1904: J. Déchelette, Les fouilles du Mont Beuvray de 1897 à 1901: Compte rendu suivi de l'inventaire général des monnaies recueillies au Beuvray et du Hradischt de Stradonic en Bohème. Paris, Autun: Picard 1904.

Déchelette 1914: Ders., Manuel d'archéologie préhistorique, celtique et gallo-romaine. II-3: Deuxième Âge du Fer ou Époque de La Tène. Paris: Éditions Picard 1914.

Dhennequin u. a. 2008: L. Dhennequin / J.-P. Guillaumet / M. Szabó (Hrsg.), L'oppidum de Bibracte (Mont Beuvray, France). Bilan de 10 années de recherches (1996–2005). Acta Archaeologica Academiae Scientiarum Hungaricae 59, 2008, 1–152.

Dietler 1994: M. Dietler, »Our ancestors the Gauls«. Archaeology, Ethnic Nationalism and the Manipulation of Celtic Identity in Modern Europe. American Anthropologist 96, 1994, 584–605.

Dobesch 2001: G. Dobesch, Zu zwei Daten der Geschichte Galliens. In: H. Heftner / K. Tomaschitz (Hrsg.), Gerhard Dobesch. Ausgewählte Schriften. Bd. 2. Kelten und Germanen. Köln, Weimar, Wien: Böhlau 2001, 755–74.

Dobesch 2004: Ders., Zentrum, Peripherie und »Barbaren« in der Urgeschichte und der Alten Geschichte. In: H. Friesinger / A. Stuppner (Hrsg.), Zentrum und Peripherie – Gesellschaftliche Phänomene in der Frühgeschichte. Materialien des 13. Internationalen Symposiums »Grundprobleme der frühgeschichtlichen Entwicklung im mittleren Donauraum«, Zwettl, 4.–8. Dezember 2000. Mitteilungen der Prähistorischen Kommission 57. Wien: Verlag der Österreichischen Akademie der Wissenschaften 2004, 11–93.

Eco 2002: U. Eco, Einführung in die Semiotik. München u. a.: Fink ^{9}2002 [Erstausgabe: Mailand 1968].

Fichtl 2005: St. Fichtl, La ville celtique. Les oppida de 150 av. J.-C. à 15 ap. J.-C. Paris: Errance 2005 [Erstausgabe: Paris 2000].

Goudineau / Peyre 1993: Ch. Goudineau / Ch. Peyre, Bibracte et les Eduens. À la découverte d'un peuple gaulois. Paris: Errance 1993.

Guichard u. a. 2000: V. Guichard / S. Sievers / O. H. Urban (Hrsg.), Les processus d'urbanisation à l'âge du Fer. Eisenzeitliche Urbanisationsprozesse. Colloque 8–11 juin 1998. Collection Bibracte 4. Glux-en-Glenne: Centre Archéologique Européen du Mont Beuvray 2000.

Guichard 2009: V. Guichard, Vestiges et Création Architecturale sur l'Oppidum Bibracte (Saône-et-Loire, Nièvre). Archéologie en Bourgogne 18, 2009.

Hahn 2005: H. P. Hahn, Materielle Kultur. Eine Einführung. Berlin: Reimer 2005.

Hall 1976: E. T. Hall, Die Sprache des Raumes. Düsseldorf: Schwann 1976 [Erstausgabe: New York 1966].

Hamilton / Whitehouse 2006: S. Hamilton / R. Whitehouse, Phenomenology in Practice: Towards a Methodology for a ›Subjective‹ Approach. European Journal of Archaeology 9, 2006, 31–71.

Hamm / Neumann 1996: B. Hamm / I. Neumann, Siedlungs-, Umwelt- und Planungssoziologie. Ökologische Soziologie Bd. 2. Opladen: Leske + Budrich 1996.

Haselgrove 2006: C. Haselgrove (Hrsg.), Celtes et Gaulois. L'Archéologie face à l'Histoire. 4. Les mutations de la fin de l'âge du Fer. Actes de la table ronde de Cambridge, 7–8 juillet 2005. Coll. Bibracte 12 / 4. Glux-en-Glenne: Centre Archéologique Européen du Mont Beuvray 2006.

Heidegger 1994: M. Heidegger, Bauen Wohnen Denken. In: H. Wielens (Hrsg.), Bauen Wohnen Denken. Martin Heidegger inspiriert Künstler. Münster: Coppenrath 1994, 18–33 [Erstausgabe: Darmstadt 1952].

Hitzler/Eberle 2000: R. Hitzler/Th. S. Eberle, Phänomenologische Lebensweltanalyse. In: U. Flick/E. von Kardoff/I. Steinke (Hrsg.), Qualitative Forschung. Ein Handbuch. Reinbek: Rowohlt 2000, 109–18.

Hodder 1989a: I. Hodder, This is not an Article about Material Culture as Text. Journal of Anthropological Archaeology 8, 1989, 250–69.

Hodder 1989b: Ders. (Hrsg.), The Meanings of Things: Material Culture and Symbolic Expression. London: Unwin Hyman 1989.

Hoppadietz 2008: R. Hoppadietz, Die Ausgrabungen der Universität Leipzig in der îlot des Grandes Forges im Oppidum Bibracte-Mont Beuvray (Burgund, Frankreich). Die Funde und Befunde in Z'1–Z'3 (PCo 10.000). Leipzig: Ungedr. Magisterarb. 2008.

Janson 1999: A. Janson, Institut für Grundlagen der Gestaltung. In: Fakultät für Architektur der Universität Karlsruhe (TH). Tübingen: 1999.

Kienlin 2005: T. L. Kienlin (Hrsg.), Die Dinge als Zeichen: Kulturelles Wissen und materielle Kultur. Universitätsforschungen zur Prähistorischen Archäologie 127. Bonn: Habelt 2005.

Köhnke 2000: K. Ch. Köhnke, Die Prägnanz von Bildvorstellungen. Dialektik 1, 2000, 91–103.

Kolb 1984: F. Kolb, Die Stadt im Altertum. München: Beck 1984.

Langer 1984: S. K. Langer, Philosophie auf neuem Wege. Frankfurt a. M.: Fischer 1984 [Erstausgabe: Cambridge, Mass. 1942].

Lorenz 1986: H. Lorenz, Rundgang durch eine keltische »Stadt«. Pfaffenhofen: Ludwig 1986.

Lukas 2007: D. Lukas, Das archäologische Konzept »Oppidum« im Spannungsfeld von Geistesgeschichte, feldarchäologischen Ergebnissen und systematischer Forschungsgeschichte Ungedr. Magisterarb. Leipzig 2007.

Lynch 2001: K. Lynch, Das Bild der Stadt. Gütersloh: Bertelsmann 2001 [Erstausgabe: Cambridge 1960].

Merleau-Ponty 1966: M. Merleau-Ponty, Phänomenologie der Wahrnehmung. Berlin: de Gruyter 1966 [Erstausgabe: Paris 1945].

Meylan 2005: F. Meylan, Les influences romaines dans l'architecture et l'urbanisme de l'oppidum de Bibracte (Mont Beuvray). Lausanne: Ungedr. Diss. 2005.

Meylan 2008: F. Meylan, Les influences romaines dans l'architecture et l'urbanisme: apport de fouilles anciennes. In: Dhennequin u. a. 2008, 22–30.

Mölders 2009: D. Mölders, Die handwerkliche Produktion im Oppidum Bibracte (Mont Beuvray) im Spiegel der eisernen Werkzeuge und Werkabfälle der Ausgrabungen von Jacques-Gabriel Bulliot im 19. Jahrhundert. Collection Bibracte 18. Glux-en-Glenne: Centre Archéologique Européen du Mont Beuvray 2009.

Müller 1983: G. Müller, Semiotik der gebauten Umwelt. Über den Zusammenhang von gebauter Umwelt und Verhalten. Trierer Beiträge zur Stadt- und Regionalplanung 9. Trier: Universität 1983.

Muth 1998: R. Muth, Einführung in die griechische und römische Religion. Darmstadt: WBG ²1998.

von Nicolai 2009: C. von Nicolai, ›Eiserne Reserven?‹ – Depotfunde im Umfeld spätlatènezeitlicher Gehöfte. In: S. Grunwald/J. K. Koch/D. Mölders/U. Sommer/S. Wolfram, ARTeFAKT. Festschrift für Sabine Rieckhoff zum 65. Geburtstag. Universitätsforschungen zur Prähistorischen Archäologie 172, 2. Bonn: Habelt 2009, 525–45.

Nöth 2000: W. Nöth, Handbuch der Semiotik. Stuttgart, Weimar: Metzler ^{2}2000 [Erstausgabe: Stuttgart 1985].

Nünnerich-Asmus 1994: A. Nünnerich-Asmus, Basilika und Portikus. Die Architektur der Säulenhallen als Ausdruck gewandelter Urbanität in später Republik und früher Kaiserzeit. Köln, Weimar, Wien: Böhlau 1994.

Ogburn 2006: D. E. Ogburn, Assessing the Level of Visibility of Cultural Objects in Past Landscapes. Journal of Archaeological Science 33, 2006, 405–13.

Piaget 1974: J. Piaget, Der Aufbau der Wirklichkeit beim Kinde. Stuttgart: Klett 1974 [Erstausgabe: Paris 1937].

Rieckhoff 1996: S. Rieckhoff, Existe-t-il une ville avant César? Ausgrabungen der Universität Leipzig im keltischen Oppidum Bibracte auf dem Mont Beuvray (Dép. Nièvre et Saône-et-Loire). In: R. Vollkommer (Hrsg.), Französische Archäologie heute. Leipzig: Universitätsverlag 1996, 58–70.

Rieckhoff 1998: Dies., Ein »keltisches Symposium«. Spätrepublikanisches Bronzegeschirr vom Mont Beuvray als wirtschaftlicher und gesellschaftlicher Faktor. In: A. Müller-Karpe u. a. (Hrsg.), Studien zur Archäologie der Kelten, Römer und Germanen in Mittel- und Westeuropa. Alfred Haffner zum 60. Geburtstag gewidmet. Internationale Archäologie, Studia Honoraria 4. Rahden: Leidorf 1998, 489–517.

Rieckhoff 2002: Dies., Der Untergang der Städte. Der Zusammenbruch des keltischen Wirtschafts- und Gesellschaftssystems. In: C. Dobiat / S. Sievers / Th. Stöllner (Hrsg.), Dürrnberg und Manching. Wirtschaftsarchäologie im ostkeltischen Raum. Akten des Internationalen Kolloquiums in Hallein / Bad Dürrnberg vom 7. bis 11. Oktober 1998. Kolloquien zur Vor- und Frühgeschichte 7. Bonn: Habelt 2002, 359–79.

Rieckhoff 2008: Dies., Fouilles à l'angle nord-ouest du bâtiment dit «l'îlot des Grandes Forges» (PCo1). Acta Archaeologica Academiae Scientiarum Hungaricae 59, 2008, 46–54; 98–112.

Rieckhoff / Biel 2001: Dies. / J. Biel, Die Kelten in Deutschland. Stuttgart: Theiss 2001.

Rieckhoff / Mölders 2009: Dies. / D. Mölders, L'angle nord-ouest de l'îlot des Grandes Forges. A-Rapport annuel 2008. B-Synthèse 2006-2008. In: Bibracte. Rapport annuel d'activité 2008. Glux-en-Glenne: Centre Archéologique Européen du Mont Beuvray 2009, 167–91.

Rieckhoff u. a. i. Dr.: Dies. / R. Hoppadietz / D. Mölders, Urbanisierung und Romanisierung im Spiegel der Architektur im keltischen Oppidum Bibracte-Mont Beuvray (Burgund, Frankreich). In: P. Trebsche / I. Balzer / Ch. Eggl / J. Fries-Knoblach / J. Koch / J. Wiethold (Hrsg.), Architektur: Interpretation und Rekonstruktion. Beiträge zur Sitzung der AG Eisenzeit während des 6. Deutschen Archäologie-Kongresses in Mannheim 2008. Beiträge zur Ur- und Frühgeschichte Mitteleuropas 55. Langenweißbach: Beier und Beran, im Druck.

Rolley 2006: C. Rolley, Les routes de l'étain en Méditerranée et ailleurs. In: M. Szabó (Hrsg.), Celtes et Gaulois. L'Archéologie face à l'Histoire. 3. Les Civilisés et les Barbares du Ve au IIe siècle avant J.-C. Actes de la table ronde de Budapest, 17–18 juin 2005. Collection Bibracte 12 / 3. Glux-en-Glenne: Centre Archéologique Européen du Mont Beuvray 2006, 185–92.

Schäfers 2006a: B. Schäfers, Architektursoziologie. Grundlagen – Epochen – Themen. Wiesbaden: VS Verlag für Sozialwissenschaften ^{2}2006.

Schäfers 2006b: Ders., Stadtsoziologie. Stadtentwicklung und Theorien – Grundlagen und Praxisfelder. Wiesbaden: VS Verlag für Sozialwissenschaften 2006.

Schroer 2006: M. Schroer, Räume, Orte, Grenzen. Auf dem Weg zu einer Soziologie des Raums. Frankfurt a. M.: Suhrkamp 2006.

Sievers 2003: S. Sievers, Manching – Die Keltenstadt. Führer zu archäologischen Denkmälern in Bayern. Oberbayern 3. Stuttgart: Theiss 2003.

Simmel 1909: G. Simmel, Brücke und Tür. In: Der Tag. Moderne illustrierte Zeitung Nr. 683, Morgenblatt vom 15. September 1909, Illustrierter Teil Nr. 216, 1–3 [http://socio. ch/sim/bru09.htm; 7.6.2009].

Simmel 1992: Ders., Soziologie. Untersuchungen über die Formen der Vergesellschaftung. Gesamtausgabe Bd. 11. Frankfurt a. M.: Suhrkamp 1992 [Erstausgabe: Berlin 1908].

Simmel 1995: Ders., Soziologie des Raumes. In: G. Simmel, Aufsätze und Abhandlungen 1901–1908. Gesamtausgabe Bd. 8. Frankfurt a. M.: Suhrkamp 1995, 132–83.

SPM III: Die Schweiz vom Paläolithikum bis zum frühen Mittelalter, Bd. 3. Bronzezeit. Basel: Archäologie Schweiz 1998.

Szabó u.a. 2007 : M. Szabó/L. Timár/D. Szabó, La basilique de Bibracte – Un témoignage précoce de l'architecture romaine en Gaule centrale. Archäologisches Korrespondenzblatt 37, 2007, 389–408.

Veit 2003: U. Veit, Über die Grenzen archäologischer Erkenntnis und die Lehren der Kulturtheorie für die Archäologie. In: U. Veit u. a. (Hrsg.), Spuren und Botschaften: Interpretationen materieller Kultur. Tübinger Archäologische Taschenbücher 4. Münster u. a.: Waxmann 2003, 463–90.

Werner 1979: J. Werner, Die Bedeutung des Städtewesens für die Kulturentwicklung des frühen Keltentums. In: L. Pauli (Hrsg.), Joachim Werner. Spätes Keltentum zwischen Rom und Germanien. Gesammelte Aufsätze zur Spätlatènezeit. München: Beck 1979, 1–20 [zuerst erschienen in: Die Welt als Geschichte 5, 1939, 380–90].

Wöhrl 2009: M. Wöhrl, Die Ausgrabungen der Universität Leipzig in der Îlot des Grandes Forges (PCo 1) im Oppidum Bibracte-Mont Beuvray (Burgund, Frankreich). Die Befunde und Funde aus den Räumen Z-30 /PCo 11.100. Leipzig: Ungedr. Magisterarb. 2009.

Woolf 2006: G. Woolf, The end of ›the end of the Iron Age‹. In: C. Haselgrove (Hrsg.), Celtes et Gaulois. L'Archéologie face à l'Histoire. 4. Les mutations de la fin de l'âge du Fer. Actes de la table ronde de Cambridge, 7–8 juillet 2005. Collection Bibracte 12/4. Glux-en-Glenne: Centre Archéologique Européen du Mont Beuvray 2006, 267–76.

SUSANNE SIEVERS

Zur Architektur der keltischen Oppida: zwischen Tradition und Innovation

Zusammenfassung: Die Architektur der keltischen Oppida gründet, was die baulichen Grundkonzeptionen angeht, letztlich auf bronzezeitlichen Traditionen. Die Innovationen liegen, vor allem was technische Errungenschaften betrifft, z.T. im Detail, z.T. wurden mediterrane Muster abgewandelt und auf keltische Bedürfnisse übertragen. Dennoch trägt der Bauplan der Oppida eine deutlich einheimisch-keltische Handschrift, ohne dass sich – überblickt man ganz Europa – ein einheitliches Muster erkennen ließe. Eine enge Verbindung besteht zwischen der Architektur der Oppida und derjenigen der Viereckschanzen oder größerer offener Siedlungen. So wirken manche Oppida wie ein Konglomerat ländlicher Siedlungseinheiten. Der Hang zu gesteigerter Monumentalität spiegelt sich vor allem in der Größe der Siedlungen, aber auch im Befestigungswesen. Hierbei dürfte die Kenntnis hellenistischer Städte und ihrer Mauern nicht ohne Wirkung geblieben sein.

Regionaler Aspekt

Wenn wir von den keltischen Oppida sprechen, umschreiben wir einen Raum, der vom Atlantik bis zu den Karpaten reicht (v. Schnurbein 2009, 223 Abb. 240). Auch wenn die Oppida als befestigte Großsiedlungen in der Funktion von Zentralorten für das 2. und 1. Jahrhundert v. Chr. ein sehr weiträumiges Phänomen darzustellen scheinen – immerhin wurde und wird der Begriff »Oppidazivilisation« verwendet (Sievers 2002, 203–9) –, können wir von der Architektur her nicht von einer Einheit sprechen.

Ein Blick auf die Befestigungsweisen und ihre regionalen Schwerpunkte soll dies eingangs aufzeigen.[1] So treffen wir die traditionellen Pfostenschlitzmauern hauptsächlich östlich des Rheins an, den nun erstmals auftretenden *murus Gallicus*, der sich durch einen hohen Verbrauch an Holz und Eisennägeln auszeichnet, je nach Bauweise auch durch einen immens hohen Steinverbrauch, vor allem westlich des Rheins. Reine Erdwälle in einer vorher nie gekannten Dimension vom Typ Fécamp konzentrieren sich vor allem auf den Norden Galliens (Fichtl 2000, 43 unten; 48). All diesen Mauer- oder Walltypen ist gemeinsam, dass sie über eine mächtige, kompliziert aufgebaute Erdrampe verfügen, in diesen Ausmaßen ebenfalls eine Neuerung.

---

1 Eine Zusammenschau keltischer Befestigungsweise wird erfolgen im Tagungsband »murus Celticus«, hrsg. von St. Fichtl. Bibracte 15 (Glux-en-Glenne 2009).

Dahinter stecken eine zentrale Steuerung und ein hoher Aufwand an Arbeitskraft und Material. Davon abzusetzen sind die befestigten Siedlungen Südfrankreichs (Garcia 2004, 89–102), wenn man weiter nach Südwesten geht, auch diejenigen der Iberischen Halbinsel (Ruiz Rodriguez 1997, 82–93; Moret 2004, 140 f.), deren Stadtmauern ausschließlich aus Stein ausgeführt sind; sie kennen keine Rampe, was auch für die dakischen Mauern gilt, die sich östlich an unser Gebiet anschließen und ähnliche Konstruktionsmerkmale aufweisen wie der *murus Gallicus* (Stefan 2001, Fig. 11). Zu den Stadtmauern der Oppida gehören monumentale Tore, die je nach Region in Holz oder Stein ausgeführt sind. Hierbei gab es nicht etwa ein festgelegtes Schema, sondern es existierten, sowohl was den Mauerbau als auch die Toranlagen betrifft, zahlreiche Varianten (Fichtl 2000, 40–68; Ralston 2006). Einige mitteleuropäische Mauern waren zusätzlich mit Türmen bestückt (z. B. Kaenel u. a. 2004, 214–20), doch ist hier wegen des uneinheitlichen Forschungsstandes noch kein gültiges Bild zu zeichnen. Dagegen gehören Türme zum Normalbild der südfranzösischen Steinmauern.

Verglichen mit vereinzelten Vorgängeranlagen aus der Urnenfelder-, Hallstatt- oder Frühlatènezeit besitzen die spätkeltischen Oppida zum Teil beachtliche Ausmaße (bis zu 1 500 ha), gleichwohl es kein Grundmaß für ein Oppidum gibt. So wurden in Gallien vereinzelt auch Einheiten in Gehöftgröße durch einen *murus Gallicus* umgeben (Buchsenschutz 2002, 267–9). Dies kennzeichnet die neue Befestigungsweise in hohem Maße als repräsentativ, dennoch dürfte bei den Oppida auch der Verteidigung ein hoher Stellenwert beizumessen sein. Abschreckung, Machtdarstellung und Repräsentation gingen hier sicher Hand in Hand.

Die Oppida entstanden nicht aus dem Nichts. Zwar gab es eine ganze Reihe von Neugründungen am Ende des 2. Jahrhunderts v. Chr. – oft befinden sich diese in einer gewissen Schutzlage –, aber es gibt auch Fälle – und hier spielt der Forschungsstand eine Rolle –, in denen eine bereits bestehende Siedlung ausgebaut und befestigt wurde (Salač 2005). Das bekannteste Beispiel hierfür ist Manching an der Donau bei Ingolstadt (Abb. 1), das erst, nachdem die Siedlung bereits 200 Jahre bestanden hatte, befestigt wurde (Sievers 2007). Auch bei offenen Siedlungen müssen wir wohl grundsätzlich mit einer Umzäunung oder Umhegung rechnen, die sich aber nur in Ausnahmefällen nachweisen lässt (ebd. Abb. 110). In der Regel folgten die Stadtmauern der Oppida den topografischen Gegebenheiten, was die unregelmäßige Form bestimmte. Auch wenn sich in der Ebene ganz andere Möglichkeiten ergeben, stoßen wir nirgends auf eine rechteckige oder quadratische, wohl aber – wie z. B. bei Manching – auf eine gerundete Form.

An dieser Stelle muss auch das Phänomen der Viereckschanzen Erwähnung finden, die gleichzeitig mit den Oppida entstanden bzw. befestigt wurden. Sie sind vor allem für die Betrachtung der Architektur der Oppida und die Frage der Tradition wichtig. Es handelt sich hierbei um Gehöfte, die den hallstatt- und frühlatènezeitlichen Viereckhöfen Süddeutschlands oder den römischen Villen ähneln (Wieland 1999a, 271–3; 1999b). Ihre Befestigung beschränkte sich auf Graben, Erdwall und Palisade.

Während sie östlich des Rheins generell streng geometrisch gestaltet waren, wurden die gallischen Höfe in der Regel viel variabler angelegt und keinem so festen Schema unterworfen (z. B. Bauvais u. a. 2007, 245 Fig. 4; Venclová 2006, 144 Fig. 11.4). Im nördlichen Gallien und auf den Britischen Inseln spielten Hofeinheiten runder oder rundlicher Form traditionell eine größere Rolle (z. B. Dent 1990, 230), was auch auf der Iberischen Halbinsel der Fall ist (Coelho Ferreira da Silva 2001, 335–49) – man könnte auch von einem atlantischen Phänomen sprechen. Was Südfrankreich und den Nordosten der Iberischen Halbinsel betrifft, so haben wir oft sehr kleine befestigte Anlagen vor uns, die häufig zeilenförmig dicht bebaut waren. Meist reichten die Häuser bis direkt an die Mauer (Ruiz Rodriguez 1997, 84).

Ein erster Blick auf die Oppida und die Architektur ihrer Befestigungen lässt also durchaus regionale Gruppierungen erkennen, und es zeichnen sich bereits hier räumlich und wohl auch klimatisch gebundene Traditionen ab.

Fragen der Strukturierung

Ist ein solcher Überblick noch ohne weiteres und auch weiträumig möglich, sind unsere Einblicke in die strukturelle Gliederung der Oppida sehr begrenzt. Nur in wenigen Siedlungen fanden großflächige Untersuchungen statt, so dass Vergleiche nur eingeschränkt durchführbar sind. Einige Fallbeispiele mögen hier genügen, wobei auf eine feinchronologische Differenzierung aus Gründen des unterschiedlichen Forschungsstandes verzichtet werden muss.

Beginnen wir mit dem Oppidum von Manching (Sievers 2007). Hier wurde eine bereits bestehende Siedlung zum Oppidum ausgebaut und damit auf existierende Strukturen zurückgegriffen. So dürfte im Zentrum ein älteres Heiligtum (Abb. 1,4), das randlich eines Versammlungs- oder Marktplatzes gelegen hat, eine wesentliche Rolle gespielt haben, zumal Funde aus älteren Epochen und die Nähe zu einem bronzezeitlichen Grabhügelfeld daran denken lassen, dass bewusst eine Tradition vermittelt bzw. vorgetäuscht werden sollte. Hier ungefähr kreuzten sich auch die von den Toren kommenden Straßen. An diese Straßen schlossen sich nun z. T. größere Baueinheiten an, die mit einer Seitenlänge von 80 bis 100 m Entsprechungen bei den Viereckschanzen finden. Die einzelnen Gehöfte besaßen, geht man von ihrer Architektur und ihrem Fundspektrum aus, unterschiedliche ökonomische, kultische und vielleicht auch administrative Funktionen. Es existierten aber auch Zonen mit eng aneinander gebauten Häusern, wieder andere waren nur locker bebaut, und in einem Fall zeichnet sich ein Handwerkerviertel mit mehreren Grubenhäusern ab. Insgesamt ist von einer eher ländlich wirkenden, lockeren Bebauung auszugehen, die durch Straßen, Wege und Plätze gegliedert war. Die Areale waren teilweise durch Gräbchen, wohl auch Zäune und Hecken voneinander getrennt. Einzelne größere Gräben gliederten das Areal zusätzlich. Das Zentrum war deutlich dichter besiedelt

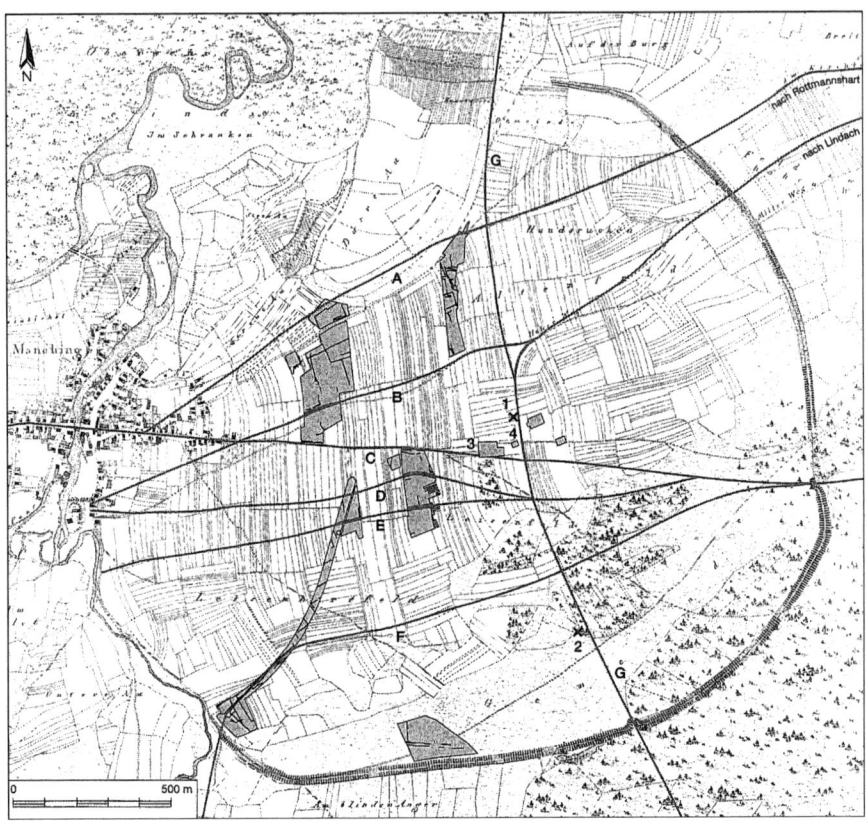

Abb. 1. Manching. Die Ausgrabungsflächen mit der Angabe der größeren Gräben und Wege sowie einigen wichtigen Fundstellen (nach Sievers 2007, 38 Abb. 34).

als die Randbereiche, in denen z. T. nachweislich Landwirtschaft betrieben wurde. Auch die Äcker konnten durch Gräbchen voneinander abgegrenzt sein. Bislang ist von Manching kein festes Bebauungsschema bekannt, das sich wiederholen würde, vielmehr zeichnet sich eine heterogene, stark individuell geprägte Struktur ab. Zu berücksichtigen ist aber auch, dass wir es nicht mit einer statischen Struktur zu tun haben. Im Laufe der Besiedlungsgeschichte kam es zu Umorientierungen und Verlagerungen. Wir können auch einen Zuzug von Personen aus dem boischen Raum (Böhmen) nachweisen. Vor allem in Zusammenhang mit dem Bau der Stadtmauer erfolgte dort, wo es möglich war, eine geregeltere, stärker am rechten Winkel orientierte Strukturierung. In Zusammenhang mit der Verlegung zweier Bachläufe ist von einer regelrechten Stadtplanung auszugehen.

Abb. 2. Staré Hradisko. Bau- und Funktionseinheiten des Gehöftes (nach Danielisová 2005, 303 Abb. 4).

Einige Vergleiche sollen dieses Bild abrunden: In Staré Hradisko in Mähren (Čižmář 2002, 312; Danielisová 2005) wurde immerhin ein kleinerer Bereich der Vorstadt flächenhaft ausgegraben (Abb. 2). Auch hier finden wir ein Wegesystem vor, das sogar eine Pflasterung aufweist; auch hier haben wir Hofeinheiten vor uns, die durch Gräbchen voneinander getrennt sind und Relikte verschiedener Handwerksarten aufweisen. In Condé sur Suippe und Villeneuve-Saint-Germain (Gransar u. a. 1999, 432), Gallien, treffen wir auf ein ähnliches Bild. Wiederum zeichnet sich eine Gliederung durch Wege, Plätze und längere Gräbchenzüge ab. Allein auf der Basis der Funde sind dann weitere funktionale Einheiten auszumachen. Bibracte ist zwar römisch überprägt, doch auch in keltischer Zeit gab es freie Plätze und Wegesysteme (Dhennequin u. a. 2008 passim). Auf den Britischen Inseln sind die Anlagen zwar durch Rundbauten geprägt, trotzdem treffen wir ähnliche Grundstrukturen wie auf dem Kontinent an (Cunliffe 2000, 167).

Lattes in Südfrankreich blickt wie Manching auf eine längere Entwicklung zurück (Garcia 1996). Eine grundsätzliche Änderung der Siedlungsstruktur ist nicht zu

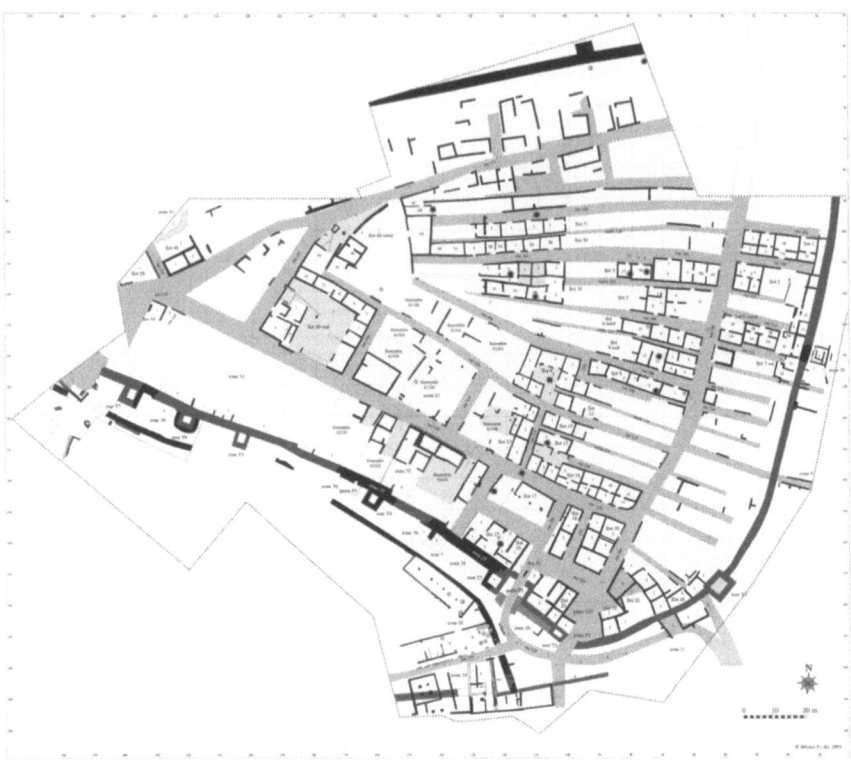

Abb. 3. Lattes mit seinen Quartieren im 4. Jahrhundert v. Chr. (nach Garcia 2004, 58).

erkennen. Wir vermerken jedoch augenfällige Unterschiede zu unseren mitteleuropäischen Oppida. Lattes war dicht besiedelt (Abb. 3). Teilweise kann man von einer
insulaartigen Bebauung sprechen. Abgesehen von stärker repräsentativ wirkenden
Großbauten, war in einer streifenförmigen Anordnung Haus an Haus gereiht, so wie
wir es auch von den älteren kleineren Anlagen in diesem Raum kennen. Eine noch
deutlichere Gliederung in einen locker und einen dicht bebauten Teil zeichnet sich
im Fall der kleinen Befestigung von Tamaris nahe der Rhône-Mündung ab (Garcia
2004, 61). Hier befinden wir uns letztlich im ehemaligen Einflussbereich der griechischen Kolonie *Massalia* und später im direkten Interessensbereich Roms *(Gallia
Narbonensis)*.

In all diesen Fällen haben wir eher ein Konglomerat einzelner Einheiten vor uns,
dessen Einzelteile mehr oder weniger klar gegeneinander abgegrenzt waren, als eine
klare, etwa auf ein Zentrum bezogene Gliederung. Selbst wenn eine relativ deutli-

che Ordnung erkennbar ist, wie in Südfrankreich, kann man nicht von einer hierarchischen Struktur mit einem ausgeprägten Zentrum ausgehen, das sich durch seine Architektur hervorhob. Versuche, solche Modelle zu entwickeln, müssen letztlich an der Individualität der einzelnen Anlagen scheitern (Collis 1984, 125; Buchsenschutz 1999, 358 Fig.3).

Formaler Aspekt: Bauten und Bauweisen

In Mitteleuropa herrschte die Holzbauweise vor, wenngleich man im Mauerbau oder in einzelnen anderen Fällen bewiesen hat, dass man auch mit Stein umgehen konnte. Bauten der Frühphase der hallstattzeitlichen Heuneburg (Gersbach 1995, 98–108) zeigen überdies, dass uns Befunde, die in Schwellbalkentechnik errichtet wurden, in der Regel entgehen. Für die Rekonstruktion der Häuser stehen normalerweise lediglich die Pfostengruben zur Verfügung, in denen sich hier und da noch die Pfosten abzeichnen. Regelmäßige Abstände zwischen den Pfosten, deren Tiefe, gleiche Ausrichtung der Bauten unter Berücksichtigung von Überschneidungen lassen die Rekonstruktion einzelner Häuser und bei einigem Glück von Bauphasen zu. Hinzu kommen Holzabdrücke in Hüttenlehm, die manchmal Konstruktionsdetails erkennen lassen (Leicht/Sievers 2005, 236 f.). So schließen wir von mächtigen, tief gesetzten Pfosten auf erhöhte Bauten, oder wir können bei seicht gesetzten Pfosten auf ein Holzrahmenwerk schließen, in das Bretter oder weitere Pfosten eingelassen sind. Wir können z. B. in Manching davon ausgehen, dass Teile der Wände in Brettern aufgeführt waren, andere in Fachwerktechnik. Als eine Innovation gilt in Manching und Basel eine Art Kalkmörtel, der neben seiner Verwendung beim Kalken der Hauswände auch im handwerklichen Bereich (Düsenziegel für Schmiedeöfen) genutzt wurde (Leicht/Scharff 2002, 41 f.). Die ausgezeichnete Qualität des Materials lässt hier an südliche Einflüsse denken. Kalkmörtel fand auch bei einem Manchinger Grundriss Verwendung (Leicht/Sievers 2005, 234 f.), der über frei stehende runde Säulen verfügte. Im Zentrum, einem Hof oder überhöhten Raum, befand sich in einer 1,30 m tiefen schachtartigen Grube die Standspur eines einzelnen »Pfeilers«, der offensichtlich ein zentrales Element des Baus darstellte. Wie die Studien von Franz Schubert (1994) zu Manching gezeigt haben, darf man außerdem von einem keltischen Maßsystem ausgehen, wie ja auch Beweise für ein Gewichtssystem in Form von Bleigewichten vorliegen (Krämer 1997). Wie weiträumig ein solches System Geltung hatte und ob es einheimischer Provenienz war, sei dahingestellt. Trotzdem lässt es Rückschlüsse auf eine stratifizierte Gesellschaft zu, die sich an überregionale Übereinkünfte hielt.

Da die Rekonstruktion des Aufgehenden hypothetisch bleiben muss, soll das Thema Bautraditionen wieder aufgriffen werden, das vor allem auf den Grundrissen basiert. Michael Schefzik (2001, 147–51 Abb. 71) hat für die Münchner Schotterebene die Hausgrundrisse zwischen Bronze- und Spätlatènezeit zusammengestellt.

Er konnte zeigen, dass wir seit der Bronzezeit auf eine ungebrochene Tradition zurückblicken können (Abb. 4). Dies ist eine wichtige Erkenntnis, die auch über die Schotterebene hinaus gilt. Wir erkennen in der Hallstattzeit eine gewisse Monumentalisierung, aber das Grundprinzip der ein- und zweischiffigen Bauten blieb, von ganz wenigen Ausnahmen abgesehen, bestehen. Dies zeigt auch eine Übersicht von Olivier Buchsenschutz (2005, 59 Fig. 6), die sogar ovale Bauten einbezieht, wenngleich die Grubenhäuser fehlen, die mit handwerklichen Einrichtungen in Verbindung gebracht werden. Sie sind allerdings eher für den ostkeltischen Raum kennzeichnend (Luley 1992). Vermittelt der Überblick bei Schefzik für die mitteleuropäische jüngere Eisenzeit den Eindruck einer gewissen Verarmung der Formen, so ändert sich dies, wenn man Grundrisse aus Viereckschanzen und Oppida, um die es uns hier ja geht, mitberücksichtigt. Eine Übersicht von Natálie Venclová (2006, 147 Fig. 11.5), die Oppida, Viereckschanzen und offene Siedlungen umfasst, belegt, dass es kaum Unterschiede zwischen den Bauten der einzelnen Siedlungsarten gegeben zu haben scheint. Wir finden hier u. a. komplexere Bauten, die z. T. auf eine Dreischiffigkeit schließen lassen (Abb. 5). Diese Bauten möchte ich als Sonderbauten bezeichnen, deren Funktion nicht wirklich klar ist. Sie dürfte eher repräsentativer bzw. öffentlicher oder ritueller Natur gewesen sein. Zum Teil werden solche Gebäude mit Heiligtümern in Verbindung gebracht. Ihr Zentrum wird in Rekonstruktionen oft turmartig erhöht dargestellt. Auf Grundlage des gleichen Grundrisses können aber auch schrankenartige Abgrenzungen nach außen oder ein einziger großer Raum mit erhöhtem Dach rekonstruiert werden (Wieland 1999b, 37 Abb. 9; Schubert 1995, 155 Abb. 17). Wenn wir die traditionelle Linie verfolgen, ist neu, dass wir vermehrt auf große, nahezu quadratische Bauten stoßen, deren Bauweise deutlich komplexer ist als diejenige der von Schefzik zusammengestellten Bauten, die das »normale« Repertoire spiegeln. Auch für solche Bauten gibt es vereinzelte »Vorläufer« in Süddeutschland, wie z. B. am hallstatt- und frühlatènezeitlichen Ipf (Krause u. a. 2008, 265–71 Abb. 26), wo gleichfalls von Gebäuden besonderer Funktion ausgegangen wird. Werfen wir nochmals einen Blick auf das Oppidum von Manching, so treffen wir zum einen eben diese komplexeren Bauten an, aber auch Langbauten, die wir, allerdings nur zweischiffig, aus der Bronzezeit kennen (Leicht/Sievers 2005, 232–5). Sie können jetzt ein- oder zweischiffig sein. Jene Langbauten scheinen, anders als die komplexen Bauten, bisher auf die Oppida beschränkt zu sein. In Manching grenzen sie häufiger, wenn auch nicht immer, Gehöfteinheiten nach außen ab. Sie sind, soweit erkennbar, aber immer größeren Einheiten zuzuordnen, also auch in Manching nicht flächendeckend nachzuweisen. Ihre Interpretation schwankt zwischen Stall und Stapelplatz. In jedem Fall repräsentieren sie also Reichtum. Ebenfalls neu und auf die Oppida beschränkt scheinen portikusartige Gänge zu sein, wie sie aus Manching und Villeneuve-Saint-Germain (Schubert 1994 Beilage 21; Fichtl 2000, 78 f.) bekannt sind bzw. rekonstruiert werden. Als Anbauten und vorgezogene Dächer kennen wir sie allerdings schon aus früheren Zeiten.

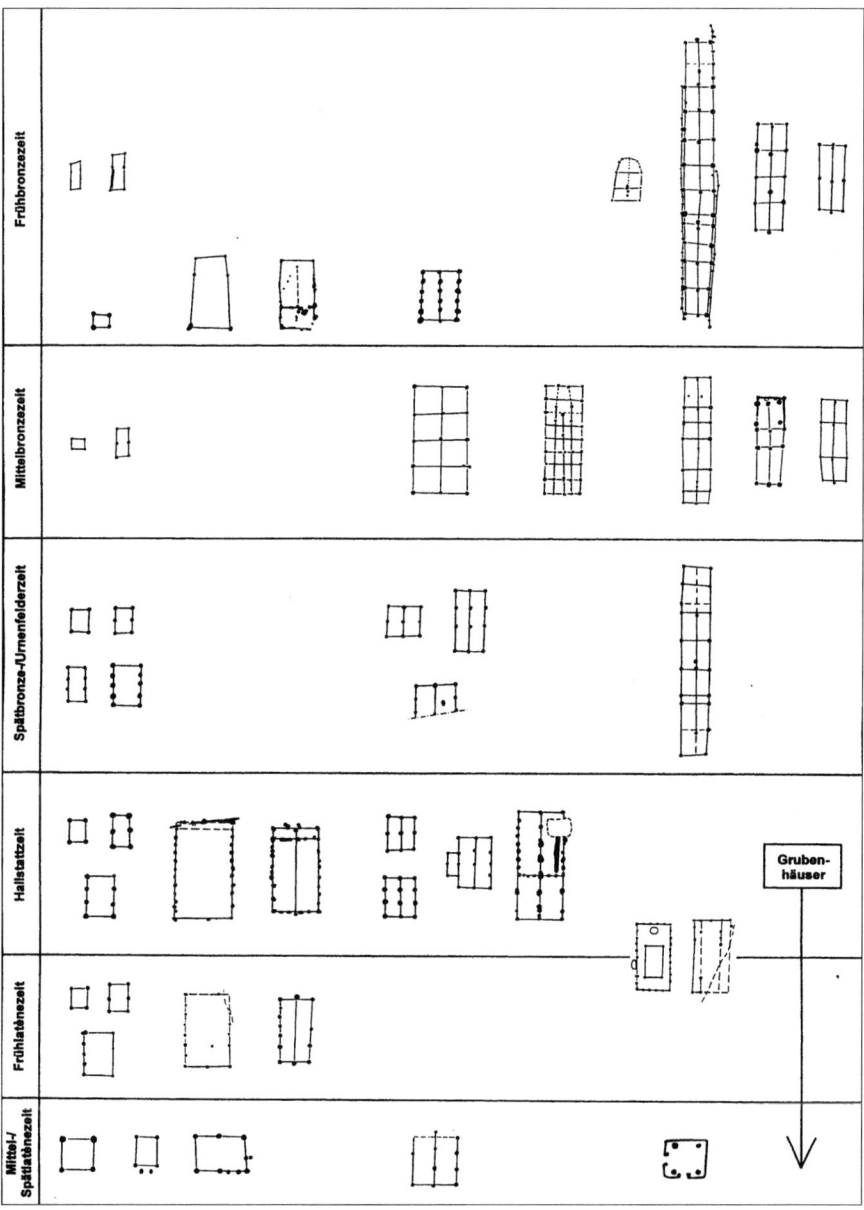

Abb. 4. Bronze- und eisenzeitliche Gebäudegrundrisse im Gebiet der Münchner Ebene (nach Schefzik 2001, 148 Abb. 71).

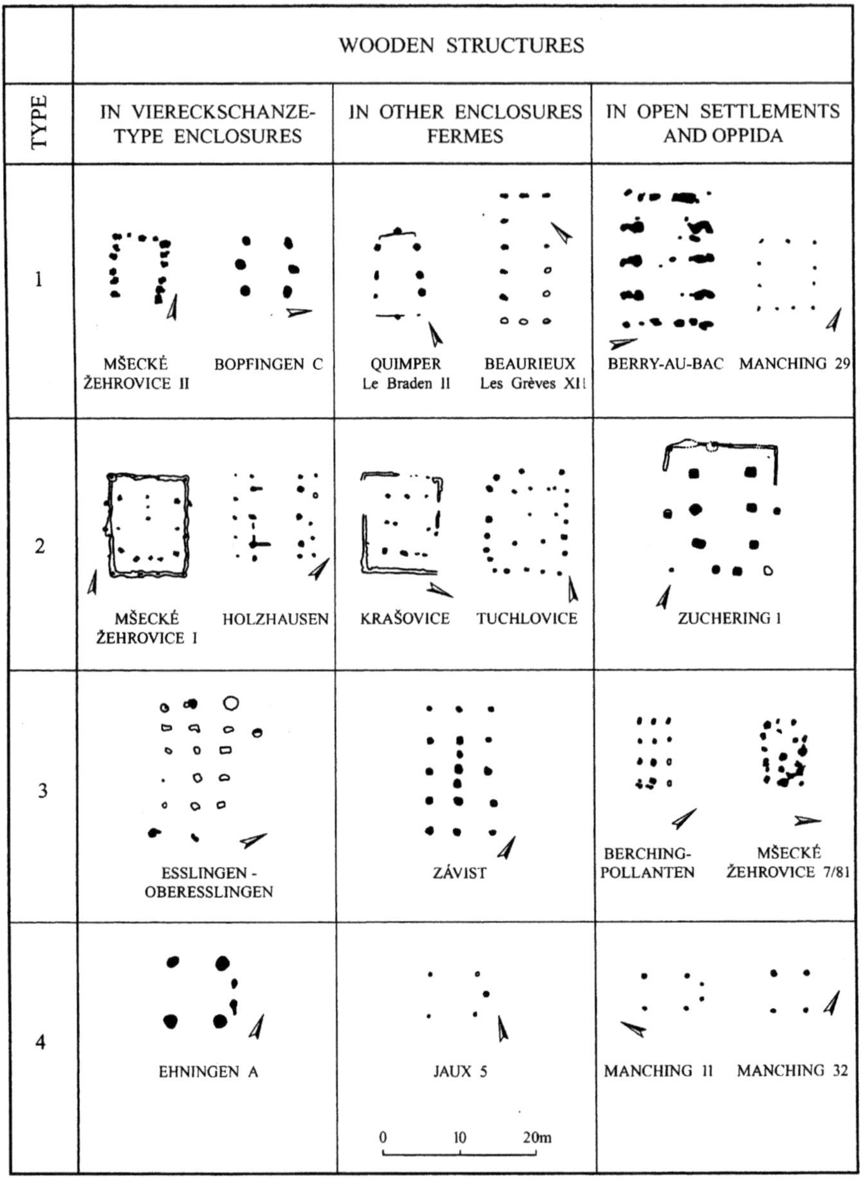

TYPE	WOODEN STRUCTURES		
	IN VIERECKSCHANZE-TYPE ENCLOSURES	IN OTHER ENCLOSURES FERMES	IN OPEN SETTLEMENTS AND OPPIDA
1	MŠECKÉ ŽEHROVICE II BOPFINGEN C	QUIMPER BEAURIEUX Le Braden II Les Grèves XII	BERRY-AU-BAC MANCHING 29
2	MŠECKÉ ŽEHROVICE I HOLZHAUSEN	KRAŠOVICE TUCHLOVICE	ZUCHERING 1
3	ESSLINGEN - OBERESSLINGEN	ZÁVIST	BERCHING- MŠECKÉ POLLANTEN ŽEHROVICE 7/81
4	EHNINGEN A	JAUX 5	MANCHING 11 MANCHING 32

0   10   20m

Abb. 5. Gebäudetypen aus unterschiedlichen Kontexten in Mittel- und Westeuropa (nach Venclová 2006, 147 Fig. 11.5).

Dass die Form nicht zwingend die Funktion spiegelt, zeigen uns einfache Vier-
pfostenbauten mit vorgestellten Pfosten, teils von einem Gräbchen umgeben bzw. in
ein Gräbchen integriert. In Manching z. B. werden die Grundrisse mit Aufgang oder
erhöhter Plattform wegen ihrer teils mächtigen und tief eingegrabenen Pfosten als
gestelzte Speicher angesprochen (Köhler 1992, 35–44). Solche mit Umfassungsgräb-
chen, die in Manching allerdings äußerst selten sind, kommen aber ausschließlich
in Kombination mit Sonderbauten vor (Leicht 1998, 628–32). In anderen Regionen
bieten sich davon abweichende Interpretationen an, dort werden z. T. auch die einfachen Formen ohne Gräbchen mit Heiligtümern in Verbindung gebracht (Thoma 2000,
451 Abb. 2). Ähnlich steht es mit den Rundbauten, die im atlantischen Bereich zu den
Normalformen gehören, in Mitteleuropa aber als Sonderbauten anzusehen sind. Aus
Manching kennen wir zwei polygonale oder runde Tempelchen, aus Großhöbing bei
Roth (Schwarzachtal) zwei benachbarte latènezeitliche Grundrisse, die gleichfalls
rund ergänzt werden (Schussmann 2007, 66 Abb. 11), doch sind mittlerweile auch aus
der Hallstattzeit runde Kultbauten bekannt (z. B. Kösching, Lkr. Eichstätt: Schubert
1995, 186). Wie diese Rundbauten im Detail zu rekonstruieren sind, muss allerdings
offen bleiben (ebd. 180–3 Abb. 32–5). An dieser Stelle soll auch die rundliche Grundform des Oppidums von Manching hervorgehoben werden. Unter Umständen handelt
es sich hierbei unter Berücksichtigung kosmischer Bezüge um eine bewusste städtebauliche Gestaltung, die die Bedeutung der älteren Rundbauten unterstreicht.

Grundsätzlich ist für Manching, aber auch andere Siedlungen, die Anzahl, Größe
und Höhe der Speicher hervorzuheben. Die unterirdischen Vorratsgruben dürften in
der Regel holzverschalt gewesen sein. Wir treffen nun auch Kellergruben an, die in
Manching in der Regel außerhalb des Hauses gelegen haben, in Besançon z. B. waren
sie hingegen z. T. in das Haus integriert (Guilhot 1994, 142 f.). Hier liegen mittlerweile
detaillierte Rekonstruktionen vor, die die für diese Zeit typischen Holzverbindungen
zeigen, wie sie auch in Zusammenhang mit den großen Wasserreservoirs der Oppida
des deutschen Mittelgebirgsraums dokumentiert sind (Dünsberg: Reeh 2001, 142
Abb. 118). Wir dürfen die Vorratshaltung sehr großer Mengen z. B. an Getreide als
eines der Charakteristika der mitteleuropäischen Oppida ansehen, was deren Reichtum hervorhebt und zugleich ihre Schutzfunktion unterstreicht.

Transformation und Innovation

Werfen wir abschließend einen Blick auf Südfrankreich und den westlich angrenzenden Bereich. Hier existierten neben einfachen Grundrissen auch solche, die mit
unseren eher quadratischen, komplexen Sonderbauten zumindest vergleichbar sind.
Sie besaßen einen Innenhof und ähnelten damit den Bauformen mit Atrium. In Südfrankreich wurden auch Interpretationsvorschläge für die einzelnen Räume vorgelegt

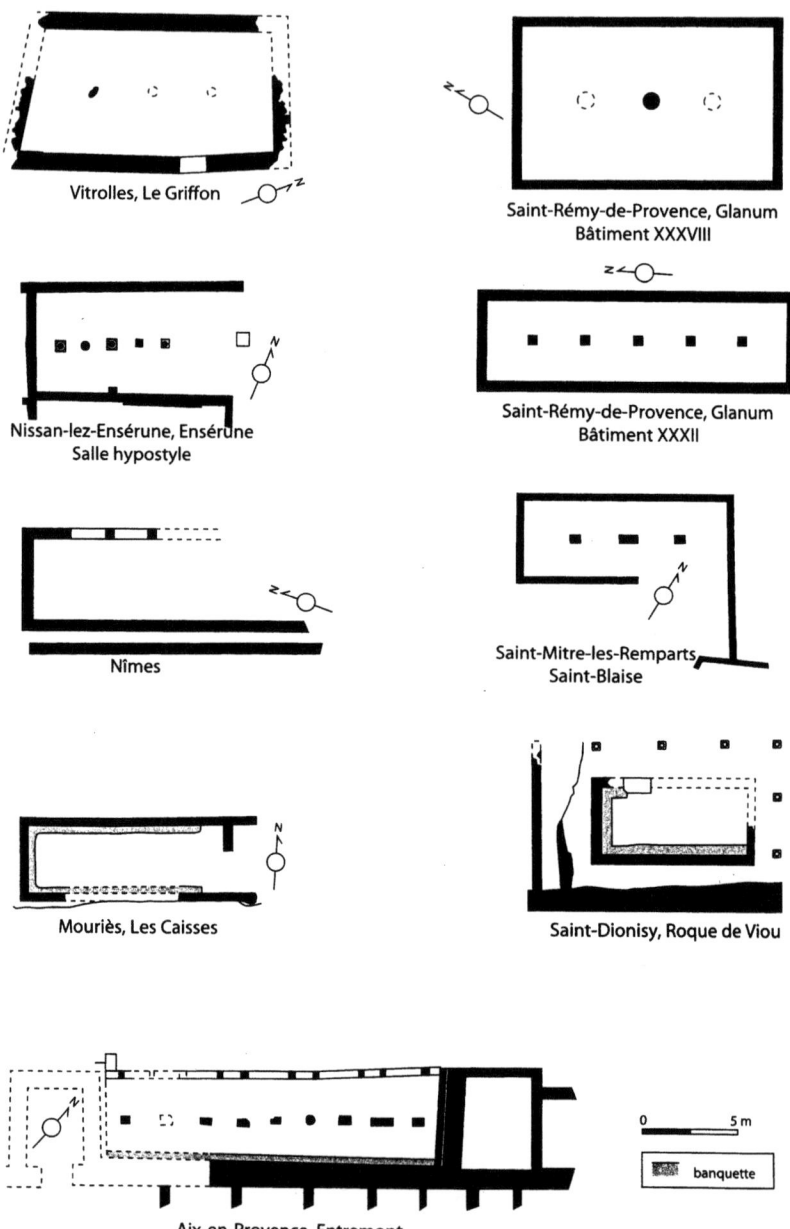

Abb. 6. Langbauten aus Südfrankreich (nach Garcia 2004, 116).

(Arcelin 1999, 452 Fig. 4; de Chazelles 1999, 483–7). In keinem Fall scheint es sich hierbei um kultische Bauten gehandelt zu haben. Es bietet sich also an, diese auf ein Zentrum bezogenen Bauformen neutral zusammenzufassen. Dieses kann unterschiedlich gestaltet sein, immerhin haben wir ja deutliche klimatische Unterschiede innerhalb unseres Untersuchungsraumes vorauszusetzen. Aber nicht nur die komplexen Bauten sind hier in Südfrankreich zuhause, sondern auch die Langbauten, deren plötzliche Renaissance vielleicht nicht aus der bronzezeitlichen Tradition heraus, sondern als eine Innovation zu erklären ist. Auch in Südfrankreich sind diese Bauten ein- oder zweischiffig. Sie treten dort nur einzeln auf und werden als »*salle monumental*« bezeichnet (Abb. 6) und mit Versammlungen oder Gelagen in Verbindung gebracht (Garcia 2004, 115–8; Verdin 2006, 242–4 Fig. 4). Die Interpretationsmodelle gehen im Vergleich zu Mitteleuropa also in die umgekehrte Richtung: In Südfrankreich werden die quadratischen, komplexen Bauten profan gedeutet, während den Langbauten eine gemeinschaftliche Funktion beigelegt wird. In Mitteleuropa dagegen spricht man letztere als Magazine oder Stallungen an und die quadratischen Gebäude als Sonderbauten mit kultischer Funktion.

Kommen wir wieder auf Mitteleuropa zurück, so müssen wir uns fragen, was die Architektur eines Oppidums charakterisiert. In Manching finden wir sämtliche Bautypen auch schon in der offenen Siedlung vor, lediglich die Stadtmauer, die in ihrer ersten Version dem innovativen *murus Gallicus*-Typ entspricht, ist neu. Abgesehen von den Langbauten gibt es alle Grundrissformen auch in offenen Siedlungen und Viereckschanzen. Als Innovationen können wir für die Mittel- und Spätlatènezeit eben diese Langbauten, die komplexen, auf ein Zentrum bezogenen Bauten und die in die Siedlung integrierten runden oder quadratischen Heiligtümer betrachten. Für Manching ist noch die dichte streifenhausartige Reihung der Gebäude entlang einer Straße hervorzuheben. All diese Formen, auch die zahlreichen Speicher und Keller, werden aber in der Regel in die traditionelle Gehöftform integriert, so dass die mitteleuropäischen Oppida ihre ländliche Prägung, ihre Tradition, die zugleich den sozialen Hintergrund des Klientelwesens (vgl. auch Beitrag H. Wendling) spiegelt, nicht verleugnen können. Neu sind die monumentalen Formen, angefangen von den Befestigungen und ihren Toren bis zu den erhöhten Speichern, die sicher weithin sichtbar waren und den Reichtum der Siedlung signalisierten. Die Monumentalität der Befestigungen, vor allem aber die übermäßige Größe mancher Oppida findet ihr Vorbild allgemein in der hellenistischen Welt, die die keltischen Söldner von zahlreichen Belagerungen her bestens kannten. So genannte Landschaftsfestungen wie Syrakus (Mertens 1999; Beste 1999 Abb. 1) können es in der Ausdehnung mit dem Oppidum Heidengraben auf der Schwäbischen Alb (1500 ha) ohne weiteres aufnehmen (Abb. 7). Die komplexen, auf ein Zentrum bezogenen Bauten von eher quadratischem Grundriss sind im mediterranen Raum zuhause, wie wir am Beispiel Lattes bereits im 4. Jahrhundert v. Chr. gesehen haben. Wollen wir allerdings nach Vorbildern für die Rundbauten in Mitteleuropa suchen, bleibt uns nur der atlantische Westen. Offen-

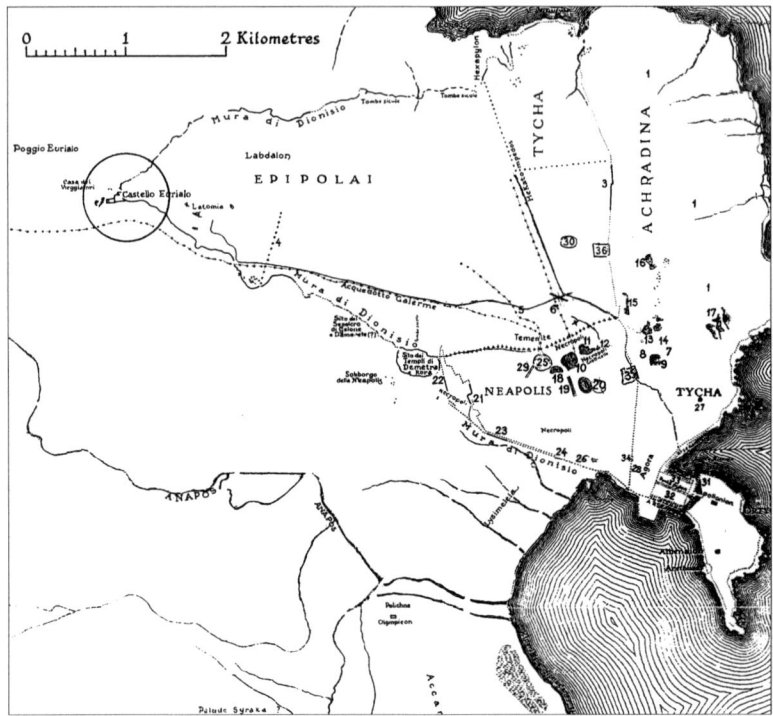

Abb. 7. Die Landschaftsfestung Syrakus mit den »mura di Dionisio« (nach Beste 1999, 150 Abb. 1).

sichtlich bediente man sich fremder Formen für rituelle und repräsentative Zwecke, ohne deren ursprüngliche Funktion zu übernehmen.

So bleibt als Innovation vor allem die Idee der Stadt im keltischen Sinn, die Agglomeration ländlicher, handwerklicher und repräsentativer / öffentlicher Einheiten, die je nach den traditionellen Vorgaben der Bauweise umgesetzt wurde. Nie wurden allerdings die wohlbekannten hellenistischen Vorbilder kopiert. Die traditionelle Sozialstruktur, in der die von ihrer Klientel umgebene Nobilitas das Sagen hatte, prägte das Bild der Oppida. Die einzelnen Einheiten konnten fast beliebig zusammengestellt, aber auch aufgelöst werden – ein Aspekt, der angesichts der hohen Mobilität der Kelten von großer Bedeutung war. Die Sonderbauten – ob lang oder quadratisch – dürften allgemein mit der Oberschicht in Zusammenhang zu bringen sein. Manching zeigt überdeutlich, dass hier mehrere mächtige Familien ansässig waren, deren weiträumige Verbindungen (Handel, Söldnertum, Heirat usw.) für die sich hier abzeichnenden Innovationen verantwortlich sein dürften.

Literaturverzeichnis

Arcelin 1999: P. Arcelin, L'habitat dans l'image sociale des Gaules du Midi: La question des résidences aristocratiques. In: Braemer u. a. 1999, 439–79.

Bauvais u. a. 2007: S. Bauvais / St. Gaudefroy / F. Gransar / F. Malrain / Ph. Fluzin, Premières réflexions sur l'organisation des activités de forge en contexte rural à La Tène finale en Picardie. In: P.-Y. Milcent (Hrsg.), L'économie du fer protohistorique: de la production à la consommation du métal. Actes du XXVIIIᵉ colloque de l'AFEAF. Toulouse, 20–26 mai 2004. Aquitania Supplément 14/2. Bordeaux: Aquitania 2007, 239–61.

Beste 1999: H.-J. Beste, Kastell Euryalos: Baugeschichte und Funktion. In: Schwandner / Rheidt 1999, 150–9.

Braemer u. a. 1999: F. Braemer / S. Cleuziou / A. Coudart (Hrsg.), Habitat et société. XIXᵉ Rencontres Internationales d'Archéologie et d'Histoire d'Antibes. Antibes: Editions APDCA 1999.

Buchsenschutz 1999: O. Buchsenschutz, Caractères spécifiques de l'habitat celtique; une architecture sans pierre, une société complexe sans ville. In: Braemer u. a. 1999, 353–61.

Buchsenschutz 2002: Ders., Vers une analyse spatiale de la cité des Bituriges. In: D. Garcia / F. Verdin (Hrsg.), Territoires celtiques. Espaces éthniques et territoires des agglomérations protohistoriques d'Europe occidentale. Actes du XXIVᵉ colloque international de l'AFEAF. Martigues, 1–4 juin 2000. Paris: Errance 2002, 261–70.

Buchsenschutz 2005: Ders., Du comparatisme à la théorie architecturale. In: O. Buchsenschutz / C. Mordant (Hrsg.), Architectures protohistoriques en Europe occidentale du Néolithique final à l'âge du Fer. Paris: Editions du CTHS 2005, 49–63.

Čižmář 2002: M. Čižmář, Ökonomische Struktur des Oppidums Staré Hradisko. In: C. Dobiat / S. Sievers / Th. Stöllner (Hrsg.), Dürrnberg und Manching. Wirtschaftsarchäologie im ostkeltischen Raum. Akten des Internationalen Kolloquiums in Hallein / Bad Dürrnberg vom 7. bis 11. Oktober 1998. Kolloquien zur Vor- und Frühgeschichte 7. Bonn: Habelt 2002, 297–313.

Coelo Ferreira da Silva 2001: A. Coelo Ferreira da Silva, Los pueblos Lusitano-Galaicos. In: Celtas y Vettones. Avila: Diputación Provincial 2001, 335–49.

Collis 1984: J. Collis, Oppida. Earliest Towns North of the Alps. Sheffield: University of Sheffield, Department of Archaeology 1984.

Cunliffe 2000: B. Cunliffe, The Danebury Environs Programme. The Prehistory of a Wessex Landscape. Oxford University Committee for Archaeology, Monograph 48. Oxford: Institute of Archaeology 2000.

Danielisová 2005: A. Danielisová, Die Oppida von Staré Hradisko und České Lhotice – neue Methoden und Erkenntnisse. Alt-Thüringen 38, 2005, 301–10.

de Chazelles 1999: C.-A. de Chazelles, Les maisons de l'Âge du Fer en Gaule méridionale, témoins de differentes identités culturelles et reflets d'une certaine disparité sociale. In: Braemer u. a. 1999, 481–98.

Dent 1990: J. S. Dent, Changes in the Later Iron Age of East Yorkshire. In: Les Gaulois d'Armorique. La fin de l'Age du Fer en Europe tempérée. Actes du XIIᵉ colloque de l'AFEAF. Quimper. Mai 1988. Révue Archéologique de l'Ouest, Supplément 3. Rennes: Langouet 1990, 223–31.

Dhennequin u. a. 2008: L. Dhennequin/J.-P. Guillaumet/M. Szabó (Hrsg.), L'oppidum de Bibracte (Mont Beuvray, France). Bilan de 10 années de recherches (1996–2005). Acta Archaeologica Academiae Scientiarum Hungaricae 59, 2008, 1–152.

Fichtl 2000: St. Fichtl, La ville celtique. Les oppida de 150 av. J.-C. à 15 ap. J.-C. Paris: Errance 2000.

Garcia 1996: D. Garcia, Dynamique de développement de la ville de Lattara. Lattara 9, 1996, 7–24.

Garcia 2004: Ders., La Celtique méditerranéenne. Habitats et sociétés en Languedoc et en Provence du VIIIᵉ au IIᵉ siècle av. J.-C. Paris: Errance 2004.

Gersbach 1995: E. Gersbach, Baubefunde der Perioden IVc–IVa der Heuneburg. Heuneburgstudien IX = Römisch-Germanische Forschungen 53. Mainz: Zabern 1995.

Gransar u. a. 1999: F. Gransar/G. Auxiette/S. Desenne/B. Hénon/P. Le Guen/C. Pommepuy, Essai de modélisation de l'organisation de l'habitat au cours des cinq derniers siècles avant notre ère dans la vallée de l'Aisne. In: Braemer u. a. 1999, 419–38.

Guilhot 1994: J.-O. Guilhot, Besançon (Doubs), Parking de la Mairie. Urbanisme et habitat. In: P. Jud (Hrsg.), Die spätkeltische Zeit am südlichen Oberrhein. Kolloquium Basel, 17./18. Oktober 1991. Basel: Archäologische Bodenforschung Basel-Stadt 1994, 137–45.

Kaenel u. a. 2004: G. Kaenel/Ph. Curdy/F. Carrard, L'oppidum du Mont Vully. Un bilan des recherches 1978–2003. Freiburger Archäologie 20. Fribourg: Academic Press Fribourg 2004.

Krämer 1997: W. Krämer, Keltische Gewichte aus Manching. Archäologischer Anzeiger 1997, 73–8.

Köhler 1992: H.-J. Köhler, Siedlungsbefunde und Bebauungsrekonstruktion. In: F. Maier u. a., Ergebnisse der Ausgrabungen 1984–1987 in Manching. Die Ausgrabungen in Manching 15. Stuttgart: Steiner 1992, 5–64.

Krause u. a. 2008: R. Krause/D. Euler/K. Fuhrmann, Der frühkeltische Fürstensitz auf dem Ipf bei Bopfingen im Nördlinger Ries (Ostalbkreis, Baden-Württemberg). In: D. Krauße (Hrsg.), Frühe Zentralisierungs- und Urbanisierungsprozesse. Zur Genese und Entwicklung frühkeltischer Fürstensitze und ihres territorialen Umlandes. Kolloquium des DFG-Schwerpunktprogramms 1171 in Blaubeuren, 9.–11. Oktober 2006. Forschungen und Berichte zur Vor- und Frühgeschichte in Baden-Württemberg 101. Stuttgart: Theiss 2008, 249–98.

Leicht 1998: M. Leicht, Hausgrundrisse. In: S. Sievers u. a., Vorbericht über die Ausgrabungen 1996–1997 im Oppidum von Manching. Germania 76, 1998, 625–32.

Leicht/Scharff 2002: Ders./W. Scharff, Keltischer Kalkmörtel. Archäologie in Deutschland 4, 2002, 41–2.

Leicht/Sievers 2005: M. Leicht/S. Sievers, Bemerkungen zu den Baustrukturen von Manching. In: G. Kaenel/St. Martin-Kilcher/D. Wild (Hrsg.), Siedlungen, Baustrukturen und Funde im 1. Jahrhundert v. Chr. zwischen oberer Donau und mittlerer Rhone. Colloquium Turicense. Cahiers d'Archéologie Romande 101. Lausanne: Cahiers d'Archéologie Romande 2005, 231–9.

Luley 1992: H. Luley, Urgeschichtlicher Hausbau in Mitteleuropa. Grundlagenforschung, Umweltbedingungen und bautechnische Rekonstruktionen. Universitätsforschungen zur Prähistorischen Archäologie 7. Bonn: Habelt 1992.

Mertens 1999: D. Mertens, Die Landschaftsfestung Epipolai bei Syrakus. In: Schwandner/Rheidt 1999, 143–9.

Moret 2004: P. Moret, Premières formes d'urbanisme dans l'Ibérie du second âge du fer. In: S. Agusta-Boularot/X. Lafon (Hrsg.), Des Ibères aux Vénètes. Collection de l'Ecole Française de Rome 328. Rome: Ecole Française 2004, 133–57.

Ralston 2006: I. Ralston, Celtic Fortifications. Stroud: Tempus 2006.

Reeh 2001: K. Reeh, Der Dünsberg und seine Umgebung. Eine Bestandsaufnahme der Denkmäler. Forschungen zum Dünsberg 1. Montagnac: Mergoil 2001.

Ruiz Rodriguez 1997: A. Ruiz Rodriguez, Les Ibères et leur espace. In: Les Ibères. Ausstellungskatalog. Paris: Réunion des Musées Nationaux 1997, 77–89.

Salač 2005: V. Salač, Vom Oppidum zum Einzelgehöft und zurück – zur Geschichte und dem heutigen Stand der Latèneforschung in Böhmen und Mitteleuropa. Alt-Thüringen 38, 2005, 279–300.

Schefzik 2001: M. Schefzik, Die bronze- und eisenzeitliche Besiedlungsgeschichte der Münchner Ebene. Eine Untersuchung zu Gebäude- und Siedlungsformen im süddeutschen Raum. Internationale Archäologie 68. Rahden: Leidorf 2001.

v. Schnurbein 2009: S. v. Schnurbein (Hrsg.), Atlas der Vorgeschichte. Europa von den ersten Menschen bis Christi Geburt. Stuttgart: Theiss 2009.

Schubert 1994: F. Schubert, Zur Maß- und Entwurfslehre keltischer Holzbauten im Oppidum von Manching. Untersuchungen zu Grundrißtypen, Bauten und Baustrukturen. Germania 72, 1994, 133–92.

Schubert 1995: Ders., Keltische Umgangstempel von Ingolstadt-Zuchering? In: K. H. Rieder/A. Tillmann (Hrsg.), Archäologie um Ingolstadt. Die archäologischen Untersuchungen beim Bau der B 16 und der Bahnverlegung. Kipfenberg: Hercynia 1995, 127–86.

Schussmann 2007: M. Schussmann, Aspekte der latènezeitlichen Besiedlung im südlichen Mittelfranken. In: J. Prammer/R. Sandner/C. Tappert (Hrsg.), Siedlungsdynamik und Gesellschaft. Beiträge des internationalen Kolloquiums zur keltischen Besiedlungsgeschichte im bayerischen Donauraum, Österreich und der Tschechischen Republik. 2.–4. März 2006 im Gäubodenmuseum Straubing. Straubing: Historischer Verein für Straubing und Umgebung 2007, 55–72.

Schwandner/Rheidt 1999: E.-L. Schwandner/K. Rheidt (Hrsg.), Stadt und Umland. Bauforschungskolloquium in Berlin vom 7. bis 10. Mai 1997. Diskussionen zur Archäologischen Bauforschung 7. Mainz: Zabern 1999.

Sievers 2002: S. Sievers, Auf dem Weg zur Stadt. Die keltische Oppidazivilisation. In: Menschen – Zeiten – Räume. Archäologie in Deutschland. Begleitband zur Ausstellung vom 6. Dezember 2002 bis 31. März 2003 in Berlin. Stuttgart: Theiss 2002, 203–9.

Sievers 2007: Dies., Manching – Die Keltenstadt. Führer zu archäologischen Denkmälern in Bayern. Oberbayern 3. Stuttgart: Theiss ²2007 [Erstausgabe: Stuttgart 2003].

Stefan 2001: A. S. Stefan, Sarmizegetusa Regia. Une ville de type hellénistique. In: E. Greco (Hrsg.), Architettura Urbanistica Società nel mondo antico. Tekmeria 2. Paestum: Pandemos 2001, 85–106.

Thoma 2000: M. Thoma, Der gallo-römische Kultbezirk auf dem Martberg bei Pommern an der Mosel, Kr. Cochem-Zell. In: A. Haffner / S. v. Schnurbein (Hrsg.), Kelten, Germanen, Römer im Mittelgebirgsraum zwischen Luxemburg und Thüringen. Akten des Internationalen Kolloquiums zum DFG-Schwerpunktprogramm »Romanisierung« in Trier vom 28. bis 30. September 1998. Kolloquien zur Vor- und Frühgeschichte 5. Bonn: Habelt 2000, 447–83.

Venclová 2006: N. Venclová, Enclosing, Enclosures and Elites in the Iron Age. In: A. Harding / S. Sievers / N. Venclová (Hrsg.), Enclosing the Past. Inside and Outside in Prehistory. Biggleswade: J. R. Collis Publications 2006, 140–54.

Verdin 2006: F. Verdin, Les mutations de la fin de l'âge du Fer (IIe–Ier s. av. J.-C.) dans le midi de la Gaule. In: C. Haselgrove (Hrsg.), Les mutations de la fin de l'âge du Fer. Actes de la table ronde de Cambridge, 7–8 juillet 2005. Bibracte 12 / 4. Glux-en-Glenne: Centre Archéologique Européen 2006, 235–50.

Wieland 1999a: G. Wieland, Die keltischen Viereckschanzen von Fellbach-Schmiden und Ehningen. Forschungen und Berichte zur Vor- und Frühgeschichte in Baden-Württemberg 80. Stuttgart: Theiss 1999.

Wieland 1999b: Ders. (Hrsg.), Keltische Viereckschanzen. Einem Rätsel auf der Spur. Stuttgart: Theiss 1999.

HOLGER WENDLING

Landbesitz und Erbfolge –
Ein ethnographisches Modell zur Sozialstruktur und
Raumgliederung der mitteleuropäischen Latènezeit

Zusammenfassung: Eng verknüpft mit Fragen zur gesellschaftlichen Gliederung der latènezeit-lichen Bevölkerung Mitteleuropas ist ein Themenkomplex, der sich mit Klassifikation, Genese und Niedergang (proto-) urbaner Siedlungsstrukturen der Vorrömischen Eisenzeit auseinander-setzt. Basierend auf Annahmen der Reziprozität sozial- und raumstruktureller Gegebenheiten sowie ethnographischen Analogien wird ein Modell der sozialen Differenzierung entwickelt, deren Ursachen auf die Struktur der Erbfolge zurückgeführt werden. Die Überprüfung der dabei getroffenen Annahmen am Bild regionaler Siedlungsgefüge und siedlungsinterner Raumordnungsprozesse lässt den Schluss zu, dass der Erbgang eine der grundlegenden Determinanten bei der Ausprägung sozialer Hierarchien und Abhängigkeitsverhältnisse sowie der siedlungs-räumlichen Gliederung der Latènezeit gewesen sein könnte.

Latènezeitliche Sozialstrukturen – Fragestellung und Konzepte

Die Differenzierung und Stratifizierung der spätkeltischen Gesellschaft Mitteleuropas stellt einen der zentralen Fragenkomplexe der eisenzeitlichen Archäologie dar.[1] Trotz einer recht guten materiellen Quellenlage und einer vermehrt ins Blickfeld der antik-mediterranen Schriftüberlieferung tretenden Kultur der transalpinen *keltiké* sieht sich die aktuelle Forschung weiterhin ungelösten Fragen und scheinbar gegensätzlichen Phänomenen gegenüber. Problematisch ist hierbei vor allem die räumlich und zeitlich sowie qualitativ und quantitativ nach wie vor sehr disparate Überlieferung von Objek-ten und Befunden, die Aussagen zu ökonomischen und sozialen Themen gestatten. Sie hat ihren Ursprung vielfach bereits in den antiken Überlieferungs- und Nieder-legungsgewohnheiten: Es sei hier nur an spezifische spätkeltische Bestattungssitten erinnert, die die moderne Altertumswissenschaft durch das häufige Fehlen ›normaler‹ Grablegen eines ihrer wichtigsten Ansatzpunkte für sozialstrukturelle Analysen berau-ben (Hahn 1999; Schaer/Stopp 2005; Wieland 1996, 60 ff.). Für diese Epoche bedient man sich in der archäologischen Argumentation daher meist jener Zeugen sozialer Differenzierung, die aus Siedlungskontexten oder – wo dies möglich ist – aus dem

---

1 V. K. Altmann (Tübingen) gab nach der kritischen Durchsicht des Manuskriptes und bei zahlrei-chen Diskussionen wertvolle Hinweise und Anregungen, für die ich ihr ganz herzlich danke.

Umfeld kultischer, nicht-funeraler Handlungen auf uns gekommen sind. Lassen sich auch aus dieser Herangehensweise weit reichende Erkenntnisse gewinnen, verwundert es gleichwohl nicht, dass insbesondere die Spitze der Gesellschaft im Zentrum bisheriger Untersuchungen stand, da sie eine ausreichend haltbare und als Statusindikator dienende materielle Kultur erzeugt hat, durch die sie heute archäologisch wahrnehmbar und analysierbar ist (Guichard / Perrin 2002; Metzler-Zens / Metzler 1998; 2000; vgl. hierzu Hecht u. a. 2007, 74 und Beitrag S. Rieckhoff, S. 276 ff.). Obgleich eine gezielte materielle Ansprache der ›breiten Masse‹ der Bevölkerung dagegen schwierig ist, hat sich jüngst ein Kolloquium der Frage nach der Identifikation der bislang unterrepräsentierten »unteren Zehntausend« mit beachtlicher Bandbreite und interessanten Ergebnissen angenommen (Trebsche u. a. 2007). Auch hier fällt allerdings auf, dass das zweifellos existierende Bevölkerungssubstrat im Gegensatz zur Elite mit statusanzeigenden Objekten nicht zu fassen ist, hierzu vielmehr Artefakte und Überreste herangezogen werden müssen, die der ihm zugeschriebenen wirtschaftlichen Position und Tätigkeit entstammen (Hecht u. a. 2007, 74). Dadurch ist zwar die Verknüpfung wirtschaftlicher Macht und sozialen Ansehens berücksichtigt, aber der Vergleich mit den oftmals rein ideologischen Symbolen elitären Prestiges nur eingeschränkt möglich. In Ermangelung dezidierter Statusindikatoren kann ein Vergleich der den unterschiedlichen sozialen Schichten zur Verfügung stehenden Produktionsmittel weiterhelfen.[2] Scheint eine Zuweisung handwerklicher Tätigkeit und ihrer Relikte in den Bereich der Bevölkerungsmehrheit mit gewissen Einschränkungen statthaft, ist die Identifikation der wirtschaftlichen Basis der ›Oberschicht‹ wiederum problembehaftet.[3] Insgesamt kann man jedoch voraussetzen, dass soziale Stellung und politische Macht in vorindustriellen sesshaften Gesellschaften – somit auch in der jüngeren Vorrömischen Eisenzeit Mitteleuropas – primär auf der Aneignung und Kontrolle landwirtschaftlicher Ressourcen, d. h. Weide- und Anbauflächen und deren Ertrag basieren.[4] Im archäologischen Befund kann sich diese Kontrolle durch die Häufung von Vorratsgruben und / oder Speicherbauten abzeichnen, die zur Konzentration der agrarischen Produktion dienten. In spätlatènezeitlichen Viereckschanzen und ländlichen Gehöften sind derartige Speicher häufig und deuten nicht nur auf den

2 Als Sozialindikatoren könnten beispielsweise die zeichenhafte Ausgestaltung spezifischer Trachten oder Bekleidungsnormen gedient haben, die aufgrund ihrer Vergänglichkeit oder ihres häufigen Vorkommens – wie etwa die farbigen Glasarmringe der Mittel- und Spätlatènezeit – nicht mehr rekonstruierbar sind bzw. das Bild sozialer Differenzierung verschleiern.
3 So gehen häufig gerade mit handwerklicher Spezialisierung und oft verknüpft mit dem dabei bearbeiteten Material ein ausgeprägtes Prestige und erhöhter Status einher.
4 Buchsenschutz 1994, 149; 1995, 62 f.; 1997, 50 f.; Crone 1992, 24; 31 ff.; Malrain / Matterne / Méniel 2002, 137 ff.; Metzler-Zens / Metzler 1998, 421; 2000, 553; Rössler 2005, 181 f. – Auf weitere Determinanten, die in anderen Aspekten wirtschaftlicher Kontrolle und sozialer Ungleichheit wirksam werden, kann hier nicht eingegangen werden. Siehe hierzu überblicksartig ebd. 137 ff. 178 ff.

profanen Charakter jener Siedlungsformen hin, sondern zeigen zudem, dass hier, am Ort der landwirtschaftlichen Produktion, Überschuss akkumuliert wurde (kritisch hierzu Donat 2006, 146 ff. bes. 150). Die hierdurch zu erschließende agrarische Zentralstellung und das darauf beruhende ökonomische Potenzial dieser umfriedeten Siedlungsformen lässt demnach in ihnen Residenzen der landbesitzenden Elite vermuten.[5] Dass daneben auch in den unbefestigten protourbanen Großsiedlungen Silogruben und Speicherbauten auf die Einlagerung größerer Getreidemengen hinweisen, widerspricht dieser Deutung nicht (Hecht u. a. 2007, 76 ff.; Jud 2005, 235; Köhler 1992, 35 f.): Die aus dem Umland zufließenden Versorgungsgüter mussten auch hier gelagert werden und könnten zudem in lokalen ›städtischen Dependancen‹ der ländlichen Elite gesammelt worden sein, ohne dass dies mit der permanenten Anwesenheit ihrer Repräsentanten gleichzusetzen sein muss.

Raumanalysen, Siedlungs- und Sozialstruktur

Angesichts der vielfältigen Deutungsprobleme, die eine fundorientierte Untersuchung von Sozial- und Siedlungsstrukturen mit sich bringt, können Analysen von Raumstruktur, Raumnutzung und Raumaneignung neue Einblicke in die mit ihnen verwobenen sozialen Wirkprozesse und Muster ermöglichen. Grundlegende Aussagen zur Wechselwirkung von Raum und Gesellschaft finden sich in nahezu allen soziologischen und sozialgeographischen Arbeiten, die sich mit Schaffung, Veränderung und Bedeutung von Raumstrukturen befassen.

Nach Pierre Bourdieu (1991, 28; zitiert nach Schroer 2006, 87) entspricht der aus unterschiedlichen, funktional definierten ›Einzelräumen‹ oder ›Feldern‹ zusammengesetzte soziale Raum nicht dem »physische[n] Raum, realisiert sich aber tendenziell und auf mehr oder minder exakte und vollständige Weise innerhalb desselben«. Gleichwohl stelle der physische Raum nicht nur die ›Bühne‹ sozialer Verhältnisse dar, sondern sei vielmehr »eine soziale Konstruktion und eine Projektion des sozialen Raumes, eine soziale Struktur in objektiviertem Zustand [...], die Objektivierung und Naturalisierung vergangener wie gegenwärtiger sozialer Verhältnisse« (ebd.). In den sich wie archäologische Straten überlagernden, akkumulierten und in Vergangenheit und Gegenwart materialisierten Raumformen müsste sich demnach heute ein Geflecht zeitlich unterscheidbarer und ›nach natürlichen Schichten‹ zu differenzierendes Muster sozialer Strukturen abzeichnen. In diesem Sinne sollte es möglich sein, einzelne jener Schichten nach den Vorgaben archäologischer Chronologie und Quellenkritik ›freizulegen‹ und aus ihnen auf die durch sie projizierten sozialen

---

5 Buchsenschutz 2006, 58 f.; Malrain 2000, 31 ff.; Malrain / Matterne / Méniel 2002, 137 ff.; Neth 2002.

Räume zu schließen. Wie Markus Schroer darlegt, sind für Bourdieu die physische und die soziale Raumform letztlich identisch, da »der physische Raum als *angeeigneter* physischer Raum immer schon ein sozial konstruierter Raum« (ebd. 87) sei. Die materielle Umsetzung des Raumes ist also der »sichtbare Teil der sozialen Welt, eine konkrete Abbildung sonst schwer greifbarer Effekte gesellschaftlicher Produktions- und Reproduktionsprozesse« (ebd. 88). Aus den materiellen Hinterlassenschaften vergangener Raumkonzepte können so *idealiter* die zugrunde liegenden, heute nicht mehr sichtbaren Konzepte des sozialen Raumes und die Positionen der in ihm handelnden Menschen erschlossen werden.

Gewissermaßen auf regionaler Ebene sieht auch André Leroi-Gourhan (2006, 232 f.) im »Siedlungsraum das konkrete Symbol des sozialen Systems« und in der Siedlungstopographie das Abbild sozialer Einheiten, ihrer Verbindung und Distanzierung. Ganz ähnlich bezeichnet Martina Löw (2001, 167 ff.) räumliche Strukturen als Formen des gesellschaftlichen Gefüges. Sie betont jedoch ausdrücklich, dass diese sich in ihrer Entwicklung und Schaffung reziprok beeinflussen und in kreisförmiger Wiederholung bedingen: »Gesellschaftliche Strukturen ermöglichen raumkonstituierendes Handeln, welches dann diese Strukturen, die es ermöglichen [...] wieder reproduziert«. Physische Räume sind kein Resultat freier, uneingeschränkter Kreativität, sondern »in der Regel sozial vorstrukturiert« (ebd. 191). Ferner ist ihre Schaffung nur im Rahmen der zur Verfügung stehenden materiellen Vorgaben, d. h. des physischen Umfelds und der materiellen Kultur des Handelnden möglich. Grundsätzlich wird ihre Entstehung von zugrunde liegenden symbolischen Faktoren determiniert, zu denen die Werte, Normen, Traditionen und Institutionen gehören, die das soziale Miteinander regeln (ebd. 191 f., basierend auf R. Kreckel). Hierzu zählen auch die mangels einer schriftlichen Überlieferung für die Archäologie nur schwer zu fassenden Phänomene legislativer Art, wie Eigentumsverhältnisse und Landteilungsregeln sowie Verwandtschafts- und Erbregelungen.

Bedeutsam für die diachrone Analyse der jüngereisenzeitlichen Raumstrukturen und Raumeinheiten ist Löws Feststellung, »dass die Entstehung von Räumen selbst ein Moment sozialer Prozesse darstellt« (ebd. 130). Gemäß dieses prozesshaften Charakters sind Räume inklusive der mit ihnen verwobenen sozialen und materiellen Verhältnisse im Laufe der Zeit kontinuierlichem Wandel unterworfen – eine Feststellung, die sich bereits in der zitierten Formulierung Bourdieus andeutet, die den physischen Raum als Produkt historischer und rezenter Sozialverhältnisse auffasst. Durch diese Verknüpfung räumlicher, materieller sowie sozialer Strukturen und der oben genannten, auf sie einwirkenden symbolischen Faktoren bietet sich der Archäologie folglich die Möglichkeit, das materialisierte Abbild historischen Raumes in diachroner Perspektive zu betrachten und aus seiner Dynamik die Transformation sozialer Muster nachzuvollziehen.

Erbfolge und Landverteilung – ein Modell

In agrarisch-sesshaften Gesellschaften stellt der Zugriff auf möglichst große Areale kultivierbaren Landes die Grundlage wirtschaftlichen Profits und machtpolitischer Potenz dar. Hauptinteresse des Nutzers ist dabei die Wahrung oder Steigerung einer effizienten Bewirtschaftung durch den Zusammenhalt der Gesamtfläche und gegebenenfalls die Akkumulation weiterer Flächen.[6] Diesem Bestreben steht allerdings mit dem Erbgang eine sozialrechtlich-ideologische Erscheinung entgegen, die in der archäologischen, zumal eisenzeitlichen Forschung bislang nur wenig Beachtung fand. Seine raum- und sozialstrukturellen Konsequenzen wurden bislang meist lediglich aus historisch-linguistischer Perspektive betrachtet (Karl 2006, 129; archäologische Beispiele bei Karl 2004, 472 ff.). Ferner sind die caesarischen Schilderungen eines extremen Ungleichgewichts der sozialen Gruppen Galliens zwar wohlbekannt, doch wurden die hierbei beschriebenen Verhältnisse nur selten auf ihre Ursachen hin untersucht. Dabei scheinen doch die Gründe für die soziale und wirtschaftliche Unterdrückung der niederen Bevölkerung, deren Angehörige »durch Schulden, durch große Abgaben oder von den Mächtigeren ungerechterweise bedrückt werden« (Caesar, De bello Gallico VI 13, 2), für die Rekonstruktion der spätkeltischen Sozialentwicklung von grundlegender Bedeutung. Ergänzend mögen die schriftliche Überlieferung eisenzeitlich-frühmittelalterlicher ›inselkeltischer‹ Erbregelungen und antike Schilderungen keltischer Bräuche beitragen, die grundlegende Hinweise auf späteisenzeitliche Rechts- und Nachfolgepraktiken geben (Charles-Edwards 1993, 61 ff.; Wendling i. Dr.). In zahlreichen mittel- und nordeuropäischen frühmittelalterlichen Gesellschaften scheint hiernach das Realteilungsrecht zur Anwendung gekommen zu sein, das zu einer zunehmenden Zersplitterung und Verknappung des Bodens sowie zur Entstehung einer großen Zahl kleinbäuerlicher Wirtschaftseinheiten führte. Die demographischen Konsequenzen eines solchen Erbprozesses können in der Entwicklung des römisch-republikanischen Kleinbauerntums beispielhaft nachvollzogen werden (Egli 2000, 36; Finley 1977, 122 ff.).

Als Analogie für die modellhafte Skizzierung späteisenzeitlicher Prozesse können auch ethnographische Untersuchungen subrezenter bäuerlicher Gemeinschaften des südlichen Mitteleuropas herangezogen werden. In ihrer umfassenden Studie zur »Ethnizität und Ökologie in einem Alpental« widmeten sich John W. Cole und Eric R. Wolf (1995, 229 ff.) ausführlich dem sozialen Druck, der aus Bevölkerungswachstum und Erbrecht erwächst. Hierbei kommt zwischen den Extremformen des Realteilungs- und Anerbenrechtes eine Vielzahl von Übergangsausprägungen zum Tragen, die im Idealfall die Erbmasse möglichst zusammenhalten und gleichzeitig das Auskommen aller Erben sichern sollen. Abgesehen von teils eklatanten Unterschieden zwischen

---

6 Egli 2000, 38; Levinson/Malone 1980, 132. – Siehe hierzu die von E. Durkheim (1991, 65) betonte fundamentale Kohäsion von Familie und Landbesitz.

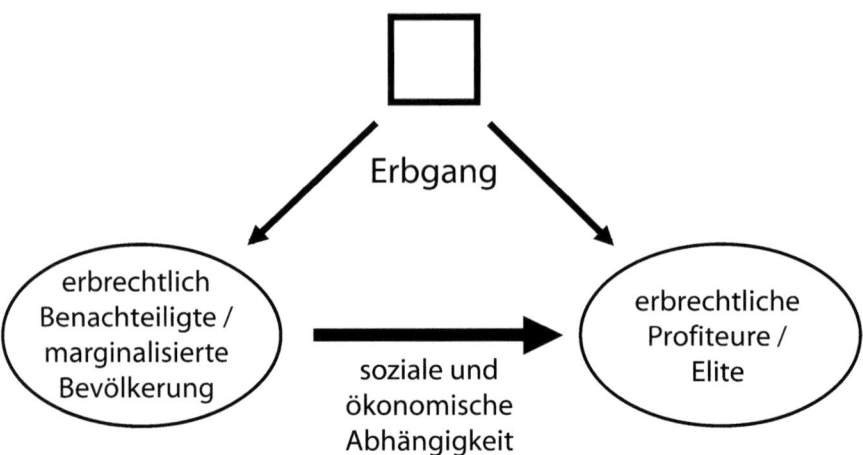

Abb. 1. Soziale Differenzierung in Folge des Erbganges.

Theorie und Praxis der Erbfolge und der auch im Alpental verschiedentlich zu beobachtenden räumlichen Nachbarschaft verschiedener Formen besitzen beide Extreme eine ganz ähnliche sozial-demographische Brisanz (ebd. 230; 234 f.; 262). Das aus Bevölkerungszunahme und Erbrecht resultierende Konfliktpotenzial zwischen den »Konkurrenten im Wettbewerb um den elterlichen Besitz« (ebd. 235) ist enorm. Es führt letztlich zu einer prägnanten sozialen Stratifikation innerhalb der Familien- und Dorfgemeinschaft, bei der innerhalb jeder Generation eine Zweiteilung in Erben und Enterbte vollzogen wird (Abb. 1). Der Erbgang »schafft und reproduziert unaufhörlich die Bedingungen für die Rekrutierung der dörflichen Kernbevölkerung, schafft damit aber gleichzeitig die Bedingungen für die Entwicklung einer marginalisierten Bevölkerungsgruppe« (ebd. 263). Den erbrechtlichen Profiteuren entspringt die lokale Elite, die wirtschaftlich und sozial dominiert: Sie »rekrutiert unter den benachteiligten Geschwistern Arbeitskräfte, die für kaum mehr als das Existenzminimum arbeiten. Der Erbfolgeprozess ist also die zentrale Kraft sowohl bei der Formierung des Arbeitsmarktes als auch der sozialen Rangfolge im Dorf« (ebd. 263 f.). Die von Cole und Wolf geschilderten Prozesse spiegeln sich auch in der räumlichen Struktur der dörflichen Lebensgemeinschaft. Der ostentativen Zurschaustellung von Macht und Reichtum durch große Hofanlagen und Speicherbauten (Schmaedecke 2002) steht die räumliche Marginalisierung, z. B. in den Hofbauten oder Wohnräumen oder die Abwanderung der nicht bedachten Nachkommen entgegen (Cole/Wolf 1995, 240 f. 254).

Die aus dem Erbschaftsprozess des subrezenten ethnographischen Beispiels entstehenden sozialen und wirtschaftlichen Muster erinnern in ihrer Ausprägung stark

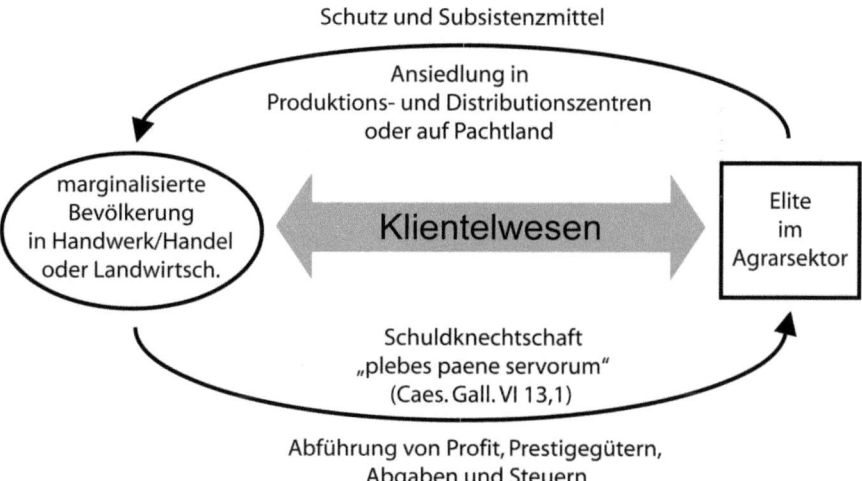

Abb. 2. Modellhafte Darstellung latènezeitlicher sozialer und wirtschaftlicher Dominanz und Unterordnung im Rahmen des durch den Erbgang entwickelten Klientelwesens.

an die schriftlich überlieferten spätkeltischen Verhältnisse, bei denen ebenfalls eine Zweiteilung der Gesellschaft und klientele Subordination geschildert werden. Die benachteiligte Bevölkerungsmehrheit scheint in beiden Fällen der Entscheidungsgewalt der grundbesitzenden Elite unterworfen und arbeitet dieser im landwirtschaftlichen oder handwerklichen Sektor zu (ebd. 230; 232) (Abb. 2).[7] Analog zur modernen Situation kann man auch im eisenzeitlichen Kontext raumstrukturelle Konsequenzen postulieren: Die Fraktionierung der Anbauflächen könnte ebenso wie die Entstehung und Vergrößerung externer, aus dem Agrarsektor herausgelöster ›Industrieräume‹ ihre Ursachen im konstanten Fortgang des Erbprozesses haben. Die aus der ethnographischen Analogie gewonnenen Modellvorstellungen können auf Basis des oben umrissenen Raumverständnisses demzufolge an den überlieferten Resten räumlicher Strukturen der Latènezeit auf siedlungstopographischer und siedlungsinterner Ebene überprüft werden.

7 Vgl. die caesarische Beschreibung des gallischen Klientelwesens (Caesar, De bello Gallico VI 11,2–4.13,2.15,2); ob die dort erwähnte familieninterne Gliederung in Anhänger verschiedener *factiones* (ebd. VI 11,2) in Zusammenhang mit der erbrechtlichen Differenzierung steht, ist denkbar, jedoch kaum beweisbar.

Genese und Struktur latènezeitlicher Großsiedlungen

Ein in vielen Regionen des keltischen Kulturraumes zu beobachtendes Phänomen sind die gemeinhin nach einer Zeit erhöhter Mobilität – den so genannten ›keltischen Wanderungen‹ – entstehenden unbefestigten Großsiedlungen. Die im Laufe der Stufe LT C in diversen Regionen anscheinend recht unvermittelt aufblühenden Handels- und Handwerkszentren befinden sich in der Regel an bedeutenden Verkehrsrouten oder nahe wichtiger Rohstoffvorkommen. Beide Lagefaktoren begegnen beispiels- weise – zum Teil miteinander kombiniert – in den oberrheinischen Großsiedlungen von Basel, Breisach oder Kirchzarten (Bräuning u. a. 2005). Weitere Charakteristika jener mehrere Hektar großen *vici* sind durch Importe belegte Fernkontakte und ein spezialisiertes Handwerk, das in dieser Intensität in anderen Siedlungsformen gleicher Zeit nicht betrieben wird.[8] Die bauliche und infrastrukturelle Gliederung vieler Orte lässt eine geplante Anlage erahnen, in der Straßen und Wege, freie Plätze und unter- schiedliche Nutzungsareale vorliegen. Mit Zaun oder Palisade umfriedete Gehöfte gliedern sich aneinander und scheinen häufig unabhängig voneinander betriebene, in handwerklicher Hinsicht autarke Produktionseinheiten darzustellen (s. Beitrag S. Sie- vers, S. 309 ff.). Trotz intensiver Feldforschungen werden nach wie vor fundamentale Fragen zu ihrer sozialen und politischen Organisation diskutiert, die sich vor allem der Stellung von Handwerkerschaft und mutmaßlicher Aristokratie widmen (Buch- senschutz 2002, 63; Mölders 2007).

Ferner ist die Genese jener frühstädtischen Anlagen vielfach ebenso ungeklärt wie die Ursachen ihrer häufig zu beobachtenden plötzlichen Aufgabe, Verlegung oder Umfriedung. Eine direkte Verknüpfung schriftlich überlieferter historischer Ereignisse mit der archäologischen Befundlage ist nach jüngeren chronologischen Überlegungen häufig unhaltbar. Gleichwohl dürften interne und externe militärische Konflikte einen massiven Einfluss gehabt haben.[9] Allerdings ist die Rolle der daran beteiligten sozialen Gruppen oder die Evolution einzelner Siedlungen kaum dezidiert abzuschätzen.

Die Entstehung der unbefestigten Großsiedlungen und der jüngeren Oppida, mithin die Prozesse latènezeitlicher Urbanisierung wurden häufig als Resultat intensivierter wirtschaftlicher Kontakte mit der Mittelmeerwelt und als nordalpine Rezeption der von dort ausgehenden Anregungen gedeutet (Drda / Rybová 1995, 121 ff.; Kruta 2000, 114 ff.). Neuerdings werden jedoch zudem vermehrt das interne Potenzial und die aus einheimischer Tradition erwachsenen Grundlagen der keltischen Stadtwerdung betont

---

8 Augstein 2006; Buchsenschutz 2002, 66 ff.; Collis / Krausz / Guichard 2000; Salač 2005, 288 ff.
9 Fichtl 2005, 28 ff.; 181 ff.; vgl. z. B. Sievers 1999, 14; 21 f. – Ein weiterer entscheidender, wenn- gleich qualitativ und quantitativ ebenfalls nur schwer abzuschätzender Faktor sind die demo- graphischen Auswirkungen mangelnder Hygiene sowie von Epidemien und Seuchen (Rieckhoff 2002, bes. 375 ff.).

(Fichtl 2005, 28 ff.; Rieckhoff / Biel 2001, 247 f.; Schulze-Forster 2000; Wells 2006, 145). Ähnliches gilt für den Niedergang der Oppida, dessen Erklärungsmuster sich grundsätzlich auch auf den Abbruch der unbefestigten Großsiedlungen übertragen lässt. Auch hierfür wurden häufig externe Faktoren als Ursachen benannt, die das ohnehin fragile wirtschaftliche Netz der spätlatènezeitlichen Großsiedlungen hätten kollabieren lassen. In dem von Vladimír Salač (1993, 95 f.; 2000; 2002; 2005, 296) postulierten »Kartenhausmodell« führen eine starke Abhängigkeit von Fernhandelsbeziehungen sowie Kontakten mit dem gallischen Raum und die dort durch die römische Eroberung eintretende Krise durch Rückkopplung zu einem Systemkollaps. Allerdings hätten diese externen Faktoren nur die problematische interne Lage verschärft, die durch die Abhängigkeit der urbanen Großsiedlungen vom agrarischen Umland und daraus resultierende Versorgungs- und Subsistenzprobleme geprägt gewesen sei. Ein von Amei Lang (1993) angeregtes ethnographisch-volkswirtschaftliches Modell thematisiert einen Antagonismus zwischen bäuerlicher Agrarwirtschaft und spezialisiertem Handwerk: Der nicht abgeschlossene Urbanisierungsprozess und die mangelnde Institutionalisierung des Sozial- und Wirtschaftsphänomens »Stadt« hätten letztlich zu einem Zusammenbruch des Gesamtgefüges geführt.

Mehrfach wurde demnach auf ein wirtschaftliches Ungleichgewicht zwischen urbanem Raum und ländlichem Umfeld verwiesen, gesellschaftsinterne Konfliktpotenziale wurden jedoch nur selten bedacht. Ferner lässt sich mit derlei Mustern meist nur der Stimulus oder der Niedergang der Großsiedlungen erklären, ein Modell für den Gesamtprozess aus Initialisierung, Genese und Rezession des Siedlungsphänomens existiert momentan nicht.

Die Prämissen des hier vorgeschlagenen ›Erbmodells‹ lassen sich auf einige wenige Leitsätze beschränken. Eingangs wurde auf die fundamentale Bedeutung der Landwirtschaft für die Konzentration ökonomischer und politischer Macht der Elite hingewiesen. Grundbesitzer als Vertreter einer »eher homogenen, wenig hierarchisierten Aristokratie« (Metzler-Zens / Metzler 1998, 426) teilen sich seit der Mittellatènezeit paritätisch die landwirtschaftliche Nutzfläche (Abb. 3A). Eine seit dem vierten vorchristlichen Jahrhundert wirkende Klimaverbesserung sowie technische Innovationen und verbesserte Anbau- und Wirtschaftsmethoden führen zu Bevölkerungszunahme und demographischem Druck.[10] Deren raumstrukturelle Folgen hat Carl von Dietze (1922, 721; vgl. Egli 2000, 36) prägnant formuliert: »In der Landwirtschaft wirkt […] die Bevölkerungsvermehrung auf ein Vordringen des Kleinbetriebes hin, Bevölkerungsrückgang begünstigt den Großbetrieb«. Basierend auf diesen Vorbedingungen zeichnet die ethnographische Analogie des oben beschriebenen Erbganges in seiner durchaus vielfältigen Ausprägung im Einzelnen ein umfassendes Szenario möglicher raumstruktureller und sozialer Entwicklungen im späteisenzeitlichen Mitteleuropa.

---

10 Buchsenschutz 2002, 64 ff.; 2006, 60 f.; Fajon / Lepert 2000, 433; Jacomet u. a. 1999, 110; Maise 1999.

Die Viereckschanzen Süddeutschlands und die gallischen Gehöftanlagen belegen die großmaßstäbliche Ausbeutung der landwirtschaftlichen Nutzflächen, mit deren Beginn zumindest seit der ausgehenden Frühlatènezeit gerechnet werden muss.[11] Im Pariser Becken zeichnet sich im Laufe der Zeit eine exponentielle Zunahme der Anlagen mit einer Vervierfachung von LT C_2 nach LT D_1 sowie einer weiteren Verdopplung innerhalb der Stufe LT D ab (Buchsenschutz 2002, 72 mit Abb. 4). Könnten die einzelnen süddeutschen Anlagen feinchronologisch besser beurteilt werden, würde sich eventuell eine ähnliche Entwicklung im Bereich der Viereckschanzen beobachten lassen. Gleichfalls könnte man hierdurch das zeitliche Verhältnis benachbarter Schanzen, zweigeteilter Anlagen oder der Hauptschanzen und ihrer Annexsysteme konkretisieren. Gehöftensembles wie Nordheim »Bruchhöhe« und »Kupferschmied«, drei bzw. vier benachbarte Anlagen bei Perkam-Radldorf und Böhmfeld, die Doppelschanze von Kirchheim-Osterholz oder die komplexen Mehrfachanlagen von Königheim-Brehmen und Geiselhöring-Sallach – hier liegen eine einfache und eine mehrfach gegliederte Schanze beieinander – könnten beispielsweise Zeichen einer durch die Erbfolge bedingten Aufteilung von Besitz und Boden sowie der Neuanlage von »Satellitengehöften« sein.[12] Im böhmischen Komplex von Mšecké Žehrovice scheint eine sukzessive Zweiteilung der ursprünglich langrechteckigen Umwallung vorzuliegen (Venclová 1998, 198 f.).[13] In Croixrault »L'Aérodrome« (Picardie) und Arras »Actiparc« (Pas-de-Calais) weisen die zeitweilige Parallelität und wahrscheinliche Hierarchie benachbarter Gehöfte auf gleichartige Phänomene hin (Desfossés/Jacques/Prilaux 2003; Gaudefroy 2005). Die Zunahme der Siedlungseinheiten könnte also generell Abbild einer gesteigerten Fraktionierung des Siedlungsraumes aufgrund des Bevölkerungswachstums und der kontinuierlichen, erblich bedingten Aufteilung des Landbesitzes sein (Abb. 3B).

In einer Betrachtung von ›Einfriedungstendenzen‹ während der britischen Eisenzeit konnte Roger Thomas (1997) anhand ethnographischer Vergleiche einen Zusammenhang zwischen der Intensität der Landnutzung und der Ausprägung von Befestigungs- und Begrenzungsanlagen wahrscheinlich machen. Gleichartige Phänomene könnten auch im kontinentaleuropäischen Raum auftreten, wo die existenzielle Bedeutung von

11 Dies legt zumindest die Viereckschanze von Bopfingen-Flochberg mit ihrer bis nach LT B zurückreichenden Vorgängerbebauung nahe (Krause/Wieland 1993, 89 ff.). Auch die Schanze von Riedlingen »Klinge« weist mehrere Vorgängerphasen auf (Bollacher/Klein 2002, 132).

12 Nordheim: Neth 2002. – Perkam-Radldorf: Böhm/Reichenberger 1991; Schwarz 2007, Nr. 76. – Böhmfeld: ebd. Nr. 18.95.96.98. – Kirchheim-Osterholz: von der Osten-Woldenburg 2004, 50 f. – Königheim-Brehmen: Bittel/Schiek/Müller 1990, 211 ff. – Geiselhöring-Sallach: Müller 2007; 2008; Schwarz 2007, Nr. 66.67.

13 Kritisch hierzu Müller 2008, 134 ff. – Zu zusammengesetzten Einfriedungen und dem Nachweis einer sukzessiven Unterteilung und/oder Erweiterung s. auch von Nicolai 2006, 4. – Natürlich muss ebenso mit der Existenz von Wandersiedlungen, Siedlungsaufgabe und -verlagerung in einem fest umrissenen Gemarkungsareal gerechnet werden, die archäologisch nur schwer nachvollziehbar sind (Steuer 1988, 28 f. 38 ff.).

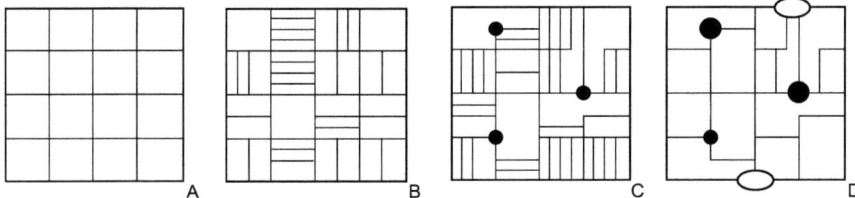

Abb. 3. Modell raumstruktureller Veränderungen in Folge des Erbganges: A Paritätisch verteilter Landbesitz. – B Zunehmende Fraktionierung durch Erbteilung. – C Fraktionierung bei gleichzeitiger Akkumulation; Gründung urbaner Produktions- und Distributionszentren. – D Großgrundbesitz im Umfeld urbaner Zentren; Entstehung topographisch entlegener Oppida.

Landrechten und Grundbesitz – folgt man dem hier vorgestellten Modell – mit einer Verknappung der Ressource Boden durch Bevölkerungszunahme und erbliche Differenzierung stieg.[14] Sowohl die massiven Wehranlagen der Viereckschanzen als auch die optisch durch Gräben manifestierte Parzellierung des Nutzlandes mögen einer solchen Entwicklung symbolisch Rechnung tragen.[15] Die vor allem im gallischen Raum im weiteren Umfeld der Gehöfte archäologisch fassbare Landaufteilung offenbart mehrfach eine Abfolge und Reorganisation von Parzellengrenzen, die als Indiz einer sukzessiven Auf- und Umverteilung von Grundstückseinheiten gelten können (Buchsenschutz 2006, 59 f.; Fajon / Lepert 2000, 429 f.; Wendling i. Dr.). Dass ein solcher Parzellierungsprozess häufig eine Konsequenz des Erbganges ist, dokumentiert die Entwicklung in Südwestdeutschland während des 19. und 20. Jahrhunderts (Schröder 1979); archäologisch ist die relative zeitliche Abfolge der Gräbchenstrukturen indes nur schwer zu ermitteln.

Wie der ethnographische Befund zeigt, resultiert der Erbgang jedoch nicht ausschließlich in einer Fraktionierung des Landbesitzes, sondern vornehmlich in einer sozialen Differenzierung innerhalb der Familien- und Dorfgemeinschaft. Dement-

14 Auch in den ethnographischen Beispielen zeigt sich der Versuch, durch eine materielle Trennung von Innenraum / »Verwandtschaft« und Außenraum / »Fremde« der Gefahr einer erbrechtlich bedingten Zersplitterung des Nutzlandes entgegenzuwirken (Thomas 1997, 214).

15 Ein ähnlicher Prozess der bewussten Distanzierung vom sozialen Umfeld durch die Inbesitznahme und physische Markierung von Räumen stellt Bourdieus Konzept der Okkupations- und Raumbelegungsprofile dar (Schroer 2006, 94 f.). Die hiermit umrissene Fähigkeit, soziale Territorien physisch abzugrenzen und Distanzzonen zum sozial andersartigen Umfeld zu schaffen, könnte sich auch in der ostentativen Wall- und Grabeneinfassung der Viereckschanzen ausdrücken. – Die zusätzliche symbolische Betonung der das Zentrum der Familiengemeinschaft abgrenzenden Gräben durch Deponierungen (Thomas 1997, 216) könnte durchaus einige der in den Viereckschanzen und Gehöften Mitteleuropas entdeckten Niederlegungen erklären (Wieland 1999, 56 f.; Eggert 2003, 439 ff.; vgl. Beitrag S. Rieckhoff, S. 293 f.).

sprechend muss nicht zwingend eine fortschreitende Teilung des Nutzlandes erfolgen. Wie im subrezenten Alpenraum sind eine freiwillige oder erzwungene Abwanderung der erbrechtlich Benachteiligten und eine eventuell gleichermaßen erzwungene wirtschaftliche Neuorientierung auch im keltischen Mitteleuropa denkbar.[16] Raumsoziologisches Indiz hierfür könnte die offenbar bewusste Ausgliederung bestimmter Zonen aus dem agrarischen Raum und eine völlig neue wirtschaftliche Inanspruchnahme jener Areale als Zentren von Produktion und Austausch sein. Das plötzliche, wenngleich zeitlich nicht einheitliche Anwachsen der Großsiedlungen deutet auf eine Um- bzw. Ansiedlung größerer Bevölkerungsteile hin, die aus ihrem bisherigen sozialen und wirtschaftlichen Umfeld des ländlichen Raumes ausgegliedert werden konnten (Abb. 3C). Hierauf könnte die Genese der unbefestigten Großsiedlungen im südlichen Oberrheingebiet hindeuten, die zeitlich gestaffelt entstanden und rasch ihre wirtschaftliche Blüte erreicht zu haben scheinen.[17]

Der neu geschaffene urbane Raum unterscheidet sich weitgehend von der ländlichen Raumstruktur; auch hier finden sich zwar gehöftartige Anlagen, die der standardisierten Erscheinung der Viereckschanzen und ihrer Vorgängeranlagen jedoch nicht gleichen – eine als Demonstration wirtschaftlicher und politischer Macht zu interpretierende Wallumwehrung findet sich in den Großsiedlungen nie.[18] Häufig ist deren Siedlungsorganisation in Form zeilenartiger Wohn-Wirtschaftsbauten kleinteilig und lässt nicht das wirtschaftliche Potenzial der Großgrundbesitzer erkennen.[19] Es ist daher denkbar, dass in Teilen der unbefestigten Großsiedlungen die sozial und ökonomisch durch den Erbgang benachteiligten Zweit- und Drittgeborenen konzentriert wurden, um dort in klienteler Abhängigkeit ihrem verwandtschaftlich zugehörigen *patronus* zuzuarbeiten (Abb. 2).[20] Die Lage der Großsiedlungen an verkehrstechnisch günstigen

---

16 Aus- und Abwanderung keltischer Gemeinschaften sind ein regelmäßig in der antiken Überlieferung geschildertes Phänomen, das häufig explizit auf Bevölkerungsdruck und Landverknappung zurückgeführt wird (Tomaschitz 2002).

17 Burkhardt u. a. 2003; Wendling 2005, 21 f.; i. Dr. – Charakteristikum der quantitativ und qualitativ herausgehobenen Zentren vom Typ Němčice / Roseldorf, auf die später noch eingegangen werden wird, scheint dagegen das graduelle Hervorgehen aus einer älteren lokalen Siedlungstradition zu sein (Salač 2005, 292).

18 Fichtl 2005, 98 ff. – Ausnahmen sind selten und deuten eher auf eine abweichende Funktion derartiger rechteckiger Umwallungen im Inneren von Oppida hin (ebd. 151).

19 Donat 2006, 156 f. – Eine zeilenartige Bebauung zeichnet sich z. B. deutlich entlang der bogenförmigen Straße in der Manchinger »Zentralfläche« ab (Krämer 1962, 299); kleinteilige Baustrukturen finden sich beispielsweise im Oppidum von Altenburg-Rheinau (Schreyer / Nagy 2005, 139 f.). – Selbstverständlich lassen sich große Repräsentativbauten auch in *vici* und im urbanen Raum der Oppida, so in Manching, nachweisen (Krämer 1962, 301; Leicht / Sievers 2005, 233 ff.; Schubert 1994, 191).

20 Ähnlich argumentiert S. Rieckhoff (2002, 363), die allerdings aus dem »organisierten Zusammenschluss solcher [ländlicher] Gehöfte«, d. h. nicht aus dem in Folge des Erbganges aus diesen Gehöften ausgegliederten Bevölkerungsüberschuss die Entstehung der *vici* ableitet.

Punkten, von zuliefernden und mutmaßlich den Gewinn abschöpfenden Gutshöfen umgeben, mag ihren ›kollektiven‹ Charakter widerspiegeln: Die Grundbesitzer der Umgegend erkannten die Vorteile, die eine gemeinsame Ansiedlung handwerklich und händlerisch tätiger Klienten an zentralen Orten für die Schaffung von Märkten und zur Unterstützung von Fernkontakten bot. Schließlich könnte gerade hierauf auch die ›offene‹, unbefestigte Grundstruktur hindeuten, die jedem ihrer Initiatoren den symbolisch manifestierten uneingeschränkten Zutritt gestattete.[21] Im Konfliktfall hätte die Verteidigung ohnehin in Händen der umsiedelnden Großgrundbesitzer gelegen, die hierfür ihre Klientel wohl an den »lokalen Herrschaftsmittelpunkten« (Krause 1999, 87) zusammengezogen hätten.

Der auch ohne Einfriedungen oder Umwehrungen eindeutig vom Agrarmilieu zu unterscheidende funktionale Raum der Produktions- und Distributionszentren wird also gemäß diesem Modell durch elitäre Machtokkupation sozial kontrolliert. Inwiefern diese durch das Klientelwesen aufrechterhaltene soziale Kontrolle symbolisch durch die Einhegung bestimmter Siedlungen bzw. deren Neugründung materialisiert wurde, steht zur Diskussion. Die Entstehung der von massiven Wehranlagen umgebenen Oppida mag in eine solche Richtung weisen; auf die symbolisch-ideologische Funktion der Mauern, die den urbanen Binnenraum eingrenzen und einen kontrollierten Strom von Gütern und Menschen ermöglichen, wurde mehrfach hingewiesen (s. Beitrag S. Rieckhoff, S. 292 f.). Die topographisch eher abgelegene Position der Oppida könnte zudem weiteres Indiz einer bewussten funktionalen, räumlichen und sozialen Separation der sie bewohnenden *oppidani* darstellen (Abb. 3D).[22] Tom Moore (2007, 91) sieht dies für entlegene Plätze der britischen Eisenzeit als Zeichen der Unabhängigkeit: »The apparent lack of direct control […] may have meant their exclusion from land rights elsewhere, allowing them to exist outside normal rights and observations«. Indes kann ihre dezentrale Lage ebenso als bewusste Ausgrenzung aus dem mit Prestige und Reichtum behafteten Raum der landbesitzenden Aristokratie aufgefasst werden: »They appear to mark a distinction of production, separating it from the norms of day-to-day actions« (ebd. 90).[23]

---

21 Hierfür könnte auch der Nachweis der Münzprägung im ›offenen‹ Milieu der oberrheinischen *vici* sprechen, in denen dem einzelnen aristokratischen Prägeherren die Logistik und das Wissen um den Münzvorgang am wirtschaftlichen Zentralort zur Verfügung stand (Wendling 2006, 628).

22 Dies könnte beispielsweise auf die Höhensiedlung auf dem Kegelriß bei Ehrenstetten zutreffen, die als einziges Oppidum der Region des südlichen Oberrheingebietes als Sonderfall neben mehreren unbefestigten Großsiedlungen bestand und anscheinend auf die Ausbeutung lokaler mineralischer Rohstoffe fixiert war (Dehn 2005; Wendling 2005, 19). – Sollte Caesar mit dem Begriff *oppidani* (Caesar, De bello Gallico II 7,1; VII 12,5; VIII 34,1) tatsächlich eine soziale Unterscheidung der ›Stadtbewohner‹ implizieren, spräche nichts dagegen, sie als Teil der untergeordneten *plebs* zu interpretieren.

23 Hier sei an die strenge wirtschaftlich-soziale Gliederung der römischen Republik erinnert, in der der Senatsaristokratie das Engagement in dem nicht standesgemäßen Handelssektor durch die *lex Claudia de senatoribus* erschwert bzw. verwehrt wurde (Alföldy 1975, 41 f.; Broughton 1951, 238).

Siedlungsinterne Analysen und der Niedergang der Großsiedlungen – Potenzial und Grenzen des Erbmodells

Wurde im Vorgehenden versucht, ein plausibles Modell für die Entstehung des Raum- und Sozialgefüges latènezeitlicher Siedlungslandschaften zu schaffen, so mahnt nicht zuletzt Vladimír Salač' (2005) kritische Diskussion überkommener Siedlungsklassifikationen und -analysen davor, pauschal die gleichen Wirkmuster auf das gesamte Spektrum der jüngereisenzeitlichen Großsiedlungen zu übertragen. Das zumindest am Beispiel des Oberrheingebietes nachvollziehbare plötzliche Aufblühen der Produktions- und Distributionszentren lässt sich durchaus mit einer intentionellen Gründung durch wirtschaftlich engagierte Grundbesitzer erklären; dagegen decken sich die von Salač als spezifische Siedlungsgattung erkannten unbefestigten Zentren vom Typ Němčice / Roseldorf (N / R-Zentren) nur teilweise mit den hier entworfenen modellhaften Prozessen. Die eponymen Vertreter dieses ebenfalls unbefestigten Siedlungstyps scheinen als jeweiliges »Zentrum höheren Ranges« (ebd. 291) in mehrfacher Hinsicht die wirtschaftlichen und religiösen Dimensionen der im Vorgehenden geschilderten ›gewöhnlichen‹ offenen Produktions- und Distributionssiedlungen übertroffen zu haben. Hinzu treten siedlungsgenetische Eigenheiten, die sie von jenen und den erst später entstehenden befestigten Oppida abgrenzen: Insofern stellt auch die Entstehung der ursprünglich unbefestigten Ansiedlung in Manching, das qualitativ und quantitativ ebenfalls als Vertreter der N / R-Zentren gelten muss, ein charakteristisches, aber gleichzeitig von der Situation der herkömmlichen Produktions- und Distributionszentren unterscheidbares Phänomen dar (ebd. 290 ff. bes. 293; Holzer 2007). Gleichwohl können auch hier dem Erbgang im weiteren Verlauf der Siedlungsgeschichte soziale und topographische Veränderungen erwachsen sein, die sich im heutigen Befundbild abzeichnen. Vereinzelte Funde deuten in Manching auf eine lokale Siedlungskontinuität eventuell bereits seit der Hallstattzeit hin.[24] Im nordöstlichen Bereich der späteren Umfassungsmauer finden sich mutmaßliche Spuren eines späthallstatt- / frühlatènezeitlichen Herrenhofes, der jedoch nicht mit jüngeren Siedlungsindikatoren zu korrelieren ist (Burmeister / Weski 1992, 16). Mit einiger Wahrscheinlichkeit sind auch die beiden Nekropolen in den Fluren »Hundsrucken« und dem außerhalb des späteren Siedlungsareals gelegenen »Steinbichel« Hinweise auf Siedlungskerne, aus denen sich der schließlich zum veritablen Taloppidum anwachsende Zentralort entwickelte (vgl. Salač 2005, 295) (Abb. 4A–B).[25] Unabhängig von

---

24 Burmeister / Weski 1992, 14 ff.; Gerdsen 1982; Krämer 1985, 11 f.; Krämer / Schubert 1970, 21 ff.; Reichart 1937; Riedel 1993 / 1994; Sievers 1992a, 139 mit Abb. 66,1–4.

25 Eine etwa 600 m südlich des Gräberfeldes am »Hundsrucken« entdeckte und ca. 110 m von einem LT C2/D1-zeitlichen Kultareal entfernte Brandbestattung der Phase LT B2 könnte auf einen dritten Siedlungsfokus hindeuten (Krämer 1985, 97 ff.). Ob der Flurname »Rosengarten« im südöstlichen Oppidumbereich, der andernorts als Bezeichnung abgegangener, z.T. prähistorischer

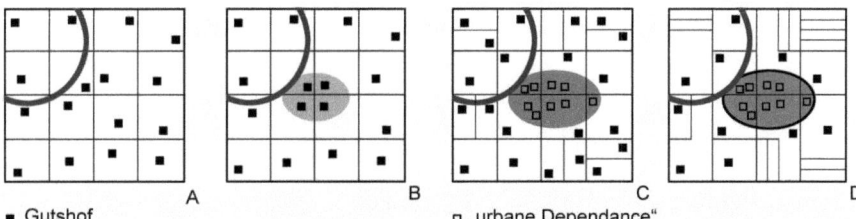

■ Gutshof   □ „urbane Dependance"

Abb. 4. Modell raumstruktureller Veränderungen im Zuge der Stadtwerdung Manchings: A Paritätisch verteilter Landbesitz. – B *Synoikismos* verkehrsgünstig gelegener Siedlungen; Stadtwerdung (Produktions- und Distributionszentrum). – C Fraktionierung des agrarischen Umlandes; Entstehung binnenstädtischer Dependancen. – D Fraktionierung bei gleichzeitiger Akkumulation; Befestigung des urbanen Binnenraums.

ihrer Ansprache als Hofgrablegen oder Friedhof einer Dorfgemeinschaft scheinen sie nach Ausweis der Güte und Anzahl der Beigaben einer wirtschaftlich und politisch potenten Bevölkerung als Bestattungsplatz gedient zu haben (Krämer 1985). Auch für sie dürfte die Agrarwirtschaft das Fundament des Wohlstandes und machtpolitischen Einflusses gewesen sein. Die Rolle, die die im näheren Umland des urbanen Binnenraumes gelegenen jüngerlatènezeitlichen Viereckschanzen bei der Entstehung sowie räumlichen und sozialen Entwicklung des Manchinger Zentralortes spielten, kann ohne detaillierte Ausgrabungen nicht ermittelt werden (Sievers 2003, 143; Schubert 1995, 132). Wahrscheinlich handelte es sich um landwirtschaftliche Produktionsbetriebe, die den als Sammelplatz, Verteilungs- und Fernhandelsknotenpunkt fungierenden Stadtraum mit landwirtschaftlichen Erzeugnissen versorgten.[26] Inwiefern damit allerdings eine Kontrolle über die dort ansässige Bevölkerung einherging, muss momentan offenbleiben. Hier könnte man in Analogie zur römischen Situation an Landgüter *(aedificia privata)* der grundbesitzenden Elite und ihre binnenstädtischen Dependancen oder – in Anlehnung an die caesarische Terminologie – *aedificia urbana* denken (Buchsenschutz 2006, 61; Kaenel 2006, 35; Lenz 1998, 61 ff.) (Abb. 4 C).[27] Ungeklärt ist ferner die Frage nach etwaigen Vorgängeranlagen und einer Parzellie-

---

Friedhofsareale belegt ist (Ranke 1951, 30 ff. 88 ff.), ebenfalls auf latènezeitliche Bestattungen hinweist, kann nicht geklärt werden.

26 Hier greift das von P. Fajon und T. Lepert (2000) entwickelte Interaktionsmodell einer die Überschüsse der agrarischen Produktionseinheiten abschöpfenden Zentralsiedlung.

27 Auf der im moorigen Süden Manchings gelegenen Viereckschanze im »Kay« bzw. »Ried« (Krämer/Schubert 1970, 44 ff.; Schwarz 2007, 30 f.) könnte man sich, da Getreideanbau im dortigen Feuchtwiesen- und Moormilieu nicht möglich ist, vor allem der Tierzucht gewidmet haben (vgl. Buchsenschutz 2002, 65 f.). Eine intensive Weidewirtschaft könnte dabei eine Parallele zur Entwicklung landwirtschaftlicher Großbetriebe des republikanischen Rom darstellen (Christ 1979, 69 f.).

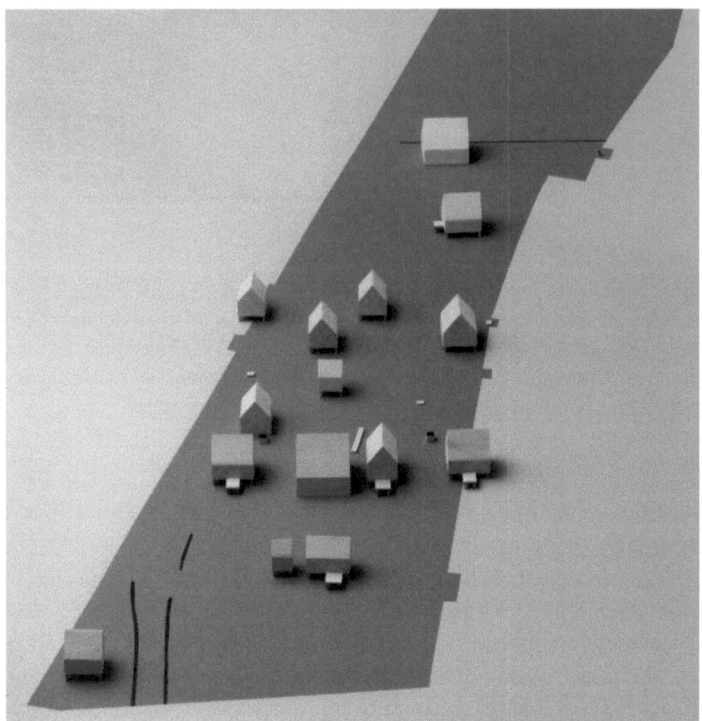

Abb. 5. Manching »Nordumgehung« – Modell der älteren Bebauung (Foto: J. Bahlo, RGK, Frankfurt a. M.).

rung im Umfeld dieser Gehöfte sowie deren zeitlicher und funktionaler Position im Verhältnis zur benachbarten Großsiedlung.

Zweifellos trug die Gunst der Lage am Kreuzungspunkt bedeutender Handels- und Verkehrswege dazu bei, am Ort der bisherigen Ansiedlung in einem Prozess des *Synoikismos* existierende Strukturen auszubauen und unternehmerisch in Handwerk und Handel tätig zu werden (Collis 1984, 83; 124). Eine tragende Rolle spielte hierbei sicherlich auch die Initiierung oder der Ausbau lokaler Kulte.[28] Ihre Positionierung im unmittelbaren Umfeld von Wegen und Plätzen könnte durchaus mit der Pflege und symbolischen Konsolidierung von Kontakten und Netzwerken in Handelsknoten-

---

28 Fichtl / Metzler / Sievers 2000; Poux 2006; Sievers 1991; Wells 2006. – Zu religiösen Aspekten bei griechischen und römischen Stadtgründungen s. Dietz 2002.

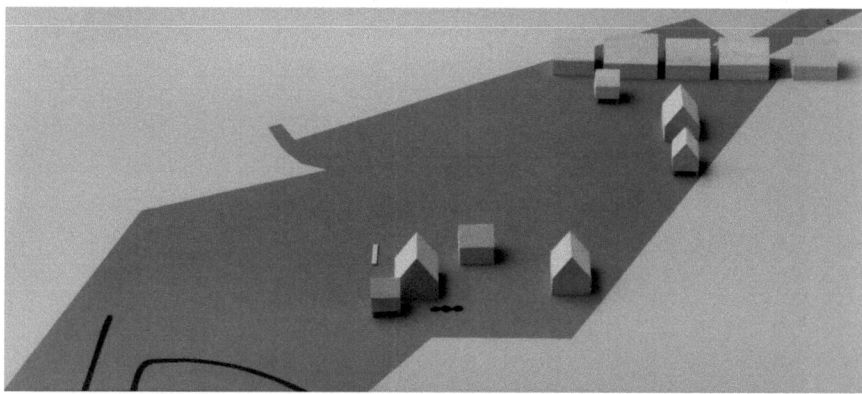

Abb. 6. Manching »Nordumgehung« – Modell der mittleren Bebauung im Norden der Grabungsfläche (Foto: J. Bahlo, RGK, Frankfurt a. M.).

punkten in Verbindung zu bringen sein.[29] Man meint in Manching also eine nicht von außen betriebene Siedlungsgründung, sondern ein Anwachsen, eine Stadt*werdung* im eigentlichen Sinne fassen zu können. Dass man sich mit zunehmendem Ausbau gleichfalls vor erbrechtlich bedingte Probleme der Grundaufteilung und Parzellierung gestellt sah, ist möglich, momentan jedoch nur schwer nachvollziehbar (Abb. 4D).[30] Bislang können nur im Grabungsareal »Nordumgehung« Aussagen zum zeitlichen Ablauf der Raumgliederung und Raumstruktur gewonnen werden, die wiederum Rückschlüsse auf soziale Differenzierungen erlauben.[31]

Die im südlichen Bereich der Grabungsfläche in LT C_2 einsetzende Besiedlung weitet sich im Laufe derselben Phase zu einem Gehöftkomplex aus, dessen Zentralbereich von Bebauung frei bleibt (Abb. 5). Große Speicherbauten und metallurgische Reste weisen auf ein wirtschaftliches Spektrum hin, das jedoch offenbar noch stark agrarisch geprägt war (Köhler 1992, 57; Sievers 1992b, 327 f.).

29 Kein hinreichender Beleg, jedoch zumindest ein Indiz für die Rolle derartiger Kulte im Umfeld händlerischer Aktivitäten könnte die der *interpretatio romana* folgende Schilderung Caesars sein, der höchste Gott der Gallier sei Merkur (Caesar, De bello Gallico VI 17,1), der in Rom und laut Caesar auch in Gallien unter anderem von Handwerkern und Händlern verehrt wurde.

30 Hierzu können laufende Forschungsvorhaben zur diachronen Analyse der Manchinger Siedlungsorganisation wertvolle Hinweise bringen.

31 Einschränkend sei jedoch auf den modellhaften Charakter der folgenden Ausführungen hingewiesen, die sich zwar durchaus am archäologischen Befund nachvollziehen lassen, hieraus jedoch keine Beweiskraft beanspruchen. So wird eine zeitlich-lineare Abfolge der raumstrukturellen Veränderungen angenommen, wogegen Unterbrüche oder Sprünge – obgleich möglich oder gar wahrscheinlich – auch mangels feinchronologischer Differenzierung vernachlässigt werden müssen.

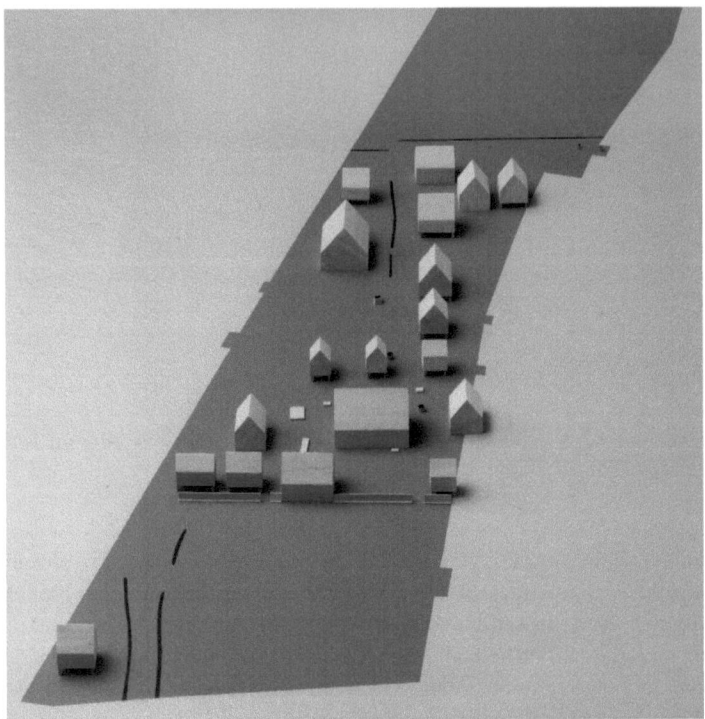

Abb. 7. Manching »Nordumgehung« – Modell der mittleren Bebauung im Süden der Grabungsfläche (Foto: J. Bahlo, RGK, Frankfurt a. M.).

Unzweifelhaft ist mit Beginn der Subphase LT D_{1a} eine Zunahme der Gehöfteinheiten und eine stärkere parzellenartige Gliederung garten- und ackerbaulich oder zur
Viehhaltung genutzter Areale zu beobachten (Abb. 7). Das zentrale (Wohn-) Gebäude
des südlichen Gehöfts, das im Bereich der älteren Freifläche errichtet wird, stellt
sowohl gemäß seiner Abmessungen als auch seines zugehörigen Fundspektrums die
benachbarten Einheiten in den Schatten und mag als Residenz einer elitären Perso-
nengruppe gedeutet werden (Köhler 1992, 59 ff.; Sievers 1992b, 329 f.; 1999, 18).
Wenngleich nicht beweisbar, so ist es dennoch möglich, dass sich an dieser räumlichen Differenzierung ein dem Erbgang entsprechender Prozess ablesen lässt, in dem
sich jüngere Raumeinheiten dem zentralen (elterlichen?) Haupthof angliedern.[32] Weitere, im Nordosten auf unbebaute Parzellen folgende gehöftartige Gebäudekomplexe
könnten ebenfalls untergeordnete Hofareale darstellen. Eine sich am Nordrand der

---

32 Auf eine mögliche qualitative Abhängigkeit verweist auch Sievers 1992b, 335.

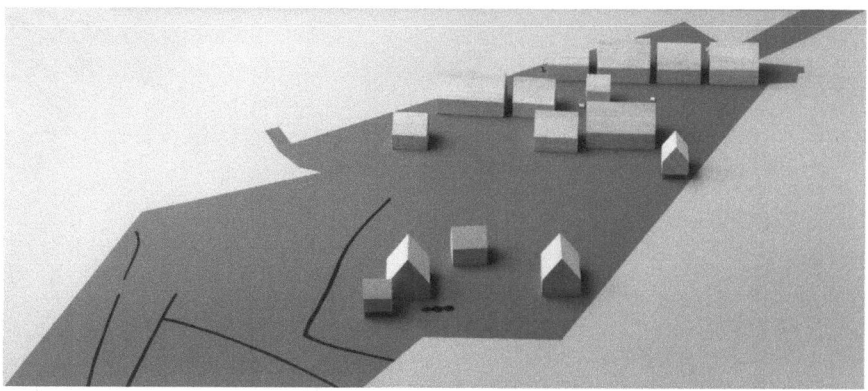

Abb. 8. Manching »Nordumgehung« – Modell der jüngeren Bebauung im Norden der Grabungsfläche (Foto: J. Bahlo, RGK, Frankfurt a. M.).

Grabungsfläche entlang ziehende Häuserzeile, der im Gegensatz zu den südlichen Gehöften kaum Speicherbauten zuweisbar sind, unterscheidet sich strukturell eindeutig von den Gehöftkomplexen (dies. 1992b, 331) (Abb. 6). Auch hier mag man Wohn- und Wirtschaftsgebäude einer niedriger stehenden Gesellschaftsgruppe erkennen, die sich räumlich und sozial aufgrund erbrechtlicher Vorgänge und klienteler Abhängigkeiten distanzieren musste.[33] Ein angewachsenes lokales Bevölkerungssubstrat – hierauf weisen zumindest die Vergrößerung des Siedlungsareals und die für Großbaumaßnahmen benötigten Arbeitskräfte hin – könnte somit Beschäftigung und Unterbringung in subalternen Wirtschaftsbereichen innerhalb des urbanen Raumes gefunden haben.

In der jüngeren Bebauungsphase der »Nordumgehung« vermeint man eine Reduzierung der Gehöfte ausmachen zu können, deren Gebäude sich nunmehr auf zwei Zonen im Süden und ein nördliches Areal konzentrieren (ebd. 332 ff.; Köhler 1992, 61 ff.) (Abb. 8–9). Gelang es auch hier den erbrechtlichen Profiteuren, Raum zu akkumulieren? Die im Norden gelegene Zeilenbebauung nimmt zu, was im Zusammenhang mit ihrer räumlichen Kleinteiligkeit auf ein relatives Anwachsen einer wenig privilegierten Bevölkerungsmasse hinweist. Dass es sich hierbei um Teile der von Caesar (De bello Gallico VI 13,1) als *plebs* titulierten, ein Leben in schuldnerischer Abhängigkeit fristenden Masse handelt, ist denkbar, jedoch nicht zu verifizieren. Die generelle Abnahme der Speicherkapazität und die weniger strukturierte Bebau-

---

33 Ob die kleinteilige Bebauung im Norden der Grabungsfläche Teil eines »Hafenviertels« ist, das in Zusammenhang mit einer mutmaßlichen Schiffslände am Rand der »Dürren Au« steht, muss offen bleiben (Sievers 2003, 39 f.; Völkel/Weber 2000, 388). Gleichwohl schließt eine solche Deutung soziale Unterschiede und Abhängigkeiten kaum aus.

Abb. 9. Manching »Nordumgehung« – Modell der jüngeren Bebauung im Süden der Grabungsfläche (Foto: J. Bahlo, RGK, Frankfurt a. M.).

ung dürften Zeichen eines wirtschaftlichen Abschwungs sein, der sicherlich auch
mit ereignisgeschichtlichen Erscheinungen in Zusammenhang steht (Sievers 1992b,
334 f.; 2003, 135 ff.; 2004, 68 f.). Die zunehmende ›Öffnung‹ des Siedlungsraumes
durch das allmähliche Ausdünnen der Siedlungsstrukturen mag als Folge jener Rezession und einer Abwanderung von Bevölkerungsteilen zu werten sein (ebd. 70 f.).
Beides kann auf externe Einflüsse und / oder die erzwungene Mobilität der erbrechtlich Benachteiligten zurückgeführt werden, hätte aber in jedem Fall eine sinkende
Nachfrage im internen keltischen Wirtschaftssystem zur Folge gehabt. Die anfangs
mutmaßlich verhältnismäßig große Zahl der am Prestigegüterzustrom interessierten
Elite wäre durch den sukzessiven Erbgang und die möglicherweise in seinem Umfeld
ablaufenden Prozesse der Besitzakkumulation reduziert worden.[34] Dadurch hätte sich

34 Zugewinn an Land lässt sich beispielsweise durch geschickte Wirtschaftsführung, Heirat, Zukauf
   sowie freiwilligen oder genötigten Verzicht von anderer Seite erzielen (Cole / Wolf 1995, 233 f.).

die Zahl der Konsumenten externer Güter und die Nachfrage an den in Manching hergestellten Produkten verringert. Es ist fraglich, ob es für die nach wie vor primär im Agrarsektor investierende Aristokratie lohnend war, die wirtschaftliche Infrastruktur einer Stadt aufrechtzuerhalten, deren ursprünglicher Nutzen in der großmaßstäblichen Akquisition statusanzeigender Importgüter bestand, wenn doch deren Hauptabnehmerkreis – sie selbst – zusehends ausdünnte. Das Ausbleiben des vormals so begehrten Weinimports, der Eindruck einer allgemeinen ›Verarmung‹ und schließlich die Vernachlässigung infrastruktureller Aufgaben – das Osttor wird nach seinem finalen Brand nicht wieder instandgesetzt – ließen sich dahingehend gut mit den im Modell entwickelten sozialstrukturellen Ursachen erklären (van Endert 1987, 32 f.). Ein entsprechendes Erklärungsmuster aus divergierender Zu- bzw. Abnahme von Angebot und Nachfrage durch Verschiebungen innerhalb des Sozialgefüges kann auch für den Niedergang der offenen Großsiedlungen in anderen Regionen verantwortlich sein. So mag der plötzliche Abbruch der Siedlungstätigkeit in den Produktions- und Distributionszentren des Oberrheingebietes auf die Konzentration der wirtschaftlichen und politischen Macht in den Händen einiger weniger Großgrundbesitzer zurückzuführen sein, die das ihnen zuarbeitende Handwerk in der jüngsten Spätlatènezeit am Ort ihrer exponierten Herrschaftsmittelpunkte an sich banden.[35]

Neben jenem volkswirtschaftlichen Ungleichgewicht dürften hier wie dort weitere sozialstrukturelle Kräfte gewirkt haben, die zu Krise und Niedergang der urbanen Zentren beitrugen. Mehrfach wurde bereits auf die mutmaßliche Konkurrenzsituation zwischen traditionsbehaftetem Adel und einer in den Großsiedlungen zunehmend prosperierenden Schicht von Handwerkern und Händlern hingewiesen (Buchsenschutz 1995, 62; Duval 1991, 488; Rieckhoff 1998). Die nach Maßgabe des hier vorgeschlagenen Erbmodells und der schriftlichen Überlieferung zwischen beiden Gruppen bestehende Klientelbindung mag im Lauf der Entwicklung durchaus modifiziert worden sein. Als Resultat der funktionalen Differenzierung könnte sich die nach Durkheim prinzipiell unabhängig von der räumlichen Nähe existierende soziale Kohäsion neue Anknüpfungspunkte gesucht haben. Statt enger familiärer und lokaler Bindungen könnte sich im frühstädtischen Umfeld eine neue Bezugsebene gebildet haben, die den Beruf als sozialen Integrationsfaktor in den Mittelpunkt stellte (Durkheim 1984, 242 ff.; 1988, 362 f.; vgl. Schroer 2006, 57 f.). Das hieraus erwachsende Konfliktpotenzial aus familiär-klientelem Zusammenhalt, der Diskrepanz territorialer

---

Die zeitliche Dimension der hier beschriebenen erbrechtlich initiierten sozialen Umstrukturierungen ist freilich nur schwer zu bestimmen und mag auf den ersten Blick kaum auf den zeitlichen Rahmen der Mittel- und Spätlatènezeit übertragbar sein. Die ethnographischen Beispiele belegen indes, dass die ideologischen Grundlagen schon recht bald konkrete soziale Umformungen zeitigen (ebd. 243 ff.).

35 Wendling 2006; i. Dr. – Besonders im Oberrheingebiet dürften jedoch punktuelle Ereignisse wie der Kimbernzug tiefgreifende Konsequenzen gehabt haben.

und sozialer Nähe sowie der steigenden wirtschaftlich-sozialen Konkurrenz hätte demzufolge die Krise des Urbanisierungsprozesses zusätzlich verschärft.

Fazit

Die sich in der latènezeitlichen Gliederung des Raumes abzeichnenden Umformungen lassen sich mit sozialen Veränderungen korrelieren, für deren Ausprägung erbrechtliche Vorgänge als Erklärungsmodell herangezogen werden. Eine diachrone Analyse der physischen Gestaltung und (Re-) Organisation jener Raumstrukturen lässt Rückschlüsse auf die Entwicklung sozialer und wirtschaftlicher Abhängigkeiten zu, die sich als Folge einer durch den Erbgang bedingten Spaltung der spätkeltischen Familien- und Sozialverbände ergeben haben könnten. Im archäologischen Befund lässt sich die Fraktionierung von Anbauflächen im Idealfall durch detaillierte Untersuchungen von Parzellierungsprozessen und Siedlungsteilungen bzw. Aufsiedlungsmaßnahmen nachvollziehen. Die Entstehung und der Niedergang von Produktions- und Distributionszentren als neuartigen Wirtschafts- und Sozialräumen könnten ebenfalls auf die bewusste An- und Umsiedlung ›marginalisierter‹ Bevölkerungsteile zurückgeführt werden.

Im Gegensatz zu anderen Modellfällen ist die Initiation der Manchinger Siedlungsgründung nur schwer mit internen sozialstrukturellen Vorgängen im Sinne einer aus Erbfolgeregelungen hervorgehenden konkreten Siedlungsgründung zu erklären; hier scheint tatsächlich eine Stadtwerdung *sui generis* vorzuliegen. Mit fortschreitender Zeit sind jedoch innerhalb der Siedlung Verschiebungen der Raumnutzung und -aneignung zu beobachten, die durchaus als Spiegel sozialer Transformationen gelten dürfen. Obgleich sich das Modell einer durch sukzessive Erbgänge hervorgerufenen Fraktionierung bzw. Akkumulation von Landbesitz auch mit den im Bereich der Manchinger »Nordumgehung« stattfindenden Gliederungsprozessen in Deckung bringen lässt, wird die Bedeutung externer Faktoren und punktueller Ereignisse gewürdigt und kein monokausales Erklärungsmuster angestrebt. Vielmehr soll eine Diskussionsgrundlage für weitere Analysen geschaffen werden, die neben jenen externen Einflüssen auch das Potenzial interner sozialstruktureller Prozesse berücksichtigen. Unter diesen nahm der Erbgang auch in der latènezeitlichen *keltiké* zweifellos eine zentrale Rolle ein.

Literaturverzeichnis

Alföldy 1975: G. Alföldy, Römische Sozialgeschichte. Wiesbaden: Steiner 1975.

Augstein 2006: M. Augstein, Handel und Handwerk: Überlegungen zur wirtschaftlichen Grundlage offener Siedlungen der Mittel- und Spätlatènezeit. In: Wotzka 2006, 595–606.

Bittel/Schiek/Müller 1990: K. Bittel/S. Schiek/D. Müller, Die keltischen Viereckschanzen. Atlas archäologischer Geländedenkmäler in Baden-Württemberg 1. Stuttgart: Theiss 1990.

Böhm/Reichenberger 1991: K. Böhm/A. Reichenberger, Ein Ensemble keltischer Viereckschanzen bei Radldorf. Jahresbericht des Historischen Vereins für Straubing und Umgebung 93, 1991, 33–46.

Bollacher/Klein 2002: Ch. Bollacher/F. Klein, Viereckschanze Riedlingen »Klinge«. Späte Kelten in Oberschwaben. Denkmalpflege in Baden-Württemberg 3, 2002, 130–4.

Bourdieu 1991: P. Bourdieu, Physischer, sozialer und angeeigneter physischer Raum. In: M. Wentz (Hrsg.), Stadt-Räume. Frankfurt a. M., New York: Campus 1991, 25–34.

Bräuning u. a. 2005: A. Bräuning u. a., Kelten an Hoch- und Oberrhein. Führer zu archäologischen Denkmälern in Baden-Württemberg 24. Stuttgart: Theiss 2005.

Broughton 1951: T. R. S. Broughton, The Magistrates of the Roman Republic. Bd. 1: 509 B. C.– 100 B. C. Cleveland: American Philological Association 1951.

Buchsenschutz 1994: O. Buchsenschutz, Les habitats groupés à La Tène moyenne et finale. In: J.-P. Petit/M. Mangin (Hrsg.), Les agglomérations secondaires. La Gaule Belgique, les Germanies et l'Occident romain. Actes du colloque de Bliesbrück-Reinheim/Bitche (Moselle), 21–24 octobre 1992. Paris: Errance 1994, 149–52.

Buchsenschutz 1995: Ders., The Significance of Major Settlements in European Iron Age Society. In: B. Arnold/D. B. Gibson (Hrsg.), Celtic Chiefdom, Celtic State. The Evolution of Complex Social Systems in Prehistoric Europe. Cambridge: University Press 1995, 53–63.

Buchsenschutz 1997: Ders., Analyse spatiale des habitats de l'âge du Fer à partir des structures construites. In: A. Bocquet (Hrsg.), Espaces physiques, espaces sociaux dans l'analyse interne des sites du néolithique à l'âge du Fer. Actes du 119e congrès national des sociétés historiques et scientifiques, Amiens, 26–30 octobre 1994. Paris: Édition du CTHS 1997, 45–56.

Buchsenschutz 2002: O. Büchsenschütz, Die Entstehung von Wirtschaftszentren in Gallien. In: Dobiat/Sievers/Stöllner 2002, 63–76.

Buchsenschutz 2006: Ders., Le monde rural et ses productions (IIe–Ier s. av. J.-C.). In: Haselgrove 2006, 55–65.

Burkhardt u. a. 2003: A. Burkhardt/H.-G. Bachmann/R. Dehn/W. B. Stern, Keltische Münzen aus latènezeitlichen Siedlungen des Breisgaus. Numismatische, geochemische und archäometallurgische Untersuchungen. Fundberichte aus Baden-Württemberg 27, 2003, 281–439.

Burmeister/Weski 1992: S. Burmeister/T. Weski, Archäologische Untersuchungen im Zuge des Ausbaus der Straße Manching-Westenhausen. Sammelblatt des Historischen Vereins Ingolstadt 101, 1992, 9–25.

Charles-Edwards 1993: T. Charles-Edwards, Early Irish and Welsh Kinship. Oxford: Clarendon Press 1993.

Christ 1979: K. Christ, Krise und Untergang der Römischen Republik. Darmstadt: Wissenschaftliche Buchgesellschaft 1979.

Cole/Wolf 1995: J. W. Cole/E. R. Wolf, Die unsichtbare Grenze. Ethnizität und Ökologie in einem Alpental. Wien: Folio 1995 [Erstausgabe: New York 1974].

Collis 1984: J. Collis, Oppida. Earliest Towns North of the Alps. Sheffield: University of Sheffield, Department of Archaeology 1984.

Collis/Krausz/Guichard 2000: Ders./S. Krausz/V. Guichard, Les villages ouverts en Gaule centrale aux IIe et Ier s. av. J.-C. In: Guichard u. a. 2000, 73–82.

Crone 1992: P. Crone, Die vorindustrielle Gesellschaft. Eine Strukturanalyse. München: dtv 1992.

Dehn 2005: R. Dehn, Das Oppidum Tarodunum bei Kirchzarten. In: Bräuning u. a. 2005, 86–9.

Desfossés/Jacques/Prilaux 2003: Y. Desfossés/A. Jacques/G. Prilaux, Arras, ZAC Actiparc. Archéologie en Nord-Pas-de-Calais 5. Villeneuve d'Ascq 2003.

Dietz 2002: K. Dietz, Religiöse Aspekte bei Stadtgründungen. Jahrbuch des Heimat- und Altertumsvereins Heidenheim a. d. Brenz 2001/2002 (2002) 22–39.

von Dietze 1922: C. von Dietze, Wie wirken Verschiebungen in der Bevölkerungszahl und in der gesamten Volkswirtschaft auf die Verteilung der Betriebsgrößen in der Landwirtschaft ein? Schmollers Jahrbuch 46, 1922, 715–29.

Dobiat/Sievers/Stöllner 2002: C. Dobiat/S. Sievers/Th. Stöllner (Hrsg.), Dürrnberg und Manching. Wirtschaftsarchäologie im ostkeltischen Raum. Akten des Internationalen Kolloquiums in Hallein/Bad Dürrnberg vom 7. bis 11. Oktober 1998. Kolloquien zur Vor- und Frühgeschichte 7. Bonn: Habelt 2002.

Donat 2006: P. Donat, Zu Hausbefunden aus hallstatt- und latènezeitlichen Vierckanlagen in Süddeutschland. Jahrbuch des Römisch-Germanischen Zentralmuseums Mainz 53, 2006, 109–74.

Drda/Rybová 1995: P. Drda/A. Rybová, Les celtes de Bohême. Paris: Édition Errance 1995.

Durkheim 1984: E. Durkheim, Die elementaren Formen des religiösen Lebens. Frankfurt a. M.: Suhrkamp 1984 [Erstausgabe: Paris 1912].

Durkheim 1988: Ders., Über soziale Arbeitsteilung. Studien über die Organisation höherer Gesellschaften. Frankfurt a. M.: Suhrkamp 1988 [Erstausgabe: Paris 1893].

Durkheim 1991: Ders., Physik der Sitten und des Rechts. Vorlesungen zur Soziologie der Moral. Frankfurt a. M.: Suhrkamp 1991 [Erstausgabe: Paris 1950].

Duval 1991: A. Duval, Celtic Society in the First Century B.C. In: S. Moscati (Hrsg.), The Celts. London: Thames and Hudson 1991, 485–90.

Eggert 2003: M. K. H. Eggert, Das Materielle und das Immaterielle: Über archäologische Erkenntnis. In: U. Veit u. a. (Hrsg.), Spuren und Botschaften: Interpretationen materieller Kultur. Tübinger Archäologische Taschenbücher 4. Münster: Waxmann 2003, 423–61.

Egli 2000: W. M. Egli, Erben, Erbrecht und Erbschaftssteuern im Kulturvergleich. Forum historiae iuris. Erste europäische Internetzeitschrift für Rechtsgeschichte. http://www.forhistiur.de/index_de.htm [6.8.2009].

van Endert 1987: D. van Endert, Das Osttor des Oppidums von Manching. Die Ausgrabungen in Manching 10. Stuttgart: Steiner 1987.

Fajon/Lepert 2000: P. Fajon/T. Lepert, Mutation agricole à la fin de l'âge du Fer. In: Marion/Blancquaert 2000, 427–43.

Fichtl 2005: St. Fichtl, La ville celtique (Les *oppida* de 150 av. J.-C. à 15 ap. J.-C.). Paris: Édition Errance ^{2}2005.

Fichtl/Metzler/Sievers 2000: Ders./J. Metzler/S. Sievers, Le rôle des sanctuaires dans le processus d'urbanisation. In: Guichard u. a. 2000, 179–86.

Finley 1977: M. I. Finley, Die antike Wirtschaft. München: dtv-Wissenschaft 1977.

Gaudefroy 2005: S. Gaudefroy, Croixrault – A29 ›L'Aérodrome‹. Bilan Scientifique de la Région Picardie 2002 (2005), 107–8.

Gerdsen 1982: H. Gerdsen, Das Fragment eines eisernen Hallstattschwertes aus dem Oppidum von Manching. Germania 60, 1982, 560–4.

Guichard/Perrin 2002: V. Guichard/F. Perrin (Hrsg.), L'aristocratie celte à la fin de l'âge du Fer (IIᵉ s. avant J.-C.–Iᵉʳ s. après J.-C.). Actes de la table ronde organisée par le Centre archéologique européen du Mont Beuvray. Glux-en-Glenne, 10, 11 juin 1999. Collection Bibracte 5. Glux-en-Glenne: Centre archéologique européen 2002.

Guichard u. a. 2000: V. Guichard/S. Sievers/O. H. Urban (Hrsg.), Les processus d'urbanisation à l'âge du Fer. Eisenzeitliche Urbanisationsprozesse. Actes du colloque à Glux-en-Glenne, 8–11 juin 1998. Collection Bibracte 4. Glux-en-Glenne: Centre archéologique européen 2000.

Hahn 1999: E. Hahn, Zur Bestattungssitte in der Spätlatènezeit. Neue Skelettfunde aus dem Oppidum von Manching. In: M. Kokabi/E. May (Hrsg.), Beiträge zur Archäozoologie und prähistorischen Anthropologie 2. Konstanz: Gesellschaft für Archäozoologie und Prähistorische Anthropologie 1999, 137–41.

Haselgrove 2006: C. Haselgrove (Hrsg.), Celtes et Gaulois. L'Archéologie face à l'Histoire. Les mutations de la fin de l'âge du Fer. Actes de la table ronde de Cambridge, 7–8 juillet 2005. Coll. Bibracte 12/4. Glux-en-Glenne: Centre archéologique européen 2006.

Hecht u. a. 2007: Y. Hecht u. a., Die Suche nach den Namenlosen: Die breite Bevölkerung der spätlatènezeitlichen Siedlung Basel-Gasfabrik. In: Trebsche u. a. 2007, 71–83.

Holzer 2007: V. Holzer, Das keltische Zentrum Roseldorf/Sandberg (Niederösterreich) – ein neuer Siedlungstyp? In: Prammer u. a. 2007, 393–410.

Jacomet u. a. 1999: St. Jacomet/C. Jacquat/M. Winter/L. Wick, Umwelt, Ackerbau und Sammelwirtschaft. In: F. Müller/G. Kaenel/G. Lüscher (Hrsg.), Eisenzeit. SPM IV. Basel: Schweizerische Gesellschaft für Ur- und Frühgeschichte 1999, 98–115.

Jud 2005: P. Jud, Basel-Gasfabrik: Dorf oder Stadt? Archaeologia Mosellana 6, 2005, 233–7.

Kaenel 2006: G. Kaenel, Agglomérations et oppida de la fin de l'âge du Fer – une vision synthétique. In: Haselgrove 2006, 17–39.

Kaenel/Martin-Kilcher/Wild 2005: G. Kaenel/St. Martin-Kilcher/D. Wild (Hrsg.), Siedlungen, Baustrukturen und Funde im 1. Jahrhundert v. Chr. zwischen oberer Donau und mittlerer Rhone. Colloquium Turicense. Cahiers d'Archéologie Romande 101. Lausanne: Cahiers d'Archéologie Romande 2005.

Karl 2004: R. Karl, Guardian and Ward. Age and Gender as Strange Social Attractors in the Celtic Iron Age. Ethnographisch-Archäologische Zeitschrift 45, 2004, 467–81.

Karl 2006: Ders., Altkeltische Sozialstrukturen. Archaeolingua 18. Budapest: Archaeolingua Alapítvány 2006.

Köhler 1992: H.-J. Köhler, Siedlungsbefunde und Bebauungsrekonstruktion. In: F. Maier u. a., Ergebnisse der Ausgrabungen 1984–1987 in Manching. Die Ausgrabungen in Manching 15. Stuttgart: Steiner 1992, 5–64.

Krämer 1962: W. Krämer, Manching II. Zu den Ausgrabungen in den Jahren 1957 bis 1961. Germania 40, 1962, 293–317.

Krämer 1985: Ders., Die Grabfunde von Manching und die latènezeitlichen Flachgräber in Südbayern. Die Ausgrabungen in Manching 9. Stuttgart: Steiner 1985.

Krämer/Schubert 1970: Ders./F. Schubert, Die Ausgrabungen in Manching 1955–1961. Einführung und Fundstellenübersicht. Die Ausgrabungen in Manching 1. Stuttgart: Steiner 1970.

Krause 1999: R. Krause, Viereckschanzen im spätkeltischen Siedlungsgefüge. In: G. Wieland, Keltische Viereckschanzen. Einem Rätsel auf der Spur. Stuttgart: Theiss 1999, 81–90.

Krause/Wieland 1993: Ders./G. Wieland, Eine keltische Viereckschanze bei Bopfingen am Westrand des Rieses. Ein Vorbericht zu den Ausgrabungen und zur Interpretation der Anlage. Germania 71, 1993, 59–112.

Kruta 2000: V. Kruta, Die Kelten. Aufstieg und Niedergang einer Kultur. Freiburg: Herder 2000.

Lang 1993: A. Lang, Germanen im Unterinntal? Historischer Versuch und archäologische Realität. In: A. Lang/H. Parzinger/H. Küster (Hrsg.), Kulturen zwischen Ost und West. Festschrift Georg Kossack zum 70. Geburtstag. Berlin: Akademie 1993, 293–308.

Leicht/Sievers 2005: M. Leicht/S. Sievers, Bemerkungen zu den Baustrukturen von Manching. In: Kaenel/Martin-Kilcher/Wild 2005, 231–9.

Lenz 1998: K. H. Lenz, *Villae rusticae*: Zur Entstehung dieser Siedlungsform in den Nordwestprovinzen des Römischen Reiches. Kölner Jahrbuch 31, 1998, 49–70.

Leroi-Gourhan 2006: A. Leroi-Gourhan, Die symbolische Domestikation des Raums. In: J. Dünne/S. Günzel (Hrsg.), Raumtheorie. Grundlagentexte aus Philosophie und Kulturwissenschaften. Suhrkamp Taschenbuch Wissenschaft 1800. Frankfurt a. M.: Suhrkamp 2006, 228–43.

Levinson/Malone 1980: D. Levinson/M. J. Malone, Toward Explaining Human Culture: A Critical Review of the Findings of Worldwide Cross-Cultural Research. New Haven: HRAF Press 1980.

Löw 2001: M. Löw, Raumsoziologie. Suhrkamp Taschenbuch Wissenschaft 1506. Frankfurt a. M.: Suhrkamp 2001.

Maise 1999: Ch. Maise, Die Klimageschichte. In: F. Müller/G. Kaenel/G. Lüscher (Hrsg.), Eisenzeit. SPM IV. Basel: Schweizerische Gesellschaft für Ur- und Frühgeschichte 1999, 93–7.

Malrain 2000: F. Malrain, Contribution à l'étude des fermes. In: Marion/Blancquaert 2000, 15–35.

Malrain/Matterne/Méniel 2002: Ders./V. Matterne/P. Méniel, Les paysans gaulois (IIIe siècle – 52 av. J.-C.). Paris: Éditions Errance 2002.

Marion/Blancquaert 2000: St. Marion/G. Blancquaert (Hrsg.), Les installations agricoles de l'âge du Fer en France septentrionale. Etudes d'Histoire et d'Archéologie 6. Paris: Éditions Rue d'Ulm 2000.

Metzler-Zens/Metzler 1998: N. Metzler-Zens/J. Metzler, Die spätkeltische Aristokratie in Gallien. Überlegungen zur Selbstdarstellung einer sozialen Gruppe. In: Müller-Karpe u. a. 1998, 417–27.

Metzler-Zens/Metzler 2000: Dies., L'image de l'aristocratie à La Tène finale: permanence de la tradition ou apport extérieur? In: A. Villes/A. Bataille-Melkon (Hrsg.), Fastes des Celtes entre Champagne et Bourgogne aux VIIe–IIIe siècles avant notre ère. Actes du colloque de l'A.F.E.A.F. Troyes, 25–27 mai 1995. Reims: Société Archeologique Champenoise 2000, 549–58.

Mölders 2007: D. Mölders, Freie Lohnarbeiter oder abhängige »Hintersassen«? Möglichkeiten und Grenzen der sozialen Interpretation von Handwerkern während der Latènezeit. In: Trebsche u. a. 2007, 85–97.

Moore 2007: T. Moore, Perceiving Communities: Exchange, Landscapes and Social Networks in the Later Iron Age of Western Britain. Oxford Journal of Archaeology 26, 1, 2007, 79–102.

Müller 2007: S. Müller, Beiträge zum spätlatènezeitlichen Siedelwesen am Beispiel der Viereckschanzen von Sallach, Gde. Geiselhöring, Lkr. Straubing-Bogen (Niederbayern). In: Prammer u. a. 2007, 145–71.

Müller 2008: Dies., Die Viereckschanzen von Sallach, Gde. Geiselhöring, Lkr. Straubing-Bogen, Niederbayern im Spiegel keltischer Besiedlung des kleinen Labertales. Regensburger Beiträge zur Prähistorischen Archäologie 18. Regensburg: Universitätsverlag Regensburg 2008.

Müller-Karpe u. a. 1998: A. Müller-Karpe u. a. (Hrsg.), Studien zur Archäologie der Kelten, Römer und Germanen in Mittel- und Westeuropa. Alfred Haffner zum 60. Geburtstag gewidmet. Internationale Archäologie Studia Honoraria 4. Rahden/Westf.: Leidorf 1998.

Neth 2002: A. Neth, Viereckschanzen – Gutshöfe des keltischen Landadels. Jahrbuch des Heimat- und Altertumsvereins Heidenheim a. d. Brenz 2001/2002 (2002) 71–88.

von Nicolai 2006: C. von Nicolai, Sakral oder profan? Späteisenzeitliche Einfriedungen in Nordfrankreich und Süddeutschland. Leipziger Online-Beiträge zur Ur- und Frühgeschichtlichen Archäologie 22. Leipzig: Professur für Ur- und Frühgeschichte der Universität Leipzig 2006.

von der Osten-Woldenburg 2004: H. von der Osten-Woldenburg, Geophysikalische Prospektionen im Umfeld des Ipf. In: R. Krause (Hrsg.), Der Ipf. Frühkeltischer Fürstensitz und Zentrum keltischer Besiedlung am Nördlinger Ries. Archäologische Informationen aus Baden-Württemberg 47. Stuttgart: Landesdenkmalamt Baden-Württemberg 2004, 50–5.

Poux 2006: M. Poux, Religion et société à la fin de l'âge du Fer. Systèmes (en)clos et logiques rituelles. In: Haselgrove 2006, 181–99.

Prammer u. a. 2007: J. Prammer/R. Sandner/C. Tappert (Hrsg.), Siedlungsdynamik und Gesellschaft. Beiträge des internationalen Kolloquiums zur keltischen Besiedlungsgeschichte im bayerischen Donauraum, Österreich und der Tschechischen Republik, 2.–4. März 2006 im Gäubodenmuseum Straubing. Jahresbericht des historischen Vereins für Straubing und Umgebung, Sonderband 3, 2007.

Ranke 1951: K. Ranke, Rosengarten, Recht und Totenkult. Hamburg: Hansischer Gildenverlag 1951.

Reichart 1937: J. Reichart, Neue Bodenfunde von Manching. Sammelblatt des Historischen Vereins Ingolstadt 55, 1937, 5–29.

Rieckhoff 1998: S. Rieckhoff, Ein »keltisches Symposion«. Spätrepublikanisches Bronzegeschirr vom Mont Beuvray als wirtschaftlicher und gesellschaftlicher Faktor. In: Müller-Karpe u. a. 1998, 489–517.

Rieckhoff 2002: Dies., Der Untergang der Städte. Der Zusammenbruch des keltischen Wirtschafts- und Gesellschaftssystems. In: Dobiat/Sievers/Stöllner 2002, 359–79.

Rieckhoff/Biel 2001: Dies./J. Biel, Die Kelten in Deutschland. Stuttgart: Theiss 2001.

Riedel 1993/1994: G. Riedel, Eine frühlatènezeitliche Pferdchenfibel aus dem Bereich des Oppidums von Manching. Sammelblatt des Historischen Vereins Ingolstadt 102/103, 1993/1994, 197–204.

Rössler 2005: M. Rössler, Wirtschaftsethnologie. Eine Einführung. Berlin: Reimer ²2005.

Salač 1993: V. Salač, Production and Exchange During the La Tène Period in Bohemia. Journal of European Archaeology 1, 2, 1993, 73–99.

Salač 2000: Ders., The Oppida in Bohemia. Wrong Step in the Urbanization of the Country? In: Guichard u. a. 2000, 151–5.

Salač 2002: Ders., Kommunikationswege, Handel und das Ende der Oppidazivilisation. In: Dobiat/Sievers/Stöllner 2002, 349–57.

Salač 2005: Ders., Vom Oppidum zum Einzelgehöft und zurück – zur Geschichte und dem heutigen Stand der Latèneforschung in Böhmen und Mitteleuropa. Alt-Thüringen 38, 2005, 279–300.

Schaer/Stopp 2005: N. Schaer/B. Stopp, Bestattet oder entsorgt? Das menschliche Skelett aus der Grube 145/230 von Basel-Gasfabrik. Materialhefte zur Archäologie in Basel 19. Basel: Archäologische Bodenforschung des Kantons Basel-Stadt 2005.

Schmaedecke 2002: M. Schmaedecke, Getreidespeicher auf Stützen – Beobachtungen zu einem Bautyp von der Antike bis in die Gegenwart. In: Ch. Bücker u. a. (Hrsg.), Regio Archaeologica. Archäologie und Geschichte an Ober- und Hochrhein. Festschrift für Gerhard Fingerlin zum 65. Geburtstag. Internationale Archäologie Studia Honoraria 18. Rahden/Westf.: Leidorf 2002, 423–37.

Schreyer/Nagy 2005: S. Schreyer/P. Nagy, Das spätkeltische Doppel-Oppidum von Altenburg (D) – Rheinau ZH. In: Kaenel/Martin-Kilcher/Wild 2005, 137–54.

Schröder 1979: K. H. Schröder, Vererbungsformen und Betriebsgrößen in der Landwirtschaft um 1955. Historischer Atlas Baden-Württemberg, Erläuterungen zur Karte IX,6. Stuttgart: Kommission für geschichtliche Landeskunde in Baden-Württemberg 1979.

Schroer 2006: M. Schroer, Räume, Orte, Grenzen. Auf dem Weg zu einer Soziologie des Raums. Suhrkamp Taschenbuch Wissenschaft 1761. Frankfurt a. M.: Suhrkamp 2006.

Schubert 1994: F. Schubert, Zur Maß- und Entwurfslehre keltischer Holzbauten im Oppidum von Manching. Untersuchungen zu Grundrißtypen, Bauten und Baustrukturen. Germania 72, 1, 1994, 133–92.

Schubert 1995: Ders., Keltische Umgangstempel von Ingolstadt-Zuchering? In: K. H. Rieder/A. Tillmann (Hrsg.), Archäologie um Ingolstadt. Die archäologischen Untersuchungen beim Bau der B 16 und der Bahnverlegung. Kipfenberg: Hercynia 1995, 127–86.

Schulze-Forster 2000: J. Schulze-Forster, »Frühe« keltische Oppida in Oberitalien? Die historischen Quellen. In: Guichard u. a. 2000, 31–5.

Schwarz 2007: K. Schwarz, Atlas der spätkeltischen Viereckschanzen Bayerns. Textband. München: Beck 2007.

Sievers 1991: S. Sievers, Armes et sanctuaires à Manching. In: Les sanctuaires celtiques et leurs rapports avec le monde méditerranéen. Actes du colloque de St-Riquier (8 au 11 novembre 1990). Paris: Editions Errance 1991, 146–55.

Sievers 1992a: Dies., Die Kleinfunde. In: F. Maier u. a., Ergebnisse der Ausgrabungen 1984–1987 in Manching. Die Ausgrabungen in Manching 15. Stuttgart: Steiner 1992, 137–213.

Sievers 1992b: Dies., Die Siedlungsstruktur unter chronologischen und funktionalen Aspekten. In: F. Maier u. a., Ergebnisse der Ausgrabungen 1984–1987 in Manching. Die Ausgrabungen in Manching 15. Stuttgart: Steiner 1992, 326–35.

Sievers 1999: Dies., Manching – Aufstieg und Niedergang einer Keltenstadt. Bericht der Römisch-Germanischen Kommission 80, 1999, 5–24.

Sievers 2003: Dies., Manching – Die Keltenstadt. Führer zu archäologischen Denkmälern in Bayern. Oberbayern 3. Stuttgart: Theiss 2003.

Sievers 2004: Dies., Das »Ende« von Manching – eine Bestandsaufnahme. In: C.-M. Hüssen / W. Irlinger / W. Zanier (Hrsg.), Spätlatènezeit und frühe römische Kaiserzeit zwischen Alpenrand und Donau. Akten des Kolloquiums in Ingolstadt am 11. und 12. Oktober 2001. Kolloquien zur Vor- und Frühgeschichte 8. Bonn: Habelt 2004, 67–71.

Steuer 1988: H. Steuer, Standortverschiebungen früher Siedlungen – von der vorrömischen Eisenzeit bis zum frühen Mittelalter. In: G. Althoff u. a. (Hrsg.), Person und Gemeinschaft im Mittelalter: Karl Schmid zum fünfundsechzigsten Geburtstag. Sigmaringen: Thorbecke 1988, 25–59.

Thomas 1997: R. Thomas, Land, Kinship Relations and the Rise of Enclosed Settlement in First Millenium B.C. Britain. Oxford Journal of Archaeology 16, 2, 1997, 211–8.

Tomaschitz 2002: K. Tomaschitz, Die Wanderungen der Kelten in der antiken literarischen Überlieferung. Mitteilungen der Prähistorischen Kommission 47. Wien: Verlag der Österreichischen Akademie der Wissenschaften 2002.

Trebsche u. a. 2007: P. Trebsche / I. Balzer / Ch. Eggl / J. K. Koch / H. Nortmann / J. Wiethold (Hrsg.), Die unteren Zehntausend – auf der Suche nach den Unterschichten der Eisenzeit. Beiträge zur Ur- und Frühgeschichte Mitteleuropas 47. Langenweißbach: Beier & Beran 2007.

Venclová 1998: N. Venclová, Mšecké Žehrovice in Bohemia. Archaeological Background to a Celtic Hero 3rd–2nd Cent. BC. Chronothèque 2. Sceaux Cedex: Kronos B.Y. Editions 1998.

Völkel / Weber 2000: J. Völkel / B. Weber, Neue Befunde zur Funktion des Donaualtmäanders »Dürre Au« als Schiffslände und zum Verbleib der keltischen Kulturschicht auf den aktuellen Grabungsflächen. In: S. Sievers u. a., Vorbericht über die Ausgrabungen 1998–1999 im Oppidum von Manching. Germania 78, 2000, 386–90.

Wells 2006: P. S. Wells, Objects, Meanings and Ritual in the Emergence of the *oppida*. In: Haselgrove 2006, 139–53.

Wendling 2005: H. Wendling, Offene »Städte« – befestigte Höhen. Ein Sonderfall der Siedlungsstruktur im südlichen Oberrheingebiet. In: Bräuning u. a. 2005, 19–24.

Wendling 2006: Ders., Spätkeltische Siedlungsdynamik im südlichen Oberrheingebiet – Soziale Konkurrenz und Konzentration individueller Macht. In: Wotzka 2006, 621–37.

Wendling i. Dr.: Ders., Herrschaft im Wandel – Zur spätkeltischen Sozial- und Siedlungsstruktur im südlichen Oberrheingebiet. In: Internationaler Keltologenkongress 2007 in Bonn. Bonner Jahrbücher Beiheft, im Druck.

Wieland 1996: G. Wieland, Die Spätlatènezeit in Württemberg. Forschungen zur jüngeren Latènekultur zwischen Schwarzwald und Nördlinger Ries. Forschungen und Berichte zur Vor- und Frühgeschichte in Baden-Württemberg 63. Stuttgart: Theiss 1996.

Wieland 1999: Ders., Keltische Viereckschanzen. Einem Rätsel auf der Spur. Stuttgart: Theiss 1999.

Wotzka 2006: H.-P. Wotzka (Hrsg.), Grundlegungen. Beiträge zur europäischen und afrikanischen Archäologie für Manfred K. H. Eggert. Tübingen: Francke 2006.

Janine Fries-Knoblach

Hinweise auf soziale Unterschiede
in frühmittelalterlichen Siedlungen in Altbayern[1]

Zusammenfassung: Aufgrund von Textzeugnissen, sehr reichen und anthropologisch auffälligen Gräbern sowie Steinarchitektur in herzoglichem Umfeld kann kein Zweifel daran bestehen, dass die frühmittelalterliche bajuwarische Gesellschaft ein erhebliches Maß an sozialer Ungleichheit aufwies. Auch herrscht kein Mangel an großflächig ergrabenen Hausbefunden aus ländlichen Siedlungen. Dennoch fällt es äußerst schwer, architektonische Hinweise auf die Anwesenheit von Eliten auf dem Lande auszumachen. Vor dem Hintergrund älterer und zeitgleicher germanischer Baubefunde aus verschiedenen Nordseeanrainerstaaten könnte man z. B. monumentale Hallengebäude mit oder ohne erhöhte Wohn- und Repräsentationsbereiche für Festgelage und die langfristige Anwesenheit eines möglichst großen Gefolges mobiler Krieger erwarten. Die Baubefunde der bajuwarischen Dörfer zeigen jedoch ein ziemlich konstantes Muster weniger Gebäudetypen von jeweils recht einheitlicher Größe und Bauweise. Dafür gibt es mindestens vier mögliche Erklärungen. Erstens könnte man vermuten, dass die Führungsschicht materiell, technisch und/oder sozial nicht zur Errichtung herausragender Gebäude in der Lage war. Zweitens könnten Residenzen in schwierig nachweisbaren Bautechniken wie Schwellenbauweise ausgeführt gewesen sein. Drittens könnten Eliten nicht in ländlichen Siedlungen ansässig gewesen sein, sondern an schwierig erforschbaren Plätzen wie Bergeshöhen oder unter heutigen Städten. Die vierte und nach Ansicht der Verf. wahrscheinlichste Erklärung ist jedoch, dass im Frühmittelalter die schieren Ausmaße von Architektur als Repräsentationsmittel in dem Maß an Bedeutung verloren, wie in stabileren Gemeinschaften mit viel römischem Erbe neue Arten von Repräsentation und Kriegsführung an Bedeutung gewannen. Die Führungsschicht legitimierte und zeigte sich zunehmend durch subtilere Merkmale wie z. B. Abstammung, Landbesitz, Amtsgewalt, feinen Lebensstil, kunstvolle Gebäudeausstattung und persönliche Insignien. Romanisierter Habitus und frühe Christianisierung unterschieden die bajuwarische Elite zusätzlich von benachbarten Völkerschaften. Der Hausbau der Bajuwaren präsentiert sich insgesamt als trügerische Quelle für die Frage nach sozialer Gleichheit und Ungleichheit, die für ihre angemessene Würdigung des Korrektivs der anderen Quellenarten bedarf.

1 Leicht veränderter Nachdruck des gleichnamigen Aufsatzes in: Beiträge zur Mittelalterarchäologie in Österreich 25, 2009, im Dr. – Mein großer Dank gilt Frau Prof. Dr. Alexandrine Eibner, Wien, Herrn Dr. Arno Rettner, München, und Herrn Dr. Peter Trebsche, Wien, für Kritik und zahlreiche Anregungen zu diesem Beitrag.

Fragestellung, Untersuchungsgebiet und -zeitraum

Dieser Beitrag beschäftigt sich mit Hinweisen auf soziale Unterschiede in ländlichen Siedlungen des 6.–10. Jahrhunderts auf bajuwarischem Gebiet, worunter nach Paulus Diakonus' Beschreibung (Hist. Lang. 3, 30; Waitz 1878, 109) aus dem späten 8. Jahrhundert und nach archäologischen Funden das Gebiet zwischen der Suebia im Westen, der Pannonia im Osten und der Italia im Süden oder – geographisch gesagt – etwa zwischen Lech, Rednitz, Pegnitz, Naab, Regen, Donau, Enns und Etsch verstanden wird.[2] Der Schwerpunkt meiner Untersuchung liegt auf heute bayerischem Boden, wo ich eine entsprechende Materialsammlung auf der Grundlage von publizierter Literatur und Funddokumentationen in den Denkmalämtern durchgeführt habe (Fries-Knoblach 2006, 340 Abb. 1). Grundsätzlich krankt die Erforschung frühmittelalterlicher Siedlungen in Altbayern an schlechter Erhaltung und mangelnder Datierbarkeit von Befunden[3] sowie eingeschränktem Ausgrabungs- und Publikationsstand. Keine einzige wurde bislang vollständig ergraben (Winghart 1995, 12) oder nach modernem Standard monographisch publiziert (unergiebig: Geisler 1993; unpubliziert: Huber 1994; nur Funde, keine Befunde: Weid 2000). Daher fallen viele direkte Aussagemöglichkeiten weg, und man muss weiter ausgreifen, um zu Ergebnissen zu gelangen.

Soziale Unterschiede im frühmittelalterlichen Bayern

Die Aussagemöglichkeiten hierzu beruhen auf zwei verschiedenen Quellenarten: Zum einen bieten Textzeugnisse entsprechende Hinweise, zum anderen können archäologische Belege wie Grabausstattungen und Siedlungsbefunde herangezogen werden, deren intentioneller bzw. zufälliger Charakter und unterschiedliche Erhaltungsbedingungen zu berücksichtigen sind. Während ungestörte Grabfunde bei entsprechender Beigabensitte sehr präzise Auskünfte geben können, sind archäologische Hinweise auf soziale Unterschiede in vor- und frühgeschichtlichen Siedlungen generell viel problematischer. Selten nur sind reiche Funde ein Indiz, weil wiederverwertbare Materialien und besonders Pretiosen erfahrungsgemäß in Siedlungen kaum verloren gingen (Quast 2008, 308). Auch die Konzentration von Handwerksbetrieben durch

---

2   Z. B. von Freeden 1996, 309 Abb. 247; für die Frühzeit ist eher mit Grenzzonen als -linien zu rechnen: z. B. Rettner 2002a, 542 zum Lech.

3   Eine wohl schon ursprünglich eher geringe Menge an Siedlungskeramik ist durch die Seltenheit tiefer, ehemals offen stehender Befunde, durch das Fehlen von Katastrophenereignissen, durch intensive Beackerung und Oberbodenabtrag bei der Ausgrabung zusätzlich dezimiert und zudem durch lange typologische Stabilität und seltene Beigabe in Gräbern schlecht datierbar: Fries-Knoblach 2006, 346 f.; Volpert 2007, 49 f.; vgl. aber Quast 2008, 299; die Seltenheit in Gräbern steht wohl in romanischer Tradition: Rettner 2004, 265.

Eliten ist nicht unbedingt nachweisbar, wenn sie vergängliche Materialien betraf (Steuer/Hoeper 2008, 250; Quast 2008, 314). Häufiger findet man bauliche Auffälligkeiten, die – neben anderen Deutungsmöglichkeiten, die im Einzelfall zu diskutieren sind – als Anzeichen repräsentativer Funktion gelten können wie z. B. Gebäude von herausragender Größe oder Stabilität, mit Obergeschoss, von ungewöhnlicher Bauweise wie Schwell- und Ständerbauten, aus besonderem Baumaterial wie Stein und Ziegel oder mit besonderen Merkmalen wie Einfriedung/Befestigung, Verbindungsgängen, Podien, Söllern, Heizung oder Wasserversorgung. Es ist offensichtlich, dass sich keine einfache Gleichung zwischen der Grundfläche von Gebäuden und dem wirtschaftlich-sozialen Status ihrer Erbauer oder Benutzer herstellen lässt, da auch Familiengröße, Gebäudeanzahl, Gebäudehöhe, Verteilung von Raumfunktionen und ethnisch-kulturelle Gepflogenheiten zu bedenken sind, z. B. die Separierung oder Kombination von Wohnraum und Stall (Marti/Windler 2002, 248), Ein- oder Mehrhausgehöfte, Wirtschafts- und Gemeinschaftsbauten sowie Gebäude für Geschlechts- oder Altersgruppen. Dennoch steht außer Frage, dass der massenhafte Verbrauch von Bauholz und Arbeitskraft, die für Gebäudegrößen jenseits gewöhnlicher Behausungen nötig waren, nur von Persönlichkeiten oder Gruppen aufzubringen waren, die der Sorge um das tägliche Überleben enthoben und demnach wohlhabend und/oder mächtig waren (Hamerow 2002, 90; 98). In Kombination mit anderen Indizien kann die Gebäudegröße somit doch einen Aussagewert besitzen. Vieles entzieht sich jedoch erhaltungsbedingt der archäologischen Überlieferung, z. B. seichte Befunde oder vergänglicher Zierrat.

Nach den Textzeugnissen

Obwohl erzählfreudige Quellengattungen wie Epos oder eigene Geschichtsschreibung fehlen, geht aus den vorhandenen Schriftquellen unzweifelhaft hervor, dass es soziale Unterschiede im frühmittelalterlichen Bayern und speziell in seinen Siedlungen gab. An vorderster Stelle ist das Volksrecht der Bajuwaren, die *Lex Baiwariorum* zu nennen, die in einer Überarbeitung von ca. 740 erhalten ist (Fried 1980, 1699). Sie benennt die verschiedenen Stände explizit[4] und unterstreicht ihre Ungleichwertigkeit durch das nach Stand differenzierte Wergeld als Kompensation für Vergehen, darunter ausdrücklich auch die Beschädigung und Zerstörung von Gebäuden in Siedlungen.[5] Auch die erheblichen Unterschiede von Hofgrößen in der schriftlichen Über-

---

4 Z. B. das Herzogshaus der Agilolfinger, die Urgeschlechter der Huosi, Dr(o)azza, Fagana, Hahilinga und Anniona sowie das Volk *(populus)* (Lex Bai. III, 1; von Schwind 1926, 312 f.), das aus Freien und Unfreien besteht (z. B. Lex Bai. I, 1 ff. und X, 1; von Schwind 1926, 261 und 384). – Zu Freigelassenen: Störmer 1988a, 224 ff.

5 Erstattung nach Ansehen der Person *(secundum qualitatem personae*: Lex Bai. X, 1; von Schwind 1926, 384): generell vierfach beim Herzogsgeschlecht, doppelt bei den Urgeschlechtern (Lex Bai.

lieferung – ergänzt durch Geländearbeit und Flurkartenstudien – weisen auf soziale Unterschiede hin, ohne dass sie freilich notwendigerweise Aufschluss über Wohnort oder Gesamtbesitz ihrer Eigentümer gäben (Schwarz 1989, 254 f. Tab. 6 mit 318 ff. Anlage 1; kritisch dazu: Diepolder 2000, 230). Ein weiteres indirektes Indiz für Macht und Ansehen der obersten Gesellschaftsschichten, besonders des agilolfingischen Herzogshauses, sind enge Fernkontakte zu führenden Familien anderer Stämme, die sich z. B. in Heiratsverbindungen mit dem Königshaus oder mit führenden Familien der Langobarden[6] oder Franken[7] ausdrückten. Zudem überliefern die frühmittelalterlichen Wörterbücher *Abrogans deutsch* aus dem oberdeutschen Sprachraum um 750 und *Samanunga worto*, eine um 790 in Regensburg bearbeitete Version des *Abrogans*, die Begriffe Palast *(phalanza – palatium, selihus/salihus – aula)* und Hochsitz *(hohsedal – thronus)* als Hinweise auf repräsentative Architektur ebenso wie die Existenz von Gedrechseltem *(drahsili – toreuma)* und von Vorhängen *(kurtilahhan – cortina)* als Zierelemente aufwändig ausgestatteter Gebäude (Splett 1976, 489; 499; Splett 1979, 168; 190; 197).

Nach den Grabbefunden

An archäologischen Belegen für soziale Unterschiede sind vor allem Grabfunde zu nennen. Zwar muss natürlich ein Grab ohne wertvolle Beigaben kein Anzeichen für Armut oder geringen Stand sein (kritisch: Samson 1987, 123), sondern kann auf fehlende Beigabensitte oder Beraubung bzw. auf den Zerfall organischer Materialien[8] zurückgehen. Eine reiche Grabausstattung jedoch zeigt unbedingt an, dass einerseits der Verstorbene von den Hinterbliebenen so hoch geschätzt wurde, dass diese bereit waren, einen erhöhten Arbeits- und Materialaufwand zu erbringen, aber andererseits auch, dass die Angehörigen so weit vom Kampf ums nackte Überleben entfernt waren, dass sie es sich leisten konnten, erhebliche Vermögenswerte aufzugeben. Entsprechende bajuwarische Grabfunde treten in Reihengräberfeldern, Separatfriedhöfen, Kirchen- und Hofgrablegen fast immer in einer gewissen Anzahl auf.

III, 1; von Schwind 1926, 313) und teilweise doppelt bei Frauen (z. B. Lex Bai. X, 1; von Schwind 1926, 385).

6 Z. B. Garibald I./Walderada (Langobardin), Theodelinde/Authari (Langobarde), Garibald II./Gaila v. Friaul (Langobardin), Tassilo III./Liutberga (Langobardin). – Vgl. dazu auch die hohe Mobilität frühmittelalterlicher Eliten, die sich aus der Analyse von Sauerstoff- und Strontiumisotopen in Knochen bzw. Zähnen ablesen lässt: Strott u. a. 2007, 80, 84; allgemein zu Heiratsverbindungen auch: Knöchlein o. J. [ca. 1997] 43 f.

7 Z. B. Hugberg/Regintrud (Fränkin), Odilo/Hiltrud (Fränkin).

8 Vgl. Frauengrab 168 aus Donaueschingen-Neudingen, Schwarzwald-Baar-Kreis, wo der Grabinhalt mit den erhaltenen organischen Beigaben, sprich Holzmöbeln, dem normalen Befund, aus dem diese durch Vergehen im Boden herausgelöscht wurden, gegenübergestellt wird (Brendle 2005, 163 ff., Abb. 24 gegenüber Abb. 19).

Als Beispiel sei das Reihengräberfeld von Waging am See, Kr. Traunstein, genannt, das sehr schön den Gegensatz zwischen schlichter Tracht mit metallfreien Gewandverschlüssen und reicher Tracht mit edelmetallenen Fibeln und Gürtelschließen zeigt. Zusätzliche Merkmale reicher Gräber waren hier wie anderswo Goldblattkreuze oder vornehmere Waffenausstattung – wie es den Eliten entspricht – mit Spatha, Schild und / oder Lanze.[9]

Neben dem materiellen Wert von Beigaben sind besonders Bestattungen mit Goldtextilien auffällig, da ihre Verwendung von der Antike bis in die Neuzeit restriktiv per Gesetz eingeschränkt war und auch in frühmittelalterlichen Texten nur in Zusammenhang mit den obersten Gesellschaftsschichten erwähnt wird,[10] wobei ihr Vorkommen in Kindergräbern auf die Erblichkeit dieses Privilegs hinweist (BanckBurgess 1998, 390: Lauchheim Grab 795; Stein 1967, 112 Anm. 6: St. Denis Grab 1; Dannheimer 1988, 35: Aschheim-Kirche Grab 5). Entsprechende Grabbeigaben sind bereits seit dem späten 5. / frühen 6. Jahrhundert in Bayern nachweisbar, nämlich in Unterhaching, Kr. München (Fehr u. a. 2005, 95 Abb. 128: Grab 33 und 34), häufiger dann jedoch im späten 7. und 8. Jahrhundert wie z. B. in Herrsching, Kr. Starnberg (Keller 1991/92, 34 – Ende 7. Jahrhundert), Ingolstadt-Gerolfing (Furtmayr 2006, 134; Stein 1967, 112, 135 – Anfang 8. Jahrhundert), Ingolstadt-Etting »Sandfeld« (Czermak / Ledderose 2004, 78 f.; Ledderose 2006, 49: Gräber 3A und 3B – Anfang 8. Jahrhundert), Erding-Itzling, Kr. Erding (Stein 1967, 112 Anm. 8; 135; 138), Polling, Kr. Weilheim-Schongau (Stein 1967, 112; 135: Gräber 2 und 3 von St. Jakob), Aschheim, Kr. München (Dannheimer 1988, 35 f. mit Taf. 8; 9; 16,6; Ott 1988, 135 f.; Dieke-Fehr / Müller-Christensen 1988, 133: Grab 5 an der Kirche mit Goldvitta – 2. Hälfte 7. Jahrhundert; Eule 1998, 28: Grab an der Erdinger Straße), München-Giesing (Dannheimer 1988, 36 Abb. 7: Vitta(?) aus Grab 10), Greding-Großhöbing, Kr. Roth (Weinlich / Nadler 2006, 42 ff. – Anfang 8. Jahrhundert), Bruckmühl, Kr. Rosenheim (Pietsch 2003, 105 f. Abb. 121), Straubing-St. Peter (Walter u. a. 2008, 23: Vitta aus Grab 3) und Straubing-Alburg (Bartel 2002/03; Bartel / Nadler 2002/03; Möslein 2002/03; 2005).[11]

---

9 Bartel / Knöchlein 1993, 433, 437 Abb. 18, 3 (Verschluss mit Lederbändern); Knöchlein o.J. [ca. 1997], 24 ff., 32 ff., 60, 78; zu metallfreien Verschlüssen auch: Walter u. a. 2008, 32; Goldblattkreuze: Bakker 2004, 125.

10 Antike: Cod. Theod. 10, 21, 1-2 von 438 (Mommsen u. a. 1905, 565 f.); Cod. Iust. 11, 9, 1-2 von 534 (Krüger 1892, 431 f.): Verbot für Privatpersonen, Erlaubnis nur noch für kaiserliche Amtsträger (einschließlich Angehörige und Kaiserhaus); Frühmittelalter: Beschreibungen bei Königen und Königinnen (Banck-Burgess 1998, 388 f.; Crowfoot / Chadwick Hawkes 1967, 53 ff.; Müller 2003, 91 ff. 170 ff. 222 f. 270 ff.; Schneider 1996, 398); zu Mittelalter und Neuzeit: Müller 1988, 155.

11 Ebenfalls bedeutsam, aber selten nachweisbar ist die Farbe von Gewändern: Walter u. a. 2008, 13 ff.; Müller 2003, 214 ff. 228 ff.

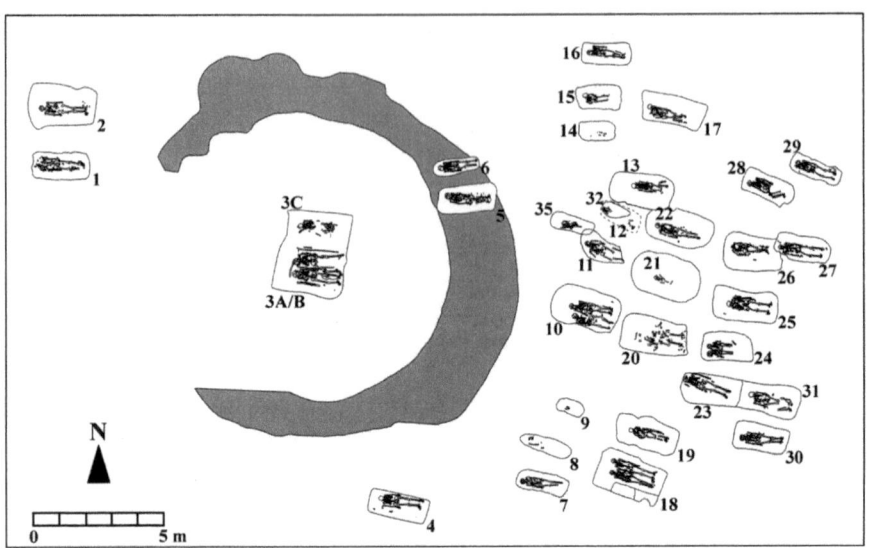

Abb. 1. Separatfriedhof von Ingolstadt-Etting »Sandfeld«, Bayern, D (nach Czermak / Ledderose 2004, 75 Abb. 3).

Der dritte zu beleuchtende Beleg im Hinblick auf soziale Unterschiede ist in den
so genannten Separatfriedhöfen zu finden (Abb. 1), die seit dem späten 6. / frühen
7. Jahrhundert als kleine Grabgruppen abseits der Reihengräberfelder auftreten. Zu
nennen sind z. B. die Nekropolen von Unterigling-Loibachanger, Kr. Landsberg am
Lech (spätes 7. Jahrhundert) sowie von Ingolstadt-Etting »Sandfeld«, Kinding-Enke-
ring und Großmehring-Straßgwender, beide: Kr. Eichstätt (alle: frühes 8. Jahrhundert)
sowie Kelheim-Kanal I, Kr. Kelheim (10. Jahrhundert) – an der Donau und in ihrem
nördlichen Hinterland gelegen. Sie zeichnen sich nicht nur durch reiche Beigaben
und aufwändigen Grabbau mit Kreisgräben, Steinkreisen, Grabkammern und Hügeln
aus (Strott u. a. 2007, 69; 73; zum auffällig späten Auftreten dieses Phänomens in
Altbayern: Rettner 2004, 258; 261), sondern erweisen durch die geringere Häufigkeit
und Schwere degenerativer Knochenveränderungen als Folge belastender körperlicher
Arbeit sowie durch eine überwiegend tierische Ernährung die wohlsituierte Stellung
der Bestatteten zu Lebzeiten.[12] Das jugendliche Sterbealter des Toten aus dem Kelhei-

12 Czermak / Ledderose 2004, 72, 87–9; Strott u. a. 2007, 77; 84. – Lebenserwartung und Körper-
   größe sind hingegen zu stark von genetischen Voraussetzungen abhängig, um einen zuverlässigen
   Kennwert zu bilden: ebd. 68; 73; 76; 84; optimistischer zum Aussagewert noch: Czermak / Ledderose 2004, 72 und 87 f.

mer Zentralgrab impliziert abermals, dass seine soziale Vorrangstellung erblich und wohl kaum durch eigene Taten begründet war (Strott u. a. 2007, 70). Einen Sonderfall der Separatfriedhöfe stellen Kirchengrablegen dar wie in Herrsching, Kr. Starnberg, aus dem 7. Jahrhundert (Keller 1991 / 92, 26 ff. 34 f.). Die Grabbefunde fügen sich also gut in das von den Textquellen vorgegebene Bild sozialer Unterschiede bei den Bajuwaren. Problematischer wird es bei den Siedlungsbefunden.

Nach den Siedlungsbefunden

Herrschaftliches Umfeld

Bei den Baubefunden soll sich der Blick zunächst auf die Architektur in herzoglichem bzw. später fränkisch-königlichem Zusammenhang richten. Das einzige Beispiel herzoglicher Steinarchitektur der Agilolfingerzeit in Bayern, das in nennenswertem Umfang obertägig erhalten ist, ist die außerhalb der Klausur gelegene Torhalle des 782 gegründeten Frauenklosters Frauenwörth auf der Fraueninsel im Chiemsee, die Hermann Dannheimer zufolge ursprünglich ein profaner Repräsentationsbau Herzog Tassilos III. mit 6 × 9 m großem Saal und Kapelle war.[13] Älter und dürftiger erhalten sind Befunde in Augsburg, das eine »lupenreine romanische Kontinuität vom späteren 4. bis zum 7. Jahrhundert« aufweist und vom Beginn des Dukates der Agilolfinger im mittleren 6. Jahrhundert bis wahrscheinlich in die quellenarme Zeit um 630/80 hinein Herzogsresidenz war (Rettner 2004, 268; 2002a, 542; Störmer im Druck: Verlegung bereits um 570? – freundlicher Hinweis A. Rettner, München). Ausgrabungen im Südteil der römischen Stadt ergaben »Hinter dem Schwalbeneck« spätrömische Baustrukturen, die teilweise bis ins 9. Jahrhundert kontinuierlich genutzt und umgebaut wurden. Nach 450 wurden in der Ruine eines repräsentativen Großbaus des 4. Jahrhunderts zwei einfache Fachwerkhäuser mit Fundamentsockeln aus trocken gesetzten bzw. lehmgebundenen Tuffquadern und Spolienblöcken sowie Stampflehmboden errichtet, wobei ein Gebäude mindestens drei Bauphasen durchlief, bevor es wohl im 9. Jahrhundert aufgegeben wurde. Zwei weitere Nachbargebäude aus der zweiten Hälfte des 6. Jahrhunderts erwiesen sich hingegen als ein Pfosten- bzw. ein Grubenhaus. Ähnliche Fachwerkbauten der Zeit nach 450 sind durch in Lehm bzw. trocken gesetzte Mauersockel und einen Mörtelfußboden unter der Ulrichskapelle des ehemaligen Domklosters bekannt. Die Stein-Fachwerk-Befunde wurden als Beleg für die Siedlungskontinuität romanischer und das Zusammenleben romanischer und germanischer Bevölkerungsteile gedeutet (Hinter dem Schwalbeneck: Schaub u. a.

---

13 Dannheimer 2005, 63–104, zur Funktion zusammenfassend: 104; siehe auch Dannheimer 1995, 15 ff.; 2008, 61. – Mein Dank gilt Herrn Dr. Hermann Dannheimer, Hadorf, für den Hinweis darauf.

2000, 90 f.; 87 Abb. 85,1–3; Babucke u. a. 2000, 111 Abb. 56; Ulrichskapelle: ebd. 108 ff. Abb. 51; 54).

In Regensburg ist – trotz ebenfalls bezeugter romanischer Kontinuität – wohl erst mit der Verlegung des Herzogssitzes weg von Augsburg mit einem Neubeginn repräsentativer Architektur zu rechnen (Rettner 2002a, 542; 2004, 266; 2006, 247; Konrad u. a. 2003, 655). Dass eine von Klaus Schwarz nachgewiesene Palisadenanlage zur agilolfingerzeitlichen Pfalz von Regensburg gehörte, ist angesichts jüngster Funde aus der Zeit um 500 in der Füllerde des Palisadengrabens ebenso unwahrscheinlich (Osterhaus 1988, 24; Konrad u. a. 2003, 655; 660) wie die Zuweisung von Altfunden goldreicher Gräber, die eher ins mittlere 5. Jahrhundert gehören (Rettner 2002a, 538; nach Osterhaus 1988, 25: agilolfingisch). Hingegen lässt sich ein privilegiert gelegenes Grab eines maturen Mannes im Chor von Kirchenbau I unter dem Niedermünster wohl tatsächlich dem Herzogshaus zuschreiben (Codreanu-Windauer u. a. 2000, 1016; Konrad u. a. 2003, 658 f. – evtl. Herzog Theodo, ca. 680–718). Wegen dieser Chorgrablege sowie nördlich anschließender zugehöriger Gebäude und der Inanspruchnahme des südlich und östlich benachbarten Areals durch einen zeitgleichen Friedhof ist wahrscheinlich, dass sich die herzogliche Pfalz bis mindestens 788 in der Nordostecke des vormaligen Legionslagers befand,[14] dessen Mauern noch Arbeo von Freising um 760/70 als intakte steinerne Befestigung beschreibt (Emmeramsvita Kap. 6; Bischoff 1953, 14 f. – Vgl. Codreanu-Windauer u. a. 2000, 1013).

Auch bei Burgen sind die Befunde in Altbayern spärlich. Nach dem Fall der spätrömischen Grenzverteidigung sind zunächst keine Anzeichen für einen Burgenbau auszumachen, schon gar nicht in so eindrucksvollem Ausmaß wie z. B. bei den Alamannen, wo bereits länger etablierte Eliten sich nach dem Ende römischer Einflussnahme »selbständig« machten.[15] Dies liegt wohl daran, dass föderierte Germanen in Bayern überwiegend in das Netz römischer Grenzbefestigungen eingebunden waren, während die wenigen Höhensiedlungen der römischen Provinzbevölkerung dienten. Erst im jüngeren 7. und frühen 8. Jahrhundert wurden Lesefunden zufolge ca. 25 ältere Befestigungen wieder begangen oder benutzt (Leidorf u. a. 1999, 62. – Gräberfelder mit germanischen Funden bis 510/20 selten: Rettner 2004, 264). Für das 8.–10. Jahrhundert wurden nach Lage und Befestigungstyp über 300 Fortifikationen

---

14 Konrad u. a. 2003, 659; 661; früher wurde die agilolfingische Pfalz u. a. südlich des Niedermünsters am Kornmarkt an der Stelle der karolingischen Pfalz des 9. Jahrhunderts vermutet.

15 Quast 2008, 313. – Das Fehlen germanischen Burgenbaus auf vormals römischem Boden in Altbayern entspricht gut der von Rettner (2004, 257 f., 260) beobachteten Beharrung im Totenbrauchtum hinsichtlich der Ablehnung der Beigabe von Webgerät, Speisen, Reitzubehör und Waffen sowie des aufwändigen Grabbaus bis um 600 und länger. – Das besondere Verhältnis des Menschen zu diesen Gebrauchs- und Statusobjekten offenbart sich schon im Gesetz von Gortyn, Kreta (1. Hälfte 5. Jahrhundert v. Chr.), in dem der Webstuhl der Frau, die Waffen und das Symposiumstrinkgeschirr des Mannes sowie das gemeinsame Bett von der Pfändung ausgenommen sind (Eibner 2005).

in ganz Bayern erschlossen, von denen aber nur ca. 30 urkundlich genannt werden und ca. 70 in Ausgrabungen meist geringen Umfangs bestätigt sind (Leidorf u. a. 1999, 51; 55). Nachdem knapp 250 Anlagen nördlich der Donau liegen, ist der Altbayern zuzuweisende Anteil gering. Historisch bezeugt sind Befestigungen in Freising und Passau (739 genannt), Bad Abbach, Kr. Kelheim (910?), Donaustauf, Kr. Regensburg (894–930) und Schwabmünchen, Kr. Augsburg (954), die Vordereggelburg (816) und der Schlossberg von Ebersberg (839), beide Kr. Ebersberg. Archäologisch nachgewiesen sind die neuerliche bzw. fortgesetzte Nutzung spätrömischer befestigter Plätze wie Grünwald-Römerschanze, Kr. München (Kellner 1995, 452), oder Epfach-Lorenzberg, Kr. Landsberg am Lech (Rettner 2002b, 270 ff.), sowie als frühmittelalterliche Befestigungen mindestens der Freisinger Domberg (Winghart 1995, 23), der Frauenberg bei Weltenburg, Kr. Kelheim, der Schlossberg bei Kallmünz, Kr. Regensburg, der Michaelsberg bei Kipfenberg, Kr. Eichstätt, die Hohe Birg bei Schäftlarn, Kr. München, Stephansposching, Kr. Deggendorf (Leidorf u. a. 1999, 52 f. 54; 57; 64; 92 f. 97 ff. 114 f.), Straubing (Prammer 2001, 102 f.: Umwehrung mit Trockenmauer, Wall und Grabensystem – 9. oder 10. Jahrhundert), Prutting-Dobl, Kr. Rosenheim (Burger 1988, 15; 26; 28 f.: frühmittelalterliche Wall-Graben-Befestigung auf der Hochfläche), und der Bernstorfer Berg, Kr. Freising (Moosauer u. a. 1998, 269; Gebhard 1999, 24: hufeisenförmiger Abschnittswall des Frühmittelalters). Nennenswerte Baulichkeiten der Agilolfinger- oder Karolingerzeit wurden bislang allein in Weltenburg freigelegt, wo jüngst unter der Frauenbergkirche bei Sondagegrabungen ein vermutlich 12,5 × 39 m großer, aber später Saalbau (9. / 10. Jahrhundert) erfasst wurde, der möglicherweise profanen Zwecken diente (Hensch / Rind 2007 112 f. Abb. 156).[16]

Mit materiellen Resten herrschaftlicher Landgüter steht es nicht besser. Von der herzoglichen bzw. königlichen *villa* in Ingolstadt, mit der Tassilo III. bis zu seiner Absetzung 788 belehnt war, fehlt bis auf eine vergoldete Kreuzfibel und umgelagerte Keramik karolingischer Zeit noch jedwede materielle Spur (Schönewald / Riedel 2006, 157 f.; Haberstroh 2006, 138 ff.; Hensch 2006, 106). Bei der im selben Zusammenhang genannten *villa* von Lauterhofen nordwestlich von Regensburg mit bajuwarischem Hofbezirk und fränkischem Königshof in nächster Nachbarschaft ist die karolingische Kirche St. Martin das einzige herausragende frühmittelalterliche Bauwerk (ebd. 106; 111). Auch Aschheim (Abb. 2), das mit der zeitweiligen Begräbnisstätte des Heiligen Emmeram, den erwähnten üppigen Grabfunden des 7. Jahrhunderts sowie seiner *villa publica*, einem öffentlichen Anwesen im Besitz des Herzogs, mit mindestens einer Kirchensynode und einem bayerischen Landtag des 8. Jahrhunderts durchaus Potenzial dafür hätte, hat bislang keine Hinweise auf herausragende Profanarchitektur geliefert (Dannheimer 1988, 11; 42; 46; Eule 1998, 25; 31). Nicht besser

---

16 Die Dürftigkeit der bajuwarischen Befunde wird nachdrücklich unterstrichen durch das Fehlen eines Beitrages zu Südbayern in: Steuer / Bierbrauer 2008.

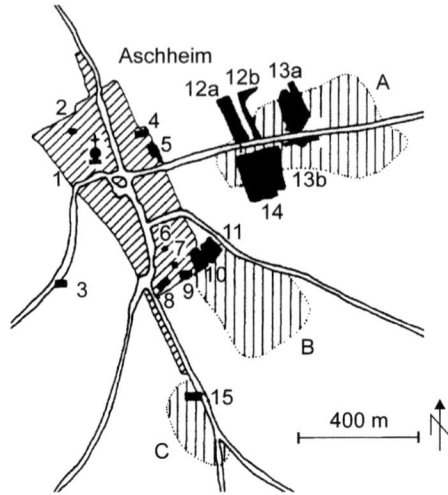

Abb. 2. Frühmittelalterliche Befunde in und um Aschheim, Kr. München, Bayern, D (nach Eule 1998, 27 Abb. 1). A–C: Siedlungsbefunde im Luftbild; Kirche: 1; Gräber(felder): 1, 3, 8, 11, 12a, 13b, 14, 15; Siedlungen: 2, 4–11, 12a–b, 13a–b, 14.

steht es im frühmittelalterlichen Altötting mit seinem 748 als *villa publica* erstmals erwähnten Herzogshof, von dem ebenfalls nur gewöhnliche Pfostenbauten bekannt sind, unter denen allenfalls die Abwesenheit von Grubenhäusern und architektonisch schwer verständliche Reste eines wuchtigen Pfostengebäudes von $11 \times > 12\,\text{m}$ aus der Zeit vor dem 11. Jahrhundert westlich der Hl. Kapelle auffallen (Keller 1998/99, 67–71; 76; 81; Abb. 9; 24; zum Fehlen von Grubenhäusern, z. B. in Lauchheim, siehe Marti/Windler 2002, 246; Schönewald/Riedel 2006, 158). Noch spärlicher werden die Hinweise auf elitäre Bauten, wenn wir uns ländlichen Siedlungen zuwenden.

Ländliche Siedlungen

Bajuwarische ländliche Siedlungen zeichnen sich durch große Homogenität der vorkommenden Haustypen und -größen, ihrer Gruppierung zu Gehöften und – soweit erschließbar – ihrer Holz-Lehm-Bauweise aus.[17] Grundsätzlich lassen sich in Anlehnung an Leinthalers Gliederung der sehr nahe verwandten alamannischen Hausformen sieben wesentliche Haustypen unterscheiden (Abb. 3): Bei Typ I handelt es sich um ein- oder zweischiffige rechteckige Pfostenbauten, die in kleinen Varianten – mit

---

17 Steinbauweise kommt so gut wie niemals vor. – Ausnahmen: ein Keller des 7./8. Jahrhunderts in Nassenfels, Kr. Eichstätt (Haberstroh 2004), gemauerter Brunnen und Töpferofen des 6./7. Jahrhunderts in Barbing (Geisler 1984, 165; Osterhaus 1977, 2).

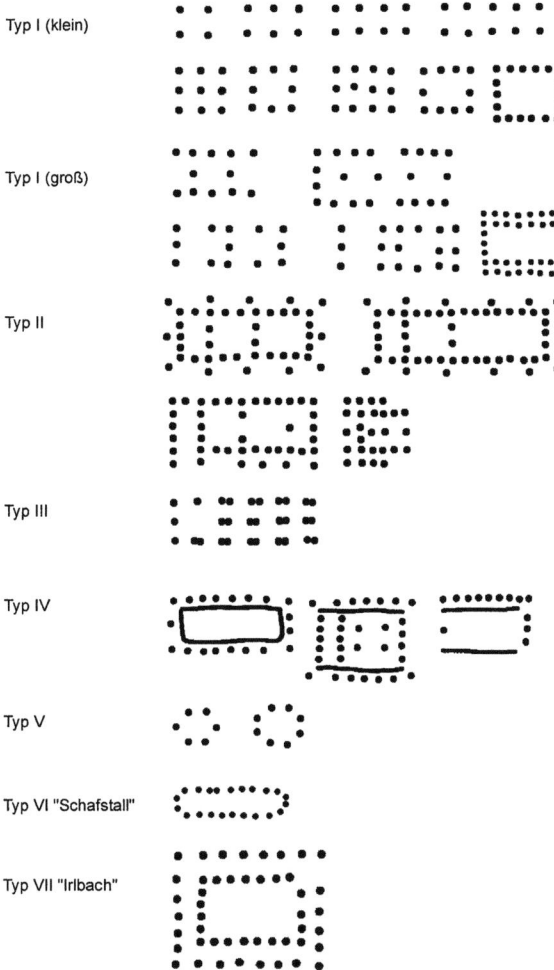

Abb. 3. Haustypen bajuwarischer Siedlungen, o. M. (nach Fries-Knoblach 2006, 340 Abb. 1).

2 × 2, 2 × 3, 2 × 4 und mehr Pfosten – sowie in großen zweischiffigen Ausführungen – mit wenigen Innenpfosten und teils mit Seitenschiffen – vorkommen. Die kleineren Gebäude gelten als Neben-, die größeren als Neben- oder Wohngebäude. Typ II bezeichnet meist ein- oder mehrfach quergeteilte Langhäuser mit dichten Wandpfostenreihen und begleitenden Reihen dünner Außenpfosten in großen, unregelmäßigen Abständen und typischer Diagonalstellung an den Ecken, die wohl als zusätzliches

Dachauflager dienten. Dieser Typ ist so charakteristisch, dass er auch ohne datierende Funde zeitlich zugeordnet werden kann. Typ II-Häuser werden wegen ihrer Stattlichkeit meist als Wohngebäude gedeutet, obwohl keine Herdstellen erhalten sind. Typ III bilden Gebäude mit doppelten Wandpfosten, unter denen sich fallweise auch Erneuerungsphasen verbergen können. Zu Typ IV zählen Häuser mit Wandgräbchen, von denen erhaltungsbedingt meist unklar bleibt, ob sie Pfosten, senkrechte oder waagrechte Wandbohlen, Schwellriegel oder Schwellbalken enthielten.[18] Unter den wenigen Wandgräbchengebäuden finden sich die einzigen Häuser mit Herdstellen, die wie jene auch nur bei geringem Bodenabtrag nachzuweisen sind. Häuser der Typen V–VII stellen seltene Einzelfälle dar (zu allen Gebäudetypen: Fries-Knoblach 2006, 349 ff. – Typ V jetzt auch in Garching-Mühlfeldweg: Volpert 2007, Plan 11 Westrand).

Die Wände der Gebäude waren nach Auskunft von Hüttenlehmstücken in Flechtwerk oder Bohlenbauweise mit Lehmbewurf ausgeführt, letztere wohl auch unverputzt.[19] Lehmflächen waren möglicherweise geweißt (vgl. den kalkreichen Lösslehmanstrich aus Vörstetten-Grub, Kr. Emmendingen, in der Alamannia: Bücker 1991, 197), doch fehlen bislang Reste farbiger Gebäudefassungen als Hinweis auf repräsentative Gestaltung in bajuwarischen ländlichen Siedlungen. Neben den Pfostenbauten liegen auch Grubenhäuser, Öfen, Brunnen oder später Hofgrablegen vor. Ställe sind nicht nachgewiesen, so dass Überlegungen zu Viehbestand als sozialem Indikator ausfallen (vgl. hingegen Donat 1999; Zimmermann 1999). Hinweise auf handwerkliche Spezialisierung sind eher selten (Fries-Knoblach 2006, 374 ff.) und nicht mit auffälligen Gebäuden verbunden. Auch zwischen Fundreichtum, z. B. in Form importierter oder seltener Güter, und Gebäudetyp ist beim derzeitigen Publikationsstand[20] kein Zusammenhang erkennbar. Die Anordnung der Gebäude erfolgte, wie nach den Volksrechten zu erwarten, zumeist in Form locker gruppierter oder gereihter Gehöfte mit Streubebauung aus ein bis zwei großen und mehreren kleinen Bauten, die ehemals wohl jedes für sich und gegebenenfalls zusätzlich alle miteinander[21] umzäunt waren. Ein schönes Beispiel ist die Siedlung von Eching-Kleiststraße, Kr. Freising, wo man im Osten zwei Gehöfte mit Haupt- und Nebengebäuden ziemlich klar zu erkennen

---

18 Burgheim: dicht stehende Bohlen im Gräbchen (Stabbauweise) (Krämer 1951/52, 203 Abb. 3); Barbing: auf Distanz stehende Pfosten im Gräbchen (Schwellriegelbauweise) (Geisler 1984, 167).

19 Kirchheim (wenige Hinweise auf Flechtwerk): Dannheimer 1973, 161; Geisler 1993, C I 2; Aschheim (Flechtwerk): Dannheimer 1988, 107; Burgheim (Kanthölzer): Krämer 1951/52, 202; Barbing-Kreuzhof (Rund- und Kanthölzer): Geisler 1993, C I 2; E I 3 Taf. 31–34; Herrsching (Flechtwerk): Keller 1991/92, 59.

20 Vorstellbar wäre z. B. die Existenz von Importkeramik in unbearbeitetem Fundmaterial.

21 Vgl. den möglichen Ettergraben – Etter ist der Terminus technicus für eine mittelalterliche Dorfumgrenzung, gewöhnlich als Etterzaun oder Ettergraben ausgeführt – im Süden der alamannischen Siedlung von Lauchheim: Stork 1997, 303; Marti/Windler 2002, 246.

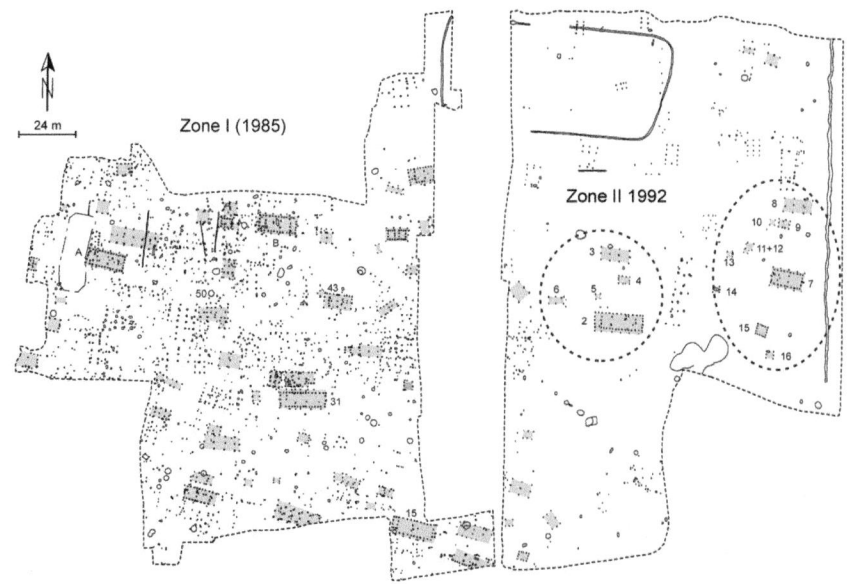

Abb. 4. Baubefunde von Eching-Kleiststraße, Kr. Freising, Bayern, D. Mögliche Gehöfte im Osten innerhalb der Zone II (1992) eingekreist (nach Schwenk 1996, 154 ff. Plan 1; Schefzik 2001, Plan 39).

glaubt (Abb. 4), deren zu vermutende Einfriedung sich aber nicht erhalten hat.[22] Seltener sind Straßendörfer mit – überwiegend giebelständig – dicht gereihten Langhäusern wie in Kirchheim, Kr. München (Dannheimer 1973, Beil. 6), oder Siedlungen mit dichter gruppierten Gebäuden und weniger Nebenbauten wie im auf Eisenerzeugung spezialisierten Kelheim-Kanal I (Fries-Knoblach 2006, 377).

Obwohl gelegentlich bajuwarische »Herrenhöfe« in der Literatur auftauchen, ist diese Interpretation nicht architektonisch begründet, sondern geht entweder auf Implikationen aus benachbarten reichen Grabfunden bzw. Kirchenbauten oder schlicht auf Fehleinschätzung zurück. Der mutmaßliche eingefriedete »Herrenhof« von Kirchheim wird inzwischen hallstattzeitlich datiert (z. B. Hamerow 2002, 61 f. Abb. 3.8; nach Bauformen eisenzeitlich: Schefzik 2001, 398 Plan 17). Nicht besser ist es um den »Herrengutshof« von Herrsching am Ammersee aus dem 7. und frühen 8. Jahrhundert bestellt, dessen Existenz aus einem kleinen Separatfriedhof mit Kirche erschlossen

---

22 Schwenk 1996, 154 f. Plan 1; Schefzik 2001, Plan 39. – Marti / Windler (2002, 245 f.) sehen die frühmittelalterliche Siedlungsform gereihter Gehöfteinfriedungen in Bezug zum parzellierten Umfeld spätrömischer Villen, vgl. dazu: Rettner 2006, 248.

und dem ein 7,5 × 9 m großer unspektakulärer Pfostenbau mit Flechtwerkwänden zugeschrieben wurde, der neuen Forschungen zufolge römischen Ursprungs sein dürfte (Keller 1998/99, 95; 1991/92, 10; 14 Abb. 5 unten; 59 ff. Abb. 42–43. – Zur römischen Datierung: Biermeier/Schönfelder 2004, 88). Der Befund von Barbing-Kreuzhof aus dem 6./7. Jahrhundert ist vieldeutig und keinesfalls zwingend als Drei-seit-»Herrenhof« zu lesen, obwohl seine Lage neben der Kirche, eine vergleichsweise reiche und spezielle Handwerksproduktion sowie Steinbefunde[23] dazu verlocken, hier tatsächlich die Anwesenheit einer adligen Führungsschicht in Betracht zu ziehen, sofern man nicht romanische Elemente darin sehen möchte.

Ebenso wenig wie »Herrenhöfe« sind im Baubefund ländlicher Siedlungen roma-nische Gebäudetypen von bajuwarischen zu unterscheiden. Für Romanen wurden Pfostenbauten mit »traditionell-symmetrischer« Pfostenanordnung vorgeschlagen (Volpert 2007, 55 f.). Dies wäre überraschend, weil alle bajuwarischen Siedlungen mit solchen Gebäuden durchsetzt sind, die gewöhnlich als Nebengebäude gelten. Bei derart engem Zusammenleben wäre kaum erklärbar, warum romanische Sprache und Grabsitten jahrhundertelang überdauerten (Fries-Knoblach 2006, 342 mit Literatur-belegen; siehe auch: Rettner 2004, 256; 262 ff. 270), was wohl Siedlungsenklaven voraussetzt. Die Befunde von Barbing-Kreuzhof, Kr. Regensburg[24], deuten vielleicht eher an, dass eine Angleichung romanischer an bajuwarische Bauweise stattgefun-den haben könnte,[25] ähnlich wie späteisenzeitliche Völkerschaften Siedlungs- und Bauformen der römischen Eroberer angenommen hatten. In Betracht ziehen sollte man aber auch, dass Romanen in römischer Tradition Schwell- bzw. Fachwerkbauten wie in Augsburg bevorzugten, die sich dem Nachweis entziehen, oder dass als Zen-tralbauten konzipierte Häuser vom sog. Typ Irlbach, die nach Bauweise und Einzel-lage durchaus antik anmuten, mit romanischen Handwerkern oder/und Bewohnern zusammenhängen könnten.

Diese seltenen Gebäude vom Typ Irlbach (Abb. 5) sind innerhalb bajuwarischer Siedlungen am relativ auffälligsten. Der Typ wurde erstmals von Karl Böhm am epo-nymen niederbayerischen Fundplatz beschrieben und dort ins frühe 8. Jahrhundert datiert (Böhm 1992, 139; 1994, 314; 1995, 106). Es handelt sich um kurzrechteckige bis fast quadratische Gebäude mit einem inneren und einem äußeren Pfostenring bei

23 Osterhaus 1977, 9; Keller 1998/99, 94 Abb. 27; Codreanu-Windauer 2003, 464 Abb. 5. – Zu Handwerk und den unterschiedlichen Lesarten der Befunde: Fries-Knoblach 2006, 375; 377 ff. Abb. 17; zur Steinbauweise siehe Anm. 17.

24 Zur mutmaßlich romanischen Bevölkerung: Geisler 1984, 171 ff.; Geisler 1997, 462; Moosbauer 2005, 232 Anm. 665; analog zu Quast (2008, 314) wäre eine gezielte Ansiedlung romanischer Töpfer durch einheimische Potentaten überlegenswert.

25 Vgl. auch den germanisch anmutenden spätantiken Pfostenbau mit vorgestellten Pfosten aus Murnau-Moosberg: Dannheimer 1973, 165 Abb. 9; spätantike Pfostenbauten ohne vorgestellte Pfostenreihen z. B. in Regensburg (Codreanu-Windauer u. a. 2000, 1015), Neubiberg-Unterbiberg, Kr. München, und München-Perlach (beide: Volpert 2007, 56 Anm. 17–18).

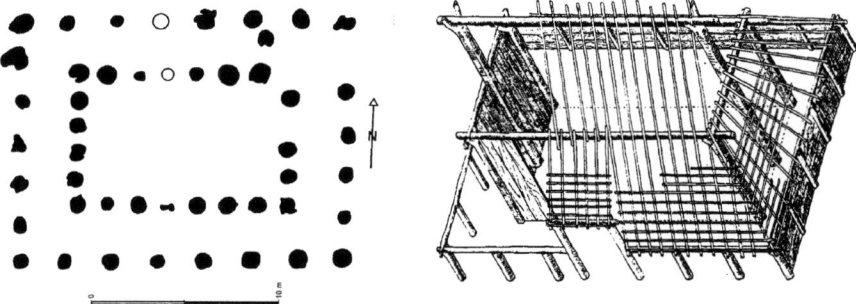

Abb. 5. Haus A aus Irlbach, Kr. Straubing-Bogen, Bayern, D. Anhand des Grabungsbefundes erstellte Gerüstrekonstruktion mit Fußwalmdach (nach Böhm 1994, 315 Abb. 3 und 317 Abb. 6).

Seitenlängen von ca. 15 m bis über 20 m, also 300 m² und mehr, die eine Art vierseitigen Umgang von ca. 2–3 m Breite um einen Innenraum bilden. Typ Irlbach nimmt dahingehend eine Zwischenstellung zwischen den Haustypen I und II ein, dass er Außenpfosten hat, aber nicht in der locker gestellten leichten Bauweise von Typ II, sondern solide ausgeführt und in kaum größeren Abständen als bei den Innenpfosten. Dies ähnelt den Seitenschiffen von Typ-I-Häusern, ohne dass jedoch die inneren und äußeren Pfosten wie bei diesen jeweils in einer Flucht wie in einem Gebinde stünden. Die »abgeschnittene« Ecke des inneren Pfostenrings von Haus A wurde als Hinweis auf einen Eingang gedeutet. Verbindungen zum »inneren und äußeren Haus« der *Lex Baiwariorum* wurden erwogen (Böhm 1992, 140; 1994, 314; 1995, 106).

Weitere Beispiele stammen aus dem Südostbereich von Zuchering-Ost/Am Urnenfeld (Weid 2000, 65 und Plan 3 – 2. Hälfte 6. bis 7. Jahrhundert) und aus Ingolstadt-Zuchering-Süd/Mitte (Häuser 1 und 2) mit einer ähnlichen »abgeschnittenen« Ecke im äußeren Pfostenring bei geringeren Maßen (Fries-Knoblach 2006, 416 f. Abb. 40). Weitere mögliche Belege finden sich in Erding-Aufhausen/Bergham, Kr. Erding (Fries-Knoblach 2006, 403 Abb. 26), und auch Kelheim-Kanal I (Fries-Knoblach 2006, 360, 381 Abb. 20 Haus 1). Am bemerkenswertesten ist ein gut erhaltenes, streng symmetrisches Exemplar des Typs Irlbach von ca. 13 × 16 m, d. h. über 200 m² Fläche, aus der noch unpublizierten Siedlung des 7.–10. Jahrhunderts von Igling, Kr. Landsberg am Lech, knapp westlich des Lechs. Bei diesem sind ungewöhnlicher Weise die Pfosten des inneren und äußeren Kranzes gefluchtet. Es ist letztlich nicht erwiesen, dass der freie Innenbereich mit überdacht war, was eine beträchtliche Spannweite des Dachs erfordert hätte, oder ob nicht vielmehr ein antik anmutender Innenhof mit Umgang vorlag, wie dies auch für einen spätlatènezeitlichen Umgangsbau in Manching vorgeschlagen wurde (Leicht/Sievers 2005, 235 f.). Doch obwohl im Südwesten der Grabungsfläche auch römische Funde der ersten Hälfte des 1. Jahrhunderts vorliegen, gibt es keine Hinweise, dass das Gebäude seinerseits römisch sein könnte,[26] etwa ein Gebäude einer Holzvilla (vgl. Hüssen/Wegener-Hüssen 1995, 198; Pietsch/Lebeda 2004, 81 Abb. 84; Biermeier/Kowalski 2007, 105 f. Abb. 143)[27] oder einer Straßenstation zur unweit verlaufenden *Via Claudia* bzw. die Principia eines Kleinkastells (vgl. Johnson 1987, 144: Hesselbach). Der Publikation dieser Befunde und ihrer Auswertung darf mit Spannung entgegengesehen werden.

Nach derzeitigem Kenntnisstand sind die verschiedenen Beispiele des Typs Irlbach hinsichtlich Lage, Größe, Struktur, Rechtsstatus etc. der zugehörigen Siedlungen untereinander jedoch kaum zu verbinden. Verdächtig im Sinne adliger Beteiligung sind höchstens im Falle von Kelheim die erwähnte Spezialisierung auf Eisenerzeugung und die Adelsgrablege, im Fall von Igling Pferdeknochen und Reitzubehör (Fries-Knoblach 2006, 375; 377). Erwähnenswert ist noch, dass der Typ Irlbach seine beste Parallele in einer alamannischen Siedlung des 4. Jahrhunderts bei Nördlingen-Baldingen (Kreis Donau-Ries) findet (Czysz 1994, 131 Abb. 79). Er wiederholt sich zudem in einer länglicheren Variante außerhalb(!) des »Herrenhofes« im alamannischen Lauchheim (Ostalbkreis).[28]

Für die Rekonstruktion des Aufgehenden solcher Häuser bestehen im Prinzip dieselben vier Möglichkeiten wie für die sog. »Umgangsbauten« keltischer Viereckschanzen (Abb. 6). Erstens kann der Abstand zwischen innerem und äußerem Pfostenkranz eine nach außen (halb)offene Portikus oder geschlossene Galerie mit nach außen abfallendem Pultdach bilden, die das eigentliche Gebäude aus dem inneren Pfostenkranz umgibt, das sinnvollerweise höher als der Umgang sein muss. Zweitens kann ein solcher Umgang mit Pult- oder Satteldach wie ausgeführt einen offenen Innenhof umziehen. Drittens kann der innere Pfostenkranz ein Gebäude repräsentieren, der äußere eine Einfriedung. Viertens kann bei geschlossenem oder offenem inneren Baukörper (Kubus oder Pfostenhalle) die gesamte Pfostenfläche durchgehend überdacht gewesen sein, wobei quadratische Gebäude wohl mit Zeltdach, längliche mit Walm- oder Satteldach abgeschlossen waren.

Die erste Variante ist bei Venantius Fortunatus schriftlich bezeugt. Der norditalisch-gallische Dichter und spätere Bischof schrieb um 560 in seinem Gedicht *De domo lignea*, das die Vorzüge des Holzbaus preist: »Eine höher aufragende, ziemlich

26 Freundliche Mitteilung von Herrn Prof. Thomas Meier, Heidelberg; siehe künftig: Meier/Eibl in Vorb. – An entsprechende Hofgebäude dachte wohl auch Geisler (2003, 299), als er Gebäuden vom Typ Irlbach eine Kontinuität aus spätantiker Bautradition zuschrieb.

27 Generell sind Gebäude mit zentralbaulichen Elementen wie Atrium oder Peristyl in Villen Rätiens und Obergermaniens jedoch selten.

28 Stork 2000, 155 Abb. 136 – der Lagebeschreibung zufolge offenbar nicht im Bereich des Herrenhofes gelegen. Ein anderes Beispiel aus Eggingen (11.–14. Jahrhundert: Kind 1989, 302 Abb. 193; 329 f. Abb. 220) ähnelt mehr einem langrechteckigen Baukonzept wie bei Typ I-Häusern mit Seitenschiffen.

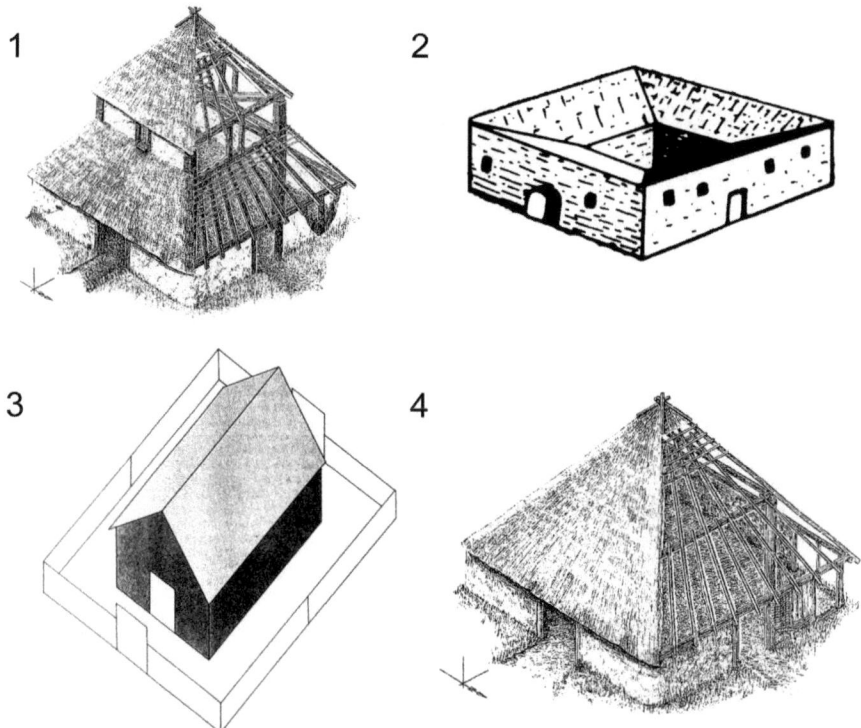

Abb. 6. Rekonstruktionsmöglichkeiten von »Umgangsbauten«. Alle o. M. 1 Seitlich offener oder geschlossener Umgang mit Pultdach um den überhöhten Gebäudekern (nach Wieland 1999, 37 Abb. 9 unten); 2 seitlich offener oder geschlossener Umgang mit Pult- oder Satteldach um einen offenen Hof (nach Filtzinger u. a. 1986, 126 Abb. 35); 3 kleines Gebäude mit Sattel-/Walm-/Zeltdach und umgebender Einfriedung (nach Schubert 1995, 155 Abb. 17b); 4 großes Gebäude mit Sattel-/Walm-/Zeltdach (nach Wieland 1999, 37 Abb. 9 oben).

haltbare Portikus umzieht [das Bauwerk] auf allen vier Seiten, und der Handwerker spielte mit seiner Schnitzkunst« (Carmina 9, 15: *altior inmitior quadrataque porticus ambit et sculpturata lusit in arte faber*: Leo 1881, 219; vgl. Marti / Windler 2002, 248 mit freierer Übersetzung). Außerdem findet sich diese erste Variante auf einer kolorierten Federzeichnung im Text *De inquisitione uel inventione sanctae crucis* in der Handschrift des Wessobrunner Gebetes (Abb. 7). Sie wurde 814 in einem Kloster der südlichen Diözese Augsburg fertig gestellt, möglicherweise in St. Michael im Staffelsee. Obwohl der Künstler Steinarchitektur und dem begleitenden Text zufolge die Jerusalemer Grabeskirche meinte (von Kraus 1922, 9 Text, 15 Faksimile; Bierbrauer

Abb. 7. Kaiserin Helena und Judas (?) mit der Jerusalemer Grabeskirche (?). Zeichnung aus der Handschrift des Wessobrunner Gebetes aus dem Jahr 814, o. M. (nach Cod. Lat. Mon. 22053, Seite 15v, Bayerische Staatsbibliothek, München).

1990, 83 f. Kat. Nr. 155; 93 Abb. 330; Waldman 1995, 87: *et ecclesiam construxit*; Baert 2004, 44), stützt die Darstellung die mögliche Existenz entsprechender Holz-architektur im frühmittelalterlichen Bayern. Wenn dem so ist, erlaubt diese Bauweise bei der Nutzung komplexe Bewegungsmuster. Diese könnten für die Einrichtung fest-gelegter Zutrittsprozeduren und -hierarchien genutzt worden sein, z. B. beim Durch-schreiten vom Hausvorplatz über den Umgang hin zum möglicherweise überhohen und vielleicht mit Vorhängen verhüllten Zentralraum.[29] Dadurch würden sich die Gebäude sehr grundsätzlich von den üblichen Langhäusern mit »einfacher Syntax« unterscheiden, bei denen die Räume gereiht und damit simplere, lineare Bewegungs-muster vorgegeben sind (Hamerow 2002, 24), was freilich limitierten Zutritt nicht ausschließt (Luchterhandt 2006, 180 ff.). Ansonsten finden sich in ländlichen Sied-lungen der Bajuwaren bislang keine Spuren herausragender Architektur.

Beispiele des 1. Jahrtausends für Repräsentation im Baukontext

Um Möglichkeiten einer argumentativen Überbrückung des scheinbaren Wider-spruchs zwischen Text- und Grabbefunden einerseits und Baubefunden andererseits zu gewinnen, ist es hilfreich, einen vergleichenden Blick auf zeitlich und räumlich nahe stehende, besser überlieferte Beispiele von Repräsentation im Baukontext bei Nordgermanen, Hunnen und Franken zu werfen.

In der Nordgermanischen Architektur

In den Nordseeanrainerstaaten ist repräsentative Architektur des 1. Jahrtausends in Form von Prunkhallen literarisch und archäologisch gut bezeugt (Hamerow 2002, 12–4), so dass man ausgehend vom Begriff *selihus/salihus* bzw. *aula* im *Abrogans* im Süden ähnlich große und prächtige Hallen erwarten könnte. Eine ergiebige Quelle ist das nach 700 entstandene und vor 600 spielende angelsächsische Beowulf-Epos, in dem immer wieder große, hohe, hölzerne Festhallen von Königen beschrieben werden, z. B. die Halle »Heorot« (= Hirsch, wohl nach einem Geweih als Giebelzier) des Dänenkönigs Hrothgar. Solche Königshallen konnten auf einer Anhöhe liegen und werden als die schönsten aller Häuser beschrieben, mit Eisenbändern verstärkt, reich mit Farbe und Gold verziert, z. B. in Form golddurchwirkter Wandbehänge. In ihrem Inneren befanden sich z. B. ein Flur, ein Herrschersitz (»Gabenstuhl«, »Mannsstuhl«), ein Podest mit einem Pfahl[30], Bänke für Trinkgelage und Schlafplätze mit Bettzeug für die Helden. Die Hallen dienten zur Versammlung, Verteilung von Geschenken, für Trinkgelage (»Methalle«, »Weinsaal«, »Biersaal«), Skaldengesang zur Harfe und zum Schlafen, nicht jedoch als Wohnung des Königs.[31] Dabei konnten nach Zutrittsprozeduren bei gemeinsamem Prestigekonsum *(»conspicuous consumption«)* Wohlstand, Macht und Kultiviertheit demonstriert sowie verwandtschaftliche, freundschaftliche und gefolgschaftliche Bande gepflegt oder geknüpft werden. Im übertragenen Sinne war die Halle ein Kreis von Licht und Frieden inmitten von Dunkelheit und Gefahr und besaß als Zentrum der Kosmologie auch kultische und magische Funktion, so dass sie bei Beda um 730 gar als Metapher des menschlichen Lebens schlechthin fungiert (Ware 2005, 154 f.; Herschend 1999, 419 f.; Beda, Hist. Eccl. 2, 13: Giles 1843; Jane 1903).

Diesen und ähnlichen Textzeugnissen stehen reale Baubefunde monumentaler Hallen gegenüber wie die des 1.–2. Jahrhunderts aus Fochteloo in Friesland, des 2.–4. Jahrhunderts auf der Wurt Feddersen Wierde in Niedersachsen, des mittleren

---

29 Zum Gebrauch von Vorhängen im byzantinischen Zeremoniell: Featherstone 2006, 51; bei den Langobarden: Luchterhandt 2006, 179; vgl. auch die Vorhänge an Portikus und Torbau des Palastes Theoderichs auf einem Mosaik in Sant'Apollinare Nuovo, Ravenna: Stuppner 2008, 442 Abb. 7.

30 Barnwell 2005, 180 f. – Das angelsächsische *stapol* (Beowulf Stabreim 926; Hube 2005, 127) bedeutet wohl »Schicksals- oder Gerichtspfosten« und entspricht dem *staffolus* fränkischer Könige, bestehend aus Stein/Säule/Pfosten mit Podium/Plattform, der ebenfalls für Rechts- und Amtshandlungen diente; bei Hube (2005, 125, 127 und 132) hingegen wenig überzeugend als »Treppe« im Außenbereich gedeutet, obwohl König Hrothgar zuerst in die Halle geht (Stabreim 925; Hube 2005, 127), bevor er auf dem *stapol* steht.

31 Z. B. Stabreime 5; 52; 68 f. 78; 89; 116 f. 146; 166 ff. 285; 307 ff. 444; 492; 658; 676; 688; 695; 716; 725; 774; 994 f. 998; 1086 f. 1232; 1236; 1239 ff. 1253; 1314 f. 1639; 1799 f. 1815; 1925 f. 1952; 2196; 2325 ff. 2370 f. 2456; 2635 (siehe Hube 2005, 24–34) 37 ff. 40; 42; 46 f. 53 f. 64 f. 70; 73; 89; 92 ff. 97; 105; 108; 134; 136; 144; 148; 160 ff. 167; 171; 174; 182; 198; 211; 214; 220; 230; 233; 236; 249 ff. 252; 273; 278; 286; 296; 305; 318; 336; 471; 474 f. 479; 483).

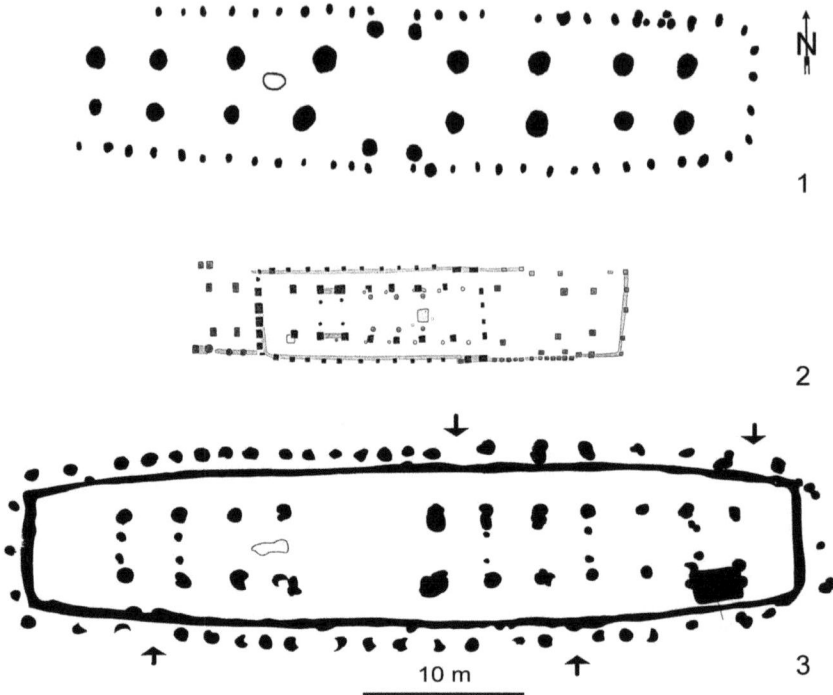

Abb. 8. »Große Hallen« aus Dänemark und den Niederlanden: 1 Gudme, Amt Fünen, DK
(nach Østergaard Sørensen 1994, 30 Abb. 8); 2 Fochteloo, Gde. Ooststellingwerf, Prov.
Friesland, NL. Oberes Planum (nach van Giffen 1958, 55 Abb. 11); 3 Lejre, Amt Roskilde,
Seeland, DK (nach Christensen 1991, 174 Abb. 14). Pfeile weisen auf die Eingänge hin.

3. bis mittleren 4. Jahrhunderts von Gudme auf Fünen, des 6.–7. Jahrhunderts von
Yeavering in Northumberland oder des 7.–10. Jahrhunderts bei Lejre auf Seeland. In
Gudme (Abb. 8,1) fallen die schieren Ausmaße des Gebäudes von > 10 × > 47 m ins
Auge (Østergaard Sørensen 1994, 30–2; 38 f. Abb. 8–9), auf der Feddersen Wierde
ist bei Breiten von »nur« maximal 6,7 m und Längen bis 21,4 m eher die Bauweise
ohne Stall bemerkenswert (Haarnagel 1979, 122 Abb. 33 links; 139; 142–7; zum Konzept des Herrenhofes jetzt auch: Burmeister / Wendowski-Schünemann 2006). Im von
Beda unter dem Namen *Ad Gefrin* als *villa regia* erwähnten Yeavering sind bei z. B.
11,6 × 25,3 m die besonders massive Ausführung, die komplexen Bewegungsmuster
inner- und außerhalb der Hallen und Einfriedungen, gezielte Baufluchtungen sowie
singuläre Baubefunde im Umfeld beachtlich (Hope-Taylor 1977, 57–62; 275; 199
Abb. 71–2; Ware 2005, 156 ff. Abb. 53–4; Barnwell 2005; zur Überlieferung siehe

Beda, Hist. Eccl. 2, 14: Giles 1843; Jane 1903). Die im Endzustand ca. 6,2 × 27,3 m
große Halle von Fochteloo (Abb. 8,2) enthielt eine quadratische Pfostensetzung mit
seitlichen Standspuren, die als Rest einer bühnenartigen Ruhestätte oder eines Hoch-
sitzes gedeutet wurden, von dem aus der Häuptling den ganzen Raum habe übersehen
können (van Giffen 1958, 55–7 Abb. 11; zu Hochsitzen siehe auch: Dölling 1958,
52; Kossack 1966, 25 f.; Steuer 1982, 280; Kossack 1997, 73; Hamerow 2002, 90).
Die mit 11,5 × 48,5 m größte der genannten Hallen, diejenige von Lejre (Abb. 8,3),
soll entlang ihrer verbreiterten Nebenschiffe Stufen mit abgehobenen Wohnberei-
chen und einer großen Zahl von Sitzplätzen um den Herd gehabt haben (Christensen
1991, 172–4 Abb. 8; 14; vgl. auch: Schmidt 1991, 187; 190; Hamerow 2002, 23 f.).
Auch in Warendorf, Nordrhein-Westfalen, lagen im 8./9. Jahrhundert möglicherweise Hochsitze gegenüber dem Mitteleingang von Langhäusern (Donat 1980, 167,
12 Abb. 1,1–2).

Nichts dergleichen wurde jemals im südlichen Mitteleuropa gefunden, obwohl wie
erwähnt die in Bayern verfasste *Samanunga* die Existenz von Hochsitzen überliefert.
Die großen Hallen des Nordens verbindet (Tab. 1), dass sie Nutzflächen von über
150 m^2 bis 550 m^2 besitzen, oft mehrfach am Platz erneuert wurden und jeweils nur
in einem oder wenigen Exemplaren vorhanden sind. Bajuwarische Langhäuser hingegen wurden selten am Platz erneuert, sie liegen – abgesehen von den Gebäuden des
Typs Irlbach – bei hinreichender Grabungsfläche stets in größerer Anzahl benachbart
und erreichen nur in Ausnahmefällen das untere Ende der Abmessungen der großen
Hallen des Nordens.[32]

In der Hofhaltung Attilas

Die einzigen erhaltenen genauen Beschreibungen eines »barbarischen« Königsgehöf-
tes des mittleren 1. Jahrtausends beziehen sich auf den Hunnenkönig Attila (406–453)
und stammen aus dem Jahr 448 von Priscus (Hist. Byz. 8: Dindorf 1870, 303 ff.;
Bury 2005, § 6 ff.)[33] und, darauf fußend, aus der ersten Hälfte des 6. Jahrhunderts von
Jordanes (Getica 34: Mommsen 1882, 104 ff.). Sie werden in der archäologischen
Literatur selten erwähnt,[34] obwohl sie äußerst instruktiv sind. Priscus berichtet von
einem sehr großen Dorf, wo Attila prächtigere Gebäude als anderswo besaß, die aus
poliertem Holz gebaut und von einer hölzernen Einfriedung umgeben waren. Im

---

32 Geisler 1993, Taf. 17 ff. – Kirchheim Haus 418 und 424 (Taf. 54 und 58) wären mit 263 m^2 und
240 m^2 größer, sollten aber angesichts der unklaren Befundüberlagerung unberücksichtigt bleiben.
33 Mein Dank gilt Herrn Prof. Max Martin, Basel, für den Verweis auf Priscus und Herrn Prof. Kai
Brodersen, Erfurt, für den Hinweis auf eine englische Übersetzung.
34 Z. B. Maenchen-Helfen 1978, 137; van Giffen 1958, 57; Stuppner 2008, 440 f.; ausführlich mit
griechischem und lateinischem Originaltext und Übersetzung: Fries-Knoblach 2006, 396 f.

Fundort	Datierung	Breite m	Länge m	Fläche m²
Nordische Hallen				
Lejre (DK)	7.–10. Jh.	11,5	48,5	557,8
Gudme (DK)	3./4. Jh.	10,0	47,0	470,0
Yeavering (GB)	7. Jh.	11,6	25,3	293,5
Warendorf (D)	8./9. Jh.	7,0	29,0	203,0
Fochteloo (NL)	1./2. Jh.	6,2	27,3	169,3
Feddersen Wierde (D)	2.–4. Jh.	6,7	21,4	143,4
Bajuwarische Langhäuser				
Kirchheim 415	7./8. Jh.	9,6	17,1	164,2
Kirchheim 419	7./8. Jh.	6,3	24,8	156,2
Kirchheim 425	7./8. Jh.	6,0	20,9	125,4
Harting–West 1	7. Jh.	6,5	19,2	124,8
Kirchheim 406	7./8. Jh.	5,9	18,9	111,5
Kirchheim 407	7./8. Jh.	6,1	16,5	100,7
Kirchheim 411	7./8. Jh.	5,6	17,0	95,2
Kirchheim 414	7./8. Jh.	5,5	17,2	94,6
Eching-Autobahnzubringer 3	6. Jh.	5,6	16,0	89,6
Eching-Autobahnzubringer 1	6. Jh.	5,6	15,0	84,0
Burgweinting	7. Jh.	6,0	14,0	84,0

Tab. 1. Gebäudemaße nordischer Hallen und bajuwarischer Langhäuser im Vergleich.

Gegensatz zu den übrigen war die königliche Einfriedung mit Türmen verziert, nicht zum Schutz, sondern zur Zierde. Es gab auch ein Bad und Baldachine aus dünnem weißem Leinen. Der königliche Palast war höher als die anderen Gebäude und lag auf einer Anhöhe (Dindorf 1870, 303 f.; Bury 2005, § 6).[35] Die vielen Gebäude in Attilas Einfriedung bestanden teilweise aus geschnitzten und gut gefügten Bohlen, teils aus sauberen und geglätteten Balken (?). Attilas Gemahlin ruhte auf einem weichen Teppich, während der Boden mit Wollfilz bedeckt war (Dindorf 1870, 310 f.; Bury 2005, § 12). Beim Festgelage gab es für die Gäste Sitzplätze, die sich alle entlang der Wände des Raumes auf beiden Seiten befanden. Attila selbst lag auf einer Kline in der Mitte mit einer weiteren Kline hinter sich sowie Stufen, die zu seinem Bett hinaufführten,

---

35 Zum Gebrauch von Baldachinen vgl. byzantinische Kaiser (Bolognesi Recchi Franceschini 1999, 127) und fatimidische Kalifen (Halm 2006, 277); zu spätantiken Elementen in kalifaler Machtausübung: Krüger 2006.

das zur Zierde mit feinem Leinen und bunten Decken verhüllt war. Essen wurde auf Tischen serviert, die groß genug für drei, vier oder noch mehr Personen waren. Attila betonte seine Anspruchslosigkeit durch hölzernes Geschirr und unverzierte persönliche Gegenstände. Bei Nacht sorgten Fackeln für Beleuchtung (Dindorf 1870, 315–7; Bury 2005, § 15). Jordanes berichtet von einem großen Dorf mit Holzgebäuden, die so kunstvoll aus polierten Brettern gebaut waren, dass die Fugen kaum sichtbar waren. Es gab große Speisesäle und schön ausgeführte Portiken, und der Königspalast war an der schieren Größe seines Hofes erkennbar (Dindorf 1870, 323; Mommsen 1882, 104 f.; zu fugenlosen Holzbauten vgl. Venantius Fortunatus, Carmina 9, 15: *neque rima patet*; Leo 1881, 219).

Im frühmittelalterlichen Bayern mit seinem viel mehr römischen als griechischen Erbe lagen die Dinge sicher nicht exakt genauso, aber die Wichtigkeit von Raumgliederung, Holzarbeiten, Mobiliar und Textilien für die fast theatralische Selbstinszenierung eines einheimischen Potentaten und seiner Gemahlin mag sehr wohl vergleichbar gewesen sein.

Im Fränkischen Reich

Anhand von Textquellen wie z. B. Gregor von Tours, Einhard, Ermoldus Nigellus oder dem Karlsepos[36] sowie Ausgrabungsbefunden kann man sich ein Bild von herrschaftlicher Repräsentation der zweiten Hälfte des 1. Jahrtausends bei den Franken machen, wobei Informationen zur Karolingerzeit solche zur Merowingerzeit deutlich überwiegen, so dass der zeitliche Schwerpunkt später als bei den bajuwarischen Siedlungen liegt. Schriftquellen nennen üblicherweise die Königshalle, die *Aula regia*, die von Wohnzwecken abgesehen vor allem dazu diente, Herrscherauftritte und wichtige politische Ereignisse – sofern sie nicht im Freien stattfanden – in zeremonieller Form so zu inszenieren, dass sie vom bloßen Zusehen allgemein verständlich wurden. Daneben existierten noch eine Kapelle sowie vielfältige Neben- und gegebenenfalls weitere Repräsentationsgebäude (Jacobsen 1999, 93; Renoux 1999, 131 ff.; Grewe 1999, 145 ff.; Untermann 1999, 161; Gai 1999, 183 ff.). Die Aachener Pfalz besaß überdies Thermen und einen Tierpark (Grewe 1999, 162). Pfalzen konnten mit Palisade oder Mauer – wie in Paderborn seit 778 – befestigt sein (Renoux 1999, 130; 135; Gai 1999, 183), aber auch offene Ensembles – wie Ingelheim, Kr. Mainz-Bingen – kamen vor (Grewe 1999, 148; 151).

Manche karolingische Pfalzen waren zwar von historisch bezeugter Bedeutung, lieferten aber nur dürftige Baubefunde und/oder Funde (Ulm: Dumitrache u. a. 2006,

---

36 Gregor von Tours (Weidemann 1982, 359 f. 371); Einhard, *Vita Karoli Magni* 17 und 33 (Pertz/Waitz 1911, 20 f. und 39); Karlsepos 94 ff. 426 ff., bes. 523 ff. (Dümmler 1881, 368 f. 377 ff.); Ermoldus Nigellus, *In honorem Hludowici* 4 (Dümmler 1884, 63 ff.).

31 f. 36; Frankfurt: Wintergerst 2007, 99). Wo die Befunde hinreichend gut sind, war die unterschiedlich große Königshalle gewöhnlich mehrstöckig, wovon z. B. Pfeiler-vorlagen und Treppenaufgänge zeugen. Im Erdgeschoss lag meist der (Thron) Saal, während sich die Königsgemächer im Obergeschoss befanden, das bisweilen einen Söller besaß, auf dem der Herrscher sich zeigen konnte. Die Aula wurde gern über Gänge oder Anbauten mit der Kapelle baulich verbunden. Für Komfort sorgten höl-zernes Mobiliar, Steinfußböden, Verzierungen mit Stuck, Edelsteinen und Gold, antike Spolien sowie aufwändige ornamentale, architektonische oder figurale Wand-malereien mit oder ohne Beischriften und bei Anwesenheit des Königs zudem Wohn-textilien wie Vorhänge, Wandbehänge, Teppiche und Decken, außerdem Kamine und teilweise sogar Wasserleitungen.[37] Auf königlichen Landgütern scheint nach Karls *Capitulare de villis* von ca. 800 ähnliche Behaglichkeit angestrebt worden zu sein (Boretius 1883, 87 Nr. 42 zur umfangreichen Ausstattung mit Hausrat). Ein Unikum ist der antikisierende Halbkreisbau von Ingelheim mit 89 m Durchmesser und radial angeordneten Räumen (Grewe 1999, 147). Pfalzkapellen waren gewöhnlich einfache Saalkirchen mit Rechteckchor, nur die Aachener Pfalzkapelle Karls des Großen war als byzantinisch inspirierter Zentralbau von Achteckform – mit Mosaiken, Bronzen, Backstein und antiken Spolien ausgestattet – spektakulär neuartig (Jacobsen 1999, 93; Bolognesi Recchi Franceschini 1999, 128; Untermann 1999, 155 ff.).

Zum Zeremoniell derjenigen Kulturen, deren Symbole und Monumente sie kopier-ten, hatten die Karolinger hingegen ein zurückhaltendes Verhältnis (Luchterhandt 2006, 179, 184). Dies ist wohl darauf zurückzuführen, dass die karolingischen Herr-scher in Ermangelung eines großen Verwaltungs- und Vollzugsapparates vergleichs-weise geringe Macht hatten und zum Regieren auf durch Überzeugungskraft erzielten Konsens mit ihren Getreuen angewiesen waren. Bei dieser Herrschaftspraxis durften Insignien und Zeremonien den Herrscher zwar auszeichnen, aber nicht von seiner Gefolgschaft distanzieren. Anders als spätrömische oder byzantinische Kaiser oder muslimische Herrscher wirkten fränkische Könige eher durch tatkräftige Präsenz als durch Entzogenheit, durch lebendiges Vorbild als durch steifen Habitus und such-ten, z. B. in Versammlungen oder beim gemeinsamen Bad, beständig den Dialog mit Einzelnen (McCormick 1999, 71 f.; Luchterhandt 2006, 190 f.; Halm 2006, 275 ff.; Shalem 2006, 216 ff.; Krüger 2006, 251 f.).

---

37 Jacobsen 1999, 93; Renoux 1999, 132 ff.; Wyss 1999, 140; Grewe 1999, 145 ff.; Untermann 1999, 161; Gai 1999, 185 f.; Preissler 1999, 198; 205. – Maße von Aulen: Paderborn 10 × 30 m (Gai 1999, 184 Abb. 1), Ingelheim ca. 12 × 38,3 m (Grewe 1999, 144 Abb. 2; 146), Aachen 22 × 57 m (Untermann 1999, 153 Abb. 1).

Zur Deutung der bajuwarischen Befunde

Kehren wir unter dem Eindruck der vorgestellten Überlieferungen und Befunde zu Ausdrucksmöglichkeiten von Reichtum und Macht zu den bayerischen Verhältnissen zurück, so ergeben sich mindestens vier Erklärungsmöglichkeiten dafür, dass in frühmittelalterlichen Siedlungen Bayerns keine Herrscher- oder Herrensitze nach dem Vorbild des germanischen Nordens, Attilas oder der fränkischen Könige gefunden wurden, sofern man nicht Häuser vom Typ Irlbach oder den Befund von Barbing, Kr. Regensburg, dafür bemühen will, was mir derzeit angesichts der unsicheren Rekonstruktion und geringen Zahl gewagt erschiene.

Die erste Möglichkeit ist, dass es keine solchen Residenzen gab, weil die ländlichen Eliten materiell und/oder sozial nicht in der Lage waren, ihren Bau zu veranlassen. Dies könnte als das primitivistische »angelsächsische Modell« bezeichnet werden in der Nachfolge von Helena Hamerows (2002, 93) Erklärung für »das Fehlen […] des eindrucksvollen Langhauses, […] den Mangel an eingefriedeten Gehöften und deutlich geplanter Raumaufteilung« in frühen angelsächsischen Siedlungen. Sie stellt sich »kleine, gemischte […] Gemeinschaften von Einwanderern und [Einheimischen]« vor, »deren Haushaltsstruktur angesichts von Wanderung und Assimilation dramatischem Wandel unterworfen war, nicht zu reden von dem wirtschaftlichen Zusammenbruch, der das Ende der römischen Herrschaft begleitete«. Daraus leitet sie die »Unfähigkeit dieser Gemeinschaften [ab], die Zusammenballung von Arbeitskraft und Ressourcen anzuordnen, die zur Errichtung von Langhauskomplexen« ebenso nötig gewesen wäre wie zur Umsetzung von »klar strukturierten Gebäudeanordnungen« (Hamerow 2002, 96). Allerdings machen die Steinarchitektur, die stattlichen hölzernen Langhäuser, die erheblichen materiellen Ressourcen, die in Gräbern »vernichtet« wurden, die engen Kontakte mit Franken und Langobarden sowie der hohe Stand der Holzbearbeitung bei den benachbarten Alamannen eine solche Erklärung für Bayern sehr unwahrscheinlich.

Die zweite Erklärung besteht darin, dass die Führungsschicht nicht in Dörfern lebte und daher ihre Wohnsitze außerhalb ländlicher Siedlungen zu finden sind, z. B. auf Bergeshöhen wie in der Spätantike und Völkerwanderungszeit[38] oder unter späteren Städten. Beide Lagetypen sind schwer erforschbar und für Bayern in der Tat noch kaum bekannt, wenn man von Wallschnitten und Lesefunden auf Burgen und dürftigen Befunden in Stadtkerngrabungen absieht. Selbst wenn sich in Zukunft der Forschungsstand erheblich verbessern sollte, bliebe diese Erklärung jedoch die Ant-

---

38 Höhensiedlungen des 4./5. Jahrhunderts in Südwestdeutschland (Steuer/Hoeper 2008, 213 f. Abb. 1) oder in Niederösterreich (Stuppner 2008, 429 ff.); wenige (Be)Funde des 6. Jahrhunderts vom Runden Berg bei Urach (Klee 1986, 46; Steuer/Hoeper 2008, 254; Quast 2008, 296) und vom Zähringer Burgberg bei Freiburg i. B. (Steuer u. a. 1988, 207).

wort schuldig auf die Frage, wer in diesem Fall in reichen Separatfriedhöfen und Hofgrablegen auf dem Lande beigesetzt war.

Die dritte Begründung wäre, dass Residenzen existierten, aber in anderer Technik gebaut wurden, die weniger leicht im Grabungsbefund nachzuweisen ist, z. B. mit Schwellen in Wandgräbchen. Auch dies ist nicht sehr wahrscheinlich, weil in den untersuchten Siedlungen immerhin neun Wandgräbchengebäude bekannt sind (Fries-Knoblach 2006, 356 ff.: Burgheim, Barbing-Kreuzhof, Aschheim-Saturnstraße 1986, Zuchering-Ost / Am Urnenfeld, Attaching-Baumarkt, Eching-Südwest, Kelheim-Kanal I und Igling), aber keines davon herausragt. Dies ist erstaunlich im Hinblick auf Hope-Taylors Beobachtung, dass Gebäude mit Wandgräbchen in Nordeuropa in der zweiten Hälfte des 1. Jahrtausends »besonders mit Amtshandlungen von Kirche oder Staat verbunden waren« (Hope-Taylor 1977, 273 f.), und Donats Feststellung, dass in ähnlicher Weise auch Ständerbauten in Mittel- und Süddeutschland bis ins 10. Jahrhundert auf adelige und besonders königliche Zentren beschränkt blieben (Donat 1995, 425). Die Besonderheit von Wandgräbchen- und Ständerbauweise bestätigen auch aus Wandgräbchen erschlossene Ständerbauten – teils mit umlaufenden Portiken bzw. Kanalheizung nach antikem Vorbild – in und bei einem eingefriedeten suebischen Herrenhof des 4./5. Jahrhunderts auf dem Oberleiserberg bei Ernstbrunn in Niederösterreich.[39] Nichts dergleichen ist bislang in bajuwarischen Siedlungen greifbar, wobei die unlängst wieder von denkmalpflegerischer Seite betonte Schwierigkeit des Nachweises von Wandgräbchenbauten (Nadler 2005, 66 f. Abb. 86 – nötig sind gute Erhaltung sowie viel Zeit und Handarbeit bei der Ausgrabung) immer zu bedenken ist und in Zukunft durchaus noch für Überraschungen sorgen kann.

Die vierte und m. E. wahrscheinlichste Argumentation ist, dass bei den Bajuwaren Reichtum, Ansehen und Macht nicht mehr wie bei den Nordgermanen und Hunnen durch Prestigekonsum in monumentalen Hallen und die langfristige Anwesenheit eines möglichst großen Gefolges mobiler Krieger ausgedrückt wurden. Vielmehr begann in sesshaften Gemeinschaften mit viel römischem Erbe und teils hohem Romanenanteil die Herausbildung einer auf vornehme Abstammung, Landbesitz und Amtsgewalt gegründeten Führungsschicht[40] mit neuen Arten von Repräsentation und Kriegsführung[41] spürbar zu werden. Diese pflegte, wie Frauke Stein und Anke Burz-

---

39 Stuppner 2002; Stuppner 2008, 444; 437 ff. Abb. 5c–d; völkerwanderungszeitlich wären auch die vermuteten Schwellbalkenhäuser der alamannischen Höhensiedlung mit befestigtem »Fürstenhof« auf dem Runden Berg bei Urach: siehe Quast 2008, 270; 272; 276.

40 Die sog. Nobilifizierung oder Nobilitierung, die im 11./12. Jahrhundert mit dem Adel als Rechts- und Geburtsstand abgeschlossen ist (Burzler 2000, 15; 167; 169); vgl. hingegen im Beowulf-Epos: noch Gefolgschaftsverhältnisse unter gleichgestellten Kriegern (Hube 2005, 197).

41 Wichtig ist der Wandel von einer großen Zahl sich rasch verändernder Söldnerheere mit Rekruten aus weit entfernten Gebieten hin zu regulären Truppen, die durch einen Treueeid zu einem einzigen König oder Herzog untereinander verbunden waren (Steuer 1997, 160 ff.). Vielleicht sind dabei gewisse Merkmale eines Wandels von Häuptlingstümern hin zu archaischen Staaten

ler eingehend für größere Gebiete Mitteleuropas einschließlich der Franken zeigten, einen verfeinerten Lebensstil mit alten und neuen Elementen wie Reiten und Jagen, gehobenen Tisch- und Trinksitten mit Glasgefäßen und Trinkhörnern, mit Heldengesang zur Leier, Gesellschaftsspiel und Dienern.[42] Aber auch kostbare persönliche Insignien wie Goldschmuck, goldverzierte Kleidung und Ausrüstung sowie gute Pferde (Burzler 2000, 170 f.) mehrten zweifellos Ruhm und Einfluss solcher Anführer. Nicht zu unterschätzen ist wohl auch ihre Kontrolle über Dörfer mit blühenden Gehöften, aus denen Krieger bei Bedarf rekrutiert wurden, und geschickten Handwerkern, die unterhalten wurden und ebenso nützliche wie prestigeträchtige Güter herstellten, die an Getreue vergeben werden konnten. Generell tritt die soziale Oberschicht der Bajuwaren jedoch archäologisch mit einer zeitlichen Verzögerung von fast 100 Jahren gegenüber den Alamannen und ohnehin schwächer als bei diesen in Erscheinung, was Arno Rettner (2004, 258 Anm. 14) mit ihrem romanisierten Habitus erklärte. In diesem Umfeld gewann Architektur wohl eher »Klasse statt Masse« und gelangte vermutlich zu ähnlicher kunsthandwerklicher Blüte, wie es das fränkische Beispiel erahnen lässt. Ihr Ausdruck war zweifellos die kunstvolle Ausstattung normal dimensionierter und eventuell zweistöckiger Gebäude mit vergänglichem Kunsthandwerk wie reichen Holzarbeiten, luxuriösen oder sogar exotischen Wohntextilien und dekorativem Mobiliar. Letzteres wurde nur bei den weniger romanisierten Alamannen, Franken und Sachsen mit ins Grab gegeben, seine Existenz ist aber unbedingt auch für Bayern zu vermuten, nicht zuletzt wegen des erwähnten Vorkommens entsprechender Begriffe in der *Samanunga*.[43]

erkennbar, wie Schier (1998, 502–9) ihn anhand sozialwissenschaftlicher Literatur im Zusammenhang mit eisenzeitlichen Befunden beschrieben hat, die diesen Übergang bezeichnenderweise nicht erkennen lassen, obwohl ansonsten viele Merkmale zwischen eisenzeitlichen (Eibner 2004, 632 ff.) und frühmittelalterlichen Eliten übereinstimmen.

42 Allgemein: Burzler 2000, 170. – Zur Jagd: Stein 1967, 153 (Falkenjagd); Dannheimer / Dopsch 1988, 393 (Grab 35 von Sindelsdorf, Kr. Weilheim-Schongau, mit Jagdwaffen und Lockhirsch); Lockhirschjagd kann bei den Hethitern, im eisenzeitlichen Italien, im gallo-römischen Kulturmilieu und im Frühmittelalter in herrschaftlichem Kontext nachgewiesen werden: Eibner 2004, 627 ff.; Dobiat 2005. – Zum Gesellschaftsspiel bei den Franken: Stauch 1996, 716 ff. – Zu Heldengesang und Leier: Stein 1967, 153; vgl. umgekehrt zum Bezug zwischen Krieger und Sänger die Einritzung auf der merowingerzeitlichen Leier von Trossingen mit einer zeremoniellen Kriegerprozession hin zu einer Lanze und zu Leier und Schwert als auszeichnenden Attributen der Herrenschicht: Salmen 2006, 402 ff., bes. 503 und 405 (vgl. auch einen zum Tanz aufspielenden eisenzeitlichen Leierspieler mit Helm: Eibner 2009, Taf. 8,42). – Zu gehobenen Trinksitten mit Trinkhorn, Metallschale oder Glasbecher: Stein 1967, 153; Ledderose 2006, 49; Furtmayr 2006, 134 f.; vgl. auch den Zeitvertreib vornehmer Franken nach Gregor von Tours (Weidemann 1982, 374).

43 Alamannia: Wolf 1997, 380 ff.; Stork 1997, 309. – Francia: Doppelfeld 1960, 93; 106 Nr. 41; 1964, 159 f. Nr. 32–33 Abb. 1; Bender Jørgensen 1984, 90 f.; 1985, 86. – Sachsen (4.–5. Jahrhundert): Schön 2000, 231 ff.; 2005, 26–30; zu Drechselarbeiten und Vorhängen in der *Samanunga* s. S. 358 – Die bauliche Umsetzbarkeit mehrstöckiger Holzbauten bezeugt für die 1. Hälfte des 6. Jahrhun

Wichtig war zweifellos auch die Christianisierung, die Zeremonien räumlich von Profanbauten trennte und mit Salbung und Schriftlichkeit neue ideelle Formen der Legitimation neben physischer Gefolgschaft bereithielt (Ware 2005, 160). Zudem bekleideten Stiftung und Ausstattung von Kirchen und Klöstern (z. B. Störmer 1988b; Angenendt 1995, 179; 300) die schiere Demonstration von Reichtum und Macht mit dem Mantel der christlichen Herrschertugenden der Wohltätigkeit, Frömmigkeit und Weisheit (McCormick 1999, 72). Öffentliche Auftritte mögen in Anlehnung an römisches und byzantinisches Zeremoniell inszeniert worden sein, vielleicht unter Vermittlung der Langobarden (Luchterhandt 2006, 176 ff.), mit denen wie erwähnt enge politische und verwandtschaftliche Kontakte bestanden. Dafür dienten vielleicht Sonderbauten wie Typ Irlbach, häufiger aber wohl freie Plätze, wie sie sich in einigen bajuwarischen Siedlungen als Befundlücken abzeichnen (Fries-Knoblach 2006, 396: Aufhausen/Bergham, Burgweinting-Ost, Eching und Englschalking). Freilich zeigt keiner der bajuwarischen Befunde die schöne Gegenüberstellung von besonders gro-ßem, räumlich abgesetztem »Herrenhof« mit Pfostenspeichern statt Grubenhäusern und restlichem Dorf auf verschiedenen Seiten eines freien Platzes wie im alamanni-schen Lauchheim, Ostalbkreis (Stork 1997, 302 f.; Marti/Windler 2002, 246).

Schluss

Hinweise auf soziale Unterschiede im frühmittelalterlichen Bayern sind widersprüch-lich. Einerseits lassen sich in Textquellen und Grabfunden genügend Hinweise auf Unterschiede in Ethnos, Ansehen und Vermögen fassen, andererseits bleibt ihr bau-licher Niederschlag im Siedlungswesen vage. Am bemerkenswertesten sind die sel-tenen Häuser vom Typ Irlbach, von denen bislang jedoch ungewiss bleibt, ob sie repräsentative oder nur besondere praktische Funktion besaßen oder aber sogar spät-antik-romanische Verbindungen andeuten. Der Hausbau allein stellt jedenfalls im frühmittelalterlichen Bayern überlieferungsbedingt eine trügerische Quelle für die Frage sozialer Unterschiede dar und bedarf des Korrektivs der anderen Quellenarten. Zusammengenommen deutet sich jedenfalls an, dass bei den Bajuwaren Prestige bzw. soziale Gleichheit und Ungleichheit nicht primär durch die technische Ausführung – wohl in dörflicher Gemeinschaftsleistung – der traditionellen Holzbauten ausge-drückt wurden. Vielmehr unterschieden vermutlich kunsthandwerkliche Dekoration und Ausstattung von Gebäuden, sicher aber besonderer Lebensstil und Landbesitz in zunehmendem Maße Vornehme von Gemeinen. Erst mit der wieder beginnenden Steinbauweise und ihrer Abhängigkeit von Lagerstätten, Transportmitteln und aus-gebildeten Handwerkern greifen wir nach und nach auch in Bayern nennenswerte

---

derts das dreistöckige thüringisch-fränkische Totenhaus von Zeuzleben, Kr. Schweinfurt (Haller 1991, 30 ff. Abb. 7).

Gegensätze zwischen ländlichen Gebäudearten einerseits und kirchlichen, herrschaftlichen und städtischen andererseits.[44]

Literaturverzeichnis

Angenendt 1995: A. Angenendt, Das Frühmittelalter. Die abendländische Christenheit von 400 bis 900. Stuttgart, Berlin, Köln: Kohlhammer ²1995.

Babucke u.a. 2000: V. Babucke / L. Bakker / A. Schaub, Archäologische Ausgrabungen im Museumsbereich. In: P. Rummel (Hrsg.), Das Diözesanmuseum St. Afra in Augsburg. Jahrbuch des Vereins für Augsburger Bistumsgeschichte 34 / 1. Augsburg: St.-Ulrich-Verlag 2000, 99–128.

Baert 2004: B. Baert, A Heritage of Holy Wood. The Legend of the True Cross in Text and Image. Cultures, Beliefs, and Traditions 22. Leiden: Brill 2004.

Bakker 2004: L. Bakker, Ein kleines Gräberfeld des frühen Mittelalters aus Inningen, Stadt Augsburg, Schwaben. Das archäologische Jahr in Bayern 2004, 123–5.

Banck-Burgess 1998: J. Banck-Burgess, Stichwort »Goldtextilien«. In: H. Beck u.a. (Hrsg.), Reallexikon der germanischen Altertumskunde 12. Berlin: de Gruyter 1998, 386–92.

Barnwell 2005: P. S. Barnwell, Anglian Yeavering: A Continental Perspective. In: Frodsham / O'Brien 2005, 174–84.

Bartel 2002 / 03: A. Bartel, Die Goldbänder des Herrn aus Straubing-Alburg. Untersuchungen einer Beinbekleidung aus dem frühen Mittelalter. Bericht der Bayerischen Bodendenkmalpflege 43 / 44, 2002 / 03, 261–72.

Bartel / Knöchlein 1993: Dies. / R. Knöchlein, Zu einem Frauengrab des sechsten Jahrhunderts aus Waging am See, Lkr. Traunstein, Oberbayern. Germania 71, 1993, 419–39.

Bartel / Nadler 2002 / 03: Dies. / M. Nadler, Der Prachtmantel des Fürsten von Höbing – Textilarchäologische Untersuchungen zum Fürstengrab 143 von Großhöbing. Bericht der Bayerischen Bodendenkmalpflege 43 / 44, 2002 / 03, 229–49.

Bauer 2006: F. A. Bauer (Hrsg.), Visualisierungen von Herrschaft. Frühmittelalterliche Residenzen – Gestalt und Zeremoniell. Internationales Kolloquium 3. / 4. Juni 2004 in Istanbul. Byzas 5. Istanbul: Ege Yayınları 2006.

Bender Jørgensen 1984: L. Bender Jørgensen, Ein koptisches Gewebe und andere Textilfunde aus den beiden fränkischen Gräbern im Kölner Dom. Kölner Domblätter 49, 1984, 85–96.

Bender Jørgensen 1985: Dies., A Coptic Tapestry and Other Textile Remains from the Royal Frankish Graves of Cologne Cathedral. Acta Archaeologica (København) 56, 1985, 85–100.

Bierbrauer 1990: K. Bierbrauer, Die vorkarolingischen und karolingischen Handschriften der Bayerischen Staatsbibliothek. Katalog der illuminierten Handschriften der Bayerischen Staatsbibliothek München 1 / 1–2. Wiesbaden: Reichert 1990.

---

44 Steinerne Kirchen: Codreanu-Windauer 2003, 468 ff. 478 ff. – Steinerne Klöster: ebd. 471 ff.; Fries-Knoblach 2006, 388. – Steinerner Profanbau: Dannheimer 2005; 2008. – Steinerne Befestigungen: Leidorf u.a. 1999, 57.

Biermeier/Kowalski 2007: St. Biermeier/A. Kowalski, GADA A8 – Geschichtsträchtiges an der Amper, Gde. Bergkirchen, Kr. Dachau, Oberbayern. Das archäologische Jahr in Bayern 2007, 103–6.

Biermeier/Schönfelder 2004: Ders./U. Schönfelder, Der römische Gutshof von Herrsching am Ammersee. Das archäologische Jahr in Bayern 2004, 86–8.

Bischoff 1953: B. Bischoff (Hrsg. u. Übers.), Arbeo: Vita et passio Sancti Haimhrammi martyris – Leben und Leiden des Hl. Emmeram. München: Heimeran 1953.

Böhm 1992: K. Böhm, »Elirespach« wiederentdeckt – ein neuer bajuwarischer Haustyp aus Irlbach. Das archäologische Jahr in Bayern 1992, 138–40.

Böhm 1994: Ders., »Elirespach« wiederentdeckt – Mittelalterliches aus Irlbach im Lkr. Straubing-Bogen. In: K. Schmotz (Hrsg.), Vorträge des 12. Niederbayerischen Archäologentages. Espelkamp: Leidorf 1994, 307–22.

Böhm 1995: Ders., Ein neuer bajuwarischer Haustyp aus »Elirespach« – Irlbach, Landkreis Straubing-Bogen, Niederbayern. In: J. Prammer (Hrsg.), Ausgrabungen und Funde in Altbayern 1992–94. Katalog Gäubodenmuseum Straubing 24. Straubing: Cl. Attenkofer'sche Buch- und Kunstdruckerei 1995, 105–8.

Bolognesi Recchi Franceschini 1999: E. Bolognesi Recchi Franceschini, Der byzantinische Kaiserpalast im 8. Jahrhundert. Die Topographie nach den Schriftquellen. In: Stiegemann/Wemhoff 1999, 123–9.

Boretius 1883: A. Boretius (Hrsg.), Capitularia Regum Francorum I. Monumenta Germaniae Historica, Legum Sectio II. Hannover: Hahn 1883.

Brendle 2005: T. Brendle, Schemel, Stuhl und Totenbett. Ein dendrodatiertes Frauengrab mit Holzinventar und Runeninschrift aus dem alamannischen Gräberfeld von Neudingen, Stadt Donaueschingen. In: B. Päffgen/E. Pohl/M. Schmauder (Hrsg.), Cum grano salis. Beiträge zur europäischen Vor- und Frühgeschichte. Festschrift für Volker Bierbrauer zum 65. Geburtstag. Friedberg: Likias 2005, 143–64.

Bücker 1991: Ch. Bücker, Eine Sondierungsgrabung in der neu entdeckten frühalamannischen Siedlung von Vörstetten, Kr. Emmendingen. Archäologische Ausgrabungen in Baden-Württemberg 1991, 196–8.

Burger 1988: I. Burger, Die Siedlung der Chamer Gruppe von Dobl, Gde. Prutting, Kr. Rosenheim, und ihre Stellung im Endneolithikum Mitteleuropas. Materialhefte zur Bayerischen Vorgeschichte A 56. Fürth: Graf 1988.

Burmeister/Wendowski-Schünemann 2006: St. Burmeister/A. Wendowski-Schünemann, Der ›Herrenhof‹ der Feddersen Wierde – Anmerkungen zu einem sozialgeschichtlichen Konzept. In: H.-P. Wotzka (Hrsg.), Grundlegungen. Beiträge zur europäischen und afrikanischen Archäologie für Manfred K. H. Eggert. Tübingen: Francke 2006, 109–31.

Bury 2005: J. B. Bury, Priscus at the Court of Attila. Translation of Priscus, fragment 8. http://ccat.sas.upenn.edu/jod/texts/priscus.html [27.1.2005].

Burzler 2000: A. Burzler, Archäologische Beiträge zum Nobilifizierungsprozeß in der jüngeren Merowingerzeit. Materialhefte zur Bayerischen Vorgeschichte A 77. Kallmünz: Lassleben 2000.

Christensen 1991: T. Christensen, Lejre Beyond Legend: the Archaeological Evidence. Journal of Danish Archaeology 10, 1991, 163–85.

Codreanu-Windauer 2003: S. Codreanu-Windauer, Vorromanische Kirchenbauten in Altbayern. In: Sennhauser 2003, 457–85.

Codreanu-Windauer u. a. 2000: Dies./M. Hoernes/A. Rettner/K. Schnieringer/E. Wintergerst, Die städtebauliche Entwicklung Regensburgs von der Spätantike bis ins Hochmittelalter. In: P. Schmid (Hrsg.), Geschichte der Stadt Regensburg 2. Regensburg: Pustet 2000, 1013–53.

Crowfoot/Chadwick Hawkes 1967: E. Crowfoot/S. Chadwick Hawkes, Early Anglo-Saxon gold braids. Medieval Archaeology 11, 1967, 42–86.

Czermak/Ledderose 2004: A. Czermak/A. Ledderose, Getrennt und gemeinsam – Zur gesellschaftlichen Gliederung eines frühmittelalterlichen Separatfriedhofs. Erste Ergebnisse einer archäologisch-anthropologischen Synthese. In: G. Grupe/J. Peters (Hrsg.), Conservation policy and current research. Documenta Archaeobiologiae 2. Rahden/Westf.: Marie Leidorf 2004, 71–95.

Czysz 1994: W. Czysz, Der römische Gutshof am Ortsrand von Baldingen, Stadt Nördlingen, Kr. Donau-Ries, Schwaben. Das archäologische Jahr in Bayern 1994, 130–3.

Dannheimer 1973: H. Dannheimer, Die frühmittelalterliche Siedlung bei Kirchheim, Kr. München, Oberbayern. Germania 51, 1973, 152–69.

Dannheimer 1988: Ders., Aschheim im frühen Mittelalter. I. Archäologische Funde und Befunde. Münchener Beiträge zur Vor- und Frühgeschichte 32/1. München: Beck 1988.

Dannheimer 1995: Ders., Torhalle auf Frauenchiemsee. Zeugnisse zur Frühgeschichte des Klosters Frauenwörth. Prähistorische Staatssammlung Große Ausstellungsführer 2. Regensburg: Schnell und Steiner ⁴1995.

Dannheimer 2005: Ders., Frauenwörth. Archäologische Bausteine zur Geschichte des Klosters auf der Fraueninsel im Chiemsee. Bayerische Akademie der Wissenschaften, Philologisch-Historische Klasse, Abhandlungen Neue Folge 126. München: Verlag der Bayerischen Akademie der Wissenschaften 2005.

Dannheimer 2008: Ders., Frauenwörth. Herzog Tassilos Kloster im Chiemsee. Abtei – Kirche – Torhalle. Weißenhorn: Anton H. Konrad 2008.

Dannheimer/Dopsch 1988: Ders./H. Dopsch (Hrsg.), Die Bajuwaren. Von Severin bis Tassilo 488–788. Ausstellungskatalog Rosenheim – Mattsee 1988. München, Salzburg: Ueberreuter 1988.

Dieke-Fehr/Müller-Christensen 1988: A. Dieke-Fehr/S. Müller-Christensen, Zur golddurchwirkten Vitta aus Grab 5 bei der Pfarrkirche. In: Dannheimer 1988, 133.

Diepolder 2000: G. Diepolder, Archäologie am Holzweg oder wie groß waren große Höfe im frühen Mittelalter? Bayerische Vorgeschichtsblätter 65, 2000, 227–37.

Dindorf 1870: L. A. Dindorf, Historici Graeci minores 1. Leipzig: Teubner 1870.

Dobiat 2005: C. Dobiat, *Cervus domesticus*. Die Jagd mit dem Lockhirsch im Frühen Mittelalter. In: C. Dobiat (Hrsg.), Reliquiae gentium. Festschrift für Horst Wolfgang Böhme zum 65. Geburtstag. Teil I. Internationale Archäologie Studia Honoraria 23. Veröffentlichungen des Vorgeschichtlichen Seminars Marburg 14. Rahden/Westf.: Marie Leidorf 2005, 79–101.

Dölling 1958: H. Dölling, Haus und Hof in westgermanischen Volksrechten. Veröffentlichungen der Altertumskommission des Provinzialinstituts für Westfälische Landes- und Volkskunde 2. Münster: Aschendorff 1958.

Donat 1980: P. Donat, Haus, Hof und Dorf in Mitteleuropa vom 7. bis 12. Jahrhundert. Archäologische Beiträge zur Entwicklung und Struktur bäuerlicher Siedlung. Schriften zur Ur- und Frühgeschichte 33. Berlin: Akademie 1980.

Donat 1995: Ders., Neuere archäologische und bauhistorische Forschungsergebnisse zum ländlichen Hausbau des 11.–13. Jahrhunderts in Mittel- und Süddeutschland. Germania 73, 1995, 421–39.

Donat 1999: Ders., Befunde aus Mittel- und Süddeutschland zur Stallhaltung im frühen und hohen Mittelalter. Beiträge zur Mittelalterarchäologie in Österreich 15, 1999, 35–48.

Doppelfeld 1960: O. Doppelfeld, Das fränkische Frauengrab unter dem Chor des Kölner Domes. Germania 38, 1960, 89–113.

Doppelfeld 1964: Ders., Das fränkische Knabengrab unter dem Chor des Kölner Domes. Germania 42, 1964, 156–88.

Dümmler 1881: E. Dümmler (Hrsg.), Karolus Magnus et Leo Papa. Monumenta Germaniae Historica, Poetae Latini Aevi Carolini. Bd. 1. Berlin: Weidmann 1881, 366–79.

Dümmler 1884: Ders. (Hrsg.), Ermoldi Nigelli Carmina. In Honorem Hludowici. Monumenta Germaniae Historica, Poetae Latini Aevi Carolini. Bd. 2. Berlin: Weidmann 1884, 1–93.

Dumitrache u. a. 2006: M. Dumitrache / G. Kurz / G. Legant / D. Schmid, Der lange Weg zur Stadt. Neue Blickwinkel der Archäologie zur Stadtgründung Ulms. Denkmalpflege in Baden-Württemberg 35, 2006, 28–37.

Eibner 2004: A. Eibner, Die Bedeutung der Jagd im Leben der eisenzeitlichen Gesellschaft – dargestellt anhand der Bildüberlieferungen. In: H. Heftner / K. Tomaschitz (Hrsg.), Ad Fontes! Festschrift für Gerhard Dobesch zum 65. Geburtstag am 15. September 2004. Wien: Eigenverlag der Herausgeber 2004, 621–44.

Eibner 2005: Dies., Wie wertvoll ist eine Frau?! Gedanken zum Stellenwert des Spinnens und Webens in der Gesellschaft. In: E. M. Feldinger (Hrsg.), Scherben bringen Glück. Festschrift für Fritz Moosleitner zum 70. Geburtstag. Salzburg: Eigenverlag der Herausgeberin 2005, 31–8.

Eibner 2009: Dies., Symbol und Bedeutung des Stabes – anhand eisenzeitlicher Bildquellen. In: G. Tiefengraber / B. Kavur / A. Gaspari (Hrsg.), Keltske studije II. Studies in Celtic Archaeology. Papers in honour of Mitja Guštin (zum 60. Geburtstag). Protohistoire Européenne 11. Montagnac: Éditions Monique Mergoil 2009, 11–45.

Eule 1998: M. Eule, Die frühmittelalterlichen Siedlungen in Aschheim, Kr. München, Oberbayern. In: J. Fridrich (Hrsg.), Ruralia II. Conference Spa 1997. Památky Archeologické Supplementum 11. Prague: Institute of Archaeology 1998, 25–33.

Featherstone 2006: J. M. Featherstone, The Great Palace as Reflected in De Cerimoniis. In: Bauer 2006, 47–61.

Fehr u. a. 2005: H. Fehr / Ch. Later / H.-P. Volpert, Eine reiche Grabgruppe der frühen Merowingerzeit aus Unterhaching, Kr. München, Oberbayern. Das archäologische Jahr in Bayern 2005, 93–6.

Filtzinger u. a. 1986: Ph. Filtzinger / D. Planck / B. Cämmerer (Hrsg.), Die Römer in Baden-Württemberg. Stuttgart, Aalen: Theiss ³1986.

von Freeden 1996: U. von Freeden, Die Bajuwaren – Nachbarn der Franken. In: Wieczorek u. a. 1996, 308–18.

Fried 1980: P. Fried, Stichwort »Bayern. B. Das Stammesherzogtum des Früh- und Hochmittelalters (ca. 500–1180)«. In: R.-H. Bautier u. a. (Hrsg.), Lexikon des Mittelalters Bd. 1. München: Artemis 1980, 1696–8.

Fries-Knoblach 2006: J. Fries-Knoblach, Hausbau und Siedlungen der Bajuwaren bis zur Urbanisierung. Bayerische Vorgeschichtsblätter 71, 2006, 339–430.

Frodsham / O'Brien 2005: P. Frodsham / C. O'Brien (Hrsg.), Yeavering: People, Power, Place. Stroud: Tempus 2005.

Fuchs u. a. 1997: K. Fuchs / D. Planck / B. Theune-Großkopf (Hrsg.), Die Alamannen. Ausstellungskatalog Stuttgart – Zürich – Augsburg 1997–1998. Stuttgart: Theiss 1997.

Furtmayr 2006: H. Furtmayr, Lebensbilder – Ein Mann und eine Frau aus spätmerowingisch-karolingischer Zeit. In: Riedel / Schönewald 2006, 132–7.

Gai 1999: S. Gai, Die Pfalz Karls des Großen in Paderborn. Ihre Entwicklung von 777 bis zum Ende des 10. Jahrhunderts. In: Stiegemann / Wemhoff 1999, 183–96.

Gebhard 1999: R. Gebhard, Der Goldfund von Bernstorf. Zubehör eines Kultbildes der älteren Bronzezeit. Das archäologische Jahr in Bayern 1999, 22–4.

Geisler 1984: H. Geisler, Barbing-Kreuzhof. Eine ländliche Siedlung des frühen Mittelalters östlich von Regensburg. In: S. Rieckhoff-Pauli / W. Torbrügge (Hrsg.), Regensburg, Kelheim, Straubing I. Führer zu Archäologischen Denkmälern in Deutschland 5. Stuttgart: Theiss 1984, 164–73.

Geisler 1993: Ders., Studien zur Archäologie frühmittelalterlicher Siedlungen in Altbayern (Dissertation München 1984). Straubing: Gesellschaft für Zeitdokumente 1993.

Geisler 1997: Ders., Haus und Hof im frühmittelalterlichen Bayern nach den archäologischen Befunden. In: H. Beck / H. Steuer (Hrsg.), Haus und Hof in ur- und frühgeschichtlicher Zeit. Bericht über zwei Kolloquien der Kommission für die Altertumskunde Mittel- und Nordeuropas 1990 und 1991. Gedenkschrift für Herbert Jankuhn. Abhandlungen der Akademie der Wissenschaften Göttingen, Philologisch-Historische Klasse, 3. Folge Nr. 218. Göttingen: Vandenhoeck & Ruprecht 1997, 461–83.

Geisler 2003: Ders., Völkerwanderungszeit und frühes Mittelalter. In: K. Schmotz (Hrsg.), Vorträge des 21. Niederbayerischen Archäologentages. Rahden / Westf.: Leidorf 2003, 295–312.

van Giffen 1958: A. E. van Giffen, Prähistorische Hausformen auf Sandböden in den Niederlanden. Germania 36, 1958, 35–71.

Giles 1843: J. A. Giles (Hrsg. u. Übers.), Saint Bede, The complete works of venerable Bede. 8 Bände. London: Whittaker and Co. 1843 [http://oll.libertyfund.org; 28.1.2009].

Grewe 1999: H. Grewe, Die Königspfalz zu Ingelheim am Rhein. In: Stiegemann / Wemhoff 1999, 142–51.

Haarnagel 1979: W. Haarnagel, Die Grabung Feddersen Wierde. Methode, Hausbau, Siedlungs- und Wirtschaftsformen sowie Sozialstruktur. Feddersen Wierde II / 1–2. Wiesbaden: Steiner 1979.

Haberstroh 2004: J. Haberstroh, Vicus, Villa und Curtis? Ausgrabungen in der Villa rustica von Nassenfels, Kr. Eichstätt, Oberbayern. Das archäologische Jahr in Bayern 2004, 116–9.

Haberstroh 2006: Ders., Die Ingolstädter Kreuzfibel. In: Riedel / Schönewald 2006, 138–41.

Haller 1991: Petra Haller, Führer durch das Vorgeschichtsmuseum im Grabfeldgau, Bad Königshofen im Grabfeld (Unterfranken). München: Süddeutscher Verlag 1991.

Halm 2006: H. Halm, Verhüllung und Enthüllung. Das Zeremoniell der fatimidischen Imam-Kalifen in Kairo. In: Bauer 2006, 273–82.

Hamerow 2002: H. Hamerow, Early Medieval settlements. The Archaeology of Rural Communities in Northwest Europe 400–900. Oxford: Oxford University Press 2002.

Hensch 2006: M. Hensch, Der karolingische Königshof Lauterhofen und sein Umland. In: Riedel/Schönewald 2006, 106–11.

Hensch/Rind 2007: Ders./M. M. Rind, Ein monumentaler Steinbau unter der Weltenburger Frauenbergkirche, Stadt und Kr. Kelheim, Niederbayern. Das archäologische Jahr in Bayern 2007, 111–3.

Herschend 1999: F. Herschend, Stichwort »Halle«. In: H. Beck u. a. (Hrsg.), Reallexikon der Germanischen Altertumskunde 13. Berlin: de Gruyter 1999, 414–25.

Hope-Taylor 1977: B. Hope-Taylor, Yeavering: An Anglo-British Centre of Early Northumbria. Archaeological Reports 7. London: Her Majesty's Stationery Office 1977.

Hube 2005: H.-J. Hube (Hrsg., Übers. u. Komm.), Beowulf. Das angelsächsische Heldenepos über nordische Könige. Wiesbaden: Marix 2005.

Huber 1994: M. Huber, Die Funde und Befunde des frühen Mittelalters von Poing, Lkr. Ebersberg. Ungedr. Magisterarbeit München 1994.

Hüssen/Wegener-Hüssen 1995: C.-M. Hüssen/A. Wegener-Hüssen, Römische Besetzung und Besiedlung des Donausüdufers. In: Rieder/Tillmann 1995, 187–202.

Jacobsen 1999: W. Jacobsen, Herrschaftliches Bauen in der Karolingerzeit. Karolingische Pfalzen zwischen germanischer Tradition und Antikenrezeption. In: Stiegemann/Wemhoff 1999, 91–4.

Jane 1903: L. C. Jane (Übers.), Bede. Ecclesiastical History of the English Nation 2. London: Temple Classics 1903 [http://www.fordham.edu/halsall/basis/bede-book2.html; 29.1.2009].

Johnson 1987: A. Johnson, Römische Kastelle des 1. und 2. Jahrhunderts n. Chr. in Britannien und in den germanischen Provinzen des Römerreiches. Kulturgeschichte der Antiken Welt 37. Mainz: Zabern 1987.

Keller 1991/92: E. Keller, Der frühmittelalterliche »Adelsfriedhof« mit Kirche von Herrsching a. Ammersee, Lkr. Starnberg. Bericht der Bayerischen Bodendenkmalpflege 32/33, 1991/92, 7–68.

Keller 1998/99: Ders., Archäologische Untersuchungen im Herzogshof und in der Königspfalz von Altötting. Bericht der Bayerischen Bodendenkmalpflege 39/40, 1998/99, 57–118.

Kellner 1995: H.-J. Kellner, Grünwald, Lkr. München, Obb. Spätrömische Abschnittsbefestigung. In: W. Czysz/K. Dietz/Th. Fischer/H.-J. Kellner (Hrsg.), Die Römer in Bayern. Stuttgart: Theiss 1995, 452–3.

Kind 1989: C.-J. Kind, Ulm-Eggingen. Bandkeramische Siedlung und mittelalterliche Wüstung. Forschungen und Berichte zur Vor- und Frühgeschichte in Baden-Württemberg 34. Stuttgart: Theiss 1989.

Klee 1986: M. Klee, Archäologie-Führer Baden-Württemberg. Stuttgart: Theiss 1986.

Knöchlein o. J.: R. Knöchlein, Das Reihengräberfeld von Waging am See. Schriftenreihe Bajuwarenmuseum 1. Waging: Liliom o. J. [ca. 1997].

Konrad u.a. 2003: M. Konrad/A. Rettner/E. Wintergerst, Die Grabungen von Klaus Schwarz unter dem Niedermünster in Regensburg. In: Sennhauser 2003, 651–63.

Kossack 1966: G. Kossack, Zur Frage der Dauer germanischer Siedlungen in der römischen Kaiserzeit. Zeitschrift der Gesellschaft für Schleswig-Holsteinische Geschichte 91, 1966, 13–42.

Kossack 1997: Ders., Dörfer im Nördlichen Germanien vornehmlich aus der römischen Kaiserzeit. Lage, Ortsplan, Betriebsgefüge und Gemeinschaftsform. Bayerische Akademie der Wissenschaften, Philologisch-Historische Klasse, Abhandlungen Neue Folge 112. München: Verlag der Bayerischen Akademie der Wissenschaften 1997.

Krämer 1951/52: W. Krämer, Die frühmittelalterliche Siedlung von Burgheim in Schwaben. Bayerische Vorgeschichtsblätter 18/19, 1951/52, 200–6.

von Kraus 1922: C. von Kraus, Die Handschrift des Wessobrunner Gebets. Geleitwort zu der Faksimile-Ausgabe von A. von Eckardt. München: Wolff 1922.

Krüger 1892: P. Krüger (Hrsg.), Corpus Iuris Civilis 2: Codex Iustinianus. Berlin: Weidmann ⁵1892.

Krüger 2006: K. Krüger, Die Palaststadt Madīnat al-Zahrā' bei Córdoba als Zentrum kalifaler Machtausübung. In: Bauer 2006, 233–71.

Küster u. a. 1998: H. Küster/A. Lang/P. Schauer (Hrsg.), Archäologische Forschungen in urgeschichtlichen Siedlungslandschaften. Festschrift Georg Kossack zum 75. Geburtstag. Regensburger Beiträge zur Prähistorischen Archäologie 5. Regensburg: Universitätsverlag 1998.

Ledderose 2006: A. Ledderose, Ruhestätten der letzten freien Baiern? – Die Bestattungsplätze von Großmehring und Etting. In: Riedel/Schönewald 2006, 46–53.

Leicht/Sievers 2005: M. Leicht/S. Sievers, Bemerkungen zu den Baustrukturen von Manching. In: G. Kaenel/S. Martin-Kilcher/D. Wild (Hrsg.), Colloquium Turicense. Siedlungen, Baustrukturen und Funde im 1. Jh. v. Chr. zwischen oberer Donau und mittlerer Rhone (Kolloquium in Zürich, 17./18. Januar 2003). Cahiers d'Archéologie Romande 101. Lausanne: Bibliothèque historique Vaudoise 2005, 231–9.

Leidorf u. a. 1999: K. Leidorf/P. Ettel/J. Zeune, Burgen in Bayern. 7000 Jahre Burgengeschichte im Luftbild. Stuttgart: Theiss 1999.

Leo 1881: F. Leo (Hrsg.), Venantius Honorius Clementianus Fortunatus, Carmina. Monumenta Germaniae Historica, Auctorum Antiquissimorum 1, 4, 1. Berlin: Weidmann 1881, 7–270.

Luchterhandt 2006: M. Luchterhandt, Stolz und Vorurteil. Der Westen und die byzantinische Hofkultur im Frühmittelalter. In: Bauer 2006, 171–211.

Maenchen-Helfen 1978: O. J. Maenchen-Helfen, Die Welt der Hunnen. Eine Analyse ihrer historischen Dimension. Wien, Köln, Graz: Böhlau 1978.

Marti/Windler 2002: R. Marti/R. Windler, Siedlung und Besiedlung in der frühmittelalterlichen Schweiz. Zeitschrift für Schweizerische Archäologie und Kunstgeschichte 59/3, 2002, 237–54.

McCormick 1999: M. McCormick, Paderborn 799: Königliche Repräsentation – Visualisierung eines Herrschaftskonzepts. In: Stiegemann/Wemhoff 1999, 71–81.

Meier/Eibl in Vorb.: Th. Meier/F. Eibl (Hrsg.), Leben an Donau und Lech. Die mittelalterlichen Siedlungen von Kelheim-Kanal I und Igling bei Landsberg (in Vorb.).

Möslein 2002/03: St. Möslein, Ein einzigartiger Goldtextil-Befund der späten Merowingerzeit aus Straubing-Alburg (Niederbayern) – Vorbericht. Bericht der Bayerischen Bodendenkmalpflege 43/44, 2002/03, 251–59.

Möslein 2005: Ders., Die »goldenen« Schuhriemen. Archäologie in Deutschland H. 3, 2005, 8–13.

Mommsen 1882: Th. Mommsen (Hrsg.), Iordanis, Romana et Getica. Monumenta Germaniae Historica, Auctorum Antiquissimorum 1, 5, 1. Berlin: Weidmann 1882.

Mommsen u. a. 1905: Ders./P. M. Meyer/P. Krüger (Hrsg.), Theodosiani libri XVI cum constitutionibus Sirmondianis et leges novellae ad Theodosianum pertinentes 1. Berlin: Weidmann ³1905 [Zitiert nach dem Nachdruck Berlin: Weidmann 1962].

Moosauer u. a. 1998: M. Moosauer/G. Bachmaier/R. Gebhard/F. Schubert, Die befestigte Siedlung der Bronzezeit bei Bernstorf, Kr. Freising. Vorbericht zur Grabung 1995–1997. In: Küster u. a. 1998, 269–80.

Moosbauer 2005: G. Moosbauer, Kastell und Friedhöfe der Spätantike in Straubing. Römer und Germanen auf dem Weg zu den ersten Bajuwaren. Passauer Universitätsschriften zur Archäologie 10. Rahden/Westf.: Marie Leidorf 2005.

Müller 1988: H. Müller, Weiße Westen – Rote Roben. Von den Farbanordnungen des Mittelalters zum individuellen Farbgeschmack. In: H. Ottenjann (Hrsg.), Mode – Tracht – Regionale Identität. Historische Kleidungsforschung heute. Symposium Cloppenburg 1985. Cloppenburg: Niedersächsisches Freilichtmuseum ²1988, 151–7.

Müller 2003: M. Müller, Die Kleidung nach Quellen des frühen Mittelalters. Textilien und Mode von Karl dem Großen bis Heinrich III. Reallexikon der germanischen Altertumskunde Ergänzungsbd. 33. Berlin, New York: de Gruyter 2003.

Nadler 2005: M. Nadler, Ein Umgangsbau der jüngsten Latènezeit aus Altdorf bei Nürnberg, Kr. Nürnberger Land, Mittelfranken. Das archäologische Jahr in Bayern 2005, 65–7.

Østergaard Sørensen 1994: P. Østergaard Sørensen, Gudmehallerne: Kongeligt byggeri fra jernalderen. Nationalmuseets Arbejdsmark 1994, 25–39.

Osterhaus 1977: U. Osterhaus, Oberbarbing-Kreuzhof, östlich Regensburg. Frühmittelalterliche Siedlung. Gewinne und Verluste. Ausgrabungsnotizen Bayern 2, 1977, 1–9.

Osterhaus 1988: Ders., Zur Frühgeschichte von Regensburg. Lübecker Schriften zur Archäologie und Kunstgeschichte 14, 1988, 23–8.

Ott 1988: Ch. Ott, Zur Technik der Herstellung einer gewebten Vitta. In: Dannheimer 1988, 135–6.

Pertz/Waitz 1911: G. H. Pertz/G. Waitz (Hrsg.), Einhard, Vita Karoli Magni. Monumenta Germaniae Historica, Scriptores Rerum Germanicorum 25. Hannover: Hahn ⁶1911 [Zitiert nach dem Nachdruck Hannover: Hahn 1965].

Pietsch 2003: M. Pietsch, Reiche Gräber des 7. Jahrhunderts n. Chr. aus Bruckmühl, Kr. Rosenheim, Oberbayern. Das archäologische Jahr in Bayern 2003, 104–6.

Pietsch/Lebeda 2004: Ders./A. Lebeda, Ganz aus Holz – Römische Gutshöfe in Poing, Kr. Ebersberg, Oberbayern. Das archäologische Jahr in Bayern 2004, 80–3.

Prammer 2001: J. Prammer, Neues zur römischen und frühmittelalterlichen Besiedlung der Altstadt von Straubing, Niederbayern. Das archäologische Jahr in Bayern 2001, 100–3.

Preissler 1999: M. Preissler, Fragmente einer verlorenen Kunst. Die Paderborner Wandmalerei. In: Stiegemann/Wemhoff 1999, 197–206.

Quast 2008: D. Quast, Der Runde Berg bei Urach. Die alamannische Besiedlung im 4. und 5. Jahrhundert. In: Steuer/Bierbrauer 2008, 261–322.

Renoux 1999: A. Renoux, Karolingische Pfalzen in Nordfrankreich (751–987). In: Stiegemann/Wemhoff 1999, 130–7.

Rettner 2002a: A. Rettner, Von Regensburg nach Augsburg und zurück – Zur Frage des Herrschaftsmittelpunkts im frühmittelalterlichen Bayern. In: G. Helmig/B. Scholkmann/M.

Untermann (Hrsg.), Centre, Region, Periphery. 1. Medieval Europe. 3rd International Conference of Medieval and Later Archaeology 3 / 1. Basel, Hertingen: Wesselkamp 2002, 538–45.

Rettner 2002b: Ders., 402, 431, 476 ... und dann? In: L. Wamser / B. Steidl (Hrsg.), Neue Forschungen zur römischen Besiedlung zwischen Oberrhein und Enns. Vorträge des wissenschaftlichen Kolloquiums vom 14. bis 16. Juni 2000 in Rosenheim. Schriftenreihe der Archäologischen Staatssammlung 3. Remshalden-Grunbach: Greiner 2002, 267–85.

Rettner 2004: Ders., Baiuaria romana. Neues zu den Anfängen Bayerns aus archäologischer und namenkundlicher Sicht. In: G. Graenert u. a. (Hrsg.), Hüben und Drüben – Räume und Grenzen in der Archäologie des Frühmittelalters. Festschrift Max Martin zum 65. Geburtstag. Archäologie und Museum 48. Liestal: Baselland 2004, 255–86.

Rettner 2006: Ders., Zeit des Umbruchs – Das Kontinuitätsproblem in Bayern. In: S. Sommer (Hrsg.), Archäologie in Bayern. Fenster zur Vergangenheit. Regensburg: Pustet 2006, 245–9.

Riedel / Schönewald 2006: G. Riedel / B. Schönewald (Hrsg.), Vom Werden einer Stadt. Ingolstadt seit 806. Ingolstadt: Pruskil 2006.

Rieder / Tillmann 1995: K. H. Rieder / A. Tillmann (Hrsg.), Archäologie um Ingolstadt. Die archäologischen Untersuchungen beim Bau der B 16 und der Bahnverlegung. Kipfenberg: Hercynia 1995.

Salmen 2006: W. Salmen, Leier und Schwert im merowingerzeitlichen Alamannien. In: E. Hickmann / A. A. Both / R. Eichmann / L.-Ch. Koch (Hrsg.), Musikarchäologie im Kontext. Archäologische Befunde, historische Zusammenhänge, soziokulturelle Beziehungen. Vorträge des 4. Symposiums der Internationalen Studiengruppe Musikarchäologie im Kloster Michaelstein, 19.–26. September 2004. Orient-Archäologie 20 = Studien zur Musikarchäologie 5. Rahden / Westf.: Marie Leidorf 2006, 399–412.

Samson 1987: R. Samson, Social Structures from Reihengräber: Mirror or Mirage? Scottish Archaeological Review 4, 1987, 116–26.

Schaub u. a. 2000: A. Schaub / L. Bakker / V. Babucke, Die Ausgrabungen »Hinter dem Schwalbeneck 5–9« in Augsburg. Das archäologische Jahr in Bayern 2000, 84–91.

Schefzik 2001: M. Schefzik, Die bronze- und eisenzeitliche Besiedlungsgeschichte der Münchner Ebene. Eine Untersuchung zu Gebäude- und Siedlungsformen im süddeutschen Raum. Internationale Archäologie 68. Rahden / Westf.: Marie Leidorf. 2001.

Schier 1998: W. Schier, Fürsten, Herren, Händler? Bemerkungen zu Wirtschaft und Gesellschaft der westlichen Hallstattkultur. In: Küster u. a. 1998, 493–514.

Schmidt 1991: H. Schmidt, Reconstruction of the Lejre Hall. Journal of Danish Archaeology 10, 1991, 186–90.

Schneider 1996: R. Schneider, König und Herrschaft. In: Wieczorek u. a. 1996, 389–95.

Schön 2000: M. D. Schön, Germanische Holzmöbel von der Fallward in Niedersachsen. In: L. Wamser (Hrsg.), Die Römer zwischen Alpen und Nordmeer. Zivilisatorisches Erbe einer europäischen Militärmacht. Schriftenreihe der Archäologischen Staatssammlung 1. Mainz: Zabern 2000, 231–5.

Schön 2005: Ders., Prunk und Pracht im hölzernen Sarg. Archäologie in Deutschland 3, 2005, 26–30.

Schönewald/Riedel 2006: B. Schönewald/G. Riedel, Ingoldesstat – die Suche nach dem Kammergut. In: Riedel/Schönewald 2006, 154–9.

Schubert 1995: F. Schubert, Keltische Umgangstempel von Ingolstadt-Zuchering? In: Rieder/Tillmann 1995, 127–185.

Schwarz 1989: K. Schwarz, Archäologisch-topographische Studien zur Geschichte frühmittelalterlicher Fernwege und Ackerfluren im Alpenvorland zwischen Isar, Inn und Chiemsee. Materialhefte zur Bayerischen Vorgeschichte A 45/1–2. Kallmünz: Lassleben 1989.

Schwenk 1996: P. Schwenk, Die Ausgrabungen in Eching (Kleiststraße) 1985 und 1992 sowie in Freising-Attaching 1996. Archäologie im Landkreis Freising 5, 1996, 151–63.

von Schwind 1926: E. von Schwind (Hrsg.), Lex Baiwariorum. Monumenta Germaniae Historica, Legum sectio, Legum Nationum Germanicarum I, V, II. Hannover: Hahn 1926.

Sennhauser 2003: H. R. Sennhauser (Hrsg.), Frühe Kirchen im östlichen Alpengebiet. Von der Spätantike bis in ottonische Zeit. 2 Bde. Bayerische Akademie der Wissenschaften, Philologisch-Historische Klasse, Abhandlungen Neue Folge 123. München: Verlag der Bayerischen Akademie der Wissenschaften 2003.

Shalem 2006: A. Shalem, Manipulations of Seeing and Visual Strategies in the Audience Halls of the Early Islamic Period. Preliminary Notes. In: Bauer 2006, 213–32.

Splett 1976: J. Splett, Abrogans-Studien. Kommentar zum ältesten deutschen Wörterbuch. Wiesbaden: Steiner 1976.

Splett 1979: Ders., Samanunga-Studien. Erläuterung und lexikalische Erschließung eines althochdeutschen Wörterbuches. Göppinger Arbeiten zur Germanistik 268. Göppingen: Kümmerle 1979.

Stauch 1996: E. Stauch, Brettspiel – ein Merowingerzeitvertreib? In: Wieczorek u. a. 1996, 716–9.

Stein 1967: F. Stein, Adelsgräber des 8. Jahrhunderts in Deutschland. Germanische Denkmäler der Völkerwanderungszeit A 9. Berlin: de Gruyter 1967.

Steuer 1982: H. Steuer, Frühgeschichtliche Sozialstrukturen in Mitteleuropa. Abhandlungen der Akademie der Wissenschaften Göttingen, Philologisch-Historische Klasse, 3. Folge Nr. 128. Göttingen: Vandenhoeck & Ruprecht 1982.

Steuer 1997: Ders., Herrschaft von der Höhe. Vom mobilen Söldnertrupp zur Residenz auf repräsentativen Bergkuppen. In: Fuchs u. a. 1997, 149–62.

Steuer/Bierbrauer 2008: Ders./V. Bierbrauer (Hrsg.), Höhensiedlungen zwischen Antike und Mittelalter von den Ardennen bis zur Adria. Reallexikon der germanischen Altertumskunde Ergänzungsbd. 58. Berlin: de Gruyter 2008.

Steuer/Hoeper 2008: Ders./M. Hoeper, Völkerwanderungszeitliche Höhenstationen am Schwarzwaldrand. Eine Zusammenfassung der Gemeinsamkeiten und Unterschiede. In: Steuer/Bierbrauer 2008, 213–60.

Steuer u. a. 1988: Ders./M. Hoeper/U. Vollmer, Zu den Forschungen auf dem Zähringer Burgberg, Gde. Gundelfinden, Kr. Breisgau-Hochschwarzwald. Archäologische Ausgrabungen in Baden-Württemberg 1988, 203–8.

Stiegemann/Wemhoff 1999: Ch. Stiegemann/M. Wemhoff (Hrsg.), 799 – Kunst und Kultur der Karolingerzeit. Karl der Große und Papst Leo III. in Paderborn. Beiträge zum Katalog der Ausstellung Paderborn 1999. Mainz: Zabern 1999.

Störmer 1988a: W. Störmer, Zur gesellschaftlichen Gliederung. In: Dannheimer/Dopsch 1988, 224–8.

Störmer 1988b: Ders., Die agilolfingerzeitlichen Klöster. 1. Das Zeugnis der schriftlichen Quellen. In: Dannheimer/Dopsch 1988, 305–10.

Störmer im Druck: Ders., Augsburg zwischen Antike und Mittelalter. Überlegungen zur Frage eines herzoglichen Zentralortes im 6. Jahrhundert und eines vorbonifatianischen Bistums. In: Festschrift Thomas Zotz zum 65. Geburtstag (im Druck).

Stork 1997: I. Stork, Friedhof und Dorf, Herrenhof und Adelsgrab. Der einmalige Befund Lauchheim. In: Fuchs u.a. 1997, 290–310.

Stork 2000: Ders., Lauchheim 2000. Neue Ergebnisse zur Wüstung »Mittelhofen«, Stadt Lauchheim, Ostalbkreis. Archäologische Ausgrabungen in Baden-Württemberg 2000, 154–6.

Strott u.a. 2007: N. Strott/A. Czermak/G. Grupe, Are Biological Correlates to Social Stratification Depicted in Skeletal Finds? Investigation of Early Medieval Separate Burial Grounds in Bavaria. In: G. Grupe/J. Peters (Hrsg.), Skeletal Series and Their Socioeconomic Context. Documenta Archaeobiologiae 5. Rahden/Westf.: Marie Leidorf 2007, 67–86.

Stuppner 2002: A. Stuppner, Stichwort »Oberleiserberg«. In: H. Beck u.a. (Hrsg.), Reallexikon der germanischen Altertumskunde Bd. 21. Berlin: de Gruyter 2002, 483–6.

Stuppner 2008: Ders., Der Oberleiserberg bei Ernstbrunn – eine Höhensiedlung des 4. und 5. Jahrhunderts n. Chr. In: Steuer/Bierbrauer 2008, 427–56.

Untermann 1999: M. Untermann, »opere mirabili constructa«. Die Aachener »Residenz« Karls des Großen. In: Stiegemann/Wemhoff 1999, 152–64.

Volpert 2007: H.-P. Volpert, Gedanken zu frühmittelalterlichen Siedlungsformen in der Münchner Schotterebene. Projekt für lebendige Archäologie des frühen Mittelalters Jahresschrift 2007, 45–66.

Waitz 1878: G. Waitz (Hrsg.), Paulus Diaconus, Historia gentis Langobardorum. Monumenta Germaniae Historica, Scriptores Rerum Langobardicarum et Italicarum saec. VI–IX, 1, 7. Hannover: Hahn 1878, 12–187.

Waldman 1975: G. A. Waldman, The Wessobrunn Prayer Manuscript CLM 22053. A Transliteration, Translation and Study of Parallels. Ann Arbor: University Microfilms 1975.

Walter u.a. 2008: S. Walter/Ch. Peek/A. Gillich, Am liebsten schön bunt! Kleidung im Frühen Mittelalter. Porträt Archäologie 3. Esslingen: Mayer 2008.

Ware 2005: C. Ware, The Social Use of Space at Gefrin. In: Frodsham/O'Brien 2005, 153–60.

Weid 2000: E. Weid, Die Kleinfunde der mittelalterlichen Siedlung von Zuchering, Stadt Ingolstadt. Arbeiten zur Archäologie Süddeutschlands 10. Büchenbach: Dr. Faustus 2000.

Weidemann 1982: M. Weidemann, Kulturgeschichte der Merowingerzeit nach den Werken Gregors von Tours. Teil 2. Monographien des Römisch-Germanischen Zentralmuseums Mainz 3/2. Bonn: Habelt 1982.

Weinlich/Nadler 2006: E. Weinlich/M. Nadler, Am Einfallstor nach Bayern – Der Herr von Höbing. In: Riedel/Schönewald 2006, 42–5.

Wieczorek u.a. 1996: A. Wieczorek/P. Périn/K. von Welck/W. Menghin (Hrsg.), Die Franken. Wegbereiter Europas. Ausstellungskatalog Mannheim – Paris – Berlin 1996–1997. Mainz: Zabern 1996.

Wieland 1999: G. Wieland, Keltische Viereckschanzen. Einem Rätsel auf der Spur. Stuttgart: Theiss 1999.

Winghart 1995: St. Winghart, Bemerkungen zu Genese und Struktur frühmittelalterlicher Siedlungen im Münchner Raum. In: L. Kolmer/P. Segl (Hrsg.), Regensburg, Bayern und Europa. Festschrift für Kurt Reindel zum 70. Geburtstag. Regensburg: Universitätsverlag 1995, 7–47.

Wintergerst 2007: M. Wintergerst, Franconofurd. Bd. 1: Die Befunde der karolingisch-ottonischen Pfalz aus den Frankfurter Altstadtgrabungen 1953–1993. Schriften des Archäologischen Museums Frankfurt 22/1. Frankfurt a. M.: Archäologisches Museum 2007.

Wolf 1997: R. Wolf, Schreiner, Drechsler, Böttcher, Instrumentenbauer. Holzhandwerk im frühen Mittelalter. In: Fuchs u. a. 1997, 379–88.

Wyss 1999: M. Wyss, Saint-Denis. In: Stiegemann/Wemhoff 1999, 138–41.

Zimmermann 1999: W. H. Zimmermann, Stallhaltung und Auswinterung der Haustiere in ur- und frühgeschichtlicher Zeit. Beiträge zur Mittelalterarchäologie in Österreich 15, 1999, 27–33.

CLAUDIA THEUNE

Innovation und Transfer
im städtischen und ländlichen Hausbau des Mittelalters

Zusammenfassung: Der Bau von Häusern – seien es Wohn- oder Wirtschaftsgebäude, sei es in der Stadt oder auf dem Land – ist ein elementarer Bestandteil von Gemeinschaften und Forschungsfeld verschiedener wissenschaftlicher Disziplinen. Innovationen, die teilweise durch ökonomische Konstellationen bedingt waren, der Techniktransfer von städtischen in ländliche Siedlungen, aber auch in die Gebiete des Landesausbaus sowie die Beharrung in Traditionen kennzeichnen die Entwicklungslinien des mittelalterlichen Hausbaus. Im Hochmittelalter (10.–Mitte 13. Jahrhundert) ist sowohl in den Städten als auch in ländlichen Siedlungen noch der seit dem Neolithikum verbreitete Pfostenbau zu finden. Doch schon im Verlauf des Hochmittelalters kann man in den Städten des Altsiedellandes und in den Ausbaugebieten sowie in den Dörfern eine völlig neue Konstruktionsweise beobachten: den Ständerbau. Diese Art des Hausbaus ist seit dem späten 12. Jahrhundert fertig ausgebildet und verbreitet sich im 13. Jahrhundert über Mitteleuropa. Dabei sind keine oder kaum zeitliche Verzögerungen festzustellen, wie dendrochronologische Daten zeigen. Die Weiterentwicklung zum Fachwerkbau ist ebenfalls für das 13. Jahrhundert belegt. Rathäuser und Kirchen wurden schon früh als Steingebäude ausgeführt, nicht zuletzt verheerende Stadtbrände führten dann zur so genannten »Versteinerung« der Städte. Abschließend werden Aspekte der Raumnutzung im niederdeutschen Dielenhaus sowie im Hallenhaus betrachtet.

Einleitung

Die Archäologie des Mittelalters ist im Vergleich zur Ur- und Frühgeschichte ein junger Zweig im Feld der Archäologien. Dennoch gibt es rund 50 Jahre nach der Etablierung des Faches in ganz Europa eine kaum mehr zu überschauende Fülle an publiziertem Material, welches besonders für die Phasen des Hoch- und Spätmittelalters und der frühen Neuzeit bei weitem die Quantitäten der älteren Epochen übersteigt. Die Öffnung des Bodens durch Archäologen erbringt, besonders in heute noch besiedelten Bereichen, regelhaft mittelalterliche und neuzeitliche Funde und Befunde. Inzwischen kennen wir zwar das Spektrum der mittelalterlichen Fundgattungen wie etwa Hausrat, Kleideraccessoires oder Militaria sehr gut. Befunde, die umfassende Aussagen zum Hausbau ermöglichen, können jedoch nicht immer ausreichend dokumentiert werden, da die Grabungsflächen oftmals zu klein sind.

Häufig handelt es sich bei den erfassten Siedlungsstrukturen zudem um Gruben oder Architekturteile, die nicht eindeutig einem Haus zuzuordnen sind. Dies gilt insbesondere ab dem Hoch- und Spätmittelalter, als der Pfostenbau durch den Schwellenbau, das heißt den Ständer- bzw. später den Fachwerkbau, abgelöst wird. Leicht für die Archäologen erkennbare eingetiefte Elemente fallen weg oder betreffen im Wesentlichen nur noch die Keller. Das Erdgeschoss und weitere obertägige Strukturen sind nur bei guter organischer Erhaltung zu fassen. Für die Mittelalter- und Neuzeitarchäologie gilt das sonst übliche Prinzip der Höhe Null, wie es Arnand Baeriswyl (2000) in einem Aufsatztitel formuliert hat, nicht in gleichem Maße, denn auch heute noch aufrecht stehende Gebäude mit mittelalterlichem Kern sind durch die Bauforschung mit in die Analyse einzubeziehen. Dabei muss aber der im Vergleich zu den prähistorischen Epochen um ein Vielfaches stärkeren Überbauung Rechnung getragen werden, die häufig bis in die heutige Zeit reicht und ältere Spuren überdeckt und verwischt hat.

Umfangreiche Baumaßnahmen wurden vor allem beim Wiederaufbau der im Zweiten Weltkrieg zerstörten Städte und am Ende des 20. Jahrhunderts in Form großräumiger innerstädtischer Projekte durchgeführt. Dadurch war es teilweise möglich, große Flächen archäologisch zu untersuchen und den mittelalterlichen Hausbau zu studieren. So konnten komplette Quartiere ausgegraben werden, die nicht nur einzelne Bauten und deren Konstruktionen zeigen, sondern auch die sich im Verlauf des Mittelalters verändernden Bebauungsstrukturen auf einer Parzelle deutlich werden lassen (wie beispielsweise in Lübeck: Fehring 1996, 45 ff.).

Anders stellt sich die Forschungssituation in Städten dar, die weniger durch Zerstörung in Mitleidenschaft gezogen waren. Hier fanden häufig nur sehr kleinflächige Grabungen statt, die gegebenenfalls Erkenntnisse zum Hausbau bzw. zu den Kellern erbrachten. Die Pläne zeigen zwar die Situation der teilweise heute noch existierenden Häuser oder auch deren funktionale und strukturelle Einteilung, allerdings handelt es sich dabei meist um neuzeitliche Strukturen.

Die archäologische Erforschung ländlicher Siedlungen stand lange Zeit hinter der Stadtarchäologie zurück. Neben frühen und vorbildlichen Untersuchungen in Pfaffenschlag oder in Mstěnice in Tschechien (zusammenfassend: Nekuda / Felgenhauer-Schmiedt 2006, 9 ff.) wurden ländliche Siedlungen in weiten Teilen Europas erst durch die so genannten linearen Projekte (z. B. Autobahnen, Gasleitungen) oder durch den Braunkohletagebau vollständig erfasst. Die große Menge an Funden und Befunden führt jedoch zu erheblichen Rückständen bei deren Aufarbeitung. Hinzu kommt, dass in ländlichen Siedlungen kaum umfangreiche organische Reste, also auch kaum Spuren von hölzernen Gebäuden im Boden erhalten sind, und die Befunde sehr selten im feuchten Milieu liegen. Möglicherweise liegt der Grund darin, dass in den Städten eher Kloaken mit ausgezeichneten Erhaltungsbedingungen für organische Artefakte ausgegraben werden können. Da ab dem späten Hochmittelalter bzw. dem Spätmittelalter der Pfostenbau auch in den ländlichen Siedlungen durch andere

Konstruktionen abgelöst wird, sind lediglich in günstigen Fällen die Abdrücke bzw. Verfärbungen der Balken erhalten.

Die Erforschung mittelalterlicher und frühneuzeitlicher Häuser sowie der Sozialtopographie von Siedlungen (Löw 2001; Brenner 2001) stellt sowohl in der historisch-geographischen Forschung wie in der Mittelalterarchäologie und der historischen Hausforschung ein wichtiges Untersuchungsfeld dar (Denecke 2005). Im Folgenden sollen exemplarische Befunde ebenerdiger Häuser aus städtischen und ländlichen Siedlungen hoch- und spätmittelalterlicher Zeit (10./11.–13./14. Jahrhundert) vorgestellt werden. Die das Forschungsfeld bei weitem nicht erschöpfenden Beispiele sind entsprechend den Überlieferungsbedingungen, den Datierungsmöglichkeiten und dem Publikationsstand ausgewählt; frühmittelalterliche Befunde werden nur am Rande erwähnt (Steuer 1987). Es sollen einige grundlegende Linien in der Entwicklung des Hausbaus dargelegt und Traditionen sowie Innovationen in verschiedenen Gegenden aufgezeigt werden. Zuerst wird kurz auf den Blockbau eingegangen. Anschließend werden neben dem Pfostenbau verschiedene Formen des Schwellenbaus bzw. des Ständerbaus und des daraus erwachsenen Fachwerkbaus besprochen. Ferner sollen baukontextuelle, funktionale und sozialstrukturelle Aspekte angesprochen werden. Dies schließt einige Bemerkungen zur Binnengliederung des Dielenhauses und des niederdeutschen Hallenhauses ein.

Der Blockbau

Der Blockbau wird im Frühmittelalter bzw. im Mittelalter insbesondere mit östlichen, slawischen Bautraditionen in Verbindung gebracht (Brather 2001, 89 ff.). Dies hängt sicherlich mit im Vergleich zu Mitteleuropa andersartiger Vegetation und anderen klimatischen Verhältnissen in Osteuropa zusammen. Für Pfostenbauten sind in prähistorischen und historischen Zeiten vornehmlich Laubbäume als Bauholz nachgewiesen, Blockbauten werden hingegen vor allem aus Nadelhölzern gefertigt (s. a. Zimmermann 1998, 77). Blockbauten waren als gängiges Wohnhaus z. B. noch im hochmittelalterlichen Danzig verbreitet (Paner 2001, 491 ff.). Auch in Riga herrschten Blockbauten in einheimischer Bauweise mit einer Grundfläche von rund 25 m² bis in das 13. Jahrhundert, in ländlichen Siedlungen der Gegend sogar noch bis in das 17. Jahrhundert vor (Caune 2001, 552 ff.). In Riga handelt es sich hauptsächlich um einräumige Häuser, aber auch mehrräumige Gebäude kommen vor (ebd. 552). In Nowgorod wurden Blockbauten ebenfalls bis in die Neuzeit genutzt (Sorokin 2001, 607 f.).

Für das östliche Mitteleuropa und Osteuropa ist die Funktion von Blockbauten als Wohngebäude gesichert, da regelhaft Heizeinrichtungen und Siedlungsfunde vorhanden sind. Allerdings wurde auch überlegt, ob es hier nicht noch andere, kaum im Boden sichtbare Häuser gegeben hat (Brather 2001, 103).

Im Gegensatz dazu dienten Blockbauten in weiteren westlich anschließenden Mitteleuropa anderen Zwecken: Beispielsweise sind aus Lübeck vier eingetiefte Blockbauten aus der Grabung Alfstraße/Fischstraße mit einer Grundfläche zwischen 7 m^2 und 22 m^2 bekannt (Gläser 2001b, 279). Im Inneren fanden sich keine der sonst üblichen Siedlungsreste, sondern Fäkalien. Diese Blockbauten waren jeweils in den hinteren Teilen der Grundstücke angelegt, so dass sie als Kloaken gedient haben könnten. Möglicherweise wurde der oberirdische Teil als Aufbewahrungsraum genutzt. Die dendrochronologischen Daten dieser Bauten stammen aus der Frühzeit der Stadt zwischen 1170 und 1223.

Der Pfostenbau

Der Pfostenbau mit in den Boden eingetieften senkrechten Stützen, welche die statischen Belastungen der Wände und besonders des Daches tragen, ist seit dem Neolithikum bekannt und stellt auch noch im frühmittelalterlichen Mitteleuropa die übliche Bauweise dar (Zimmermann 1998, 24 ff.). Die Tiefe und die Stärke der eingegrabenen Pfosten bestimmen die Standfestigkeit des Hauses.

Pfostenbauten sind besonders in den ländlichen Siedlungen des Hochmittelalters noch stark verbreitet und stellen ein gängiges Konstruktionsprinzip dar. Als Beispiele können die relativ komplett ergrabenen Siedlungen von Dalem bei Cuxhaven in Niedersachsen (Zimmermann 1991) oder Wülfingen bei Forchtenberg in Baden-Württemberg (Schulze-Dörrlamm 1991) angeführt werden. Unterschiedlich sind jedoch die Grundrisse der dort ausgegrabenen Gebäude: Im Norden und in den kontinentalen westlichen Gebieten sind im Hochmittelalter (10.–Mitte 13. Jahrhundert) so genannte schiffsförmige Grundrisse mit schmalen Seitenschiffen und einer Länge von rund 20–25 m (Typ Gasselte B) typisch (Donat 1993). Für die südlichen Regionen sind eher etwas kleinere zweischiffige Grundrisse wie z. B. in Wülfingen charakteristisch.

Selten sind Hinweise auf spezifische Nutzungsbereiche der Pfostenbauten bekannt. Eine Aufstallung des Viehs zeigen Jaucherinnen und Boxeneinteilungen in den schmalen Seitenschiffen des Haustyps Gasselte B an. Im hinteren Teil werden die Wohnbereiche vermutet (van Doesburg 2002).

Kleinere Pfostenbauten in ländlichen Siedlungen werden als Nebengebäude (Werkstätten oder Scheunen) angesprochen. Dabei handelt es sich um ebenerdige einschiffige Gebäude oder andere Kleinformen, bei denen die Pfosten nicht so stark eingetieft wurden. Weiterhin liegen diese Gebäude im rückwärtigen Teil der erschlossenen Parzellen und Grundstücke.

Pfostenbauten sind aber auch aus städtischen Kontexten des Hochmittelalters bekannt, und zwar überwiegend aus den frühen Phasen der Städte im 12. Jahrhundert. Selten sind Belege aus dem südlichen Mitteleuropa, häufiger dagegen aus den nördlichen, westlichen und östlichen Bereichen. Beispielhaft angeführt werden kann

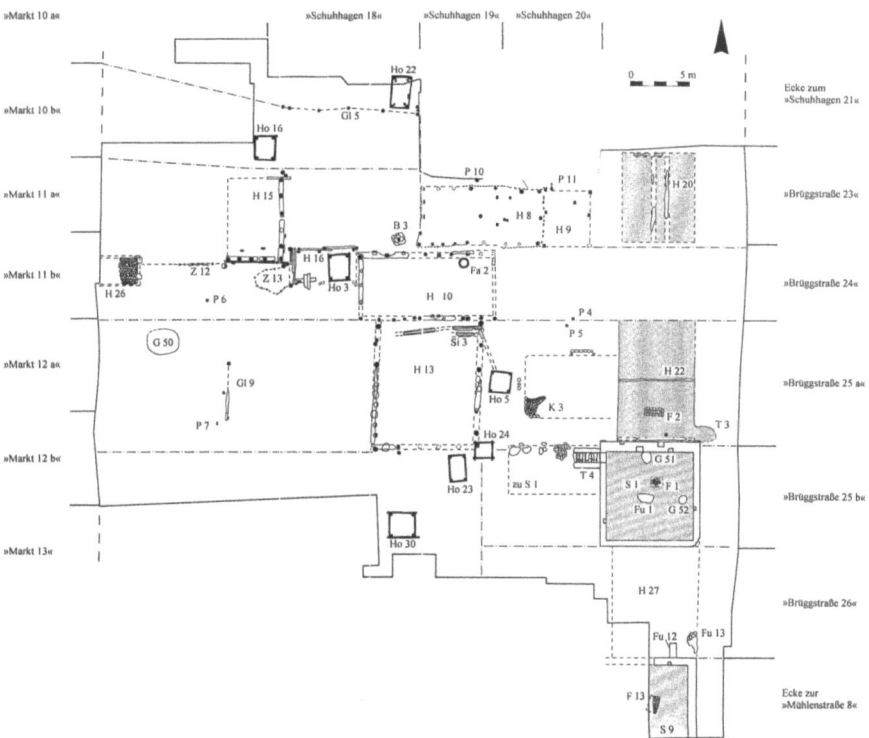

Abb. 1. Greifswald, Marktquartier: Bebauungsstruktur mit Pfostenbauten aus der zweiten Hälfte des 13. Jahrhunderts (nach Schäfer 2001, 423).

ein dreischiffiges Pfostenhaus aus Brandenburg an der Havel (Brandenburg). In der Plauer Straße der Brandenburger Altstadt stand im 12. Jahrhundert ein dreischiffiger Pfostenbau mit breitem Mittelschiff und schmalen Seitenschiffen sowie einer Feuerstelle im Süden (Müller 2006, 61). Weitere große einschiffige Pfostenbauten mit Herdstelle und einer Grundfläche von bis zu 70 m² existierten am Marktplatz in Brandenburg; sie hatten vielleicht eine öffentliche Funktion inne (ebd. 63).

In Lübeck, der sicherlich am besten erforschten mittelalterlichen Stadt Europas, sind 14 Pfostenbauten dokumentiert (Gläser 2001b, 279). Die Häuser sind meist einschiffig, es gibt aber auch mehrschiffige Formen. Teilweise standen diese in traditioneller Weise gebauten Pfostenhäuser im rückwärtigen Teil der Grundstücke. Sie können – entsprechend der Interpretation in ländlichen Siedlungen – als Nebengebäude oder Werkstätten angesprochen werden. Diverse Pfostenbauten sind für das 13. Jahrhundert aus Greifswald bekannt (Schäfer 2001). Die recht großen Häuser können bis zu 9 m Breite erreichen (Abb. 1). Gleichartige Beispiele aus dem 12. Jahrhundert lassen sich aus allen mittelalterlichen Städten der Hanse von England bis in das Baltikum (z. B. Sarfaatij: Donat 2005, 43; Haßfurt: Herrmann 1995, 15 ff.; Soest: Thiemann 2001, 459; Schwerin: Samariter 2005, 201 f.; Braunschweig mit Schwellriegel: Rötting 1996, 46; s. a. Donat 2000, 133 ff.), aber auch im mittleren Donauraum (z. B. Tulln: Scholz u. a. 2007) anführen. Auch für die englische Stadt York oder den ländlichen Raum in den Niederlanden können noch im 11. und 12. Jahrhundert Pfostenbauten nachgewiesen werden (Hall 2001, 89; Baart 2001, 162), jüngere Bespiele stammen aus Skandinavien (Fehring 1980, 269). Während etliche der genannten Gebäude als Wohnbauten dienten, ist für jüngere Zeiten zu konstatieren, dass die in den hinteren Grundstücksbereichen situierten Pfostenbauten als Wirtschafts- oder Nebengebäude gedeutet werden. Insgesamt kann festgestellt werden, dass im Hochmittelalter (10.– Mitte 13. Jahrhundert) der Pfostenbau in Mitteleuropa durchaus noch verbreitet war. Er wird seit dem späten 12. Jahrhundert und besonders im Laufe des 13. Jahrhunderts durch den Ständerbau abgelöst, wobei im Süden die Aufgabe dieser Konstruktion wohl ein wenig früher einsetzt als in den östlichen und nördlichen Regionen. Vereinzelt finden sich in den nördlichen Gebieten noch bis in das 13. Jahrhundert Pfostenbauten.

Schwellenbau und Ständerbau

Die grundlegende Neuerung bei Schwellbauten besteht darin, dass die Wandbohlen nicht mehr in die Erde eingetieft, sondern in einer Schwelle verankert werden. Eingetiefte zwischengestellte Pfosten tragen jedoch weiterhin die Hauptlast des Hauses. In einem nächsten Schritt – beim vollständig entwickelten Ständerbau – ruhen alle konstruktiven Elemente des Hauses auf der Schwelle (s. a. Zimmermann 1998, 43 ff.).

Zwar sind aus der Vorgeschichte, etwa von der hallstattzeitlichen Heuneburg (Gersbach 1995, 95 ff.; 1996, 57 ff.), bereits Schwellriegelbauten bekannt, diese haben sich aber nicht allgemein durchgesetzt. Im Rheinland scheinen im Bereich ehemaliger römischer Siedlungen frühe Ständerbauten aus spätmerowingischer Zeit existiert zu haben (Donat 1980, 31). Ein hochmittelalterliches Beispiel aus Holzheim in Hessen ist in ein adeliges Milieu zu setzen (Wand 1991, 169 ff.). Bereits in Dalem konnte beobachtet werden, dass die Pfosten nicht mehr so tief in den Boden eingegraben wurden, in dieser Zeit begannen wohl schon veränderte Konstruktionsprinzipien Anwendung zu finden (Zimmermann 1991, 41).

Im so genannten Handwerkerviertel der Hansestadt Lübeck ist der Übergang vom Pfostenbau zum Ständerbau anhand der Befunde bzw. der Zurichtung der Pfosten sehr gut dokumentiert (Gläser 2001b, 281 f.). Die eingegrabenen Pfosten (Abstand 0,60– 2 m; Gebäudefläche 8–130 m^2) hatten auf dem Niveau der ehemaligen Erdoberfläche Zapfenlöcher oder Blattsassen zur Aufnahme waagerechter Schwellhölzer. In diesen

Abb. 2. Lübeck, Handwerkerviertel: eingetiefter Pfosten mit Blatt zur Aufnahme einer Schwellbohle (nach Gläser 2001b, 282).

Schwellriegeln konnte eine Nut für die Aufnahme der Wandbohlen erkannt werden (Abb. 2). Ähnliche Beispiele stammen aus Bamberg und Konstanz (Donat 2005, 39). Aufgrund dendrochronologisch datierter Brunnen aus einem Pfostenschwellriegelhaus in Lübeck (1152) bzw. aufgrund von Daten aus Konstanz (1138) sind solche Übergangsformen zwischen Pfosten- und Ständerbau in die Mitte des 12. Jahrhunderts zu stellen (ebd. 40). Das bedeutet, dass Schwellriegelbauten abgesehen von wenigen rheinischen Beispielen in Mitteleuropa erst im Hochmittelalter geläufig wurden. In den südlichen Reichslandschaften fand der Wechsel vom Pfostenbau zum ausgebildeten Ständerbau ab dem 12. Jahrhundert statt (Schreg 2002, 116 ff.; Donat 1995, 427).

Im 13. Jahrhundert ist der nur auf Schwellen stehende Ständerbau fertig ausgebildet (Kaspar 1988). Er kann aufgrund hervorragender Holzerhaltung in Lübeck siebzehnmal (Gläser 2001b, 282), in Eberswalde in Brandenburg elfmal (Krauskopf 2004, 26 ff.) nachgewiesen werden und als typisches städtisches Haus des Spätmittelalters bezeichnet werden. Die Gebäude können einschiffig (ca. 4 × 8 m) oder dreischiffig ausgeführt sein; teilweise waren sie auch unterkellert. Die Ständer wurden in Zapf-

Abb. 3. Frankfurt an der Oder, Wüstung Pagram: steinfundamentiertes Haus mit Schwell-
balkenteil (nach Schneider u. a. 2007, 21 mit Veränderungen).

löcher in die Schwelle eingesetzt; bislang gibt es kaum Belege für eine Vernagelung
von Schwelle und Ständer.

Größere dreischiffige Bauten weisen eine Länge von 22 m und eine Breite von
9,50 m auf, haben also eine umbaute Fläche von bis zu 200 m². Bei den frühen Ständerbauten scheinen die Schwellen direkt auf dem Boden zu liegen, wie zahlreiche
Befunde – etwa aus Eberswalde in Brandenburg – zeigen (Krauskopf 2004, 20).
Daneben gibt es aber auch verschiedene Substruktionen, die die Schwellen schützen
sollten. Möglich sind einzelne Steine bzw. Steinfundamente, die ein- oder mehrlagig
ausgeführt sein können.

Die dendrochronologischen Daten zeigen, dass solche Ständerbauten erstmals am
Ende des 12. Jahrhunderts und dann zu Beginn des 13. Jahrhunderts verstärkt auf-

treten (Donat 1995, 427 f.; 2000, 134 ff.; 2005; Fehring 1986; 1987), wobei in den südlichen Landesteilen die Entwicklungen in der Regel etwas früher einsetzen als im Norden und im östlichen Mitteleuropa. Jedoch sind die zeitlichen Verzögerungen recht gering. Dendrochronologisch datierte Gebäude stammen aus Lübeck (1236, 1257; Gläser 2001b, 291), Eberswalde (1284; Krauskopf 2004, 20), Göttingen (1175; Arndt 2001, 234) und Schwerin (um 1200; Samariter 2005, 202 ff.). Sie können seit dem 13. Jahrhundert als typische Häuser für West-, Ost- und Mitteleuropa gelten, wie zahlreiche weitere Beispiele aus den Niederlanden (Baart 2001, 161; Spitzers 2001, 202 ff.), den britischen Inseln (Hall 2001, 86), aus Polen (Piekalsi 1996, 106 f.; Nawrolska 2001, 476), Tschechien und dem östlichen Mitteleuropa (Donat 1996) sowie den baltischen Staaten (Caune 2001, 551) zeigen. Die Ständerbauten scheinen sich demnach flächendeckend und relativ gleichzeitig, eventuell mit einer kleinen Verzögerung im östlichen Mitteleuropa, verbreitet zu haben.

Ständerbauten treten nicht nur in den Städten auf, sondern sind mehr oder weniger gleichzeitig spätestens im 13. Jahrhundert auch in ländlichen Siedlungen zu fassen. Anhand der nicht immer eng zu fixierenden Datierungen ist jedenfalls keine zeitliche Verzögerung festzustellen. In der Wüstung Pagram bei Frankfurt (Oder) in Brandenburg gelang etwa der Nachweis von zwei Ständerbauten in den Hofstellen 1 und 3 (Schneider u. a. 2007). Der teilweise ergrabene Befund in der Hofstelle 3 zeigt, dass die Schwellen direkt auf dem Boden lagen. In Hofstelle 1 war der nördliche Hausbereich ebenfalls ohne Steinfundament, im südlichen Teil dagegen ruhten die Wände auf einem steinernen Schwellenkranz (Abb. 3). Möglicherweise sind hier funktionale Gründe für die unterschiedliche Bauweise anzunehmen. Leicht zu erkennende Steinfundamente sind aus vielen Wüstungen bekannt und zeigen die flächige Verbreitung des Ständerbaus. Ein weiterer Beleg stammt z. B. aus der niedersächsischen Wüstung Klein Freden, wo ein steinfundamentierter Schwellbalkenbau aus dem 13. Jahrhundert dokumentiert werden konnte (König 2007, 38 f.). Durchgängig steinerne Substruktionen haben die Befunde der so genannten dreizonigen Häuser aus Oberstetten bei Reutlingen, Baden-Württemberg, oder der Wüstung Eichenfürst bei Marktheidenfeld, Bayern. Weitere Vergleichsbefunde stammen überwiegend aus dem südlichen Mitteleuropa (Donat 1995, 427 f.).

Die Ursachen für die grundlegende Veränderung der Konstruktionsweise hin zu Schwellenbauten liegen wohl in der deutlich längeren Haltbarkeit. Der entscheidende Nachteil des Pfostenbaues besteht nämlich darin, dass die eingegrabenen Pfosten leicht verrotten können und nur schwer auszuwechseln sind. Im Vergleich dazu ist die Lebensdauer von Schwellen- und Ständerbauten deutlich erhöht. Beim Ständerbau ruhen die senkrechten Ständer auf Schwellen bzw. sind darin eingezapft. Dadurch wird das Eindringen von Bodenfeuchtigkeit minimiert. Dies gilt besonders, wenn die Holzschwelle zusätzlich mit Steinen unterfüttert ist bzw. auf einem Steinfundament ruht. Die Ständerbautechnik erfordert allerdings ein verändertes Konzept der statischen Lastenverteilung. Die Querkräfte, die beim Pfostenbau durch die in den

Boden eingetieften Pfosten aufgefangen werden, müssen nun auf andere Konstruktionselemente verteilt werden. Es ist notwendig, horizontale und / oder schräge Riegel
einzusetzen, die diese Kräfte auffangen. Dies setzt ein höheres zimmermannstechni-
sches Können voraus.

Der Fachwerkbau

Eine Weiterentwicklung bzw. Variante der Ständerbauten stellen Fachwerkbauten dar,
die noch heute über weite Teile Europas (England, Frankreich, Deutschland, Polen
und Tschechien) verbreitet sind (Altwasser / Klein 1993; Donat 2000; Fehring 1980;
1986; 1987; Kaspar 1988). Die Konstruktion des Fachwerkes ist durch die auftretenden Kräfte vorgegeben. Man unterscheidet zwischen vertikalen Kräften (Eigenge-
wicht und Verkehrslast einschließlich Schneelast) sowie horizontalen Kräften (z. B.
Wind). Die Ableitung der vertikalen Kräfte erfolgt durch Pfosten und Stiele in den
Außen- und Innenwänden. Die horizontalen Kräfte werden durch zug- und druckfest
verbundene Schrägstreben abgeleitet. Beim Fachwerkbau werden die Wände zwischen den Ständern also zusätzlich durch waagerecht verlaufende Riegel bzw. schräg
verlaufende Streben stabilisiert, wodurch die Gefache entstehen. Diese werden in
Norddeutschland mit Backsteinen oder in anderen Regionen mit Rutengeflecht und
Lehm gefüllt. Das flache Steinfundament zum Schutz der Schwellbalken kann bei
Fachwerkbauten ein halbes Geschoss oder noch höher ausgeführt werden.

Die ältesten voll entwickelten Fachwerkhäuser konnten durch bauarchäologische
Untersuchungen in verschiedenen Städten Süddeutschlands nachgewiesen werden
(Donat 1996, 30). Sie entstanden bereits in der zweiten Hälfte des 13. Jahrhunderts,
z. B. in Bad Wimpfen (1266) und in Limburg (1290). Diese Gebäude zeigen alle
Merkmale eines voll entwickelten Fachwerkhauses mit Steinfundament bzw. mit stei-
nernem Erdgeschoss.

Fachwerkhäuser prägen vielfach das Bild mittelalterlicher Städte, sind aber auch
im ländlichen Bereich vertreten. Ebenso wie bei den einfachen Ständerbauten ist
keine zeitliche Verzögerung der Innovation zwischen Stadt und Land nachzuweisen.
Allerdings sind hier qualitative Unterschiede zu konstatieren, die auch in der Konstruktion sichtbar werden. Mehrgeschossige städtische Fachwerkhäuser können in so
genannter Geschossbauweise oder im Stockwerks- bzw. Rähmbau errichtet werden
(Altwasser / Klein 1993). Bei der ersten Variante reichen die vertikalen Ständer über
mehrere Geschosse, bei der zweiten Variante werden die Geschosse einzeln konstruiert und sozusagen übereinandergesetzt. Dies hat den Vorteil, dass kürzere Hölzer verwendet werden können. Weiterhin können die oberen Geschosse vorkragen, wodurch
ein Raumgewinn erzielt wird, was für Stadthäuser von wesentlicher Bedeutung ist.
Dieser Vorteil ist bei ländlichen Fachwerkbauten nicht notwendig, weshalb auch kein
entsprechender Transfer erfolgte.

Die Notwendigkeit, Häuser mit einer längeren Lebensdauer zu bauen, kann mit einer allgemeinen Holzknappheit im späten Hochmittelalter in Zusammenhang gebracht werden. Ständer- und Fachwerkhäuser zeichnen sich durch einen deutlich geringeren Holzverbrauch als Pfostenbauten aus. Für den Fachwerkbau sind keine langen Hölzer mehr notwendig. Ferner sind Reparaturen leichter auszuführen, denn die Hölzer können einfach ausgetauscht werden. Weiterhin ist es im Fachwerkbau möglich, mehrgeschossige Häuser zu errichten. Möglicherweise kommt noch hinzu, dass solche Gebäude auch abgetragen und an einem anderen Ort wieder aufgebaut werden können. Die Immobilie wird so zur Mobilie, was auch Schriftquellen belegen (Kaspar 1998, 222).

Man kann – wie oben erwähnt – schon in vorgeschichtlichen Zeiten damit rechnen, dass die technischen Kenntnisse für die Errichtung von Ständer- und Fachwerkbauten vorhanden waren. Ihre flächige Verbreitung erfolgte jedoch erst in der Spätphase des Hochmittelalters, einer Zeit, die allgemein von zahlreichen Innovationen geprägt ist, in der aber zugleich Holz zu einem knappen und wertvollen Gut wurde. Für den ostmitteleuropäischen Raum hängt die Ausbreitung sicherlich mit dem hoch- und spätmittelalterlichen Landesausbau bzw. mit der deutschen Ostsiedlung zusammen. Schon in ottonischer Zeit wurden die Gebiete bis zur Elbe, im 12. Jahrhundert bis zum Spree-Havel-Gebiet, im frühen 13. Jahrhundert bis zur Oder und im 13. bis 14. Jahrhundert das Baltikum erschlossen. Mit dieser Ausbreitung gelangten auch westliches Know-how, Ortsnamen und Sachkultur in den Osten und verbreiteten sich schnell (Higounet 1986).

Fachwerkbauten bieten neben bautechnischen Vorteilen vielfältige Möglichkeiten für eine spezifisch gestaltete Außenfassade. Die Anordnung der Streben ermöglicht verschiedene Fachwerksfiguren (Großmann 2006), etwa das Andreaskreuz oder den so genannten Wilden Mann im Fränkischen Gebiet Deutschlands. Dies sind Konstruktionselemente, die vermutlich im Mittelalter entstanden sind, während weiterer Fassadenschmuck erst in der Neuzeit hinzugefügt oder ergänzt worden sein mag. Dazu zählen Sonnenscheiben, Kreuzfriese, Treppenfriese, Fächerfriese oder Figurenfriese (christliche und weltliche Szenen) bzw. Inschriften (einfache Datumsnennungen, biblische oder weltliche Sprüche). Sie dienen einerseits schlicht der Dekoration, andererseits werden gerade durch die Inschriften auch Botschaften nach außen transportiert und kommuniziert.

Die Einführung der Steinbauten

Die weitere bauliche Entwicklung führt in den Städten zu den Steinbauten. Häufig wurden schon im Zuge der Stadtgründungsphase öffentliche Gebäude wie Kirchen, Rathäuser oder Stadtmauern, später auch die Bürgerhäuser in Stein errichtet. Für Villingen oder Freiburg in Süddeutschland sind profane Steingebäude seit dem späten 12. Jahrhundert belegt (Donat 2000, 130 ff.; 2005, 40). In Lübeck und anderen Städten begegnen uns so genannte Saalgeschossbauten, bei denen zwei oberirdische Geschosse über einem Kellergeschoss gebaut werden. Es gibt in Lübeck schon im frühen 13. Jahrhundert auch turmartige Steinwerke von erheblichem Ausmaß, die hölzerne Vorgängerbauten besitzen (Fehring 1980, 272 ff.; 1989; Beispiele aus der Alfstraße mit Dendrodatum um 1216: Gläser 2001b, 296).

In Elbing können seit dem Ende des 13. Jahrhunderts turmartige Kemenaten aus Backsteinen belegt werden (Nawrolska 2001, 478). Diese Steinwerke standen vornehmlich im hinteren Grundstücksbereich ohne Verbindung zum hölzernen Vorderhaus. Einige waren beheizbar und dienten daher auch als Wohnräume. Sie werden einer kaufmännisch geprägten Oberschicht als Speicher zugewiesen (Fehring 1980, 275). Ihre Massivbauweise war aufwändig und wohl auch kostenintensiv. Europaweit setzt sich der Steinbau – ob mit Backsteinen oder anderem natürlich anstehenden Material – im 13. Jahrhundert durch (Donat 2000, 130 ff.). Die chronologische Entwicklung verläuft also vom früh- und hochmittelalterlichen Pfostenbau zu hoch- und spätmittelalterlichen Ständerbauten, Fachwerkbauten und Steingebäuden. Jedoch gibt es auch Überschneidungen, so dass anzunehmen ist, dass die Ausformung und Verbreitung der neuen Bautypen schnell von statten gingen.

Für die Einführung der Steinbauweise in den mittelalterlichen Städten wird zu Recht immer wieder auf den elementar notwendigen Brandschutz hingewiesen. Eine Brandschutzverordnung ist aus Lübeck schon für das Jahr 1276 nach einem Stadtbrand überliefert. Neubauten müssen in der Folgezeit eine steinerne Außenmauer und eine Ziegeleindeckung besitzen (Fehring 1980, 268). Ziegel gehören seit dieser Zeit zu den üblichen Funden. Sicherheitsdenken für das eingelagerte Gut kommt als weiterer Grund für die Errichtung von Steingebäuden hinzu.

Die geschilderten Entwicklungen gelten für weite Teile Mitteleuropas. Jedoch ist festzustellen, dass beispielsweise in Mähren und dem angrenzenden österreichischen Waldviertel auch andere Hausformen verbreitet waren (Nekuda 1993). In den ländlichen Siedlungen in Hard, Pfaffenschlag und Mstěnice finden sich dreiteilige Häuser bzw. die Vorläufer des so genannten dreiteiligen Wohnspeicherhauses. Über einen Flur sind eine Stube mit einem Backofen und eine unbeheizbare Kammer bzw. ein Raum zu erreichen, dem eine Speicherfunktion zugesprochen wird. Solche Bauformen sind auch für die Städte Znaim, Uherské Hradiště und Jihlava belegt (ebd. 428).

Stadtmauern, Umzäunungen und Parzellierungen

Stadtmauern werden immer wieder als ein kennzeichnendes Merkmal mittelalterlicher Städte angeführt. Neben dem Schutz der Bürger ist vor allem die Abgrenzung des Rechtsbereiches von Bedeutung (Ennen 1987, 15). Die Großgrabungen der letzten Jahre haben gezeigt, dass wohl auch Dörfer regelhaft umzäunt waren (Biermann 2005). Hier wird man ähnliche Funktionen wie bei Stadtmauern vermuten können. Die Eingrenzung eines Rechtsbereiches ist auch notwendig für kleinere Einheiten – auf dem Land wie in der Stadt. So wurden Zäune, kleine Gräben oder ähnliches ausgegraben, die Parzellen und Grundstücke einhegen.

Die Verlagerung dieser Grenzen bzw. die sich wandelnde Parzellennutzung zeigt sehr anschaulich, wie die Bebauung in den Städten im Verlauf des späten Hochmittelalters und im Spätmittelalter immer dichter wird (Legant-Karau 1993, 207 ff.; 1994, 333 ff.). Durch Grundstücksteilungen entstehen lange und schmale Parzellen, an deren Schmalseite ein Haus mit einem repräsentativen Giebel zur Straße weist. Während das Haupthaus im vorderen Teil des Grundstücks steht, befinden sich im hinteren Teil Brunnen, Kloaken und die wohl dem Handwerk zuzuordnenden Pfostenhäuser sowie der Garten.

Interessant ist der bauliche Kontext im Hinblick auf die generelle Grundstücksbebauung und die Positionierung der einzelnen Gebäude (Fehring 1989, 277 ff.). Die Steinwerke befinden sich vornehmlich im hinteren Grundstücksbereich, während ein Holzbau vorgelagert zur Straße steht. Beide Gebäude sind zunächst ohne Verbindung, nach wenigen Jahrzehnten kann eine solche aber hergestellt werden (Legant-Karau 1993; 1994). Die Steinwerke, die einer städtischen Oberschicht zugewiesen werden, liegen also nicht repräsentativ an der Straßenfront. Da wir die Höhen der Vorderhäuser und der hinteren Steinwerke aber nicht sicher kennen, muss unklar bleiben, ob diese massive Bauweise überhaupt von der Straße aus sichtbar war.

Aspekte der Raumnutzung

Zum Schluss möchte ich auf einige Gesichtspunkte der Raumnutzung in den Häusern eingehen, um einige Schlussfolgerungen zu Kommunikation und Interaktion zu ziehen. Interessanterweise ist für den niederdeutschen Raum in Stadt und Land eine vergleichbare Binnengliederung und Raumnutzung bei unterschiedlichen Haustypen zu beobachten. Hier bestehen Möglichkeiten, über funktionale und soziale Gesichtspunkte des Hauses Aussagen zu treffen, Aspekte der Lebenswelten, der Interaktion und Kommunikation der Bewohner und Nicht-Bewohner, also des privaten und des öffentlichen Raumes aufzuzeigen.

Für die niederdeutschen Städte ist seit der zweiten Hälfte des 13. Jahrhunderts das Dielenhaus charakteristisch. Die heute noch stehenden giebelständigen Häuser sind unterkellert und haben eine bis zu 6 m hohe Diele sowie ein hohes, steiles Dach. Sie sind an die Hansestadt als Handwerker- und Kaufmannsstadt optimal angepasst. Dem archäologischen Befund nach lagen im vorderen Teil die Geschäfts- und im hinteren Teil die Wohnräume. Das Dielenhaus besaß einen sehr hohen, über mehrere Geschosse reichenden Dachstuhl, der als Lager diente (Kaspar 1998, 214 ff.).

Funktional ähnlich sind die dreischiffigen Niederdeutschen Hallenhäuser auf dem Land gegliedert, die ebenfalls eine große Einfahrt, eine geräumige Diele und Wohnräume im hinteren Teil des Hauses aufweisen. In den schmalen Seitenschiffen sind Viehställe untergebracht. Im zentralen hinteren Teil der Diele befindet sich eine offene Feuerstelle, die Wärme spendet und der Nahrungszubereitung einschließlich der Rauchwirtschaft dient. In der Neuzeit stand hier ein repräsentativer Ofen (Hoffmann 2007). Im ländlichen Bereich wie auch in den Stadthäusern war die Diele mit einer zentralen Feuerstelle das Zentrum der Arbeit, des Handels (in den Hansestädten) und der Kommunikation (Aufsicht, Kontrolle). Hier können Muster eines räumlichen Aufbaus beschrieben und in Beziehung zu sozialen Aktivitäten gesetzt werden. So wird also – wenn auch in unterschiedlichen Milieus – eine gleichartige bzw. ähnliche Binnenstruktur sichtbar, die Einblick in die Interaktionen der Menschen gibt.

Literaturverzeichnis

Altwasser/Klein 1993: E. Altwasser/U. Klein, Bemerkungen zu den Fachwerkbauten des 13. Jahrhunderts. In: Gläser 1993, 429–47.

Arndt 2001: B. Arndt, Archäologische Aspekte zum Hausbau in Göttingen. In: Gläser 2001a, 233–50.

Baart 2001: J. M. Baart, Medieval Houses in Amsterdam. In: Gläser 2001a, 159–74.

Baeriswyl 2000: A. Baeriswyl, Wo ist die Höhe Null? – Über die angebliche Grenze zwischen Bauforschung und Bodenarchäologie. In: D. Schumann (Hrsg.), Bauforschung und Archäologie. Stadt und Siedlungsentwicklung im Spiegel der Baustrukturen. Berlin: Lukas 2000, 21–31.

Biermann 2005: F. Biermann, Das geplante Dorf – Ortsbefestigungen und Parzellierung in Dörfern der Ostsiedlungszeit. In: Ders./Mangelsdorf 2005, 91–120.

Biermann/Mangelsdorf 2005: Ders./G. Mangelsdorf (Hrsg.), Die bäuerliche Ostsiedlung des Mittelalters in Nordostdeutschland. Greifswalder Mitteilungen 7. Frankfurt a. M.: Lang 2005.

Böhme 1991: H. W. Böhme (Hrsg.), Siedlungen und Landesausbau zur Salierzeit 1. In den südlichen Landschaften des Reiches. Monographien des Römisch-Germanischen Zentralmuseums 27. Sigmaringen: Thorbecke 1991.

Brachmann/Klápště 1996: H. Brachmann/J. Klápště (Hrsg.), Hausbau und Raumstruktur früher Städte in Ostmitteleuropa. Památky Archeologické Supplementum 6. Prague: Institute of Archaeology 1996.

Brather 2001: S. Brather, Archäologie der westlichen Slawen. Reallexikon der Germanischen Altertumskunde Ergänzungsband 30. Berlin: de Gruyter 2001.

Brenner 2001: C. Brenner, Archäologische Sozialtopographie der Stadt. Überlegungen zu Forschungsstand und Methode. In: J. Pfrommer/R. Schreg (Hrsg.), Zwischen den Zeiten. Archäologische Beiträge zur Geschichte des Mittelalters in Mitteleuropa. Festschrift für

Barbara Scholkmann. Internationale Archäologie Studia Honoraria 15. Rahden/Westf.: Leidorf 2001, 363–77.

Caune 2001: A. Caune, Typen der Wohnhauser Rigas im 12. bis 14. Jahrhundert aufgrund der archäologischen Ausgrabungen. In: Gläser 2001a, 551–68.

Denecke 2005: D. Denecke, Soziale Strukturen im städtischen Raum: Entwicklung und Stand der sozialtopographischen Stadtgeschichtsforschung. In: M. Meinhardt/A. Ranft (Hrsg.), Sozialstruktur und Sozialtopographie vorindustrieller Städte. Hallische Beiträge zur Geschichte des Mittelalters und der Frühen Neuzeit 1. Berlin: Akademie 2005, 123–37.

van Doesburg 2002: J. van Doesburg, House Plans from Late Medieval Settlements in the Dutch Central River Area: Looking for a Needle in a Haystack. In: Klápště 2002, 151–63.

Donat 1980: P. Donat, Haus, Hof und Dorf in Mitteleuropa vom 7. bis 12. Jahrhundert. Schriften zur Ur- und Frühgeschichte 33. Berlin: Akademie 1980.

Donat 1993: Ders., Die hochmittelalterlichen Häuser der Art Gasselte B. In: Gläser 1993, 391–6.

Donat 1995: Ders., Neuere archäologische und bauhistorische Forschungsergebnisse zum ländlichen Hausbau des 11.–13. Jahrhunderts in Mittel- und Süddeutschland. Germania 73, 1995, 421–39.

Donat 1996: Ders., Zum städtischen Hausbau des Hochmittelalters in Mittel- und Süddeutschland. In: Brachmann/Klápště 1996, 28–39.

Donat 2000: Ders., Zum städtischen Hausbau des 13. Jahrhunderts im östlichen Mitteleuropa. Slavia Antiqua 41, 2000, 129–72.

Donat 2005: Ders., Zum städtischen und ländlichen Hausbau des 12. bis 15. Jhs. in Deutschland – Forschungsprobleme regionaler Entwicklung. In: Biermann/Mangelsdorf 2005, 39–67.

Ennen 1987: E. Ennen, Die europäische Stadt des Mittelalters. Göttingen: Vandenhoeck & Ruprecht ⁴1987 [Erstausgabe: Göttingen 1972].

Fehring 1980: G. P. Fehring, Fachwerkhaus und Steinwerk als Elemente der frühen Lübecker Bürgerhausarchitektur, ihre Wurzeln und Ausstrahlung. Offa 37, 1980, 267–81.

Fehring 1986: Ders., Städtischer Hausbau in Norddeutschland. In: H. Steuer (Hrsg.), Zur Lebensweise in der Stadt um 1200. Zeitschrift für Archäologie des Mittelalters, Beiheft 4. Köln: Rheinland 1986, 43–61.

Fehring 1987: Ders., Städtischer Hausbau des Hochmittelalters in Mitteleuropa. Siedlungsforschung 5, 1987, 31–65.

Fehring 1989: Ders., »Domus lignea cum caminata« – hölzerne, turmartige Kemenaten des späten 12. Jahrhunderts in Lübeck und ihre Stellung in der Architekturgeschichte. In: H. Lüdtke (Hrsg.), Archäologischer Befund und historische Deutung. Festschrift für Wolfgang Hübener zu seinem 65. Geburtstag am 15. Juni 1989. Hammaburg N. F. 9. Neumünster: Wachholtz 1989, 271–85.

Fehring 1996: Ders., Stadtarchäologie in Deutschland. Archäologie in Deutschland, Sonderheft. Stuttgart: Theiss 1996.

Gersbach 1995: E. Gersbach, Baubefunde der Perioden IVc–IVa der Heuneburg. Heuneburgstudien IX = Römisch-Germanische Forschungen 53. Mainz: Zabern 1995.

Gersbach 1996: Ders., Baubefunde der Perioden IIIb–Ia der Heuneburg. Heuneburgstudien X = Römisch-Germanische Forschungen 56. Mainz: Zabern 1996.

Gläser 1993: M. Gläser (Hrsg.), Archäologie des Mittelalters und Bauforschung im Hanseraum. Eine Festschrift für Günther P. Fehring. Rostock: Reich 1993.

Gläser 2001a: Ders. (Hrsg.), Lübecker Kolloquium zur Stadtarchäologie im Hanseraum III. Der Hausbau. Lübeck: Schmidt-Römhild 2001.

Gläser 2001b: Ders., Archäologisch erfasste mittelalterliche Hausbauten in Lübeck. In: Gläser 2001a, 277–305.

Großmann 2006: G. U. Großmann, Fachwerk in Deutschland – Zierformen seit dem Mittelalter. Petersberg: Imhof 2006.

Hall 2001: R. A. Hall, Secular Buildings in Medieval York. In: Gläser 2001a, 77–99.

Herrmann 1995: V. Herrmann, Ergebnisse der stadtkernarchäologischen Untersuchungen im Randbereich der hochmittelalterlichen Stadt Haßfurt am Main. Materialhefte zur Archäologie des Mittelalters und der Neuzeit 1. Rahden/Westf.: Leidorf 1995.

Higounet 1986: Ch. Higounet, Die deutsche Ostsiedlung im Mittelalter. Berlin: Siedler 1986.

Hoffmann 2007: C. Hoffmann, Überlegungen zu renaissancezeitlichen Kachelöfen im südlichen Ostseeraum. Mitteilungen der Deutschen Gesellschaft für Archäologie des Mittelalters und der Neuzeit 18, 2007, 81–90.

Kaspar 1988: F. Kaspar, Stabbau, Ständerbohlenbau, Fachwerk. Zur Frühgeschichte des Fachwerks in Nordwestdeutschland. In: G. Wiegelmann/F. Kaspar (Hrsg.), Beiträge zum städtischen Bauen und Wohnen in Nordwestdeutschland. Beiträge zur Volkskultur in Nordwestdeutschland 58. Münster: Coppenrath 1988, 69–77.

Kaspar 1998: Ders., Das mittelalterliche Haus als öffentlicher und privater Raum. In: H. Hundsbichler u. a. (Hrsg.), Die Vielfalt der Dinge. Neue Wege zur Analyse mittelalterlicher Sachkultur. Gedenkschrift in Memoriam Harry Kühnel. Wien: Verlag der Österreichischen Akademie der Wissenschaften 1998, 207–35.

Klápště 2002: J. Klápště (Hrsg.), The Rural House from the Migration Period to the Oldest Still Standing Buildings. Ruralia IV = Památky Archeologické Supplementum 15. Prague: Institute of Archaeology 2002.

König 2007: S. König, Lütken Freden wisk. Die mittelalterliche Siedlung Klein Freden bei Salzgitter vom 9.–13. Jahrhundert. Siedlung – Fronhof – Pferdehaltung. Materialhefte zur Ur- und Frühgeschichte Niedersachsens 36. Rahden/Westf.: Leidorf 2007.

Krauskopf 2004: Ch. Krauskopf, Archäologie in Eberswalde. In: Eberswalder Ausgrabungs (Ge)schichten, Archäologie und Geschichte einer märkischen Stadt. Begleitheft zur Ausstellung. Bernau 2004, 19–46.

Legant-Karau 1993: G. Legant-Karau, Vom Großgrundstück zur Kleinparzelle. Ein Beitrag der Archäologie zur Grundstücks- und Bauentwicklung Lübecks um 1200. In: Gläser 1993, 207–15.

Legant-Karau 1994: Dies., Mittelalterlicher Holzbau an der Schwelle vom ländlichen zum städtischen Siedlungsgefüge. Archäologisches Korrespondenzblatt 24, 1994, 333–45.

Löw 2001: M. Löw, Raumsoziologie. Frankfurt am Main: Suhrkamp 2001.

Müller 2006: J. Müller, Wie lange dauert das Mittelalter? Der Fachwerkbau des 12. bis 17. Jahrhunderts in der Stadt Brandenburg an der Havel. In: Kontinuität und Diskontinuität im archäologischen Befund. Mitteilungen der Deutschen Gesellschaft für Archäologie des Mittelalters und der Neuzeit 17, 2006, 59–78.

Nawrolska 2001: G. Nawrolska, Domestic Architecture in Elbląg. In: Gläser 2001a, 473–89.

Nekuda 1993: V. Nekuda, Dörflicher und städtischer Hausbau des Hochmittelalters in Mähren. In: Gläser 1993, 425–8.

Nekuda / Felgenhauer-Schmiedt 2006: Ders. / S. Felgenhauer-Schmiedt, Südwestmähren. Raabs an der Thaya 2006.

Paner 2001: H. Paner, 10th- to 17th-Century Domestic Architecture in Gdańsk. In: Gläser 2001a, 491–509.

Piekalsi 1996: J. Piekalsi, Alte und neue Holzbauten in den mittelalterlichen Rechtsstädten Schlesiens. In: Brachmann / Klápště 1996, 101–12.

Rötting 1996: H. Rötting, Das ostsächsische Doppelhaus des hohen Mittelalters im archäologisch-rechtshistorischen Befund von Braunschweig. In: Brachmann / Klápště 1996, 40–54.

Samariter 2005: R. Samariter, Der profane Holzbau – Praktische Gebäude in der Frühzeit der Städte. In: H. Jöns / F. Lüth / H. Schäfer, Archäologie unter dem Straßenpflaster. 15 Jahre Stadtkernarchäologie in Mecklenburg-Vorpommern. Beiträge zur Ur- und Frühgeschichte Mecklenburg-Vorpommerns 39. Schwerin: Archäologisches Landesmuseum Mecklenburg-Vorpommern 2005, 201–6.

Schäfer 2001: H. Schäfer, Früher Holz- und Steinbau in der Hansestadt Greifswald. In: Gläser 2001a, 421–31.

Schneider u. a. 2007: K. Schneider / C. Theune / P. Nitsch, Die Hausbefunde. In: C. Theune, »das dorff pagerem«. Die mittelalterliche Wüstung Pagram bei Frankfurt (Oder). Arbeitsberichte zur Bodendenkmalpflege in Brandenburg 17. Wünsdorf: Brandenburgisches Landesamt für Denkmalpflege und Archäologisches Landesmuseum 2007, 19–28.

Scholz u. a. 2007: U. Scholz / A. Steinegger / M. Singer / M. Krenn, Stadtkernarchäologie. Vom antiken Comagenis zum heutigen Tulln. Archäologie Österreichs 18 / 2, 2007, 4–18.

Schreg 2002: R. Schreg, Haus und Hof im Rahmen der Dorfgenese. Zum Wandel der Bauformen in Südwestdeutschland. In: Klápště 2002, 111–22.

Schulze-Dörrlamm 1991: M. Schulze-Dörrlamm, Das Dorf Wülfingen im württembergischen Franken während des 11. und 12. Jahrhunderts. In: H. W. Böhme (Hrsg.), Siedlungen und Landesausbau zur Salierzeit 2. In den südlichen Landschaften des Reiches. Monographien des Römisch-Germanischen Zentralmuseums 28. Sigmaringen: Thorbecke 1991, 39–56.

Sorokin 2001: A. N. Sorokin, Domestic Architecture in Medieval Novgorod. In: Gläser 2001a, 605–26.

Spitzers 2001: Th. A. Spitzers, Archaeological Data on Domestic Architecture in Deventer from the 9th to the 15th Centuries. In: Gläser 2001a, 197–211.

Steuer 1987: H. Steuer, Frühmittelalterlicher Hausbau. Zeitschrift für Archäologie des Mittelalters 13, 1985, 199–227.

Thiemann 2001: B. Thiemann, Bauformen des Hochmittelalters in Soest. In: Gläser 2001a, 455–72.

Wand 1991: N. Wand, Holzheim bei Fritzlar in salischer Zeit. In: Böhme 1991, 169–209.

Zimmermann 1991: W. H. Zimmermann, Die früh- und hochmittelalterliche Wüstung Dalem, Gem. Langen-Neuenwalde, Kr. Cuxhaven. Archäologische Untersuchungen in einem Dorf des 7.–14. Jahrhunderts. In: Böhme 1991, 37–46.

Zimmermann 1998: Ders., Pfosten, Ständer und Schwelle und der Übergang vom Pfosten- zum Ständerbau – Eine Studie zu Innovation und Beharrung im Hausbau. Probleme der Küstenforschung im südlichen Nordseegebiet 25, 1998, 9–241.

Zimmermann 2002: Ders., Kontinuität und Wandel im Hausbau südlich und östlich der Nordsee vom Neolithikum bis zum Mittelalter. In: Klápště 2002, 164–8.

Thomas J. Piesbergen

Ein Modell zur Genese kosmologischer Konzepte und ihrer Repräsentation im architektonischen Raum

Zusammenfassung: In der gegenwärtigen archäologischen Forschung wird der architektonische Raum vor allem in Hinblick auf seine formalen und sozio-ökonomischen Aspekte hin untersucht. In der kulturellen Praxis sind es aber oft religiöse Vorstellungen, die das Raumverständnis ausmachen. Anhand ethnologischer Beispiele wird ein Modell zur Genese der grundlegenden kosmologischen Ordnungsprinzipien und ihrer Repräsentation im architektonischen Raum entwickelt, das eine Übertragbarkeit ideeller Konzepte auf archäologische Kontexte ermöglichen soll. Am Anfang der geschilderten Entwicklung steht der als unteilbare Einheit konzeptualisierte Kreis und seine Repräsentation in Form einer einräumigen Rundhütte; am Ende der ausdifferenzierte, orthogonale und hierarchisch geordnete Kosmos, der durch komplexe, rechtwinklige Grundrisse, eine Differenzierung des Raums auf lokaler Ebene und eine räumliche Trennung des Sakralen vom Profanen gekennzeichnet ist.

Einleitung

»[T]he meaning of a house is multi-dimensional and subject to repeated reorientations. The house [...] exists simultaneously within the dimension of time, space, possession, wealth, protection, craftmanship, access, permeability, weather patterns, technological abilities, and so forth [...] Each methodology, each society, each individual will value the house differently by implementing different standards of measurement. Meaning of houses shifts within spatial, temporal, and social patterns« (Bailey 1990, 26).

Das Zitat von Douglass W. Bailey aus seinem Aufsatz »The Living House: Signifying Continuity« illustriert nicht nur die Komplexität des Forschungsgegenstands »Wohnarchitektur«, sondern auch das Problem, ihn in seiner kulturellen Ganzheit zu erfassen. So ist es in der Archäologie und anderen Wissenschaften, die sich mit der Interaktion von Mensch und Raum beschäftigen, üblich, einzelne Aspekte zu isolieren und Kausalverkettungen, die mit ihnen in Zusammenhang stehen, herauszuarbeiten. Die in dem Zitat genannten Aspekte des architektonischen Raums beschreiben recht genau die derzeitigen Forschungsschwerpunkte. Bei der Untersuchung von Wohn- und Siedlungsraum sind vor allem die technisch-formalen und ökonomischen Gesichtspunkte sowie Fragen sozialer Kontrolle von Interesse.

Ein Aspekt, der weitgehend unbeachtet geblieben ist, dem hingegen in der Ethnologie große Bedeutung beigemessen wird, ist die Rolle der Architektur als Bedeutungsträger nicht-funktionalisierter ideeller Aspekte. Denn neben ihrer technisch-formalen Gestalt und ihrer Funktion als Gehäuse sozialer und ökonomischer Handlungen ist die Architektur vor allem auch ein symbolischer Topos.

Es ist anzunehmen, dass in fast allen Gesellschaften der Vorgeschichte die ökonomischen und sozialen Strukturen weitgehend mit den religiösen Strukturen übereinstimmen, wie es Marshall Sahlins in seinem Buch »Kultur und praktische Vernunft« für alle wenig komplexen Gesellschaften postuliert. Er hält die Trennung von Überbau und Unterbau, also von moralischen, religiösen und politischen Systemen einerseits und den Produktionsverhältnissen andererseits, für einen grundsätzlichen Denkfehler. Stattdessen streicht er heraus, dass gerade das Fehlen dieser Trennung kennzeichnend für so genannte »primitive« Kulturen sei (Sahlins 1981, 7; 16–27).

> »Der festgelegte Schauplatz und vorgegebene Gegenstand unserer Handlungen ist die Alltagswelt, die ihrerseits natürlich ein Kulturprodukt ist, da sie sich im Rahmen symbolischer Vorstellungen von ›unwandelbaren Tatsachen‹ formuliert, die von Generation zu Generation weitergegeben werden« (Geertz 1987, 96).

Diese gestaltgebenden »unwandelbaren Tatsachen«, die den großen Rahmen des alltäglichen Handelns bilden, sind die Vorstellungen der kosmischen Ordnung, der Ordnung der Lebenswelt des Menschen, denn der Mensch ist nur in der Lage, sich Ordnungsprinzipien in einem räumlichen Kontext vorzustellen (Spencer-Brown 1997, 3; Lau 2005, 48 ff.). Besonders in den vorindustriellen Gesellschaften werden diese kosmologischen Konzepte herangezogen, um kulturelle Routine auf allen Ebenen zu ordnen und zu rechtfertigen. In der alltäglichen Praxis gibt es zahlreiche simple symbolische Codes und Mechanismen, die kreativ und interpretativ angewandt werden und so die grundsätzliche Ordnung des Raums auch in stetig wechselnden Situationen aufrecht erhalten können (Bourdieu 1970; 2002; Rapoport 1976, 261; Kus/Raharijaona 1990, 23; 30). Indem die Handlung geordnet wird, wird der Raum geordnet und *vice versa*. Denn wie Clifford Geertz in dem Zitat andeutet, ist die Alltagswelt, und damit auch die Architektur, nicht nur Rahmen unserer Handlungen, sondern auch ihr Ergebnis. Sie ist eine *strukturierende Struktur*. Das bedeutet, dass sie als Informationsträger non-verbaler Kommunikation kulturelle Vorstellungen und Ideale vermittelt (s. Beitrag J. Fischer) und das Weltbild zwangsläufig seinen Niederschlag in der Formgebung des Wohnraums findet (Rapoport 1969, 2; Gutman 1976, 40 ff.; Kus/Raharijaona 1990, 23; Cameron 1999, 10 ff.).

Ein Umstand, der zu der Verdrängung dieser ideellen Zusammenhänge aus dem archäologischen Sichtfeld führt, ist sicher in der unter Prähistorikern weit verbreiteten und verständlichen, aber schließlich nicht zu rechtfertigenden Scheu vor »kultischer Deutung« zu suchen. Zwar ist das Vorurteil leider oft gerechtfertigt, dass Archäologen das als »kultisch« bezeichnen, zu dessen Interpretation ihnen die Ansätze und

Modelle fehlen, doch hat diese Einstellung auch dazu geführt, dass die sicherlich bedeutenden Anteile, die religiöse Vorstellungen an dem Zustandekommen archäologischer Befunde haben, weitgehend ignoriert werden.

In dem Versuch einer ganzheitlichen Untersuchung der Entwicklung der Lehmarchitektur im Nahen Osten (Piesbergen 2007) wurde unter anderem nach einem Modell zur religiös motivierten Organisation des Raums gesucht. Besonderes Augenmerk galt dabei der Frage nach einer möglichen religiösen Kontextualisierung von runden und rechteckigen Grundrissen, für deren Wahl sich in einer vorangegangenen Untersuchung (Piesbergen 2000) keine befriedigende Ursache ermitteln ließ.

Üblicherweise wird davon ausgegangen, dass die entwicklungsgeschichtlich jüngere, eckige Bauweise Ergebnis einer Agglomeration von zunächst runden oder amorphen Bauten ist, die schließlich die Aufgabe der runden Grundrissform erzwingt (Doxiades 1976, 82 ff.; Schmidt 1964, 14; Mallowan 1967, 61). Tatsächlich lässt sich diese Behauptung aber archäologisch nicht belegen. Es konnte vielmehr dargelegt werden, dass die Wahl eines runden oder eckigen Grundrisses weder von technischformalen Gegebenheiten determiniert wird (Piesbergen 2007, 206 ff. 228), noch abhängig ist von der sozio-ökonomischen Organisation der Gesellschaft (ebd. 230 ff. 266) oder von den naturräumlichen Gegebenheiten (ebd. 261 ff.).

Wenn die Form des Raums, besonders die rechteckige, aber nicht durch eine wie auch immer geartete Adaption determiniert wird, muss sie vorher »erdacht« worden sein. Das Rechteck muss vom Menschen erst konstruiert werden, denn es gibt keine natürlichen Vorbilder dafür. Es muss also eine entsprechende ideelle Genese des Raums stattgefunden haben.

In dem folgenden Beitrag soll die Modellbildung zu dieser kulturellen Genese des Raums unter besonderer Berücksichtigung der religiös motivierten kosmologischen Ordnung des architektonischen Raums dargestellt werden. Es handelt sich dabei um eine stark gekürzte Überarbeitung des entsprechenden Abschnitts aus meiner 2007 erschienenen Abhandlung »Der kontextuelle Raum im vorderasiatischen Neolithikum«. Aus Platzgründen wird auf eine Darstellung der archäologischen Anwendung verzichtet.

Methodischer Aufbau

Um eine ergebnisoffene Vorgehensweise zu sichern, deren Resultat dem Anspruch einer gewissen Universalität standhält, wurde eine große Zahl von Ethnien auf ihre Kosmologie und die entsprechende Repräsentation in Form von Architektur untersucht. Es wurde dabei darauf geachtet, möglichst Beispiele von allen Kontinenten sowie Kulturen auf den verschiedensten Niveaus sozio-ökonomischer Organisation heranzuziehen. Ebenfalls wurde versucht, Ethnien zu finden, die so wenig wie möglich von komplexeren Gesellschaften beeinflusst worden sind. Mitunter wurde auf alte Berichte zurückgegriffen, in denen heute ausgestorbene Kulturen beschrieben werden. Das gilt besonders für die Ureinwohner Nord- und Südamerikas (Piesbergen 2007, 19; 95–111). In der folgenden Darstellung wurde das Material auf wenige Beispiele reduziert.

Um die Reduktion auf ein lineares, monokausales Erklärungsmodell zur Genese des architektonischen Raums zu vermeiden, wurden aus dem Material zunächst durch ihre Häufung signifikante Übereinstimmungen herausgearbeitet, *die eine hohe Korrelation von kosmologischer Vorstellung und der Gestalt des Raums implizieren*. Die abgeleiteten Modelle wurden anschließend nach dem Grad der Komplexität in eine Reihung gebracht, die als evolutionär und chronologisch angenommen wurde. Die Richtigkeit der chronologischen Abfolge hat sich anschließend durch eine Untersuchung an 50 Fundorten des Neolithikums und Chalkolithikums im Nahen Osten bestätigt (ebd. 229–250).

Die im Folgenden dargestellte Modellbildung soll keinesfalls als ein weiteres, alternatives, monokausales Erklärungsmodell zur Grundrissgenese missverstanden werden, sondern als eine Erweiterung des Verständnisses von der kulturellen Einbettung des architektonischen Raums.

Der kosmologische Raum und seine architektonische Repräsentation in Fallbeispielen

Da die Art und Weise der Bedeutungsübertragung einer Weltsicht auf den Raum zahllose Ausprägungen und Formen haben kann, ist es kaum möglich, detaillierte Rekonstruktionen dieser Beziehungssysteme zu erstellen. Daher sollen nur wenige grundlegende Formgebungsprinzipien und kosmologische Konzepte sowie deren mögliche Korrelation mit der Architektur behandelt werden.

Die zwei markantesten Grundformen sind das runde und das rechteckige Haus. Der runde Grundriss stellt dabei die ältere Form dar, aus der sich schließlich komplexe, orthogonale Grundrisse entwickeln. Um die Entwicklungsstufen von schlichten zu komplexen Raumkonzepten darzustellen, wird im Folgenden auf wenige exemplarische Ethnien verwiesen.

Als schlichteste Form runder Behausungen können die Rundhütten der Kalahari-Buschmänner gelten. Sie sind im Kreis angeordnet, dessen Zentrum multifunktional genutzt wird und der nicht weiter segmentiert ist (David / Kramer 2001, 259 ff.). Das Religiöse und das Profane werden in der kulturellen Praxis weder voneinander getrennt noch differenziert benannt. Es gibt keine unmittelbare Gegenüberstellung von Diesseits und Jenseits oder von Mensch und Natur, lediglich »magische Zustände«. Alles findet in der gleichen Welt, in der gleichen Gegenwart statt und ist in einem Kreislauf untrennbar miteinander verbunden.

Entsprechend gibt es keine gekennzeichneten religiösen Handlungen und keine spezifisch religiös genutzten Areale. Die einzige quasi-religiöse Praxis besteht aus Tänzen am zentralen Feuer, bei denen regelmäßig einige der Gruppenmitglieder in Trance geraten. In diesem Zustand haben sie direkten Kontakt mit den »anderen«, den »magisch begabten« Buschmännern und können auf diese Weise z. B. Heilzauber bewirken. Es gibt weder in der Architektur und der Sozio-Ökonomie noch in der religiösen Praxis oder dem Weltbild eine Hierarchie. Die gesamte Wirklichkeit ist, wie die Siedlung, in einem egalitären Kreis und Kreislauf geordnet (Sanders 1989, 107 ff.; 1995; David / Kramer 2001, 259 ff.).

Die nächstmögliche Differenzierung des Raums besteht in der Verortung eines bedeutsamen Zentrums. Bei fast allen untersuchten Gruppen mit schamanistischen Praktiken stieß Mircea Eliade bei seiner grundlegenden Studie auf die Vorstellung, Himmel und Erde hätten ehemals eine Einheit gebildet, bis sie durch ein Unglück voneinander getrennt worden seien. Die Vorstellung des Kosmos setzt sich entsprechend aus mehreren voneinander getrennten Ebenen zusammen. Diese Ebenen sind durch eine Weltachse miteinander verbunden. Entlang dieser Achse, dem Zentrum der Wirklichkeit, kann der Schamane von der Menschenwelt in die anderen Regionen vordringen. Um die Trennung der Weltebenen zu überwinden, muss man sich in das Zentrum der Welt begeben, das die Einheit gewährleistet. Eliade bezeichnet diesen Vorstellungskomplex als *Symbolik des Zentrums* (Eliade 1989, 249 ff.).

Diese räumliche Ordnung um ein Zentrum findet sich auch in den Häusern wieder: als Himmelspfeiler bei den Inuit oder als Weltenbaum bei den nordasiatischen Sojoten und Tungusen, den arktischen Samojeden oder den Algonkin aus Kalifornien, der jeweils durch einen zentralen Pfosten symbolisiert wird (ebd. 251; Golowin 2002, 117). In anderen Gruppen wird das Zentrum durch ein zentrales Feuer und ein Rauchabzugsloch repräsentiert, wie bei den Ostjaken, den Tschuktschen oder Altaiern (ebd. 120). In allen Fällen sind die Hütten, Zelte und Jurten rund (Eliade 1989, 251 ff.; Baer 1967, 11). Ganz ähnliche Vorstellungen sind auch bei den Khasi, Nandi und Galla in Afrika verbreitet, deren Rundhütten von einem heiligen Mittelpfosten getragen werden, der als Opferstätte dient (Eliade 1989, 253).

> »Es handelt sich hier um einen allgemein verbreiteten Gedanken, der aus dem Glauben an die Möglichkeit einer direkten Verbindung mit dem Himmel erwachsen ist. Auf makrokosmischer Ebene ist diese Verbindung durch eine Achse verbildlicht, auf der mikrokosmischen durch den Mittelpfosten der Behausung oder das Loch oben im Zelt. Das bedeutet, dass jede menschliche Behausung ins Zentrum der Welt projiziert ist, dass jeder Altar, jedes Zelt, jedes Haus das Durchbrechen einer Ebene und damit die Auffahrt zum Himmel ermöglicht« (ebd. 254).

Jedes Haus wird dadurch zum Hauptschauplatz der religiösen Praxis. Ich möchte an dieser Stelle eine Übertragung der Bedeutung des Feuers als Mittelpunkt auf das Rauchabzugsloch vorschlagen. Nicht das Abzugsloch in der Decke ist sozialer, ökonomischer und psychologischer Fokus des Lebens, sondern eben das Feuer, das in fast allen religiösen Kontexten eine heilige Konnotation oder Herkunftsgeschichte hat (Golowin 2002, 128) und oft als Verbindung zu den Ahnen gilt (Busse 1995, 42 ff.).

Die Tipis der Plains-Indianer, die mit der rituellen Entzündung eines Feuers eingeweiht werden, sind Wohnstatt, Mittelpunkt der religiösen Praxis und Abbild des Kosmos. Der Boden des Tipi repräsentiert die Erde, die Zelthäute den Himmel und die Stangen die Wege von der Erde in den Himmel. Zwar gibt es bei den meisten Plains-Indianern neben der Symbolik des Zentrums auch eine hierarchisch wirksame Bedeutsamkeit der Himmelsrichtungen, aber der Bezug zu dem zentrale Feuer ist von größerer Bedeutung. Bei Betreten eines Tipis ist es streng verboten, zwischen einen Anwesenden und das Feuer zu treten (Laubin 1977, 103–10).

Die Mandan-Indianer haben eine vergleichbare Ordnung des inneren und äußeren Raums. Die Großfamilien scharen sich genau so um die Feuerstelle im Zentrum der runden Gemeinschaftshäuser, wie die Häuser um den ebenfalls runden zentralen Platz des Dorfes gestreut sind. Auf dem Dorfplatz werden alle wichtigen Riten und Feste durchgeführt. Auf seiner Mitte steht, als Sinnbild des Vorfahren aller Menschen und als Wohnstätte aller Ahnen, ein roter Pfahl (Hutchinson 1997; Catlin 1979, 160; Morgan 1965, 136). Aus der mündlichen Überlieferung der Mandaner stammen auch zahlreiche weitere Hinweise auf das Zentrum oder »Herz« der Welt als Schnittpunkt zwischen Ober- und Unterwelt und auf eine vormalige Einheit aller Ebenen der Wirklichkeit, die durch eine Weinrebe verbunden sind (Catlin 1979, 160–3).

Joseph Campbell, der ebenfalls über die Symbolik des Zentrums und des Kreises gearbeitet hat, zeichnete unter anderem die ekstatische Erfahrung des Sioux-Schamanen Schwarzer Hirsch auf, die dieser auf dem heiligen Berg Harney Peak gemacht hatte:

> »›Ich sah mich auf dem Berg in der Mitte der Welt, der höchsten Stelle, und ich hatte eine Vision, denn ich schaute die Welt auf heilige Art. [...] Doch der Berg in der Mitte ist überall.‹ Das ist eine wirklich mythologische Erkenntnis. Sie unterscheidet zwischen dem lokalen Kultbild, Harney Peak, und seiner Konnotation als Zentrum der Welt. Das Zentrum der Welt ist die Axis Mundi, der Mittelpunkt, der Pol, um den sich alles dreht« (Campbell 1989, 97).

Dieses Gefühl des rituellen Zentrums stellt sich auch beim Rauchen des Kalumets ein:

> »Wenn ein Sioux-Indianer das Kalumet nahm, die Pfeife, dann hielt er es mit dem Stiel gen Himmel, damit die Sonne den ersten Zug tun konnte, und dann wandte er sich immer an die vier Himmelsrichtungen. In diesem Geisteszustand, wenn man sich an den Horizont wendet, dann ist man an seinem Platz in der Welt. Es ist eine andere Art zu leben« (ebd. 102).

Wie anders diese Art zu leben und wahrzunehmen sein kann, illustriert auch das folgende Beispiel: In den 1980er Jahren war das arabische Gedankenspiel »Der Magische Kubus« in Amerika sehr populär. Der Spieler stellt sich dabei einen Kubus in einer Landschaft mit verschiedenen anderen Objekten vor. Alle Objekte werden als Repräsentanten verschiedener Aspekte der Psyche gedeutet. Der Kubus gilt als Selbstbild des Spielers. Als der indianische Häuptling Adam Fortunate Eagle den »Magischen Kubus« spielte und er mit der Auslegung konfrontiert wurde, widersprach er heftig der Gleichsetzung seiner selbst mit dem Kubus:

> »Er [der Kubus] repräsentiert die Art, wie der Mensch die natürliche Umwelt verfälscht und verfremdet hat, statt sich ihr anzupassen und im Einklang und Gleichgewicht mit ihr zu sein. Er ist ein Störfaktor, so wie der Mensch ein Störfaktor ist. [...] Diese Symbole sind nicht universell. [...] Unser zentrales Symbol ist der Kreis. Ich habe die Roundhouse Gallery, ich habe das Earth Lodge Museum. Alles runde Formen, keine Kuben. Die Natur schafft keine quadratischen Formen. Der Mensch macht den Kubus« (Gottlieb / Pešić 1995, 144–6).

Bemerkenswert an diesem Zitat ist die unmittelbare Bezugnahme auf Architektur. Die formale Übereinstimmung zwischen konzeptualisierter Weltordnung und architektonischem Raum wird als selbstverständlich vorausgesetzt. Der Mittelpunkt und der Kreis sind habituelle Grundprinzipien des Kulturverhaltens geworden. »Es herrscht offenbar das Bestreben, das eigene Leben im Zentrum des Weltalls zu gründen« (Campbell 1989, 242).

Anhand dieser wenigen Beispiele wird deutlich, dass die Vorstellung einer kreisförmigen Ordnung der Welt ein universelles Prinzip zu sein scheint. Die in sich geschlossene Weltvorstellung der Buschmänner hat noch kein konzeptualisiertes Zentrum. Mit der vertikalen Schichtung der »runden« Wirklichkeit tritt die Notwendigkeit einer Verbindung zwischen den verschiedenen Schichten hinzu, wodurch der Weltmittelpunkt, die Weltachse entsteht. Sobald die runde Form der Welt nachvollzogen wird, in der Organisation des Raums oder in einer Geste, hat man sich der »Anwesenheit« des Zentrums versichert. Dieses kosmologische Konzept ist meist in ein schamanistisch geprägtes Weltbild eingebunden und fast immer assoziiert mit einer runden, kaum segmentierten Bauweise, mit einem zentralen Pfahl oder Feuer sowie einer annähernd egalitären Gesellschaftsordnung, die kaum Hierarchien und Privilegien kennt. Jedes Mitglied hat gleichberechtigten Zugang zu dem »Zentrum der Wirklichkeit«.

Die nächste mögliche Unterteilung des Raumes, nachdem seine Einheit bereits ideell in vertikaler Richtung segmentiert wurde, findet in der Horizontalen statt. Sie lässt sich in fast allen Kulturen auf die Himmelsbeobachtung, besonders auf den Sonnenlauf, zurückführen und findet ihre Form in dem Kreuz, das nach den Kardinalpunkten ausgerichtet ist. Diese Aufteilung der horizontalen »Menschenwelt« lässt sich zunächst problemlos mit dem vorangegangenen Konzept verbinden, in dem der Schnittpunkt der Nord–Süd-Achse und der Ost–West-Achse mit dem Weltmittelpunkt identifiziert wird. Mit der Fixierung der Himmelsrichtungen wird aber gleichzeitig der egalitäre Kreis in Frage gestellt, denn nun ist eine Hierarchisierung des Raumes möglich.

Wie schon erwähnt, kennen die Plains-Indianer die Einteilung der Welt nach den Himmelsrichtungen, denen verschiedene Bedeutungen zugeordnet sind und nach denen sich z. B. die Sitzordnung in den Tipis richtet. Die Konzepte des egalitären Kreises und des hierarchischen Kreuzes überlagern sich. Es findet eine erste, meist nur linguistisch markierte Segmentierung des Raumes statt, die jedoch nicht architektonisch markiert wird (Laubin 1977, 103–10; Kent 1990a, 138; Eliade 1989, 251). Auch die Navajo haben das Koordinatenkreuz in ihre kosmologischen Vorstellungen integriert und kennen eine hierarchische Ordnung der Himmelsrichtungen (Golowin 2002, 129). Aber auch hier dominiert noch das Konzept des Kreises. Zwar wohnen die Navajo heutzutage sowohl in den rechteckigen *Ramadas* als auch in den traditionellen runden *Hogans*; aber nur die *Hogans* entsprechen der kosmischen Ordnung und haben sakralen Charakter, während die *Ramadas* ausschließlich als profan gelten (Kent 1990a, 132 ff.). Der runde Raum bleibt heilig, der durch das horizontale Koordinatenkreuz geordnete Raum ist dem profanen menschlichen Alltag vorbehalten.

Eine solche Abspaltung des runden sakralen Raumes von dem eckigen profanen Raum kann man exemplarisch in der Entwicklung der Hopi-Pueblos nachvollziehen. Die erste Entwicklungsstufe (vor 700 n. Chr.) besteht aus runden Grubenhäusern, die um ein zentrales, ebenfalls rundes Grubenhaus, eine *Kiva*, gruppiert sind. In der nächsten Stufe, Pueblo I (ca. 700–900), stehen mehrere rechtwinklige, mehrräumige Gehöfte, sog. *Unit Pueblos*, um jeweils eine runde *Kiva*. In der Phase Pueblo II (900–1150) entstehen als Zeremonialzentren die ersten *Great Houses*, in die, trotz vorwiegend rechtwinkliger Raumstruktur, runde *Kivas* integriert sind. In den Phasen Pueblo III und IV (1150–1300 bzw. 1300–1540) sind diese *Great Houses* schließlich auch regulärer Wohnort, und es bilden sich »Straßenstädte«. Während der Phase Pueblo III entstehen quadratische Plätze im Zentrum der *Great Houses*, die ab 1400 von offenen *Plazas* abgelöst werden. Auf diesen rechteckigen *Plazas* finden noch heute die meisten kollektiven Feste und Rituale der Hopi statt (Cameron 1999, 7–24).

> »The major environmental function of Hopi pueblo [...] is not to provide complex interior spaces or a variety of individually expressive buildings but instead to use the buildings to frame a plaza in which ritual dances can be performed and watched. [...] Rituals involved in construction all show a concern for the cardinal directions and recognize that the built structure is a ›living‹ being« (ebd. 23).

Diese Art der Differenzierung des Raums ist auch für andere Indianerstämme dokumentiert, wie z. B. für die Gallinomero-Indianer oder die Algonkin (Morgan 1965, 109; 120). Die Symbolik des Zentrums bleibt auf kommunaler Ebene bestehen, und die runde Bauform wird weiterhin mit dem Sakralen assoziiert. Hinzugetreten ist aber eine zweite Organisationsform, die zunächst nur den profanen Teil des Lebens ordnet, bis sie sich endgültig durchsetzt.

Die Kosmologien und Siedlungen anderer Pueblo-Indianer sind fast ausschließlich nach den Himmelsrichtungen orientiert (Stea/Turan 1993, 153; 279; Morgan 1965, 155; 165 ff.). Die Vierteilung der Welt, die durch das Kreuz der Kardinalpunkte entsteht, umfasst schließlich alle Naturerscheinungen. Bei den Zuni sind zum Beispiel jedem Weltviertel eine Farbe, ein Raubtier, eine Nutzpflanze, eine Blume, ein Vogel, eine Strauchart etc. zugewiesen. Neben dieser horizontalen Aufteilung der Erscheinungen werden auch Zenit und Nadir mit entsprechenden Attributen bedacht (Lévi-Strauss 1973, 54 ff.). Derartige universelle orthogonale Ordnungsprinzipien auf der Basis der Kardinalpunkte, in die alle Naturerscheinungen integriert werden, treten weltweit bei zahlreichen Kulturen auf (Piesbergen 2007, 104–8).

Durch die Logik des Rasters, das automatisch entsteht, wenn mehrere orthogonale Einheiten zusammengefasst werden, kann der »Mittelpunkt der Welt« schließlich verlagert werden. Ein gutes Beispiel für dieses Prinzip findet man auf Sumba (Indonesien): Die Welt der Rindi ist einerseits durch ein dualistisches Prinzip geordnet, das mit Gegensatzpaaren wie Innen/Außen operiert, andererseits ist sie nach hinduistisch geprägter Vorstellung dem Koordinatenkreuz unterworfen; die Welt ruht auf vier Weltsäulen und hat eine zentrale Säule, die Weltachse, die den verbindenden Geist darstellt. An jedem der vier Eingänge der rechteckigen Dörfer befindet sich ein Tor-Altar der jeweils dem Hauptaltar auf dem zentralen Platz untergeordnet ist.

Genauso wie die Welt ruhen auch die Pfahlhäuser auf vier Hauptpfosten und haben einen zentralen, den Ahnen geweihten Mittelpfosten. Die Häuser der Clanführer werden Ahnenhäuser genannt, und der Mittelpfosten besitzt einen spitzen, kegelförmigen Aufsatz, den »Ahnenschatz«. Die Ahnenhäuser stehen sowohl hierarchisch als auch topographisch höher als die gewöhnlichen Häuser. Genauso gibt es bedeutendere, höher gelegene Dörfer und untergeordnete Siedlungen, die sich um sie gruppieren (Waterson 1991, 98–100). Obwohl der Kreis vollständig aus dem architektonischen Raum verschwunden ist, hat sich das Prinzip des Weltmittelpunkts erhalten. Es hat sich jedoch eine Verlagerung und Hierarchisierung der verschiedenen Zentren durchgesetzt, die aufgrund der Logik des Rasters möglich geworden ist. Die einzelnen Häuser sind den Ahnenhäusern untergeordnet, diese wiederum dem Hauptaltar des Dorfes, das Dorf dem nächsten »höher gelegenen« Dorf etc.

Ein weiteres Beispiel für diese Art der »Dezentrierung« liefern die Dörfer der Bambara in Westafrika. Jedes traditionelle Dorf bildet in religiöser Hinsicht eine geschlossene Einheit und betreibt einen gemeinsamen Ahnenkult. Entsprechend wird nicht jedes einzelne Haus »ins Zentrum der Welt projiziert« (Eliade), sondern das gesamte Dorf, in dessen Mitte sich ein zentrales, heiliges Wegkreuz befindet. Es ist »der Mittelpunkt der Welt und Symbol für den Zustand der Gottheit vor der Schöpfung. Es ist eine Übertragung des Richtungskreuzes, das der Schöpfer zu Beginn der Zeiten in den Raum zeichnete, um den Kosmos zu ordnen« (Haselberger 1964, 32 ff.). Das Zentrum der Welt ist aus dem individuellen Wohnhaus gerückt, und die Vorstellung des Koordinatenkreuzes als Weltordnung ist in den Vordergrund getreten.

Die orthogonale Organisation des Raums erlaubt neben seiner Hierarchisierung und der Verlagerung des Mittelpunkts auch eine Anthropomorphisierung, die z. B. in Indonesien und Südostasien in zahlreichen Ethnien als ergänzendes Prinzip hinzutritt. Neben den Zuordnungen von Naturerscheinungen, Gottheiten sowie allgemeinen Qualitäten und Prinzipien zu einzelnen Himmelsrichtungen werden Bereiche des Hauses, des Gehöfts und der Siedlung mit dem Kopf, den Händen oder dem Verdauungstrakt des Menschen gleichgesetzt, in dessen Körper man ein Abbild der kosmischen Hierarchie repräsentiert sieht. Der Mittelpunkt der Welt wird in diesem Kontext oft mit dem Nabel des Menschen gleichgesetzt (Waterson 1991, 98 ff.; s. dazu auch Beitrag H. Mückler, S. 439 f.).

Die *Disciplina etrusca* ist ebenfalls ein orthogonales, kosmologisches Ordnungskonzept, das sich für Europa als prägend erwiesen hat. Der Kosmos ist nach den Kardinalpunkten ausgerichtet und in 16 Sektoren unterteilt. Die beiden Hauptachsen werden als *Cardo* (Nord–Süd-Achse) und *Decumanus* (Ost–West-Achse) bezeichnet. Die Segmente sind jeweils verschiedenen Gottheiten zugeordnet. Zusammengenommen bilden sie das *Templum*, die heilige Ordnung der Welt. Diese Ordnung wird auf alle Erscheinungen der Wirklichkeit übertragen (Camporeale 1992, 79; Pallottino 1965, 134; Prayon 2004, 17 ff.) und findet demzufolge auch Niederschlag in Form einer Anthropomorphisierung der Raumorientierung (Stützer 1975, 159; 167). Tempel-, Haus- und Städtebau basieren ausschließlich auf diesem Ordnungsprinzip von *Cardo* und *Decumanus* (ebd. 27 ff.; Camporeale 1992, 76; Prayon 2004, 20). Diese Art städtischer Architektur, besonders die Tempelarchitektur, wurde von den Römern später weitgehend übernommen (Kraus 1967, 22; Rakob 1967, 153 ff.).

Die Vorstellung der griechischen Weltordnung ist ebenfalls an dem Koordinatenkreuz orientiert und hat den vormals rein spirituellen Mittelpunkt der Welt geographisch festgelegt. Zeus ließ aus den tiefsten Ecken des Kosmos zwei Adler fliegen und dort, wo sich ihre Bahnen kreuzten, in Delphi, befand sich der Nabel der Welt, der Omphalos. Interessanterweise ist auch in diesem Zusammenhang das Zentrum wiederum Schauplatz eines Rituals mit schamanistischen Zügen, nämlich des delphischen Orakels, das die Pythia zum Sprachrohr des Gottes Apoll werden ließ und so die Trennung der menschlichen und göttlichen Sphäre zu überwinden ermöglichte (Vandenberg 1979, 172; Coenen 1981, 157 ff.; Brunner u. a. 1990, 534 ff.). Die griechischen Städte sind, wie die etruskischen, entsprechend der »göttlichen Norm« (Anaximander) völlig dem Raster unterworfen (z. B. Priene und Milet). Der Wohnraum ist durch die Dezentrierung des spirituell-religiösen Weltzentrums vollständig profanisiert. Als Beispiel dafür seien die pragmatischen Bemerkungen Xenophons zur Hausbauweise genannt, in denen die Form eines Hauses unter rein klimatisch zweckmäßigen Gesichtspunkten betrachtet wird (Martin / Stierlin 1994, 179; 180 ff.; Herbig 1993, 148 ff. 159 ff.).

Auch in der hinduistischen und der darauf basierenden buddhistischen Tradition tauchen etliche der bereits erwähnten Elemente auf. Als Ursprung der hinduistischen

Welt gilt »das goldene Ei des Schöpfergottes Brahma«, in dem alle Erscheinungen des Universums enthalten sind. Es zerbricht in zwei Hälften und bringt so die »obere« Welt der Götter und die »untere« Welt der Menschen hervor. Beide werden durch den Berg Meru im Zentrum der Welt verbunden (McGee 1997, 24 ff.; Golowin 2002, 68; Eliade 2002, 18). Die Welt wird nach der Ordnungszahl Vier organisiert. Das *Dharma* ruht auf vier Beinen. Es gibt vier Kasten, das Leben ist in vier Stadien unterteilt und gehorcht vier Lebenszielen. Schließlich wird Indien in jeder der vier Himmelsrichtungen von einem Elefanten bewacht (McGee 1997, 16–29; 47). Die hinduistischen Tempelbauten und Stadtpläne werden von Priester-Architekten streng nach quadratischen Rastern konstruiert, die auf Mandalas basieren, Diagrammen, welche die kosmische Ordnung abbilden und streng nach den Himmelsrichtungen ausgerichtet sind (Henn 1994, 4; Volwahsen 1994, 45).

Das wichtigste Mandala ist das Vastu-Purusha-Mandala, in dessen Mitte das *Pada*, das Teilquadrat des göttlichen Ur-Prinzips Brahman, liegt. Um dieses Zentrum sind die *Padas* aller anderen Götter angeordnet. Gleichzeitig wird diese Weltordnung anthropomorphisiert. »Alles Sein spiegelt sich in diesem magischen Quadrat. Es ist ein Abbild der aus dem Kreis hervorgegangenen quadratischen Erde, es ist aber auch der Leib des geopferten Urmenschen Purusha. Mensch und Erde entsprechen einander in diesem Bild« (ebd. 44).

Die Ordnung des Quadrats gilt als heilig, und mitunter wird in antiken Architekturlehrbüchern darüber gestritten, ob das Wohnen in quadratischen Städten nur der obersten Kaste, den Brahmanen, vorbehalten sein sollte. Üblicherweise werden die Städte aber segmentiert und jeder Kaste ein Viertel zugesprochen.

> »Der Brauch, bestimmte Stadtteile für eine bestimmte Kaste zu reservieren, wird in den Architekturlehrbüchern durch den Hinweis auf das Bild der Erde und des Himmels als ›Berg Meru‹ gerechtfertigt: aus dem unendlichen Weltmeer steigt die manifestierte Welt pyramidenförmig auf. Die vier Dreiecke, welche die Pyramide bilden, sind von verschiedener Farbe. Das weiße Dreieck ist der Wohnort der Brahmanen, das rote gehört Kshatryas, das gelbe den Vaishyas und das schwarze Dreieck den Shudras. Die Kasteneinteilung ist also nicht nur eine gesellschaftliche Übereinkunft, sondern gehört ebenso wie die Teilung der Welt in vier Himmelsrichtungen zu den Gesetzen, die diesen Kosmos gestalten« (ebd. 47).

Die Vorstellung einer orthogonalen, göttlichen Ordnung gab auch den chinesischen Städten der Tang-Zeit (618–907 n. Chr.) ihre Gestalt. Nach einem Schöpfungsmythos wurde der Himmel von der Göttin Nü Kua aus fünf farbigen Steinen erschaffen und auf vier Beinen aufgestellt (Schafer 1968, 101 ff.). Neben dieser Darstellung gibt es auch die Vorstellung von fünf Bergmassiven an den vier Weltecken und im Zentrum, die Himmel und Erde miteinander verbinden und Sitz der Götter sind (ebd. 104). Die Erde selbst wird als quadratische Fläche konzeptualisiert, die nach einem magischen Zahlendiagramm geordnet ist. Ihre neun Regionen entsprechend den acht Himmels-

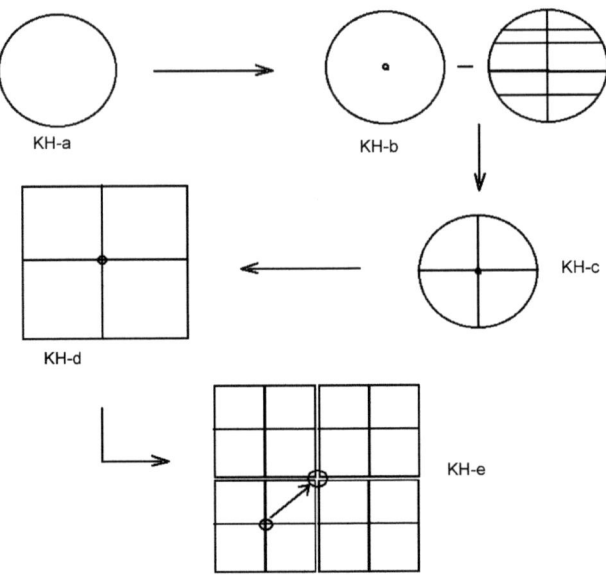

Abb. 1. Die Kosmologisch-Habituellen Typen a–e.

richtungen und dem Zentrum, das dem »Himmelssohn«, dem Kaiser, vorbehalten ist. Alle Erscheinungen der Welt werden in dieses Ordnungsmuster eingefügt, selbst die staatlichen Institutionen (ebd. 106). Alle Architektur, vor allem die kaiserlichen heiligen Hallen, werden als Bühnen für das kosmische Drama begriffen. Der Kaiser selbst wird mit dem Weltmittelpunkt identifiziert. Der Philosoph Wang Ch'ung schrieb, dass »der Anblick des Gottkönigs […] dasselbe ist wie der Aufstieg zum Himmel; der Aufstieg zum Himmel gleicht dem Aufstieg auf einen Berg« (ebd. 108). Die Städte, die dieses Ordnungsprinzip hervorbringt, haben vollkommen gerasterte Grundrisse wie z. B. die Tang-zeitliche Hauptstadt Changan (ebd. 109).

In den stark hierarchisierten, komplexen Gesellschaften ist das ursprünglich omnipräsente »Zentrum der Welt« von seinen Symbolen verdrängt und durch die Logik des Rasters aus dem Wohnbereich der Menschen gerückt worden. Heilige Orte wie Delphi, die Zikkurats Mesopotamiens, die mesoamerikanischen Tempelpyramiden, Lhasa, der Berg Abu, die Bodhnath Stupa in Katmandu, das kaiserliche Changan, die Kaaba in Mekka oder der Tempelberg in Jerusalem sind nicht länger nur Sinnbilder für den Mittelpunkt und die Achse der spirituellen Wirklichkeit, sie selbst sind der geographisch fassbare Mittelpunkt der Welt geworden (Campbell 2002, 44; 58; 59). Wohngebäude in solchen Kontexten werden häufig noch anhand religiös begründeter

Normen und Konventionen ausgerichtet und gestaltet, Form und Orientierung sind aber nicht mehr unmittelbarer Ausdruck religiöser Praxis. Das Wohnhaus spiegelt nun vor allem soziale Wirklichkeit wider, es ist weitgehend profaniert und hat seine sakrale Bedeutung an verschiedenste Stätten religiöser Ausübung verloren. Das Zentrum der Welt, der Schnittpunkt mit den Ebenen des Numinosen, ist aus dem individuellen Wohnraum losgelöst und räumlich isoliert. Der Zugang zum Numinosen kann auf diese Art kontrolliert werden und die maßgebliche religiöse Praxis in die Hände von wenigen Spezialisten gelangen.

Modell einer Genese des kosmologischen Raums

Am Anfang der Entwicklung steht die Vorstellung eines unsegmentierten, einheitlichen Universums, in das der Mensch vollständig integriert ist. Es gibt keine Opposition von Mensch und Natur und keine Hierarchie. Das Weltbild ist egalitär und animistisch. Der räumliche Ausdruck dieser habituellen Geisteshaltung ist der unsegmentierte Kreis (Kosmologisch-Habitueller Typ a, Abb. 1).

Die erste Unterteilung, die der Welt widerfährt, ist die Trennung des Himmels von der Erde bzw. die Trennung der Menschenwelt von der Welt der Geister und Ahnen. Diese Trennung ist vertikal. Da beide Teile immer noch aufeinander einwirken, muss es eine Verbindung geben, eine Achse im Zentrum der Wirklichkeit. Begibt man sich in dieses spirituelle Zentrum, wird der Kontakt zwischen den Ebenen wieder hergestellt und die Teilung überwunden. Der räumliche Ausdruck dieser Vorstellung ist der unsegmentierte Kreis mit einem markierten und unmittelbar zugänglichen Zentrum (Kosmologisch-Habitueller Typ b).

Dieses Schema wird anschließend ergänzt durch das Koordinatenkreuz, das sich aus einer Orientierung an den Gestirnen ergibt. Es entsteht richtungsgebundene Bedeutung und damit die Möglichkeit hierarchischer Ordnung, die sich aber noch der Symbolik des Zentrums und ihrer egalitären Ordnung unterordnet (Kosmologisch-Habitueller Typ c).

In der Ausrichtung der Welt nach dem Sonnenlauf, die linguistisch immer noch verankert ist in dem Begriff »Orientierung« (Kluge 1995, 604), und den daraus hervorgehenden vier Himmelsrichtungen ist das Konzept des Vierecks, also des rechteckigen Raumes, enthalten. Die richtungsgebundene Bedeutung setzt sich durch und überlagert den egalitären Kreis. Der Raum kann hierarchisch geordnet, segmentiert und anthropomorphisiert werden (Kosmologisch-Habitueller Typ d).

Das einfache Kreuz kann nun in Form eines Gitters fortgesetzt werden. Die kreuzförmige Ordnung wird in einem größeren Maßstab wiederholt, und es entsteht ein neuer Kreuzungspunkt der geographischen Hauptachsen, ein neuer kommunaler Mittelpunkt, dem die Kreuzungspunkte der einzelnen Elemente untergeordnet sind.

Durch die Ausweitung zum Gitter wird eine Verlagerung des sakralen Zentrums möglich, die sich durch Erweiterung des Rasters beliebig fortsetzen lässt. Daraus folgt wiederum eine zunehmende Segmentierung und potenzielle Hierarchisierung des Siedlungsraums (Kosmologisch-Habitueller Typ e).

Mit der Verlagerung der Weltachse aus dem Mittelpunkt des Hauses geht auch eine Trennung von eindeutig sakralem und vorwiegend profanem Raum einher. Durch diese Trennung wird eine Kontrolle des sakralen Raums möglich und dadurch schließlich eine Kontrolle des Sakralen selbst. Eine Trennung der Religion in Esoterik und Exoterik wird impliziert.

Literaturverzeichnis

Baer 1967: G. Baer, Haus und Wohnung. Basel: Museum für Völkerkunde, Krebs AG 1967.

Bailey 1990: D. W. Bailey, The Living House: Signifying Continuity. In: R. Samson (Hrsg.), The Social Archaeology of Houses. Edinburgh: Edinburgh University Press 1990, 19–48.

Bourdieu 1970: P. Bourdieu, Zur Soziologie der symbolischen Formen. Frankfurt a. M.: Suhrkamp 1970 [Erstausgabe: Paris 1970].

Bourdieu 2002: Ders., Habitus. In: J. Hillier/E. Rooksby (Hrsg.), Habitus: A Sense of Place. Aldershot: Ashgate 2002, 27–45.

Brunner u. a. 1990: Stichwort »Delphi«. In: H. Brunner/K. Flessel/F. Hiller (Hrsg.), Lexikon alte Kulturen 1. Mannheim: Meyers Lexikonverlag 1990, 534–6.

Busse 1995: J. Busse, Die Nyakyusa – Wirtschaft und Gesellschaft. Hamburg, Münster: Lit 1995.

Cameron 1999: C. M. Cameron, Hopi Dwellings – Architectural Change at Orayvi. Tucson: University of Arizona Press 1999.

Campbell 1989: J. Campbell, Die Kraft der Mythen – Bilder der Seele im Leben des Menschen. Zürich, München: Artemis 1989 [Erstausgabe: New York u. a. 1988].

Campbell 2002: Ders., Die Mythen der Welt. In: Golowin 2002, 38–49.

Camporeale 1992: G. Camporeale, Die Disciplina Etrusca. In: M. Pallottino (Hrsg.), Die Etrusker und Europa. Mailand: Fabbri Editori 1992, 78–85.

Catlin 1979: G. Catlin, Die Indianer Nordamerikas 1. Leipzig, Weimar: Kiepenheuer 1979 [Erstausgabe: London 1841].

Coenen 1981: D. Coenen, Griechische und römische Mythologie. Freiburg, Basel, Wien: Herder 1981.

David/Kramer 2001: N. David/C. Kramer, Ethnoarchaeology in Action. Cambridge: Cambridge University Press ²2001 [Erstausgabe: Cambridge 1990].

Doxiades 1976: A. K. Doxiades, The Evolution of Architectural Space. In: Rapoport 1976, 82–94.

Eliade 1989: M. Eliade, Schamanismus und archaische Ekstasetechniken. Frankfurt a. M.: Suhrkamp ⁶1989 [Erstausgabe: Paris 1951].

Eliade 2002: Ders., Mythen und Mythologien. In: Golowin 2002, 10–29.

Geertz 1987: C. Geertz, Dichte Beschreibung: Beiträge zum Verstehen kultureller Systeme. Frankfurt a. M.: Suhrkamp 1987 [Erstausgabe: New York 1973].

Golowin 2002: S. Golowin (Hrsg.), Die großen Mythen der Menschheit. München: Orbis 2002.

Gottlieb/Pešić 1995: A. Gottlieb/P. Pešić, Der magische Kubus. Berlin, München, Wien: Scherz 1995 [Erstausgabe: San Francisco 1995].

Gutman 1976: R. Gutman, The Social Function of the Built Environment. In: Rapoport 1976, 37–49.

Haselberger 1964: H. Haselberger, Bautraditionen der westafrikanischen Negerkulturen. Wien: Herder 1964.

Henn 1994: W. Henn, Vom Bedeutungsgehalt des Rasters. In: Volwahsen 1994, 3–6.

Herbig 1993: J. Herbig, Ionische Reise – Ein Führer zu den Ursprüngen des abendländischen Denkens. Hamburg: Hoffmann & Campe 1993.

Hutchison 1997: J. Hutchison, The Mandan – A brief ethnology. http://www.fortunecity.com/victorian/memorial/68/mandan1.html [9.4.2009].

Kent 1990: S. Kent (Hrsg.), Domestic Architecture and the Use of Space. Cambridge: Cambridge University Press 1990.

Kent 1990a: Dies., A Cross-Cultural Study of Segmentation, Architecture, and the Use of Space. In: Kent 1990, 127–52.

Kluge 1995: Stichwort »Orientierung«. In: F. Kluge (Hrsg.), Etymologisches Wörterbuch der deutschen Sprache. Berlin, New York: de Gruyter 1995, 604.

Kraus 1967: Th. Kraus, Das römische Weltreich. Propyläen Kunstgeschichte 2. Berlin: Propyläen 1967.

Kus/Raharijaona 1990: S. Kus/V. Raharijaona, Domestic Space and the Tenacity of Tradition among Some Betsileo of Madagascar. In: Kent 1990, 21–33.

Lau 2005: F. Lau, Die Form der Paradoxie – Eine Einführung in die Mathematik und Philosophie der »Laws of Form« von George Spencer Brown. Heidelberg: Carl Auer 2005.

Laubin 1977: R. Laubin, The Indian Tipi – Its History, Construction, and Use. Norman: University of Oklahoma Press 1977.

Lévi-Strauss 1973: C. Lévi-Strauss, Das wilde Denken. Frankfurt a. M.: Suhrkamp 1973 [Erstausgabe: Paris 1962].

Mallowan 1967: M. E. L. Mallowan, The Development of Cities from Al-'Ubaid to the End of Uruk 5. Cambridge: Cambridge University Press 1967.

Martin/Stierlin 1994: R. Martin/H. Stierlin, Architektur der Welt 7: Griechenland. Lausanne: Benedikt Taschen Verlag 1994 [Erstausgabe: München 1977].

McGee 1997: M. McGee, Hinduismus. In: C. S. Littleton (Hrsg.), Östliche Weisheit – Führer zu den Religionen und Philosophien Asiens. Rheda-Wierdenbrück: Bertelsmann 1997, 14–53.

Morgan 1965: L. H. Morgan, Houses and House-Life among the American Aborigines. Chicago, London: University of Chicago Press 1965 [Erstausgabe: Washington 1881].

Pallottino 1965: M. Pallottino, Die Etrusker. Frankfurt a. M.: Fischer 1965.

Piesbergen 2000: Th. J. Piesbergen, Die Entwicklung der Lehmarchitektur im Vorderasiatischen Neolithikum. Ungedr. Magisterarbeit Hamburg 2000.

Piesbergen 2007: Ders., Der kontextuelle Raum im vorderasiatischen Neolithikum. Die Entwicklung der Lehmarchitektur, die Sozio-Ökonomie des Bauens und Wohnens und die kulturelle Organisation des architektonischen Raums. British Archaeological Reports International Series 1589. Oxford: Hedges 2007.

Prayon 2004: F. Prayon, Geschichte und Kultur der Etrusker. In: H. Spielmann / W. Hornbostel (Hrsg.), Die Etrusker. München: Hirmer 2004, 12–23.

Rakob 1967: F. Rakob, Römische Architektur. In: Kraus 1967, 153–78.

Rapoport 1969: A. Rapoport, House Form and Culture. Englewood Cliffs, NJ: Prentice-Hall 1969.

Rapoport 1976: Ders. (Hrsg.), The Mutual Interaction of People and Their Built Environment. The Hague u. a.: Mouton Publishers 1976.

Sahlins 1981: M. D. Sahlins, Kultur und praktische Vernunft. Frankfurt a. M.: Suhrkamp 1981 [Erstausgabe: Chicago 1976].

Sanders 1989: A. J. G. M. Sanders, The Bushmen of Botswana – From Desert Dwellers to World Citizens. Law and Anthropology 4, 1989, 107–22.

Sanders 1995: Ders., The Cosmic Nature of Bushman Law. In: B. Saraswati (Hrsg.), Man in Nature. Prakrti Series 5. New Delhi: Indira Ghandi National Center for the Arts 1995 [http://www.ignca.nic.in/ps_05019.htm; 7.4.2009].

Schafer 1968: E. H. Schafer, Das alte China. Amsterdam: Time-Life International 1968.

Schmidt 1964: J. Schmidt, Zur agglutinierenden Bauweise im Zweistromland und Syrien. Berlin: Dissertation T. U. 1964.

Spencer-Brown 1997: G. Spencer-Brown, Laws of Form – Gesetze der Form. Lübeck: Bohmeier 1997 [Erstausgabe: London 1969].

Stea / Turan 1993: D. Stea / M. Turan, Placemaking – Production of Built Environment in Two Cultures. Aldershot: Avebury 1993.

Stützer 1975: H. A. Stützer, Die Etrusker und ihre Welt. Köln: DuMont 1975.

Vandenberg 1979: Ph. Vandenberg, Das Geheimnis der Orakel. München: Bertelsmann 1979.

Volwahsen 1994: A. Volwahsen, Architektur der Welt 9: Indien. Lausanne: Benedikt Taschen Verlag 1994 [Erstausgabe: München 1968].

Waterson 1991: R. Waterson, The Living House – An Anthropology of Architecture in South-East Asia. Oxford: Oxford University Press 1991.

HERMANN MÜCKLER

Das fidschianische Versammlungshaus als Ort der Identitätsfindung und Spiegel hierarchischer Strukturen

Zusammenfassung: Am Beispiel der inneren Strukturierung des Versammlungshauses in Fidschi werden die Bedeutung dieses Gebäudes als Identität stiftende und Orientierung vermittelnde Kategorie für die Fidschianer sowie die Wechselbeziehung zwischen Gebäude und Mensch skizziert. Ausgehend von einer kurzen Darstellung grundlegender Elemente der Orientierung im Raum, die eng mit der sozialen Gliederung der Gesellschaft verbunden ist, sowie der besonderen Bedeutung von Land in Fidschi wird auf die spezielle Situation im Versammlungshaus bei Abhaltung einer Kava- bzw. *yaqona*-Zeremonie eingegangen. Die skizzenhafte Darstellung zeigt dabei die dreidimensionale imaginäre Raum(auf)teilung als zentrales Element der gesellschaftlichen Organisation entlang der Achse »oben – unten« auf; letztere ermöglicht dem Einzelnen das Erkennen seines sozialen Platzes in der Gesellschaft. Dabei kommt der Sitzordnung als einer Projektion vertikaler Ordnung auf eine horizontale Ebene eine besondere Bedeutung zu, denn sie zeigt dem Einzelnen seine eigene Position in der Gruppe und die Position der anderen im sozialen und politischen Kontext. Im Versammlungshaus, wo die offiziellen, von einem komplexen Ritus begleiteten Kava-Zeremonien stattfinden, zeigt sich eine klare Dichotomie zwischen »oben« und »unten«, die durch imaginäre räumliche Aufteilungen und Aufenthaltsbereiche gekennzeichnet ist. Im Zentrum steht dabei die *tanoa*, jene Holzschüssel, die für die Kava-Zubereitung verwendet wird. Mit ihr verknüpft ist die Verbindung zu den Ahnen, in ihr wird der Trank zubereitet, der die Würdenträger mit der Kraft bzw. Effektivität des *mana* ausstattet und damit für die Ausführung ihrer Ämter legitimiert. Daneben gibt es auch tatsächliche vertikale Parameter von symbolischer und praktischer Bedeutung, die von den Dorfbewohnern beachtet werden müssen.

Die traditionelle fidschianische Architektur kennt einige Besonderheiten, die sich in anderen Teilen des Pazifik nicht finden. Gleichzeitig sind die indigenen Bauformen Spiegel einer schrittweisen, durch wechselseitige Beeinflussungen geprägten Entwicklung der Bewohner der Großregion Ozeanien, die in die Subregionen Melanesien, Mikronesien und Polynesien gegliedert ist. Dies trifft insbesondere für die Schnittstelle zwischen Melanesien und Polynesien zu – exakt das Gebiet also, wo sich der Staat Fidschi mit seinen zwei Hauptinseln und zahllosen Kleinstinseln befindet (vgl. dazu Tischner 1934). Fidschi vereint sowohl im physischen Erscheinungsbild der Bewohner als auch in den kulturellen Praktiken – insbesondere der gesellschaftlichen Gliederung und der traditionellen politischen Organisation – Spezifika beider Regionen (vgl. Mückler 1998). Der aus globaler Sicht überschaubare Kleinstaat mit einer Gesamteinwohnerzahl von weniger als einer Million Menschen zeichnet sich heutzu-

Abb. 1. Darstellung eines *vale levu*, eines fidschianischen Versammlungshauses, vom Ende des 19. Jahrhunderts (nach Thomson 1908).

tage durch eine ethnisch und kulturell heterogene Situation aus. Neben den indigenen Fidschianern melanesisch-polynesischer Abstammung machen Indo-Fidschianer – die Nachfahren ehemaliger Plantagenarbeiter – etwa ein Drittel der Gesamtbevölkerung aus. Während diese relativ spät ins Land gekommenen Siedler wenig zur Entwicklung einer regionalspezifischen eigenständigen Architektur beigetragen haben, können die Fidschianer auf über Jahrhunderte überlieferte Bautraditionen zurückblicken.

Dazu zählen die Repräsentations- und Wohnhäuser von meist rechteckigem Grundriss, die *mbure* (sprich: bure) genannt werden. Sie zeichnen sich gewöhnlich durch ein wuchtiges Walmdach mit einer dicken, Wärme dämmenden Strohschicht und leichten Wandverkleidungen mit häufig geometrisch ornamentierter Gestaltung aus. Unterschieden werden zwei grundsätzliche Bautypen: Bei dem einen Typ ist ein zentraler Stützpfosten im Hausinneren vorhanden, bei dem anderen fehlt dieser (vgl. Freeman 1986). *Mbure(s)* – ein Wort, das ursprünglich soviel wie »Tempel« hieß – dienten in der Vergangenheit sowohl für kultische Handlungen als auch als Versammlungshaus der Dorfältesten, als Männer- oder Junggesellenhaus, als Empfangsraum für Fremde oder auch als Haus des Häuptlings (Lehner 1995, 67). Die Bezeichnung *mbure* gilt dabei als Überbegriff für alle fidschianischen Gebäude, die Bezeichnung *vale levu* im engeren Sinn für das Versammlungshaus und heißt über-

Abb. 2. Das Dorf Serui. Gut zu sehen ist das fast vollständige Fehlen von Fenstern an den Häusern. Darstellung aus dem 19. Jahrhundert (nach Thomson 1908).

setzt »großes Haus«. Das Innere dieser Häuser besteht aus einem einzigen Raum und ist nach europäischen Verhältnissen ziemlich kärglich ausgestattet (Abb. 1). Auch wenn heute zunehmend Bettgestelle in den Wohnhäusern Einzug halten, so spielte sich das traditionelle Leben bis vor kurzem und teilweise noch heute auf Matten am Boden ab. Diese Matten aus Blättergeflecht waren häufig Brutstätte für Ungeziefer aller Art, da sie selten bis nie gereinigt wurden. Heute halten auch schrittweise Möbel

Einzug, und damit gliedert sich die Verwendung dieses Großraumes zunehmend in partikular genutzte Raumteile. Markantes äußeres Kennzeichen dieser Häuser waren und sind die hohlen Farnstämme, welche die Walmdeckung an beiden Stirnseiten des Hauses durchdringen. Diese nicht durchgehenden, sondern aufeinander gesteckten Pfosten verleihen dem Gebäude ein eindrucksvolles Erscheinungsbild. Während das Wohnhaus nur durch einen Eingang besitzt, ist beim äquivalenten Gebäude für Repräsentationszwecke die Anlage mehrerer Ein- bzw. Ausgänge eine Notwendigkeit, wie sich im Folgenden noch erschließen wird. Fenster gab es keine (Abb. 2).

Von Bedeutung war die Plattform, auf dem das Gebäude errichtet wurde: Je höher die mit Erde aufgeschüttete und durch Steine befestigte Plattform war, desto größer war die Wichtigkeit des Gebäudes, seiner Nutzung bzw. seiner Bewohner anzusetzen. Manche Plattformen waren so hoch, dass sie nur mittels Treppen oder Leitern erklommen werden konnten. Besonders markant war dies bei jenen Gebäuden, die für religiöse Zwecke im traditionellen Kontext erbaut wurden. Diese *mbure kalou* genannten Geister- bzw. Ritualhäuser zeichneten sich meist durch ein extrem hohes steilwandiges Dach aus, welches durch die Stein-/Erdbasis noch an Höhe gewann. In diesen Häusern wurde in vorchristlicher Zeit den traditionellen Gottheiten gehuldigt, hier wurden Fetisch-Figuren der *ndegei* genannten Hauptgottheit bzw. anderer Götter aufbewahrt und religiöse Zeremonien von Priestern abgehalten. Heute existieren solche Gebäude nicht mehr.

Ein spezieller Bautyp, das so genannte *rausina*, ist ein Rundhaus, welches entwicklungsgeschichtlich als Vorläufer der *mbure* gesehen werden kann. Konstruktionstypische Merkmale sind eine Mittelstütze und unterschiedliche Formen der Dachkonstruktion bzw. -deckungen, die ein kegelförmiges, bisweilen aber auch birnenförmiges Erscheinungsbild bewirken. Auch diese Gebäudeform ist heute nicht mehr existent.

Die modernen Versammlungs- und Wohnhäuser sind durchgehend rechteckig, manchmal quadratisch, aus Holz, Wellblech, Ziegeln oder Schalsteinen gebaut und fast durchgehend mit einem Wellblechdach gedeckt. Ein entscheidendes Element, welches diese »modernen« Häuser von den alten unterscheidet, ist das Vorhandensein von Fenstern. Diese ermöglichen es, dass heute z.B. die Schulkinder eines Dorfes nachmittags im Versammlungshaus gemeinsam am Boden liegen und ihre Hausaufgaben erledigen können oder dass Frauen gemeinsame Arbeiten bei der Textilherstellung in das leerstehende Gebäude verlegen – alles Tätigkeiten, die eine gewisse Helligkeit im Hausinneren erfordern. Bei solchen Beschäftigungen sind die kulturspezifisch festgelegten (zeremoniellen) Regeln zur Nutzung des Hauses weitgehend aufgehoben.

Anders ist es bei allen Arten von Festen, Feiern und Ritualen, die von einer Kava-Zeremonie (fidschianisch: *yaqona*-Zeremonie) eingeleitet oder begleitet werden: Sie folgen festen Regeln, bei denen das Haus durch unsichtbare Aufteilungslinien, genaue Sitzordnung und spezielle Regeln des Benehmens seine Raumfunktion im Sinne einer Orientierungsmöglichkeit spüren lässt.

In Fidschi wird die Bewegung im Raum – insbesondere im Innenraum – von kulturspezifischen Regeln bestimmt, die gesellschaftlichen, historisch gewachsenen rituellen Notwendigkeiten und standes- bzw. prestigerelevanten Besonderheiten folgen. Sie ermöglichen dem Individuum und der Gruppe eine Orientierung im Raum und strukturieren diesen. Bevor man sich jedoch dem Verhalten der Fidschianer im Innenraum des Versammlungshauses, des neben der Kirche wichtigsten Gebäudes im Dorf, widmet, ist es notwendig, allgemein auf das Raumverständnis und die räumliche Orientierung der Fidschianer einzugehen.

Es gibt zahlreiche Aspekte im Raumverständnis der Fidschianer, die – mit lokalen Abweichungen – auch auf andere Gesellschaften der Region zutreffen. Zentraler Ausgangspunkt aller Überlegungen ist dabei die Tatsache, dass »Raum« auch und vor allem im Sinne einer Ressource verstanden werden muss, als eine Ressource von Ausdehnung und »Platz haben«, die in Ozeanien generell begrenzt ist. Da die Region ausschließlich von Inseln geprägt ist und größere Landflächen nur in Neuguinea vorhanden sind, die weite Inselregion jedoch aus vergleichsweise kleinen, häufig auch winzigen korallinen Atollinseln besteht, ist Land im Sinne von Grund und Boden eine äußerst rare und damit extrem bedeutungsbesetzte Kategorie. Inseln stellen in sich geschlossene Entitäten dar, und begrenzte Landressourcen bedeuten daher auch begrenzte Wasserspeicherkapazitäten und damit limitierte landwirtschaftliche Nutzbarkeit sowie limitierte Möglichkeiten für das Überleben von Menschen. Fidschi selbst ist vergleichsweise privilegiert, was die Ressource Grund und Boden betrifft, denn die beiden Hauptinseln Viti Levu (»Großes Viti«) und Vanua Levu (»Großes Land«) sind verhältnismäßig groß. Bei der überwiegenden Mehrzahl der Inseln handelt es sich aber um kleine und kleinste Eilande, die demographisch nur begrenzt tragfähig oder ganz unbewohnbar sind.

Da die Orientierung des Einzelnen und der Gruppe folgerichtig am Vorhandensein von »Land« erfolgt, durchdringt das Bewusstsein seiner limitierten Verfügbarkeit alle Lebensbereiche in Fidschi. »Land«, aber auch »Gebiet« und »Ort« heißen auf Fidschianisch *vanua*. Mit dem Begriff *vanua* verbinden sich nach Ansicht des fidschianischen Autors Asesela Ravuvu (1983, 70) nicht nur die Festlegung und Beschreibung von Grund und Boden mitsamt der Vegetation, den Tieren und allen darauf errichteten Objekten, vielmehr ist *vanua* ein Begriff, der insgesamt das soziale und kulturelle System beinhaltet und beschreibt. Michael Dickhardt (2003, 227) zählt *vanua* zu den vier identitätsstiftenden Sinnordnungen, zu denen auch *matanitu*, der »Staat«, *lotu*, die »Kirche« und *ilavo*, das »Geld«, gehören. *Vanua* hat mehrere Bedeutungen: *Vanua* ist die Seele oder menschliche Manifestation der physischen Umgebung, zu der die Menschen sich zugehörig fühlen bzw. mit der sie sich identifizieren. *Vanua* ist gleichzeitig die größte Gruppe von miteinander verwandten Menschen, die alle einem gemeinsamen anerkannten Häuptling Respekt und Treue schulden. *Vanua* ist damit die größte Einheit räumlicher und kultureller Identifikation des Einzelnen, wie es der fidschianische Ethnologe Rusiate Nayacakalou (1985, 11) einmal formuliert hat.

Vanua ist untergliedert in verschiedene soziale Einheiten, die gewöhnlich in enger Verbindung zueinander stehen und sich in verschiedenen Ausformungen darstellen. Die Menschen sind *lewe ni vanua*, das »Fleisch« oder der Teil des Bodens, während *vanua* als alleinstehendes Wort auch für die Bezeichnung benachbarter sozialer Gruppen verwendet wird. *Vanua* ist ein Teil einer hierarchischen Struktur, die neben der *vanua* (im Sinne von »Stamm«) die *yavusa* (im Sinne von Klan), die *mataqali* (Sub-Klan, lineage) und die *(i)tokatoka* (Sub-lineage bzw. erweiterte Familie) kennt. Damit ein Stamm oder eine Gruppe als *vanua* von den anderen anerkannt wird, müssen auf dem damit bezeichneten Grund und Boden Menschen leben, die ihre Rechte pflegen und verteidigen. Hier gilt: Ein Land ohne Menschen ist wie eine Person ohne Seele. Die Menschen sind die Seele des physischen Landes oder Bodens. So wie es eine Wechselwirkung zwischen Körper und Seele gibt, so gibt es hier eine Beziehung zwischen dem Land und den Menschen, die bestimmen, was mit diesem Land gemacht wird. Das Land ist die Hauptlebensquelle. Es ist die physische und geographische Wirklichkeit der Menschen, von dem ihr Überleben als Individuen und als Gruppe abhängt. Land ist eine Quelle der Sicherheit, es garantiert Ernährung, Zuflucht und Schutz sowie die materielle Basis für die eigene Identität. Land ist so die Ausweitung des Selbst. Land ist nutzlos ohne Menschen, und die Menschen sind ohne Land hilflos und ungeschützt.

Die hier dargestellte Gliederung ist eine vertikale Hierarchie und korreliert mit der grundsätzlichen Auffassung, die Fidschianer von ihrer Stellung im Raum haben. In ihrem gesamten Verhalten zwischen Ehrerbietung und Verteilung spielen die beiden Orientierungen im Raum *i cake* (»oben« bzw. »darüber«) und *i ra* (»unten« bzw. »darunter«) eine wesentliche Rolle. Auch alle horizontalen Orientierungen und Aufteilungen lassen sich zwischen den beiden Achsen »oben« und »unten« einordnen (vgl. Toren 1990, 196 ff.). In den Häusern innerhalb des Dorfes bei der *yaqona*-Zeremonie, beim Essen und Diskutieren von Dorfangelegenheiten, bei Gottesdiensten, bei Feiern und bei Trauer – bei allen sozialen Anlässen – sitzen diejenigen von höherem Status »oben«, die von niedrigerem Status »unten«. In diesem Fall ist die Achse »oben – unten« von einer vertikalen auf eine horizontale Ebene bzw. ebene Fläche umgelegt, was im Folgenden noch genauer ausgeführt wird.

Ergänzend zur räumlichen Orientierung, die hier immer auch eine soziale ist, soll schließlich der Begriff *yavu* angeführt werden. *Yavu* ist der im Idealfall erhöhte Platz, auf dem ein Haus *(mbure)* errichtet wird, es ist die Basis oder das Fundament des Hauses. Mit dem Begriff verbindet sich auch der »heilige Besitz« der Familie (Ravuvu 1983, 14 ff.). Von mehreren Autoren wurde auf die Bedeutung des Hauses für die sozialen Beziehungen und die Identität des Einzelnen hingewiesen, so von Quain (1948, 82 f.), Sahlins (1962, 106), Nayacakalou (1978) und Toren (1990, 29 ff.). Mit *yavu* wird der Platz innerhalb der dörflichen Hierarchie legitimiert und die Beziehung zur Dorfgemeinschaft bestimmt. Ein *taukei ni koro*, ein lange Ansässiger des Dorfes, muss eine traditionelle *yavu* haben, d. h. einen Platz, dessen Besiedlung sich

Abb. 3. Halbfertiges fidschianisches Haus. Die aufgeschüttete Erdbasis ist mit Steinen befestigt (nach Thomson 1908).

bis zur Entstehung der Siedlung rückdatieren lässt, als die Urahnen das erste Haus errichteten. Personen, die keine traditionelle *yavu* ihr Eigen nennen können, werden auch innerhalb des Dorfes manchmal als *vulagi*, Besucher oder Fremde, bezeichnet. Grundsätzlich besteht eine Korrelation zwischen der Höhe des Fundaments und der Stellung der Hausbewohner. Je höher die *yavu*, desto höher der Rang der betreffenden Hausbewohner. So symbolisiert in der Regel eine hohe *yavu*, also ein Fundament, wo man mehrere Stufen steigen muss, um das Haus betreten zu können, die Stellung eines Häuptlings. »Ihre Hausplattform ist hoch«, sagt man in Fidschi, wenn von einer angesehenen Familie die Rede ist, und die Einladung *»cabe mai«* (*thambe mai*, »komm herauf«) ist fest im fidschianischen Sprachgebrauch verankert, auch wenn es sich um ein modernes, ebenerdig gebautes Haus handelt (Lehner 1995, 67). Hier manifestiert sich die Dichotomie zwischen »oben« und »unten« in sehr anschaulicher vertikaler Weise. Sie findet sich vor allem bei den Gebäuden, die traditionellerweise spirituell-religiösen Zwecken dienten, den *bure kalou*, von denen jedoch heute kaum mehr Beispiele existieren, den Versammlungshäusern *(vale levu)* und bestimmten Häuptlingshäusern, insbesondere jenen so genannter *paramount chiefs*.

Die Bauweise einer *yavu* folgt überlieferten Prinzipien. Gewöhnlich wird aus Erde ein Hügel aufgeschüttet, der in meist rechteckiger Form angelegt ist. Die Ecken des Rechtecks dienen in weiterer Folge der Aufnahme der Eckpfosten des darauf zu errichtenden Hauses. Der Erdhügel selbst wird mit massiven Steinen befestigt, um ein Abrutschen des Erdmaterials zu verhindern (Abb. 3). Dabei werden die Seitenwände abgeschrägt, je nach Höhe der Plattform in unterschiedlichem Winkel. Die *yavu* bietet damit die Gestalt einer abgeflachten eckigen Pyramide (Pyramidenstumpf) mit schrägen Seitenwänden, die auch eine oder mehrere Stufen aufweisen kann. In die Pyramidenplattform werden neben den Eckpfosten die Wandsteher in vorbereitete Pfahllöcher versenkt. Auf den Grund dieser Pfostengruben wird ein Stein gelegt, um spätere Setzungen der tragenden Stützen zu verhindern. In vorkolonialer Zeit bzw. in jener Epoche, bevor die christliche Mission in Fidschi Einzug hielt – also bis ca. Mitte des 19. Jahrhunderts –, wurden unter den Eckpfosten manchmal nicht nur Steine, sondern auch die Schädel getöteter Kriegsgegner eingegraben, was sich archäologisch nachweisen lässt. Die Menschenjagd in Zusammenhang mit kriegerischen Handlungen und der dabei auch manchmal praktizierte Kannibalismus dienten vor allem der ultimativen Demütigung eines besiegten Kriegsgegners. Eine *yavu* gehört zur agnatischen Linie bzw. wird in dieser vererbt; der Name einer *yavu*, der die Linie der Alten eines Clans oder eines Geschlechts repräsentiert, wird nicht gewechselt, sondern weiter tradiert (Toren 1990, 30).

Die räumliche Orientierung der Fidschianer ist folglich stark durch die Stellung des Einzelnen im sozialen hierarchischen System determiniert und umgekehrt. Die soziale Stellung weist dem Individuum jeweils einen exakten Raum im Sinne von Platz zu. Dieser wird, für alle Umstehenden sichtbar, zum äußeren Zeichen der Funktion und des Bedeutungsgrades, der Dauer und der Intensität der Zugehörigkeit zur Gruppe.

Am deutlichsten kommt dies bei der Kava-Zeremonie – auf Fidschianisch *yaqona*-Zeremonie – zum Ausdruck. Das *yaqona*-Trinken (auch *yanggona* geschrieben) stellt einen gesellschaftlichen Höhepunkt im Leben der Fidschianer dar. Das Wort *yaqona* ist die fidschianische Bezeichnung für die im ozeanischen Raum verbreiteten und kultivierten Varietäten des Pfefferstrauches *Macropiper methysticum* und wird exakt mit *yaqona ni viti* beschrieben. Der Zusatz *ni viti* bedeutet hier soviel wie »aus Fidschi« und verweist darauf, dass es sich um ein Getränk mit lokalen Wurzeln handelt. Dies ist in Abgrenzung zu *yaqona ni vavalagi* zu sehen, was in etwa »Getränk der Europäer« bedeutet und meistens alkoholische Getränke bezeichnet. Die Stammpflanze ist ein strauchartiges, etwa 2 m hohes Gewächs mit gestielten breitovalen Blättern. Der Wurzelstock, der frisch etwa 1–2 kg schwer ist, bildet mitsamt den stärkeren Wurzeln und den unteren Teilen des Stammes die Droge (Wernhart/Maruna 1979, 16). Die Wurzeln werden ausgegraben und zu Pulver zerstampft, das im Rahmen der Zeremonie mit Wasser vermengt wird. *Yaqona* findet seine linguistische Entsprechung im polynesischen Wort *kava*, welches sich vom samoanischen Wort *'ava* ableitet. Auch in Fidschi

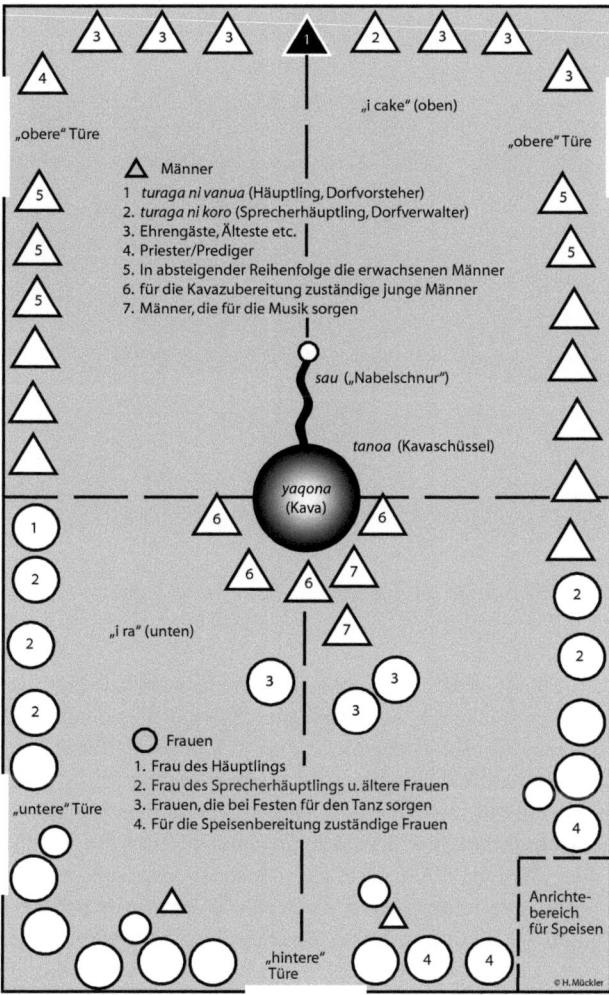

Abb. 4. Skizze eines fidschianischen Versammlungshauses.

wird der Begriff *kava* substituierend für *yaqona* verwendet, und im deutschsprachigen Raum wird das Getränk ebenfalls als »Kava« bezeichnet. Seine Bestandteile, insbesondere das Kavalacton Kavain, kommen auch in pharmazeutischen Produkten vor, welche sich die sedierende Wirkung der Inhaltsstoffe zunutze machen.

Der Kava-Trunk ist ein beruhigendes, nicht alkoholisches Getränk, das bei vermehrtem Genuss Zunge und Lippen betäubt sowie die Empfindlichkeit der Augen

Abb. 5. *Tanoa*, die Holzschale zur Zubereitung des *yaqona*-Getränks.

gegenüber Licht erhöht. Kava kann man im melanesischen Raum, wo die Wurzel erstmals kultiviert wurde, häufig auf informeller Basis, d. h. in einem nicht ritualisierten Rahmen, trinken. So gibt es beispielsweise in Vanuatu (früher: Neue Hebriden) so genannte Kava-Bars, die durch eine rotes Licht gekennzeichnet sind und wo man gegen Bezahlung eine randvolle Kava-Schale erhält, die man in dafür vorgesehenen »Schankräumen« einnimmt. In Polynesien hingegen ist das Kava-Trinken fast immer in eine mehr oder weniger ritualisierte Gemeinschaftshandlung eingebunden (vgl. dazu Mückler 1996). Die Tatsache, dass die Kava-Zeremonie im polynesischen Raum auch in Samoa, auf Tonga und in Teilen Zentralpolynesiens verbreitet ist und durch die polynesischen Einflüsse über Ostfidschi den Eingang in das traditionelle fidschianische Zeremoniell gefunden hat, zeigt die Verbindungen, die zwischen diesen Inselgruppen über lange Zeit und schon vor langer Zeit bestanden haben. Der Missionar John Williams (1983 [1858], 141 f.) beschrieb als einer der ersten eine entsprechende Zeremonie. Das im Folgenden beschriebene Ritual folgt eigenen Beobachtungen des Autors im Dorf Nadoria an der Ostseite der Insel Viti Levu.

Die fundamentalen Symbole der *yaqona*-Zeremonie, die *yaqona*-Schüssel, fidschianisch *tanoa*, und die Trinkschale, *bilo*, sind in Samoa und auf Fidschi die gleichen und lassen eine enge Beziehung zwischen diesen beiden Inselgruppen vermuten, die auch im gemeinsamen Mythenreichtum ihren Ausdruck findet. Das *yaqona*-Ritual besteht aus dem zeremoniellen Mixen und dem Trinken der Flüssigkeit des Juice der

Kava-Wurzel. Das Ritual findet im Gemeinschaftshaus statt. Dieses hat fast immer rechteckige Form, mit mehreren Türen auf beiden Längsseiten und einer Tür an der »unteren« Stirnseite. Ein »klassisches« Gemeinschaftshaus zeichnet sich durch mindestens vier und maximal sechs Seitentüren aus, wobei es im Haus selbst eine klare Aufteilung zwischen »oben« und »unten« gibt (Abb. 4). Diejenige Stirnseite, die keine Tür aufweist, gilt als »oben«, die Seite also, der die höchste Bedeutung zukommt. Die Mehrzahl der Seitentüren resultiert daraus, dass die »wichtigen« Personen, die das Haus betreten, dieses im »oberen« Teil betreten und nicht die weiter hinten liegenden Türen benutzen.

Traditionellerweise befindet sich der Platz des Dorfhäuptlings, des *turaga ni vanua* (Häuptling der Gemeinschaft, der *vanua*), in der Mitte der »oberen« Stirnseite. Ihm zur Seite sitzen der Sprecherhäuptling *turaga ni koro* (Häuptling des Dorfes), eventuell der Priester sowie besondere Gäste, die man dadurch, dass man sie an der Stirnseite sitzen lässt, auszeichnet und denen man so Wertschätzung vermittelt. An den Längsseiten sitzen, von »oben« beginnend, die wichtigsten der älteren Männer, in absteigender Reihenfolge gefolgt von den jüngeren Männern, und zwar in genauer Rangfolge ihres Alters, ihrer Funktion und ihres Ansehens in der Gemeinde. Der Raum wird in der Mitte durch eine unsichtbare imaginäre Linie quer in zwei Hälften geteilt. Ab der Mitte sitzen die Frauen – aber auch Männer niederer Rangstufen – nach demselben System, also ab der Mitte die Häuptlingsfrau sowie die wichtigsten älteren Frauen, gefolgt von den jüngeren Frauen, wobei in der »unteren« Raumhälfte die Sitzordnung wesentlich lockerer ist als im oberen Teil. Ebenfalls am Ende dieser die Dorfhierarchie bzw. Bedeutung von Personen und Handlungen widerspiegelnden Aufteilung, d. h. am »unteren« Rand des Hauses, dürfen sich die Kinder aufhalten. An der »unteren« Stirnseite befindet sich eine Tür, durch die Essen in den Raum gereicht wird. Dieses wird in einer der beiden »unteren« Ecken abgestellt und für das Auftragen zubereitet.

Bei der *yaqona*-Zeremonie steht die *tanoa* genannte Kava-Schüssel in der Mitte des Raumes, manchmal im oberen Bereich, knapp oberhalb der imaginären, den Raum teilenden Linie. Die *tanoa* ist aus massivem Hartholz hergestellt und wird in ihrer traditionellen dünnwandigen Form als *tanoa dina* bezeichnet (Abb. 5). Sie weist mindestens vier, manchmal bis zu zwölf Beine auf und hat an einer Seite eine Bohrung, an der mittels eines Kokosfaserstricks eine Muschel gebunden ist. Diese Schnur hat eine Länge von ungefähr einem Meter und wird bei Zeremonien zu Ehren eines besonderen Gastes – also nicht immer – so ausgelegt, dass die Muschel in Richtung des Häuptlings zeigt. Meist handelt es sich dabei um eine Zeremonie namens *yaqona vakaturaga*, bei der ein Oberhäuptling *(paramount chief)* anwesend ist. Die Schnur teilt den Raum noch einmal und zwar entlang seiner Längsseite in zwei längliche Hälften. Die teilnehmenden Würdenträger sitzen in einem imaginären Halbkreis an den Wänden um die Holzschüssel herum, während die Redner zwischen ihnen postiert sind. Die Beteiligten sitzen, meist mit überkreuzten Beinen, auf Pandanusmatten

Abb. 6. Kava-Trinken der Frauen im Freien. Hier handelt es sich um eine weniger ritualisierte Form geselligen Zusammenseins (nach Whitson 1930).

auf dem Boden. In direkter Verlängerung der Schnur sitzt die ranghöchste Person im
Raum, die sich im Scheitelpunkt des imaginären Halbkreises befindet – sie ist sozusagen *i cake sara* (»ganz oben«). Die Schnur symbolisiert dabei eine »Nabelschnur«
(fidschianisch *sau*), welche die Verbindung zwischen der Welt der Ahnen und den
Lebenden darstellt. Da die *tanoa* in ihrer Funktion des Haltens des Wassers und der
Pflanzensubstanz als feminin angesehen wird, verbindet die *sau* die Kava trinkenden
Anwesenden mit der ebenfalls weiblichen Erde. Hier wird ein enger Zusammenhang
mit *vanua* sichtbar. In vorkolonialer Zeit war die *sau* so hoch bewertet, dass ein
unbedachtes Überschreiten der Schnur zumindest theoretisch mit dem Tode geahndet
werden konnte. Diese Verbindung zur Erde stellt gleichzeitig ein zentrales Symbol
der Aufladung mit dem für einen Häuptling wichtigen *mana* dar. Diese Kraft, Wirksamkeit oder Effektivität wird von der Erde über die *sau* in die *tanoa* und von dort
über die *bilo* mit dem Trank auf den Trinkenden übertragen und symbolisiert etwas
Wesentliches: Derjenige, der als erster oder als einer der ersten den Kava-Trunk zu
sich nimmt, wird für alle Anwesenden sichtbar mit *mana* aufgeladen und auf diese
Weise für die Ausübung des Amtes, der Funktion und damit der jeweiligen Rolle in
der Gesellschaft legitimiert.

Direkt gegenüber dem obersten Häuptling und hinter der Schüssel sitzt ein Mann, *lose yaqona* genannt, der in der Regel aus der Familie des obersten Häuptlings entstammt. Er bereitet den Trank zu, indem er die Wurzel mit Wasser vermischt. Durch Kneten des mit Kava-Pulver gefüllten »Beutels« im Wasser nimmt dieses eine graubraune Färbung an. Zwischendurch wird von der Person, die den Trank zubereitet, in regelmäßigen Abständen der breite Rand der flachen Holzschale durch kreisende Wischbewegungen vom Spritzwasser gereinigt. Der gesamte Vorgang der Zubereitung wird von rituellen Formeln und Ansprachen eingeleitet und begleitet, die auf die Bedeutung der Zeremonie und den Anlass für das Zusammenkommen Bezug nehmen (Toren 1990, 90). Hat das Wasser die richtige Färbung erreicht, wird der Trank in der Reihenfolge der Bedeutung der Anwesenden einzeln jeweils in einer Schale – in der Regel in einer Kokosnusshalbschale – mit beiden Händen vom *lose yaqona* überreicht, wobei die erste Schale dem Ehrengast bzw. Häuptling vorbehalten ist. Das Zubereiten der ersten Schale und das Trinken derselben geht in absolutem Schweigen aller Anwesenden, ausgenommen den in der Zubereitung involvierten Rednern, vor sich. Das Zurückreichen der leeren Schale wird von dreimaligem Klatschen des Trinkenden und der Anwesenden begleitet. Es handelt sich fast immer um Männer, die Kava zubereiten; daneben gibt es eigene Kava-Runden für Frauen, wo diese ihn zubereiten und trinken (Abb. 6). Die Männer im »unteren« Teil des Raumes warten darauf, im Anschluss an die »offizielle« *yaqona*-Zeremonie Musikstücke und Gesang darzubieten.

Das Prinzip der Achse »oben – unten« ist bei dieser Zeremonie im horizontalen Sinn zu verstehen, und hier schließt sich der Kreis der räumlichen Manifestation sozialer Ordnung. Es ist eine dreidimensionale Ausrichtung, die bei der *yaqona*-Zeremonie beobachtet werden kann: Die *tanoa* in der Mitte des Raumes teilt diesen entlang der Längs- und der Querachse. Die im Zusammenhang mit den *yavu* beschriebene, tatsächlich vertikale Achse kommt insofern zur Geltung, als es den Anwesenden verboten ist, sich höher als der Kopf des höchsten Repräsentanten im Raum zu bewegen. Rangzuschreibung, Status und damit letztlich die Orientierung und Stellung des Einzelnen definieren sich in Fidschi auch und vor allem durch die kulturspezifische und historisch gewachsene dreidimensionale Strukturierung des (Innen-)Raums, die am Beispiel der zeremoniellen Nutzung des Versammlungshauses hier skizziert wurde. Dass die Sitz- und damit Rangordnung in solch einem Gebäude immer wieder neu verhandelt wird, zeigt sich daran, dass die Sitzordnung auch Anlass für Diskussionen, im schlimmsten Fall für Streit sein kann. Ein unakkordiertes »Vorrücken« einzelner ehrgeiziger Personen in der Sitzordnung kann schon einmal einen scharfen Verweis von Ranghöheren nach sich ziehen. Die Sitzordnung ist verhandelbar und ändert sich für ein Individuum im Laufe seines Lebens mit dem Wechsel der Funktionen im Dorf – sie ist Gegenstand von Gesprächen und Diskussionen.

Somit ist die Sitzordnung im *vale levu* ein Spiegel der gesellschaftlichen Strukturierungen des Dorfes, mit all seinen Funktionsträgern, seinen Fluktuationen, ein

Spiegel sich wandelnder Kräfteverhältnisse und Ort der Identitätsstiftung und -findung für die Bewohner und damit unverzichtbarer Bestandteil einer funktionierenden Dorfgemeinschaft.

Literaturverzeichnis

Dickhardt 2003: M. Dickhardt, Räume in Fiji: Kulturelle Räumlichkeit aus der Perspektive ihrer Modi. In: B. Hauser-Schäublin / M. Dickhardt (Hrsg.), Kulturelle Räume – Räumliche Kultur. Göttinger Studien zur Ethnologie 10. Münster u.a.: LIT, 221–65.

Freeman 1986: S. Freeman, The Centre-Poled Houses of Western Viti Levu. Domodomo (Fiji Museum Quarterly) 4, 1, 1986, 2–19.

Lehner 1995: E. Lehner, Architektur der Südsee. Traditionelle Bautypen auf Hawaii, Tonga, Samoa, Neuseeland und den Fidschi-Inseln. Wien: Phoibos 1995.

Mückler 1996: H. Mückler, Kava in Ozeanien: Neue Betrachtungen zu einer Kulturpflanze und deren Bedeutung im kulturellen Kontext. Mitteilungen der Anthropologischen Gesellschaft Wien 125, 1996, 207–24.

Mückler 1998: Ders., Fidschi. Zwischen Tradition und Transformation. Frankfurt a.M.: IKO 1998.

Mückler 2007: Ders., Invisible Lines – On the Difficulties of Drinking. Unsichtbare Linien – oder: das komplizierte Trinken. Journal of Comparative Cultural Studies in Architecture 1, 1, 13–20.

Nayacakalou 1978: R. Nayacakalou, Tradition and Change in the Fijian Village. Suva: Institute of Pacific Studies of the University of the South Pacific 1978.

Nayacakalou 1985: Ders., Leadership in Fiji. Suva, Oxford: University of the South Pacific, Oxford University Press 1985.

Quain 1948: B. Quain, Fijian Village. Chicago: University of Chicago Press 1948.

Ravuvu 1983: A. Ravuvu, The Fijian Way of Life. Vaka i Taukei. Suva: Institute of Pacific Studies of the University of the South Pacific 1983.

Sahlins 1962: M. Sahlins, Moala: Culture and Nature on a Fijian Island. Ann Arbor: University of Michigan Press 1962.

Thomson 1908: B. Thomson, The Fijians. A Study of the Decay of Custom. London: William Heinemann 1908.

Tischner 1934: H. Tischner, Die Verbreitung der Hausformen in Ozeanien. Leipzig: Verlag der Werkgemeinschaft 1934.

Toren 1990: Ch. Toren, Making Sense of Hierarchy, Cognition as Social Process in Fiji. Monographs of Social Anthropology 61. London: Athlone Press 1990.

Wernhart / Maruna 1979: K. Wernhart / H. Maruna, Betrachtungen über das Kava-Trinken aus medizinisch-biochemischer und ethnologischer Sicht. Dr. Med. 3, 1, 1979, 16–20.

Whitson 1930: T. W. Whitson, A Day in Suva, Fiji. Suva: ca. 1930 [Werbebroschüre der Union Steam Ship Company].

Williams 1983: J. Williams, Fiji and the Fijians I: The Islands and Their Inhabitants. Suva: Fiji Museum 1983 [Erstausgabe: London 1858].

ERICH LEHNER

Samoanisches *Fale* und mongolisches *Ger*: Eine Gegenüberstellung von Bautypologie und Gesellschaft in den Traditionen von Sesshaften und Nomaden

Zusammenfassung: Vordergründig betrachtet, erscheinen kaum größere Gegensätze vorstellbar als die Bedingungen für das Bauen auf den vom üppigen Dschungel überwucherten kleinen Pazifik-Inseln Samoas und den ins Endlose sich erstreckenden kargen Steppen der Mongolei: Dem extremen feucht-tropischen Klima Samoas mit seinen über das gesamte Jahr hinweg gleich bleibenden Temperaturen steht das trocken-kontinentale Klima der Mongolei gegenüber, mit extremen Temperaturschwankungen zwischen Tag und Nacht, Sommer und Winter. Abgesehen von diesen gegensätzlichen Umweltbedingungen wie auch unterschiedlichen Lebensweisen und Gesellschaftsformen sind in den Architekturtraditionen der Samoaner und der Mongolen aber gewisse Parallelen festzustellen: In beiden Kulturen hatten sich über viele Generationen hinweg Bautypen entwickelt, die den regionalen Umweltbedingungen und dem spezifischen Sozialverhalten optimal angepasst waren. Sowohl das samoanische *Fale* als auch das mongolische *Ger* wurden schließlich zu allgemein akzeptierten Symbolen kultureller Identität und gewannen höchste Bedeutung als nationale Wahrzeichen. Die rezente Entwicklung der Globalisierung trifft beide Bautraditionen auf unterschiedliche Weise, führt jedoch zum gleichen Ergebnis. In Samoa beginnen sich die traditionellen Gesellschaftsformen durch den übermächtigen Einfluss der westlichen Kultur aufzulösen, während in der Mongolei das Nomadentum zunehmend in die Sesshaftigkeit übergeht. Die radikale Veränderung der Lebensweise innerhalb weniger Jahrzehnte hat die Kontinuität der Architekturtraditionen gebrochen. Beide Kulturen sind heute nicht mehr im Stande, aus eigener Kraft neue Bauweisen und Bautypen zu entwickeln, sondern kopieren Konzepte der internationalen Architektur. Das Verschwinden der indigenen Bautraditionen ist damit vorprogrammiert.

Einleitung

So wie das Erfassen der Besonderheiten einzelner Baukulturen nur dadurch ermöglicht wird, indem man sie anderen Architekturtraditionen gegenüberstellt, so können auch die Wechselwirkungen zwischen Architektur, Gesellschaft und Umwelt in einer Gegenüberstellung unterschiedlicher Kulturen wesentlich stringenter analysiert werden, als dies bei einer bloßen monografischen Darstellung möglich wäre. In einer Gegenüberstellung zweier völlig konträrer Baukulturen lassen sich nicht nur deren Besonderheiten schärfer zeichnen, sondern es sind auch manche überraschende Übereinstimmungen im Zusammenhang von Gesellschaft und Architektur zu fassen. So

werden hier die Baukulturen zweier Ethnien gegenüber gestellt, die sich ebenso in
ihrer Lebensweise gänzlich unterscheiden, wie auch die landschaftlichen und klimatischen Bedingungen ihrer Lebensräume denkbar gegensätzlich sind: Samoaner und
Mongolen.

Landschaft, Klima, Gesellschaft

Der Gegensatz zwischen den Lebensbedingungen von Samoanern und Mongolen
lässt sich bereits an den nüchternen statistischen Daten ablesen: Samoa (bis 1997 als
Western Samoa bezeichnet) besteht aus zwei großen und einigen kleineren Inseln,
deren Gesamtfläche weniger als 3 000 km^2 beträgt und die inmitten der größten Was-
serfläche des Planeten liegen. Die Mongolei dagegen umfasst ein riesiges Gebiet von
etwa 1,6 Millionen km^2 inmitten der größten Landmasse der Erde. Weist das tro-
pisch-feuchte ozeanische Klima Samoas Unterschiede der durchschnittlichen Monat-
stemperaturen von weniger als 1° C auf[1], so kann das kontinental-trockene Klima
der Mongolei mit Temperaturschwankungen der Monatsmittel von 52° C aufwarten[2].
Die jährliche Niederschlagsrate beträgt in Samoa fast 3 000 mm[3], in der Mongolei
weniger als 150 mm[4].

Die Einwohnerzahl von Samoa beträgt heute etwas mehr als 200 000[5], jene der
Mongolei ca. drei Millionen[6], wobei in beiden Fällen eine extreme Bevölkerungsverdichtung in bestimmten Zonen auffällig ist: In Samoa konzentriert sich (traditionellerweise) die Besiedlung auf die meeresnahen Randzonen der Insel; in der Mongolei
drängen sich (seit jüngerer Zeit) etwa 40 % der gesamten Bevölkerung in und um
die Hauptstadt Ulaanbaatar. Trotz dieser Siedlungskonzentrationen steht der relativ
großen Bevölkerungsdichte in Samoa (74 Einwohner/km^2) die fast menschenleere
Landfläche der Mongolei gegenüber, die mit 1,9 Einwohnern/km^2 zu den am dünns-
ten besiedelten Regionen der Erde zählt. Berücksichtigt man die Verdoppelung der

---

1   Kältester Monat: Juli mit 25,6°, wärmster Monat: Januar mit 26,5°. WorldClimate, Climate Data
    for 13°S 171°W: Apia, Samoa. 24-hr Average Temperature. http://www.worldclimate.com/cgi-
    bin/data.pl?ref=S13W171+1202+0011141G2 (5.3.2009).
2   Wärmster Monat: Juli mit 19,1° C, kältester Monat: Januar mit −32,9° C. WorldClimate, Climate
    Data for 49°N 92°E: Mongolian Station, Bayan-Ol. 24-hr Average Temperature. http://www.
    worldclimate.com/cgi-bin/data.pl?ref=N49E092+1202+0055373G2 (5.3.2009).
3   WorldClimate, Climate Data for 13°S 171°W: Apia, Samoa. Average Rainfall. http://www.world-
    climate.com/cgi-bin/data.pl?ref=S13W171+2100+91762W (5.3.2009).
4   WorldClimate, Climate Data for 49°N 92°E. Mongolian Station A, Mongolia. Average Rainfall.
    http://www.worldclimate.com/cgi-bin/data.pl?ref=N49E092+2100+4421201G1 (5.3.2009).
5   GeoHive, Global Statistics. Samoa. http://www.geohive.com/cntry/samoa.aspx (5.3.2009).
6   GeoHive, Global Statistics. Mongolia. http://www.geohive.com/cntry/mongolia.aspx
    (5.3.2009).

Abb. 1. Gegenüberstellung von Landschaft und Gesellschaft in Samoa (1) und der Mongolei (2).

mongolischen Bevölkerung während der letzten dreißig Jahre[7], so fällt der drastische Gegensatz noch deutlicher aus. Trotzdem leben auch heute noch mehr als ein Drittel aller Mongolen als Nomaden, während die Samoaner zur Gänze sesshaft sind.

Die Unterschiede in der Lebensweise von Samoanern und Mongolen gründen sich im Wesentlichen auf die extremen Unterschiede in der Fruchtbarkeit des Bodens (Abb. 1,1–2). Während in der üppigen Vegetation Samoas das hauptsächliche Problem der Landwirtschaft darin zu bestehen scheint, die Nutzpflanzen von wild wucherndem Unkraut zu befreien, existiert in der Mongolei wegen des Bodenfrostes in der überwiegenden Zeit des Jahres traditionellerweise keine Agrarkultur. Dementsprechend beschränkt sich hier der Haustierbestand auf Weidetiere (Schafe, Ziegen, Pferde, Yaks, Kamele), während in Samoa die klassischen Haustiere von Sesshaften gehalten werden (v. a. Hühner und Schweine). Sowohl die traditionelle mongolische wie auch die samoanische Gesellschaft wurde bzw. wird von strengen hierarchischen Strukturen geprägt, wobei besonders in Samoa eine rigorose Klassentrennung in Adel und gemeines Volk mit strikten Regeln von Verbotenem *(tapu)* und Erlaubtem *(noa)* existierte.

Optimierung von Bauweisen und Bauformen

Die Optimierung von Bauweisen und Bauformen beruht auf einem Prozess empirischer Ausleseverfahren über mehrere Generationen hinweg. Tradition spielt in diesen Ausleseverfahren eine tragende Rolle – wobei Tradition selbstverständlich nicht als eine statisch-unveränderliche Komponente betrachtet werden darf, sondern als ein dynamischer Faktor, der an das kontemporäre Stadium kultureller Entwicklung gebunden ist (Abb. 2,1–2).

Tradition erfährt somit Veränderungen unter sich wandelnden Bedingungen des kulturellen Umfelds. Optimale Bauweisen und Bauformen besitzen nur so lange Gültigkeit, wie das soziokulturelle Umfeld, die technologischen Bedingungen und die Eigenschaften der natürlichen Umwelt konstant bleiben. Alle diese Beziehungen sind aber in heutiger Zeit tief greifenden Veränderungen unterworfen.

Anforderungen an optimierte Bauweisen

Samoanisches *Fale*

Für eine Optimierung von Bauweisen in Samoa sind in erster Linie die klimatischen Bedingungen ausschlaggebend. Im heißen Klima hat Kühlung höchste Priorität – und

---

7   U.S. Census Bureau, International Data Base (IDB). Mongolia. http://www.census.gov/cgi-bin/ ipc/idbsprd (5.3.2009).

Abb. 2: Gegenüberstellung von samoanischem *Fale* (1) und mongolischer Jurte (2).

Kühlung im feucht-heißen Klima bedarf der Evaporation des Baumaterials und der Transpiration der Haut, die beide durch Luftbewegung angeregt werden. Der Belüftung und der Durchlüftung mittels natürlicher Ventilation kommt daher essenzielle Bedeutung im Bauen der feuchten Tropen zu. Ein weiteres Problem bildet die Erhitzung durch extreme Sonneneinstrahlung; ausreichende Beschattung in Form einer großzügigen Bedachung, die gleichzeitig gegen den häufigen und intensiven Regen schützt, entspricht hier somit einer wesentlichen Forderung klimabezogenen Bauens.

Hinsichtlich der klimatischen Verhältnisse in Samoa würde eine optimierte Bauform demnach eine weitgehende Auflösung der Wandzone erfordern, um eine maximale Durchlüftung zu gewähren. Für die Durchlüftung wäre auch eine höhere Lage der Aufenthaltszone vorteilhaft (die Geschwindigkeit von Luftbewegungen steigert sich mit der Entfernung zum Terrain), womit überdies ein weitgehender Schutz gegen die extreme Bodenfeuchtigkeit realisiert würde. Des Weiteren wären aus klimatischen Gründen jegliche Wärmespeicherung von Baumassen zu vermeiden und Skelettbauten mit möglichst gering dimensionierten Bauteilen zu bevorzugen. Der Bedachung schließlich würde die höchste Bedeutung zukommen, als Schutz vor der extremen Strahlungshitze der Sonne und den extremen Niederschlägen.

Auf alle diese aus klimatischen Bedingungen entstehenden Forderungen reagiert das *Fale* als traditioneller Bautyp Samoas in perfekter Weise: Der Wohnraum ist über das Terrain erhöht, besitzt keinen Wandabschluss, womit er ein Maximum an Durchlüftung gewährt, und wird von einem mächtigen Dach überdeckt, welches ausreichende Beschattung und Schutz vor Regen bietet (Abb. 3,1).

Mongolisches *Ger*

Können für die Optimierung von Bauweisen und Bauformen in Samoa hauptsächlich klimatische Faktoren geltend gemacht werden, so waren für die Optimierung des traditionellen mongolischen *Ger* hauptsächlich Anforderungen an die Mobilität ausschlaggebend.

Der rasche Aufbau des Bauwerks, dessen rascher Abbau und sein möglichst unkomplizierter Transport erfordern die Verwendung leichten Baumaterials und eine schwache Dimensionierung der einzelnen Bauelemente, die zudem noch unter möglichst geringem Aufwand zusammenbaubar und zerlegbar sein sowie überdies eine möglichst große Flexibilität beim Transport aufweisen sollen. Diesen Bedingungen stehen allerdings die Anforderungen nach einer Steifigkeit und Standfestigkeit der Baustruktur entgegen, die dem rauen, stürmischen Klima der mongolischen Steppe standhalten muss.

Als Lösung dieser widersprüchlichen Vorgaben hat sich im Bautyp Jurte – mongolisch: *Ger* – eine Bauweise entwickelt, die höchstmögliche Mobilität und Standfestig-

Abb. 3. 1 Samoanisches *Fale Tele* bei Salelologa ('Upolu); 2 Aufbau einer mongolischen Jurte durch ein Team der TU Wien in der Mongolei.

keit in einer unikaten Bauweise vereint (Abb. 3,2). Wandzone und Dachzone sind in
ihrer Tragwerksstruktur völlig unterschiedlich ausgebildet und entsprechen damit den
spezifischen Ansprüchen von Lastabtragung und Überdeckung. So wird die Wandzone von Flächenelementen gebildet, die als Scherengitter ausgeführt sind. Jedes
dieser vorgefertigten Flächenelemente besteht aus diagonal verlaufenden, äußerst
schlank dimensionierten Latten, die an den Kreuzungspunkten mit Lederschlaufen
gelenkig verbunden sind. Im zusammengeklappten Zustand weisen diese Elemente
eine geringe Breite und eine ausreichende Steifigkeit auf, um auf Lasttieren – bzw.
heutzutage auf Mini-Pickups – einfach transportiert zu werden. Im ausgeklappten
Zustand erreichen die einzelnen Wandelemente hingegen genügend Flexibilität, um
in einer Ebene gebogen werden zu können. Fünf bis sechs derartige Elemente werden
zusammengebunden und im Kreis aufgestellt, wodurch sie sich gegenseitig aussteifen
und genügend Standfestigkeit für die Aufnahme der Dachkonstruktion aufweisen
(Bayarsaikhan 2006, 29–31; 62–9; King 2004, 15–7; 64 f.).

Das konstruktive Skelett der Dachzone folgt einem gänzlich anderen Prinzip als
jenes der Wandzone. Es besteht aus einem präfabrizierten starren Dachrad und einer
Anzahl von Einzelstangen, die als Radialsparren in vorgefertigte Ausnehmungen
des zentralen Dachrades eingesteckt und mittels Schlaufen in die oberen Enden der
Scherengitter eingehängt werden (Bayarsaikhan 2006, 73 f.). In der Kombination von
flexiblen Elementen in der Wandzone und starren Einzelelementen in der Dachzone
ergibt sich eine vernetzte Struktur mit einer äußerst vorteilhaften Schalenwirkung, die
trotz ihres fragilen Erscheinungsbildes und ihres geringen Eigengewichts erstaunliche
Widerstandsfähigkeit gegen äußere Krafteinwirkung bietet. Als zusätzliche Sicherung
des tragenden Skeletts wird die Wandzone durch Zugbänder stabilisiert und das zentrale Dachrad durch ein Paar von Vertikalstehern unterstützt (ebd. 70–7).

Kann diese Skelettkonstruktion der Jurte als perfekte Anpassung an die Erfordernisse einer mobilen Baustruktur unter den Umweltbedingungen der mongolischen
Steppe betrachtet werden, so gilt dies für die Hülle des Bauwerks in etwas differenzierter Weise. Die Hülle einer Jurte besteht aus großflächigen, exakt auf Passgenauigkeit
zugeschnittenen Filzteilen (Batchuluun 2003, 165), die im Dach- und Wandbereich
aufgelegt und durch Gurte an die Skelett-Unterkonstruktion gepresst werden. Wenn
sie auch in technischer Hinsicht perfekt gelöst scheint, bringt die leichte Deckung
gravierende bauphysikalische Probleme mit sich. Die extreme Kälte, die während
eines großen Teils des Jahres in der Mongolei herrscht, würde eine Gebäudehülle
mit wesentlich stärkerer Wärmedämmung und Wärmespeicherung dringend wünschenswert erscheinen lassen. Aber auch mit den zusätzlichen Schichten von Filz,
die man während der Wintermonate aufbringt, kann ohne intensives Heizen in der
Jurte kein erträgliches Raumklima erreicht werden. Wird von den nomadisierenden
Steppenbewohnern notgedrungen immer noch der traditionelle getrocknete Dung zum
Feuern verwendet, so heizt man in den stationären Jurten der *Ger Districts* in Ulaanbaatar inzwischen mit Kohle (Schenk 2006, 187). Pro Jurte werden jährlich etwa

fünf Tonnen Kohle verheizt – und damit eine Luftverschmutzung erzeugt, die bereits zu gravierenden Gesundheitsschäden führt (s. Gegenmaßnahmen bei Bigio/Dahiya 2004, 127–32).

Der Anschein, die Jurte wäre damit in bauphysikalischer Hinsicht nicht optimiert, täuscht allerdings. Mobile Behausungen, die raschen Auf- und Abbau sowie effizienten Transport ermöglichen müssen, können nicht gleichzeitig vor extrem niedrigen Temperaturen schützen. Eine ausreichende Wärmedämmung würde dickwandige Umhüllungen erfordern, die aufgrund ihres Volumens kaum transportierbar wären; und jegliche wärmespeichernden Bauteile würden ein viel zu großes Gewicht aufweisen, um sie Tragetieren – oder auch den heute verwendeten kleinen Lastfahrzeugen – aufzuladen. Den hauptsächlichen Schutz vor extremen Temperaturen bietet die traditionelle Kleidung der Mongolen *(Deel)*, die aus unterschiedlichem Material wie Schafspelz, Filz oder Textilien hergestellt wird. Man trägt die verschiedenen Arten des *Deel* den Jahreszeiten entsprechend, und man kann sie auch als Decke verwenden.

Die Optimierung des Bautyps Jurte umfasst somit den Bereich des technisch Möglichen: Die Schaffung eines Baukörpers, der aufgrund seiner äußeren Form dem Wind eine möglichst geringe Angriffsfläche bietet, ein sehr günstiges Verhältnis zwischen maximiertem Volumen und minimierter Oberfläche aufweist und aus einer intelligenten Kombination von flexiblen präfabrizierten Bauteilen und starren Einzelelementen zusammengesetzt ist. Es erscheint daher nicht verwunderlich, dass dieser Bautyp, der in seiner Struktur kaum weiter verbessert werden kann (Schreibmayer 1979, 180), seit vielen Generationen keine wesentlichen Veränderungen erfahren hat.

Wechselwirkungen von Bauweise und Gesellschaft

In Samoa verkörpern die traditionellen Wohn- und Versammlungsbauten mit dem Fehlen jeglicher Wandabschlüsse eine Offenheit, die einen berechtigten Rückschluss auf eine »offene« Lebensweise zuzulassen scheint (Frank 2007, 80–3). Tatsächlich ist diese »Offenheit« eher als »Öffentlichkeit« zu verstehen. Die Gemeinschaft bildet das wichtigste Grundprinzip der samoanischen Gesellschaft (Wolfsberger 2007a, 63–5). Aller Besitz ist gemeinschaftlich und in gewisser Weise öffentlich. Individualität und Privatheit sind nicht erwünscht und unter den baulichen Gegebenheiten auch kaum möglich. Die Regeln der Gemeinschaft werden von den Familienältesten *(Matai)* überwacht (ebd. 69).

Demonstrativ stellt sich diese Gesellschaftsordnung in der Architektur zur Schau: Die öffentliche Einsehbarkeit eines jeden Winkels der Wohnräume erlaubt *per se* kaum private Rückzugsbereiche (Abb. 4,1); die Anlage von Gehöften und Siedlungen erfolgt aus strengen hierarchischen Gesichtspunkten heraus; und die hierarchische Ordnung der Bautypen entspricht dem Grad ihrer Funktion innerhalb der Gemeinschaft.

Abb. 4. 1 Die Offenheit der samoanischen Wohnhäuser (Dorf auf Savai'i); 2 geschlossener Innenraum einer mongolischen Jurte (*Ger* im Aimak Uwurchangaj).

In der Mongolei entspricht der streng abgegrenzten Gemeinschaft die abgeschlossene Bauweise des *Ger*. Aus der Bauweise der Jurte, die den Aufenthaltsbereich der Menschen gegen die lebensfeindlichen Bedingungen der Umwelt zu schützen hat, resultiert ein rundum (blick-)dichter Wandabschluss (Abb. 4,2). Die einzige Ausnahme bildet die Tür, die tagsüber zwar stets offen steht, wenn sich jemand in der Jurte befindet, durch die jedoch das Innere aufgrund der Helligkeitsdifferenz nicht einsehbar ist. Andererseits ist es jedoch dem Familienoberhaupt, dessen Sitzplatz sich genau gegenüber dem Eingang befindet (Schenk 2006, 113 f.), jederzeit möglich, die Annäherung von Personen durch die geöffnete Tür zu beobachten.

Aus den hier aufgezeigten Eigenschaften der Wohnform Jurte geht hervor, dass das Leben in einer Gemeinschaft nur im engeren Kreis der Familie stattfinden kann. Der Kontakt zu anderen Familien, deren Behausungen oft viele Kilometer entfernt stehen, beschränkt sich im Wesentlichen auf gelegentliche Besuche. Diese traditionelle Lebensweise verhindert eine Bildung größerer Gruppen, und durch das bis vor wenigen Generationen von fast allen Mongolen geführte Nomadenleben gab es auch keine Tradition in der Anlage von Siedlungen oder Städten. Im Hinblick auf diese lockeren Bindungen erscheint die Omnipräsenz eines einheitlichen Bautyps als ein recht erstaunliches Phänomen.

Prestigefaktoren

Geht man davon aus, dass im Profanbau der Ausdruck von Prestige von der Spannweite sozialer Stratifikation abhängt, so wären die Bautraditionen Samoas und der Mongolei vor diesem Hintergrund einigermaßen gut vergleichbar. Allerdings scheint der spezifische Ausdruck von Prestige in diesen beiden Architekturtraditionen völlig unterschiedlich zu sein. Von einer höheren Ebene aus betrachtet, ergeben sich dennoch einige aufschlussreiche Parallelen in den allgemein auftretenden Prestigefaktoren des Herstellungsaufwandes und der Ausstattung, der strukturellen Komplexität sowie der Permanenz von Bauwerken.

Herstellungsaufwand, strukturelle Komplexität und Ausstattung als Ausdruck von Prestige

Samoanisches *Fale*

In der indigenen Bautradition Samoas existieren drei Hauptbautypen, die nach ihrer Funktion – und damit verbunden, nach ihrem Prestigewert – unterschieden werden können (Lehner 2007a):

1. das *Fale O'o*, das »kleine« oder »gewöhnliche« Haus, welches für den Aufenthalt tagsüber und zum Schlafen benutzt wird (Abb. 5,1);
2. das *Fale Āfolau*, das aufgrund seiner gestreckten Grundrissform als »langes« Haus bezeichnet wird und den Prestigebau der Familie darstellt (Abb. 6,1);
3. das *Fale Tele*, das »große« Haus, welches der Prestigebau der Kommune ist (Abb. 7,1).

Aus der Bezeichnung der Bautypen – »kleines«, »langes«, »großes« Haus – geht hervor, dass die Bauwerksdimensionen einen nicht unerheblichen Prestigefaktor bilden. Eine noch viel wichtigere Rolle spielt aber der Aufwand der Ausführung.

So besitzt das *Fale O'o* einen Unterbau, der aus einer einfachen Pfahlkonstruktion mit einer eingezogenen Bretterschalung als Fußboden besteht. Beim *Fale Āfolau* wird der Unterbau von einer massiven Steinplattform gebildet, die beim *Fale Tele* noch höher ausgeführt wird. Damit steht der jeweilige Arbeitsaufwand für die Errichtung der Unterbauten (Te Rangi Hiroa 1930, 66 f.) im entsprechenden Verhältnis zur hierarchischen Ordnung der Bautypen. Überdies spielt die Erhöhung des Standplatzes als symbolischer Ausdruck erhöhten Ranges (Lehner 1998, 37–9) eine nicht unwesentliche Rolle.

Drücken sich die Prestigeunterschiede zwischen den indigenen Bautypen Samoas in deren Unterbauten vor allem im Aufwand der Herstellung aus, so zeigen die Oberbauten darüber hinausgehend eine vom Prestigewert abhängige unterschiedliche strukturelle Komplexität. Es ist bemerkenswert, dass sich diese Unterschiede in der Komplexität tatsächlich auf die bautechnische Konstruktion beziehen, während die Struktur der Grundrissform unverändert bleibt: In allen Fällen handelt es sich um Bautypen, die sich aus einem mehr oder weniger langen rechteckigen Mittelteil mit Satteldach und zwei halbrunden Seitenteilen mit Halbkegeldach zusammensetzen. Dieser so genannte Doppelapsidentyp (Lehner 2003, 36–43) tritt auch in anderen Baukulturen des Pazifikraums auf (Tischner 1934, 76–102; Moschner 1949, 121–3), und davon unabhängig auch in indigenen Architekturtraditionen Amerikas (Wauchope 1938, 29; 73; 76). Aber nirgendwo hat er ähnlich imposante Strukturen entwickelt wie in Samoa.

Das *Fale O'o* als einfachster Bautyp besitzt als Tragestruktur eine Reihe rundum laufender Stützen, die einen Kranz von Horizontalhölzern tragen (Abb. 5,2). Das darauf aufgesetzte Dachtragewerk besteht aus Sparren, die im Mittelteil parallel zueinander verlaufen, an den Enden oft radial oder mit Aufschiftungen versetzt sind. Eine Firstpfette, die meist keine eigene Unterstützungen besitzt, sondern einfach unter die Sparren gebunden wird, sorgt im Mittelteil für etwas Stabilität; in seiner Gesamtheit steift sich die Dachkonstruktion durch die seitlichen Apsidenteile aus. Diese Apsiden sind allerdings beim *Fale O'o* nicht wirklich halbkreisförmig, sondern besitzen – bedingt durch die elementare Bauweise mit geraden Holzstücken – polygonalen Grundriss.

Das *Fale Āfolau*, welches eine Rangstufe höher steht, besitzt in seinem äußeren Erscheinungsbild – abgesehen von seinen größeren Dimensionen – durchaus Ähnlich-

Abb. 5. 1 Bautyp *Fale O'o*, das »kleine« Haus; 2 CAD-Modell der Struktur eines *Fale O'o* (Lano, Savai'i) (Grafik: Günter Zöhrer).

Abb. 6. 1 Bautyp *Fale Āfolau*, das »lange« Haus; 2 CAD-Modell der Struktur eines *Fale Āfolau* (Lano, Savai'i) (Grafik: Günter Zöhrer).

keiten mit dem *Fale O'o*; sein konstruktives System entspricht jedoch einer wesentlich höheren Entwicklungsstufe. Es handelt sich hier um einen mehrschaligen Aufbau (Abb. 6,2), dessen wesentlicher Teil von einer Rahmenkonstruktion gebildet wird, welche die Kernzone des Bauwerks in drei Dimensionen aussteift (Handy/Handy 1924, 4–11; Te Rangi Hiroa 1930, 20–2; Lehner 2007a, 153 f.). Entsprechend dieser statischen Situation wandelt sich das Sparrendach zum Pfettendach; es gibt hier keine auf Druck beanspruchte Sparren, sondern Rofen, in denen lediglich Biegezugkräfte wirken, und die von den Pfetten, auf denen sie aufliegen, getragen werden. Da diese Rofen somit keine besondere Steifigkeit aufweisen müssen, ist es möglich, sie mit einem Bogenprofil auszuführen und damit dem Dachkörper eine Wölbform zu verleihen. Das genaue Einhalten einer spezifischen Wölbform ist tatsächlich ein wichtiges Qualitätskriterium samoanischer Bauwerke und stellt somit einen wesentlichen Prestigefaktor dar.

Ein weiterer großer Unterschied zwischen *Fale O'o* und *Fale Āfolau* liegt in der gänzlich unterschiedlichen konstruktiven Ausbildung des rechteckigen Mittelteils gegenüber den apsidialen Endungen: Besteht das tragende System des Mittelteils beim *Fale Āfolau* aus geraden Vertikal- und Horizontalhölzern, so existieren in den apsidialen Endungen weder gerade noch horizontale noch vertikale Elemente; diese Bereiche werden vielmehr von einer vernetzten Struktur aus Bogenpfetten und Bogenrofen gebildet (Te Rangi Hiroa 1930, 45–56; Krämer 1995, 262; 266–75). Die Komplexität des Bautyps *Fale Āfolau* gegenüber dem Bautyp des »gewöhnlichen« *Fale O'o* zeigt sich hier also auf mehreren Ebenen der architektonischen Ausbildung, ohne dass damit eine wesentliche Änderung der Grundrissgestalt verbunden wäre.

Eine veränderte Grundrissgestalt tritt jedoch beim *Fale Tele*, dem höchstrangigen indigenen Bautyp Samoas, auf. Entsprechend seiner Funktion als Versammlungsraum für die Beratungen der rundum sitzenden Titelträger ist hier der Mittelteil zwischen den Apsiden so weit verkürzt, dass beinahe eine runde Grundrissform entsteht (Tischner 1934, 95; Lehner 2007a, 174). Der spektakulärste Unterschied zu den anderen Typen samoanischer Architekturtradition besteht jedoch in der exzeptionellen Ausbildung der Mittelzone, die in ihrer Art wohl weltweit einzigartig ist und somit einen Prestigefaktor ersten Ranges bildet. Anstatt eines Rahmens wie beim *Fale Āfolau* findet sich hier als tragendes Element eine zentrale Tripelstütze (Abb. 7,2), an der die gesamte gigantische Dachkonstruktion, mit Spannweiten und Höhen bis zu 12 Metern, nicht nur zu hängen scheint, sondern auch tatsächlich hängt (Te Rangi Hiroa 1930, 24–44; Lehner 2007b, 207–14).

Der Prestigefaktor »Komplexität« in der Bauausführung erfährt hier eine weitere Steigerung: Die Art der Konstruktion ist für einen bautechnischen Laien nicht leicht zu durchschauen. Wohl ist klar erkennbar, dass die Gesamtlast des Daches im mittleren Teil von dem zentralen Stützenelement getragen wird, während die Wandsteher nur aussteifende Wirkung besitzen. Aber das Verstehen weiterer konstruktiver Zusammenhänge ist nicht so leicht möglich. Dass die zahlreichen Kehlbalken oder

Abb. 7. 1 Bautyp *Fale Tele*, das »große« Haus; 2 CAD-Modell der Struktur eines *Fale Tele* (Fasito'o Uta, 'Upolu) (Grafik: Günter Zöhrer).

Hahnenbalken, die mit dem zentralen Stützenelement verbunden sind, keineswegs von diesem getragen werden, sondern vielmehr in einem komplexen System wechselseitigen Hängens, Tragens und Versteifens mit den Pfetten und Rofen in Position gehalten werden, ist sogar für einen Fachmann nicht offensichtlich und bleibt dem Laien wohl gänzlich verborgen.

Durch die Inhomogenität von Mittelteil und Seitenteilen entsteht ein weiterer Grad von technischer Komplexität. Wie beim *Fale Āfolau* liegt auch beim *Fale Tele* der Konstruktion der Apsidenteile ein eigenständiges System zugrunde, das sich von jenem des Mittelteils gänzlich unterscheidet. Die Skelettschale einer Apsiden-Halbkuppel besteht aus starken, in größeren Abständen verlegten Bogenpfetten und quer dazu verlaufenden, eng verlegten, extrem dünnen Bogensparren bzw. Bogenrofen. Das Erscheinungsbild dieser Struktur suggeriert konstruktive Verhältnisse, die der Realität gerade entgegengesetzt sind: Tatsächlich wird die Primärstruktur nämlich nicht von den visuell dominanten Pfetten gebildet, sondern von der Vielzahl der dünnen Bogensparren, an welche die Pfetten mit unzähligen Verschnürungen gebunden sind.

In der Relation von Erscheinungsbild und bautechnischer Realität bietet der Prestigebautyp *Fale Tele* also in mehrfacher Hinsicht eine verwirrende Situation. Komplexität wird hier zu Kompliziertheit. Das Bauwerk erschließt sich dem Betrachter nicht mehr in seiner Gesamtheit, sondern bleibt zu einem Teil geheimnisvoll. Und dieses Geheimnis des Bauens wird innerhalb der Gilde der *Matai Tufuga*, der Baumeister, von Generation zu Generation weitergegeben und Außenstehenden nicht mitgeteilt. Auf dieser Geheimhaltung beruht wohl in erheblichem Ausmaß die elitäre gesellschaftliche Stellung der *Matai Tufuga*, die im Häuptlingsrang stehen und denen in Samoa auch heute noch besondere Hochachtung bezeugt wird.

Mongolisches *Ger*

Drückt sich der Prestigewert eines Bautyps in der indigenen Architekturtradition Samoas durch unterschiedlichen Herstellungsaufwand, unterschiedliche Komplexität der Struktur und unterschiedlichen Grad der Permanenz des Bauwerks (s. u.) aus, so lassen sich diese Prinzipien nicht ohne weiteres auf die Baukultur der Mongolen anwenden. Dies ist weniger auf die kulturgeographische Distanz zwischen Samoa und der Mongolei zurückzuführen, sondern hängt vor allem mit den Vorgaben für das Bauen zusammen, die sich aus dem Gegensatz der Lebensweise von Sesshaften und Nomaden ergeben. Die Tatsache, dass sich in Nomadenkulturen eine wesentlich geringere Variantenbreite an Bautypen entwickelt als in sesshaften Gesellschaften, kann in verschiedenen Regionen der Welt festgestellt werden. Mobile Bauwerke, die zerlegbar und wieder zusammensetzbar sein sollen, müssen spezifische bautechnische Voraussetzungen erfüllen, die in ihrer Summe den Spielraum an geeigneten Konstruktionssystemen beträchtlich einengen. Das Diktat der praktischen Voraussetzungen, welchen mobile Strukturen zu folgen haben, führt unweigerlich zur Kanalisierung baulicher Varianten und sogar oft zur Fokussierung auf einen einzigen »optimalen« Bautyp. Dieser kann zwar durch Unterschiede in seiner Größe und in seiner dekorativen Ausstattung unterschiedliche Prestigewerte vermitteln; in Baukörpergestalt und Konstruktion stimmen jedoch niederrangige und höherrangige Bauwerke meist weitgehend überein. Neben den historischen Tipis der nomadisierenden Indianer Nordamerikas (vgl. Nabokov/Easton 1989, 150–67; Laubin/Laubin 1989) und den von Nordafrika bis Asien verbreiteten Schwarzzelten (Faegre 1979; Ambrosch 2004) gilt diese Situation auch für die Jurten Zentralasiens.

So besitzt das mongolische *Ger* einer hochrangigen Persönlichkeit die gleiche Bauform und den gleichen strukturellen Aufbau wie das *Ger* einer niederrangigen Familie; ebenso wird auch eine Jurte für hochrangige Funktionen im Prinzip genau so konstruiert wie eine Jurte, die untergeordneten Aufgaben dient. Unterschiede gibt es allenfalls in der Größe der Bauwerke; aber sogar hier sind die Differenzen im Allgemeinen nicht besonders bedeutend und liegen im Bereich von wenigen Metern im Durchmesser. Bedeutend größere Jurten werden ausnahmsweise für Versammlungsräume errichtet, wobei die Größe des Bauwerks nicht höheres Prestige vermitteln soll, sondern lediglich dem Platzbedarf der Benutzer Rechnung trägt. Der Rang eines Bauwerks drückt sich also hier weder durch Unterschiede in der Form aus noch durch Unterschiede im strukturellen Aufbau. Prestige manifestiert sich beim klassischen mongolischen *Ger* vielmehr in der Qualität der Ausführung und besonders in der Verwendung von kostbaren Materialien, wobei der Wirkung auf das Erscheinungsbild größerer Wert beigemessen zu werden scheint als der tatsächlichen Funktionstauglichkeit. So wurde dem Bogd Jivzundamba VIII. anlässlich seines 25. Geburtstags im Jahre 1893 eine Jurte zum Geschenk gemacht, deren Deckung aus 150 Leopardenfellen zusammengenäht war, weshalb sie nur bei gutem Wetter im Freien aufgestellt werden konnte (Bogd Khan Museum 2007). Ähnliche Prestigeabsichten lagen der Verwendung der denkbar kostspieligsten Deckungsmaterialien für die Jurten des Kublai Khan zugrunde, die sechs Jahrhunderte davor Marco Polo so tief beeindruckten, dass er in seiner Beschreibung hauptsächlich die Auskleidung dieser Bauten mit Hermelin und Zobel erwähnte: »Das sind die allerschönsten und allerteuersten Pelze, die es überhaupt gibt. Jedermann weiß, daß der Zobel, der nötig ist, um bloß ein einziges Gewand zu nähen, an die zweitausend Goldbyzantiner kostet« (Polo 1983, 148 f.).

Neben der Ausstattung mit luxuriösen Materialien wurde – und wird auch heute noch – Prestigeanspruch durch Applikationen von Dekor demonstriert. Im Besonderen kommt dies in ornamentalen Bemalungen und Schnitzarbeiten an den Holzteilen des *Ger* zum Ausdruck, wobei die schwachen Dimensionen der Bauteile nur eine sehr beschränkte Anwendung erlauben. Bemalt werden Türflügel, Mittelsteher, Dachrad und Sparren, während sich die Schnitzereien auf die stärker dimensionierten Bauteile beschränken. Eine ornamentale Gestaltung erfahren in erster Linie die Kopfstreben an den Stehern, welche nur bei Jurten der untersten Bevölkerungsschichten als schlichte, gerade Hölzer ausgebildet sind.

Den wesentlichsten Anteil an der Darstellung von Prestige hat im mongolischen *Ger* die Möblierung. Im Hinblick auf das Wanderleben der nomadischen Bevölkerung erscheint die Einrichtung einer mongolischen Jurte mit Eisenofen, Truhen, Kommoden, Betten, Sofas, Küchenkasten, Teppichen, Stereoanlage und Fernseher als ein höchst erstaunliches Phänomen. Natürlich finden sich die üppigsten Möblierungen – bis hin zu Waschmaschine und Kühlschrank – in den Jurten der *Ger Districts*, deren Einwohner sesshaft geworden sind. Doch auch die Nomaden der mongolischen Steppe führen eine unglaubliche Menge an sperrigen Möbeln mit sich herum, die wesentlich größeren Transportaufwand erfordern als die eigentliche Behausung, die Jurte (Guidoni 1976, 72–6). Heute ist dies mit motorisierten Lastfahrzeugen selbstverständlich einfacher möglich, aber auch schon in früheren Zeiten standen den mit ihren großen Herden umherziehenden Mongolen taugliche Transportmittel in Form kräftiger Tragetiere wie Rinder und Kamele zur Verfügung. An der Qualität der Möblierung findet das Prestigeverhalten seinen deutlichsten Ausdruck, wobei früher die aufwändige Verarbeitung der Möbelstücke, heute eher die Ausstattung mit modernen technischen Geräten ausschlaggebend ist (Ehlers 2006, 17).

In der Gegenüberstellung von samoanischem *Fale* und mongolischem *Ger* erkennen wir im Hinblick auf die Prestigefaktoren Herstellungsaufwand, strukturelle Komplexität und Ausstattung deutliche Unterschiede: So drücken sich in der samoanischen Bautradition hierarchische Unterschiede von Bautypen im Aufwand der Herstellung und in der strukturellen Komplexität aus, während die Ausstattung kaum eine Rolle spielt, da Baudekor selten angewandt wird und Möblierung schlechthin nicht vorhanden ist. Dagegen dienen in der indigenen mongolischen Bautradition Herstellungsaufwand und strukturelle Komplexität kaum als Unterscheidungsmerkmale zwischen niederrangigen und höherrangigen Bauten, wohl aber die Ausstattung, was die Verwendung von Dekor und auffällig luxuriösen Materialien ebenso wie die Einrichtung mit kostbaren Möbelstücken betrifft.

Permanenz als Ausdruck von Prestige

Samoanisches *Fale*

Der Prestigefaktor Permanenz tritt in der indigenen Architektur Samoas in einer besonders subtilen Art spezifischer Konstruktionsweisen auf, deren Sinn vor dem Hintergrund der klimatischen Bedingungen betrachtet werden muss: In den feuchten Tropen hängt die Bestandsdauer eines Gebäudes vor allem von der Wirksamkeit der Maßnahmen ab, die Tragstruktur vor dem Einfluss der Feuchtigkeit zu schützen.

Beim niederrangigen Bautyp *Fale O'o* wird die tragende Primärstruktur von den Wandstehern gebildet, die gegen den direkten Niederschlag zwar durch die rundum leicht auskragende Traufe geschützt werden, in ihrer exponierten Stellung jedoch dem Spritzwasser ausgesetzt und in unmittelbarer Nähe der feuchtesten Bodenstelle – nämlich dort, wo das Wasser von der Dachtraufe tropft – eingegraben sind (Abb. 5,2).

Das Haupttragsystem des *Fale Āfolau* – die Rahmenstruktur – ist weiter nach innen versetzt und wird durch die steinverkleidete Plattform noch zusätzlich vom Spritzwasser geschützt (Abb. 6,2). Im Gegensatz zu den Wandstehern beim *Fale O'o* sind die Stützen dieser Rahmenkonstruktion an einer vor Niederschlägen weitgehend geschützten Stelle, die zudem noch von der Plattformschüttung überdeckt ist, verankert.

Die Hauptstützen des *Fale Tele* schließlich befinden sich an der vor der Witterung am besten geschützten Stelle im Zentrum des Bauwerks (Abb. 7,2). Die hohe Steinplattform, in der dieses zentrale Stützenelement verankert ist, bietet dem Haupttragewerk nicht nur zusätzliche Festigkeit, sondern bewahrt es auch bestmöglich vor dem Angriff der Feuchtigkeit. Bauteile wie die außen liegenden Wandstützen, die der Verrottung stärker ausgesetzt sind, können bei Bedarf des öfteren ausgewechselt werden, ohne dass hierbei die Gesamtstruktur abgetragen werden müsste; sie werden gewissermaßen als Applikationen gewertet, um deren Aufstellung sich die Baufachleute wenig kümmern und die sie oft Hilfskräften überlassen (Te Rangi Hiroa 1930, 56–60).

Wenn also die oben erwähnte Steigerung struktureller Komplexität bereits als ein wesentlicher Gradmesser für einen gesteigerten Prestigewert höherrangiger Bautypen betrachtet werden muss, so spielt die damit verbundene Steigerung der Bestandsdauer eine wenigstens ebenso bedeutsame Rolle in der hierarchischen Ordnung der Bautypen.

Mongolisches *Ger*

So wie in der indigenen Baukultur Samoas spielt auch in der mongolischen Bautradition der Faktor Permanenz als Gradmesser für Prestige eine wichtige Rolle. Da hier jedoch praktisch keine Differenzierung in der konstruktiven Ausführung von nieder- und höherrangigen Bauwerken besteht, wird ein völlig anderer Weg eingeschlagen, um die Bestandsdauer von Prestigebauten zu erhöhen. Der Effekt betrifft hier sowohl eine praktische wie auch eine symbolische Komponente.

Die Bestandsdauer einer Jurte hängt zu einem wesentlichen Teil davon ab, wie oft sie in ihre Einzelteile zerlegt, transportiert und wieder zusammengesetzt wird. Jede Montage und Demontage bringt eine Abnützung der einzelnen Konstruktionselemente mit sich, und gelegentlich gehen beim Auf- und Abbau einige der Bauteile oder der Verbindungsstücke zu Bruch. Eine längere Bestandsdauer des Gesamtbauwerks, wie wir sie als Prestigefaktor der Permanenz erörtert haben, würde durch ein

Vermeiden des Montage-Demontage-Prozesses erreicht werden können. Gleichzeitig müsste allerdings die Mobilität des Bauwerks, welche eine grundlegende Eigenschaft von Nomadenbauten bildet, erhalten bleiben. Die Mongolen haben diese einander widersprechenden Forderungen in bemerkenswerter Weise vereinigt.

Im Gegensatz zu der üblichen Art, Jurten auf dem Erdboden aufzubauen, transportierte man höchstrangige Jurten auf einem Wagen, der von Zugtieren bewegt werden konnte. So berichtet der flämische Franziskaner Wilhelm von Rubruk, der sich um die Mitte des 13. Jahrhunderts am Hof des Möngke Khan in Karakorum aufhielt, über ein Gespann von 22 Ochsen, die in zwei Reihen vor einen solchen Wagen gespannt waren, auf dem eine große Jurte über das flache Land gezogen wurde (Rubruquis 2004, Cap. 2) (Abb. 8,1). Diese Jurten mussten also bei einer Ortsveränderung nicht jedes Mal abgetragen und wieder neu zusammengebaut werden. Ihre Mobilität blieb gewahrt, ohne dass man sie zerlegen musste. Die Entwicklung vom mobilen Bauwerk, das bei jeder Ortsveränderung in seine Einzelteile demontiert wird, zum mobilen Bauwerk, das in seiner Gesamtheit transportiert wird, erscheint recht merkwürdig: Ein Bautyp, der in seinem konstruktiven Konzept gänzlich auf die Bedingungen von Montage und Demontage optimiert wurde, verzichtet in seiner höchstrangigen Ausführung auf eben diese grundlegenden Qualitäten. Was hier als technischer Rückschritt erscheint, ist tatsächlich ein Ausweg aus dem Dilemma, einem optimierten Bautyp, der nicht weiter verbessert werden konnte, höheren Prestigewert zu verleihen, indem man ihn von der üblichen Art der Errichtung absetzte und ihn damit von niederrangigen Objekten gleicher Bauform und Konstruktion abhob. Tatsächlich wurde die auf einem Karren stehende Jurte zum Prestigesymbol, das sogar noch für die heutigen Mongolen als Ikone für die Epoche der großen Khane Geltung besitzt.

Wandel des Umfelds

Die Optimierung von Bauweisen und Bauformen behält nur so lange ihre Gültigkeit, wie die soziokulturelle Situation, das technologische Umfeld und die Bedingungen der natürlichen Umwelt unverändert bleiben. In heutiger Zeit finden tief greifende Änderungen aller dieser Faktoren statt. Durch die Globalisierung haben sich nicht nur die technologischen Möglichkeiten und das gesellschaftliche Verhalten weltweit nachdrücklich gewandelt, sondern auch die Gegebenheiten des natürlichen Umfelds sind an vielen Orten nicht mehr die selben wie noch vor einigen Jahrzehnten. Der bedenkenlose Kahlschlag und Ausverkauf von wertvollen Hölzern hat in den Tropen ganze Landstriche ihrer Ressourcen an traditionellem Baumaterial beraubt, und sogar die klimatischen Verhältnisse verändern sich derzeit so drastisch, dass die Widerstandsfähigkeit traditioneller Bauweisen gegen die immer häufiger und intensiver auftretenden schweren Stürme oder gegen plötzliche Niederschläge während der regulären Trockenzeiten bis zum Letzten ausgereizt und bisweilen auch überschritten wird.

Gesellschaftliche Veränderungen

Die traditionelle samoanische Gesellschaft mit ihren repressiven hierarchischen Strukturen, der Fokussierung auf das Gemeinwesen und der daraus resultierenden Negierung aller individueller Bedürfnisse kann heute unter den globalen Parolen der Gleichberechtigung und Selbstbestimmung aller Individuen nicht in unveränderter Weise weiter bestehen. Auch dem Recht auf Privatsphäre kommt eine immer größere Bedeutung zu (Frank 2007). Dies lässt sich jedoch mit der traditionellen Anlage von Wohnstrukturen, die keinerlei blickdichte Wandabschlüsse besitzen und damit eine ständige Kontrolle aller Aktivitäten und Inaktivitäten sämtlicher Mitglieder der Gemeinschaft zulassen, nicht in Einklang bringen.

Samoa ist ein Paradebeispiel für die Wechselwirkungen zwischen traditioneller Gesellschaftsform und traditioneller Bauweise; eines wäre ohne das andere nicht möglich gewesen. Dies bedeutet, dass sich durch den heute sehr rasch vor sich gehenden gesellschaftlichen Wandel auch die Baukultur sehr rasch ändern wird. Damit ergeben sich jedoch weitere Probleme: Die offene Struktur der traditionellen samoanischen Bauten hängt selbstverständlich nicht lediglich mit dem Sozialverhalten der Bewohner zusammen, sondern beruht ebenso auf dem bautechnischen Vorteil einer natürlichen Klimatisierung des Innenraums. Mit dem dichten Umhüllen der Aufenthaltsräume geht dieser Vorteil verloren (Rieger-Jandl 2007, 334–41): Die Schaffung von Privatsphäre wird mit einer drastischen Verschlechterung des Raumklimas bezahlt.

Die Lebensweise der Mongolen verändert sich in unserer Zeit noch wesentlich rigoroser als jene der Samoaner. Die Mongolen, deren gesamte eigenständige Kultur sich auf das Nomadentum gründet, werden sesshaft (Humphrey 1999). Dieser unglaublich rasch voranschreitende Prozess hat eine Landflucht riesigen Ausmaßes ausgelöst und führt zur Bevölkerungsverdichtung an einigen wenigen Orten (Badarch u. a. 2003b, 10–2). Neben den daraus entstehenden Missständen wie Versorgungsproblemen, Arbeitslosigkeit und Umweltverschmutzung ergeben sich auch große Probleme durch gravierende Veränderungen im Sozialverhalten (Bruun 2006, 167–88). Der Übergang von der gesellschaftlichen Isolation im Nomadenleben zur sozialen Integration im urbanen Raum geschieht in der Mongolei viel zu rasch, als dass die Gesellschaft sich diesem Wandel entsprechend anpassen könnte.

Da durch die nomadische Lebensweise der Mongolen keine indigene Tradition in der Anlage von permanenten Siedlungen existiert, fehlt es auch an Traditionen in der Errichtung von stationären Bauwerken. Im Grunde ist der einzige Bautyp, den die Mongolen jemals entwickelten, die Jurte. Zwar errichtet man seit historischen Zeiten auch standortgebundene Kultbauten – wie etwa Klöster –, entlehnte aber die Bautypen dafür von benachbarten Kulturen. Es ist sehr bezeichnend, dass für diese stationäre Architektur sowohl die tibetische als auch die chinesische Baukunst kopiert wurden, ohne einen ernsthaften Versuch, diese Vorbilder in irgendeiner Weise zu variieren (vgl. Tsultem 1988). Durch dieses Fehlen einer eigenständigen Tradition ergibt sich mit

Abb. 8. 1 Darstellung einer fürstlichen Jurte auf einem von Ochsen gezogenen Wagen (mongolische 1000-Tugrik-Banknote, Ausschnitt); 2 *Ger District* in Ulaanbaatar mit stationären Jurten und Wohnhäusern.

der gegenwärtigen Tendenz der Mongolen zur Sesshaftigkeit, welche die Errichtung stationärer Bauten erfordert, das unlösbare Problem, in der Architektur weiterhin kulturelle Identität zu finden.

Das Erscheinungsbild mongolischer Siedlungsgebiete bietet heute ein groteskes Konglomerat anonymer Baracken, amerikanischer Bungalows, russischer Blockbauten und europäisch-alpiner Chalets. In den Randsiedlungen um die Hauptstadt Ulaanbaatar hat sich diese Situation besonders drastisch entwickelt. Ulaanbaatar, das zu Beginn des 20. Jahrhunderts etwa 25 000 Einwohner hatte, besaß im Jahre 2000 bereits 760 000 und im Jahre 2008 über eine Million Einwohner.[8] Der enorme Bevölkerungsanstieg in den letzten Jahrzehnten entstand vor allem durch die Ansiedlung von ehemaligen Nomaden rund um den Stadtkern. Diese so genannten *Ger Districts*, deren Ausläufer mittlerweile mehr als 20 km vom Stadtzentrum hinaus reichen, bestehen aus festen Bauten und stationär errichteten Jurten (Abb. 8,2). In bauphysikalischer Hinsicht sind allerdings beide Bauweisen ungenügend: Die aus Holz, Ziegeln oder Beton errichteten Wohnhäuser besitzen keine oder eine kaum ausreichende Wärmedämmung, und auf den schlechten Wärmeschutz von Jurten, der aus der potenziellen Mobilität des Bautyps resultiert, wurde bereits eingegangen. In den *Ger Districts* haben die Jurten als standortgebundene Bauwerke ihre konstruktiv-funktionalen Vorteile eingebüßt (Ehlers 2006, 12); trotzdem sind sie auch hier überproportional verbreitet – zum einen wegen ihres geringen Anschaffungspreises, zum anderen jedoch aus dem Festhalten an der Tradition, in der das *Ger* einen wesentlichen Faktor der kulturellen Identität bildet.

Ein weiteres Problem der Umstellung vom Nomadentum zur Sesshaftigkeit zeigt sich in der Struktur der *Ger Districts*. Während in der mongolischen Steppe die einzelnen nomadisierenden Familien durch große räumliche Distanzen getrennt waren, müssen sie in den Siedlungsgebieten in nächster Nähe zusammen wohnen. Auf eine strikte Abgrenzung gegen den Nachbarn wird dabei jedoch nicht verzichtet: Zu den Nachbarparzellen und zur öffentlichen Straße hin errichtet man hohe, blickdichte Umfriedungen aus allen möglichen verfügbaren Materialien, wie Bretterverschalungen, Blechplatten, Teilen von Autowracks oder diversen Resten obskurer Herkunft. Dieses Abschließen gegenüber der Nachbarschaft als Kompensation der Trennung durch räumliche Distanzen in der früheren nomadischen Lebensweise führt im Siedlungsverband selbstverständlich zu beträchtlichen sozialen Problemen. Bemühungen von staatlichen und nichtstaatlichen Organisationen (z. B. Herro u. a. 2003), diesem Missstand entgegenzuwirken und Maßnahmen zur Verbesserung zu setzen, stoßen in der Bevölkerung auf wenig Interesse. Der Wandel vom Nomadentum zur Sesshaftigkeit erfordert grundlegende Umstellungen im gesellschaftlichen Verhalten, die nicht innerhalb von einer oder zwei Generationen bewältigt werden können.

---

8 City Population, The Principal Agglomerations of the World. Ulaanbaatar. http://www.citypopulation.de/world/Agglomerations.html (7.3.2009). – City Population, Mongolia. http://www.citypopulation.de/Mongolia.html (7.3.2009).

Wandel der Bauweise: Technologie und Arbeitskraft

Technologischer Fortschritt ist ein grundlegender Bestandteil im kulturellen Entwicklungsprozess und bedingt eine sukzessive Veränderung traditioneller Bauweisen und damit einhergehend auch eine Veränderung von Bauformen. Die Globalisierung hat jedoch auch hier einen radikalen Wandel bewirkt, der dem Begriff einer »Entwicklung« widerspricht. Es ist die plötzliche Verfügbarkeit von Materialien wie Beton und Stahl, welche in die Traditionen des Bauens in der Dritten Welt kaum integrierbar sind und das Aufgeben indigener Bauweisen erzwingen.

Einen noch stärkeren Bruch in der Entwicklung von Baukulturen verursacht die Umkehrung des Verhältnisses von Baumaterial und Arbeitskraft. Die traditionellen Bauweisen der Dritten Welt hatten sich durchweg in einem Umfeld entwickelt, in dem die Arbeitszeit relativ wenig Kosten verursachte. Mit der radikalen Steigerung der Arbeitskosten ist heutzutage die Errichtung von Prestigebauten in traditioneller Bauart aber sogar für begüterte Familien oder Kommunen kaum noch leistbar.

Eine Ausnahme bildet in dieser Situation die Herstellung des traditionellen *Ger* in der Mongolei. Heutzutage fertigt man die Jurtenteile als industrielle Massenware in Fabriken mit modernen Maschinen, aber in der althergebrachten Form und mit handgemalter Ornamentik nach Schablonen. Einerseits wird sich der Bautyp Jurte mit dieser industriellen Herstellung auch in Zukunft weiter behaupten können, andererseits besteht dadurch die Gefahr einer völlig uniformen Gestaltung aller dieser Bauten. In der traditionellen Architektur tragen die Objekte aufgrund ihrer handwerklichen Erzeugung in den Details ihrer Ausführung immer auch individuelle Züge. Immerhin sind industriell gefertigte Jurten auch heute noch in der Mongolei die weitaus kostengünstigste Art einer Behausung, die sich auch einkommensschwächere Familien leisten können.

In Samoa wird von den traditionellen Bautypen im Wesentlichen nur noch das »kleine« Haus *(Fale O'o)* errichtet, dessen Herstellung geringe Kosten verursacht und auch von ungelernten Kräften übernommen werden kann. Die Prestigebautypen *Fale Āfolau* und *Fale Tele* dagegen, die einer Planung und Ausführung durch Bauexperten bedürfen, sind in ihrer Errichtung heute so aufwändig, dass sie nur noch von sehr begüterten Familien – oder in speziellen Fällen von reichen Einzelpersonen – gebaut werden können (Vettori 2007, 372–5). Die Berufsgruppe der *Matai Tufuga*, die auf die Errichtung dieser Prestigebauten spezialisiert war, ist im Aussterben begriffen (Rieger-Jandl 2007, 327 f.). Man findet heute immer weniger Baufachleute, welche über die Besonderheiten der Bauweise eines *Fale Āfolau* oder eines *Fale Tele* Bescheid wissen. In absehbarer Zeit wird demnach die traditionelle Prestigearchitektur Samoas verschwunden sein oder höchstens noch in einigen Museen erhalten bleiben. Samoa wird damit – ebenso wie die meisten anderen Kulturen im Pazifikraum – die Spezifika seiner indigenen Baukultur gegen die Uniformität einer transkulturellen Globalarchitektur eingetauscht haben.

Abb. 9. 1 Modell eines *Fale Āfolau* als Dachaufsatz des Regierungsgebäudes in der samoanischen Hauptstadt Apia; 2 Glasdächer in Form des historischen *Ger* auf dem Regierungsgebäude in der mongolischen Hauptstadt Ulaanbaatar.

Conclusio

Mit dem Verschwinden der Vielfalt an regionalen Baukulturen gehen kulturelle Identitäten verloren. Aber eben in dieser Situation werden indigene Architekturtraditionen als wichtige Faktoren kultureller und ethnischer Identität erkannt (Wolfsberger 2007b). Abbildungen des traditionellen Bautyps *Fale* findet man auf Geldscheinen der samoanischen Währung Tala; ebenso ist der traditionelle Bautyp *Ger* auf Banknoten der mongolischen Währung Tugrik abgebildet. Als Reminiszenz an kulturelle Wurzeln finden sich seltsame Nachahmungen des samoanischen *Fale Āfolau* als zentrale Objekte in modernen Komplexen öffentlicher Bauten wie beispielsweise der Universität in der Hauptstadt Apia. Die Bauform des traditionellen mongolischen *Ger* taucht in abenteuerlichen Variationen – beispielsweise als Halle für den besonders bedeutenden Ringersport oder als monumentales Festzelt – in der Hauptstadt Ulaanbaatar auf. Auf dem wichtigsten Regierungsgebäude Samoas thront als unübersehbarer Dachaufsatz das Modell eines *Fale Āfolau* (Abb. 9,1), während die weithin sichtbaren gläsernen Dachkuppeln des wichtigsten Regierungsgebäudes der Mongolei die Form traditioneller Jurten aufweisen (Abb. 9,2).

Mit derartigen Transformationen erscheint der Wandel vom funktionsoptimierten Bautyp zum funktionslosen Dekorstück endgültig vollzogen. Überdeutlich zeigt sich hier, dass Bautradition heute keine praktische Geltung mehr besitzt: Den Traditionen des Bauens misst man heute bloß noch symbolischen Wert bei. Als Ikonen ehemaliger kultureller Identitäten werden sie der Form nach vermutlich noch einige Generationen erhalten bleiben – so lange, bis die Erinnerung daran im zukünftigen Zeitalter einer standardisierten, uniformen, transglobalen Kultur verblasst sein wird.

Literaturverzeichnis

Ambrosch 2004: K. Ambrosch, KaraHane. Wien: Techn. Univ. Dipl.-Arb. 2004.

Badarch u. a. 2003a: D. Badarch / R. A. Zilinskas / P. J. Balint (Hrsg.), Mongolia Today: Science, Culture, Environment and Development. London: Routledge 2003.

Badarch u. a. 2003b: D. Badarch / N. Batsukh / S. Batmunkh, The Impacts of Industrialization in Mongolia. In: Badarch u. a. 2003a, 3–21.

Batchuluun 2003: L. Batchuluun, Felt Art of the Mongols. Ulaanbaatar: Mongolian University of Arts and Culture 2003.

Bayarsaikhan 2006: B. Bayarsaikhan, Put Up a Ger. Ulaanbaatar: Bitpress 2006.

Bigio / Dahiya 2004: A. G. Bigio / B. Dahiya, Urban Environment and Infrastructure. Toward Livable Cities. Washington D. C.: World Bank 2004.

Bogd Khan Museum 2007: Katalogeintrag Ausstellungsobjekt ИРВЭСИЙН АРЬАН ГЭР. Ulaanbaatar: Bogd Khan Museum 2007.

Bruun 2006: O. Bruun: Precious Steppe. Mongolian Nomadic Pastoralists in Pursuit of the Market. Lanham: Lexington Books 2006.

Ehlers 2006: K. Ehlers, Die Zukunft der Jurte. Kulturkampf in der Mongolei? Murnau: Mankau 2006.

Faegre 1979: T. Faegre, Tents. Architecture of the Nomads. London: Murray 1979.

Frank 2007: T. Frank, Privatheit und Offenheit in Samoa. Samoa im Wandel. In: Lehner u. a. 2007, 80–106.

Guidoni 1976: E. Guidoni, Architektur der primitiven Kulturen (Weltgeschichte der Architektur). Stuttgart: Belser 1976.

Handy / Handy 1924: E. S. C. Handy / W. C. Handy, Samoan House Building, Cooking, and Tattooing. Bernice P. Bishop Museum Bulletin 15. Honolulu: Bishop Museum Press 1924 [New York: Kraus Reprint 1971].

Herro u. a. 2003: M. Herro u. a., Ulaanbaatar Rapid Needs Assessment. The GER Initiative. USAID Cooperative Agreement No. AID 492-A-00-02-00017-00. Ulaanbatar 2003.

Humphrey 1999: C. Humphrey, Settlement and Urbanism. In: Humphrey / Sneath 1999, 179–217.

Humphrey / Sneath 1999: C. Humphrey / D. Sneath, The End of Nomadism? Society, State and the Environment in Inner Asia. Cambridge: White Horse Press 1999.

King 2004: P. King, The Complete Yurt handbook. Bristol: eco-logic books 2004 [Erstausgabe: Bristol 2001].

Krämer 1995: A. Krämer, The Samoa Islands. An Outline of a Monograph with Particular Consideration of German Samoa. Vol. II. Auckland: Polynesian Press 1995.

Laubin/Laubin 1989: R. Laubin/G. Laubin, The Indian Tipi. Its History, Construction, and Use. Norman: University of Oklahoma Press ²1989.

Lehner 1998: E. Lehner, Wege der architektonischen Evolution. Die Polygenese von Pyramiden und Stufenbauten. Wien: Phoibos 1998.

Lehner 2003: Ders., Elementare Bauformen außereuropäischer Kulturen. Wien, Graz: Neuer Wissenschaftlicher Verlag 2003.

Lehner 2007a: Ders., Indigene Haustypen Samoas. In: Lehner u. a. 2007, 122–204.

Lehner 2007b: Ders., In die Luft gebaut. Sequenz der Errichtung eines Fale Tele. In: Lehner u. a. 2007, 206–22.

Lehner 2007c: Ders., Die Entstehung von Prestigearchitektur. In: Lehner u. a. 2007, 224–62.

Lehner u. a. 2007: Ders./H. Mückler/U. Herbig (Hrsg.), Das architektonische Erbe Samoas. Wien, Graz: Neuer Wissenschaftlicher Verlag 2007.

Moschner 1949: I. Moschner, Haus und Siedlung in Polynesien. Wien: Univ. Phil. Diss. 1949.

Nabokov/Easton 1989: P. Nabokov/R. Easton, Native American Architecture. Oxford: Oxford University Press 1989.

Polo 1983: M. Polo, Il milione. Die Wunder der Welt. Zürich: Manesse 1983.

Rieger-Jandl 2007: A. Rieger-Jandl, Modernisierung versus Tradition. Rezente Veränderungsprozesse in der Baukultur Samoas. In: Lehner u. a. 2007, 318–51.

Rubruquis 2004: W. de Rubruquis, The iournal of frier William de Rubruquis a French man of the order of the minorite friers, vnto the East parts of the worlde. An. Dom. 1253. Adelaide: eBooks@Adelaide 2004.

Schenk 2006: A. Schenk, Mongolei. München: Beck ²2006.

Schreibmayer 1979: P. Schreibmayer, Elementare Architektur: Eine Untersuchung zur näheren Bestimmung nonformaler Architektur sowie ihrer Entstehungskriterien. Graz: Techn. Univ. Diss. 1979.

Te Rangi Hiroa 1930: Te Rangi Hiroa (P. H. Buck), Samoan Material Culture. Bernice P. Bishop Museum Bulletin 75. Honolulu: Bishop Museum Press 1930 [New York: Kraus Reprint 1971].

Tischner 1934: H. Tischner, Die Verbreitung der Hausformen in Ozeanien. Studien zur Völkerkunde. Leipzig: Verlag der Werkgemeinschaft 1934.

Tsultem 1988: N. Tsultem, Mongolian Architecture. Ulan-Bator: State Publishing House 1988.

Vettori 2007: B. Vettori, Fa'a Samoa – eine wandelbare Tradition? Tourismus. Wirtschaft. Identität. In: Lehner u. a. 2007, 352–75.

Wauchope 1938: R. Wauchope, Modern Maya Houses. A Study of their Archaeological Significance. Washington D. C.: Carnegie Institution 1938.

Wolfsberger 2007a: M. Wolfsberger, Der Clan von Samoa. Über das samoanische Sozialsystem. In: Lehner u. a. 2007, 58–75.

Wolfsberger 2007b: Dies., Das Fale als Symbol für Samoa. In: Lehner u. a. 2007, 108–21.

Andrea Rieger-Jandl

Identität im Wandel

Lokale Bauformen – überlokale Einflüsse (Feldbeispiel Ladakh)

Zusammenfassung: Architektur ist ein Bedeutungsträger, der in den jeweiligen Kulturen unterschiedlich behandelt, konstruiert und interpretiert wird. Im vorliegenden Beitrag wird davon ausgegangen, dass ein Zusammenhang zwischen der gebauten Form (Architektur) und der menschlichen Selbstwahrnehmung (Identität) besteht. Die Manifestation des Eigenen, sowohl in kollektiver als auch in persönlicher Hinsicht, ist ein der Architektur innewohnendes Phänomen, das in seinem Wesen kontinuierlich ist. Rezente Entwicklungstendenzen, in denen massive überlokale Kräfte mit lokalen Identitäten interagieren, führen zu Identitätskonflikten und einer »neuen Suche« nach dem Eigenen. Das Bestreben, solche Prozesse in Form von gebauter Umwelt sichtbar zu machen, verlangt nach einem zukunftsorientierten Identitätsbild, wobei die geschichtliche Verwurzelung nicht negiert werden sollte. Tradition beispielsweise ist seit jeher einer der wichtigsten Schlüsselfaktoren für Kontinuität und eine identifizierbare Umwelt. Eine allein auf Tradition, Herkunft und Vergangenheit basierende Identität ist in einer weitgehend vernetzten Gesellschaft jedoch nicht mehr überlebensfähig. Auch die Architektur kann in keiner Region dieser Erde mehr als abgeschlossene Entität betrachtet werden, sondern sie ist stets das Resultat eines zunehmend komplexer werdenden Beziehungsgeflechts. Anhand der Baukultur des Regionalbeispiels Ladakh (Nordindien) wird eruiert, welche Spielräume und Zwänge sich ergeben, wenn massive überlokale Kräfte mit lokalen Identitäten interagieren. Als Grundlage für die Analyse werden drei prinzipielle Reaktionsmuster auf kulturelle Interaktionen analysiert: a) die unreflektierte Übernahme translokaler Einflüsse, b) die völlige Abschottung gegen äußere Einwirkungen und c) die aneignende Transformation. Es werden Möglichkeiten aufgezeigt, neue Formen von Identität zu entwickeln oder auch einfach zu erfinden und damit Auswege aus den großflächig an die Wand gemalten Horrorszenarien der weltweiten Homogenisierung der Baukultur zu suchen. Hier liegt die Hoffnung auf eine architektonische Zukunft, in der neu zu formierende Identitäten immer wieder kreative Formen hervor bringen können, mit denen sich Menschen und Kulturen eine identitätsbezogene und damit lebenswerte Umwelt schaffen.

Gebaute Identitäten im Spannungsfeld

Die Definition des Untersuchungsgegenstandes beruht auf der Hypothese, dass Architektur in der Lage ist, Identität in irgendeiner Form auszudrücken. Die Frage ist, in welcher Form dies geschieht und in welcher Weise physische Formen wie Gebäude Informationen über die Gesellschaften, die sie hervorgebracht haben, ausdrücken können. Der Fokus wird hier also auf die »expressive« Rolle der Architektur gelegt und weniger auf die funktionalen, strukturellen oder ästhetischen Aspekte. Der Identitätsbegriff kreist um die Fragestellung, wie sich komplexe soziale Gefüge und Gruppen selbst wahrnehmen und definieren bzw. wie diese Selbstbilder in gebaute Form übertragen werden.

Rezente Entwicklungstendenzen, in denen massive überlokale Kräfte mit lokalen Identitäten interagieren, führen vermehrt zu Identitätskonflikten, zu Identitätsverlusten, aber auch zur Formierung neuer Identitäten. Es ist längst an der Zeit, sich von der Fokussierung auf die Identitätsverluste, die im Zuge von Globalisierungsprozessen und des vermehrten Austauschs immer wieder angeführt werden, zu lösen und sich auf die Potenziale einer kreativen Formierung neuer Identitäten zu stützen. Anstatt ständig den Verfall der Baukultur zu betrauern, gilt es, die Weichen für eine architektonische Zukunft jenseits des vielzitierten globalen Einheitsbreis zu stellen.

Dies verlangt nach einem zukunftsorientierten Identitätsbild, bei dem die geschichtliche Verwurzelung nicht negiert werden sollte. Tradition beispielsweise ist seit jeher der wichtigste Schlüsselfaktor für Kontinuität und eine identifizierbare Umwelt. Eine allein auf Tradition, Herkunft und Vergangenheit basierende Identität ist in einer hochindividualisierten Gesellschaft jedoch nicht mehr überlebensfähig. Mit der zunehmend rascheren Zerstörung von Traditionen schwindet diese wichtige Sicherstellung, und es wird immer relevanter, ein zukunftsgerichtetes Identitätsbild zu vermitteln. Daher kann Identität nicht nur auf Geschichte basieren – sie muss auch Visionen haben.

Interpretationen von Identität

Aus psychologischer Sicht sind verschiedene Faktoren wichtig, damit sich der Mensch in seiner Identität aufgehoben fühlt: Familie, soziales Umfeld, Spiritualität / Religion, Beruf etc. Identität ist hier wesentlich für die Stabilität des »Einzelnen«. In der Architektur sind identifizierbare Räume gleichermaßen wichtig als Anhaltspunkte für die »Gemeinschaft«. Da wir von Architektur umgeben sind, d. h. da die gebaute Umwelt uns alle unmittelbar betrifft und eine gewisse Geisteshaltung in physischer Form ausdrückt, wird der Identitätsbegriff in diesem Beitrag nicht wie in psychologischer Sicht auf den Einzelnen bezogen, sondern die kollektive, kulturelle und soziale Identität einer Gruppe steht im Vordergrund. Architektur drückt aus, wie sich eine Kultur, eine soziale Gruppe, selbst erfährt, sie verkörpert ihre Ideale und bestimmt die Art und Weise mit, wie diese von anderen aufgenommen werden. Da wir alle in Häusern leben, nehmen wir die identitätsstiftende Bedeutung eines Gebäudes im Alltag kaum bewusst wahr. Aufgrund ihrer Dauerhaftigkeit und Allgegenwärtigkeit trägt die gebaute Umwelt jedoch unweigerlich zur Formierung menschlicher Subjektivität und kollektiver Identität bei. Dabei sind vor allem Wohn- und Siedlungsformen jene

Elemente der materiellen Kultur, die am meisten mit sozio-kulturellen Phänomenen in Wechselwirkung stehen, da sie die räumliche Hülle für menschliche Aktivitäten bilden.

Architektur ist ein physischer Ausdruck von Identität. In einer Zeit der andauernden Krisen und immer bizarrer werdenden Kreationen von Identität wird es zunehmend relevant, sich in der gebauten Umwelt mit dieser Thematik auseinander zu setzen. Laut Chris Abel (2000, 141) konkurriert das Thema der »Architektur als Identität« heute mit etablierten Analogien wie »Architektur als Raum« oder »Architektur als Sprache«, wobei die Schwierigkeiten bei der begrifflichen Definition – bis hin zum missbräuchlichen Einsatz – den wissenschaftlichen Umgang mit Identität erschweren.

Heute wird der Identitätsbegriff in der Politik wie in den Medien inflationär eingesetzt und durch die Betonung von Differenz marktgerecht aufbereitet. Auch in der Architektur wird die Konstruktion von »Identität« für den jeweiligen bestimmten Ort oder die jeweiligen Nutzer extensiv als Entscheidungskriterium für gestalterische Maßnahmen zitiert – und nicht selten missbraucht.

Darüber hinaus darf allerdings nicht übersehen werden, dass Architektur in vieler Hinsicht tatsächlich einen Schlüssel zur Identität darstellt, da sie in sehr intensiver Art und Weise eine Ahnung sowohl der eigenen als auch der fremden Sicht vermittelt, eine Ahnung des Subjektiven im Kollektiven.

Rollenspiele der gebauten Identität

Egal ob »hohe« Architektur, »populäre« oder »anonyme« Architektur – verschiedene Architekturtraditionen mögen eine unterschiedliche architektonische Identität produzieren, aber die Art und Weise, wie die Architektur Identität konstituiert, ist überall dieselbe. Die diversen Ausdrucksformen der gebauten Umwelt verändern nicht die Natur der Architektur, sondern repräsentieren verschiedene Formen der Wahrnehmung.

Laut Simon Frith (1996, 125) ist Selbst-Identität immer automatisch in eine kollektive Identität eingebunden: »Identity is thus necessarily a matter of ritual, it describes one's place in a dramatized pattern of relationships – one can never really express oneself ›autonomously‹. Self-identity *is* cultural identity; claims to individual difference depend on audience appreciation, on shared performing and narrative rules«.

Was macht in diesem Zusammenhang die Architektur zu etwas so Besonderem? Was macht sie speziell im Zusammenhang mit Identität so interessant? Architektur drückt in ihrer Gesamtheit die Reaktionen des »Publikums« aus. Dabei agiert die Architektur immer in der Diskrepanz des Kollektiven im öffentlichen Raum und der Individualität des einzelnen Gebäudes. So wie sich die Identität in einem Wechselspiel von »Dazugehören« und »Abgrenzen« befindet (vgl. Grossberg 1996), so ist die

Architektur insbesondere gefangen in dem Drang des Ausdrucks von »Anders-Sein«, wobei aber gleichzeitig versucht wird, eine positive, harmonische Gesamtheit der gebauten Umwelt zu kreieren. Während dieses ausgewogene Ganze in vielen traditionellen Gesellschaften, vor allem in der anonymen Architektur, noch funktionierte – man betrachte die harmonischen Erscheinungsbilder der Pueblo-Dörfer in New Mexico, der griechischen Bergdörfer auf Kreta, der Dogon-Dörfer in Mali etc. –, wird es heute in einer individualistisch orientierten Gesellschaft immer schwieriger, kollektive Identitäten in physischer Form darzustellen.[1]

Kollektive Identität im Spannungsfeld zunehmender Individualisierung

Die derzeitige »Krise« der kollektiven Identität steht in direktem Zusammenhang mit der steigenden Bewertung der individuellen Identität. Marc Augé (1994, 39) sieht die Überbetonung des Individuums als ein wesentliches Charakteristikum seines Begriffs der *Übermoderne*: »Der Modernisierungsprozess zielt voll und ganz auf die Individualisierung und strebt danach, das Individuum aus jenen Komplexen herauszulösen, die seinem Leben Sinn verliehen«. Durch die Auflösung von Abstammungslinien, Allianzen und sonstiger lokal verorteter Regelungen ist der / die Einzelne viel intensiver damit konfrontiert, sich die eigene Beziehung zur Geschichte und zur Welt selbst zu definieren.

Bekannte Vertreter der Moderne, wie Georg Simmel oder Adolf Loos, haben sich mit dem Problem kollektiver versus individueller Identität auf dem Gebiet der Mode auseinandergesetzt – wobei hier viele Parallelen zur Architektur gezogen werden können. In seinem berühmten Artikel »Zur Psychologie der Mode« beschreibt Georg Simmel (1895, 22–4) die Diskrepanz zwischen sozialer Angleichung und dem Wunsch nach individueller Differenzierung und Veränderung. Er sucht anhand der Mode diesen Drang nach Vereinbarkeit zwischen Dauer und Beharren einerseits sowie zwischen Veränderung und Wechsel andererseits zu erklären und zwischen der Tendenz zum Allgemeinen und Gleichartigen und der zum Besonderen und Einzigartigen eine Versöhnung zu stiften. Die Nachahmung gewährt Sicherheit und entlastet von der Schwierigkeit, sich selbst zu tragen. Die Gruppe befreit das Individuum durch die Nachahmung von seiner eigenen Verantwortlichkeit.

Unserem Wesen entspricht aber auch die individuelle Differenzierung, das Sichunterscheiden von der Allgemeinheit. Für die Mode ist laut Simmel (1895, 23) Folgendes wesentlich: »Sie genügt einerseits dem Bedürfnis nach sozialer Anlehnung,

---

1   Die individuelle Identität ist ein europäisch / amerikanisch geprägtes Konstrukt. Der Begriff »Individuum« ist keine indigene Kategorie. In nicht-westlichen Regionen spricht man im ethnologischen Sinn zwar von persönlicher Identität, die aber nicht mit individueller Identität gleichzusetzen ist (vgl. Gingrich 2002, 19).

insoferne sie Nachahmung ist; sie führt den Einzelnen auf der Bahn, die alle gehen; andererseits aber befriedigt sie auch das Unterschiedsbedürfnis, die Tendenz auf Differenzierung, Abwechslung, Sichabheben, und zwar sowohl durch den Wechsel ihrer Inhalte, der der Mode von heute ein individuelles Gepräge gegenüber der von gestern und morgen gibt, wie durch den Umstand, daß Moden immer Klassenmoden sind, daß die Moden der höheren Schicht sich von denen der tieferen unterscheiden und in dem Augenblick verlassen werden, in dem diese letzteren sie sich aneignen.« Bereits Simmel stellte fest, dass die Mode traditioneller Gesellschaften um einiges stabiler ist als die europäische / US-amerikanische. Andererseits kommt es in einem zu individualisierten Kreise zu gar keiner Bildung von Mode.

Die Parallelen von Architektur und Mode hat schon Adolf Loos aufgegriffen, der sich in unterschiedlichen Zusammenhängen zu Bekleidungsfragen äußerte: »Die Kleidung. Wie soll man angezogen sein? Modern. Wann ist man modern angezogen? Wenn man am wenigsten auffällt [...] Modern gekleidet ist man nur dann, wenn man im mittelpunkte der kultur bei einer bestimmten gelegenheit in der besten gesellschaft nicht auffällt« (A. Loos zit. in Maldoner 1989, 273). Über die Individualität des modernen Menschen äußert Loos sich folgendermaßen: »Die herdenmenschen mussten sich durch verschiedene farben unterscheiden, der moderne mensch braucht sein kleid als maske. So ungeheuer stark ist seine individualität, dass sie sich nicht mehr in kleidungsstücken ausdrücken lässt« (Loos 1962, 288).

Loos verfolgte diese Logik auch in seiner Architektur. Das Äußere der Häuser sollte so unauffällig wie möglich – so standardisiert wie ein Abendjackett – sein. Laut Loos hätte ein Haus nach außen hin gar nichts zu erzählen, die ganze Reichhaltigkeit müsse sich im Inneren entfalten. Für Simmel wie Loos stellte das Äußere eine anonyme Fassade dar – sei es in der Mode oder in der Wohnform. Diese Abwendung vom Äußeren und das Innenkehren der Werte stellte einen Versuch der Gegenbalance zum Subjektivismus und der Überstimulation durch die moderne urbane Umgebung dar – einen Schutz des Egos vor der Überreflexion im öffentlichen Leben.

Ist Identitätsbildung also nur im Inneren möglich, da sich eine zu starke Differenzentwicklung durch die Repräsentation von Identität an der Fassade als verwirrend für die Allgemeinheit herausstellen könnte?

Die Dualität von Gleichheit und Differenz

Wenn wir die heutige Identitäts- und Differenzdebatte betrachten, so ist »Differenz« laut Lawrence Grossberg (1996, 87–107) nur eine Variable einer Identität, die verschiedene Dimensionen aufzuweisen hat. Grossberg kritisiert die einseitige Betrachtung von Differenz als Teil des Identitäts-Begriffs und die Vernachlässigung einer zweiten, gleichwertigen Komponente, nämlich der »Zugehörigkeit«, des »Gemeinsamen«. Hier kommt es zu einer direkten Kritik der Moderne, die, im Zuge der überdimensionalen Individualisierungsprozesse, Identität mit Differenz gleichzusetzen neigte (vgl. Gingrich 2003, 19).

Die Architekturwissenschaften hinken diesem Stand der human- und sozialwissenschaftlichen Identitätsforschung hinterher und haben es bis heute nicht geschafft, sich einer differenzierteren Sichtweise von Identität zu stellen und diese auf einer wissenschaftlichen Ebene zu analysieren. In der »Encyclopaedia of Social and Cultural Anthropology« (Byron 1996) wird Identität in einem dualen Maße als »Gleichheit« und als »Differenz«, also sowohl als »besonders sein im Unterschied zu« als auch »dazugehören so ähnlich wie«, definiert. Beides schließt sich also laut dieser Auffassung nicht aus, im Gegenteil, es bedingt sich sogar, was für die Architektur von außerordentlicher Bedeutung ist.

Die Loos'sche Ornamentsverweigerung und Purität der Fassade verzichtet bewusst auf ein »sich unterscheiden von«, lässt aber darüber hinaus auch keinen Platz für eine Identifikation im Sinn von »dazugehören zu«. Diese in der Moderne begründete bewusste Gegenreaktion auf die vermehrten Individualisierungsprozesse hat dazu geführt, dass nicht nur der Individualisierung, sondern auch der Identifizierung entgegengewirkt wurde, was über das gesamte vergangene Jahrhundert hinweg bis heute zu immensen Problemen in der Architekturlandschaft geführt hat. Beispielsweise wirkte der Internationale Stil bewusst Differenzierungen entgegen, und sein groß angelegter Export in die nicht-westliche Welt führte dazu, dass bislang selbstverständliche Ausdrucksformen von Identität in der Architektur teilweise in Frage gestellt und deren Kontinuität völlig zerstört worden sind. Diese radikale Unterbrechung hat zu Konfusionen geführt, welche für die heutige Suche nach neuen Formen der Identität in der Architektur mitverantwortlich sind.

Dass Identität zwar sowohl auf Eigen- als auch auf Fremdzuschreibung beruht (vgl. Byron 1996), ist eine weitere Erkenntnis der Human- und Sozialwissenschaften in der Identitätsforschung, die für die Architektur von Bedeutung ist. Auch Eigen- und Fremdzuschreibung bedingen einander. Gerade in der heutigen Zeit, in der eine ausschließliche Eigenzuschreibung, d. h. eine vom Rest der Welt abgekapselte Identitätsbildung, nicht mehr möglich ist, werden oft von außen Identitätsbilder herangetragen, die dann in die Eigenzuschreibung übernommen werden.

Abgesehen von wenigen Ausnahmen (z. B. Abel 2000; Vale 1992) gibt es aber kaum wissenschaftlich fundierte Arbeiten, die sich differenziert mit der vielschichtigen Bedeutung von Identität in Zusammenhang mit der gebauten Umwelt auseinander setzen. Ist von Architektur und Identität die Rede, so steht interessanterweise auch hier die Differenzierung im Vordergrund (z. B. Architektur als Konstrukt »nationaler Identitäten«).[2]

---

2   In vielen Publikationen wird Identität im Zusammenhang mit Architektur in erster Linie als politischer Ausdruck von Macht gesehen, wie z. B. in Lawrence J. Vales »Architecture, Power, and National Identity« (1992), oder anhand singulärer Architekturbeispiele abgehandelt, denen kaum eine zusammenhängende begriffliche Definition zugrunde liegt, wie in Susanna Sirefmans »Whereabouts – New Architecture with Local Identities« (2004).

Es handelt sich um von außen übergestülpte, von Politikern, Wirtschaftstreibenden oder sonstigen Entscheidungsträgern erfundene Konstrukte, die sowohl Zugehörigkeit als auch Differenz vermitteln sollen. Dieser »Top-Down«-Herangehensweise stehen kaum Versuche gegenüber, »Bottom-up«-Identitäten näher zu analysieren. Wie formiert sich Identität innerhalb einer Gemeinschaft oder Gesellschaft? Wie drückt sie sich aus?

Das Fortbestehen des Lokalen

Die wissenschaftliche Auseinandersetzung mit dem Identitätsbegriff in der Architektur ist ein komplexes Unterfangen, das eine gewisse Methodenvielfalt erfordert, da die Architektur an sich keine autonome, in sich geschlossene Disziplin ist. Architektur ist ein Konglomerat aus Einflüssen, und sie als kulturelles, identitätsstiftendes Konstrukt zu betrachten, gelingt daher immer nur im übertragenen Sinn, indem die gebaute Form als physischer Ausdruck persönlicher oder kultureller Identität wirkt. Eine interdisziplinäre Analyse, z. B. von technischen sowie kultur- und sozialwissenschaftlichen Faktoren, ist hier unumgänglich. In vielen Disziplinen, so auch in der Architektur, haben sowohl die Spannungsfelder als auch die Synergien, die sich in der Auseinandersetzung mit dem Lokalen und dem Überlokalen entwickeln, die Identitätsdebatte erst entfacht. Auch die Architektur kann in keiner Region dieser Erde mehr als abgeschlossene Entität betrachtet werden, sondern ist stets das Resultat eines zunehmend komplexeren Beziehungsgeflechts.

Es ist nicht zu bestreiten, dass das Spannungsfeld zwischen lokalen Identitäten und überlokalen Einflüssen kaum je so groß war wie heute. Der in den 1960er Jahren von Marshall McLuhan (1964) geprägte Begriff des »globalen Dorfes« und großräumiger Homogenisierungsszenarien ist in den Diskursen diverser Disziplinen nach wie vor fest verankert. Inzwischen zeichnet sich allerdings eine unerwartete Tendenz ab: das Fortbestehen lokaler Unterschiede.

Clifford Geertz liefert eine mögliche Erklärung für das Fortbestehen des Lokalen, indem er hervorkehrt, dass eine kosmopolite Herangehensweise und kleinräumiger Partikularismus keine gegensätzlich verlaufenden Tendenzen mehr sind – denn sobald sich die eine verstärke, reagiere die andere in gleicher Weise (vgl. Geertz 1996, 454–67). Gleichzeitig streicht Arjun Appadurai (1997) hervor, dass wir es heute nicht mehr mit einem System homogener Einheiten zu tun haben, sondern mit einem System, das auf den Beziehungen zwischen heterogenen Einheiten basiert.

In vielen Regionen können wir auch in der Architektur feststellen, dass der Globalismus gleichzeitig einen Umkehrprozess, eine neue Suche nach dem Unterscheidbaren, dem Spezifischen bedingt. Diese neue Suche nach einer eigenen Identität ist im Gange – was weitgehend fehlt, sind befriedigende Antworten. Das Abhandenkommen einer gewachsenen kulturellen Umwelt hat zunehmend zu Konfusion und zu gestalterischen Auswüchsen geführt. Die einseitige Theoriebildung in der Architektur wird dem Potenzial komplexer rezenter Kultur-Konglomerate kaum gerecht, deren interaktive Dynamik die derzeitigen – und viel mehr noch die zukünftigen – globalen Prozesse prägt und prägen wird. Den hybriden Architekturen, die erst durch rezente überlokale Kontakte entstanden sind, wird auf theoretischer Ebene kaum Augenmerk geschenkt.

In bis vor kurzem relativ intakten traditionellen Kulturen werden die Umbrüche der vergangenen Jahrzehnte häufig vereinfacht unter dem Schlagwort »kultureller Verfall« zusammengefasst. Hier ist deutlich eine Verunsicherung im Umgang mit neuen Potenzialen zu spüren. Nicht selten herrscht die Meinung vor, dass die Untersuchung von Architektur einer Region nur bis zu einem bestimmten Zeitpunkt interessant sei, alles danach sei für wissenschaftliche Zwecke nicht mehr relevant, da eine solche »neue« Architektur keine »reine« Identität mehr repräsentiere. Dabei sind es gerade die großen Veränderungsprozesse ab diesem fiktiv festgelegten Zeitpunkt, die Aufschlüsse auch über die historische Bedeutung verschiedener Architekturelemente und über deren Hierarchien innerhalb des architektonischen Prozesses geben können.

Warum werden einige traditionelle Elemente beibehalten, während andere bestenfalls transformiert oder völlig über Bord geworfen werden? Warum werden heute in Sumatra immer noch die markanten traditionellen Dachformen in verschiedensten Gebäudetypen eingesetzt? Warum wird den Regierungsgebäuden in Samoa ein traditionelles *fale* wie ein Parasit aufs Dach gesetzt (s. Beitrag E. Lehner, S. 468 Abb. 9,1)? Warum werden chinesische Hochhausbauten mit einem traditionellen Hut versehen? Warum hat sich die Bauform des Rundhauses in Flores bis heute gehalten, während sie in vielen anderen Kulturen nicht mehr ausgeführt wird? Diese Fragen können helfen, Antworten zur Verwurzelung der Identität der NutzerInnen dieser Häuser zu finden. Solche Fragestellungen reichen weit über die reine Dokumentation und Analyse abgeschlossener architektonischer Pakete hinaus. Warum wir, vor allem als ArchitektInnen, ArchitekturhistorikerInnen oder ArchitekturforscherInnen, nach wie vor nach diesen handlichen Paketen suchen, ist nicht zuletzt darin begründet, dass uns das methodische Rüstzeug fehlt, uns solch komplexen Fragestellungen anzunähern.

Für die Architekturprofession allein ist die Architektur längst zu komplex geworden, um entsprechend reagieren zu können. Hingegen sind es die methodischen Werkzeuge der Kultur- und Sozialwissenschaften, die sowohl für die Analyse und Dokumentation von Baukulturen als auch für Planungsentscheidungen und als Entwurfsstützen wertvolle Grundlagen bieten können.

Anhand des Fallbeispiels Ladakh in Nordindien soll im Folgenden eruiert werden, welche Spielräume und Zwänge sich ergeben, wenn massive überlokale Kräfte mit lokalen Identitäten interagieren, und wie der Einsatz kultur- und sozialwissenschaftlicher Forschungsmethoden konkret für ArchitektInnen und PlanerInnen nutzbar gemacht werden kann.

Feldbeispiel Ladakh[3]

Projektgliederung

In einer ausgedehnten Feldforschung wurden die Auswirkungen der rezenten sozialen und kulturellen Veränderungen auf die ladakhische Baukultur mittels empirischer Datenerhebung untersucht. Sie gliederte sich in drei Teile:

1. Die Analyse: Als Grundlage für die Analyse wurden drei prinzipielle Reaktionsmuster auf kulturelle Interaktionen gegenübergestellt: a) die völlige Abschottung gegen äußere Einwirkungen, b) die unreflektierte Übernahme translokaler Einflüsse und c) die aneignende Transformation.

ad a) Die völlige Abschottung gegen äußere Einwirkungen kommt in gelebten Baukulturen praktisch kaum vor. Vereinzelt findet man sie in Form von Kultbauten oder musealisierten Inszenierungen, denen in erster Linie ökonomische Faktoren und Vermarktungsstrategien zugrunde liegen.

ad b) Bei unreflektierten Übernahmen translokaler Einflüsse handelt es sich meist um Akkulturationsprozesse, innerhalb derer neue Formen des Bauens übernommen werden, die man als »universelle« Architektur bezeichnen könnte. Hier handelt es sich häufig um systematisierte Massenware, die in Industrieländern produziert und in großem Ausmaß, physisch oder als Idee, in weniger entwickelte Länder exportiert wird. Es kommt zu einer Uniformisierung der Baukultur, der heute gerne ein »traditioneller Hut« übergestülpt wird. Diese hilflosen Traditionalisierungsversuche sind aber auch die ersten Anzeichen einer Umkehrbewegung, einer Suche nach einer neuen Identität, die als Gegenreaktion auf die Gesichtslosigkeit der Lebenswelten gedeutet werden kann und sich in verschiedensten Ausdrucksformen manifestiert.

ad c) Die transformierten Formen der Architektur sind jenes kreative Potenzial, das die besten Voraussetzungen dafür bietet, den Ausdruck von gelebter Identität in der physischen Umwelt zu studieren. Anhand dieser hybriden Konstrukte architektonischer Form lässt sich gut ablesen, welche überlieferten, traditionellen Werte bis in die heutige Gesellschaft überdauern und welche überlokalen Einflüsse am schnellsten

---

3 Ladakh ist eine Region im östlichen Teil des nordindischen Bundesstaates Jammu und Kashmir. Eingebettet zwischen dem Himalaya- und dem Karakorum-Massiv ist Ladakh geographisch ein Teil der tibetischen Hochebene; die Dörfer zwischen 3 500 und 4 500 m Höhe befinden sich in einem der höchstgelegenen besiedelten Gebiete der Erde. Die ladakhische Bevölkerungsstruktur ist sehr heterogen und besteht aus indo-arischen Darden aus dem heutigen Pakistan sowie Einwanderern aus der tibetischen Hochebene. Im Untersuchungsgebiet um die ladakhische Hauptstadt Leh besteht die Bevölkerung zu 81 % aus Buddhisten. Zwei Hauptfaktoren zeichnen für die massiven sozialen und kulturellen Umbrüche, denen die Region in den vergangenen 50 Jahren ausgesetzt war, verantwortlich: a) die plötzliche strategische Bedeutung der Region, ausgelöst durch die Unabhängigkeit Indiens im Jahr 1947; sowie b) die Öffnung der Region für den internationalen Tourismus im Jahr 1973.

Abb. 1. Das traditionelle ladakhische Wohnhaus mit seinen massiven Lehmmauern und kleinen Fensteröffnungen weist einen festungsartigen Charakter auf, der den harschen klimatischen Verhältnissen entspricht.

und kompromisslosesten übernommen werden. Hier ist wiederum zu unterscheiden zwischen nicht bewusst wahrgenommener Beeinflussung und bewussten Prozessen der Auseinandersetzung mit Architektur. Und auch hier spielt die »neue Suche nach dem Eigenen« eine große Rolle, wenn es darum geht, sich bewusst gegen äußere Beeinflussung zu stellen.

2. Die APD-Studie (Anthropological pre-design study): Mit Hilfe empirischer Forschungsmethoden wurden die Bedürfnisse und erhofften zukünftigen Lebensbedingungen der NutzerInnen neuer Wohnsiedlungen eruiert.

3. Interdisziplinäre StudentInnen-Exkursion und Entwurfsprojekt: Mit Studierenden der Architekturfakultät der Technischen Universität Wien sowie des Instituts für Kultur- und Sozialanthropologie der Universität Wien wurde eine interdisziplinäre Exkursion nach Ladakh durchgeführt. Im Anschluss daran wurden verschiedene Entwurfsvorschläge für ein ladakhisches Siedlungsprojekt erarbeitet, die sich auf die Ergebnisse der Analyse, der APD-Studie sowie auf die eigenen Erfahrungen vor Ort stützten.

Abb. 2. Das Kloster Likir.

Analyse

Grundsätzlich verfügt Ladakh vor allem in ländlichen Regionen noch über ein weitgehend intaktes baukulturelles Erbe. Die Häuser sind entsprechend den harschen klimatischen Verhältnissen aus massiven Stein- und Lehmwänden erbaut und weisen einen kompakten, festungsartigen Charakter auf (Abb. 1).

Eine völlige Abschottung gegen überregionale Einflüsse ist in erster Linie bei religiösen Bauwerken anzutreffen. Hier wandeln sich die formalen Kriterien kaum, wobei jedoch immer häufiger neue Materialien wie Beton, künstliche Farben etc. zum Einsatz kommen, die den Charakter der Bauwerke verändern (Abb. 2).

Interessant ist, dass bei den zahlreichen Klosterbauten *(gompas)*, nicht zuletzt als Folge der Öffnung für den Tourismus, eine Herangehensweise Einzug gehalten hat, die bis dato nicht existiert hatte: Die bewusste Abschottung gegenüber einer Weiterentwicklung, sprich die »Erhaltung«. Die Erhaltung von Denkmälern ist ein von außen importiertes Konstrukt, das mit der lokalen buddhistischen Denkweise nicht kompatibel ist. Die Erhaltung eines ursprünglichen Gebäudezustands ist der buddhistischen Auffassung, die das ganze Leben als einen Kreislauf von Verfall und Wiedergeburt betrachtet, völlig fremd. Auch in Ladakh wurde die Architektur bis vor kurzem als ein dynamischer Prozess betrachtet, und es war ganz natürlich, dass sich Gebäude in einem immerwährenden Zyklus von Aufbau, Verfall und Erneuerung befanden.

Abb. 3. Neu errichtete ladakhische Schulen orientieren sich in erster Linie an Vorbildern aus anderen Teilen Indiens. Nicht selten ist das pädagogische Konzept ähnlich nüchtern wie die Bauform: »Enter to learn and leave to serve – No pains no gains – The roots of education are bitter but fruit is sweet«.

Heute ergibt sich daraus ein doppeltes Paradoxon: Einerseits werden die Klöster gegenüber äußeren Einflüssen abgeschottet, um keine Veränderungen zuzulassen, andererseits ist gerade diese Idee der »Erhaltung« *per se* ein überlokales Konstrukt, das als Gesamtes importiert wurde.

Im Gegensatz zu den religiösen Bauten ist eine völlige Abschottung und ein starres Festhalten an rein traditionellen Formen in der Alltagsarchitektur nicht feststellbar. Allerdings werden im großen Maße Häuser gebaut, die in formaler Hinsicht noch weitgehend am überlieferten Erscheinungsbild festhalten. Volumina und Proportionen der Häuser bleiben gleich; die markanteste Abweichung sind die größeren Fenster.

Eine unreflektierte Übernahme translokaler Einflüsse stellt in Ladakh eher die Ausnahme dar. Ein völliges Negieren traditioneller Bauformen ist vor allem bei niederrangigen Gebäuden zu erkennen, aber auch bei neuen Gebäudetypen, wie Einkaufszentren, Schulen und Verwaltungsbauten, die in der ladakhischen Architektur keine traditionellen Vorbilder haben (Abb. 3).

Die spannendste Reaktion auf äußere Einflüsse ist in jedem Fall das, was als »aneignende Transformation« bezeichnet werden könnte. Darin steckt das meiste Potenzial, Neuerungen zuzulassen, ohne die eigene Identität zu verlieren. In der ladakhischen Architektur gibt es viele Elemente, die dieses kreative Potenzial der Vermischung widerspiegeln. Ich möchte mich hier beispielhaft auf ein spezielles Element konzentrieren, anhand dessen sich dies besonders gut demonstrieren lässt: das Fenster.

In der ladakhischen Architektur waren die Fenster mit ihren teils reichen Verzierungen seit jeher *die* Elemente, um Reichtum, Status und Prestige auszudrücken. Obwohl sich die Fenster neuerer Gebäude schon aufgrund des Vorhandenseins von

Abb. 4. Haus nahe der Hauptstadt Leh. Die mit Schnitzereien verzierten Ecken und Balkone mit hölzernen Fensterläden sind charakteristisch für die Häuser der einstigen ladakhischen Oberschicht *(gZims-khang)*, die sich meist in der Nähe von Palästen oder Klöstern
befanden.

Glas stark von historischen Vorbildern unterscheiden, ist der Bezug zur traditionellen
Architektur eindeutig ablesbar. Man kann also durchaus sagen, dass gerade die Fenster einem kreativen Transformationsprozess unterzogen wurden, der stark auf historische Vorbilder Bezug nimmt, weshalb die Fenster noch heute ein ganz wesentliches
Identifikationsmerkmal der ladakhischen Architektur darstellen (Abb. 4–5).

Während die Fenster der Gehöfte in den Dörfern sehr einfache, kleine Öffnungen aufwiesen, unterschieden sich die Herrschaftshäuser, wie sie sich z. B. um den
Königspalast formierten, vor allem durch den Reichtum an Fensterdekor. Solcher
Art dekorierte Fenster hatten meist einen massiven schwarzen oder roten Rand *(nag
tshu)* aus Stuck und waren unten breiter als oben. Die schwarze Farbe wurde aus dem
Ruß an den Küchendecken gewonnen. Für den Fenstersturz *(ya-them)* wurde Holz
verwendet. Holz ist in den Hochebenen Ladakhs bis heute eine karge Ressource und
hat sich daher einen gewissen Prestigewert erhalten. Die überschwänglichen Holzschnitzereien *(bakna tukul)* über den Fenstern und der Eingangstür übernahmen neben
der Prestigewirkung aber auch eine gewisse bauliche Schutzfunktion vor Witterungs-
einflüssen. Über den Holzschnitzereien befand sich meist eine Schicht aus Zweigen
und Büschen *(yagtses)* und ein kleines Vordach.

Abb. 5. Haus mit *shel khang* nördlich von Leh. Aufwändige Fensterverzierungen sowie verglaste Eckelemente sind heute Prestigeobjekte der ladakhischen Mittelschicht.

Bis heute ist dieses traditionelle Fensterdekor weit verbreitet. Durch den Einsatz von Glas, das auch als Prestigematerial gilt, sind heute extrem große Fenster *(sge u-khung)* möglich geworden. Diese sind nicht mehr vertikal orientiert, sondern haben eine horizontale Ausrichtung, was wiederum größeren Holzverbrauch und immer aufwändigere Holzverzierungen mit sich bringt. Dahingegen sind die Stuckumrandungen schmäler geworden und haben ihre konische Form verloren. Meist werden sie mit künstlicher schwarzer oder roter Farbe bemalt, wobei heute auch alle anderen Farben zum Einsatz kommen. Die *yagtses*-Schicht über den Holzschnitzereien wird heute kaum mehr angebracht, teilweise wird sie einfach mittels Stuck imitiert oder durch einen gemalten schwarzen Streifen angedeutet.

Zusammen mit dem Baustoff Glas und den neuen Verdienstmöglichkeiten, die den Kauf von Holz ermöglichten, kam es zur Entwicklung des so genannten *shel khang*[4], eines weitgehend verglasten Zimmers. Innerhalb der letzten 30 Jahre wurde dieses architektonische Element zu einem beliebten Statusobjekt, wobei die Glasflächen häufig um die Ecke gezogen werden und zwei Seiten des Raumes praktisch völlig ausfüllen. Der *shel khang*, heute vor allem als Gästezimmer genutzt, gehört zum Aus-

---

4 *Shel* = Glas, *khang* = Zimmer / Raum.

Abb. 6. Die Housing Colony – eine informelle Siedlung 1,5 km südlich der Hauptstadt Leh.

hängeschild eines jeden einigermaßen akzeptablen ladakhischen Hauses. Wie wichtig hier der Prestigefaktor ist, lässt sich gut an der Ausrichtung der Fenster erkennen. Während diverse NGOs versuchten, den Einbau großer Fensterflächen finanziell zu fördern, um dadurch die aktive Nutzung von Solarenergie weiter zu verbreiten, war es der Bevölkerung wichtiger, die Glasfenster zur »Prestigeseite«, meist also zur Straßenseite, hin auszurichten, egal ob diese sich im Süden oder Norden befand. Wenn man die *shel khangs* also heute betrachtet, so sind sie nicht immer funktional ausgerichtet, wobei die Bewohner in Interviews selbst meinten, dass die nordseitigen *shel khangs* aufgrund der Kälte fast das gesamte Jahr über unbenutzbar seien (es handelt sich um Einfachverglasungen in sehr schlechter Ausführung). Egal, je wohlhabender ein Haushalt, desto größer die Fensterflächen und desto wichtiger die straßenseitigen Schaufassaden – dass darunter die thermische Qualität und der Komfort im Vergleich zu traditionellen Häusern extrem leidet, scheint dabei nebensächlich. Diese exzessive Ausformung der Glasfenster lässt den Schluss zu, dass Identität, vor allem in ihrer subjektiven Form und in ihrer Ausformulierung als »Unterscheidung von Anderen«, immer auch eine Frage der ökonomischen Möglichkeiten und damit des Ausdrucks von Status und Prestige ist. Dies geht so weit, dass selbst der Wohnkomfort diesen Elementen untergeordnet wird. Große Glasfenster sind heute inhärenter Teil der

Abb. 7. BewohnerInnen der Housing Colony.

ladakhischen Architektur und ein gutes Beispiel dafür, dass auch relativ junge architektonische Elemente zu Identifikationsmerkmalen werden können.

Allerdings ist auch hier nicht zu übersehen, dass die hölzernen Öffnungen und Verzierungen in der traditionellen Architektur, in Klosterbauten, Palästen etc. verankert
sind und keine völlige Neuerfindung darstellen. Es ist interessant, dass es sich bei
dieser traditionellen Form der Holzloggien und Balkone um ein einzigartiges ladakhisches Element handelt, das auch in Tibet nicht in dieser Form zu finden ist.

Im Großen und Ganzen besteht in Ladakh durchaus die Möglichkeit, dass die
von Alan Scott (1997) propagierte Kombination von universellen Freiheitswerten mit
lokalen Identitätsformen funktionieren könnte, indem die Wiederkehr des Lokalen
ihren festen Platz eingenommen hat, ohne den notwendigen Neuerungen die Luft
abzuschnüren.

APD-Studie

Nachdem in der Analyse versucht worden war, die verschiedenen Aspekte der rezenten Identitätsfindungsprozesse in der ladakhischen Architektur zu erfassen, wurden
mittels einer anschließenden APD-Studie (Anthropological pre-design study) konkrete Problemstellungen im Vorfeld von Planungsaufgaben ins Auge gefasst:

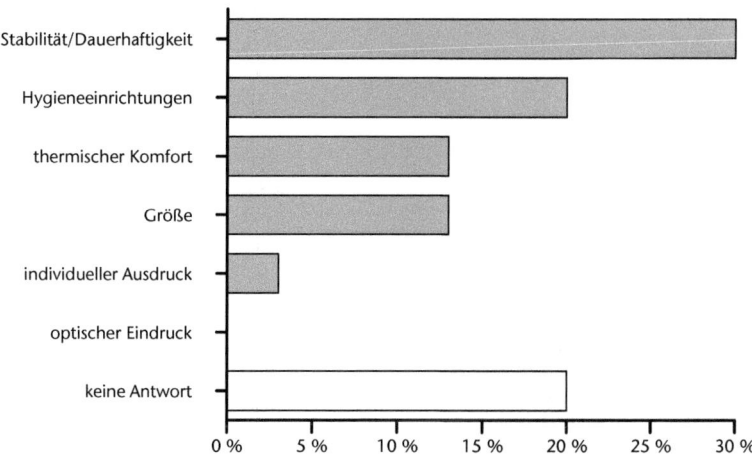

Abb. 8. Ergebnisse der APD-Studie: Ansprüche an die eigene Wohnform.

Wie kann beispielsweise auf das unkontrollierte Wachstum der Hauptstadt Leh, an deren südlichen Stadtrand sich eine informelle Siedlung an die andere reiht, reagiert werden? Was sind die Bedürfnisse der BewohnerInnen dieser Siedlungen und ihre Erwartungen an die zukünftige Wohnsituation?

Durch empirische Datenerhebung unter Verwendung von Forschungsmethoden der Kultur- und Sozialanthropologie wurde versucht, die Rahmenbedingungen für zukünftige Planungen möglichst exakt abzustecken und ein »Vorbeiplanen« an der Bevölkerung bereits im Ansatz zu unterbinden (vgl. Rieger-Jandl 2005). In einer bereits bestehenden informellen Siedlung, der so genannten Housing Colony, 1,5 km südlich von Leh, wurden Haushalte besucht und Wohnhäuser dokumentiert, Grundrisse skizziert, semi-strukturierte und narrative Interviews durchgeführt sowie durch Mitwohnen bei einer Familie mittels teilnehmender Beobachtung ein Bild von der Nutzung der Wohnarchitektur entwickelt (Abb. 6–7). Die Veränderungsprozesse in der Raumnutzung wurden hier ebenso eruiert wie die Neuerungen bei der Wahl des Baumaterials, die Rolle von Entscheidungsträgern in den Bauprozessen, die Wohnzufriedenheit sowie vor allem die Bedürfnisse und Erwartungen der BewohnerInnen in Bezug auf ihre künftige Wohnsituation (Abb. 8–9). Dabei stellte sich heraus, dass Status und Prestige sowie teils irrational erscheinende Wunschvorstellungen eine entscheidende Rolle spielen, welche im Planungsprozess in jedem Fall zu berücksichtigen sind.

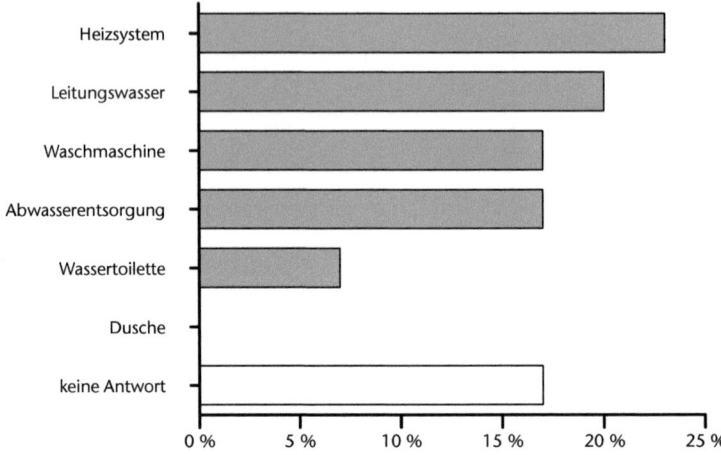

Abb. 9. Ergebnisse der APD-Studie: Bedürfnisermittlung noch kaum vorhandener Einrichtungen zur Steigerung des zukünftigen Wohnkomforts.

Interdisziplinäre StudentInnen-Exkursion und Entwurfsprojekt

In einer interdisziplinären Exkursion mit Architektur- und EthnologiestudentInnen konnte direkt erfahren werden, wie wichtig die Kooperation zwischen den Disziplinen in der Realität sein kann und wie sehr sich die unterschiedlichen Herangehensweisen gegenseitig befruchten.

Während die ArchitekturstudentInnen noch mit Vermessen und Dokumentieren beschäftigt waren, tranken die EthnologiestudentInnen mit den BewohnerInnen des Hauses längst die dritte Tasse Buttertee oder *chang* (lokales Bier) und konnten in Gesprächen Einblicke in das Baugeschehen gewinnen, die weit über das rein visuelle Erfassen hinaus reichten.

Basierend auf der Analyse des Identitätswandels, den aus der APD-Studie gewonnenen konkreten Daten sowie den eigenen Erfahrungen der Studierenden im Zuge der Exkursion, wurde in Folge an der Architekturfakultät der Technischen Universität Wien ein StudentInnen-Entwurfsprojekt initiiert. Erarbeitet wurden Entwurfsvorschläge für ein von der ladakhischen Regierung geplantes Siedlungsgebiet 9 km außerhalb von Leh, das Wohnmöglichkeiten für etwa 5 000 Menschen bereit stellen sollte. Damit sollte dem herrschenden Wildwuchs der Siedlungstätigkeit der Versuch einer strukturierten Lösung gegenübergestellt werden.

Es hat sich gezeigt, dass die mittels sozial- und kulturwissenschaftlicher Methoden gewonnenen Erkenntnisse und Daten eine immens wertvolle Grundlage und eine große Hilfestellung im Entwurfsprozess darstellten. Durch die konkrete Bedürfnis-

Abb. 10. Modell für ein Wohnhaus in Ladakh, aus dem Entwurfsprojekt an der Technischen Universität Wien.

ermittlung, auf die im Entwurfsprozess aufgebaut werden konnte, war es möglich, auch unter diffusen und schwierigen Umständen Potenziale für die Gestaltung einer kreativen architektonischen Zukunft zu erkennen und im Entwurfsprozess darauf zu reagieren (Abb. 10).

Conclusio

Das dargestellte Feldbeispiel sollte vermitteln, wie ArchitektInnen und PlanerInnen mit Hilfe methodischer Werkzeuge kultur- und sozialwissenschaftlicher Disziplinen auf lokale und überlokale Spannungsfelder, auf den Wandel von Identitäten sowie auf die neuen Bedürfnisse der NutzerInnen konkret reagieren können. Daraus entsteht eine Möglichkeit, dem Prozess der sich neu zu formierenden Identitäten zu folgen, ihn für Planungstätigkeiten nutzbar zu machen und dadurch nicht nur kreative, neue Potenziale zu erkennen, sondern vor allem auch identifizierbare gebaute Umwelten zu gestalten.

Literaturverzeichnis

Abel 2000: Ch. Abel, Architecture and Identity. Responses to Cultural and Technological Change. Oxford: Architectural Press 2000.

Appadurai 1997: A. Appadurai, Modernity at Large – Cultural Dimensions of Globalization. Minneapolis, London: University of Minnesota Press 1997.

Augé 1994: M. Augé, Die Sinnkrise der Gegenwart. In: A. Kuhlmann (Hrsg.), Philosophische Ansichten der Kultur der Moderne. Frankfurt a. M.: Fischer 1994, 33–47.

Byron 1996: R. Byron, Identity. In: A. Barnard / J. Spencer (Hrsg.), Encyclopedia of Social and Cultural Anthropology. London: Routledge 1996, 292.

Frith 1996: S. Frith, Music and Identity. In: S. Hall / P. du Gay (Hrsg.), Questions of Cultural Identity. London u. a.: Sage Publications 1996, 108–27.

Geertz 1996: C. Geertz, The Uses of Diversity. In: R. Borofsky (Hrsg.), Assessing Cultural Anthropology. New York u. a.: McGraw-Hill Inc. 1996, 454–67.

Gingrich 2003: A. Gingrich, Kulturen, Identitäten, Globalisierung: Eine vorläufige Zusammenfassung von theoretisch-methodischen Diskussionsprozessen. Working Papers der Kommission für Sozialanthropologie, Reihe A: Lokale Identitäten und überlokale Einflüsse, Wittgenstein 2000 1. Wien: Österreichische Akademie der Wissenschaften, Kommission für Sozialanthropologie 2003 [http://www.oeaw.ac.at/sozant/images/working_papers/band001.pdf; 7.12.2009].

Grossberg 1996: L. Grossberg, Identity and Cultural Studies: Is that all there is? In: S. Hall / P. du Gay (Hrsg.), Questions of Cultural Identity. London u. a.: Sage Publications 1996, 87–107.

Loos 1962: A. Loos, Ornament und Verbrechen. In: G. Franz (Hrsg.), Adolf Loos – Sämtliche Schriften in zwei Bänden. Wien, München: Herold 1962, 276–88 [verfasst um 1908].

Maldoner 1989: B. Maldoner, Gegenüberstellung von Zitaten zu einigen Schwerpunkten im schriftstellerischen Werk von Adolf Loos und Friedrich Nietzsche. In: Graphische Sammlung Albertina (Hrsg.), Adolf Loos. Ausstellungskatalog. Wien: Löcker 1989.

McLuhan 1964: M. McLuhan, Understanding Media. Toronto: Signet Books 1964.

Rieger-Jandl 2005: A. Rieger-Jandl, Living Culture in the Himalayas. Anthropological Guidelines for Building in Developing Countries. Wien: WUV Universitätsverlag 2005.

Scott 1997: A. Scott, Globalization: Social Process or Political Rhetoric? Introduction. In: A. Scott (Hrsg.), The Limits of Globalization. Cases and Arguments. London, New York: Routledge 1997, 1–22.

Simmel 1895: G. Simmel, Zur Psychologie der Mode – Soziologische Studie. Die Zeit – Wiener Wochenschrift für Politik, Volkswirtschaft, Wissenschaft und Kunst 5, 54 (12. Oktober), 1895, 22–4 [http://socio.ch/sim/mod95.htm; 7.7.2008].

Sirefman 2004: S. Sirefman, Whereabouts. New Architecture with Local Identities. New York: Monacelli Press 2004.

Vale 1992: L. J. Vale, Architecture, Power, and National Identity. New Haven, London: Yale University Press 1992.

Register

Personen

Achleitner, Friedrich 29
Adorno, Theodor W. 265, 266
Aicher, Otl 33
Alkinoos 257
Anaximander 422
Appadurai, Arjun 477
Arbeo von Freising 362
Ardener, Shirley 114
Aristoteles 154, 246
Assmann, Jan 291
Attila 375, 376, 379
Augé, Marc 474
Authari 358
Baeriswyl, Arnand 396
Bailey, Douglass W. 178, 413
Barthes, Roland 287
Beda 373, 374
Behnisch, Günter 38
Bergson, Henri 83–5, 87
Bernbeck, Reinhard 148
Bersu, Gerhard 148
Bogd Jivzundamba VIII. 460
Bourdieu, Pierre 32, 113, 115, 279, 327, 328, 335
Büchsenschütz, Olivier 154, 314
Bulliot, Jacques-Gabriel 281
Bürklin, Thorsten 38
Burmeister, Stefan 151, 287
Cache, Bernard 88
Caesar 275, 276, 281, 283, 292, 337, 341, 343
Campbell, Joseph 418
Casey, Edward 137, 138
Cassirer, Ernst 32, 65, 66, 68, 275, 285
Castoriadis, Cornelius 83–6
Chaume, Bruno 255
Chomsky, Noam 117, 118
Christaller, Walter 139, 173
Clarke, David L. 172

Clastres, Pierre 95, 102
Claudot-Hawad, Hélène 93–6
Cole, John W. 329
Comte, Auguste 55
Coudart, Anick 151
da Vinci, Leonardo 58
Dafinger, Andreas 23, 24, 109, 226
de Saussure, Ferdinand 286
Déchelette, Joseph 281–4
Deleuze, Gilles 83, 85, 87, 88, 92, 95
Delitz, Heike 15, 71
Dietler, Michael 228
Dietze, Carl von 333
Dörpfeld, Wilhelm 257, 258, 263
Durkheim, Emile 34, 91, 101, 125, 279, 345
Eagle, Adam Fortunate 419
Ebersbach, Renate 20
Eco, Umberto 32, 275, 287, 300
Egenter, Nold 110
Einhard 377
Eliade, Mircea 417
Elias, Norbert 13, 31, 34, 37, 41, 43–5, 51, 52, 55
Ermoldus Nigellus 377
Erny, Pierre 112
Feinman, Gary 160, 228
Fischer, Joachim 15
Forde, Daryll 109
Foucault, Michel 133
Fried, Morton H. 159
Fries-Knoblach, Janine 22
Frith, Simon 473
Frobenius, Leo 109
Gaila v. Friaul 358
Garenne, Xavier 280
Garibald I. 358
Garibald II. 358
Gärtner, Friedrich von 36
Geertz, Clifford 112, 414, 477

Geographische Begriffe

Sachbegriffe

Verzeichnis der Autorinnen und Autoren

Andreas Dafinger, Prof. Dr., geb. 1960, Studium der Ethnologie und Kulturanthropologie an der Universität Frankfurt a. M., 1995 M.A., 2000 Promotion; 2008 Habilitation an der Universität Leipzig; 2000–2008 wissenschaftlicher Mitarbeiter am Max Planck-Institut für ethnologische Forschung in Halle / Saale; Gastdozenturen an der University of New Hampshire und an der London School of Economics; seit 2008 Associate Professor am Department for Sociology and Social Anthropology der Central European University in Budapest; Forschungsschwerpunkte: Anthropologie des Raumes, Urbanisierung und Stadt-Land-Beziehungen mit Schwerpunkt Afrika, Ethnizität und Nationalismus, Wirtschaftsanthropologie.

Heike Delitz, Dr. des., geb. 1974, Studium der Architektur (Dipl.-Ing.) und Philosophie und Soziologie (M.A.), 2005–2009 Promotion in Soziologie an der TU Dresden, Lehrstuhl für Soziologische Theorie, Theoriegeschichte und Kultursoziologie; seit 2009 Post-Doc-Stipendiatin der Universität Bamberg, Lehrstuhl für Soziologie II; Mitglied der Sektion Kultursoziologie der Deutschen Gesellschaft für Soziologie und Präsidiumsmitglied der Helmuth-Plessner-Gesellschaft; Forschungsschwerpunkte: Architektursoziologie, Soziologische Theorie und Theoriegeschichte, Philosophische Anthropologie, französische Lebensphilosophie, Artefakt- und Wissenssoziologie.

Renate Ebersbach, Dr., geb. 1967, Studium der Ur- und Frühgeschichte, Ethnologie, Zoologie und Physischen Anthropologie an den Universitäten Freiburg im Breisgau, Basel und Bern, 1999 Promotion an der Universität Basel mit einem ethnoarchäologischen Thema; 2001 / 2002 Post-Doc an der Universität zu Köln; seit 1993 in der Lehre tätig, derzeit als Dozentin an der Universität Basel, gleichzeitig Leiterin des Ressorts Inventar, Archiv und Prospektion im Archäologischen Dienst des Kantons Bern; Forschungsschwerpunkte: Siedlungs- und Wirtschaftsarchäologie, v. a. im Bereich der neolithischen Seeufersiedlungen, Archäologie der Alpen, Anwendung neuer Methoden in der Archäologie (v. a. GIS) sowie ethnoarchäologische und allgemein fächerübergreifende Arbeitsweisen und Methoden.

Joachim Fischer, Dr., geb. 1951, Studium der Soziologie, Philosophie, Politikwissenschaft und Germanistik in Hannover, Gießen, Tübingen, Göttingen; 1999–2008 wissenschaftlicher Mitarbeiter am Institut für Soziologie an der TU Dresden, seit 2008 am Institut für Philosophie an der Universität Bamberg; 1999 Mitbegründer der Helmuth-Plessner-Gesellschaft für Philosophische Anthropologie, bis 2004 deren erster Generalsekretär, seit 2005 im Vorstand der Sektion Kultursoziologie der Deutschen Gesellschaft für Soziologie; Forschungsschwerpunkte: Soziologische Theorie,

Theorienvergleich, Kultursoziologie, Gesellschaftstheorie und Gegenwartsdiagnostik, Philosophische Anthropologie.

Janine Fries-Knoblach, Dr. M. A., geb. 1967, 1987–1992 Studium der Vor- und Frühgeschichte, Alten Geschichte, Provinzialrömischen Archäologie und Klassischen Archäologie an der Ludwig-Maximilians-Universität München und an der Oxford University, 1995 Promotion; 1995 Grabungsleitung Schleenhain-Breunsdorf bei Leipzig, 1995/1996 Reisestipendium der Römisch-Germanischen Kommission, seit 1997 selbstständige Archäologin und Lehraufträge an den Universitäten Würzburg, Erlangen und Freiburg, 1997–2002 Habilitandenstipendium der DFG zu »Ländliche Siedlungen in Bayern und Baden-Württemberg zwischen Neolithikum und Frühmittelalter«; seit 1997 Beirat der Arbeitsgemeinschaft Eisenzeit des West- und Süddeutschen Verbandes für Altertumsforschung; Forschungsschwerpunkte: Technikgeschichte (Landwirtschaft, Salz, Metall, Textilien, Hausbau), Besiedlungsgeschichte (Süddeutschland, Südengland), Kulturgeschichte (Kelten, Händigkeit).

Hans Peter Hahn, Prof. Dr., geb. 1963, Studium der Ethnologie und Vor- und Frühgeschichte an der Goethe-Universität in Frankfurt a. M.; seit 2007 Professor für Ethnologie mit Schwerpunkt Afrika an der selben Universität; stellvertretender Vorsitzender der Deutschen Gesellschaft für Völkerkunde; Forschungsschwerpunkte: materielle Kultur, Handwerk und Konsum in Westafrika, außerdem Migration, Transnationalität und Globalisierung.

Robert Hofmann, M.A., geb. 1968, Maurerlehre, 1987–1989 Handwerker am Museum Burg Kriebstein, 1989–1998 Grabungstechniker bei der Kreisarbeitsstelle für Bodendenkmalpflege/Untere Denkmalschutzbehörde Mittweida, 1998–2005 Studium der Ur- und Frühgeschichte und Kunstgeschichte an der Freien Universität Berlin, seit 2005 wissenschaftlicher Mitarbeiter im DFG-Projekt »Rekonstruktion spätneolithischer Siedlungsprozesse in Zentralbosnien« an der Christian-Albrechts-Universität Kiel; Forschungsschwerpunkte: Architekturgeschichte, Siedlungsarchäologie, Sozialarchäologie, Neolithikum Südosteuropas, Endneolithikum Mitteleuropas.

Matthias Jung, PD Dr., geb. 1968, Studium der Philosophie, Soziologie, Linguistik und Vor- und Frühgeschichte in Frankfurt a. M. und Mainz, 2004 Promotion in Soziologie, 2008 Habilitation; derzeit wissenschaftlicher Mitarbeiter am Institut für Arbeitsmarkt- und Berufsforschung der Bundesagentur für Arbeit, Düsseldorf, und Privatdozent für Soziologie an der Goethe-Universität Frankfurt; Forschungsschwerpunkte: Sozialstrukturen, Hermeneutik materieller Kultur, Hallstattzeit.

Franziska Lang, Prof. Dr., Studium der Klassischen Archäologie, Alten Geschichte, Ur- und Frühgeschichte an der FU Berlin und in Thessaloniki; wissenschaftliche

Mitarbeiterin in Münster im Projekt »Historisch-archäologische Forschungen in Nordwestgriechenland«, wissenschaftliche Mitarbeiterin am Winckelmann-Institut der Humboldt-Universität zu Berlin, derzeit Professur für Klassische Archäologie der Technischen Universität Darmstadt, Projektleitung des Plaghiá-Halbinsel Survey (Griechenland); Forschungsschwerpunkte: Landschafts- und Raumarchäologie, Theorie- und Methodenreflexionen, Keramologie, Stadtforschung, Technik- und Wirtschaftsarchäologie.

Erich Lehner, Ao. Univ.-Prof. Dipl.-Ing. Dr. techn., geb. 1955, Diplomstudium Architektur an der TU Wien, Doktoratstudium Technische Wissenschaften an der TU Wien; Assistent, Dozent, Professor, Vorstand des Instituts für Baukunst, Bauaufnahmen und Architekturtheorie, TU Wien, derzeit Ao. Univ.-Prof. am Institut für Kunstgeschichte, Bauforschung und Denkmalpflege, Fachbereich Baugeschichte-Bauforschung der TU Wien; Präsident des Instituts für Vergleichende Architekturforschung, Mitglied des International Council on Monuments and Sites (ICOMOS); Forschungsschwerpunkte: außereuropäische Architektur, vergleichende Architekturgeschichte, elementare Bauformen, Erfassung und Darstellung der Zusammenhänge von Funktion, Form, Konstruktion und Symbolik in der Architektur, Entwicklungsprinzipien der Architektur im Rahmen des Umfelds von Technologie, Gesellschaft und Kunst, Untersuchungsgebiet: indigene Architektur Asiens, Amerikas, Ozeaniens, Afrikas und des vorgeschichtlichen Europa.

Hermann Mückler, Univ.-Prof. Dr., geb. 1964, Studium der Ethnologie, Kultur- und Sozialanthropologie und Politikwissenschaft an der Universität Wien; Universitätsprofessor am Institut für Kultur- und Sozialanthropologie der Universität Wien; Präsident der Österreichisch-Südpazifischen Gesellschaft (OSPG), Vizepräsident der Anthropologischen Gesellschaft in Wien und des Instituts für Vergleichende Architekturforschung; Forschungsschwerpunkte: asiatisch-pazifischer Raum, insbesondere insulares Südostasien und Ozeanien mit Fokussierung auf die Themen Ethnologie, Konfliktforschung, (Sicherheits-)Politik, (ethno)historische Fragestellungen und materielle Kultur.

Johannes Müller, Prof. Dr. phil. habil., geb. 1960, Studium der Ur- und Frühgeschichte in Freiburg i. Br. und Edinburgh, Magister und Promotion in Freiburg i. Br., Reisestipendium des Deutschen Archäologischen Instituts, wissenschaftlicher Assistent an der FU Berlin, Lehrtätigkeit in Freiburg und Köln, 2000–2004 Professor für Ur- und frühgeschichtliche Archäologie in Bamberg, später dort auch Leiter des Instituts für Archäologie, Bauforschung und Denkmalpflege, seit 2004 Professor für Prähistorische Archäologie (Urgeschichte) und Direktor des Instituts für Ur- und Frühgeschichte der Christian-Albrechts-Universität Kiel, Initiator und Sprecher der Graduiertenschule »Human Development in Landscapes« (DFG-Exzellenzinitiative) und Koordinator des DFG-Schwerpunktprogramms »Frühe Monumentalität und soziale Differenzierung«, gewähltes Mitglied des Fachkollegiums »Alte Kulturen« der DFG; Forschungsschwerpunkte: Neolithikum und vorchristliche Metallzeiten Europas, Sozialarchäologie, Siedlungsarchäologie, Landschaftsarchäologie.

Nils Müller‑Scheeßel, Dr. phil., geb. 1970, Studium der Ur- und Frühgeschichte, Ethnologie und Physischen Anthropologie in Mainz und Tübingen, 1997–1998 Master of Arts Course in Museum Studies an der University of Newcastle-upon-Tyne (UK), 2006 Promotion in Ur- und Frühgeschichte an der Universität Tübingen; 1999–2003 Wissenschaftliche Hilfskraft an der Römisch-Germanischen Kommission des Deutschen Archäologischen Instituts in Frankfurt a. M., seit 2005 wissenschaftlicher Mitarbeiter im DFG-Projekt »Rekonstruktion spätneolithischer Siedlungsprozesse in Zentralbosnien« der Römisch-Germanischen Kommission und der Christian-Albrechts-Universität Kiel; Forschungsschwerpunkte: Theorie und Methode der Archäologie, Wissenschaftsgeschichte, Eisenzeit Mitteleuropas, Neolithikum Südosteuropas.

Thomas J. Piesbergen, Dr. phil., geb. 1970, Studium der Vor- und Frühgeschichte, Altorientalistik und Ethnologie in Hamburg und der Vorderasiatischen Archäologie in Berlin, 2001 Magister in Vor- und Frühgeschichte (Berlin / Hamburg), 2006 Promotion in Vor- und Frühgeschichte (Hamburg); 2005–2006 wissenschaftlicher Mitarbeiter am Archäologischen Institut der Universität Hamburg, 2006 Ausgrabungen an den Palastanlagen Enda Sem'on und Ta'akam Mariam in Axum (Äthiopien), seit 2007 freier Schriftsteller; Forschungsschwerpunkte: Neolithikum des Vorderen Orients, Ethnoarchäologie, Environmental Behaviour Studies, Archäologie als Holistische Wissenschaft, Komparatistik.

Knut Rassmann, Dr. phil., geb. 1957, 1980–1985 Studium der Ur- und Frühgeschichte an der Humboldt-Universität zu Berlin, 1991 Promotion mit einer Arbeit über das Spätneolithikum und die Frühe Bronzezeit in Nordostdeutschland an der Freien Universität Berlin, 1985–1990 wissenschaftlicher Mitarbeiter am Zentralinstitut für Alte Geschichte und Archäologie der Akademie der Wissenschaften in Berlin, seit 1992 Referent für Vorgeschichte bei der Römisch-Germanischen Kommission des Deutschen Archäologischen Instituts, Frankfurt a. M., verantwortlicher Redakteur für die Berichte der RGK seit 1996; Forschungsschwerpunkte: Archäometallurgische Forschungen zu frühmetallzeitlichen Gesellschaften, siedlungsarchäologische Forschungen zum Neolithikum und zur Frühen Bronzezeit in Mittel- und Osteuropa, Geographische Informationssysteme, Anwendung geophysikalischer Prospektionsmethoden in der Archäologie, Herausbildung früher Monumentalität in neolithischen Gemeinschaften Europas.

Sabine Reinhold, Dr. phil., geb. 1967, 1987–1998 Studium der Ur- und Frühgeschichte, Biblischen Archäologie, Vorderasiatischen Altertumskunde und Alten

Geschichte in Tübingen, Kiel und Berlin, 2002 Promotion an der Freien Universität Berlin im Fach Prähistorische Archäologie mit dem Thema »Die Spätbronze- und frühe Eisenzeit im Kaukasus. Materielle Kultur, Chronologie und überregionale Beziehungen«, 2000–2004 Tätigkeit in der Brandenburgischen Landesarchäologie, 2004–2006 Feodor-Lynen-Stipendiatin der Alexander-von-Humboldt-Stiftung am Archäologischen Institut der Russischen Akademie der Wissenschaften in Moskau, seit 2006 Gemeinschaftsprojekt DFG/RGNF »Siedlungen mit symmetrischem Grundriss als Phänomen einer komplexen Landschaftsnutzung während der Spätbronze- und Früheisenzeit im Nordkaukasus« an der Eurasien-Abteilung des Deutschen Archäologischen Instituts; Forschungsschwerpunkte: Kaukasische Archäologie, Theorie und Methodik, Archäologische Geoinformationssysteme und Landschaftsarchäologie.

Sabine Rieckhoff, Prof. Dr. phil. habil., geb. 1944, Studium der Klassischen Archäologie, Klassischen Philologie, Geschichte, Provinzialrömischen Archäologie und Ur- und Frühgeschichte in München, Marburg und Freiburg, 1974 Promotion in Provinzialrömischer Archäologie an der Universität Freiburg i. Br., 1992 Habilitation für Ur- und Frühgeschichte an der Universität Marburg; 1974–1976 wissenschaftliche Mitarbeiterin der Archäologischen Denkmalpflege Freiburg i. Br., 1976–1977 des Forschungsprojektes »Spätrömischer Limes«, Landesamt für Denkmalpflege Landshut, 1977–1993 Oberkonservatorin am Historischen Museum Regensburg, Abteilung Archäologie, 1993–2009 Professorin für Ur- und Frühgeschichte, Universität Leipzig; Chercheur associée am Centre archéologique européen du Bibracte-Mont Beuvray (Frankreich), Mitglied des Wissenschaftlichen Beirats des Archäologieparks Belginum-Wederath (Rheinland-Pfalz); Forschungsschwerpunkte: Römer in Süddeutschland, frühe Metallzeiten, Eisenzeit, insbesondere Keltenforschung und Zeit der Oppida, Theorie und Wissenschaftsgeschichte der Archäologie.

Andrea Rieger-Jandl, A. o. Univ.-Prof. Dipl.-Ing. Dr. phil., geb. 1970; 1990–1996 Diplomstudium der Architektur an der Technischen Universität Wien, 1994–2002 Doktorat in Kultur- und Sozialanthropologie an der Universität Wien, 2009 Habilitation an der Technischen Universität Wien, Venia für Kulturvergleichende Architekturgeschichte; 1997–2001 freiberufliche Tätigkeit und Lehraufträge an der Technischen Universität Wien, seit 2001 Vertragsassistentin bzw. Professorin am Institut für Kunstgeschichte, Bauforschung und Denkmalpflege, Fachgebiet Außereuropäische Architektur, Technische Universität Wien; Vorstands- und Gründungsmitglied des Instituts für Vergleichende Architekturforschung (IVA); Forschungsschwerpunkte: Kultur- und sozialwissenschaftliche Aspekte der Architektur, gebaute Umwelt als Ausdruck von Identität, Auswirkung von Globalisierungsprozessen auf die Architektur, kulturvergleichende Architekturanalyse, außereuropäische Architektur mit Schwerpunkt insulares Südostasien, Ozeanien, Himalaja-Region.

Bernhard Schäfers, Prof. Dr. sc. pol., geb. 1939, Studium der Soziologie, der Rechts-
und Staatswissenschaften in Münster und Wien, 1965 Diplom in Soziologie, 1967
Promotion, 1970 Habilitation für Soziologie; 1965–1971 Wissenschaftlicher Assistent
und Abteilungsleiter (ab 1970) in der Soziologischen Abteilung des Zentralinstituts
für Raumplanung an der Universität Münster, 1971–1977 a.o. Prof. für Soziologie
an der Universität Koblenz-Landau (in Landau), 1977–1983 o. Prof. für Soziologie
an der Universität Göttingen, 1983 bis zur Emeritierung 2007 Leiter des Instituts für
Soziologie an der Universität Karlsruhe (TH); 1991/92 Vorsitzender der Deutschen
Gesellschaft für Soziologie, Mitglied der Deutschen Akademie für Städtebau und
Landesplanung, Korrespondierendes Mitglied der Akademie für Raumordnung; Forschungsschwerpunkte: Stadt-, Regional- und Architektursoziologie, Sozialstruktur
Deutschlands, Jugendsoziologie, Gruppensoziologie.

Herbert Schubert, Dr. phil. Dr. rer. hort. habil., geb. 1951; 1977 Diplom in Sozialwissenschaften an der Ruhr-Universität Bochum, 1987 Promotion an der Philosophischen Fakultät der Leibniz-Universität Hannover, 1998 Habilitation an der Fakultät
für Architektur und Landschaft der Leibniz-Universität Hannover; in den 1980er und
1990er Jahren Leitung der Koordinationsstelle Sozialplanung der Stadt Hannover und
Leitung von Forschungsbereichen im Institut für Entwicklungsplanung und Struk-
turforschung an der Leibniz-Universität Hannover; derzeit Professor für Soziologie
und Sozialmanagement an der Fakultät für Angewandte Sozialwissenschaften der
Fachhochschule Köln; Geschäftsführender Direktor des Instituts für angewandtes
Management und Organisation in der Sozialen Arbeit (IMOS) und Leitung des For-
schungs- und Entwicklungsschwerpunkts »SOZIAL | RAUM | MANAGEMENT«;
Forschungsschwerpunkte: Infrastrukturplanung und Steuerung sozialer Dienste,
Sozialmanagement, Netzwerkmanagement, Sozialplanung, Quartier- und Stadtteilma-
nagement, nachhaltige Stadt(teil-)Entwicklung, städtebauliche Kriminalprävention,
Methoden der Sozialraumanalyse und Architektursoziologie.

Susanne Sievers, Prof. Dr., geb. 1951, Studium der Vor- und Frühgeschichte, Klassischen Archäologie, Kunstgeschichte und Volkskunde in Würzburg, Göttingen, Hamburg und Marburg, dort Promotion 1978 über die mitteleuropäischen Hallstattdolche;
danach Mitarbeit im Heuneburg-Projekt an der Universität Tübingen (Bearbeitung
und Publikation der Heuneburg-Kleinfunde), 1981/82 Reisestipendium des Deutschen Archäologischen Instituts, seit 1982 bei der Römisch-Germanischen Kommission in Frankfurt a.M., zunächst als wissenschaftliche Referentin für Eisenzeit (Mitarbeit in der Redaktion, Teilnahme an den Ausgrabungen in Alesia und Manching),
seit 1994 Zweite Direktorin und Übernahme der Leitung des Manchingprojekts, seit
2007 Honorarprofessorin an der Goethe-Universität Frankfurt a.M.; Mitarbeit in zahlreichen Gremien; Forschungsschwerpunkte: Siedlungsarchäologie und Bewaffnung.

Claudia Theune, Univ.-Prof. Dr., geb. 1959, 1979–1988 Studium der Vor- und Frühgeschichte, Europäischen Ethnologie, Christlichen Archäologie und Geologie in Marburg und Bonn, 1988 Promotion an der Philipps-Universität Marburg; 1988–1989 wissenschaftliche Mitarbeiterin bei Drittmittelprojekten, 1991–1994 wissenschaftliche Mitarbeiterin der Hessischen Landesausstellung »Hessen und Thüringen von den Anfängen bis zur Reformation«, Stipendiatin an der Philipps-Universität Marburg, 1994–2000 wissenschaftliche Assistentin am Lehrstuhl für Ur- und Frühgeschichte der Humboldt-Universität zu Berlin, 2001 Habilitation, 2001–2006 wissenschaftliche Oberassistentin am Lehrstuhl für Ur- und Frühgeschichte der Humboldt-Universität zu Berlin, seit 2007 Universitätsprofessorin für Ur- und Frühgeschichte an der Universität Wien, seit 2008 Institutsvorstand; Korrespondierendes Mitglied des Deutschen Archäologischen Instituts; Forschungsschwerpunkte: Archäologie von der Spätantike bis zum Mittelalter / frühe Neuzeit (Fragen zu Kontinuität und Strukturveränderung; Besiedlungsgeschichte), Zeitgeschichtliche Archäologie (Methodologie, Alltagsgeschichte), Produktion und Austausch, Wissenschaftsgeschichte.

Peter Trebsche, Mag. Dr. phil., geb. 1977, Studium der Ur- und Frühgeschichte an der Universität Wien, 2000 Magister, 2005 Promotion; 2001–2005 Wissenschaftliche Hilfskraft an der Römisch-Germanischen Kommission des Deutschen Archäologischen Instituts in Frankfurt a. M., 2006–2009 Projektmitarbeiter am Institut für Ur- und Frühgeschichte der Universität Wien, seit 2009 am Museum für Urgeschichte des Landes Niederösterreich in Asparn an der Zaya; Beirat der Arbeitsgemeinschaft Eisenzeit des West- und Süddeutschen Verbandes für Altertumsforschung, Mitglied des Redaktionsrates der Zeitschrift Památky Archeologické; Forschungsschwerpunkte: Eisenzeit, Architektur, Siedlungsarchäologie und ihre Methoden, Sozialarchäologie.

Holger Wendling, Dr. des., geb. 1975, 1996–2002 Studium der Ur- und Frühgeschichte und Archäologie des Mittelalters, Alten Geschichte, Paläoanthropologie und Klassischen Archäologie an der Eberhard-Karls-Universität Tübingen, 1998 / 1999 Graduate-Studium am Institute of Archaeology des University College London (UCL), 1999 Master of Arts (Distinction), 2008 Promotion an der Eberhard-Karls-Universität Tübingen; 2004–2006 Wissenschaftlicher Mitarbeiter im DFG-Projekt »Archäologische Ausgrabungen in Tarodunum«, seit 2007 wissenschaftlicher Referent bei der Römisch-Germanischen Kommission des Deutschen Archäologischen Instituts, Frankfurt a. M.; Forschungsschwerpunkte: Archäologie der vorrömischen, insbesondere der jüngeren Eisenzeit Mittel- und Westeuropas, lokale und regionale Siedlungsanalysen / Siedlungsarchäologie, Archäologie sozialer Muster und Prozesse, Archäologie religiöser Phänomene, Korrelation althistorischer und ur- und frühgeschichtlicher Quellen sowie kulturanthropologischer Vergleiche, Keramikanalysen.